**Detlef Kappert**

# Tanztraining, Empfindungsschulung und persönliche Entwicklung

Detlef Kappert

# Tanztraining Empfindungsschulung und persönliche Entwicklung

Verlag für Ästhetische Bildung

Gedruckt mit Hilfe von Forschungsmitteln des Landes Niedersachsen

Titelphoto:
Sayonara Pereira und Simone Rorato in “Unterwegs”,
Choreographie Christine Brunel, Photo Gerno Michalke

Gestaltung des Umschlages: Marina Kerl

Dieses Buch entstand aus der Dissertation:
“Der Sinn von Tanztraining und Empfindungsschulung für eine ganzheitliche Persönlichkeitsentwicklung
Ästhetische Bildung durch den Körper als Erfahrung der Natur im Menschen”
am FB Sozialwissenschaften der Universität Göttingen



Gesamtherstellung:
Aktiv-Druck,
Lenglerner Str. 2,
3400 Göttingen,
✆: 0551/67065

ISBN: 3-9802590-0-5

Auslieferung:
Verlag für Ästhetische Bildung
Am Steinknapp 29
D-4630 Bochum

# Gliederung

# EINLEITUNG

## 1.) WORUM ES MIR GEHT.

Ich möchte in diesem Buch darstellen, wie wir die archaischen körperlich-seelischen Grundlagen des Lebens -die körperliche Energie, -persönliche Power, -die Konfrontation mit archetypischen Grundsituationen, mit den Notwendigkeiten und Möglichkeiten des modernen abstrakten Leben versöhnen können. Statt als psychosomatische Krise und unerfüllbare Sehnsucht die eigene rationale Lebensplanung zu torpedieren, könnten sie mächtiger Korrektor des Ego, Leitfaden und Grundlage für persönliches Wachstum und Kreativität, für Echtheit und Ehrlichkeit der Lebensentwicklung sein.
Basis dieses Ansatzes ist die Annahme, daß sowohl die persönliche Entwicklung in, als auch die gesellschaftliche Entwicklung der Zivilisation nur sinnvoll und dauerhaft möglich sind in produktiver Verbindung mit den Kräften und elementaren Energien der "Natur-im-Menschen". Die Begriffe Natur, Energie und Körperlichkeit werden dabei nicht in Gegensatz zu Psyche und Form/Ästhetik/Kunst gestellt. Ich gehe vielmehr davon aus, daß uns die Grundlagen des Lebens körperlich/energetisch und seelisch/psychisch als vorweg Gestaltete gegenübertreten, das Ich jedes Menschen sich also in eine vorgeformte Welt hineinentwickelt. Die Lebenskunst würde demnach in einem "Savoir-Faire" bestehen, indem es auf das Wie genauso ankommt, wie das Was, ja eigentlich das Wie vom Was gar nicht zu trennen ist.
Als Ziel der persönlichen Entwicklung sehe ich die Selbstwerdung an, das Durchleben von kritischen Situationen -produktiven Verunsicherungen-, an denen der Mensch wachsen und sich auf das hin entwickeln kann, auf das er angelegt ist. Ein solche Entwicklung ist aber nur in Auseinandersetzung, in Konfrontation möglich, weil sonst ein ich-haft bequemer Status-quo der Gewohnheit beibehalten würde.
Diese zentralen Aspekte der Auseinandersetzung mit dem Leben haben theoretisch mit Anthropologie und Psychologie, der Natur des und im Menschen zu tun, führen praktisch aber auch bis in die Sportwissenschaft, wo ja in Training und Wettkampf physische Kraft und persönliche Intuition entscheidend sind.
Da aber im modernen Leben viele Entscheidungsmöglickeiten für sinnvolle und sinnlose Konfrontationen offen stehen, müßten Menschen selbst Intuition haben für Entscheidungen, was für sie bequem und was herausfordernd ist, was eine existentielle Bedrohung darstellt und was eine produktive Verunsicherung! Dafür ist eine besondere Ich-Entwicklung nötig, für die der Kontakt zur Natur-im-Menschen charakteristisch ist.
Dabei nehme ich an, daß der Mensch grundsätzlich in einer Gegensatzspannung angelegt ist: der archetypischen körperlich-seelischen Anlage als Vermächtnis der gesamten Menschheits- und Naturgeschichte und der bewußten ich-haften Planung und Entscheidung als Möglichkeit von Kultur und Zivilisation. Wenn man diese Idee, daß die Spannung Ich-Natur dem Menschen als

Aufgabe mitgegeben ist, ernst meint, wird die praktische Zielrichtung einer Konzentration auf die Verbindung von Körperlichkeit, Psychologie und Kunst klar. In Psychologie, Kunst und Körperlichkeit bilden sich -untrennbar miteinander verbunden- archetypische Grundgestalten des Lebens ab, welche zum einen "An-Sich" erfahren und geübt werden müssen, um die ich-hafte Orientierung mit der Natur-im-Menschen zu versöhnen. Ihre Übung stellt aber auch ein allgemeines körperlich-seelisches Gestalttraining dar und hat die übertragene Bedeutung für den Lebensweg des einzelnen, das Erleben zu konzentrieren und das Verhalten zu klären.

Wenn unsere Zivilisation aus mehr oder weniger bewußten Absprachen und Sachzwängen besteht, die direkten und körperlich-konfrontativen Grundlagen des Lebens genauso wie die traditionellen Normen und Regeln des Zusammenlebens aufzuheben und das Individuum in eine größtmögliche Entscheidungsfreiheit zu versetzen, kann das für den einzelnen wie für die Gesellschaft nur funktionieren, wenn Kontakt zur Natur-im-Menschen gehalten wird. So kann das Individuum die Grundlage seiner Eigenverantwortung und die Gesellschaft eine Selbstregulation entwickeln.

Durch die Konfrontation mit körperlichem Training und den Kontakt zu archetypischen Gestalten könnte sich die relative Diffusität und Beliebigkeit des modernen Lebens klären und eine Intuition für den Lebensweg entstehen. Dabei benutze ich den Begriff Archetypus im Sinne Jungs. Er hat diesen Begriff quasi als Grenzbegriff wie das "Ding an sich" bei Kant sehr allgemein und eher vieldeutig gehalten. Nach Pongratz hat "*... der Begriff Archetypus die Bedeutung von einem vorgegebenen, nicht gewordenen apriorischen geistigen Bestand ...* (1)". Er hat mit Platos ewigen Ideen zu tun, umfaßt aber ausdrücklich neben den menschheitsgeschichtlichen auch biologische, also Naturgestalten. Unter genau diesen Begriff des Archetypus fallen die Inhalte der Tanzimprovisation und Empfindungsschulung:

Durch Tanzimprovisationstraining ausgedrückt werden Archetypen der Natur wie "Fluß", "Impuls", "Verhalten im Raum", "Dynamik" und viele andere. Als Grundlage der Empfindung dient der Körper für archetypische Gestalten wie "Vereinigung-Trennung", "Geben-Nehmen", "Innen-Außen" und viele mehr.

Es gibt also die körperliche Erfahrung und tänzerische Gestaltung von archetypischen Situationen und Gegebenheiten, die "An-Sich" von Wert sind und die übertragen-allgemeine Bedeutung, Kontakt zum Wissen des Körpers und den gestaltbildenden Kräften zu haben und bei der Ich-Transformation und der Entwicklung von Intuition zu helfen.

Eine solche Verbindung von Konfrontation-durch-Training und Empfindungsschulung zusammen mit Kunst stellt als allgemeines Gestalttraining und Erfahrung von Archetypen eine außergewöhnliche Chance für einen Sprung nach vorn in Richtung persönlicher Reife und Kraft dar.

Dabei beschäftige ich mich in diesem Buch nicht nur mit modernen Ansätzen aus Tanz und Körperbildung (Atem-, Eutonie- und ähnlicher Pädagogik) für die Arbeit an dem Kontakt mit der Natur-im-Menschen, sondern auch mit ethnischen Gruppen und traditionellen Ansätzen aus anderen Kulturen sowie der

geschichtlichen Entwicklung, die zu dem heutigen Zustand und Verhältnis zwischen Ich und Natur-im-Menschen geführt hat.
Das Buch geht also von der These aus, daß Menschen den Weg durch den Körper brauchen, weil er als Quelle der Intuition eine Korrektur des Ego darstellt und eine Konfrontation bietet, die im modernen Leben sonst nicht zu haben ist. Konfrontation aber ist, wenn sie irgendeine für den Menschen wichtige Botschaft enthält, entscheidend für persönliches Wachstum vom Ich hin zum Selbst. Das Buch hat damit sowohl einen praktischen, als auch theoretischen Anspruch und ist interdisziplinär:
Thema ist

- das Wesen des Menschen, "warum brauchen wir "Körperarbeit?", also Anthropologie;
- das Verhältnis von Körper und Geist, von Natur und Kultur, Materie und Idee, also Philosophie;
- die Frage nach der aktuellen Bedeutung körperlicher Konfrontation und Kunst für die moderne Gesellschaft, wo man doch alles per Knopfdruck regeln könnte, also Sozialwissenschaften;
- wie die Welt zunehmend nach ich-haften Bedürfnissen gestaltet wurde im Vergleich mit den Verhältnissen früherer Epochen, also Geschichte;
- vor allem aber eine ständige Verqickung von Psychologie mit ästhetischen Theorien, Trainingslehre, Pädagogik und Kunst.

Ich wende mich an interessierte Menschen aller Art, unter den Fachleuten besonders an Tänzer, Künstler, Körpertherapeuten, Psychologen, Pädagogen Theologen und alle, die funktional mit dem Körper arbeiten wie Krankengymnasten, Mediziner, Masseure und andere, die aber diese funktionale Arbeit in einen weitergehenden Sinnzusammenhang stellen.
Das breite Spektrum und die vielen involvierten Wissenschaften bedeuten nun nicht, daß ich auf verschiedensten Gebieten dilettiert und das Passende zusammengeschrieben hätte.
Im Gegenteil stand eine Idee, persönliche Erfahrung und eigene Unterrichtspraxis ohne jede Frage allein im Mittelpunkt meiner Arbeit. Immer erst im Nachhinein habe ich mit freudiger Überraschung feststellen können, daß, was ich mit solchen Selbstzweifeln und langen inneren Auseinandersetzungen als beste Darstellung einer Wahrheit herausgefunden hatte, unter anderen Aspekten von anderen Menschen ähnlich gedacht worden war.
So entstanden die vielen Querverweise und Zitate. Zentral ist auch der Vergleich mit der Bewältigung des Leib-Seele-Verhältnisses in anderen Kulturen, so daß ein genuin-ethnologischer Aspekt in dieses Buch kommt.

## 2.) ENTSTEHUNGSUMSTÄNDE UND DANKSAGUNG

Diese Arbeit entstand zwischen 1985 und 1990 als Dissertation und greift auf praktische Unterrichtserfahrungen und entsprechende Reflexionen seit 1980 zurück.

Besonderen Dank schulde ich Prof. Dr. Arnd Krüger. Ohne sein Engagement hätte ich nicht die Arbeitsbedingungen gehabt, eine solch konsequente und rückhaltlose Auseinandersetzung mit dem Thema zu führen und ohne seine entschiedene und konstruktive Kritik wäre mein Buch weder wissenschaftsfähig, noch einem breiteren Publikum verständlich geworden. Herzlich bedanken möchte ich mich auch bei Norbert Harent und Martina Gremmler-Fuhr, die das gesamte Buch in unterschiedlichen Phasen korrigiert haben, sowie Regine Krohn für Ihre Anregungen für die Anfangsdarstellung und Andreas Müller für Tips zur statistischen Auswertung.
Danken möchte ich dann allen Studentinnen und Studenten, ohne deren Interesse und ständige Nachfrage ich nicht die Kraft gehabt hätte, so lange durchzuarbeiten und meinen Interviewpartnern, die sich, ohne mich zu kennen, auf so weitgehende Gespräche eingelassen haben.
Ich habe mich gegen die neudeutsche man/frau-Ausdrucksweise entschieden. Bei Tanz und Empfindungsschulung habe ich hauptsächlich mit Frauen als Kolleginnen und Studentinnen zu tun. Auch die überwiegende Mehrzahl der prominenten und exponierten Personen meines Arbeitsfeldes wird von Frauen gestellt. Die Erfahrungen und Assoziationen bei der überwiegenden Zahl von Themen, die ich behandelt habe, beziehen sich überwiegend auf Frauen. Sowohl für mich als auch bei Diskussionen mit Leuten, die mit Kunst oder Körper zu tun haben und auch wenn ich gezielt für meine Skripte nachgefragt habe, war aber die traditionelle Ausdrucksweise in Ordnung, während die andere als künstlich und verkomplizierend empfunden wurde. Wichtig war immer nur, was gesagt wurde.
Da ich schon so große Probleme hatte, meine Sätze nicht zu kompliziert werden zu lassen und da es -egal ob Mann oder Frau- darauf ankommt, das ausdrücken zu können, was wesentlich ist, habe ich die einfachere Form gewählt und hoffe, daß dadurch niemand gehindert wird, von diesem Buch zu profitieren.

## 3.) WIE DAS THEMA ENTSTANDEN IST; WISSENSCHAFTLICHE ENTSTEHUNG, ZIELE UND BEGRIFFE

In der vorliegenden Arbeit möchte ich den Sinn von Tanztraining und Empfindungsschulung für die Entwicklung der Persönlichkeit ergründen. Dabei benutze ich ein Konstrukt "Ästhetische Bildung durch den Körper als Erfahrung der Natur im Menschen". Es beschreibt und erklärt die Gemeinsamkeit von Ansätzen, die sich mit der Integration von Körper, Geist und Seele beschäftigen. Die Arbeit wird zwar im Bereich Sportwissenschaft geschrieben, ist aber interdisziplinär. Smieskol unterscheidet eine

*"Sportpsychologie im engeren Sinne, die sich überwiegend mit der psychologischen Erforschung des Hochleistungssports befaßt und eine Psychologie der Leibeserziehung, die die psychologischen Probleme des Sportunterrichts als Forschungsgegenstand beansprucht"(2).*

Selbst wenn man die vorliegende Arbeit dem zweiten Forschungsgegenstand zuordnet, reicht sie mit ihren psychologischen und philosophischen Implikationen weit über den angesprochenen Bereich hinaus.
Andererseits lassen sich die Ergebnisse besonders des praxisbezogenen letzten Teils zum Beispiel im Bereich des psychoregulativen Trainings für Hochleistungssportler[1] anwenden.
Insgesamt beschäftigt sich diese Arbeit aber damit, zu untersuchen, was das Leib-Seele-Problem als Besonderheit des Menschen ausmacht und welche Rolle Tanztraining und Empfindungsschulung als Verfahren Ästhetischer Bildung in einer modernen Gesellschaft im Spannungsfeld "Natur im Menschen"-Zivilisation spielen und spielen könnten.
Ausgegangen bin ich von der Atempädagogik nach Middendorf(5), der Eutonie nach Gerda Alexander(6), der Arbeit an der Alltagsbewegung nach Dore Jacobs(7) und der Tanzimprovisation nach Tai Deharde(8). Während die drei erstgenannten in drei- bis vierjährigen Ganztagsausbildungen unterrichtet werden, wird diese Richtung der Tanzimprovisation nur als Weiterbildung angeboten.
Mein persönliches Interesse an dieser Arbeit ist in der Überzeugung begründet, daß es ein gemeinsames Wirkendes in Atem-, Eutonie-, Dore Jacobs-Arbeit und Tanz gibt, das eine bestimmte Leibes- und Lebensphilosophie voraussetzt.
Aufgefallen war mir, daß es im allgemeinen für Studenten, die an diesen Instituten ausgebildet werden, schwierig ist, Außenstehenden zu erklären, worum es eigentlich in den Ausbildungen geht, warum das so lange dauert, was das Ziel ist und was man hinterher ist, was man macht und vertritt.
Im Gegensatz zu einer sportlichen Ausbildung wird (außer in bestimmten Tanztrainings) keine körperliche Fertigkeit in einem Maße verbessert, das in irgendeinem Verhältnis zu der Intensität der Ausbildung stünde. Körper und Seele sollen in Kontakt gebracht werden; nicht die meßbare Leistung der Physis, sondern ihre Schlüsselstellung im persönlichen Verhalten und Erleben stehen im Mittelpunkt der Arbeit.
Es ist aber auch nicht so, daß wie bei einer Bühnentanz- oder Pantomimeausbildung ein künstlerisches Handwerk vermittelt würde. Nicht das künstlerische Ergebnis als solches ist das Ziel, sondern der Prozeß, der dahin führt.
Dabei geht es dann weniger um die biographische Verwicklung wie in körperorientierten Psychotherapien, vielmehr nimmt man an, daß sich persönliche Konflikte in der Orientierung am "So-Sein" des Körpers lösen.
Wenn aber ein persönlicher Zugang zu so etwas wie einer universell vorhandenen inneren Ordnung durch Öffnung für die Körperlichkeit vermittelt werden soll, so schließt das an die Tradition ritueller körperlicher Übung in archaischen Gesellschaften bzw. bestimmten außereuropäischen Hochkulturen an. Dort gibt es Vorbilder für körperliche Übungen, die nicht in erster Linie die quantitative Verbesserung der Leistung, noch die Perfektion des Ausdrucks für Performances oder die Probleme der persönlichen Geschichte beinhalten, sondern einen Weg der Persönlichkeitsentwicklung vom ich-haften Bewußt-

sein zum Selbst darstellen. Bei den hier zur Diskussion stehenden Ausbildungen handelt es sich jedoch nicht um traditionelle Formen, sondern um zeitgenössische Wege, die auch für moderne Menschen gangbar sind.
Wenn also nicht die körperliche Höchstleistung, nicht die künstlerische Technik und auch nicht Therapie Inhalt und Ziel dieser Schulen sind, was wird dann in drei Jahren konzentrierter und ernsthafter Beschäftigung mit dem Körper gelernt?
Was gelehrt wird, scheint mir vor allem eine enorme Differenzierung der Wahrnehmung zu bewirken. Dabei kann es sich, wie in der Eutonie- und Atemarbeit um die Wahrnehmung des Körpers in Ruhe oder bei sehr kleinen Bewegungen handeln. Genauso möglich ist aber auch die Schulung der Wahrnehmung für das, was bei der eigenen Bewegung passiert, und zwar nicht nur bei Grundbewegungsarten, die im menschlichen Bewegungsrepertoire angelegt sind wie Gehen usw., um die es bei der Dore Jacobs-Arbeit geht.
Diese Beobachtung ist auch möglich bei Tanzfolgen, die neu sind, also erst gelernt werden müssen. Das Besondere an der Wahrnehmungsschulung in Ruhe und (Kunst)bewegung ist ein ganz bestimmtes Verhältnis von "Machen und Geschehenlassen".
Was beim Atem noch leicht einsichtig ist, nämlich daß es darauf ankommt, das unwillkürliche Funktionieren zu erfahren, gilt auch für die Alltagsbewegung: Es gibt so etwas, wie eine "innere Ordnung", die die Bewegungsabläufe regelt. Genau das zu erfahren ist aber auch das Ziel bei der Tanzimprovisation. Während der Akteur einerseits Bewegungen initiiert, ja selbst üben muß, gibt es dann das Moment des Geschehenlassens einer unwillkürlichen Bewegungssteuerung.
Als das Gemeinsame der vier Wege sehe ich eine Arbeit an der Entwicklung der Wahrnehmungsfähigkeit, so daß das Subjektive, das Ich-hafte im Menschen in Kontakt kommt zu seiner "inneren Ordnung". Diese innere Ordnung stellt etwas Objektives im Subjektiven dar, etwas, was in jedem Menschen von der Natur angelegt ist. Dabei gilt als Annahme, daß die Welt in einer Vielzahl nicht beliebiger Formen und Gestalten existiert, die zu erleben und begreifen den Menschen seinem Wesen und dem Ganzen der Schöpfung nahebringt.
Die Gemeinsamkeit dieser Ansätze zur Entwicklung der Wahrnehmungsfähigkeit wird in dieser Arbeit durch das Konstrukt: "Ästhetische Bildung durch den Körper als Erfahrung der Natur im Menschen" beschrieben. Das griechische "aisthetike" [2], "Kunst der Wahrnehmung", verweist in seiner Bedeutung auf die zentrale Annahme dieser Arbeit, in einer Kultivierung der Wahrnehmung durch den Körper erschließe sich ein Weg der Bewußtseinsentwicklung vom Ich zum Selbst.
Im ersten Kapitel begründe ich die phänomenologisch/hermeneutische Vorgehensweise.
Im zweiten Kapitel werde ich die Denkvoraussetzungen, die das genannte Konstrukt nötig macht, untersuchen, d.h. Annahmen philosophischer und anthropologischer Art erklären, die eine Arbeit mit diesem Konstrukt erst sinnvoll machen.

An diesem Punkt ist es notwendig, ein psychologisches Konzept einzuschalten, welches auf der Ebene der Persönlichkeitsentwicklung und des Bewußtseins die Mechanismen beschreibt, mit denen ganzheitliche Entwicklung möglich ist. (s. Kap. III). In diesem Modell kann ich dann die Rolle und Bedeutung körperlicher Erfahrung für die Entwicklung der Persönlichkeit und des Bewußtseins vom Ich-haften zum Selbst näher erklären (s. Kap. IV), die vier Ansätze, von denen die ganze Überlegung ausging, unter diesem Gesichtspunkt betrachten und den zentralen Mechanismus darstellen, durch den Selbst, Natur und Form verbunden sind (s. Kap. V). In Kapitel VI wird ein kurzes Resümee des theoretischen Teils gegeben.
Im empirischen Teil dieser Arbeit vergleiche ich dann Aussagen dieses theoretischen Modells in Form von Thesen und Fragen in Interviews mit Erfahrungen, die Absolventen der oben genannten und ähnlicher Schulen in ihrer Ausbildung gemacht haben (s. Kap. VII). Danach ist es möglich, die theoretischen Modelle zu bestätigen oder in Frage zu stellen.
Nachdem die praktische Relevanz und Stimmigkeit untersucht wurde, ist es möglich, ein ideales Modell ästhetischer Bildung aufzustellen. Dieses Modell stelle ich in Beziehung zu einem eigenen integrativen Modell zur Ästhetischen Bildung, mit dem ich im Institut für Sportwissenschaften der Universität Göttingen gearbeitet habe (s. Kap. VIII). Dabei wird theoretisch und praktisch untersucht, ob in einem überschaubaren Rahmen für engagierte Laien ein den professionellen Ausbildungen vergleichbarer Weg körperlich/persönlicher Bildung und Entwicklung initiiert werden kann. In den Kapiteln IX und X finden sich eine abschließende Bewertung und der Anhang.

## 4.) WAS KONKRET WO STEHT, EIN LEITFADEN DURCH DAS BUCH

**Das Kapitel I, Wissenschafts- und Erkenntnistheorie**, ist nicht nur für wissenschaftlich arbeitende Menschen interessant. Wissenschaft besteht ja aus einem Geflecht von Methoden, Wahrheiten zu finden, die nicht einfach nur so dahergesagt werden, sondern die überprüfbar sein sollen. Dieser hervorragende und nützliche Qualitätsanspruch hatte sich aber bei allem, was den Menschen anging, auf Naturwissenschaftliches eingeengt. Mit anderen Worten war fast alles, was die Menschen an Fragen direkt bewegt, in den Bereich der Unwissenschaftlichkeit und Spekulation verdammt.
In diesem Kapitel beschreibe ich nicht nur die Vorgehensweise meines Buches, sondern beziehe mich auf die Diskussion, wie man wichtige Fragen des Lebens, die schwer faßbar sind und oft spekulativ "verschwafelt" werden -alles das, was wichtig ist- in einem guten Sinn wissenschaftlich angehen könnte.
Dabei gehe ich davon aus, daß es möglich ist, alles, was in unserem Leben bedeutsam ist, auch mit einem wissenschaftlichen Qualitätsstandard zu beschreiben. Das würde einen ungeheuren Fortschritt bedeuten, denn wir würden allmählich lernen zu unterscheiden und darzustellen, was wir wissen

oder was wir nur vermuten, auf welchen Voraussetzungen unsere Gedanken aubauen und, was die wichtigste Folge wäre: Argumentationen müßten so aufgebaut sein, daß Gegner dieser Sichtweise genau sagen könnten, welche Annahmen sie nicht teilen, was mittelfristig die Diskussion um vieles ehrlicher und konstruktiver gestalten könnte.
Auf Seite 34-39 zeige ich am Beispiel einer Argumentation aus der Biologie, daß die Form, in der uns die Welt gegenübertritt, gleichberechtigt neben dem Inhalt steht, und das gilt nicht nur für Kunst, sondern auch für die Wissenschaft.
**In Kapitel II, anthropologische und philosophische Grundlagen**, geht es erst (S. 46-74) um grundsätzliche Fragen von Freiheit und Schicksal, ob Leid und Kampf vermeidbar oder gar notwendig für die persönliche Entwicklung sind, um die Spaltung und Einheit des Menschen mit seinem planenden Ich, dem Körper und dem Selbst, dem Ziel des Lebens, und ähnliches.
Der zweite Teil (S. 75-104) ist eher geschichtlich und aktuell gesellschaftlich orientiert. Es geht darum, ob die Grundprobleme des Lebens immer gleich bleiben, oder ob die Menschen mit der Aufgabe, Kultur und Natur zu versöhnen, früher anders umgegangen sind. Ich konzentriere mich dann auf die Frage, was die Besonderheit der heutigen Situation, in der die Welt nach dem Belieben des Ego organisiert ist, ausmacht, was die Chancen und Probleme sind, die uns von früher unterscheiden und wie die Entwicklung unseres Versuchs einer selbstherrlichen Weltplanung in groben Zügen verlaufen ist. Das Kapitel endet mit einer Verbindung der Ziele von Selbstverwirklichung, Körperlichkeit, Selbstverantwortung und gesellschaftlicher Verantwortung.
**Kapitel III, ein psychologisches Modell ganzheitlicher Entwicklung**, hat die Entwicklung eines psychologischen Modells zum Gegenstand. Ich beschreibe darin die Organisation des Bewußtseins in Polaritäten, die dynamisch auf eine Weiterentwicklung zu Selbstverwirklichung, zu mehr Verstehen, mehr Begreifen, auf Durchleben hin angelegt sind. Ausführlich wird dargestellt, wie Stagnation entsteht, wieviel Verdrängung nötig ist, was Intuition für "produktive Verunsicherungen", also kritische Situationen an denen Menschen wachsen, ausmacht und welche Rolle die Umwandlung des Ich von der Starrheit zur wahren Stärke aus Kontakt zur Natur im Menschen spielt.
In dem Sinne, daß Menschen ihr Leben von der Ganzheitlichkeit des Säuglings durch die Differenzierung zur Ganzheitlichkeit der Selbstverwirklichung zu entwickeln suchen, wird an die alte Ganzheitspsychologie angeschlossen. Doch wird diese Ganzheit als dynamische Qualität definiert und in ihrer Schlüsselrolle, das Wachstum der Persönlichkeit und die Selbstverwirklichung zu hemmen oder zu fördern, beschrieben. Das hängt von der Entwicklung der Ich-Funktion ab, die -je ob festhaltend/unentwickelt oder intuitiv im Dienste des Selbst stehend- bestimmt, ob die Bewußtseinspolaritäten Denken-Fühlen, Innen/Außen, Machen-Geschehenlassen und pragmatisch-transzendent sich hemmen oder in produktiver Spannung zueinander stehen.
Als Ziel der Entwicklung wird wie bei Jung und Dürckheim ein Individuationsprozeß zum Selbst hin gesehen. Dafür müßten Gestalten individueller oder

archetypischer Art geschlossen werden, indem sie durchlebt werden. Für das Durchleben wird wie in der Ganzheitspsychologie ein Primat des Erleidens, des Pathischen gesehen, was aber wie in der Gestaltpsychologie auf die klassisch ich-aktiven Gebiete des Denkens und Wollens ausgedehnt wird. Auch für diese Bereiche nehme ich damit einen vorgegeben Rahmen der guten Gestalt an, in der das Ich je nach Entwicklungs-/Kultivierungsgrad elegant zulassend und steuernd oder tölpelhaft eingreifend agieren kann.
Die große Kunst der Persönlichkeitsentwicklung wäre demnach, das Ich zugleich zu stärken und mit Intuition geschmeidig zu machen, so daß es entscheidungsfreudig aus dem Kontakt und Wissen der Natur-im-Menschen die persönliche Entwicklung eher zulassend in Richtung Selbst steuert.
Ein längerer Teil S. (150-153) befaßt sich mit der Frage, was eigentlich die Wirklichkeit ist. Unter dem Gesichtspunkt eines traditionellen afrikanischen Volkes und der modernen Physik wird die hohe Anforderung an das Ich des modernen Menschen zwischen dem sehr ausgedehnten und anspruchsvollen Sektor der praktischen Lebensbewältigung und der Grundfrage spiritueller Entwicklung beleuchtet.
**Kapitel IV, Die Bedeutung des Körpers für die Ganzheitlichkeit**, beschäftigt sich detailliert damit, wie generell Körperlichkeit die (im vorigen Kapitel erarbeiteten) psychischen Balancen, zum Beispiel des Verhältnisses zwischen Fühlen und Denken, produktiver, kreativer und ehrlicher gestalten kann. Hier wird gezeigt, daß selbst und gerade beim abstrakten Denken und Problemlösen Intuition nötig ist und damit Körperlichkeit hilfreich sein kann. Am Beispiel Focusing wird eine psychotherapeutische Theorie und Praxis des Zugangs zur Natur im Menschen erläutert.
Der zentrale Punkt des Kapitels ist die Frage, wie der Kontakt zum Körper helfen kann, diese komplizierte Balance: festhaltendes-Ich/Öffnung-für-Neues so zu gestalten, daß weder die Stagnation und Ratlosigkeit, noch die chaotische Auflösung und Gefährdung der Identität, sondern Intuition für den Zeitpunkt und die Art der Öffnung und organische Entwicklung möglich werden.
Besondere Punkte hier sind die Auseinandersetzung mit der traditionell leibfeindlichen Deutung von Plato und dem Taoismus (S. 195-201) und Methoden aus anderen Zivilisationen, mit diesem universellen menschlichen Problem Ich-Bewußtsein/persönliches Wachstum umzugehen: Klassisch-griechische Mysterienkulte und der Gebrauch von Drogen (S. 216-221), Castaneda, Peyote und indianische Pychologie (S. 221-223), Schamanistische Ekstasetechniken (S. 224-232), Voodoo als Tanz-, Trancetechnik und Religion (S. 233-244), afrikanische Initiation (S. 245-247) und Yoga (S. 247-250).
In **Kapitel V, Die Natur im Menschen**, wird beschrieben, worin genau die Möglichkeit besteht, über den Körper Kontakt zur Natur im Menschen zu bekommen. Zuerst stelle ich dar, woran die traditionellen Wege in unseren stärker ich-entwickelten Zivilisationen scheitern, schreibe über den Verlust der Harmonie, des Gefühls für Schönheit und die psychosomatische Krise. Über eine Exkurs zu Nietzsche nähere ich mich dem Punkt, wo die moderne Zivilisation aus der neuen Freiheit und Gefährdung eines nicht mehr zwangsweise

naturorientierten, sondern technisch-organisierten Lebens die Frage nach der Natur im Menschen richtig stellt, ohne eine konstruktive Lösungsmöglichkeit zu kennen.
Ab S. 279 zeige ich mit Hilfe von neurophysiologischen Erkenntnissen, die ich in die Bedeutung des dargestellten psychologisch-körperlichen Modells integriere, daß es praktisch möglich ist, einen direkten Zugang für die Natur in Menschen zu haben. Von S. 289-302 weise ich nach, daß für Ansätze der Empfindungsschulung über Atem (Ilse Middendorf), Spannung/Körperbild (Gerda Alexander), Alltagsbewegung (Dore Jacobs) und Tanzimprovisation (Tai Deharde) die Autorinnen selbst in den Beschreibungen ihrer praktischen Arbeit auf genau diesen Kontakt hinarbeiten und ihn, wenn auch indirekt und mit andern Worten, benennen.
Damit ist gezeigt, daß es so etwas wie "Ästhetische Bildung durch den Körper" über so unterschiedliche Ansätze, die sich voneinander abgrenzen, gibt, so daß es jenseits der Abgrenzungen und in Anerkennung der Unterschiede möglich ist, eine gemeinsame theoretische Grundlage einer solchen Arbeit, die nicht Therapie, noch Religion, nicht Kunst und nicht Sport ist, anzugeben.
Auf S. 302-308 geht es dann abschließend um die Rolle von Schönheit und Harmonie der Bewegung bei dem Erkennen des Wesentlichen für den Menschen.
Nachdem in **Kapitel VI ein Resümee des theoretischen Teils** unternommen wird, komme ich in **Kapitel VII, Empirie**, zu einer praktischen Beschreibung unterschiedlichster Ansätze. Auf S. 315-333 werden in ihren eigenen Worten kurz verschieden europäische und amerikanische Schulen vorgestellt. Auf Seite 343 kommen dann ausführliche Interviews, in denen Studenten, die gerade eine Ausbildung abgeschlossen haben, über die persönliche Auswirkung der Ausbildung befragt werden und zu Grundthesen des hier vorgestellten philosophischen Konzeptes Stellung nehmen.
Hier wird deutlich, daß in verschiedenen Sprachen und durch unterschiedliche Vorerfahrungen hindurch bestimmte Gesichtspunkte der Lebenseinstellung und persönlichen Entwicklung gleich sind und Menschen, die einen solchen Weg gewählt haben, im Unterschied zum sonstigen Verständnis in unserer Gesellschaft verbinden.
In **Kapitel VIII** endlich wird **ein Integratives Modell Ästhetischer Bildung durch den Körper** vorgestellt. Auf S. 445-466 geht es um Form und die Emanzipation des Wahrheitsgehaltes der "Wahrnehmung der Welt durch die Sinne" gegenüber dem "intellektuell erfaßbaren Inhalt". Auf S. 466-474 beschreibe ich allgemeine Gesichtspunkte einer "Ästhetischer Bildung durch den Körper", auf Seite 488-504 den Unterschied zu Therapie, den Stellenwert von äußerer Korrektur und Rückmeldung und ähnlichem. Dabei geht es um die praktischen Konsequenzen, die die Erkenntnisse dieses Buches über die Bedeutung von physisch/persönlicher Konfrontation mit Energie und der körperlichen Struktur in einem Training, das von Anfang an mit Schönheit und Form operiert, hat.

Von S. 474-487 wird mein eigenes praktisches Modell vorgestellt. Dabei geht es um eine paralleles Training in TIA (Tanzimprovisation als Alltagskunst), KÖSYBE (Körpersymbolik, innere Bilder und Bewußtsein) und EXTATHE (experimentellem Tanztheater), das gezielt körperliches Training, Wahrnehmungsschulung und Kunst verbindet.
Dem Ganzen folgen ab S. 504 einige Untersuchungen zur eigenen Arbeit.
Ab S.528 kömmen der Anhang mit praktischen Beispielen und die Literaturliste.

Da das Geschriebene nicht nur verständlich, sondern auch erlebbar sein soll, die Mehrzahl der Menschen, die dieses Buch lesen werden, meine praktische Arbeit aber nicht kennt, habe ich parallell zum Text eine Photodokumentation befreundeter Tänzerinnen des “Tanztheater Christine Brunel” gewagt.
Für diese Möglichkeit schulde ich nicht nur der Choreographin und Tänzerin Christine Brunel und den Tänzerinnen Sayonara Pereira und Simone Rorato Dank, sondern auch den Photographen André Gelpke, Mario Estes, Gerno Michalke, Mario Kamps und Georg Schreiber, die ihre Photos unentgeltlich oder zu erschwinglichen Preisen zur Verfügung stellten.

## ANMERKUNGEN

1 Schmidt schreibt über veränderte Anforderungen an das autogene Training im Hochleistungssport:

*“Es darf nicht außer acht gelassen werden, daß die Vorbereitung auf eine Spitzenleistung nicht einfach in reiner Entspannung und Versenkung zu suchen ist, sondern auf optimaler Aktivierung beruhen muß,”(4)*

Das bedeutet, daß die äußerst differenzierten Methoden des optimalen Spannungsaufbaus (z.B. als höchstmögliche Spannung und Zentrierung in Gelassenheit und Durchlässigkeit) aus einer Verbindung von Atem- und Eutonieübungen mit bestimmten Exercises und modernen Ritualen aus Tanz und Körpersymbolik anwendbar wären.

2 Über den Unterschied zwischen Empfinden und Wahrnehmen und das entsprechende psychologische Modell siehe Kap. III! Alle anderen Begriffe werden in ihrem Sprachgebrauch in den Kap.n II und III erläutert.

# I Wissenschafts- und Erkenntnistheorie

## A Modelle und Gültigkeitsbereiche

### Die Begrenztheit wissenschaftlichen Verstehens und die Notwendigkeit, nicht das Thema der Methode, sondern die Methode dem Thema anzupassen

Es gibt die Unterscheidung Sartres des "Körpers für sich" und des "Körpers für andere"(1). In den Naturwissenschaften wird der Körper für andere von außen untersucht. Indem man ihn als Objekt unter Objekten behandelt, kann man sachliche Informationen über sein Funktionieren gewinnen[1]. 1 Hier geht es dagegen um den Körper für sich und von innen her betrachtet in seiner Bedeutung für die Persönlichkeitsentwicklung. Dafür ist die phänomenologische Beschreibungsebene angemessen.

*"... we can not continue to confuse the ontological levels, and we must in succession examine the body first as being-for-itself and then as being-for-others."(4)Sartre*

Man kann sich nun fragen, ob dieses Thema so überhaupt wissenschaftsfähig sei. Im allgemeinen wird von Körperarbeit und ähnlichen Dingen gesagt, man müsse sie erfahren und sie seien nicht mit dem Verstand beschreibbar[2].
Von dem künstlerischen Aspekt gilt dasselbe. Poetische Formen treffen einfacher und sicherer die Phänomene des leiblich/seelischen Erlebens.
Und erst recht gilt das für den in der Körperarbeit enthaltenen[3] Aspekt der Transzendenz, die ja gerade die verstandesmäßige Ordnung der Welt überwindet.
Ein Teil der Lehre im Zen besteht darin, daß der Meister seinen Schülern sogenannte Koans aufgibt, Paradoxien des Lebens, die für den Verstand einen unauflöslichen Widerspruch darstellen.
Marcel schreibt:

*"Ich bin mir selber jedoch ein undurchdringliches, aller Anzweifelung in seine Wirklichkeit entrücktes Geheimnis. Als solches bin ich mein Leib. Das heißt, daß dieser Leib nicht wie ein Werkzeug betrachtet und gehandhabt werden kann; mein Leib ist nie Objekt unter anderen, sondern die Voraussetzung aller denkbaren und möglichen objektiven Verhaltensweisen und aller Wahrnehmungen im Objektiven."(6)*

Ich bin aber der Ansicht, daß es gerade wichtig ist, dem Verstand das nachvollziehbar zu machen, was den Rahmen seines Gültigkeitsbereiches bestimmt. Es kommt nur darauf an, mit Methoden Wissenschaft zu betreiben, die dem

"Gegenstand" Mensch angemessen sind[4].

*"Mit diesem ihren leiblichen Einbezogensein in Natur und Welt wird auch die Wirklichkeit selber als das konkrete Ganze undenkbar ... Dies zwingt zu weitreichenden methodischen Konsequenzen, unter anderem auch zur kritischen Relativierung der Möglichkeiten, ... die durch die psychologischen und soziologischen Wissenschaften heraufbeschworen werden. Denn indem sie sich als Wissenschaften nach dem Vorbild der exakten Naturwissenschaften zu entwickeln und zu verstehen suchen, indem sie also objektivieren, verstellen sie die Realitäten, nach denen sie fragen. Sie müssen den ontologischen Grund der seelischen und sozialen Wirklichkeit außer acht lassen, um die psychischen und sozialen Phänomene als Gegenstände betrachten zu können."(8)*

So erfordert also nicht nur die Untersuchung der Körperlichkeit, sondern die des menschlichen Bewußtseins allgemein eine ganzheitliche Methode. Diese setzt beim subjektiven Erleben des Menschen an. Ich werde dabei von unzerteilten Erlebniskomplexen ausgehen. Die Vorgehensweise der Arbeit ist somit phänomenologisch orientiert und notwendigerweise interdisziplinär.

## B MÖGLICHKEITEN EINER NEUEN WISSENSCHAFTS- UND ERKENNTNISTHEORIE

Ich möchte noch einmal betonen, daß Wissenschaft sich mit jedem Thema beschäftigen kann. Sie muß dann nur ein angemessenes Paradigma finden (siehe Fußnote 4!) und Methoden benutzen, die es ermöglichen, die Gedanken und den Untersuchungsgang nachvollziehbar und widerlegbar zu machen.

In dieser Arbeit habe ich es mit einem Thema zu tun, das auf verschiedenen Ebenen beschreibbar ist und die klassischen Denkmöglichkeiten zum Teil überschreitet.

Weil die Physik die Paradewissenschaft des alten Paradigmas war und auf ihrem klassischen Weg an die Grenzen der Erkenntnismöglichkeiten in diesem Paradigma stieß, möchte ich mich bei den allgemeinen Gedanken über die Realität und ihre Beschreibungsmöglichkeit überhaupt an ihr orientieren. Dabei habe ich mich bei dieser Darstellung sinngemäß an Stanislav Grof(9) angelehnt:

Zum Charakter der Realität und der Möglichkeit ihrer Beschreibung beschreibt Grof Geoffrey Chew's Bootstrap Theory:

*"Alle Theorien über natürliche Phänomene einschließlich der Naturgesetze werden in diesem Zusammenhang als Kreationen des menschlichen Geistes aufgefaßt. Sie sind Begriffsschemata, die der Wirklichkeit mehr oder weniger gut gerecht werden, aber nicht mit richtigen Beschreibungen der Realität oder der Realität selber verwechselt werden dürfen.", denn "das Universum ist letztlich ein unendliches Gewebe wechselseitig verknüpfter Ereignisse. Keine der Eigenschaften irgendeines Teils dieses Gewebes ist elementar und grundlegend. Alle spiegeln die Eigenschaften der anderen Teile wieder. Deshalb wird die Struktur des gesamten Netzwerks*

*nicht durch einzelne Bestandteile determiniert, sondern durch die Gesamtübereinstimmung ihrer wechselseitigen Beziehungen."(10)*

Jede Beschreibungsebene ist so für ihren Wirkungsbereich angemessen. Will ich mich einem Phänomen wie der Ganzheitlichkeit leiblich-seelischer Prozesse nähern, muß ich verschiedene Ebenen verbinden, zentrale Gedanken als parallele Verbindungen verschiedener Ebenen entwickeln und so ein Verständnis der Zusammenhänge in der Vielfalt entwickeln.
Sokrates fragt:

*"Hältst du es nun für möglich, die Natur der Seele sinngemäß zu erkennen, ohne die Natur des Ganzen zu kennen?"*

Phaidros antwortet:

*"Wenn man dem Asklepiaden Hippokrates trauen muß, nicht einmal die Natur des Leibes ohne dies Verfahren."(11)(Plato)*

Für die Untersuchung des körperlichen Weges als Initiation ganzheitlicher Prozesse nehme ich folgendes über das Wesen der Realität an: Das Wesen der Wirklichkeit ist für die Wissenschaft nicht zu erfassen. Sie ist ein sich ständig änderndes Geflecht wechselseitig miteinander verknüpfter Ereignisse, wobei alles mit allem zusammenhängt und im Sinne des Pars pro Toto alles in einem enthalten ist. Wie ich in der Holographie durch Veränderung des Brennpunktes immer neue Aspekte des Objekts wirklich werden lassen kann, sich also immer neue Wirklichkeiten entfalten, die in unendlicher Vielfalt Gestalten des Gleichen sind, prägt sich die Vielgestalt der Phänomene als eine unendlich vieler, latent in der Wirklichkeit enthaltener Möglichkeiten aus und verändert sich zugleich. Grof schreibt: [Der Physiker]

*"Bohm stellt die Realität im allgemeinen und das Bewußtsein im besonderen als ein ungebrochenes und zusammenhängendes Ganzes dar, daß sich in einem niemals endenden Prozeß der Veränderung befindet, den er Holomovement nennt. Die Welt ist in einem ständigen Fluß, und stabile Strukturen jeglicher Art sind nichts anderes als Abstraktionen. Jedes beschreibbare Objekt, jede Einheit oder jedes Ereignis leiten sich von einem undefinierbaren und unbekannten Ganzen ab. Die Phänomene, die wir direkt mit unseren Sinnen oder mit Hilfe wissenschaftlicher Instrumente wahrnehmen, -also die gesamte Welt, die von der mechanistischen Wissenschaft untersucht wird-, ist nur ein Bruchstück der Wirklichkeit, nämlich die entfaltete, bzw. ausgefaltete Ordnung. Sie stellt eine Sonderform dar, die in einer umfassenderen Existenzform enthalten ist und aus ihr hervorgeht. Diese wird als eingefaltete potentielle Ordnung bezeichnet. In dieser impliziten Ordnung sind Raum und Zeit nicht mehr die maßgeblichen Faktoren, die die Abhängigkeitsbeziehungen zwischen verschiedenen Elementen, bzw. ihre Unstimmigkeit bestimmen. Verschiedene Aspekte der Existenz stehen in einem sinnvollen Zusammenhang mit dem Ganzen und sind nicht einfach isolierte Bausteine, sondern erfüllen bestimmte Funktionen im Hinblick auf einen Endzweck. Das Bild vom Universum, daß hier gezeichnet wird, hat Ähnlichkeit mit*

*einem lebenden Organismus, dessen Organe, Gewebe und Zellen nur in Beziehung zum Ganzen begriffen werden können."(12)(Grof),*

was an Sheldrake erinnert, (s. S. 444ff), dessen morphogenetische Felder als Zwischengröße zwischen dem ungeschiedenen Ganzen und den konkreten Strukturen gelten können.

*"Im Gegensatz zu den Idealisten und Materialisten meint Bohm, daß Materie und Bewußtsein sich nicht aufeinander zurückführen lassen. Beide sind Abstraktionen einer impliziten Ordnung, die ihre gemeinsame Grundlage bildet und stellen somit eine untrennbare Einheit dar. Entsprechend sind das Wissen über die Wirklichkeit im allgemeinen und die Wissenschaft im besonderen Abstraktionen des einen großen Ganzen. Sie sind nicht Reflexionen über die Realität und von ihr unabhängige Beschreibungen, sondern ein wesentlicher Teil des Holomovement ... Wahrnehmung und Wissen, einschließlich der wissenschaftlichen Theorien, sind Ergebnisse kreativer Aktivitäten, die sich mit künstlerischen Schaffensprozessen vergleichen lassen, aber nicht objektive Widerspiegelungen einer unabhängig existierenden Realität. Die wahre Realität ist unmeßbar, und echte Einsichten stellen gerade das Unmeßbare als das Wesentliche der Realität heraus."(13)(Grof)*

Neben den wissenschaftlichen Kriterien der Nachvollziehbarkeit und Widerlegbarkeit möchte ich ein künstlerisches Verstehen, eine Intuition[5] in den Mittelpunkt gerückt sehen, die direktes Verstehen erst ermöglicht. Im Unterschied zur Kunst soll sie hier aber dem Verstande zugänglich gemacht, d.h. der Erkenntnisprozeß muß in allen Facetten nachvollziehbar beschrieben werden. Den Anteil von Kreativität und Intuition möchte ich näher ausführen: Deren, die nicht Ethnologin, sondern Künstlerin war, schreibt über ihre Forschungsreise nach Haiti, bei der sie Tänze und Rituale des Voodoo beobachtete:

*"But I was not prepared for the fact that such primitive rituals, which, in general, had been represented as yielding their true meanings only to a scholarly investigation of historical origins, would be so directly meaningful to me. Indeed, my interpretations of the rituals, based on my immediate experience and without the clue (and misguidances) of historical or esoteric research, proved so consistantly correct, that the Haitians began to believe, that I had gone through varying degrees of initiation. And this means of perception yielded, not some historical meaning which the ordinary serviteur experiences and which motivates him to continue serving that religion."(17)(Deren)*

Während es in der Kunst darauf ankommt, das intuitive Erfassen der Dinge mit handwerklichen Mitteln so zu gestalten (bildende Kunst) oder auszudrücken (Tanz, Theater und Musik), daß es der Intuition anderer Menschen zugänglich ist, will die Wissenschaft es der Ratio zugänglich machen. Die Vision der Welt aber und der Erkenntnisakt sind intuitiv[6].
Wenn Wissenschaft nun dieser Einführung eines geistigen Aspektes in die Vorstellung einer materiellen Welt gerecht werden will, muß sie ein neues Paradigma finden, durch das ein geeigneter Zugang zu geistigen Phänomenen geschaffen wird, also eine angemessene Beschreibungsebene.

Wenn dabei das Kriterium gilt, daß Wissenschaft nachvollziehbare, intersubjektiv überprüfbare Informationen als Grundlage ihrer Theorien nimmt, muß sie eine Methode verwenden, die unter geeigneten Bedingungen einen wiederholbaren Weg darstellt.
Sie sollen dem alten Paradigma nach unabhängig vom Beobachter, also objektiv sein. Das Komplementaritätsprinzip von Niels Bohr macht aber nicht nur eine Revision des Verbots logisch widersprüchlicher Aussagen und eine Erweiterung von Stimmig- und Schlüssigkeitsvorstellungen nötig, sondern auch eine neue Sichtweise der Forderung nach Objektivität:
Die Ergebnisse sind nicht vom Beobachter unabhängig, sondern er schafft mit seiner Beobachtung eine bestimmte Wirklichkeit, nimmt sie für wahr, so daß die Forderung nach Objektivität lauten müßte, daß nicht vom Beobachter unabhängige Ergebnisse existieren, sondern ein Weg mit einer definierten Methode durch die Person des Beobachters gemacht und genau beschrieben wird, wobei der Vorgang der Wirklichkeitsfindung von anderen nachvollziehbar würde.
Diese Wissenschaftstheorie hat den Vorteil, nicht mehr die Betrachtung der wesentlichen Erscheinungen menschlicher Existenz auszuschließen. Eine Beschreibung innerer Wirklichkeit wäre unter genauer Beschreibung ihres Weges wissenschaftlich und könnte ermöglichen, ein Objektives im Subjektiven zu finden.
Natürlich gibt es eine Grenze. Wenn Grof schreibt:

*"Auf sich allein gestellt ist" (das Denken) "mechanisch und bezieht seine im allgemeinen unangemessene und irrelevante Ordnung vom Gedächtnis. Es kann aber auch direkt auf die Intelligenz reagieren, die ein freies, unabhängiges, nicht schon beeinflußtes Element ist ... "(19)*

bedeutet das, der Ratio nachvollziehbar zu machen, was die Intuition "blitzartig" als zusammenhängend erkannt hat.
Eine Sichtweise, die die Wirklichkeit als vielschichtig und nicht direkt faßbar sieht, würde ermöglichen, alle Bereiche zu beschreiben, die sonst als Folie à deux abgetan worden wären. Das wiederum ist die Stärke einer phänomenologisch/leiblichen Orientierung der Wissenschaft:

*"Dabei garantiert die reiche zwielichtige Struktur des leiblichen Feldes eine Offenheit, die viele mögliche Auswirkungen zuläßt. Weiterdenken wird hier wieder zur persönlichen risikovollen Aufgabe, eindeutige Beweisführung verliert ihr Privileg der Wissenschaftlichkeit."(20)(Coenen)*

Ab einem bestimmten Punkt wird aber der exoterische Bereich diskursiven Denkens verlassen. Der esoterische Bereich "echter Einsicht", wie ihn Dethlefsen beschreibt, kann nicht auf diese Weise vermittelt werden.

*"Wissen jedoch ist ... das Ergebnis eines ganz persönliches, individuellen Erkenntnisaktes, der metaphysischer Natur ist."(21)*

*"Wissen kann immer nur das Ergebnis eigener Erfahrung sein, kann weder übernommen, noch weitergegeben werden."(22)*

So lassen sich die berühmten Sätze des Hermes Trismegistos (23) nicht durch rationale Erklärungen begreifbar machen.
Warum die Wege der Erfahrung wichtig sind, wie sie mit Wissen aus verschiedenen Gebieten zusammenhängen usw., das zu untersuchen dagegen ist möglich und wichtig. Damit befaßt sich diese Arbeit. Jung schreibt:

*"Metaphysisch ist nichts zu begreifen, wohl aber psychologisch. Darum entkleide ich die Dinge ihres metaphysischen Aspekts, um sie zu Objekten der Psychologie zu machen. Damit kann ich wenigstens etwas Verstehbares aus ihnen herausziehen und mir aneigenen, und überdies lerne ich hieraus die psychologischen Bedingungen und Prozesse, welche zuvor in Symbolen verhüllt und meinem Verständnis entzogen waren. Damit aber auch erlange ich die Möglichkeit, einen ähnlichen Weg zu gehen und ähnliche Erfahrungen zu machen, und sollte am Ende noch unvorstellbares metaphysisches dahinterstecken, so hätte es so die beste Gelegenheit, sich zu offenbaren."(24)*

## C BEISPIELE FÜR VERSCHIEDENE BESCHREIBUNGSEBENEN

Der Sinn von Empfindungsschulung und Tanztraining kann nicht naturwissenschaftlich untersucht werden:

*" ... the ... physiologist can tell you, in stunning detail and with remarkable accuracy, the changes taking place in our body during and after exercise. However, the scientist can only be silent at the question: 'What does this exercise mean to me, as an intelligent embodied person?'"(25)(Balkam)*

Damit will ich nicht die Bedeutung der naturwissenschaftlichen Ebene schmälern. Sie bietet für meinen Ausschnitt, Blickwinkel und Ansatz notwendige, aber nicht hinreichende Erklärungen, besser Beschreibungen. Sie kann viel über das Wie sagen, das Warum muß im Dunklen bleiben. Als ein nicht weiter rückführbares Element des menschlichen Welterlebens werde ich (im folgenden Beispiel und ausführlich in Kapitel VIII) Form einführen. Im Kapitel III werde ich am Beispiel der Karanga zeigen, wie traditionell lebende Menschen die Welt doppelt beschreiben, in rational beschreibbaren Funktionen und Mythen und Symbolen.
Das Mysterium von Eleusis (Kapitel IV) läßt sich in seinem Wie -z.B. warum 2000- 3000 Initianden zugleich eine ähnliche Vision hatten- mit der Wirkung einer allen verabreichten Droge erklären. Eine andere Frage aber ist die nach dem Verhältnis von Droge und Transzendenz, dem Inhalt des Mysteriums usw...
Genauso läßt sich beim Voodoo die Trance mit einem bestimmten Hormon erklären, das immer bei rhythmischen Wiederholungen ausgeschüttet wird.(26)(Henry) Eine ganz andere Frage ist die nach dem spirituellen System

der Besessenheit, warum ausgerechnet Wiederholung so etwas bewirkt usw.
...

Beide Ebenen sind von fundamentaler Bedeutung. Mit der klassisch/wissenschaftlichen Ebene ist es möglich, bestimmte Mechanismen zu beschreiben, sie zu Fixpunkten des Verstehens zu machen und Spekulationen zu widerlegen. Die andere hier beschriebene Art stellt den direkten Realitätsbezug her und untersucht das gesamte menschliche Erlebnisfeld.

Auf der phänomenologischen Ebene ist es gut möglich, durch den Einschub naturwissenschaftlichen Denkens zu profitieren, wie auf den Seiten 259ff u. 279ff mit großem Gewinn für diese Arbeit geschehen. Wichtig ist aber, im Auge zu behalten, daß die naturwissenschaftliche Ebene die phänomenologische nicht erklären oder ersetzen kann. Sparks schreibt zum Reduktionismus:

*"As Wilber has stated, attempting to explain mystical experience in materiel terms is like trying to describe the Mona Lisa by the chemistry of its paint, or Hamlet by the kind of paper on which it is printed. Finally, materialist theories of embodiment are inherently reductionist, and in their reductionism lose the phenomenon they attempt to explain."(27)*

*"We must keep constantly in mind the idea that since these two aspects of the body are on different and incommunicable levels of being, they cannot be reduced to one another."(28)(Sartre)*

Solange aber die Ebenen nicht vermischt werden und man die phänomenologische Ebene nicht auf die naturwissenschaftliche reduziert, wäre es Vergeudung von Wissen, nicht sorgfältig Verbindungen herzustellen.

### Exkurs zur Bedeutung von Form und dem Verhältnis der Ebenen

Wenn Körperbildung, Empfindungsschulung und Tanztraining eine Bedeutung für die Entwicklung der Persönlichkeit haben sollen, wird die zentrale Bedeutung von Form schon vorausgesetzt. Nur wenn man die Form, in der uns Leben begegnet, für wesentlich hält, macht es einen Sinn, die Empfindung für den Körper zu schulen oder Tanz zu trainieren, statt Sport zu treiben. Mit dem Begriff "Ästhetische Bildung als Erfahrung der Natur im Menschen" wird direkt die Bedeutung von Form für den Inhalt angenommen.

Diese Grundannahme über die Bedeutung von Form bedingt die wissenschaftstheoretischen Überlegungen. Form läßt sich naturwissenschaftlich nicht fassen. Sie muß phänomenologisch als Ganzes untersucht werden, was -da es ja um ihre Bedeutung in Verbindung mit dem Körper für den Menschen geht- den interdisziplinären Charakter nach sich zieht.

Deshalb möchte ich hier mit den Worten des Biologen Portmann das Verhältnis der traditionellen und der phänomenologischen Ebene auf den Punkt bringen. Er betont sofort das Komplexe, nicht einfach Beschreibbare:

*"Wir stehen vor einem kaum übersehbaren Reichtum von lebenden Gestalten. Denn Leben, das gibt es ja nicht in den elementaren Formen, wie sie unser Denken etwa in geometrischen Figuren definiert. Leben ist stets hochkomplizierte Organisation wie wir selbst, wie Blumen und Falter, wie Hefepilze und Bakterien ... "(29)*

und stellt das Besondere der Form heraus:

*"Der Aufwand an formbildender Leistung über alle funktionellen Rollen der gestaltlichen Glieder hinaus ist ein generelles Zeichen der lebendigen Formen und setzt jeder zu einfachen Deutung dieser Gestaltungen nach bloßen Zweckmäßigkeiten eine Grenze."(30)*

Nun wendet er sich dem üblichen Versuch der rationalistischen Erklärung des Unerklärlichen zu:

*"Auf welchen Wegen suchen wir ein Verständnis, eine den Verstand befriedigende Aussage über Organismen? Seit Urzeiten bietet unser technisches Denken eine leicht faßbare Möglichkeit. Die Deutung des Lebendigen aufgrund verstandener Funktionen hat das beruhigende Gefühl aufkommen lassen, die wesentlichen Lebensrätsel seien geklärt. Die Gefahr einer ganz einseitigen technischen Ansicht der lebenden Natur ist denn auch bedrohlich vor uns ... "(31)*

Das führt zu dem oben erwähnten Reduktionismus:

*"Wir kennen heute viele Zusammenhänge im Lebendigen, welche Einzelheiten der Gestaltung als eine Folge von Ausleseprozessen verständlich machen können. Dem entspricht die weite Verbreitung der Meinung, die Evolution des Lebens dürfte als wissenschaftlich geklärt betrachtet werden. Zufällige, beliebige Varianten im Erbgut der Zellen liefern das Material, mit dem die natürliche Auslese arbeitet, indem sie hier gewisse Formen begünstigt, dort andere ausmerzt und dabei auch vieles Beliebige einfach 'neutral' bestehen läßt ... Eine reicher forschende Erfahrung aber ... bringt doch viele ernste Zweifel an der allgemeinen Geltung dieses Naturbildes ... Zweifel, die den Naturforscher zwingen, die Erscheinungen der Gestalt in einem umfassenderen Horizont zu sehen."(32)*

Daß Form eine fundamentale eigenständige Konstituante des Lebens ist, läßt sich in der gesamten Natur beobachten:

*"Ein beträchtlicher Anteil der beim Aufbau eines Organismus eingesetzen Stoffe und Vorgänge dient einer Verwirklichung von 'Erscheinungen', die über die bloße Notwendigkeit der Lebenserhaltung hinausweisen. Das Ergebnis dieses Aufwandes ist eine Selbstdarstellung der Tier- oder Pflanzenart: in Gestaltungen, die auf Sinnesorgane zu wirken vermögen, stellt sich die Besonderheit des Artplasmas da."(33)*

Sie lassen sich nicht mit der Arterhaltung erklären, oder sonstwie auf eine Bedeutung für das Überleben zurückführen:

*"Sie weisen auf autonome Regeln der Gestaltung hin, deren Ergebnis wohl auch den vielerlei Wirkungen der Auslese unterliegt, deren Ursprung aber dadurch nicht erklärt wird und vorderhand völlig verborgen bleibt. Wer sich in die Eigenheiten tierischer Musterbildung vertieft ... der erkennt, daß im Bauplan der Tiere wie der Pflanzen Formschöpfungen vorgebildet sind, die an Kompliziertheit den lebenserhaltenden Vorgängen entsprechen, ohne daß ihnen die in ihrem Formwert gleiche Notwendigkeit für die Erhaltung zukommt."(34)*

Er bringt folgendes Beispiel:

*"Es ist nie bezweifelt worden, daß die flächige Ausbreitung der grünen Spreiten wichtige Lebensleistungen der grünen Welt in hohem Maße begünstigt ... Doch sind diese Blattspreiten oft von Art zu Art verschieden, sie sind in ungezählten Variationen der Fiederung, der Blattrandgestaltung, der Anordnung geformt - Gestaltungen, denen nur selten der Wert einer zweckmäßigen Anpassung zukommt. Auch die extremsten Versuche, all diese Blattgestalten als sinnvolle Anpassungen auszulegen, sind gescheitert; die Gestaltforschung, auf der Suche nach den Formgesetzen der Blattbildung, weist den Eigenwert dieses Geschehens in immer neuen Vorstößen nach. In einem überwältigenden Ausmaß wirken sich hier für den, der sehen will, formende Prozesse aus, die jenseits von allen Nützlichkeiten im molekularen Gefüge der Erbsubstanz vorprogrammiert sind."(35)*

Ihm gelingt der Nachweis, daß ausgeprägte Formen auch ohne irgendeine Nützlichkeit als Auslesemerkmal existieren:

*"So sind denn viele Seeanemonen, Würmer und Schnecken mit herrlichen Mustern geziert, ohne daß sie ihre eigene Pracht wahrnehmen können, da sie nicht über bilderzeugende Augen verfügen. Ja, viele von ihnen leben ganz verborgen, im Algendickicht, im Sand, in Zonen, wo das Sonnenlicht nicht mehr mit allen seinen farberzeugenden Strahlen vordringt ... Die farbenfreudigen Muster, welche uns in den Tiergruppen von hohem Gestaltungsrang begegnen, sind aus Formenkreisen hervorgegangen, welche noch keine Bilder wahrnehmen konnten ... Wir stoßen auf eine der wichtigsten biologischen Regeln, welche die Formenlehre kennt: wie sehr auch immer im Reich der sich anschauenden Lebewesen Auslese von Formen und Mustern durch das bildgestaltende Auge im Spiel ist, der Anfang der Musterbildung liegt jenseits der Selektion durch Augen."(36)*

Die Mechanismen der Gestaltung und des Überlebens werden von den Naturwissenschaften untersucht. Hier geht es um die Frage nach den Gestalten und Gestaltungen, dem Wechselspiel zwischen Mechanismus und Sinn. Portmann weist auf die Bedeutung der Form für das Selbst hin und auf den Sinn und die Grenzen der naturwissenschaftlichen Beschreibung:

*"Es ist an der Zeit, den Umfang solcher Formbildung zu erkennen, sie zu beachten als eine Äußerung von fundamentaler Bedeutung. Das ist es, was das Hervorheben der Erscheinung durch den Begriff der 'Selbstdarstellung' vor allem zu erreichen sucht. Was sich da darstellt, dieses 'Selbst', ist eines der großen Rätsel des*

*Lebendigen; wie weit es lösbares Rätsel ist, wie weit unnahbares Geheimnis bleiben wird, das zu prophezeien ist nicht Aufgabe des Naturforschers. Uns ist aber aufgegeben, das mit den Methoden der Biologie Faßbare zu sagen und zugleich darauf hinzuweisen, daß im Reich der lebendigen Gestalten uns Gebilde vor Augen gestellt sind, die mit den Feststellungen der Naturforschung allein nicht voll erfaßt werden."(37)*

Das trifft genau die Wissenschaftsauffassung und definiert die gleichen Gültigkeitsbereiche, wie sie in diesem Buch gesehen werden. Nachdem früher neben einem pragmatischen Verstehen vor allem symbolisch gedeutet und auch wild spekuliert wurde, begann mit der Neuzeit eine "Entzauberung des Lebens" durch die Beschreibung seiner Mechanismen.

*"Die Entwicklung der Wissenschaft hat diese" (die damalige antike oder mittelalterliche symbolische) "einst mächtige Deutung durch ein neues Naturbild verdrängt. Aber diese selbe Naturforschung lenkt den Blick des Wissenden auch auf die Grenzen der streng gebundenen naturwissenschaftlichen Aussage und mahnt daran, daß die Wirklichkeit der Pflanzen und Tiere und damit unseres eigenen Wesens weiter ist als das, was sich als Ergebnis strenger Forschung in einer bestimmten Zeit von ihr aussagen läßt."(38)*

So haben alle Ebenen ihre Berechtigung und ihren Geltungsbereich.

*"Das Herausheben dieser Selbstdarstellung will den Blick des Betrachters nicht ablenken von den lebenserhaltenden Funktionen, die ja auch im Erscheinungsbild zur Geltung kommen können. Durch unsere besondere Bezeichnung soll einfach darauf hingewiesen werden, daß wir die lebendigen Gestalten nicht voll erfassen, wenn wir lediglich die erhaltenden Strukturen und Prozesse registrieren. Selbstdarstellung erscheint uns als eine erste Eigenheit von Pflanze und Tier, eine oberste Eigenschaft, deren Verwirklichung Erhaltungsstrukturen dienen. Erscheinen ist eine Lebensfunktion wie Fortpflanzung, Stoffwechsel und das Entwicklungsgeschehen."(39)*

Portmann's Schlußsatz trifft genau das Motto dieser Arbeit:

*"... durch die Freude der Sinne dringen wir vor zur Erfassung des Sinns."(40)*

# D FORMALE FOLGEN FÜR DIE DARSTELLUNG

Auch bei einem ungewöhnlichen Vorgehen und einem Thema, das die Grenzen traditioneller Wissenschaft überschreitet, bleibt das Kriterium für Wissenschaftlichkeit Widerlegbarkeit[7].
Wenn ich im theoretischen Teil versuche, mich dem Phänomen ganzheitlich zu nähern, indem ich verschiedene Ebenen mit einbeziehe und Verbindungen zwischen ihnen herstelle, lege ich besonderen Wert darauf, die Gedankengänge nachvollziehbar und dadurch widerlegbar zu machen. Es soll möglich sein zu sagen:

An dem Punkt folge ich der Argumentation nicht, und das hat für die weitere Sichtweise die und die Folgen.
Deshalb ist es oft nötig, umfangreiche Formulierungen zu wählen und Definitionen einzuschieben. Andererseits bemühe ich mich, nicht Lebensnähe und Gültigkeit dessen, worüber ich schreibe, hinwegzudefinieren.
Um den gemeinsamen Gesichtspunkt in verschiedenen Beschreibungsebenen herauszuarbeiten, benutze ich oft lange Zitate. Ich weiß, daß das nicht üblich ist. Es wäre mir auch nicht schwer gefallen, eigene Worte zu finden.
Ich halte es aber im Sinne der Nachvollziehbarkeit für wichtig, beim Lesen das Finden behaupteter Gemeinsamkeiten -gerade wenn sie ungewöhnlich sind- in den Originalformulierungen zu ermöglichen.
Auf den verschiedenen Beschreibungsebenen und unter übergreifenden Gesichtspunkten wird Wissen aus unterschiedlichen Einzeldisziplinen angeführt. Dabei ist es nicht möglich, den Stand der Einzeldisziplinen in ihrer Breite zu berücksichtigen. Ihre Ergebnisse werden im Hinblick auf die fächerübergreifenden Gesichtspunkte dieser Arbeit dargestellt. Um die Phänomenologie bestimmter Ereignisse zu verdeutlichen, benutze ich Literaturzitate.
Alle Ideen, Theorien, Formulierungen habe ich in Reflexion über und Auseinandersetzung mit meiner praktischen Arbeit sowie in den in der Einleitung zitierten Ausbildungen ohne Beeinflussung und Kenntnis der zitierten Autoren selbst gefunden. Beim Verfassen dieser Arbeit erst stieß ich auf die Gemeinsamkeiten.
Deshalb auch haben die Zitate einen so hohen Stellenwert. Sie sind Belege einer Objektivität im Subjektiven. Aussagen über das Wesen des Menschen, die nur in subjektiver Forschung zu gewinnen sind, sollen so von dem Ruch des "nur" Subjektiven befreit werden:

*"Es ist ein Kennzeichen unserer Zeit, daß dieses Wesen aus der Sphäre eines frommen Glaubens in das Feld konkreter Erfahrungen tritt. Zur Anerkennung des Wahrheitsgehaltes dieser Erfahrungen bedarf es nur eines nüchternen, von keinen rationalistischen Vorurteilen benebelten Geistes. Es geht um einen transzendentalen Realismus."(42)(Dürckheim)*

Bei zentralen Stellen meiner Argumentation habe ich deshalb sogar auf eine gewisse Redundanz Wert gelegt, was ich letztlich auch gegenüber den Autoren, die in neue Bezüge gesetzt werden, für fair halte.

## E AUSEINANDERSETZUNG MIT DEM TRADITIONELLEN EMPIRISCHEN MODELL

Im Empirieteil versuche ich, zentrale Punkte meiner Argumentation als Fragen oder Statements in Interviews zu überprüfen. Das Experiment ist das Kernstück wissenschaftlicher Beweisführung im traditionellen empirischen Modell. Ich werde im folgenden darstellen, warum eine entsprechende Form von Experimenten oder standardisierten und somit quantifizierbaren Fragebögen in dieser Untersuchung nicht angemessen ist.

In der Naturwissenschaft hat es, wie im Psychologiekapitel dargestellt wird, einen exemplarischen Weg gegeben, die Relativität nicht nur von Raum und Zeit, sondern auch des Denkens, was darauf aufbaut, wie einen Koan zu zeigen. Die Wissenschaft vom Menschen hat sich eine zeitlang auch in Psychologie, Soziologie und Pädagogik eng an das naturwissenschaftliche Modell angelehnt.

Weil viele Fragen auf dem klassisch hermeneutischen Weg qua Evidenz nicht zu lösen waren und man eine Aufsplitterung in zahlreiche sich bekämpfende Schulen, wie in der Psychoanalyse, vermeiden wollte, wurde die Operationalisierbarkeit von Theorien gefordert.

Im Idealfall sollte sich die Konsequenz einer Theorie, die an sich ja nicht sichtbar, sondern wie in einer black box verborgen ist, in einem Experiment ausdrücken lassen. So sollten alternative Vorstellungen als konkurrierende Hypothesen in einem Experimentum Cruxis überprüft werden können und allgemein falsifizierbar sein. Für Experimente gilt, daß sie objektiv, -also unabhängig von den Erwartungen des Versuchsleiters durchführbar- reliabel, -also unter gleichen Bedingungen mit gleichem Ergebnis wiederholbar- und valide -also gültig für das in Frage stehende- sein sollen.

Um herauszufinden, was von wem abhängt, muß man alle Bedingungen außer den untersuchten konstant halten. Um die relevanten Faktoren für etwaige Veränderungen erkennen zu können, müssen tendenziell die vielfältigen und komplexen Lebensbedingungen als Störvariablen eliminiert werden.

Es kommt zu einem Konflikt zwischen der Relevanz der Forschung und der Sauberkeit ihres naturwissenschaftlichen Vorgehens.

Wenn man Ideen über Menschen in diesem Methodenkanon operationalisieren will, muß die für menschliche Probleme typische komplexe Lebensverflechtung so reduziert werden, daß oft nur noch statistisch abgesicherte Trivialitäten herauskommen. Was für Menschen interessant ist, läßt sich -ob es allgemeine Menschenkenntnis oder therapeutisch Relevantes betrifft- gewöhnlich so nicht untersuchen. Psychologen, die sich hauptberuflich mit der menschlichen Psyche, ihrem Verhalten und Erleben beschäftigen, gelten nicht als weise. Man gesteht ihnen eher zu, Fachleute zu sein, die viel über das Verhalten von Ratten oder Menschen in Laborsituationen wissen.

Abgesehen von der Eliminierung des spezifisch menschlichen als Störvariable stimmen vielfach die mathematischen Grundlagen für die Anwendung der statistischen Verfahren nicht. Rasch wies nach, daß die Voraussetzungen, unter denen die klassische Testtheorie gilt, meist nicht gegeben sind.(43)

Aber auch bei den als Ausweg aus dem Dilemma der Statistik genannten nonparametrischen Verfahren bleibt das Grundproblem, daß sich Phänomene des Bewußtseins, die ganzheitlich beschreibbar sind, nicht soweit isolieren lassen, daß sie zählbar würden:

*"Dabei ist die folgende Schwierigkeit zu bedenken: Was, wenn eben dasjenige, was die wichtigste Erklärung bietet, die schöpferische Kraft lebhafter Erregung, sich entweder aus der Situation zurückzieht oder aber in den Versuch eingreift, die*

*Kontrollen durcheinanderbringt, die Situation entsterilisiert, sich vielleicht auch weigert, überhaupt mit sich experimentieren zu lassen, und auf dem konkreten, statt auf dem abstrakten Problem insistiert? In solchem Falle müßte man wohl dem Fetisch der anerkannten 'wissenschaftlichen Methode' den Rücken kehren, im Interesse der Wissenschaft. Der Versuch muß ein realer und sinnhafter sein, d.h., er muß einem persönlich etwas bedeuten, ein Stück verfeinertes Glücksstreben, das eine Partnerschaft zwischen einem menschlichen 'Versuchsleiter' und einer menschlichen 'Versuchsperson' einschließt."(44) (Perls)*

## F FOLGERUNGEN FÜR DIE EMPIRIE DIESER ARBEIT

Die Prozesse, um die es hier geht, hängen vom menschlichen Bewußtsein, seiner körperlichen Fundierung und seiner Beziehung zum Sinn des Lebens ab. Sie sind geradezu durch ihre nicht reduzierbare Komplexität definiert. Experimente sind damit so nicht sinnvoll. Jetzt wäre noch denkbar gewesen, durch standardisierte Fragebögen eine quantifizierbare Aussage zu erhalten. Zum einen wäre es aber nicht möglich gewesen, das Problem der Komplexität befriedigend zu lösen. Zum anderen hätte ich der Objektivität halber die Antworterwartungen verstecken müssen.
Es ist sicher manchmal sinnvoll und notwendig, die Versuchspersonen über die Absicht des Experimentators zu täuschen, um Verfälschungen dadurch, daß man den Erwartungen der Versuchsleitung entsprechen oder nicht entsprechen will, zu verhindern[8]. Auch möchte ich nicht ausschließen, daß Experimente zu einzelnen Themen in unserem Zusammenhang sinnvoll sein können. Ich nehme im Gegenteil sogar an, daß zu dieser Arbeit, die das Ganze umreissen will, viele Einzeluntersuchungen experimenteller Art möglich sind.
Grundlage für das Vorgehen in dieser Arbeit ist aber die Überlegung, daß, wie Holzkamp(46) ausgeführt hat, das Verhältnis Subjekt-Objekt bei Mensch-Mensch-Untersuchungen prinzipiell umkehrbar ist. Deshalb habe ich nicht versucht, Aussagen zu meinem theoretischen Modell durch Interviews, bei denen ich die Versuchspersonen geschickt über den Sinn der Fragen täusche oder im Unklaren lasse, quantifizierbar zu machen.
Ich wollte herausfinden, ob tatsächlich die im theoretischen Teil entwickelte Philosophie existiert, obwohl sie in den Ausbildungen so nicht vermittelt wird und ob die Persönlichkeitsentwicklung so verläuft, wie hier angenommen wird. Ich habe deshalb allen Interviewpartnern die gleichen Fragen gestellt und sie mit den gleichen Statements konfrontiert. Dabei wird die Objektivität scheinbar paradoxerweise durch eine Verbindung klarer und offener Subjektivität mit kritischer Distanz erreicht. Ich habe die Fragen offen gestellt und die Statements deutlich und klar formuliert und als meine Meinung gekennzeichnet. Diese Meinung habe ich mit echtem Interesse offen zur Diskussion gestellt. Ich habe vermittelt, daß sie nur eine Sichtweise darstellt und ich wirklich

interessiert bin, herauszufinden, was andere dazu denken.

*"Verstehen (und damit auch teilnehmende Beobachtung) ist also nur dort möglich, wo es dem Forscher gelingt, Identifikation mit und Distanz von seinem 'Forschungsgegenstand' gleichzeitig durchzuhalten. Den Standpunkt, von dem aus beides zu unterschiedenen Momenten ein und derselben Beziehung wird, könnte man den Standpunkt der 'Transsubjektivität' nennen. Unseres Erachtens sind in der neueren Entwicklung der Soziologie die Tendenzen unübersehbar, die auf eine Aufhebung des Standpunktes der Objektivität zugunsten dieses neuen Standpunktes drängen."(47)(Gerdes/von Wolffersdorff-Ehlert)*

Nachdem ich die Frage oder das Statement formuliert hatte, bin ich verstehend auf die Gesprächspartner eingegangen und habe mit ihnen zusammen versucht, herauszufinden, was bei ihnen passiert ist bzw. welchen Standpunkt genau sie einnehmen. Die Interviewten waren an den Themen sehr interessiert und auch von den Aussagen betroffen, denn diese bezogen sich auf existentielle Erfahrungen, die bei einer Auseinandersetzung mit Körper- und persönlicher Identität gemacht werden. Meine klaren und engagierten Aussagen haben klare und engagierte Aussagen provoziert. Durch die gleiche Betroffenheit gab es einen Wunsch nach Ehrlichkeit, Auseinandersetzung und gemeinsamer Wahrheitsfindung. In meiner Untersuchung bin ich so zu relevanten und trotzdem objektiven Aussagen gekommen, wobei ich die Übertragung auf andere Untersuchungsgruppen nur für eingeschränkt möglich halte. Das besondere meiner Untersuchungsgruppe war, daß sie in dreijährigen Ausbildungen täglich mehrere Stunden mit sich selbst, ihrer Körperlichkeit und dem fachspezifischen Zugang konfrontiert waren, wodurch sowohl die eigene Erfahrung, wie auch die persönliche Kompetenz so groß waren, daß keinerlei Gefahr einer Beeinflussung durch meine engagierten und ausformulierten Thesen bestand. Bei Gruppen mit schwach ausgeprägter persönlicher und geschmacklicher Bildung, diffuser Erfahrung und geringerer Intelligenz wäre mit dieser Interviewtechnik keine Objektivität gewährleistet. Da die Interviews ca. je zwei Stunden in Anspruch nahmen und die Auswertung langwierig und kompliziert ist, sind nur Fallstudien -exemplarische Darstellungen für den jeweiligen Ansatz- möglich. Neben der Beantwortung der Fragen ging es bei der Auswertung um die Reaktion auf meine Statements. Das Kriterium für die Bestätigung oder Verwerfung meiner Annahme, es gebe eine allgemeine "stillschweigende Hintergrundphilosophie", war außer der expliziten Aussage die Art der Reaktion: Nur wenn direktes Zustimmen, emphatisches Verstehen und Weiterführen der Gedankengänge da waren, habe ich das als gleiche oder ähnliche Grundüberzeugung akzeptiert. Die Thesen waren ungewöhnlich und für den Alltagsgebrauch unverständlich bis absurd. Sie wirkten wie ein Schlüssel, ein Geheimcode. Verstanden mir völlig fremde Menschen, z.T. in anderen Sprachen, sofort und ohne nachzufragen meine These und führten sie ohne Zögern und entschieden mit eigenen Beispielen weiter, so war für mich die Existenz einer gemeinsamen Philosophie evident.

**Anmerkungen:**

1 Vergleiche die Artikel von Gerber(2) und Kleinman(3)

2 Zwar gibt es auch in der Sportwissenschaft Ansätze, Körperarbeit wissenschaftlich zu beschreiben -z.B. Treutlein, Funke und Sperle(5)-, im allgemeinen wird jedoch bestritten, daß das wesentliche überhaupt mit Worten auszudrücken wäre. So wird in allen Schulen darauf hingewiesen, daß man "tun", nicht reden müsse. Das Interview zu Atemtherapie in Berlin wäre beinahe geplatzt, weil mein Versuch, in einem Interview die Erfahrungen der Ausbildung zu besprechen, für so absurd gehalten wurde, daß die Schulleitung meinen Gesprächswunsch erst gar nicht an die Schüler weiterleiten wollte.

3 Vergleiche Kapitel IV S. 215ff!

4 Vergleiche Paul Feyerabend, Wider den Methodenzwang ... (7)

5 Intuition bezeichnet ein unmittelbares Gewahrwerden von Zusammenhängen im Gegensatz zum allmählichen deduktiven oder induktiven Schritt des schrittweisen Erschließens. Gewahr werden nicht einzelne Elemente, sondern Gefüge von Zusammenhängen wie in einem Bild. Schwierig ist oft, dieses gleichzeitige Nebeneinander von Zusammenhängen in ein zeitliches Nacheinander zu bringen, wie es für eine schriftliche Darstellung nötig ist. Das stellt Parallelen zum Verarbeitungsmodus der linken gegenüber der rechten Gehirnhälfte dar, wie auf S. 143ff ausführlich dargestellt wird.

Der intuitiven Lösung komplexer Probleme im wissenschaftlichen Bereich geht eine ausführliche rationale Auseinandersetzung und Bearbeitung voraus. Wie bei dem sogenannten "Trittbrettphänomen" *"stellt das Unbewußte die Lösung qasi über Nacht bereit, die mit dem Bewußtsein bestellt worden ist."*(14)(Zimmer). Es gibt aber, besonders im zwischenmenschlichen und im künstlerischen Bereich ein unmittelbares Gewahrwerden, ein Verstehen, dem keine Beschäftigung mit den Elementen des Problems vorangegangen ist: Die Intuition entspricht dann einem Blick auf "das Ding an sich", wie es die Philosophie für die Wahrnehmung postuliert (Vergl. Husserl(15)!). Wie Bandys Zitat belegt, hebt Intuition in diesem Fall die Subjekt/Objekt-Trennung, d.h. die ich-hafte Wahrnehmung auf:

*"[Husserl] maintained, that the ultimate foundation and source of all knowledge is intuition. According to his view, everything presents itself originally at the intuitive level."*(16)

Für die weitere Diskussion verweise ich auf Kapitel III.

6 Vergleiche die Darstellung von Wilbers System bei Sparks(18)!

7 Vergleiche Popper(41)

8 Der Einsatz von Placebos, Kontrollgruppen und die Einflüsse von Selbstinformation werden im Beispiel des Versuchs von Schachter und Wheeler(45) auf Seite 142f deutlich.

# II ANTHROPOLOGISCHE UND PHILOSOPHISCHE GRUNDLAGEN

In diesem Kapitel geht es um den Sinn von Tanztraining und Empfindungsschulung für den Menschen allgemein sowie um grundsätzliche anthropologische und philosophische Überlegungen, die den Gebrauch des Konstruktes -"Ästhetische Bildung durch den Körper als Erfahrung der Natur im Menschen"- erst ermöglichen.

Mit diesem Konstrukt bezeichne ich das, was allen Ausbildungen, die mit Atem, Körperstruktur oder ähnlichem und Tanz zu tun haben, gemeinsam ist. Ich werde Schritt für Schritt ausführen, was man grundlegenderes und spezielleres über Menschen annehmen muß, wenn man Tanz und Körperbildung als wichtig für die persönliche Entwicklung erachtet.

Das Konstrukt "Ästhetische Bildung durch den Körper als Erfahrung der Natur im Menschen" impliziert drei Annahmen:

1.) Das Verhältnis des Menschen zu seiner Natur (Zur näheren Erklärung des Naturbegriffs siehe Fußnote 5 S. 101!) ist nicht einfach; es muß Schwierigkeiten, einen Bruch geben, die es nötig machen, an der Erfahrung der inneren Natur zu arbeiten.
2.) Es ist sinnvoll, an der Behebung dieser Schwierigkeiten zu arbeiten. Sie sind nicht irgend etwas, was einfach hingenommen werden könnte, sondern es ist ein wichtiges Ziel[1], diese Natur im Menschen zu erfahren.
3.) Die Ästhetische Bildung am Körper stellt einen Weg dar, die Natur im Menschen zu erfahren.

## A WORIN BESTEHEN DIE PROBLEME MIT DER NATUR IM MENSCHEN?

Wenn man von einem Bruch im Menschen mit seiner Natur spricht, drängt sich auf, erst einmal zu fragen:

Was gibt es im Menschen, das Schwierigkeiten mit der Natur in ihm haben könnte? Damit wird schon unterstellt, daß es etwas im Menschen geben muß, was nicht einfach Natur ist.

Tiere haben ja offensichtlich keine Probleme mit der Natur in ihnen, dieser Begriff hört sich -auf Tiere angewand- sogar einigermaßen absurd an. Sie sind Teil der Natur und tun, ohne zu fragen das, was in ihrer Natur liegt. Die Erklärung der Schwierigkeiten des Menschen mit der Natur in ihm muß somit in der Art des Menschen, der speziellen Conditio Humana, liegen.

Was ist es also, das den Menschen auszeichnet, in ihm Probleme mit der eigenen Natur hat und ihn als Segen und Fluch zugleich vom Rest der Schöpfung trennt?

Zum einen ist es die Sprache. Tiere haben auch hoch entwickelte Kommunikationssysteme, in der Art des Austauschs über die Beschaffenheit der äußeren und inneren Welt steht die Sprache des Menschen jedoch ohne Vergleich da. Die Sprachmächtigkeit an sich erklärt aber noch nicht das Problem mit der Natur. Ihre Bedeutung scheint eher Folge von etwas zu sein, was den Gegensatz zur Natur ausmacht.

Vielleicht ist es die Intelligenz, die für die Ausprägung der Sprache verantwortlich ist und der Natur gegenübersteht. Wohl sind auch Tiere in einem gewissen Maße zu produktivem Denken fähig, die Art der Kreativität und das Maß der Abstraktion schließen aber auch hier jeden Vergleich aus. Doch scheint auch die Intelligenz nur Funktion von etwas anderem für die menschliche Sonderstellung verantwortlichem zu sein. Sprache und Intelligenz ermöglichen aber Bewußtsein und sind zugleich seine Werkzeuge. Anders ausgedrückt sind Sprache und Intelligenz Ausdruck für ein Ich-bewußtsein oder gehen zumindest damit einher. Das macht Menschen einzigartig und stellt sie[2] der übrigen Natur als Subjekt gegenüber.

Auf der einen Seite ist der Mensch nichts anderes als ein Teil der Natur, sein Körper funktioniert nach den gleichen Regeln, wie der der Tiere, und die ungeheure Zahl körperlicher Prozesse, die unwillkürlich gesteuert werden, also naturhaft ablaufen, übersteigt bei weitem die Kapazität des Bewußtseins. Der kleine Teil der Wahrnehmungsprozesse aber, der sich seiner selbst bewußt wird, hat ausgereicht, die Welt zu verändern und kann auch den Verlauf der unwillkürlichen inneren Prozesse zumindest empfindlich stören. Was aber macht das Problem zwischen Bewußtsein und Natur-im-Menschen aus?

Die schlichte Tatsache, daß sich der Mensch mit dem, was sich seiner selbst bewußt wird, als Subjekt der Natur gegenübersieht, sie betrachtet, beinhaltet Trennung.

So wenig wir letztlich über das Bewußtsein wissen, zum Bewußtsein ist ein hochdifferenzierter Wahrnehmungsapparat nötig. Wahrnehmung ist als Vorstufe eines Denk- und Schlußfolgerungsprozesses schon auf der Ebene der Reizaufnahme untrennbar[3] mit der Verarbeitung verknüpft, was bedeutet, nicht nur ein Teil der Welt zu sein, sondern sich sein eigenes Bild zu machen. Zur Entwicklung von Bewußtsein gehört dann ein umfassendes Gedächtnis, das die Wahrnehmungen speichert, ordnet, komplex und sinnvoll verbindet und endlich ein Denken, welches aus diesen sinnlich gebundenen Informationen auf allgemeinere Gesetzmäßigkeiten schließt, sie auf andere Gegebenheiten überträgt und sich ein Bild von der Welt macht. Das ist es wohl, was den Menschen grundsätzlich unterscheidet: er ist nicht einfach Teil des Ganzen, sondern macht sich ein eigenes Bild.

Das macht ihn frei, sich zu entscheiden und eigenwillig. Die Einzigartigkeit seines Ich-Bewußtseins und des Bildes von der Welt zeigt sich in einigen Besonderheiten:

Wenn überraschend in einer Situation das Gegenteil der Erwartungen aus diesem Bild eintritt, lösen sich Spannung und Überraschung im Lachen. Das tut so kein Tier.

Das eigene Bild von der Welt läßt die Frage nach dem Wie und Warum entstehen und begründet eine andere Spezialität, den Drang nach Erkenntnis, die Wissenschaft, aber auch die Transzendierung des Bildes in der Meditation.
Dadurch, daß der Mensch nicht nur als Teil des Ganzen funktioniert, sondern sich sein eigenes Bild macht, entsteht das Bedürfnis nach Kunst, diese nur dem Menschen eigene Fähigkeit, ein Gefühl zur Welt auszudrücken, dieses einzigartige Bedürfnis, die Welt darstellen zu wollen.
Das Subjektbewußtsein in Verbindung mit einem detaillierten Bild von der Welt gibt dem Menschen unvergleichliche Macht, er kann die Welt verändern:

*"Der Mensch ist dabei, in einem nie dagewesenen Umfang seine natürliche Umgebung zu revolutionieren oder, wie Serge Moscowici sagt, eine 'neue Natur' zu schaffen."(6)(Prigogine)*

Die Fähigkeit, sich von sich selbst zu distanzieren[4], sich zum Objekt der Betrachtung zu machen, sich nicht naturhaft in die Umgebung einzufügen, sondern sie und sich selbst zu manipulieren und endlich die Abstraktion, die schlußfolgernde Verallgemeinerung, das eigene Bild von der Welt und die Verständigung darüber mittels abstrakter Symbole sind menschliche Eigenschaften, die philosophisch gesehen einen Verlust der Ganzheit bedeuten. Der Mensch tut nicht -oder besser gesagt: nicht nur- wie der Rest der Schöpfung das, was Gene, Instinkte und die Situation ihm vorschreiben, sondern erkennt dieses Zusammenspiel, bewertet und verändert die Bedingungen, in denen sich sein Leben abspielt.

*"Unlike animals, who invariably live out the narrow range of possibilities implicit to their bodily structures, we humans have a wide range of choices and possibilities as to how to live out our bodily existence. In a word, we can in part choose our own purpose rather than having them assigned us solely by our biology, as they are in animals."(8)(Balkam)*

In diesem Sinne trennt das Bewußtsein seiner selbst und der Welt den Menschen vom Ganzen der Natur. Das genaue Bild von der Natur läßt ihn nicht mehr den Instinkten folgen, sondern ermöglicht freie Entscheidung, auch gegen die eigene Natur.
Mit eigener Natur ist all das gemeint, was an Lebenssteuerungen im Menschen, wie in Tieren und Pflanzen angelegt ist.
Wenn man so will, liegt also dieses Handeln gegen die Natur-im-Menschen in der menschlichen Natur - ist also dieser Bruch im Menschen angelegt, Merleau-Ponty spricht von "ambiguite"(9).
Man könnte sogar sagen, dieser Bruch mache die Natur des Menschen aus, so daß es nicht, wie oben geschrieben, "gegen die eigene Natur", sondern "gegen die Natur-im-Menschen"[5] heißen muß.
Tiere haben vielleicht die gleichen Gefühle wie Menschen, aber das Subjektbewußtsein in Verbindung mit diesem umfassenden Bild der Welt läßt den Menschen die Welt bewerten. Durch das hervorragende Gedächtnis, die komplexe Vernetzung, die Bildung allgemeiner Gesetze und die Symbolbildung über

Sprache entsteht eine Tendenz, Macht über die eigenen Lebensumstände zu erlangen, das Schicksal zu korrigieren und den Rahmen für das eigene Leben selbst zu bestimmen. Einstein schrieb:

*"Der Mensch sucht in ihm irgendwie adäquater Weise ein vereinfachtes und übersichtliches Bild der Welt zu gestalten und so die Welt des Erlebens zu überwinden, indem er sie bis zu einem gewissen Grad durch dieses Bild zu ersetzen strebt."(10)*

Natürlich möchte jeder Mensch glücklich sein, die Situationen reproduzieren, in denen er das war, Schmerz vermeiden, die Situationen eliminieren, in denen er leiden könnte, und da der Mensch sich als Subjekt sieht und dieses Ich-Bewußtsein ein so genaues Bild der Welt zur Verfügung hat, entscheidet der Mensch für sich selbst, will Herr seines Schicksals[6] werden, schafft seine eigene Umgebung, folgt seinem eigenen Plan und ist nicht Teil des Ganzen, wie Pflanzen und Tiere es sind.
Wenn aber Glück und Unglück, Freud und Leid das Leben ausmachen, ja, wie in der Einleitung angedeutet, persönliches Wachstum davon abhängt, daß der ganze Mensch bestimmte Situationen durchlebt und erleidet, deutet sich hier ein grundsätzliches Dilemma an.
Wenn die Trennung von der Ganzheit zwangsweise durch das Ich-Bewußtsein gegeben ist, Ziel der Entwicklung jedoch ist, ganzer zu werden, ist es an dieser Stelle nötig, den Begriff Ganzheit zu klären.

## 1 DIE ABSOLUTE UND DIE RELATIVE GANZHEIT

An dieser Stelle sind einige Ausführungen zur Ganzheit nötig: Das, was der Mensch in seiner Besonderheit erst einmal verliert, ist die Ganzheit, die Ganzheit in sich, also die bruchlose selbstverständliche Einheit mit der Natur in ihm und als Verbindung mit dem Ganzen der Schöpfung.
Absolute Ganzheit ist im Leben nicht möglich. Leben bedeutet immer Trennung, Festlegung und Abgrenzung in Raum und Zeit.

*"One's view is always from where one stands - a matter which has profound philosophical implications, for not only can one never stand or be embodied in two places simultaneously ... "(13)(Gerber)*

Das gilt genauso für Menschen, Tiere und Pflanzen. Alle sind an eine Form gebunden, die sie von ihrer Umgebung trennt, leben in einer bestimmten Zeit und nicht in einer anderen und können nur an einem Ort zugleich sein. Schiller schreibt:

*"Realität ist also da, aber die Unendlichkeit ist verloren. Um eine Gestalt im Raum zu beschreiben, müssen wir den endlosen Raum begrenzen; um uns eine Veränderung in der Zeit vorzustellen, müssen wir das Zeitganze teilen. Wir gelangen also nur durch Schranken zur Realität, nur durch Negation oder Ausschließung zur Position oder wirklichen Setzung, nur durch Aufhebung unsrer freien Bestimmbarkeit zur Bestimmung."(14)*

Erst der Tod bedeutet die Auflösung dieser Trennung und die Rückkehr in die ungeschiedene Ganzheit jenseits von Raum und Zeit. Worum es hier geht, ist die relative Ganzheit im Sinne des Pars pro Toto, also Teil des Ganzen zu sein und als Teil mit dem Ganzen verbunden zu sein.

*"Müsset im Naturbetrachten immer eins wie alles achten: Nichts ist Drinnen, Nichts ist Draußen; Denn was innen das ist außen. So ergreifet ohne Säumnis Heilig öffentlich Geheimnis", sagt Goethe.(15)*

*"Im Himmel Indras, sagt man, hängt ein Netzwerk von Perlen so angeordnet, daß du beim Anblick einer Perle alle anderen in dieser widergespiegelt siehst. Genauso ist jeder Gegenstand in der Welt nicht bloß er selbst, sondern Teil jedes anderen, er ist in Wirklichkeit alles andere."*, wird im Avatamsaka-Sutra geschrieben. *(16)(Eliot)*

In diesem Sinne gibt es nicht nur die ungeschiedene Ganzheit, sondern auch die Einheit in der Verschiedenheit, die Verbundenheit in der Differenzierung.
Um aber zu beschreiben, inwieweit die Tiere Teile des Ganzen sind, der Mensch mit seinem eigenen Bild und Plan aber nicht oder nur zeitweise Teil dieser Ganzheit ist, muß ich noch eine weitere Annahme machen, vor deren Hintergrund die Herauslösung des Menschen aus dem Ganzen durch die Eigenart des Ich-Bewußtseins erst einen Sinn hat:
Die relative Ganzheit als Verbundenheit-in-der-Verschiedenheit des Universums besteht darin, daß in dem So-Sein aller seiner Teile eine Verbindung, ein Zusammenspiel ist, wobei die belebte Natur durch die Gene und Instinkte eingebunden ist in das große Spiel, den Plan der Schöpfung[7].
Um verstehen zu können, warum der Mensch von der Ganzheit der Schöpfung durch das eigene Bild von der Welt und durch das Ich-Bewußtsein getrennt ist, ist die folgende Überlegung interessant: Auch die Menschen könnten an die Ganzheit der Natur direkt angeschlossen sein, wenn das Bewußtsein es zuließe, d.h. wenn es die Natur-im-Menschen wirken lassen könnte, ohne einzugreifen. Hier wäre es nur die (theoretische, praktisch ist es natürlich nicht einfach möglich, das Bewußtsein an und auszuschalten) Freiheit, sich für oder gegen diese Wirkung der Natur-im-Menschen zu entscheiden, die den Menschen von der relativen Ganzheit des Tieres trennt.
Die etwas groteske Vorstellung, das Bewußtsein an- und ausschalten zu können, um in seiner Ausschaltung das reine Wirken der Natur zu ermöglichen, ist bei näherer Betrachtung gar nicht so abwegig und weist auf zwei Dinge hin:
Zum einen gibt es in vielen ethnischen Gruppen Ekstasetechniken, die eben eine Ausschaltung des Bewußtseins zum Ziel haben und das auch erreichen.
Gruber schreibt über die Zar-Besessenheit:

*"Der Zar ist jener, 'der sich aufhält', der 'sich einrichtet', mehr aber noch jener, 'der in den Sattel steigt'. Sein Pferd, das ist der Besessene (Leiris 1977). Die sexuelle Konnotation des 'Bereitens' und 'Eindringens' des Zar ist nicht unbeabsichtigt. Analoges läßt sich von Panskulten und Hekatekulten berichten (Jeanmaire 1951).*

*Im haitianischen Voodoo wird dieselbe Unterscheidung zwischen Pferd (Besessener) und Reiter (loa) genannt ... "(17)(Gruber)*

Der Mensch ist dann aber nicht auf offensichtliche Art und Weise Teil der Natur wie ein Tier, was an einem besonders guten Funktionieren der physischen (Re)aktion erkennbar wäre, sondern fällt häufig in eine Art Starre oder agiert in Trance, wobei er mediale Eigenschaften bekommt. Gruber schreibt:

*"Im Schamanismus sind beide Möglichkeiten -der ekstatische Flug zu den Göttern und das Einfahren der jenseitigen Verbündeten in den Schamanenkörper- bekannt. Die Trennung dieser beiden Arten nicht-alltäglicher Erfahrungen scheint mir größtenteils eine künstliche zu sein. Wie wir gesehen haben, besteht das Hauptelement solcher Erfahrungen im Außer-Sich-Sein, im Verändern von Standpunkt und Präsenz des Ichs. Diese Veränderung ist immer eine bedingungslose und kompromißlos umfassende: ist die Tranceformation einmal eingetreten, macht es keinen Sinn mehr, von Seelenreise oder Geisterbesuch im alltäglichen Sprachgebrauch zu reden. Dann ist die Welt totaliter aliter, nicht nur die verwilderte Wahrnehmungsfähigkeit des Erlebenden."(18)*

Das ist nun bemerkenswert, sind wir doch davon ausgegangen, daß das Bewußtsein die relative Ganzheit verhindert. Um eben diese Wiederherstellung der Ganzheit geht es den Trance-Techniken praktizierenden Gruppen auch: eine Störung der Harmonie des Universums zu beheben, indem durch das Medium der Wille der Götter oder die Ratschläge der Ahnen erbeten werden.

*"Besessen sein von etwas Fremdem hatte von alters her einen starken Reiz ausgeübt. Immer war es ein Zeichen, daß Göttliches sich manifestiert, wenn das Ich ausgefahren ist, um den Wesen von jenseits der Grenze zur Urzeit Platz zu schaffen ... Im Normalfall ist das Selbstbewußtsein nämlich Begleiter des eigenen Körpers, sein Socius also. In der Besessenheit tritt das auf, was Dissoziation genannt wurde, also das Ende dieser Begleiterschafft. Zugleich verliert der Besessene den Bezug zur Sozietät ... und damit zur sozial konstruierten Lebensform: Wer in Trance ist, entfremdet sich seinem sozial bestimmten Selbst ... Der Marrokaner, der von ... einer Frau besessen ist, wird diese Frau. Die Haitianerin, in die der sexfreudige Ezili hineigesaust ist, wird genauso handeln, wie die schamlose Gottheit ... Lehrmeister ... dieser Möglichkeiten ist die Trance. Sie verändert, zerstört, verbindet und formt eine völlig neue Person und eine völlig neue Welt, Tranceformation."(19)(Gruber)*

So wird die Einheit des Lebendigen wieder hergestellt,

*"... und diese existentielle Mit-Erfahrung erfüllt sie mit tiefer Befriedigung, weil sie das Numinose selber erlebt haben in einem vereinigten Akt von Spiel und Anteilnahme." (20)(Gruber)*

Interessant ist die Verbindung der Beschreibungsebenen:
Ich bin davon ausgegangen, daß Ganzheitlichkeit darin besteht, daß alles Leben auf der Erde aneinander entstanden ist, und alle Reaktionen, die -sich auf die unbelebte Natur[8] beziehend- in Lebewesen entstanden sind, zueinander passen.

Das kann in der Auswirkung auf einzelne als Gesamtplan der Natur bezeichnet werden.
Davon geht man in unterschiedlicher Gestalt auch bei den Harmonievorstellungen in ethnischen Gruppen aus, nur daß der Sinn des Lebens und der Schöpfung stärker inhaltlich in archetypischen Gestalten und Mythen definiert ist und postuliert wird, daß er in Form (über)natürlicher göttlicher Kräfte wirke.
Die Trancebeschreibung von Schott-Billmann unterstützt auch die Annahme dieser Arbeit, das Ich-Bewußtsein verhindere das Wirken der Natur-im-Menschen und die Teilhabe an der relativen Ganzheit, indem es den Umkehrschluß: Wenn man das Ich-Bewußtsein ausschaltet, wird Platz für diese Ganzheit geschaffen, bestätigt:

*"Da er eins ist mit der Welt, ist in ihm kein Platz mehr für anderes ... Ein Körper-Universum, gleichsam im ganzen Kosmos"* [man denkt an Nietzsches "Kosmos-Anthropos", d. Verf.], *ein Körper, der das Leben der Tiere, Planeten, Steine wesensgleich lebt, ein unendlicher Körper, Stern, Fluß, Tiger oder Insekt, dieser Körper hat keine Grenzen."(21)*

Da aber das Ich nötig ist -wie wir gesagt haben liegt der Bruch mit der Natur-im-Menschen in der Natur des Menschen- kann durch das zeitweise Verschwinden des Ich nicht die tierhafte Einheit, unsere relative Ganzheit entstehen, sondern es ist eine elaborierte Kulturform, eine Ekstasetechnik nötig, in der der Platz des Ich durch eine "Naturheit/Gottheit" ausgefüllt wird.
Schott-Billmann schreibt, auf die regelmäßig bezeugten Überschreitungen physischer Gesetze durch Besessene abhebend:

*"Nur durch diese Wesenseinheit von Universum und Körper können die Vorstellungen Wirkung zeigen. Weil es kein anderes gibt, ist der Körper ebenso Schlange wie Fluß oder Vorfahre. Weil er alles ist, ist er alle Geschlechter und Altersstufen; daher ist es nicht überraschend, daß ein Mann eine Frau darstellt, ein junger Mann eine alte Frau etc. Besser noch: da der Körper des Besessenen und die Welt eins sind, wie könnte das Feuer den, der es in sich hat, verbrennen? Wie könnte ein Schwert jemanden weh tun, der an demselben Wesen teilhat, der von derselben Substanz ist? Das 'ozeanische' Subjekt ist allmächtig, weil sein Körper und die Welt aus demselben Stoff sind, aus Elementen geschaffen, die alle im Körper des Besessenen vorhanden sind."(22)*

Der andere Weg, das reflexive Bewußtsein völlig auszuschalten und so an der Ganzheit teilzuhaben, ist, ganz im Gegensatz zur dramatischen Verdrängung des Ich in der Besessenheit, die ebenso dramatische aber stille Transzendierung des Ich durch Meditation:

*"Wenn der Meister einen Stein in einen Steingarten legt, charakterisiert er nicht die Teile des Steins, noch forscht er in seiner Vergangenheit. Er gibt sich dem Stein und dem Garten hin und reagiert intuitiv auf die Angemessenheit der Situation, indem er den Stein dorthin legt, wo er 'sein sollte'."(23)(Kasulis)*

In dem scheinbar simplen Erfassen dessen, wo der Stein liegen sollte, kann bereits alles enthalten sein. Die Aussage, wo ein Stein liegen sollte, hat mit der Ganzheit aller Beziehungen der Dinge untereinander zu tun, steht für die Gesamtheit der Natur, für Schicksal. Der Mensch, der das intuitiv erkennt, transzendiert sein Ich und tut das, was in dieser Situation nötig, angemessen ist. Das setzt voraus, daß der Prozeß des Vorhersagbarmachens, des Benennens und Einordnens überwunden wird, der dem ich-haften Menschen Sicherheit im ständigen Fluß der Natur gibt:

*"Vom Standpunkt des traditionellen Zen ist das unterdrückte Objekt weder die verbotenen Impulse des Es, noch die schmerzhaften traumatischen Erinnerungen, sondern vielmehr die Erfahrung der Unbeständigkeit. Begriffliche Rahmen sind ein Rückzug von dieser Wahrnehmung des Wechsels, und so machen sie die Erfahrung zu substantiellen Entitäten, die zwar dem Wechsel unterworfen sind, aber selbstidentisch bleiben."(24)(Kasulis)*

Demzufolge schreibt Joslyn:

*"Man bedenke, daß das Zen-Training oft eher ein 'Verlernen' als ein 'Lernen' genannt wird."(25)*

Gagarin zitiert Chuang Tzu:

*"'Der wahre Mensch von ehedem schlief, ohne zu träumen, und wachte ohne Angst auf. Seine Nahrung war einfach und sein Atem tief. Sorglos ging er dahin. Sorglos kam er. Das war alles. Er vergaß nicht, wie er begann, und suchte nicht nach seinem Ende. Er nahm mit Freude an, was sich ergab, und wenn es vorbei war, dachte er nicht mehr daran.'"(26)*

Und Lao Tse:

*"'So ist der Weise wissend, ohne umherzureisen.*
*er sieht, ohne hinzusehen.*
*Er wirkt, ohne etwas zu tun.'"(27)*

Die gleiche relative Ganzheit, die gleiche direkte Teilhabe an der Natur unter Ausschaltung der ich-haften Planung meinte Jesus:

*"Schaut die Vögel unter dem Himmel an, sie sähen nicht, sie ernten nicht, sie sammeln nicht in den Scheunen und euer himmlischer Vater nährt sie doch."*

*"Und warum sorgt ihr für die Kleidung, schaut die Lilien auf dem Felde wie sie wachsen, sie arbeiten nicht, auch spinnen sie nicht."(28)*

Damit ist erstmal nur gezeigt, daß die Vorstellung eines Ich, das das Wirken der Natur-im-Menschen stört und seine Ganzheitlichkeit verhindert, realistisch ist. Über die Folgerungen für eine wünschenswerte Ich-Entwicklung von Menschen in modernen Gesellschaften ist damit noch nichts ausgesagt.
Eine Übersetzungsebene vom Gesamtplan der Natur auf das Individuum und

sein Ich-Bewußtsein bietet der Begriff des Schicksals, wie ich es in Fußnote 6 definiert habe. Damit kann natürlich nicht irgendein blindes Befolgen -sollte das denn überhaupt möglich sein- gemeint sein, sondern die Entwicklung einer Intuition für die persönliche Bedeutsamkeit von Situationen.
Nähern wir uns aber erst dem Aspekt, was für das -grundsätzlich für den Menschen notwendige- Ich-Bewußtsein aus dieser pauschalen Störungszuweisung folgt.

## 2 GANZHEITLICHKEIT, DIE TENDENZ ZUR RELATIVEN GANZHEIT, ALS MÖGLICHKEIT

Ziel der menschlichen Entwicklung kann nach dem Gesagten nicht die absolute Ganzheit sein, sondern Ganzheitlichkeit, als pragmatische Möglichkeit der relativen Ganzheit. Es geht um die Initiation einer persönlichen Entwicklung zu einer höheren Integration von Bewußtsein. Die ekstatische Bewußtseinsveränderung der Trance setzt bei einer völlig anderen ethnischen Tradition und festen Gruppenzusammenhängen an. Außerdem müssen moderne Menschen die Körperlichkeit, die nötig wäre, erst auf ihre Art wiederentwickeln.
Vor allem gilt für beide Wege, was im folgenden Joslyn-Zitat angedeutet wird:

*"Aber was ist mit dem Ich? Was machen wir mit den Bedürfnissen und Problemen der erwachsenen Menschen-Welt? Wenn man versucht, im vollständig homogenen und leeren Grund zu verweilen, wie kann man dann leben in einer Welt von Ursachen, Plänen, Erfolgen und Enttäuschungen? Wenn man einem Zenmeister gegenübersitzt in dem Zustand des Samadhi (einer tiefen meditativen Versenkung), wenn man also völlig ruhig ist und kein Ich mehr zurückbleibt, wird er einen vielleicht plötzlich schlagen und ihn dann fragen: 'Wer ist es, der jetzt diesen Schmerz fühlt?' oder: 'Auf welche Weise empfindet dein Nicht-Ich jetzt Ärger?'"(29)*

Dieser Ich-Bereich ist heute qualitativ und quantitativ auf eine ganz andere Weise entwickelt, und diese Ausprägung ist auch zum Überleben notwendiger, als je zuvor.
Die Idee der Ästhetischen Bildung zur Entwicklung des Bewußtseins ist außerdem nicht das Kopieren vollständig ausgearbeiteter Systeme, sondern ein Versuch, der konstruktiv in tantrischer[9] (also die sinnliche Eigenart des Menschen bejahender und von ihr ausgehender) Weise beim heutigen ich-haften Menschen und den Bedürfnissen, Problemen und Chancen des heutigen Lebens ansetzt.
Wenn Menschen ihre unwillkürliche Reaktion[10] in höherem Maße dem Bewußtsein zugänglich, erfahrbar machen könnten, müßte es möglich sein, mehr in Harmonie mit der Natur in und außerhalb des Menschen zu leben.
Selbstverständlich würden Menschen in dieser Perspektive nicht Sklaven ihrer Instinkte werden, aber sie würden in der Lage sein, das, was die Natur in ihnen angelegt hat, wahrzunehmen, zu erkennen, - in ständigem Kontakt damit leben. Die Frage, welche praktischen Konsequenzen das hat, also wann Menschen gegen das, was die Natur in ihnen fordert, handeln werden aus einer bestimmten

Einsicht heraus, bzw. sie Dinge tun werden, die für sie schmerzhaft oder schwierig sind, weil sie die innere Notwendigkeit dazu fühlen, bringt uns wieder auf die zweite Ebene, die des Sinnes.
Wenn der Mensch einerseits durch sein Bewußt-Sein frei ist zu entscheiden, andererseits das Zusammenwirken der Naturkräfte in ihren Teilen als ganzheitlich angenommen wird, vermitteln die Begriffe "Schicksal" und "Selbst" in der Frage nach dem Verhältnis von freier Entscheidung und naturhafter Gebundenheit. Pointiert formuliert würde es heißen: Wie weit darf ein Mensch -um zufrieden und ohne unnötigen Schmerz zu leben- seinem Kalkül folgen und wieweit muß er in seiner Anlage bleiben, um die Richtung auf die relative Ganzheit -seine Selbstverwirklichung- nicht zu verlieren?
So könnte Hamlet verstanden werden, wenn er fragt:

*"Ob`s edler im Gemüt, die Pfeil und Schleudern des wütenden Geschicks erdulden oder, sich waffnend gegen eine See von Plagen, durch Widerstand sie enden?"(31)*

Die Begriffe des Schicksals und des Selbst begreifen das Zusammenwirken aller Kräfte der Welt als Gesamtplan der Natur, der in sich als sinnvoll angenommen wird.
Schicksal würde dann heißen, daß es Kräfte gibt, die dem Menschen mitgegeben sind, mit denen er sich auseinandersetzen muß, so daß die Freiheit nicht darin besteht, sie leugnen zu wollen, sondern in ihrer Kenntnis und Verantwortung sich zu entwickeln. Das bedeutet für das Individuum, daß auf seinem Lebensweg bestimmte Herausforderungen liegen, um die es mit aller Planung nicht herumkommt. Die Kenntnis all dessen macht aus einem ich-haften Bewußtsein[11] ein Selbstbewußtsein, das für Jung *"der völligste Ausdruck der Schicksalskombination, die man Individuum nennt ...* "(36) ist.
Menschen können ein Bewußtsein des Selbst erlangen, ohne die unwillkürlich/naturhaften körperlichen Reaktionen zu kennen. Religion, Kunst, gelungene Psychotherapien mit Traumarbeit oder das Leben selbst können Wege sein.
Der Weg über die Erfahrung des Unwillkürlichen durch Empfindungsschulung oder Tanztraining stellt nur eine günstige (ausführlicher am Anfang des Kapitel V dargestellte) Möglichkeit dar.
Würde der Mensch, was wie oben beschrieben nur theoretisch möglich wäre, ohne Bewußtsein und damit ohne eigenen Plan nur dem Unwillkürlichen -der Natur in ihm- folgen, wäre er automatisch Teil des Ganzen und damit im Sinn des Ganzen.
Das Selbst dagegen verbindet als Teil des Bewußtseins den Menschen mit dem Sinn des Ganzen, es macht sein Wesen aus.
Eine Bewußtseinsentwicklung, die das Unwillkürliche erschließt und so das Wirken der Natur-im-Menschen erfahrbar macht, entwickelt das Bewußtsein vom ich-haften zum Selbst, welches den Menschen dann nicht mehr trennt, sondern wieder anschließt.

*"Der Individuationsprozeß ... besteht ... in einer schrittweisen Annäherung an die Inhalte und Funktionen der psychischen Gesamtheit und in der Anerkennung ihrer*

*Wirkung auf das Ich und führt unweigerlich dazu, sich selber als das zu erkennen, was man von Natur aus ist, in Gegensatz zu dem, was man sein möchte."(37)(Jacobi)*

Über die Kultivierung der Sinne können Menschen also Zugang zum Sinn des Ganzen bekommen[12].
Nachdem die grundsätzliche Lösungsmöglichkeit für einen Weg zu Ganzheit und Harmonie mit der Natur gezeigt ist, komme ich dazu, Schritt für SChritt die Umstände eines Weges zum Selbst und die Schwierigkeiten, Kontakt zur Natur-im-Menschen zu entwickeln, auszuführen.
Die ersten Probleme auf diesem Weg liegen aber jenseits von Ich und Selbst auf der Ebene des Bewußtseins an sich.
Die "innere Natur des Menschen" bedeutet den Bruch mit der "Natur-im-Menschen" als Aufgabe.
Daß es schon die bloße Existenz des Bewußtseins und die damit verbundene Selbstbeobachtung sind, die das bruchlose Wirken der Natur-im-Menschen stören, zeigt die Totalität der Herausforderung, der sich der Mensch gegenübersieht, wie Hamlet sagt:

*"So macht Bewußtheit Feige aus uns allen; der angebornen Farbe der Entschließung wird des Gedankens Blässe angekränkelt."(39)*

# B PROBLEME, DIE BEI DER ENTWICKLUNG VOM ICH-HAFTEN ZUM SELBST DURCH DIE EIGENART DES BEWUß TSEINS ENTSTEHEN

## 1 TEIL 1: DIE STÖRUNG IN DER AKTUELLEN SITUATION, IM LEBENSQUERSCHNITT

Bis jetzt hatte ich geschrieben, daß es ein Ganzes gibt, in dem die einzelnen Teile zusammenwirken durch das, was die Natur in ihnen angelegt hat. Was den Menschen verbindet, hatte ich "Natur-im-Menschen" genannt. Als "Innere Natur des Menschen" hatte ich den Bruch bezeichnet zwischen dem Wirken der "Natur-im-Menschen" und dem Bewußtsein seiner selbst und seiner (Re)aktion, welche planend und bewertend eingreifen und ihn so vom Ganzen trennen kann. Hier geht es nun um die Störung im Lebensquerschnitt, in der aktuellen Situation. Die oben diskutierte Annahme, der Mensch könne sich für oder gegen das Wirken der Natur in sich entscheiden, bedeutet: die Natur wirkt erst einmal unbeeinflußt im Menschen, und durch sie wirkt das Ganze. Das Bewußtsein griffe dann ein in Situationen, in denen ungünstige Folgen antizipiert würden, die eigene Reaktion als moralisch schlecht empfunden würde oder Ähnlichem. Inwieweit es so etwas wie die Natur-im-Menschen als etwas klar gegen das Bewußtsein Abgegrenztes überhaupt gibt, oder -andersherum gesagt- wie sehr dieses unwillkürliche Sein vom Bild der Welt, vom Bewußt-Sein beeinflußt wird, darum geht es in diesem Kapitel.

### 1.1 Die Störung der Ganzheitlichkeit durch Selbstbeobachtung: Heinrich von Kleist und das Marionettentheater

Heinrich von Kleist schließt seine Erzählung "Über das Marionettentheater" mit den Worten des Tänzers:

*"'Wir sehen, daß in dem Maße, als, in der organischen Welt, die Reflexion dunkler und schwächer wird, die Grazie darin immer strahlender und herrschender hervortritt'"(40)* ,

womit wir bei einer weiteren Annahme wären: Die Kunst der Wahrnehmung braucht Kriterien für die Außenwahrnehmung und das sind Schönheit, Anmut, Grazie. Damit ist nicht etwas Äußerliches gemeint, sondern Stimmigkeit, die uns auf Echtheit, Authentizität hinweist, darauf, daß Inhalt und Form zusammenpassen, auf Ganzheitlichkeit.
Kleist behauptet aber nicht, daß das Bewußtsein, die Reflexion, immer die Grazie, den Hinweis auf Ganzheit, zerstören müßte, vielmehr

*"'findet sich auch, wenn die Erkenntnis gleichsam durch ein Unendliches gegangen ist, die Grazie wieder ein; so daß sie, zu gleicher Zeit, in demjenigen menschlichen Körperbau am reinsten erscheint, der entweder garkeins, oder ein unendliches Bewußtsein hat, d.h. in dem Gliedermann, oder in Gott.'*
*'Mithin, sagte ich ein wenig zerstreut, müßten wir wieder von dem Baum der Erkenntnis essen, um in den Stand der Unschuld zurückzufallen?' 'Allerdings', antwortete er; 'das ist das letzte Kapitel von der Geschichte der Welt.'"(41)*

Vorher läßt er die beiden Protagonisten anhand des Marionettentheaters Grundsätzliches über das Verhältnis von Leib und Seele im Tanz und die ästhetische Qualität von Bewegung, sowie daraus folgende bewegungstechnische Grundbedingungen sagen. Am Beispiel des Jüngling im Bade verdeutlicht er die Feindschaft zwischen bewußter Kontrolle und Grazie, in der Bärengeschichte die Verhinderung der Angemessenheit von Bewegungen durch Kontrolle des Bewußtseins.
Das Problem zwischen Bewußtsein und Anmut illustriert er mit der Beschreibung der graziösen Bewegung von Marionetten, die ohne Bewußtsein sind: Der Tänzer sagt,

*"jede Bewegung hätte einen Schwerpunkt; es wäre genug, diesen, in dem Inneren der Figur zu regieren; die Glieder, welche nichts als Pendel wären, folgten, ohne irgend ein Zutun, auf mechanische Weise von selbst."(42)*

Das entspricht der Grundvoraussetzung der Durchlässigkeit. Kleist läßt nun auf erstaunlich direkte Weise die Protagonisten anhand dieser mechanisch erzwungenen Durchlässigkeit das Problem mit dem Bewußtsein erklären: Er läßt den Tänzer, befragt nach dem Vorteil von Marionetten vor lebendigen Tänzern ausrufen:

*"'Der Vorteil? Zuvörderst ein negativer, nämlich daß sie sich niemals zierte. - Denn*

*Ziererei erscheint, wie sie wissen, wenn sich die Seele (vis motrix) in irgend einem anderen Punkte befindet als in dem Schwerpunkt der Bewegung. Da der Maschinist nun, vermittelst des Drahtes oder Fadens, keinen anderen Punkt in seiner Gewalt hat, als diesen: so sind alle übrigen Glieder, was sie sein sollen, tot, reine Pendel und folgen dem bloßen Gesetz der Schwere; eine vortreffliche Eigenschaft, die man vergeblich bei dem größten Teil unserer Tänzer sucht.'"(43)*

*"Er setzte hinzu, daß diese Bewegung sehr einfach wäre; daß jedesmal, wenn der Schwerpunkt in einer geraden Linie bewegt wird, die Glieder schon Kurven beschrieben; und daß oft, auf eine bloß zufällige Weise erschüttert, das Ganze schon in eine Art rhythmische Bewegung käme, die dem Tanze ähnlich wäre."(44)*

*"Dagegen wäre diese Bewegung wieder, von einer anderen Seite, etwas sehr Geheimnisvolles. Denn sie wäre nichts anderes, als der Weg der Seele des Tänzers; und er zweifle, daß sie anders gefunden werden könne, als dadurch, daß sich der Maschinist in den Schwerpunkt der Marionette versetzt, d.h. mit anderen Worten, tanzt." (45)*

Das entspricht genau den Aussagen des vorigen Kapitels.
Der Gliedermann ohne Bewußtsein folgt den Regeln der Natur, ist also Teil der Natur, ganzheitlich. Damit ist die Bewegung schön.
Dieses mechanische Prinzip entspricht der Natur-im-Menschen, es handelt sich um die allgemeinen Gesetze der Welt. Das vollkommene Befolgen dieser physischen Gesetze wiederum führt zur Seele des Tänzers, das Sinnliche umfaßt den Sinn der Schöpfung, die dann durch ihre Gesetze bruchlos wirkt, was das Selbst einschließt, dem hier die Seele entspricht.
In diesen Erörterungen über die zwangsweise ästhetische Qualität der mechanischen Bewegung wird die störende Rolle des Bewußtseins schon impliziert. Wie diese Störung der Einheit von Lebensprozessen geschieht, beschreibt Kleist durch die Geschichte mit dem Jüngling im Bad:

*"Ich badete mich, vor etwa drei Jahren, mit einem jungen Mann, über dessen Bildung damals eine wunderbare Anmut verbreitet war. Es traf sich, daß wir grad vorher in Paris den Jüngling gesehen hatten, der sich einen Splitter aus dem Fuße zieht; ein Blick, den er in dem Augenblicke, da er den Fuß auf den Schemel setzte, um ihn abzutrocknen, in einen großen Spiegel warf, erinnerte ihn daran; er lächelte und sagte mir, welch eine Entdeckung er gemacht habe. In der Tat hatte ich, in eben diesem Augenblick, dieselbe gemacht; doch sei es, um die Sicherheit der Grazie, die ihm beiwohnte, zu prüfen, sei es, um seiner Eitelkeit ein wenig heilsam zu begegnen: ich lachte, und erwiderte - er sehe wohl Geister! Er errötete und hob den Fuß zum zweitenmal, um es mir zu zeigen; doch der Versuch, wie sich leicht hätte voraussehen lassen, mißglückte. Er hob verwirrt den Fuß zum dritten und vierten, er hob ihn wohl noch zehnmal: umsonst! Er war außerstand, dieselbe Bewegung wieder hervorzubringen - was sag ich? Die Bewegungen, die er machte, hatten ein so komisches Element, daß ich Mühe hatte, das Gelächter zurückzuhalten: - Von diesem Tage, gleichsam von diesem Augenblick an, ging eine unbegreifliche Veränderung mit dem jungen Menschen vor. Er fing an, tagelang vor dem Spiegel zu stehen; und ein Reiz*

*nach dem anderen verließ ihn. Eine unsichtbare und unbegreifiche Gewalt schien sich, wie ein eisernes Netz, um das freie Spiel seiner Gebärden zu legen, und als ein Jahr verflossen war, war keine Spur mehr von der Lieblichkeit in ihm zu entdekken."(46)*

Ein Phänomen, das im Kleinen wohl jeder an sich selbst erlebt hat. Eine Bewegung, die selbstvergessen aus einer Situation heraus entsteht und der die Seele nur beiwohnt, ohne daß das Bewußtsein steuernd eingriffe, ist ästhetisch stimmig und effektiv. In dem Augenblick, wo uns das auffällt, ist diese Stimmigkeit meist schon zerstört. In der Geschichte mit dem Bären macht Kleist deutlich, daß es ihm nicht um einen äußerlichen Begriff von Schönheit geht, sondern um Stimmigkeit und Authentizität:

*"Der Bär stand, als ich erstaunt vor ihn trat, auf den Hinterfüßen, mit dem Rücken an den Pfahl gelehnt, an welchen er angeschlossen war, die rechte Tatze schlagfertig erhoben und sah mir ins Auge: das war seine Fechterpositur. Ich fiel, da ich mich ein wenig von meinem Erstaunen erholt hatte, mit dem Rapier auf ihn aus; der Bär machte eine ganz kurze Bewegung mit der Tatze und parierte den Stoß. Ich versuchte, ihn durch Finten zu verführen; der Bär rührte sich nicht. Ich fiel wieder, mit einer augenblicklichen Gewandtheit, auf ihn aus, eines Menschen Brust würde ich unfehlbar getroffen haben: der Bär machte eine ganz kurze Bewegung mit der Tatze und parierte den Stoß. Der Ernst des Bären kam hinzu, mir die Fassung zu rauben, Stöße und Finten wechselten sich, mir triefte der Schweiß: umsonst! Nicht bloß, daß der Bär, wie der erste Fechter der Welt, alle meine Stöße parierte; auf Finten (was ihm kein Fechter der Welt nachmacht) ging er garnicht einmal ein: Aug in Auge, als ob er meine Seele darin lesen könnte, stand er, die Tatze schlagfertig erhoben, und wenn meine Stöße nicht ernsthaft gemeint waren, so rührte er sich nicht."(47)*

Ich kann nun die Probleme, die ein nicht entwickeltes, ich-haftes Bewußtsein für die Ganzheit bedeutet, genauer beschreiben: Im Lebensquerschnitt zerstört es die ganzheitliche Einbindung des Menschen in die Situation, indem es ein Bild, eine Vorstellung oder eine Absicht hat und so die unwillkürliche Ganzheit der konkreten Bewegung wie auch der Lebensvorgänge stört. Damit ist sowohl die einzelne Bewegung, wie auch die Einbindung in den Gesamtplan der Schöpfung gemeint. Wenn schon im Kleinen die Empfindung für die eigene spontane "natürliche" Reaktion so leicht störbar, beeinflußbar und überspielbar ist, wird vorstellbar, wie gewaltig die Abweichungen im Großen sein können, wie beliebig und losgelöst von der Natur-im-Menschen das Bewußtsein sein kann.

Damit ist klar, daß die oben erwähnte Möglichkeit der Entscheidung für oder gegen die Forderungen der Natur-im-Menschen so nicht existiert. Die "natürliche Reaktion" an sich gibt es nicht ohne weiteres, sie muß erst erarbeitet und entwickelt werden, worauf ich später in den Kapiteln IV, V und VIII genauer eingehen werde. Ein Hauptproblem der persönlichen Entwicklung besteht somit darin, die natürliche Reaktion überhaupt erst erfahrbar zu machen.

Ich setze einmal voraus, daß das, was sich hier philosophisch abstrakt anhört, als Bedürfnis nach Ganzheit ein wichtiges Ziel im Leben ist, welches auch so

empfunden wird. (Siehe dazu "B" am Ende des Kapitels.) Dann müßte ein Mensch im Bemühen um relative Ganzheit lernen, loszulassen, -die innere Natur zu beobachten, sie wahrzunehmen, ohne sie zu stören, was, wie soeben beschrieben, schwierig ist.
Das ist in der Tat unter dem Begriff Empfindungsschulung eine zentrale Übung ästhetischer Bildung am Körper, auf die ich später noch eingehen werde. (Kapitel V und VII)
Damit ist der Mensch aber noch nicht in die relative Ganzheit der Schöpfung eingebunden. Auch wenn er gelernt hätte, die Natur in ihm in der konkreten Situation, im Lebensquerschnitt, wahrzunehmen und zuzulassen, wie sie ist, ihm bliebe trotzdem das Bild von der Welt, das Bewußt-Sein, die Freiheit der Entscheidung.
Weiter oben hatte ich dargestellt, daß die relative Ganzheit die Annahme voraussetzt, daß sich die Gesamtheit der Schöpfung in allen ihren Einzelteilen auswirke. Der Mensch, der kraft Intellekt fähig ist, ein so genaues Bild von der Welt zu entwerfen, daß er viele ihrer Regeln erkennen kann, ist in der Lage, sein Schicksal korrigieren zu können. Auch wenn er seine unwillkürliche Gesamtreaktion erkennen kann, er sieht immer auch die Folgen, die Bedeutung, und wird diese bewerten im Hinblick auf seinen Lebensplan. Das bedeutet auch, daß der Mensch sich, wenn es ihm angebracht oder bequem scheint, gegen das, was die Natur in ihm will, entscheiden wird. Damit ist er aber nicht mehr Teil des Ganzen, das nach dem Plan der Schöpfung[13] agiert.

## 2 TEIL 2: BEWUß TSEIN UND SCHICKSAL, DIE STÖRUNG IM LÄNGSSCHNITT DES LEBENS

Nachdem ich im vorigen Kapitel die Probleme bei der Entwicklung vom ichhaften Bewußtsein zum Selbst auf der Ebene der Gegenwart, des Augenblicks, beschrieben habe, geht es jetzt um die Möglichkeiten und Schwierigkeiten der Bewußtseinsentwicklung im zeitlichen Verlauf des Lebens.
Auf dieser Ebene bedeutet Schicksal nichts weiter, als nur das Wirken der Gesetze der Schöpfung im zeitlichen Verlauf.
Dazu bildet das Ich-Bewußtsein des Menschen mit seiner Fähigkeit, die Regeln in seiner Umgebung zu erkennen, einen kontradiktorischen Widerspruch; es sei denn, der Mensch verzichte, was theoretisch möglich wäre, auf seine Entscheidungsfreiheit, folgte nur dem, was die Natur in ihm fordert und akzeptierte das, was daraus entsteht, als sein Schicksal.
Das ist offensichtlich ein Paradoxon. Weil der Mensch ein Bewußtsein "hat", bedeutete dieser Verzicht auf eigene Entscheidung eine permanente Entscheidung eben dazu. Es geht auch hier um die oben diskutierte Möglichkeit, das ichhafte im Bewußtsein zu überwinden, und die Möglichkeit, das Bewußtsein auf Dauer ausschalten zu können, ist theoretisch interessant. Dann hätte der Mensch kein eigenes Bild, wäre nach Kleist graziös wie ein Tier oder Gliedermann, und in unserem Sinn in die relative Ganzheit der Schöpfung eingebunden. Kleist hatte auch geschrieben, daß sich die Grazie (für uns relative Ganzheit in

der konkreten Situation) wiedereinstelle, wenn das Bewußtsein durch ein Unendliches gegangen sei. In Bezug auf das Schicksal heißt das: wenn es um die Richtung auf Ganzheit geht, ist das Rezept, dem Schicksal blind folgen zu wollen, falsch. Die Menschen sind frei, ob sie es wollen oder nicht, und inzwischen ist ein großer Teil ihrer Umgebung nicht mehr Natur, sondern gesellschaftlich bedingt. Mit Kleist geht es also darum, "wieder vom Baume der Erkenntnis zu essen" , d.h., nicht Teil des Ganzen der Schöpfung sein zu wollen, indem das Bewußtsein ausgeschaltet wird, sondern indem das Bewußtsein wächst, die Schöpfung umfaßt, freiwillig einzustimmen in das, was als Schicksal erkannt wird und die Verantwortung für das eigene Leben zu übernehmen.

*"Denn das Selbst ist ein Hinweis auf den psychischen Urgrund schlechthin, der nicht weiter begründbar ist. Aber als gesetztes Ziel ist es eben auch ein ethisches Postulat, ein Verwirklichungsziel ... "(48)(Jacobi)*

Das wäre die Entwicklung aus Beliebigkeit und Willkür zu Freiheit in Verantwortung, worauf ich am Ende des Kapitels (S.99f) eingehen werde.

## 2.1 Schicksal und Ganzheit (Was ist Schicksal?)

Die Annahme, daß es ein sinnvolles Ganzes gibt, das in allen Einzelteilen wirkt, bedeutet für den Einzelnen im zeitlichen Verlauf Schicksal.
Wenn ich aber die Möglichkeit der Entscheidung als dem Menschen wesensmäßig zugehörig annehme, gibt es für das Individuum nicht persönliches Schicksal im fatalistischen Sinne. Vielmehr gilt, was über dem Orakel von Delphi eingeritzt stand:

*"Erkenne dich selbst,"(49)*

dem hinzugefügt wird: "Werde der du bist, sei!"
Ein Mensch muß, um ganz zu werden, nicht blind dem Reflex der Natur in ihm folgen, sondern kann und muß wählen, was für ihn sinnvoll und angenehm ist, darf einen eigenen Lebensplan haben. Schicksal ist dann die Herausforderung, das zu entwickeln, was möglich ist, das anzunehmen, was unabänderlich ist, um ganz zu werden.
Konkret bedeutet das für den Menschen in der jeweiligen Lebenssituation, Entscheidungen zu fällen für oder gegen Auseindersetzungen, die ihn ganzer machen, die "richtigen" Verunsicherungen zu suchen und als Herausforderungen anzunehmen und macht auf psychologischer Ebene die Konstruktion des Selbst und der Intuition nötig. Was bedeutet das genauer?
Im nächsten Kaitel beschäftigen wir uns ausführlich mit dem psychologischen Problem , wie ein Mensch (für das in seinem Ermessenspielraum -der ja heute ziemlich groß ist- liegende) erkennen kann, was für ihn schicksalhaft wichtig ist.
Hier bleiben wir erstmal auf einer prinzipiellen philosophischen Ebene:
Mit einem Ich-Bewußtsein und eigenem Bild der Welt am Ganzen teilzuhaben, sein Schicksal als Aufgabe anzunehmen und in Kontakt mit ihm zu leben, scheitert -wenn man von dem Kleistschen Problem, die Natur wirken zu lassen,

fürs erste absieht- an der prinzipiellen Entscheidungsfreiheit des Menschen, der sich erstmal immer gegen das Unangenehme entscheiden würde, zwängen ihn nicht von Zeit zu Zeit die Umstände in bestimmte Konfrontationen.

## 2.2 Die Störung der Ganzheitlichkeit durch Planung

In diesem Kapitel wird beschrieben, wie ein ich-haftes Bewußtsein die Ganzheitlichkeit und Entwicklung zum Selbst stören kann.

Hier muß ich ergänzen, daß das Ich-Bewußtsein in Verbindung mit dem eigenen Bild von der Welt den Menschen noch nicht zwangsweise vom Gesamtplan der Natur trennen müßte. Entscheidend dafür ist die Kombination der dem Menschen eigenen Fähigkeit zur Veränderung der eigenen Lebensbedingungen mit der selbstverständlichen, allen Lebewesen gemeinsamen Tendenz, unangenehme Zustände zu meiden und angenehme aufzusuchen. Mit seiner Fähigkeit zu freier Entscheidung versucht er, das Leben so zu planen, daß Schmerz vermieden und Zufriedenheit dauerhaft gesichert wird und versucht so, Herr des eigenen Schicksals zu werden. Hilgard schreibt über Wahrnehmung und Lernen:

*"Das Endergebnis ist eine Welt, in der wir uns zu Hause fühlen, weil wir wissen, was zu erwarten ist und das, was wir erwarten nicht zu sehr von dem abweicht, was wir wollen."(50)*

In einer modernen Gesellschaft mit ihren Planungs- und Wahlmöglichkeiten hat dieses ganz normale Sicherheitsstreben zur Folge, daß dem Ich unbequeme Konfrontationen vermieden, aus dem Leben herausgeplant werden. So kommt die Entscheidung gegen das Naturhafte oft und zwangsweise zustande.

Wenn der Mensch aber weder in der aktuellen Situation, dem Lebensquerschnitt, noch im Verlauf, dem Lebenslängsschnitt, automatisch und wesenhaft Teil des Ganzen ist, weil er

- nicht durch eine "natürliche" Reaktion in die Situation eingebunden ist und
- das Erleiden wichtiger aber unangenehmer Situationen durch Planung heutzutage oft vermeiden kann,

ist er auf die Qualität, die Ganzheitlichkeit seines Bewußtseins angewiesen, um trotzdem am Ganzen teilzuhaben.

Dieses Bewußtsein müßte dann die ganze innere und äußere Natur umfassen, wie Kleist den Tänzer sagen läßt, ein Unendliches sein, wenn der Mensch auf diese Art Teil des Ganzen sein wollte.

Vorausgesetzt diese relative Ganzheit wäre ein Ziel im Leben, so wäre sie auch die Lebensaufgabe; aktuell im Leben ginge es immer nur um die Richtung auf Ganzheit, die ich Ganzheitlichkeit nennen will.

Das ich-hafte Bewußtsein ist aber von Natur aus auf die Erfahrungen beschränkt, die es gemacht hat.

Damit sein Bewußtsein unendlich wäre und alles umfaßte und er so Teil des Ganzen wäre, müßte ein Mensch alle möglichen Erfahrungen eines Lebens machen, das Leben durchleiden und erleben, wie es ist und das alles verarbeiten, was unmöglich ist.

Der Mensch wäre von der Ganzheit ein für allemal ausgeschlossen.

Einen Ausweg bietet der Begriff des Schicksals, wie er weiter oben definiert ist: Wenn er die Wirkung des Ganzen im zeitlichen Verlauf bezeichnet, würde es genügen, das Schicksal zu erkennen und die entscheidenden Erfahrungen zu machen, die für das Individuum nötig sind, um ganz zu werden. Hierbei handelt es sich einmal allgemein um die Konfrontation mit archetypischen Situationen, die meines Erachtens nach so etwas wie eine kollektive Schicksalsdisposition ausmachen. Ihnen muß sich jeder Mensch auf seine Weise stellen. Das persönliche Schicksal, dem sich Menschen nach dieser Sichtweise bei ihrer Selbstverwirklichung/-werdung stellen müssen, bestände in der Konfrontation mit ganz bestimmten Archetypen, die in der persönlichen Geschichte eine zentrale Problematik darstellen.
Der Mensch könnte also ruhig seinem Plan folgen, Schmerz vermeiden und glücklich sein wollen. Er müßte aber die kritischen Punkte, die sein Schicksal ausmachen -denen er sich stellen muß, um ganz zu werden- erkennen und durchleben.
Hier schließt sich nun ein Argumentationskreis: Ein Mensch, der in seinem subjektiv/ich-haften Bewußtsein sein Leben plant, Schmerz zu vermeiden und Angenehmes möglichst dauerhaft einzurichten, schließt damit einen entscheidenden Teil der Lebenserfahrung aus.
Für den Individuationsprozeß vom ich-haften zum Selbstbewußtsein muß der Mensch sich bestimmten kritischen Erfahrungen stellen. Durch die Fähigkeit zur Planung allgemein und die moderne Gesellschaft im besonderen geraten genau diese Erfahrungen in den Bereich der Entscheidungsfreiheit.

### 2.3 Leiden und Ganzheit

Weil diese Eigenart des Menschen, in seinem subjektiven Bewußtsein Schmerz zu vermeiden und eine gewisse Sicherheit und Vorhersagbarkeit zu suchen, das Wachstum des Bewußtseins durch das Erleben des Guten und Schlechten behindert, haben Religionen und spirituelle Lehren -denen es um die Erlangung der Ganzheit geht- wohl das Leiden so sehr betont. Buddha verband Leben unauflöslich mit Leiden(51) und Meister Eckehart sagte:

*"Merket wohl, alle nachdenklichen Gemüter, das schnellste Roß, das euch zur Vollkommenheit trägt, ist Leiden."(52)*

Damit ist nicht gemeint, daß das Leben nur aus Leid bestünde, bzw. Leiden an sich einen Sinn hätte und sich fortschrittlich auf dem Weg zum Selbst auswirken würde. Vielmehr wird auch hier ausgedrückt, daß die positiven Erfahrungen zu machen natürlich ist, die schmerzhaften Erfahrungen aber genauso dazugehören und sie dadurch, daß sie tendenziell vermieden werden, eine Schlüsselrolle bekommen. Jede Auflösung der gewohnten Ordnung, des vertrauten Bildes der Welt, jede starke Änderung in zentralen Gefühlsbereichen ist mit Schmerz verbunden und zugleich eine Schlüsselstelle im persönlichen Wachstum.

*"Leiden aber und Konflikt sind weder bedeutungslos noch unnötig: Sie zeigen die Zerstörung an, die in jeder Figur / Hintergrund-Struktur eintritt, damit die neue*

*Figur auftauchen kann. Dies bedeutet nicht das Verschwinden des alten Problems, sondern seine Lösung."(53) ... "Wer in einen Konflikt verwickelt ist, kann den Schmerz ... nicht vermeiden, denn ihn jetzt zu unterdrücken, würde nicht Lust, sondern Unlust bereiten,"(54)... "Emotionales Leiden ist ein Mittel, die Isolierung des Problems zu verhindern, damit das Selbst ... wachsen kann."(55)(Perls)*

Wenn wir einmal den psychologisch/anthropologischen Aspekt verlassen und von einem teleologisch/esoterischen Modell ausgehen, kommt die Frage nach dem Sinn in den Mittelpunkt. Dethlefsen schreibt:

*"Schicksalsschläge und Krankheit sind fast immer nur der passive Aspekt eines nicht freiwillig wahrgenommenen Lernprozesses. Die Kurzformel heißt: Wer nicht lernt, leidet."(56)*

*"Der Lebensweg des Menschen soll zur Vollkommenheit führen, jeder kleinste Lernschritt macht den Menschen vollkommener. Vollkommen wird man, wenn man noch Fehlendes hinzufügt, Unbekanntes integriert. So wird der Mensch vom Schicksal gesetzmäßig immer mit solchen Prinzipien konfrontiert, die er noch nicht verwirklicht hat, die ihm noch fremd geblieben sind, die ihm noch fehlen."(57)*

Diese Prinzipien oder Gestalten waren in früheren und sind in den meisten ethnischen Gemeinschaften und Kulturen durch Gottheiten symbolisiert:

*"Die Griechen kannten eine einfache Formel für den reibungslosen Umgang mit den Göttern: Solange man den Göttern opfert, so lange tun einem die Götter nichts. - opfert man nichts, so holt sich die Gottheit das Opfer mit Gewalt ... Der Begriff 'opfern' meint, einem Urprinzip Raum in der eigenen Erlebnissphäre zu schaffen, es in das Bewußtsein zu integrieren."(58)*

Wenn wir das mit Jung vom psychologischen Gesichtspunkt sehen, so ist

*"es ... nicht ganz gleichgültig, ob man etwas als eine Sucht, oder als einen Gott bezeichnet. Einer Sucht zu dienen, ist verwerflich und unwürdig, einem Gotte zu dienen dagegen, ist wegen der Unterwerfung unter ein höheres Unsichtbares und Geistiges bedeutend sinnvoller und zugleich aussichtsreicher ... "(59)*

Nach Dethlefsen ist

*"Die Menschheit ... (aber) ... fasziniert von der Idee, das Schicksal zu betrügen ... Das ist der gefährliche Punkt, an dem so viele Menschen den Fehler begehen, sich zu verschließen, zu verdrängen, oder Widerstand zu leisten - ihr notwendig gewordenes Opfer versagen. Damit beginnt der Kampf zwischen dem Schicksal und dem Menschen, wobei der Sieg des Schicksals von vornherein gesichert ist. Als Verlierer beklagt sich der Mensch über das böse Schicksal, das ihn zugrunderichtet und übersieht dabei, daß er es selbst ist, der die Einladung nicht angenommen hat."(60)*

Und Jung schreibt:

*"Wo der Gott nicht anerkannt wird, ensteht selbstische Sucht, und aus der Sucht wird die Krankheit. Die Yogalehre setzt die Anerkennung der Götter als selbstverständ-*

*lich voraus ... Offenbar kann der Schleier der Maya nicht durch einen bloßen Vernunftbeschluß gelüftet werden, sondern es bedarf der gründlichsten und langwierigsten Vorbereitung, die darin besteht, daß die Schulden ans Leben alle auch richtig abgezahlt werden ... solange noch unbedingte Verhaftung durch 'cupiditas' besteht, ist ... die Höhe des inhaltsfreien, illusionslosen Bewußtseins nicht erreicht ... Es ist ein Ideal, das schließlich nur im Tode zu verwirklichen ist."(61)*

Die relative Ganzheit ist also nichts, was dem Menschen zwangsweise mitgegeben wäre wie den Tieren. Der Mensch mit seiner Freiheit muß sich seine Ganzheitlichkeit erst erarbeiten; die Art des Bewußtseins macht es nötig, im Zusammenwirken zwischen beharrenden und Wachstumskräften die Erfahrungen, auch die schmerzhaften des jeweiligen Lebensweges zu machen und das Wirken der Natur-im-Menschen zuzulassen.
Während die psychologischen Probleme -wie ein Ich beschaffen sein müßte, das schicksalhafte Situationen erkennt und sie freiwillig aufsucht- im nächsten Kapitel behandelt werden, komme ich hier zu dem Stellenwert des Leidens für persönliches Wachstum.

## 2.4 Kampf und Auseinandersetzung

Theoretisch wäre es möglich, in Meditation das ganze Leben zu erfahren. Wenn man davon ausgeht, daß alles im kollektiven Unbewußten des Individuums schon vorhanden ist, müßte der Mensch "nur" loszulassen lernen. Das ich-hafte Bewußtsein würde zum Selbst, könnte seine individuell begrenzte Erfahrung transzendieren und hätte Zugang zu der Gesamterfahrung der Welt, zum Ganzen. In modernen Gesellschaften entsteht aus dieser Möglichkeit oft ein Mißverständnis:
Gerade Menschen, die sich nicht einbringen[14] können, die ihren Weg nicht finden zu können glauben, versuchen, sich in Meditation zurückzuziehen. Bevor sie sich wirklich auseinandergesetzt und daran gearbeitet haben, sich einzubringen, entfliehen sie so der Auseinandersetzung mit ihrem Leben und seinen Kämpfen. Meiner Ansicht nach sind aber Auseinandersetzung und Lebenskampf unbedingt nötig, bevor ein Mensch seine Bedingung[15] transzendieren kann. Jung fragt:

*"Sollte man wohl wittern, daß jene seelische Einstellung, die den Blick dermaßen nach innen zu richten vermag, von der Welt nur darum so losgelöst sein kann, weil jene Menschen die instinktiven Forderungen ihrer Natur in solchem Maße erfüllt haben, daß wenig oder nichts sie hindert, die unsichtbare Wesenheit der Welt zu erschauen? Sollte vielleicht die Bedingung solchen Schauens die Befreiung von jenen Gelüsten und Ambitionen und Leidenschaften sein, die uns ans Sichtbare verhaften, und sollte diese Befreiung gerade aus der sinnvollen Erfüllung der instinktiven Forderung und nicht aus deren vorzeitiger und angsterfüllter Unterdrückung erfolgen? Wird vielleicht dann der Blick für das Geistige frei, wenn das Gesetz der*

*Erde befolgt wird?"(63)*

Dethlefsen schreibt dazu:

*"Es geht also hier nicht darum, die irdisch materielle Welt zu verteufeln, ihre Sündhaftigkeit zu beschwören und den Menschen aufzufordern, allem Irdischen so schnell wie möglich zu entfliehen, um das Glück auf 'pseudogeistiger' Ebene zu suchen. Leider ist dies jedoch die häufige Konsequenz in Kreisen, die Weltflucht für esoterisch halten, obwohl man ein Problem nicht dadurch erlöst, daß man einen weiten Bogen darum macht, sondern allein dadurch, daß man sich mit ihm auseinandersetzt."(64)*

*"Erst wenn der Mensch ganz in das Dunkel hinabsteigt, wird er reif, den Aufstieg anzutreten. An diesem Gesetz scheitern all jene, die esoterische Lehren als Alibi dafür benutzen, daß sie ihr irdisches Leben nicht meistern wollen oder können. Der Mensch ist, solange er noch einen materiellen Körper besitzt, an die Polarität gebunden."(65)*

Und Herbert Fritsche schreibt:

*"Der Mensch ist 'der grundsätzlich ins Wagnis Gesandte'. Das Scheitern schadet ihm weniger, als das vermeintliche Abgesichertsein. Gott will nicht Sucher metaphysischer Notausgänge, sondern Vollender des Menschseins vom Sinnlichen bis zum Übersinnlichen."(66)*

Es ist nicht möglich, etwas loszulassen, was man nicht hat. Die amerikanische Körpertherapeutin Marion Woodman schreibt:

*"Life is a matter of incarnation - the soul is an entity we have to live with in our human body. The problem is, too many peoples in our culture try to skip over this step and go straight up to the spirit. Overspiritualization is a real danger, but usually the body starts to scream. Peoples will get symptoms or an addiction. Than they can start coming down to earth again. The anorexic men ... don't want to be here at all. I just keep trying to bring them into the body and into the femimine side, where they can accept life. We have to face the agony and ecstasy of being human ... Many peoples ... rather live on idealization and perfection. They don't want to take responsibility for their lives because it's much easier to fly off into spirit ... Psychologically we call this inflation and the only end is to crash down to earth ... through depression or illness."(67)*

Auch in Zen-Klöstern ist der Tagesablauf fundiert auf Meditation und körperlich harter Arbeit, was nach Wotruba in der indischen Meditationsphilosophie folgendermaßen thematisiert wird:

*"Allerdings gilt es auch da ... zwischen dem eigentlichen also seinsoffenen, sattva-orientierten"* [dritter Weg der Gelassenheit in Wahrheit zwischen Aktivität und Passivität] *"Meditationsweg und der leider in unseren Breitengraden besonders häufigen, uneigentlichen, den unbewältigten Existenzproblemen ausweichenden Flucht in die Versenkung, also in 'tamas', zu unterscheiden. So wie der eigentliche sattvische Seinsbezug das äußerste Gegenteil einer tamas-Verfallenheit an das*

*'man' darstellt, macht auch die eigentliche meditative Seinserschließung das echte Gegenstück zu jener Versenkung aus, die in der chronischen Passivität endet."(68)*

Verkürzt ausgedrückt, löst die Betrachtung der Art und Weise unseres Daseinskampfes die Trennung auf, die durch die Angst und die Planung entsteht und so

*"ist das meditative Aufgehen als ein besonders reifer Modus des Umganges mit der unveräußerbaren 'Sorge' zu verstehen, welche die Lebensgeschichte des einzelnen sowie der Zivilisation in Gang setzt. Demgegenüber erweist sich die sektiererisch entartete Versenkung als eine den sozialen und persönlichen Abstieg einleitende und deshalb ernstzunehmende Verfallserscheinung."(69)*

Das wird in Kapitel VIII als Art der Verbindung zwischen Ruhe und Bewegung in der praktischen Arbeit aufgegriffen.
Selbst auf einer rein philosophisch/erkenntnistheoretischen Ebene läßt sich zeigen, daß Erkenntnis nur handelnd und mit persönlichem Risiko möglich ist: Apel weist nach, daß in den abstraktesten Modellen einer Weltformel und Welterklärung der makroskopischen Relativitätstheorie und der mikroskopischen Quantenmechanik ein "Leib apriori der Erkenntnis" gilt. Während in der Quantenmechanik der Akt der Wahrnehmung die Gegebenheit erst aus der Möglichkeit konstituiert und somit der Mensch nur handelnd und eingreifend erkennen kann, scheint auf den ersten Blick in der Relativitätstheorie unabhängig vom Beobachter, der in Ort und Zeit relativiert wird, gedacht zu werden:

*"Wenn die Relativitätstheorie eine kontinuierliche Objektivation des Naturgeschehens einschließlich der leiblichen Voraussetzungen der Beobachtung zustandebringt, so gelingt ihr das nur unter Verzicht auf die unmittelbare 'Vorstellbarkeit' der so theoretisch objektivierten 'Welt'. Das 'Raum-Zeit-Kontinuum' kann sich niemand vorstellen. Die Vorstellbarkeit der Welt wird von ihr gerade im vorhinein von der Identifikation des erkennenden Subjekts mit der Leibvermittlung der Erkenntnis abhängig gemacht. Die geschieht m.E. durch die philosophisch revolutionäre Voraussetzung, daß anschaulich-schematisierbare Begriffe, z.B. 'hier', 'jetzt', 'Vergangenheit', 'Gegenwart', 'Zukunft', 'Gleichzeitigkeit', in ihrem Sinn à prioiri über einen Eingriff des leibhaftigen Menschen in die Welt vermittelt sind und daher nicht vom exzentrischen reinen Bewußtsein quasi aus eigener Machtvollkommenheit gedacht werden können,"(70)*

so daß man schließen kann, daß, auch wenn durch Abstraktion von der sinnlich gegebenen Wahrnehmung ein absoluter Weltentwurf möglich scheint, gerade darin evident wird,

*"daß der Sinn der Welt sich niemals für ein reines Bewußtsein, das in theoretischer Distanz die Welt spiegelt, ergeben kann, sondern notwendig über ein leibhaftiges Engagement, über materielle Praxis, über einen irreversiblen und daher riskanten Entwurf der Zukunft vermittelt ist. (Wollte man hier die Spekulation Hegels ergänzen, so müßte man vielleicht sagen: Der Mensch soll offenbar den Sinn der Welt nicht erkennen können, ohne sich immer erneut auf das Wagnis einer verantwortlichen Fortsetzung der Welt einlassen zu müssen)."(71)*

Allerdings ist es auch normal, daß Menschen sich gegen das Leidvolle in ihrem Schicksal wehren, und es war in der Geschichte der Menschheit normalerweise nicht die freie Entscheidung, sondern der Zwang der Verhältnisse, der Menschen mit Leidvollem, Schicksalhaften in ihrem Leben zusammenbrachte.
In der italienischen Stadt Chioggia sagte mir ein Fischer:

*"Nur wer arm ist, weiß, was Leben heißt, denn das Schicksal zwingt die Armen, in Demut und Stolz zu leben."*

Er beschrieb sinngemäß Demut als Erfahrung, einem Schicksal ausgeliefert zu sein, den eigenen Leidenschaften und äußeren Mächten nachgeben zu müssen und nannte Stolz als Ergebnis, das durchlebt und ausgehalten zu haben, ohne verbittert zu sein.
Im Kontext dieser Arbeit heißt Demut, die Begrenztheit des eigenen ich-haften Wollens angesichts des Lebens anerkennen zu müssen. Gerade in diesen Auseinandersetzungen, Enttäuschungen und dem sich Aufbäumen gegen die eigene Begrenzung entsteht das Bewußtsein für die Eigenart, der Stolz auf das, was einem nicht zu nehmen ist, das einfache Sein jenseits der Planung des Ich, und daraus entsteht die Kraft, auch bei allen Schicksalsschlägen dem Leben gegenüber offen zu bleiben.
Dann wird das Ich in seinem Bemühen durch etwas Größeres relativiert:

*"Beschäftigung die nie ermattet,*
*Die langsam schafft doch nie zerstört,*
*Die zu dem Bau der Ewigkeiten,*
*Zwar Sandkorn nur für Sandkorn reicht,*
*Doch von der großen Schuld der Zeiten,*
*Minuten, Tage, Jahre streicht"(72)(zit. bei R. Wilhelm)*

Profan ausgedrückt macht der Mensch in diesem Lebenskampf die Erfahrungen, die für ihn nötig sind, um sich zu läutern, ganz zu werden und sich nach der Forderung antiker Philosophen, "Übe im Leben, zu sterben" auf den Tod vorzubereiten, in dem sich alle Widersprüche und Trennungen des Lebens auflösen.
Praktisch bedeutet die Betonung des Erleidens also nicht Passivität, sondern eine bestimmte innere Einstellung der Aufmerksamkeit gegenüber den Gestalten der eigenen psychischen Reaktion und ihrem Wechselspiel mit der Welt. Sie entspricht psychologisch der Betonung des pathischen in der Ganzheitspsychologie, die später von der Gestaltpsychologie auf Denken, Problemlösen, alle klassisch ich-aktiven Bereiche ausgeweitet wurde. Persönliches Wachstum, soweit hier, hat nicht mit Passivität, sondern aktiver Auseinanderstezung mit Aufmerksamkeit für die Gesamtheit dessen, was geschieht, also einem Erleiden auch der eigenen Aktion und Reaktion, zu tun.

## 3 ZUSAMMENFASSUNG: DIE STÖRUNG DER GANZHEIT DURCH DAS UNENTWICKELTE BEWUSSTSEIN

Dadurch, daß er ein Bewußtsein hat, ist der Mensch von der relativen Ganzheit, wie sie Tieren zu eigen ist, ausgeschlossen. Das Wirken der Natur in ihm ist dadurch, daß das Bewußtsein die unwillkürliche Reaktion beeinflußt und verfälscht unmöglich gemacht, wie äußerlich durch den Verlust von Anmut und Schönheit deutlich wird. Selbst wenn die Menschen ihre unwillkürliche Reaktion wahrzunehmen und zu kultivieren gelernt hätten, würde die natürliche Tendenz, Schmerz zu vermeiden und zufrieden und sicher zu leben sowie das hohe Maß an Überblick und Einsicht in die Zusammenhänge, Entscheidungen gegen die Natur zur Folge haben.

Es ist aber nicht nötig, der Natur im Detail zu folgen:

Um ganz zu werden, müssen bestimmte kritische, schicksalhafte Erfahrungen gemacht werden, die zu erkennen die Menschen Intuition und Kontakt zum Selbst brauchen.

# C GIBT ES EIN BEDÜRFNIS, GANZ ZU WERDEN?

## 1 DIE ALLGEMEINE FRAGESTELLUNG

Ob das Ziel des Lebens ist, ganz zu werden, läßt sich nicht wissenschaftlich beweisen. So klar und selbstverständlich das Bedürfnis nach Überleben, Sicherheit und Schmerzvermeidung jedem einsichtig ist, so gibt es (auf der Evidenzebene offensichtlich) auch ein Grundbedürfnis nach Wachstum und Echtheit, den Drang, Erfahrungen machen zu wollen, auch wenn sie wehtun könnten und das Leben mit all seinen Härten, auch dem Bitteren und Dunklen, zu erleben.
Nur indirekt kann man feststellen, daß es dieses Grundbedürfnis nach Wachstum, Ganzheit immer gegeben hat und daß es das Bedürfnis nach Planung und Sicherheit balanciert.
In der Theologie des Mittelalters bezeichnete Meister Eckehard als Hölle das Getrennt-Sein von Gott, wobei man Gott auch mit dem Universum, der Summe all dessen, was da ist, bezeichnen kann.
Kükelhaus schreibt in seiner Begründung für die Anlage sinnlicher Erfahrungsparks:

*"Der Ausgangskern, aus dem heraus sich im Laufe der Milliarden Jahrgeschichte organischen Lebens das menschliche Endhirn mit dem Abstraktionsvermögen und dem Wissen von sich, dem Bewußtsein seiner selbst, gebildet hat, ist der Hirnstamm, den der Mensch gemeinsam hat mit den ursprünglichsten Arten von Lebewesen. Über die Brücke des Hirnstamms (oder Stammhirn) steht der Mensch jenseits noch des Gattungserbgutes, jenseits auch seines individuellen Anlagegrundes, unter dem Walten universeller Ordnungen und einer kosmischen, als göttlich verehrten Gesetzlichkeit, die als steuernde Muster der Symmetrie, Polarität, Zahl, Rhythmik, Schwingung, Gravitation - beginnend mit der Zellsymmetrisierung in den Anfangsgründen der Leibgeschichte geweblich eingeschlüsselt sind. Die beiden äußersten Pole der menschlichen Genesis, das Abstraktionsvermögen und das Vermächtnis des Grundgeschehens, in wechselseitiger Verbindung zu halten, galt das Wirken der Kulte und Religionen."(73)*

So kannten Menschen seit Urzeiten das Problem der trennenden Beobachtung und haben Rituale durchgeführt, die das Ziel hatten, den Menschen rückzubeziehen auf die Weisheit des Universums und die direkte Verbindung mit der Natur (religio).
Religionen bringen diese Sehnsucht in eine feste Form, die Liebe verkörpert sie. Freud ging zeitweise von einer Dualität zwischen der Lebenskraft und dem Todestrieb aus. Der Tod könnte, wie ich weiter oben angeschnitten habe, letzte Ganzheit sein.

## 2 GANZHEIT UND TOD, HESSES KLEIN UND WAGNER

Hesse schreibt am Ende von Klein und Wagner:

*"Er setzte sich auf den Rand des Bootes nach außen, die Füße hingen ins Wasser. Er neigte sich langsam vor, bis hinter ihm das Boot elastisch entglitt. Er war im All ... In die kleine Zahl von Augenblicken, welche er von da an noch lebte, war viel mehr Erlebnis gedrängt als in die vierzig Jahre, die er zuvor bis zu diesem Ziel unterwegs gewesen war." ... (74)*

*"Das Pathos des Sterbenwollens und das Pathos des Sterbens selbst fiel in sich zusammen, es war nichts damit ... Seit dem Moment, seit dem aufblitzenden Sekundenteil, wo er sich mit ganzem Wollen, mit ganzer Hingabe hatte vom Bootsrand fallen lassen, in den Schoß der Mutter, in den Arm Gottes - seit diesem Augenblick hatte das Sterben keine Bedeutung mehr. Es war ja alles so einfach, es war ja alles so wunderbar leicht, es gab ja keine Abgründe, keine Schwierigkeiten mehr. Die ganze Kunst war, sich fallen zu lassen! Das leuchtete als Ergebnis seines Lebens hell durch sein ganzes Wesen: sich fallen lassen! Hatte man das einmal getan, hatte man einmal sich dahingegeben, sich anheimgestellt, sich ergeben, hatte man einmal auf alle Stützen und jeden festen Boden unter sich verzichtet, hörte man ganz und gar nur noch auf den Führer im eigenen Herzen, dann war alles gewonnen, dann war alles gut, keine Angst mehr, keine Gefahr mehr. Dies war erreicht, dies Große, Einzige: er hatte sich fallen lassen! Daß er sich ins Wasser und in den Tod fallen ließ, wäre nicht nötig gewesen, ebensogut hätte er sich ins Leben fallen lassen können ... Wunderbarer Gedanke: ein Leben ohne Angst! Die Angst überwinden, das war die Seligkeit, das war die Erlösung. Wie hatte er sein Leben lang Angst gelitten, und nun, wo der Tod ihn schon am Halse würgte, fühlte er nichts mehr davon, keine Angst, kein Grauen, nur Lächeln, nur Erlösung, nur Einverstandensein ... Er wußte nun plötzlich, was Angst ist, und daß sie nur von dem überwunden werden kann, der sie erkannt hat. Man hatte vor tausend Dingen Angst, vor Schmerzen, vor Richtern, vor dem eigenen Herzen, man hatte Angst vor dem Schlaf, Angst vor dem Erwachen, vor dem Alleinsein, vor der Kälte, vor dem Wahnsinn, vor dem Tode - namentlich vor ihm, vor dem Tode. In Wirklichkeit gab es nur eins vor dem man Angst hatte, das Sichfallenlassen, den Schritt in das Ungewisse hinaus ... Im grauen Regendunkel über dem Nachtsee sah der Untersinkende das Spiel der Welt gespiegelt und dargestellt: Sonnen und Sterne rollten herauf, rollten hinab, Chöre von Menschen und Tieren, Geistern und Engeln standen gegeneinander, sangen, schwiegen, schrien, Züge von Wesen zogen gegeneinander, jedes sich selbst mißkennend, sich selbst hassend und sich in jedem anderen Wesen hassend und verfolgend. Ihrer aller Sehnsucht war nach Tod, war nach Ruhe, ihr Ziel war Gott, war die Wiederkehr zu Gott und das Bleiben in Gott. Dies Ziel schuf Angst, denn es war ein Irrtum. Es gab kein Bleiben in Gott! Es gab keine Ruhe! Es gab nur das ewige, ewige herrliche, heilige Ausgeatmetwerden und Eingeatmetwerden, Gestaltung und Auflösung, Geburt und Tod, Auszug und Wiederkehr, ohne Pause, ohne Ende ... Wie gut, daß auch diese Erkenntnis zu ihm kam: daß es keine Zeit gab! Das einzige, was zwischen Jugend und Alter, zwischen*

*Babylon und Berlin, zwischen Gut und Böse, Geben und Nehmen stand, das einzige, was die Welt mit Unterschieden, Wertungen, Leid, Streit, Krieg erfüllte, war der Menschengeist, der junge ungestüme und grausame Menschengeist im Zustand der tobenden Jugend, noch fern vom Wissen, noch weit von Gott. Er erfand Gegensätze, er erfand Namen. Dinge nannte er schön, Dinge häßlich, diese gut, diese schlecht."(75)*

Hier wird deutlich, wie dieses Urbedürfnis, sich fallen zu lassen, Teil des absolut Ganzen zu sein, mit dem Tod verbunden ist und wie ständig um die Balance zwischen Sicherheit, Angst und Wachstumskräften gerungen werden muß.

Die Sehnsucht nach Ganzheit drückt sich aber normalerweise nicht als Todeswunsch, sondern als Drang, Erfahrungen zu machen -teilzuhaben an der Welt- aus.

Sinn des Lebens ist nicht der Kurzschluß zum Tod als direkter Weg zur Ganzheit unter Vermeidung aller Kämpfe, sondern sich auseinanderzusetzen, zu kämpfen, sich zu wehren gegen das, was man nicht will, auch wenn später einmal alles als sinnvoll, richtig, gleich gültig erscheint. Als Resultante der Grundkräfte nach Überleben einerseits, Auflösung im Ganzen andererseits, gibt es ein Bedürfnis, Erfahrungen zu machen, das Leben so zu erleben, wie es ist. Damit wird der Mensch abgeklärter, reifer, "ganzer"; und auch Hesse weist mit dem Satz vom jungen ungestümen Menschengeist auf das hin, was Kleist mit dem unendlichen Bewußtsein meint:

Ganz werde der Mensch, indem das Bewußtsein wächst.

Beide Kräfte sind im Menschen angelegt, die, das Leben zu planen, zu organisieren, zu überleben und die zu wachsen, immer mehr eins zu werden mit der ganzen Schöpfung. Für kontinuierliches Wachstum in Richtung Ganzheit ist, wie ich im Kapitel III darstellen werde, eine Balance, ein bestimmtes Verhältnis beider Kräfte (nach Sicherheit und nach Wachstum) zueinander wichtig.

## 3 GANZHEIT IM LEBENSVERLAUF

In diesem Kapitel geht es um die Entwicklung in Richtung auf die Ganzheit im Lebensverlauf. Dieses Bedürfnis, im Leben zu wachsen, es als Herausforderung anzunehmen und sich anzueignen, ist auch im ganzen Lebensverlauf angelegt: Menschen gehen von der ungeschiedenen Ganzheit vor der Geburt durch die relative Ganzheit der Säuglings- und Kleinkindzeit mit Riesenschritten und drangvoll auf das Wollen, das Scheitern, das Gelingen, die Auseinandersetzung, Aneignung des Lebens zu. In den Niederlagen und Erfolgen arbeitet der Mensch sich selbst durch zum Zulassen, Verstehen, zu Läuterung und Weisheit des Alters, um bereit zu sein für die Ganzheit des Todes. Zwischendurch gibt es immer wieder Momente von Ganzheit, wo alles stimmt, alles wie von selbst geht. Der Eutonie- und Atempädagoge Glaser spricht von vorprädikativer, integraler und transzendenter Eutonie.

Eutonie bedeutet ideale Spannung. Einen Menschen, der euton ist, verbindet

die richtige Spannung mit seiner Umwelt. Verspannung -die tägliche vielbeklagte- trennt den Menschen vom Fluß der Umgebung.
Mit der vorprädikativen Eutonie des Säuglings meint Glaser einen Zustand diffuser Aufmerksamkeit ohne Absicht. Diese verliert sich in dem Maße, wie sich Aufmerksamkeit entwickelt, das Kind sich gezielter der Welt zuwendet, Glaser zitert Wyss:

*"Die Struktur der Wirklichkeit muß in jedem Fall dem irrationalen 'Bedürfnis nach Vertrauen' Grenzen setzen und damit Enttäuschungen bereiten.'"*

Er selbst fährt dann fort:

*"Jegliche Art von Frustationen rufen neue Intentionen* [womit bei ihm grob: konkret auf die Veränderung der Umgebung gerichtete Absichten gemeint sind] *auf, die darauf abzielen, die Umwelt zu veranlassen, sie zu befriedigen."(76)*

*"Doch in der vorher betonten Ambiguite verwirklicht sich mit der triebhaften Tendenz, die Welt zu verändern, zur gleichen Zeit -und ungewollt- die Entwicklung des Menschen in der rein körperlich motorisch beanspruchten Leibesregion. Und wir folgen weiter: Ohne Frustation keine Intention zum Trieb, ohne Trieb keine Entwicklung. Im Hinblick auf die Eutonie formuliert: Ohne den Sturz aus dem unbefangenen Glück der Eutonie des Kindes keine Reifungsmöglichkeit."(77)*

In der Auseinandersetzung mit dem Leben gibt es dann immer wieder Zustände relativer Ganzheit, mit Glaser integraler Eutonie, die uns erscheint

*"als eine Sammlung der in der Differenzierung und Wandlung gewonnenen Erfahrung zu einem Gefühl der Umfassung und Eins-Werdung mit diesem nun gegenwärtig gewordenen Schatz der Erlebnisse. Sie beinhaltet das Wissen um das gegenwärtig Da-Sei-ende und die Selbstverständlichkeit, mit diesem auch umgehen zu können, weil es als Teil des Eigenen empfunden wird. Damit wird die integrale Eutonie relativiert, da sie nur in einem solchen Bezugsverhältnis existiert."(78)*

Im Kontext meiner Arbeit heißt das, daß sich aus dieser Stimmigkeit immer wieder neue Verunsicherungen, Herausforderungen ergeben, die diese relative Ganzheit auflösen. Ein durchlebtes Leben mündet dann in eine transzendente Eutonie, die schon die Vorbereitung auf die Ganzheit des Todes ist:

*"Der Sinn der transzendenten Eutonie liegt im Glauben an eine höhere Ordnung allen Seins, in dem das Eigene bündig eingegliedert ist und darin seine Bestimmung und Daseinsberechtigung erhält. Werden und Vergehen werden als überindividuelle Gesetzmäßigkeiten fraglos angenommen. Statt Chaos erwächst ein Weltbild göttlicher Vollkommenheit, die man nur ahnungsvoll erfaßt und in der aufzugehen als Glückseligkeit gepriesen wird."(79)*

## 4 FREIHEIT UND SCHICKSAL IN DER GESCHICHTLICHEN ENTWICKLUNG

Ich möchte jetzt noch einmal auf die Rolle des Schicksals zu sprechen kommen. Wenn der Mensch durch seinen Eigensinn und durch die natürliche Tendenz, Schmerz zu vermeiden vom Ganzen getrennt ist, und wenn die Wachstumskräfte ihn andererseits treiben, ganz zu werden -wenn das also nur möglich ist, indem das Leben erfahren wird und so der Kampf zwischen Sicherheitsbedürfnis und Erfahrungsdrang im Menschen vorprogrammiert ist- kommt dem Schicksal und den Möglichkeiten, es zu erkennen, besondere Bedeutung zu.
Weiter oben hatte ich ausgeführt, daß schmerzhaften Erfahrungen eine Schlüsselrolle bei der Entwicklung in Richtung auf Ganzheit zukommt, daß es aber nicht auf das Leiden an sich, sondern auf die Auseinandersetzung mit den Schwierigkeiten, die die Behinderung des Wachstums anzeigen, ankäme.
Nun stellt sich die Frage, wie ein Mensch erkennen kann, welche Angst ihn vor Gefahr warnt und welche nur die vor der Konfrontation mit den eigenen Fehlern ist; wie er somit sein Schicksal erkennen kann. Diese Fragen nach der Intuition, dem psychologischen Modell, das die Schwierigkeiten und Möglichkeiten des Verhältnisses zwischen Wachstums- und beharrenden Kräften darstellt, werde ich im nächsten Kapitel behandeln. Hier geht es um die generelle Fragestellung, inwieweit die Menschen durch die Lebensumstände schicksalhaft festgelegt sind.
Die Aufgabenstellung, im Konflikt zwischen Wachstumskräften und Eigenwillen die produktive Verunsicherung des Schicksals von den beliebigen Gefährdungen des Lebens unterscheiden zu müssen, ist relativ neu.
Ich werde im folgenden zeigen, wodurch sich die heutige Situation von allen früheren unterscheidet und welche Möglichkeiten Tanztraining und Empfindungsschulung bieten, produktive Verunsicherungen -d.h. Schwierigkeiten, an denen ein Mensch wachsen kann- selbst zu bieten oder finden zu helfen.
Meine These ist, daß sie eine “Emanzipierte Form von Schicksalhaftigkeit” darstellen.
Um detailliert zeigen zu können, wie sich die aktuelle Situation hinsichtlich des Verhältnisses von Freiheit und Schicksal von früheren unterscheidet, stelle ich die Annahmen dar, von denen sich meine Sichtweise ableitet:

1. Der Mensch ist durch seine Fähigkeit zur Selbstdistanzierung, Selbstbeobachtung -sein eigenes Bild von der Welt mit Plänen, Erwartungen und Konzepten- von der Ganzheit getrennt.
2. Es gibt ein Bedürfnis, Erfahrungen zu machen, ganz zu werden, sich auseinanderzusetzen, im folgenden Wachstumskraft genannt.
3. Es gibt ein Bedürfnis, zu überleben, Schmerz zu vermeiden, den individuellen Status quo zu halten, im folgenden Sicherheitsbedürfnis genannt.
4. Beim Wachstum vom subjektiv Ich-haften zum Selbst kommt der Mensch mit etwas in ihm in Verbindung, was jenseits der Erwartungen, Vorstellungen, Ängste und Wünsche sein Wesen ausmacht und ihn mit der Welt “so wie sie ist” verbindet. (S. Fußnote 11)

5. Dieses Wachstum geschieht durch und in bewußtem Erleben.
6. Das "reine Erkennen" reicht nicht aus, genauso wenig wie jemand satt wird, indem er Kochbücher liest. Das "bloße Erleiden" ohne geistiges Anerkennen dessen, was geschieht, reicht nicht aus, eben weil es nicht bewußt wird. Wachstum und Zuwachs an Wissen geschieht auf allen Ebenen des Wesens, also durch ganzheitliches Erleben.
7. Das bewußte Erleben benötigt Konfrontation. Das bedeutet, einer Situation, die existentiell betrifft, ohne Ausweichmöglichkeit gegenüberzustehen und sich selbst als Teil der Situation erleben und anerkennen zu müssen.
8. Für persönliches Wachstum ist somit "schicksalhafte Konfrontation" notwendig. Eine besondere Rolle spielt dabei die physische Gegebenheit, vor allem die eigene Körperlichkeit.
9. Eine solche Lebenskonstellation besteht im direkten Erleiden und wird als mehr oder weniger leidvoll erlebt.
10 Dadurch und durch die potentielle Bedrohlichkeit (existentiell und unausweichlich) widerspricht eine solche Konfrontation dem Sicherheitsbedürfnis der Menschen.
11. Die Fähigkeit zur Selbstdistanzierung und Selbstbeobachtung, die Möglichkeit, Wirkzusammenhänge zu erkennen und Folgen vorwegzunehmen, die Tendenz, sich und die Umgebung als Objekt behandeln zu können, führten zu einem schrittweisen Ersetzen der natürlichen durch eine künstliche Umwelt.
12. In einer solchen Umwelt sind viele Situationen, die früher zwangsweise konfrontativ waren, in den Bereich der Wahl und Entscheidung gerückt. Wie ich gleich zeigen werde, ist ein Großteil dessen, was traditionell schicksalhaft konfrontierend wirkte, beliebig geworden.
13. Diese Entwicklung war so stark, daß es ein Bedürfnis nach persönlicher Konfrontation, eine Bereitschaft zu einer freiwilligen "emanzipierten" Form von Schicksalhaftigkeit gibt.
14. Das trifft die Aussagen esoterischer Lehren vom freiwilligen oder zwangsweisen Lernen, nach der ein Mensch in seinem Leben mit bestimmten Problemen konfrontiert wird. Er hat aber die Wahl, freiwillig (antizipierend) oder zwangsweise (durch Schicksalsschläge) zu lernen.
15. Es ist nicht gleichgültig, womit man sich konfrontiert, sondern es gibt sinnvolles und sinnloses, "eigentliches und uneigentliches" Leiden.
16. Um Situationen, an denen ein Mensch wachsen kann, wählen zu können, muß eine Intuition für die "produktive Verunsicherung" da sein. Das bedeutet die Bereitschaft zu "eigentlichem, sinnvollen" Leiden, in dem das innere Wissen um die Entwicklung enthalten ist.
17. Auf gesellschaftlicher Ebene besteht die Notwendigkeit, die Bereiche der politischen Entscheidung und Veränderbarkeit zu erkennen und von denen individueller Anpassung an Schicksalhaftes zu unterscheiden.

## 4.1 Der Mangel an Schicksalhaftigkeit in postmodernen Gesellschaften

Daß Menschen ihr Schicksal nicht nur vollzogen, sondern das, was ihnen geschah, zum Gegenstand ihrer Reflexion gemacht haben, liegt in der Natur des Menschen, der sich potentiell seines eigenen Todes bewußt ist. In entwikkelten Gesellschaften mit Wahlmöglichkeiten und Distanzierungsmöglichkeiten von den alltäglichen Lebensnotwendigkeiten wird die Frage danach, wie weit Menschen ihr Schicksal gestalten können, aktuell.
Interessanterweise bedeutete die Enstehung individueller Freiheit im antiken Griechenland auch die Geburtsstunde der Tragödie, der Kunstform, die die dramatische Darstellung des Kampfes des Menschen gegen das Schicksal als Thema hat.
Im Osten wurde das gleiche Thema unter dem anderen Gesichtspunkt -was den Menschen hindere, sich in die Harmonie des Universums einzufügen- dargestellt.

*"That all life is suffering arises out of the mismatch between ultimate Reality and desired Reality."(80) (Canic)*

Den Kampf des Menschen mit seinen Wünschen, Ängsten und Planungen (dem ich-haften Bewußtsein) gegen die Macht des Schicksals hat es zu allen Zeiten gegeben, nur hatten die Menschen früher keine Wahl, sie wurden nicht gefragt, mußten an dem Zufall der Geburt, des Ortes, der Geschlechtsrolle, der Tradition, der Zeit, wachsen oder zerbrechen. Ich möchte auch nicht behaupten, daß es heute kein Schicksal mehr gebe, bzw. die Menschen alles im Leben nach Belieben planen könnten. Gerade die Planung der städtischen Welt zeigt sowohl die Machbarkeit, als auch die Unplanbarkeit. Dabei möchte ich ausdrücklich betonen, daß schicksalhaft in dem Sinne, daß es dem Ego ein neues Maß setzt und in Kontakt mit der inneren Ordnung bringt, auch gerade große Städte, die Asphaltdschungel im Sinne einer zweiten Natur, sein können.

*"Der Freiheitsaspekt ist für mich in jeder wirklich großen Stadt ein Primärerlebnis. Er hängt zusammen mit der in jeder Hinsicht manifesten Durchmischung und daraus resultierenden Anarchie, die jeder Verwaltung spottet. Diese setzt für den einzelnen ein Freiheitsgefühl frei, einmal, weil man sich entkommen, verlieren, weil man untergehen kann, aber auch, weil man andauernd zu einem Existenz- und Überlebenskampf herausgefordert wird, was belebend ist ... während die Weltstadt zum Untergehen einlädt. Es ist ein Untergehen, das zuerst sprachlos macht bis zu einem erdrückenden Grade und dann im Sinne eines Heraufkommens die Zunge löst ... Die großen Städte sind bekanntlich Entbinderinnen, Entbindungsanstalten ... Es kann eine bis zum Delirirum der Gedankenmühle ausschlagende Anregung sein. Hinzu kommt die Sättigung durch Schönheit."(81) (Nizon)*

Die Größe, die Unplanbarkeit des von Menschen Geschaffenen hat etwas Naturhaftes. Sie macht die persönliche Planung zunichte, löst Bilder und Vorstellungen auf, schafft neue und lädt zum Ertrinken ein. Die Parallelen zu Hesses Schilderung des Ertrinkens

sind deutlich. Ab einer bestimmten Größe schlägt die Absprache um, und in der Anarchie drückt sich das Lebensganze aus.
Weder sind also die Menschen heute völlig selbstherrlich und unabhängig, noch hätte es früher einen Mangel an Bewußtheit über Menschen, Planung und Schicksal gegeben.
Neu ist aber das Maß, in dem Menschen dem konfrontativen Element des Lebens ausweichen können. Damit wird, pauschal gesagt, Leiden am direkten Leben durch Leiden an Leere und Beliebigkeit ersetzt:

- Früher konnten Menschen den Ort ihrer Geburt nicht leicht verlassen. Wenn sie nicht durch Kriege oder bedrohliche Verschlechterungen der Lebensbedingungen (also Schicksal) vertrieben wurden, lebten und starben sie am gleichen Ort. Reisen war beschwerlicher, unsicherer, die Kenntnis und Verfügbarkeit anderer Orte war geringer.
- Heute ist es ausgesprochen leicht und bequem, zu reisen. Selbst "arme" Studenten und "Freaks" können die entferntesten Punkte der Erde "im Fluge" erreichen. Es gibt lückenloses Wissen und fast freie Verfügbarkeit über die Weltteile. Es ist für den einzelnen in hohem Maße möglich, den Ort seines Lebens zu wählen.
- An ihrem Orte mußten die Menschen das Klima erleiden. Die Arbeit war meist draußen, es gab keine Zentralheizungen und Klimaanlagen. Man war mit allen Unternehmungen vom Klima abhängig. Es gab eine ziemliche Unsicherheit in der gesamten Lebensplanung durch die Abhängigkeit von Ernten oder dem Jagdglück.
- Heute ist es möglich, Kurzreisen zu unternehmen, um für kurze Zeit Sonne oder Kühle zu haben. Die Jets starten selbst bei schlechtestem Wetter. Man kann alle Unternehmungen fast immer machen. Da die Versorgung gesichert ist, wird das Leben in unerhörtem Ausmaß planbar.
- Die Menschen konnten nicht allein überleben und waren auf die Gruppe, die Familie, das Dorf, den Stamm mit seinen Normen, Traditionen, seiner sozialen Kontrolle angewiesen. Die Geschlechtsrollen waren fest. In vielen Ethnien und Zeiten konnten die Ehepartner nicht frei gewählt werden. Das Leben der Frauen war durch Kinderkriegen und Aufziehen bestimmt. Ständische-, Kasten- und Klassenschranken waren wenig durchlässig. Von der Geburt ab waren Rollen und Verhaltenserwartungen ziemlich festgeschrieben.
- Heute ist in anonymen Städten ein Leben möglich, das frei gewählt wird. Menschen können ziemlich unabhängig von ihrem Geschlecht Lebensentwürfe wählen, sich für ein Leben allein oder mit wechselnden Partnern entscheiden, oder sich aussuchen, mit wem sie ihr Leben teilen wollen. Es ist aber auch möglich, sich freiwillig in Szenen zu begeben, die durch mehr oder weniger bestimmte Erwartungen, Werte, Outfit usw. Gruppenzugehörigkeit vermitteln.
- Es gab früher durch den materiellen Mangel eine größere Abhängigkeit. Es gab weniger Wahlmöglichkeiten für die materielle Verwirklichung des eigenen Lebensentwurfes und die Menschen waren mehr durch Unfälle und

Krankheiten bedroht.

- Im heutigen Überfluß gibt es vergleichsweise wenig Einschränkungen für die materielle Ausgestaltung und Absicherung des Lebensstils. Es ist möglich, in relativ kurzer Zeit viele Entscheidungen zu verwirklichen und es gibt eine unglaubliche Absicherung der einzelnen Mitglieder der Gesellschaft gegen die Zu- und Unglücksfälle des Lebens.

Unter dem Blickwinkel der Persönlichkeitsentwicklung durch Konfrontation stellen die allmähliche und dann immer raschere Entwicklung der Technik -der Zug der Menschen in die Städte- kollektive Auswirkungen der Aktivität des Egos dar, dem als ungerecht empfundenen Schicksal zu entgehen, frei und selbstbestimmt zu sein.

*"Die Befreiung aus der unmittelbaren Abhängigkeit von der"* [äußeren] *"Natur war historisch zugleich Befreiung aus der persönlichen Abhängigkeit vom Feudalherrn und aus den sozialen Kontrollen dörflicher Familien- und Nachbarschaftsverbände. Die Stadt war der Ort, wo die Mittel der Naturbeherrschung, Wissenschaft und Technik entwickelt wurden ... Zugleich war sie der Ort, wo die neugewonnene Unabhängigkeit von der Natur gelebt werden konnte. In der Stadt kann man die Nacht zum Tag machen. Die Stadt war immer auch eine Maschine, die den einzelnen davon befreit, den eigenen Kot wegzuschaffen, Wasser am Brunnen zu holen, die Kranken zu pflegen und den eigenen Lebensrhythmus dem Wetter anpassen zu müssen. Sie entlastet von bestimmten Arbeiten und von Verantwortung und gibt dadurch Freiheit für andere selbstgewählte Aktivitäten in Beruf, in politischen Organisationen, oder für Faulenzerei. Das ist die progressive Logik der Technisierung und Rationalisierung der Haushaltsführung, von Le Corbusiers Wohnmaschine und des funktionalistischen Städtebaus." (82)(Häußermann und Siebel)*

Die heutige Gesellschaft, ja die ganze Umwelt ist Ergebnis dieses Strebens der Menschen nach Freiheit, Unabhängigkeit von den Launen der Natur und der Kontrolle durch die Gemeinschaft.

Nach der hier vertretenen Theorie fehlt damit der Wachstumskraft für die Entwicklung vom ich-haften zum Selbst das Konfrontationsmoment.

In Industriegesellschaften ist die Welt zugunsten des Bedürfnisses nach Kontrolle und Sicherheit, -dem ich-haften- verändert, und in vielen Einzelindividuen reagiert die Wachstumskraft mit einer starken Sehnsucht nach Echtheit, Maß für das Ego, Schicksal.

*"Die verdrängten, außer Gebrauch gesetzten Naturkräfte kehren dann gewöhnlich in Vorstellungen von einem goldenen Zeitalter oder Paradies oder auch in der Theorie vom glücklichen Wilden wieder."(83)(Perls)*

Eine Phänomenologie postindustrieller Gesellschaften läßt die Suche nach einem Maß für das eigene Ego, nach Schicksal erkennen. Daß Freiheit, solange kein Kontakt zur inneren Natur, die das Schicksalhafte verkörpert, besteht, als Beliebigkeit empfunden wird, bedeutet: Zwar ist fast alles möglich, aber was ist sinnvoll?

Scheinbar sind die Bewohner unterentwickelter, für den "westlichen" Besucher oft erschreckend armer Länder glücklicher, vor allem authentischer, als die Bewohner der reichen Industriestaaten, die die ganze Welt umgekrempelt haben, um das Glück zu sichern und das Leiden zu vermeiden.
So entsteht die Lust am Reisen, die nicht nur Lust am Fremden, sondern auch Faszination durch die Ursprünglichkeit, Erotik und Authentizität einfacher lebender Kulturen ist. Man fühlt sich materiell ärmeren, ungerechteren und unsichereren Gesellschaften, deren Menschen trotzdem glücklicher scheinen, verbunden. Nachdem es früher und auch heute noch für die weniger vitalen Teile der Bevölkerung dahin geht, wo die Sonne scheint und sonst alles so ist, wie zu Hause, gab und gibt es im Gefolge der Hippies und Abenteuerer einen Boom für Reisen in Länder, deren Bewohner als echt, einfach und authentisch gelten. Er entspricht unter dem Aspekt der Suche nach Echtheit dem enorm gestiegenen Interesse für die Fragen nach Sinn in Religion, Therapie, Kunst, dem Hunger nach Liebe, aber auch der Sucht; Diese Phänomene existieren in armen Gesellschaften so nicht und zeigen, wie die Wachstumskraft die ich-hafte Ausprägung der Umwelt auszugleichen versucht.
In der Antike und den alten städtischen Zivilisationen des Orients gab es auch große Aussteigerbewegungen, die Suche nach der "freien Schrankensetzung der Pflicht"(84)(Richard Wilhelm, I Ging) gibt es in dieser Zielrichtung und dem Ausmaß erst jetzt.
Zwar ist vieles nostalgisch; seit von Generation zu Generation die natürliche Umwelt mehr und mehr durch eine künstliche ersetzt wird, gibt es eine Sehnsucht nach dem einfachen Leben auf dem Land und sogar nach einer direkteren, sinnlich erfahrbaren Technik (z.B. Dampflokomotiven). Für viele Menschen gibt es aber ein Grundgefühl, daß etwas fehlt, wenn man nur tut, worauf man "Bock hat". Durch den Generationenkonflikt hindurch gibt es eine Sympathie für die Armen und die alten Leute auf dem Land, die nie gefragt wurden, ob sie Lust haben, sondern tun mußten, was anstand und die Ruhe und Autorität ausstrahlen. In einer Winzerküche an der Mosel habe ich den Wandspruch gelesen:

*"Glücklich sind nicht diejenigen, die tun, was sie lieben, sondern die lieben, was sie tun"*

Darin drückt sich die ich-regulierende Wirkung von Landarbeit aus, die auch in Klöstern und Meditationszentren benutzt wurde und wird. Das weist auf ein Grundelement der Konfrontationssituation hin, das in meiner Theorie besonders wichtig ist: Die Körperlichkeit. Bei den meisten Konfrontationselementen, deren Veränderung ich oben beschrieben habe, spielt die körperliche Konfrontation die Hauptrolle, und ein Hauptmotor bei der Entwicklung von Technik war, körperliche Arbeit überflüssig zu machen. Tatsächlich ist heute nur in verschwindend wenigen Bereichen körperliche Arbeit notwendig. Ihr Verschwinden hat aber zwiespältige Reaktionen ausgelöst. Die direkt Beteiligten sind oft erleichtert, allgemein wird aber ein Wirklichkeitsverlust beklagt. Wie Alphonso Lingis(85) beschreibt, gibt es einen anachronistischen

Hang zu Muskeln, einen Kult schwerster Arbeit, den Bodybuilding-Boom. Warum die Menschen sich von ihrer Körperlichkeit entfremden mußten, um freier zu werden und warum sie die Körperlichkeit rehabilitieren wollen, um die Beliebigkeit zu überwinden, liegt an der untrennbaren Verbindung von Körper und Schicksal.

## 5 KÖRPER UND SCHICKSAL IN DER GESCHICHTLICHEN ENTWICKLUNG

Wenn Menschen unabhängiger vom Schicksal werden wollen, müssen sie danach trachten, nicht nur die äußere Natur, sondern gerade die Natur in ihnen selbst, die das Unvorhersehbare, Schicksalhafte verkörpert, zu kontrollieren und zu beherrschen.

*"In diesem Zusammenhang wäre eine andere Frage aufzuklären, die für das moderne Bewußtsein sehr schwer zugänglich ist: daß nämlich leibhaftige Existenz nicht ohne ein spezifisches Schicksal zu denken ist. Das Schicksal haftet gleichsam dem Leibe an, ja bildet sich in ihm aus. Leib selbst ist ein Schicksal. Der Leib ist vielleicht nichts anderes als die uns faßbare Gestalt jener universalen dynamischen Satzung oder Verfügung oder Ordnung des wesentlich unverfügbaren, das wir Schicksal nennen. Zumindest spiegelt sich in der Unverfügbarkeit des Leibes das furchtbar zufällige, Unvorhersehbare und Unvorstellbare, das Unausdenkbare und deshalb so unausweichbare wider, Kontingenz." (86)(Marcel)*

Ursprüngliche -als Jäger und Sammler lebende- Völker beeindrucken durch die Einheit von Empfinden und Ausdruck. Sachs schreibt über die "Naturvölker":

*"Zahllos sind die Gebärden für Jubel und Liebe und zur Kennzeichnung von Menschen, Tieren, Nahrungsmitteln und anderen Gegenständen. Die Steigerung der Gebärdensprache zum Tanz wird besonders bei den Tschamakoko deutlich, kann man doch sagen, daß diese Indianer allen heftigen Gemütserregungen tanzend Ausdruck geben, sei es Freude, zärtliches Verlangen, an die Dämonen gerichtetes Bitten und drohende Abwehr, Unwillen, oder seelischer Schmerz."(87)(Sachs)*

Diese Völker lebten in einer Gesellschafts- und Wirtschaftsform, die durch die Einheit von Wahrnehmen und Handeln sowie ein Bewußtsein von Harmonie mit der Natur und dem Kosmos geprägt war.
Trotz arbeitsteiliger Wirtschaft und hoch entwickelter Kultur und Technik wird von der Antike kein Verlust der körperlichen Orientierung berichtet.(S. S. 201f!)
Von der Philosophie des Mittelalters wurde der Körper als Weg verketzert, das tägliche Leben aber war konfrontativ und körperlich: Herzog zitiert Huizinga:

*"'So grell und bunt war das Leben, daß es den Geruch von Blut und Rosen in einem Atemzug vertrug. Zwischen höllischen Ängsten und kindlichstem Spaß, zwischen grausamer Härte und schluchzender Rührung schwankt das Volk hin und her wie*

*ein Riese mit einem Kinderkopf ... '"*,

um mit Elias fortzufahren:

*"Die Affekte spielen jäher und unmittelbarer, die Nuancierungen im zwischenmenschlichen Sektor sind gering. 'Es gibt Freund und Feind, Lust und Unlust, gute und böse Menschen.'"(88)*

Die größere Freiheit der Städte wird in Bezug auf das tägliche Leben mit Entfremdung von der spontanen Reaktion und einem Mehr an Selbstkontrolle erkauft:

*"Die Geschichte der Urbanisierung ist die Geschichte der Entlastung von Verbindlichkeiten. Man kann in Urlaub fahren, weil man keine Hühner und Schweine mehr zu versorgen hat und weil die Alten und Kranken im Altersheim und Krankenhaus gepflegt werden. Zugleich ist die Geschichte der Urbanisierung aber auch die Geschichte der Aufrichtung von Kontrolle und Selbstdisziplin, ein Prozeß der Zivilisation, den Norbert Elias als einen machtgeleiteten Prozeß der Verinnerlichung von Zwängen analysiert hat. Es wurden Scham und Peinlichkeitsschwellen errichtet, die im Vergleich zu früheren ländlichen Lebensweisen extreme Fähigkeiten zur Selbstkontrolle von körperlichen und psychischen Reaktionen verlangen."(Gleichmann)(89).*

Als entscheidend auf dem Weg in die moderne Gesellschaft werden die Renaissance und die Philosophie der Aufklärung angesehen. Nach Bazzanos(90) Auffassung wird hier die Körperlichkeit gegenüber dem Mittelalter rehabilitiert. Für meinen Zweck einer Betrachtung über die Geschichte der Distanzierung vom "Körper als Weg" ist es wichtig, genauer zu unterscheiden:

1. Im Mittelalter wurde der Körper als Weg abgelehnt.
2. Der Körper und die äußere Natur wurden nicht einer objektivierenden Betrachtung für wert gehalten, die das Ziel hat, die Verhältnisse zu manipulieren, um das diesseitige Leben zu verbessern.
3. Im alltäglichen Leben gibt es keine Trennung von der Körperlichkeit, die Menschen bleiben schicksalhaft konfrontiert.
4. Es gibt keine Internalisierung von Normen. Die gesellschaftlichen Regeln und Notwendigkeiten der Arbeit werden durch äußere Kontrolle aufrechterhalten.

Die Renaissancephilosophie ändert Punkt zwei. Diesseitiges Glücksstreben und die Bereitschaft zu äußerer Beobachtung und Manipulation bereiten den Weg für den heutigen Verlust von Schicksalhaftigkeit und Konfrontation vor:

*"The education ... is intellectual and physical; the result proceeding from those two directions is the virtuous man who can function in any circumstance."(91) (Bazzano)*

Der Körper wird darin nicht als Weg gesehen, sondern im Rahmen eines diesseitigen Glücksstreben entketzert:

*"... This new realization of the body's value helped free man of the medieval hostile mind-body imagination ... " (92)(Bazzano)*

Für die Verwirklichung dieses neuartigen modernen Anspruchs auf diesseitiges Glück (von Jefferson als "Pursuit of happiness" in die Verfassung der USA geschrieben(93)), war noch einige Zeit und die Änderung der Punkte drei und vier nötig. Die industrielle Entwicklung, die eine individuelle selbstverantwortliche Lebensplanung ermöglichte, machte eine abtrakte Verantwortung anstelle von äußerer Kontrolle, die Internalisierung von Normen, nötig. Damit ändern sich die Punkte drei und vier: Im täglichen Leben tritt eine Entfremdung vom Körper ein und die Kontrolle des Verhaltens wird internalisiert.

*"Noch das 16. Jahrhundert ist bis auf wenige Ausnahmen '... das Jahrhundert der Gerüche, Düfte, Töne und der anfaßbaren Körper.' (Ritter) Erst allmählich, im Verlaufe eines 'langwierigen Zivilisationsprozesses' (Elias) wird der Körper hinter die Kulissen des gesellschaftlichen Lebens verlegt ... Die Menschen müssen ihr Verhalten immer genauer aufeinander abstimmen, damit die soziale Handlung zustandekommt. 'Der Einzelne wird gezwungen, sein Verhalten immer differenzierter, immer gleichmäßiger und stabiler zu regulieren.' (Elias) Eine unmittelbar in der Situation verankerte gegenseitige Steuerung des Verhaltens, wie weitgehend in der mittelalterlichen Gesellschaft, kann nicht mehr genügen. Die Regelung des Trieb- und Affektlebens muß von 'außen' nach 'innen' verlegt werden. Die Fremdzwänge werden zu Selbstzwängen."(94)(Herzog)*

Der mit der Selbstdisziplinierung einhergehende technische Fortschritt enthob von vielen Konfrontationen körperlicher Art, so daß man die Industriegesellschaften durch ein Nebeneinander der Freiheit-von-Zwängen-durch-die-Natur mit Freiheitsmangel-aufgrund-der-gesellschaftlichen-Organisation und starrer Normen charakterisieren kann. Um alle Möglichkeiten der industrialisierten Gesellschaft nutzen zu können, war eine Befreiung von bürgerlichen Normen, Sexualmoral, verabsolutiertem Leistungsstreben und allgemeiner Entfremdung nötig. Verschiedene Bewegungen zur Auflösung des ich-haften Bildes von der Welt, für Direktheit, Echtheit und Körperlichkeit entstanden[16], auf die viele der heutigen Körperschulen zurückgehen. Nach den Apologeten des direkten rauschhaften Erlebens und frenetischer Aktionen der Beatnik Zeit, die das Geplante der bürgerlichen Welt auflösen wollten (97)(Kerouac) gelang mit der Studentenrevolte und der Hippiebewegung, sowie erneutem technologischen Fortschritt heute die Verwirklichung einer fast beliebigen Freiheit. Die Psychoanalytiker beobachten eine Verschiebung des Hauptstörungstyps vom analen (Zwangs)charakter zum oralen (grenzenlos/diffusen, also nicht konfrontierten) Typ.

## 6 DIE "INNERE ORDNUNG" ALS INHALT UND ZIEL DER "FREIWILLIGEN KONFRONTATION"

Das auf die allgemeine Diffusität reagierende Bedürfnis nach Erfahrung, Echtheit und Körperlichkeit in postindustriellen Gesellschaften entsteht allerdings nicht immer direkt. Oft erzeugt die Abspaltung des "Körpers als Weg" direktes Leid. Die Trennung von der inneren Natur, die mit der Emanzipation von der schicksalhaften Verknüpfung mit der äußeren Natur Hand in Hand ging, drückt sich nicht nur als Gefühl von Isolation, Entfremdung, Leere und Sinnlosigkeit aus, in der Freiheit nur als Beliebigkeit empfunden wird.
Resultat sind vielmehr psychosomatische Krankheiten in epidemischem Ausmaß, Ausdruck einer "Selbstkolonialisierung" (98) des Menschen, wie es Schmidbauer nennt. Der Mensch, der sein Schicksal planen will, muß, wie oben ausgeführt, danach trachten, nicht nur die äußere Natur, sondern auch die Natur in ihm selbst, die ja auch das unvorhersehbar Schicksalhafte verkörpert, zu kontrollieren und zu beherrschen. Aus dem Teufelskreis Kampf gegen das Schicksal, Angst vor Leid, Abspaltung des Ich von seinen Grundlagen, der Natur im Menschen

*- "Die leibliche Disposition bildet in der persönlichen Situation gleichsam den stützenden Baß zur Oberstimme des persönlichen Charakters; es handelt sich um ein relativ beharrendes, obwohl der Wandlung fähiges 'Klima' ganzheitlicher leiblicher Regungen, das das leibliche Befinden einer Person eigentümlich tönt und für diese schicksalhaft ist."(99), schreibt H. Schmitz dazu -*

ist schwer auszubrechen, wie das problematische Verhältnis moderner Menschen zur Gesundheit und die umstrittene apparative Medizin[17] zeigen . Einen Ausweg stellt das "einfache Erleiden", das "Annehmen", durch das sich paradoxerweise alles ändert, dar.

*"Es geht darum, die Kolonisation der Krankheit durch einen Dialog gleichberechtigter Partner zu ersetzen, in dem intime Botschaften entziffert werden können. Das ist nur möglich, wenn das Wissen nicht in einer schriftgelehrten Objektivität gespeichert ist, die unser Gefühlsleben nur unterwerfen, nicht aber fördern und verstehen kann. Vielmehr geht es darum, lebendige Beziehungen zu ermöglichen, in denen zwischen Subjekt und Subjekt ein nicht vorhersehbares, kreatives Geschehen eingeleitet wird,"(101)(Schmidbauer)*

was einen Weg zurück zum Schicksalhaften darstellt.
Der Ausweg der ästhetischen Bildung besteht darin, mit dem Schicksalhaften in Kontakt zu bleiben und so die Krankheit überflüssig zu machen.
Der Hunger nach Körperlichkeit und Echtheit ist damit bei einem Teil der Gesellschaft ein Drang aus der Stärke heraus, sich auseinandersetzen und Erfahrungen machen zu wollen. Bei einem anderen Teil entsteht er mehr aus einem besorgten Interesse an der Gesundheit. In beiden Fällen versucht er, den Mangel an Konfrontation und Direktheit zu überwinden, und beide stehen für dieses Bedürfnis nach Direktheit, Echtheit, körperlicher Konfrontation und

Schicksal:

*"Revisioning the concept of holism in fitness holds tremendous possibility. The evidence and respect for the body of life, what Hanna (1980) has termed the somatic realm, is a new cultural value. And if, as a culture, we have become fanatical about direct, subjective, personal experience ... 'it is the antidote to centuries of conforming to external standards where the life of our bodies has had no decent place'(Naess, 1981, p.54)"(102)(Norton)*

Unter diesem Gesichtspunkt ist es nicht so erstaunlich, daß intelligente mutige junge Leute -statt Karriere zu machen oder zu studieren- 3-4 Jahre 4-6 Stunden täglich mühsame und strenge Ausbildungen in Körperbildung oder Tanz auf sich nehmen, die nicht vom Staat, sondern völlig von ihnen selbst bezahlt werden müssen, ohne daß eine entsprechende berufliche Entgeltung, ja meist nicht einmal eine Arbeitsmöglichkeit später besteht.
Wenn es um eine Entwicklung vom Ich-haften zum Selbst gehen soll, muß nach den Annahmen vom Anfang des Kapitels außer den Elementen Konfrontation und Körperlichkeit eine Ausrichtung dasein, das Ich in größere Zusammenhänge einzuordnen. Um diese Frage nach dem Inhalt der Konfrontation zu verdeutlichen, vergleiche ich Tanztraining mit Bodybuilding stellvertretend für Leistungssport, bei dem ja auch eine massive körperliche Konfrontation stattfindet:
Die Tanzausbildung als "produktive Verunsicherung" -an der das Ich wachsen kann- zu bezeichnen, ist Understatement. Die Kombination von massiver persönlicher und körperlicher Konfrontation mit der Weigerung, darüber zu reden, hat schicksalhafte Qualität. Die Ausbildungen sind autoritär strukturiert, die Inhalte können nicht diskutiert werden:

*"The interesting thing about this is that most of the dancers and choreographers don't intellectualize and verbalize the experience to death ... Dance is the most demanding of all movement activities. It requires almost complete submissiveness to an iron discipline. And teachers of dance aren't known usually for the democratic spirit, that exudes from their studio."(103)(Kleinman)*

Für viele Tanzausbildungen gilt, was Schmidt für japanische Kampfsportausbildungen schreibt:

*"Training ... is a 'blood, sweat, and tears' process and either 'makes or breaks' the trainee."(104)*

In dieser Beschreibung wird die Qualität freiwilliger Schicksalhaftigkeit besonders deutlich. Trotzdem kann ich bezüglich der persönlichkeitsbildenden Wirkung Kleinman zustimmen:

*"Yet despite all of the 'wrong' educational techniques the results are astonishing. Out of this experience emerges, not a slave, but a truly free individual ... "(105)*

(Ähnliches gilt für die Empfindungsschulung. Auch hier werden die Erfahrungen für nicht verbalisierbar gehalten, man muß "da allein durchgehen".)

Entscheidend für den Prozeß der Persönlichkeitsbildung ist, daß der Inhalt einer solchen Konfrontation und das Ziel nicht im Ich-haften verbleiben, sondern mit dem Selbst in Kontakt bringt und die Person in eine größere Ordnung einfügt. Das gilt für die Empfindungsschulung, bei der der "Leib, so wie er ist" jenseits der persönlichen Vorstellung durch direkte Empfindung erfahren werden soll, genauso wie für Tanz, wo durch die künstlerische Form die ich-hafte Vorstellung transzendiert wird.
Bodybuilding steht dagegen in der sportlichen Tradition, den Körper über die Leistungsvorgabe zum Objekt des planenden Ego zu machen. Die Zweitplazierte der 1988 NPC Middleweight Class, Carol Mock sagt:

*"I run my life just as a business ... Everything is planned. Everything has its place. Nothing is taken for chance. I plan for success. I do not plain for failure. I don't wait around for things to happen. I make things happen."(106)*

Zwar besteht eine massive körperliche Konfrontation[18], das Ziel besteht aber ausschließlich darin, den Körper nach dem Bild des Ego zu formen. Allgemein gilt für große Teile der Fitnessbewegung und den Leistungssportsport, daß man den Körper nicht als Weg sieht, der das persönliche Bild und die Lebensvorstellung verändert, sondern ihn als Mittel einsetzt, um ich-hafte Ziele absolut zu setzen:

*"Der Bodybuilding- und Fitness-Lebensstil dreht nicht nur das Rad der Zeit langsamer. Er gibt ihnen auch die Kontrolle über ihr Leben und sich selbst. Zum erstenmal in der Geschichte der Menschheit wissen wir genug über unseren Körper und seine Adaptationen an sportliche Aktivität, um selbst in die Hand nehmen zu können, wie wir aussehen, uns fühlen und funktionieren - sogar angesichts der Zeit und der Auswirkungen des Alterns.(108)(Dobbins)*

Diese Möglichkeit, den Körper durch Training zu verändern, findet aber -trotz aller Kenntnisse- grundsätzlich mit einem Körper und in einer Welt statt, die Teil der Natur und damit ihren Zyklen wie zum Beispiel dem Altern unterworfen ist.
Norton stellt daher die selbstherrliche Absolutheit dieses Strebens nach Perfektion in Frage, indem er auf all das hinweist, was notwendigerweise nicht dem Perfektionsanspruch bei Menschen genügt:

*"Does the value of self-responsibility espoused by the wellness movement invoke the necessity of feeling guilt for aging, illness, and obesity?"(109)*

In der Tat könnten muskulöse Perfektion, Bräune und Fitness-Kult bei wenig reflektierten Menschen den Eindruck vermitteln , als wollte der Mensch sich endgültig über die Natur erheben.

*"In growing bald, or ugly, or old, or sick, I live my immersion in nature. Nature mercilessly ... goes its own way, contradicting my human dream of self-mastery, autonomy, and subjectivity. Fitness represents this dream of dynamic freedom - where I can push back all frontiers- is the utopia of absolute health, which is the dream of infinity or the denial of finitude and death ... which is the dream of being*

*the causa sui or the unmoved mover, the dream of being like unto God.(110)(De Wachter)*

Ein solcher Weg mit all seinen enormen Möglichkeiten stellt das Ich vor ungeahnte drogenähnliche Versuchungen und kann in eine neue Abhängigkeit führen:

*"In the dream of rational control over corporeal existence, the picture looms of growing medicalization and technology to such an extent that the body is controlled, not by nature this time, but by our own inventions."(111)(De Wachter)*

Der Zwang zur ständigen Steigerung der Leistung, der die Mehrheit der Athleten nur noch unter ständiger medizintechnischer Unterstützung und oft auch Doping nachkommen kann, zeigt die Probleme, die eine einseitige Ausrichtung des Wunsches nach Power und Konfrontation auf rein äußere Ziele und Maßstäbe bringen kann[19].
Den entscheidenden Unterschied zwischen Ästhetischer Bildung und Sport macht die Annahme aus, daß es eine kosmische Ordnung gibt, in die sich der Mensch einfügen muß, wobei der Erfolg nicht durch den Sieg über andere, sondern rein persönlich definiert ist.
Unter Ästhetischer Bildung verstehe ich damit ein freiwilliges und kontrolliertes Zurückholen des Schicksalhaften, ein dosiertes Sich-Aussetzen dem Absoluten, dem der Mensch mit der technisierten anonymen Gesellschaft entflohen war, eine Abhängigkeit von der Natur, ohne ihr auf Gedeih und Verderb ausgeliefert zu sein. Das beinhaltet die Annahme, daß das allgemeine Erleiden des Schicksals (z.B. durch Krankheit) durch ein spezielles Erleiden (wie in der Ästhetischen Bildung) ersetzt werden kann:

*"Je mehr ein Mensch sich weigert, bestimmte Probleme lernend zu erlösen, je mehr er auf Widerstand mit seinem Schicksal geht, um so mehr wird er nur den negativen Aspekt des Schicksals, das Leid kennenlernen." ... (112)(Dethlefsen)*

Das bedeutet, daß die in der Natur des Menschen angelegte Entwicklung zur Freiheit (im Sinne der "Ästhetischen Bildung") nicht willkürlich, ich-haft, sondern auf der Grundlage der inneren und kosmischen Ordnung geschehen müßte.

*"Leid läßt sich nur dadurch überflüssig machen, daß man sich bemüht, immer besser die eigene Bahn zu entdecken und sich in diese Bahn freiwillig einzufügen. Nur wer lernt, sich unter das Gesetz zu stellen, wird dessen Existenz nicht mehr als Zwang erleben. Totale Freiheit erwächst nur dem, der sich in die Ordnung dieses Kosmos einfügt, so daß er selbst mit dem Gesetz verschmilzt." (113)(Dethlefsen)*

Daraus könnte man das scheinbare Paradox konstruieren, daß Ästhetische Bildung das allgemeine Leiden-am-konfrontativen-Schicksal (welches in der gesellschaftlichen Entwicklung durch das allgemeine Leiden-an-der-Zivilisation, der psychosomatischen Krankheit und der Leere ersetzt worden ist) durch ein spezielles Leiden-in-freiwilligen-Situationen ersetzen will. Als Ergänzung muß ich deshalb postulieren, daß es einen Unterschied zwischen dem uneigentlichen, sinnlosen Leiden (der Leere, der Neurose und psychosomatischen Krankheit) und einem eigentlichen, sinnvollen Leiden, geben müßte, dem

*"... Leiden an der Getrenntheit des Menschen von jener ihm innewohnenden Wirklichkeit, die unbedingt ist und ihn innerlich aus jeder Not im Bedingten befreien kann."(114)(Dürckheim)*

Ich stelle die These auf, daß es einen subjektiv wahrnehmbaren Unterschied des Leidens gibt. Wenn das Leiden in Kontakt mit dem Selbst steht, wird es als sinnvoll empfunden, der Mensch hat Vertrauen, daß das, was geschieht, seinen Sinn hat und ist leichter in der Lage, Leid zu ertragen. Er hat innere Stärke.

*"Die allgemein herrschende Vorstellung, die psychologische Entwicklung führe letztlich zu einem Zustand, in dem es kein Leiden mehr gibt, ist freilich ganz irrig. Leiden und Konflikte gehören zum Leben, sie dürfen nicht als 'Krankheit' angesehen werden; sie sind die natürlichen Attribute jedes menschlichen Seins, sie sind gleichsam der normale Gegenpol des Glücks. Nur wo ihnen der Mensch aus Feigheit, Schwäche oder Unverstand entfliehen will, entstehen Krankheiten und Komplexe. Man muß daher auch streng zwischen Verdrängung und Unterdrükkung unterscheiden. 'Die Unterdrückung entspricht einer moralischen Entscheidung, während die Verdrängung eine ziemlich unmoralische Neigung ist, unangenehme Erscheinungen loszuwerden. Die Unterdrückung kann Kummer, Leiden und Konflikt verursachen, aber sie erzeugt keine Neurose. Die Neurose ist stets ein Ersatz für legitimes Leiden', sagt Jung. Sie ist im Grunde ein 'uneigentliches' Leiden, das man als lebenswidrig und sinnlos empfindet, wohingegen das Leiden am 'Eigentlichen' stets auch die Ahnung einer späteren Sinnerfüllung und Bereicherung mit sich trägt. Das Bewußtmachen kann, so verstanden, auch als die Überführung eines uneigentlichen Leidens in ein eigentliches angesehen werden."(115)(Jacobi)*

Wenn der Mensch leidensfähiger wird und sich besser anpassen kann, muß eine Verwechslung mit Anpassung im Sinne von politischer Apathie vermieden werden:

## 7 SCHICKSAL UND POLITIK

Überträgt man dieses Bedürfnis nach Schicksal ohne Kontakt zum Selbst und ohne Kultivierung durch Kunst linear auf die politisch/gesellschaftliche Ebene, landet man bei einer autoritären Gesellschaft, schlimmstenfalls im Faschismus, wo ja viel von Schicksal, Erleiden und Konfrontation gesprochen wird, wohingegen Demokratie von der Diskussion, dem Kompromiß, der Machbarkeit, ausgeht. In einer autoritären Gesellschaft wird der ganze gesellschaftliche Bereich schicksalhaft. Ästhetischer Bildung geht es aber gerade darum - wie auf der persönlichen Ebene das Schicksal in Form von Krankheit- auch auf der gesellschaftlichen Ebene das Schicksal in Form von Unterdrückung und

Krieg überflüssig zu machen, indem freiwillig auf individueller Ebene gelernt wird.
Um die freiwillige Schicksalhaftigkeit zu ermöglichen, müssen die Menschen sich mit Politik beschäftigen und dafür sorgen, daß die Gesellschaft frei ist. Die freiwillige Schicksalhaftigkeit setzt die Freiheit der Wahl voraus!
Wenn Menschen prinzipiell frei sind, den Gang der Dinge erkennen und manipulieren können, müssen sie sich ganz emanzipieren und mit ihrem Bewußtsein alles umfassen und verstehen. Ich habe anfangs ja ausführlich beschrieben, daß die Tendenz zum "corriger la fortune" in der Art des Menschen wesenhaft enthalten ist, und damit wird, wenn einmal die Jäger und Sammler-Stufe verlassen ist, zwangsweise ein historischer Prozeß eingeleitet, der erst einmal immer mehr Unabhängigkeit vom Schicksal, von der Natur erstrebt.

*"Plato hat überzeugend geschildert, daß mit der Arbeitsteilung und mit der neuen Spezialisierung des Könnens, die den einen gegenüber dem anderen auszeichnet, harmonische Ko-operation so spezialisierter Könner, die für das gemeinsame Beste tätig sind, nicht von selbst zustande kommt, sondern daß die Schaffung und Erhaltung einer gesellschaftlichen Ordnung, die die Ko-operation regelt, Macht verlangt und Herrschaft von Menschen über Menschen heraufbeschwört."(116)(Gadamer)*

In dem Augenblick, in dem das Leben einer Gruppe Menschen nicht durch den Rhythmus der Natur und durch Traditionen, die eng an die Natur angelehnt sind, geregelt wird, werden Entscheidungen nötig. Dann sind die Menschen frei, ob sie es wollen oder nicht.
Freiheit, die nicht Beliebigkeit und Rücksichtslosigkeit ist, muß die Regeln kennen, nach denen diese Welt funktioniert, muß Verantwortung übernehmen. Eine innere Ordnung, deren Regeln die Menschen nicht kennen, wirkt sich unkontrollierbar aus, und zwar verzerrt durch ein unvollständiges Bewußtsein. Sobald Menschen soweit von der Natur unabhängig sind, daß sie die Umgebung wesentlich beeinflussen, ist das Schicksal hausgemacht und hat nichts mehr mit innerer Bestimmung im Sinne des Orakels zu Delphi zu tun. Dann heißt es, sich auch mit Politik, Macht, Verantwortung zu beschäftigen, um nicht der eigenen Projektion und Unfähigkeit wie einer zweiten Natur ausgeliefert zu sein.

*"Leugnet man die Teilsysteme ... so kann man ihre trotzdem weiterbestehende Wirkung nicht mehr verstehen und sie daher auch nicht mehr ans Bewußtsein assimilieren."(117)*

Die Menschheit muß sich den Kontakt zur inneren Natur, der der Entwicklung der modernen Gesellschaft geopfert wurde, wieder erarbeiten, wenn sie nicht einer verwahrlosten und perversen Verzerrung dieser eigenen Naturhaftigkeit ausgeliefert sein will.

*"Das Unterdrückte wird natürlich nicht entwickelt, sondern vegetiert in ursprünglicher Barbarei im Unbewußten weiter."(118)*

Werden die Bedürfnisse nach Schicksal nicht in die Freiheit integriert, wird die Freiheit als leer und sinnlos empfunden. Die Bedürfnisse nach Schicksal melden sich, sobald eine Krise des Reichtums, der Grundlage der Ich-haften Freiheit entsteht, auf dumpfe unkultivierte Art zurück:

*"Sie* [die Bedürfnisse nach Schicksal, d. Verf.] *werden dadurch zu einem unerklärlichen Störungsfaktor, den man dann schließlich irgendwo außen vermutet. Damit ist eine Projektion der Teilsysteme eingetreten und zugleich insofern eine gefährliche Lage geschaffen, als die störenden Wirkungen nunmehr einem bösen Willen außer uns zugeschrieben werden, der naürlich nirgendwo anders aufgefunden werden kann als beim Nachbarn 'de l'autre coté de la rivière'. Das führt zu kollektiver Wahnbildung, Kriegsursachen, Revolutionen, mit einem Wort, zu destruktiven Massenpsychosen."(119)(Jung)*

Aber auch in einer wohlhabenden funktionierenden Gesellschaft wirft die willkürliche Freiheit Probleme auf, die unlösbar sind und sie tendenziell in ihr Gegenteil verwandeln. Gesellschaftlich kann man für den Umgang mit der Natur zwei Möglichkeiten formulieren. Vorausgesetzt wird die Annahme, der Mensch wolle dem direkten Erleiden der Naturgewalt entkommen:

*"Dies ist auf zweierlei Weise möglich. Entweder realistisch, wenn der Mensch der Gewalt Gewalt entgegensetzt, wenn er als Natur die Natur beherrschet; oder idealistisch, wenn er aus der Natur heraustritt und so, in Rücksicht auf sich, den Begriff der Gewalt vernichtet. Was ihm zu dem ersten verhilft, heißt physische Kultur. Der Mensch bildet seinen Verstand und seine sinnlichen Kräfte aus, um die Naturkräfte nach ihren eigenen Gesetzen, entweder zu Werkzeugen seines Willens zu machen, oder sich vor ihren Wirkungen, die er nicht lenken kann, in Sicherheit zu setzen. Aber die Kräfte der Natur lassen sich nur bis zu einem bestimmten Punkt beherrschen oder abwehren; über diesen Punkt hinaus entziehen sie sich der Macht des Menschen und unterwerfen ihn der ihrigen."(120)(Schiller)*[20]

In dieser Situation befinden wir uns heute. Wir sind in einer historischen Situation, in der wir, um die Ungerechtigkeit, Zufälligkeit und das Ausgeliefertsein an die äußere Natur zu vermeiden, eine Welt aufgebaut haben, die durch Abhängigkeiten von der Technik, durch die Machbarkeit und durch die Emanzipation von der Natur gekennzeichnet ist. Damit ist die Menschheit zwar in hohem Maße unabhängig von der Natur, doch sind an Stelle der alten Abhängigkeiten neue getreten. So wird Leiden durch die weitgehende Beherrschung von Seuchen, Naturkatastrophen und ähnliches vermieden, neues Leiden aber durch hausgemachte Katastrophen der aus dem Gleichgewicht gebrachten Natur geschaffen. Für die Menschheit wirken die gesellschaftlichen Zwänge wie eine zweite Natur, d.h. die gesellschaftlichen Verhältnisse, die die Menschen selbst produzieren, treten ihnen mit der gleichen Schicksalhaftigkeit gegenüber, wie früher die Natur. Niemand möchte Krieg, Hunger, Armut, Unterdrückung, doch ist es auf dem gegenwärtigen Stand des Bewußtseins genausowenig möglich, diese eigentlich selbstgemachten Katastrophen zu verhindern, wie das Wetter zu ändern.

*"Im Laufe der Jahrhunderte hat die Menschheit unglaubliche Leistungen vollbracht. Sie konnte die Kernenergie freisetzen, Raumschiffe zum Mond und zu den Planeten schicken sowie Töne und farbige Bilder über den gesamten Globus durch den kosmischen Raum übertragen. Gleichzeitig war sie aber nicht in der Lage, bestimmte Emotionen und triebhafte Impulse, die ihr Vermächtnis aus der Steinzeit sind, gefügig zu machen. Als Folge davon lebt die Menschheit -umgeben von einer Technologie, die Science Fiction Fantasien Wirklichkeit werden läßt- in chronischer Angst am Rande einer nuklearen und ökologischen Katastrophe. Die moderne Wissenschaft hat Technologien hervorgebracht, mit denen man die dringlichsten Weltprobleme, Krankheiten, Hungerkatastrophen, Armut und die Energiekrise lösen könnte. Die Probleme, die dem im Wege stehen, sind nicht technologischer und ökonomischer Natur. Es sind Kräfte, die der menschlichen Natur innewohnen und zur menschlichen Persönlichkeitsstruktur gehören."(122) (Grof)*

So wird die Forderung laut, die Freiheit wieder einzuschränken, um zu überleben:

*"Das Programm einer ökologischen Stadttechnik wird die Schraube dieses Prozesses* [der Verinnerlichung von Zwängen] *der Zivilisation weiterdrehen."(123) "Neue Schwellen von Scham und ein universalistisches Gewissen müssen in den Menschen aufgerichtet werden, will man nicht ein beängstigendes System von Strafen und Überwachungen schaffen ... "(124)(Häußermann / Siebel)*

Eine andere Möglichkeit könnte sein, eine Freiheit zu entwickeln, die nicht beliebig ist, sondern auf der Natur aufbauend in einer Weise, daß die inneren Bedürfnisse der Menschen der ökologischen und politischen Überlebensnotwendigkeit nicht mehr widersprechen:

*"Jetzt also wäre es um seine Freiheit getan, wenn er keiner anderen als physischen Kultur fähig wäre. Kann er ... den physischen Kräften keine ... Kraft mehr entgegensetzen, so bleibt ihm ... nichts anders übrig, als: ein Verhältnis, welches ihm so nachteilig ist, ganz und gar aufzuheben, und eine Gewalt, die er der Tat nach erleiden muß, dem Begriff nach zu vernichten. Eine Gewalt dem Begriffe nach zu vernichten, heißt aber nichts anders, als sich derselben freiwillig zu unterwerfen."(125)(Schiller)*

Gesellschaftlich bedeutet das, die Illusion einer grenzenlosen Freiheit zugunsten einer relativen auf der Kenntnis der Conditio Humana gegründeten Freiheit einzutauschen.

*"Die paradoxe Wahrheit lautet: Nur wer unter dem Gesetz steht, ist frei. Die Mehrzahl der Menschen versucht jedoch, Freiheit aus der Willkür heraus zu erreichen - dieser Weg führt jedoch in die Unfreiheit. Leid ist lediglich die Reibung, die zwischen den Menschen und dem Gesetz der Welt entsteht. Das Gesetz erfüllen heißt, keine Reibung mehr wahrzunehmen."(126)(Dethlefsen)*

Dann entsteht eine Umgestaltung des Verhältnisses zur Natur aus einer inneren Verbindung, die nicht durch den jacobinischen Zwang einer intellektuellen Fortschrittserkenntnis gewährleistet werden muß, sondern freiwillig und von innen heraus geschieht.

*"So reden wir weder der Aktivität, noch der Passivität das Wort - erst beides zusammen ergibt einen Rhythmus. Zuerst muß der Mensch still werden und lauschen, um seine Bahn zu erfahren - dann aber muß er aktiv diese seine Bahn ziehen. Eine solche Aktivität ensteht aus dem Vertrauen, nicht der Egodominanz des 'Ich will, ich mache.'"(127)(Dethlefsen)*

Notwendige Grundlage einer solchen Entwicklung ist die Erfahrung der Natur im Menschen:

*"Jeden Versuch einer ... Staatsveränderung* [muß man] *solange für schimärisch erklären, bis die Trennung in dem inneren Menschen wiederaufgehoben, und seine Natur vollständig genug entwickelt ist, um selbst die Künstlerin zu sein und der politischen Schöpfung der Vernunft ihre Realität zu verbürgen."(128)(Schiller)*

Für diesen Weg zur Weisheit kann es keine Rezepte geben, außer der Natur im Menschen und der Reflexion dieser Prozesse:

*"' So wünscht der weise das nicht wünschenswerte / er schätzt nicht seltene güter / lernt die ungelehrtheit / geht zurück den weg, den die menschen gingen / um den menschen zurückzuhelfen zu ihrer natur / und wagt nur eines nicht: / wider die natur zu handeln'"(129),*

zitiert Singer Laudse.

## 8 ALLGEMEINE EINORDNUNG DES ANSATZES DER "ÄSTHETISCHEN BILDUNG"

Damit ist nicht gemeint, sich rückwärts zu orientieren und entweder die moderne Zeit zu beklagen oder Entwicklungsländer zu idealisieren. Ein Weg zurück wäre auch für einzelne generell nicht möglich. Selbst ein dauerhafter Versuch, in archaischen Gemeinschaften oder abgelegenen Dörfern zu leben entstände ja aus einer permanenten freien Entscheidung dazu. Diese Freiheit der Wahl haben die Menschen in weniger entwickelten Gebieten nicht.
Gerade in den einfacheren Ländern besteht deshalb ein großes, überaus starkes Bedürfnis nach Fortschritt in Richtung Westeuropa und USA.
Der Vorteil von mehr Bewußtseinsentwicklung wird bei näherer Betrachtung von Dritte-Welt-Gesellschaften deutlich, in denen meist Mißwirtschaft, Unterdrückung, ja Folter normal sind. So ist das Land Haiti, in dem Leben, Erleiden des Schicksals und Körperlichkeit untrennbar miteinander verbunden sind, das ärmste Land der westlichen Hemisphäre. Wenn man seine Phänomenologie als Beispiel nehmen will, so bietet es für den "westlichen" Besucher eine unvorstellbare Mischung aus den entsetzlichsten Krankheiten, Unterentwicklung, Schönheit und Anmut der Menschen, von Kampf, Unterdrückung, Liebe, Haß und Großmut. Die Menschen machen den Eindruck, ihr Schicksal zu erleben in Demut und Stolz. Selbstverständlich wollen die

Bewohner aber ihre Lebensbedingungen ändern, sich befreien vom schicksalhaften, emanzipieren von der Abhängigkeit von der Natur und Herren ihres Glückes sein. Sie werden diesen Weg in einer anderen Form aber mit dem gleichen Ziel gehen, wie die Bewohner der früher entwickelten Industrienationen, sofern ihnen die Chance gelassen wird.
Es ist unter dem Gesichtspunkt Ästhetischer Bildung auch nicht möglich, sie von den Fehlern abzuhalten, die unsere Gesellschaften durchlaufen haben: Ich nehme die Entwicklung unserer Gesellschaft vom Schicksalhaften weg als genauso sinnvoll und notwendig an, wie die oben beschriebene Entwicklung weg von der naiven Ganzheit des Kleinkindes. Schiller beschreibt in seinen Briefen über die Ästhetische Erziehung des Menschen den Verlust der Ganzheit als Notwendigkeit für die Entwicklung der Einzelkräfte.

*"Es lag auf meinem Wege, die nachteilige Richtung des Zeitcharakters und ihre Quellen aufzudecken, nicht die Vorteile zu zeigen, wodurch die Natur sie vergütet. Gerne will ich Ihnen eingestehen, daß, sowenig es auch den Individuen bei dieser Zerstückelung ihres Wesens wohl werden kann, doch die Gattung auf keine andre Art hätte Fortschritte machen können."(130)*

Eine Geschichte der Bewußtseinsentwicklung der Menschheit ließe sich als großer Bogen von der naiven Ganzheit weg zu einer immer stärkeren Entwicklung von Einzelkräften zur Beherrschung der Welt auf Kosten der Eingebundenheit beschreiben.

*"Einseitigkeit in Übung der Kräfte führt zwar das Individuum unausbleiblich zum Irrtum, aber die Gattung zur Wahrheit."(131)*

Es scheint Aufgabe der Menschheit zu sein, sich von der Natur zu emanzipieren, zu begreifen, was die Spielregeln des Lebens sind, sie zu manipulieren, um dann freiwillig die innere Natur zu erfahren und sich nach ihr als Grundakkord, als Leitlinie im Leben zu richten in einer Freiheit, die nicht beliebig und nicht willkürlich, sondern verantwortlich ist. Ich nehme daher an, daß die Entwicklung von der Auflösung der natürlichen Gebundenheit zur Beliebigkeit und Willkür einen Sinn hat und die Menschheit von innen her zu Freiheit in Verantwortung findet,

*"... weil alle ohne Unterschied durch Vernünftelei von der Natur abfallen müssen, ehe sie durch Vernunft zu ihr zurückkehren können."(132)(Schiller)*

Ästhetischer Bildung als Erfahrung der Natur im Menschen kommt dabei die Aufgabe zu, als moderner Lebensmöglichkeit emanzipierter Menschen das Schicksal in einem zentralen Bereich zurückzuholen, ohne die Verantwortung für die Gestaltung des individuellen und gesellschaftlichen Lebens zu vernachlässigen. So steht sie in der Tradition einer Ästhetischen Erziehung, wie Schiller sie beschreibt, daß der Mensch scheinbar durch alle Stadien der Unfreiheit und Verwirrung gehen müsse, um mit dem Verlust der Ganzheitlichkeit die perfekte Ausprägung von Fertigkeiten zu erkaufen und endlich zu einer neuen Ganzheitlichkeit zu kommen.

# D CONCLUSIO

Der Mensch ist durch seine Besonderheit, ein Ich-Bewußtsein und eigenes Bild von der Welt zu haben, vom Ganzen getrennt.
Um in der aktuellen Situation, dem Lebensquerschnitt, ganzheitlich zu sein, muß er lernen, das Wirken der Natur in sich zuzulassen und zu entwickeln, muß die Natur beobachten lernen, ohne sie zu stören. Um im Verlauf des Lebens Richtung auf Ganzheitlichkeit zu haben, müßte er in Kontakt mit dem Schicksal sein.
Neu ist die historische Situation, in der Menschen so frei sind, daß sie für einen Großteil der schicksalhaften Situationen, die als "produktive Verunsicherungen" für die Entwicklung des Ich-haften zum Selbst nötig sind, selbst sorgen müssen. Neu sind auch das psychologische Know-how und die Ansätze der Körperbildung. Die Idee, der Natur zu folgen, ist so alt, wie die Formulierung der Spannung des Menschen zwischen Schicksal und Freiheit.
Im nächsten Kapitel werde ich untersuchen, wie sich die Balance zwischen dem Bedürfnis nach Sicherheit und Schmerzvermeidung und dem nach Wachstum und Ganzheit auf psychologischer Ebene beschreiben läßt. Dazu gehört ein Modell ganzheitlichen Erlebens und eine Beschreibung dessen, was für die Entwicklung zur Ganzheit nötig ist.

## ANMERKUNGEN

1 Slusher(1) bezieht sportliche Betätigung in ähnlicher Weise auf eine Erfahrung von "totality of the cosmos" und bei Weiss(2) erscheint ein ähnlicher Gesichtspunkt eingeschränkter in einem Bedürfnis nach "excellence".

2 *"Man is homo faber as well as homo sapiens. It is this existential quality which differentiates man from the animal. An animal is bound to its environment and must accomodate itself to it; man modifies his environment ... "(3)(Schrag)*

3 Das bezieht sich darauf, daß Wahrnehmung keinen Spiegel der Umgebung darstellt, sondern sie von Anfang an aktiv verarbeitet. Wahrnehmung ist mehr, als die Summe ihrer Einzelteile(4)(vergl. Koffka). Vor allem beeinflussen die Denkkategorien schon die Reizselektion(5)(vergl. Vernon), was im Psychologiekapitel ausführlich behandelt wird.

4 Vergleiche auch Mead(7)

5 Zum Sprachgebrauch: Mit "Natur-im-Menschen" meine ich das, was jenseits des persönlichen Lernens als Erbe im Menschen, wie auch in Tieren und Pflanzen, angelegt ist und unwillkürlich funktioniert. Mit "eigener Natur" meine ich, wie auch mit "innerer Natur" das typisch menschliche, also sowohl all das, was mit "Natur-im-Menschen" bezeichnet wird, als auch das der "Natur-im-Menschen"

gegenüberstehende Bewußtsein.

6 Zum Sprachgebrauch: Mit Schicksal meine ich das, was passieren würde, wenn alles so geschähe, wie es durch die Entwicklung der Dinge -die Gesetzmäßigkeiten der Schöpfung und die Zufälle des Lebens ohne Eingriffe des Bewußtseins und vorausschauende Planung- geschehen muß. Tiere folgen immer automatisch ihrem Schicksal. Der Begriff Schicksal hat seine Bedeutung also erst für den Menschen. Dadurch, daß Menschen den Gang der Dinge, die Entwicklung von Situationen und ihre eigene Reaktion voraussehen, einschätzen und erkennen können, können sie planen und die Grundbedingungen ihres Lebens im großen Stil verändern. Ein Individuum kann sich auch im Kleinen anders verhalten, als es in seiner spontan/natürlichen Reaktion gelegen hätte, wenn es die vorweggenommenen Folgen nicht wünscht, kann das aber auch in so großem Umfang tun, daß es seine ganze Umgebung ändert und so seinem "Schicksal zu entkommen glaubt". Ich schreibe "glaubt", weil sich zwar fast alles ändern läßt, aber das, was einem Menschen "passieren soll", geschieht ihm in diesem Bild meist gerade, indem er es zu vermeiden sucht. Schmidbauer zitiert ein orientalisches Märchen:

*"Entsetzt läuft ein Kaufmann zu seinem Freund: 'Ich muß noch heute nach Samarkand, denn ich habe meinen Tod auf der Straße gesehen.' Der Freund geht und sucht den Tod. Er findet ihn, wie er grübelnd an einem Teich steht und in das stille Wasser schaut ... 'Warum so nachdenklich?' fragt der Freund des Geflohenen. 'Ich habe eben auf der Straße einen Mann getroffen', sagt der Tod, 'den ich heute abend in Samarkand holen soll ... '"(11)*

und Castaneda schreibt über seine Erlebnisse mit Don Juan:

*"Eines Tages, als ich mit ihm zusammen in der Stadt war, hob ich eine Schnecke auf, die mitten auf dem Bürgersteig lag, und setzte sie behutsam unter die Weinranken am Straßenrand. Ich war sicher, hätte ich sie mitten auf dem Bürgersteig liegenlassen, dann hätte früher oder später jemand sie zertreten. Indem ich sie in Sicherheit brachte, glaubte ich, sie gerettet zu haben. Don Juan bewies mir, daß dies eine leichtfertige Annahme sei. Denn ich hatte zwei Möglichkeiten außer Betracht gelassen. Die eine war, daß die Schnecke womöglich vor dem sicheren Tod durch irgendwelches Gift unter den Weinranken floh; und die andere war, daß sie genügend persönliche Kraft hatte, um den Bürgersteig zu überqueren. Durch mein Eingreifen hatte ich die Schnecke nicht gerettet, sondern hatte sie verlieren lassen, was sie so mühsam errungen hatte. Natürlich wollte ich die Schnecke sofort wieder an die Stelle bringen, wo ich sie gefunden hatte. Aber Don Juan ließ es nicht zu. Er sagte, es sei das Schicksal der Schnecke, daß irgendein Idiot ihren Weg kreuzte, und dafür sorgte, daß sie ihren Schwung verlor. Wenn ich sie jetzt ließ, wo ich sie hingetan hatte, dann wäre sie vielleicht imstande, genügend persönliche Kraft zu sammeln, um nach eigenen Belieben irgendwohin zu kriechen."(12)*

7 Diese Ausdrücke werden nicht mit Bezug auf die theologische Diskussion und die der Erdphysik gebraucht. Ich benutze sie rein phänomenologisch in dem Sinne, daß für den menschlichen Betrachter die Natur nicht nur zusammenspielt, sondern sich auch planvoll zu entfalten scheint.

8 Damit ist gemeint, daß sich Pflanzen aufbauend auf Steine, Wasser, Luft, Meeres- und Landschaftsformen entwickelt haben, Tiere wiederum in Orientierung an ersterem und aufbauend auf Pflanzen, Menschen in Orientierung an alldem.

9 Vergleiche Bernbaum(30)

10 Mit dem Begriff "Unwillkürlich" meine ich mehr als das "Unbewußte" der Psychoanalyse. Während letzteres für verdrängte animale Funktionen des Fühlens und Denkens verwandt wird, bezeichnet das "Unwillkürliche" die

Gesamtheit aller nicht dem Willen unterstellten körperlichen Reaktionen, - die Gesamtheit der Steuerung der Lebensvorgänge im Organismus, also ein Synonym für "Natur-im-Menschen".

11 Zum Sprachgebrauch: Mit "ich-haft" bezeichne ich eine Bewußtseinsprägung, die rein diesseitig/pragmatisch orientiert ist. Der Mensch ist in seinem Erleben isoliert und in seinen Entscheidungen beliebig. Diese werden -rational oder emotional- durch die Zufälle der direkten Umgebung und der persönlichen Geschichte bestimmt. Mit Selbstbewußtsein bezeichne ich den Kontakt zum Wesenskern, der in einem Menschen angelegt ist.

*" ... die Anfänge unseres ganzen seelischen Erlebens scheinen unentwirrbar aus diesem Punkt zu springen, und alle höchsten und letzten Ziele scheinen auf ihn hinauszulaufen. Ein Paradoxon, das jedoch unausweichlich ist, wenn wir etwas kennzeichnen wollen, was jenseits des Vermögens unseres Verstandes liegt."(32)(Jung)*

Entscheidungen kommen mit Intuition zustande, und der Mensch ist in seinem Erleben mit der Gesamtheit der Schöpfung verbunden. Während für Jung mehr die Traumarbeit als Mittel im Vordergrund steht, lege ich großes Gewicht auf körperliche Wege. Dabei möchte ich die "Natur-im-Menschen" nicht mit dem Selbst gleichsetzen. Sie entspricht in ihrer Rolle für das Selbst eher dem kollektiven Unbewußten.

*"Je mehr man durch Selbsterkenntnis und entsprechendes Handeln seiner selbst bewußt wird, desto dünner wird jene dem kollektiven Unbewußten aufgelagerte Schicht des persönlichen Unbewußten. Dadurch entsteht ein Bewußtsein, das nicht mehr in einer kleinlichen und persönlich befangenen Ich-Welt befangen ist, sondern an einer weiteren Welt, an der Welt der Objekte teilnimmt. Dieses weitere Bewußtsein ist nicht mehr jener empfindliche, egoistische Knäuel von persönlichen Wünschen, Befürchtungen, Hoffnungen, der durch unbewußte persönliche Gegentendenzen kompensiert oder auch korrigiert werden muß, sondern es ist eine mit dem Objekt, der Welt, verknüpfte Beziehungsfunktion, welche das Individuum in eine unbedingte, verpflichtende und unauflösbare Gemeinschaft mit ihr versetzt."(33)(Jung)*

Das Selbstbewußtsein ermöglicht Ganzheitlichkeit, und Ganzheitlichkeit hat ein Selbstbewußtsein zur Voraussetzung.

*"Wirklich 'ganz' ist erst der Mensch, dessen Selbst das in ihm verkörperte Wesen* verwirklicht. Der Mensch ist solange noch nicht 'ganz', als ihm die Integration seinerselbst mit dem Wesen nicht gelang, solange er also z.B. nur in seinem Ich lebt, das nicht vom Wesen her, sondern von außen bestimmt ist.*

**Unter dem Begriff 'Wesen' eines Menschen verstehen wir die jeweils individuelle Weise der Teilhabe am überraumzeitlichen Sein - unter dem 'Selbst' die Weise des Subjektseins im raumzeitlichen Sein. Das 'wahre Selbst' ist dort gewonnen, wo der Mensch in seinem Subjektsein mit dem Wesen integriert ist ... "(34)(Dürckheim)*

Die Unterscheidung ich-haft/Selbstbewußtsein entspricht der Grofs in hylo- und holotropes Bewußtsein(35)(Grof). Verschiedene psychologische und körperliche Aspekte dieser Unterscheidung werden in den folgenden Kapiteln behandelt.

12 Die "Natur-im-Menschen" ist nicht mit dem Selbst gleichzusetzen, sondern führt nur zu ihm. Das entspricht dem Erfahrungswissen der polynesischen Kahuna-Lehre (siehe Anfang Kapitel V) und wird mit großer Selbstverständlichkeit im Begriff des Tao und entsprechenden körperlichen Wegen dahin angenommen.(vergl. Canic)(38)

13 Allerdings gehe ich davon aus, daß, genauso wie der Bruch mit der "Natur-im-Menschen" in der Natur des Menschen liegt, der Mensch auf Entscheidungsfrei-

heit hin angelegt ist. Ich möchte die Trennung von der Ganzheit nicht beklagen, sondern als Aufgabe darstellen.

14 Hier im Sinne von "sich mit seiner Situation auseinandersetzen, für seine Bedürfnisse eintreten, kämpfen, seinen Platz finden, sich selbst verwirklichen" gemeint.

15 Dazu schreibt Fraleigh:

*"The lived-body experience as necessitated is a very basic source of human identity meanings. It 'tells' me, in a most fundamental way, that my humanness (sic!) inherently allies me with animals and objects and that, in this restricted sense, I am not different from them. It 'tells' me that it is an inherent aspect of my personal identity, shared with others, both human, animal and object, that my day-to-day living experience seems to continue at least partially in deterministic (necessitated) manner. It 'tells' me, by direct experience of my own reality and by observation of the reality of others, that my identity does not allow me God-like interpretation that my existence is unconditionally free."(62)*

16 Neben dem Gebrauch von bewußtseinserweiternden Drogen, gruppendynamischen und aktionspolitischen Methoden wurden in allen Phasen auch Wege durch den Körper gesucht und zum Teil entwickelt. Am Monte Veritas kam alles obengenannte zusammen. Für den Weg durch den Körper war Dalcroze von besonderer Bedeutung:

*"'Einheit von körperlicher Plastik und musikalischen Rhythmus' herzustellen - eine Vorstellung, die das ganze Leben von Emile Jaques-Dalcroze geprägt hat. Der Begründer der rhythmischen Gymnastik repräsentiert eine jener tiefgreifenden Reformbewegungen, die zur Jahrhundertwende in Deutschland das künstlerische Bild ... bestimmten. Seine 'Bildungsanstalt für Musik und Rhythmus' in der Gartenstadt Hellerau bei Dresden nannte ein Kritiker 'eine Vorschule der Künste und der Lebensfreude'"(95)Müller)*

Fast alle Richtungen des Ausdruckstanzes und der Körperbildung, die sich in den 20er Jahren entwickelten, wurden hier mitgeprägt. 1910 siedelte Dalcroze mit 46 Schülerinnen und Schülern von Genf nach Hellerau über.

*"Mit Duncan verwandt war Dalcroze auch in der Auffassung einer rhythmischen Menschenbildung als Voraussetzung zukünftiger Gesellschaften. Wie vielen der idealistischen Jugendbewegten schwebte ihm eine neue soziale Ordnung mit Menschen vor, deren Persönlichkeit harmonische Ausgeglichenheit erreicht hat, die im rhythmischen Erleben ihres Körpers die Verbindung von Körper, Seele und Geist, die Identität mit der Natur und darin mit der kosmischen Harmonie wiedergefunden haben. Eine gesellschaftliche Utopie, genährt aus gedanklichen Versatzstücken von Antike, deutscher Klassik, Romantik und der Existentialphilosophie des Fin-de-Siecle, deren Anhänger sich über den Begriff des 'Rhythmus' gemeinsame Verständigungsebenen schufen. Instrument zum hohen Ziel war Dalcroze die Verbindung von musikalischem und körperlichen Rhythmus: 'Durch den Körper dringt die Eurythmie, d. i. der Ausdruck der Ordnung im Gesamtmenschen, in die Seele ein, und die Harmonie wird durch den gymnastischen Tanz gelehrt'." (96)(Müller)*

17 Schmidbauer zitiert Mitscherlich:

*"'Zum Fortschritt der Kultur gehört also auf der Ebene der Affekte und ihrer Gestaltung durch das Kollektiv ein Rückschritt ... Die aus den objektivierenden Forschungsverfahren stammenden Einsichten (haben) keine Humanisierung der Menschheit bewirkt. Die Medizin verfügt zwar über eine hochentwickelte Methode der Diagnose und staunenswerte operative Techniken, aber auch sie humanisiert sich dadurch keineswegs, vielmehr versteht sie ihre Patienten weniger*

*und weniger.'"(100)*

18 Dieser Aspekt persönlicher und physischer Herausforderung, der esprit de combat, steht meiner Ansicht nach beim Bodybuilding-Training noch in anderer Art und Weise im Vordergrund, als bei Tanz, wird sozusagen verabsolutiert. So berichtete Lenda Murray über ihre Entscheidung, mit zwei Männern zu trainieren, um noch härter zu arbeiten:

*"When I startet training with these two guys ... I was bred on some really tough training habits. These two guys tried to break me. But I loved the challenge and I wasn't about to let these two make me say 'uncle'."*(107)

19 Dieser Exkurs soll nicht als Pamphlet gegen Bodybuilding oder Leistungssport allgemein verstanden werden. Im Gegenteil hat nach meiner Überzeugung jeder Weg im Leben und jeder Sport seinen Sinn. Es geht mir mit den zitierten Ausführungen zu Bodybuilding nur darum, die Eigenart "Ästhetischer Bildung", den Körper und die Konfrontation nicht als Ziel, sondern als Weg zu sehen, durch den Gegensatz deutlicher zu machen. Darüber hinaus glaube ich, daß unterschiedliche Ansätze wie Sport, Tanz, Empfindungsschulung und viele andere mehr sich ergänzen und auf fruchtbare Art in Frage stellen können, wenn sie sich gegenseitig konfrontieren.

20 Bei diesem und allen -auch in anderen Kapiteln folgenden Bezügen zu Schiller handelt es sich um meine Interpretation. Dabei war es nicht möglich, die vielfältige Schiller-Rezeption der Germanistik zu berücksichtigen. Für Interessierte verweise ich auf Pott: Die schöne Freiheit.(121)

# III Ein psychologisches Modell ganzheitlicher Entwicklung

## A Aufriss des Kapitels

Diese Arbeit beschäftigt sich mit dem Sinn von Tanztraining und Empfindungsschulung für eine ganzheitliche Persönlichkeitsentwicklung. Nachdem im letzten Kapitel grundsätzliche Fragen nach der Natur des Menschen, der Notwendigkeit und dem Ziel eines körperlichen Weges ganzheitlicher Entwicklung behandelt wurden, geht es in den nächsten beiden Kapiteln um das "Wie" ganzheitlicher Entwicklung. In diesem Kapitel werde ich die Anforderungen an die Psyche, die aus den Forderungen nach ganzheitlichem Erleben und der Suche nach "produktiven Verunsicherungen" entstehen, so genau beschreiben, daß es möglich ist, im nächsten Kapitel detailliert zu diskutieren, ob und warum ein körperlicher Weg günstig für ganzheitliche Entwicklung ist.

Ausgangspunkt ist die Überlegung aus dem letzten Kapitel, der Mensch müsse, um ganz zu werden, produktive Verunsicherungen suchen, in und an denen er durch ganzheitliches Erleben der Situation wachsen kann. Da eine solche Verunsicherung darin besteht, sich mit einer Situation zu konfrontieren, die persönlich produktiv wirkt, müßte das Bewußtsein die Richtung seiner Veränderung kennen. Dafür wäre Intuition nötig. Diese hängt eng mit Ganzheitlichkeit zusammen. Um in ihr zu wachsen, müßte die Situation außerdem ganzheitlich erlebt werden.

Damit ist Ganzheitlichkeit der Weg und das Ziel der Persönlichkeitsentwicklung. Sie ermöglicht das Finden "produktiver Verunsicherungen" und ist der Erlebnismodus, in dem das Bewußtsein wachsen kann.

Zentraler Begriff dieses Kapitels ist damit "Ganzheitlichkeit", und psychologische Modelle, die diese Ganzheitlichkeit von Nicht-Ganzheitlichkeit unterscheiden, nehmen den Hauptteil des Kapitels ein:

Der alte Begriff Ganzheit aus der Ganzheitspsychologie wird hier also anders bestimmt:

*"Als Ganzqualitäten bestimmen die Gefühle alle abhebbaren Glieder eines Erlebnistotals ... 'Gefühlsartige ... atmosphärische ... anmutungshafte - Färbungen umgeben und tränken schlechthin alle Erlebnisse welcher Art immer ... '"(Krüger zitiert nach Pongratz)*

Dieser Ganzheitsbegriff wurde als Gegensatz zur Einzelheiten untersuchenden Elementenpsychologie verwandt und zur phänomenologischen Beschreibung von Erlebnissen.

Der Begriff Ganzheitlichkeit in dieser Arbeit gibt dagegen einen Status, ein Qualitätsmerkmal von Erleben und Verhalten an und beansprucht ontologische Geltung, indem er nicht nur eine subjektive Befindlichkeit, sondern vor

allem den Stand der Realisierung der Anlage des Menschen auf die Welt hin bezeichnet.
Er wird im Zusammenhang dieser Arbeit allgemein für Richtung auf die Ganzheit, Kontakt zur Natur-im-Menschen, entwickelte Polaritäten und Ich, sowie ein angemessenes Bild-von-der-Welt gebraucht, was eine stimmige Ganzheit aus Mensch und Lebenssituation bedeutet. Eine besondere Bedeutung für diese Qualität "Ganzheitlichkeit" hat neben dem Kontakt zur Natur-im-Menschen das ganzheitliche Erleben, womit ein günstiges, archetypisch vorgeprägtes Verhältnis der Polaritäten des Bewußtseins zueinander benannt ist.
Psychische Strukturen und Funktionen, von deren Qualität Ganzheitlichkeit abhängt, sind die Bewußtseinsstruktur, der Wahrnehmungsapparat und das Ich. Sie ermöglichen im günstigen Falle die Intuitionsfunktion, die wiederum für eine ganzheitliche Ausprägung der genannten drei notwendig und charakteristisch ist.
Mit Hilfe dieser drei Mechanismen werde ich beschreiben, worin sich ein ganzheitliches von einem nicht ganzheitlichen Bewußtsein unterscheidet, was die Bedingungen für Ganzheitlichkeit sind und was die Probleme sind, die sie verhindern können. Damit ist es möglich, im nächsten Kapitel zu begründen, warum und wie bestimmte Arten von Körperarbeit Ganzheitlichkeit fördern und inwieweit die Wahrnehmung und Anerkennung körperlicher Prozesse die Grundlage von Ganzheitlichkeit sind.
Wie ich ausführlich zeigen werde, hängt ganzheitliches Erleben von der Bewußtseinsstruktur ab. Ich nehme eine polare Struktur Denken/Fühlen, Innen/Außen, Machen/Geschehenlassen und Pragmatisch/Transzendent an. Sind die einzelnen Pole in ihrer Eigenart ausgeprägt und unabhängig, können sie in ein Verhältnis gegenseitiger produktiver Verunsicherung kommen. Die Brüche, die dadurch im "Bild von der Welt" entstehen, stellen eine Möglichkeit von Intuition für die Richtung der Öffnung des Wahrnehmungs- und Denksystems dar.
Mit ganzheitlichem Erleben ist nicht irgendeine Vermischung in den Polaritäten gemeint, sondern die Zugänglichkeit aller Bewußtseinssegmente, so daß das Angemessene im aktuellen Erleben angesprochen wird. Dann wäre es nicht möglich, daß jemand bei intensiven Situationen unberührt bleibt, einfach weil er zu "zu" ist oder das Gefühl zu der Situation einfach nicht in sich finden kann. Für die Ansprache des "richtigen" (im Sinne von situationsadäquaten) Bewußtseinssegmentes ist eine Öffnung der Wahrnehmung notwendig.
Das alles bedingt eine bestimmte Qualität der Ich-Funktion. Diese kann "ichhaft"/"unentwickelt"[1] sein oder "im Dienste des Selbst" stehen, also "entwikkelt" sein. Ganzheitlichkeit benötigt eine entwickelte Ich-Funktion, die im Dienste des Selbst steht und aus einer Balance zwischen Sicherheitsbedürfnis und Wachstumskraft als dynamischer Komponente eine Entwicklung zur Ganzheit ermöglicht.
Eine solche Ich-Entwicklung hängt von einem bestimmten Funktionieren der

Wahrnehmung als kognitiver Komponente ab. Eine nicht entwickelte Wahrnehmung bestätigt sich schon auf einer vorbewußten Ebene der Reizselektion und Interpretation selbst oder öffnet sich unkontrolliert chaotisch. Eine entwickelte Wahrnehmung läßt ein breites Spektrum an Empfindungen zu und hat eine Öffnung für "produktive Verunsicherungen", kennt also das Ziel, auf das hin sich die Persönlichkeit durch die Öffnung der Wahrnehmung verändern kann. Das ist nur durch einen Kontakt zum Selbst möglich, das den Wesenskern darstellt, auf den hin der Mensch angelegt ist[2].
Ein Mittel der Wahrnehmung, durch Kontakt zum Selbst etwas zu erkennen, was sowohl über das in einer Situation gezeigte, als auch über das durch persönliche Erinnerung Gewußte hinausgeht, ist Intuition.

## B HERLEITUNG DER PSYCHOLOGISCHEN NOTWENDIGKEITEN AUS DER ANTHROPOLOGISCHEN SITUATION

Die Natur kann im Menschen nicht bruchlos wirken. Durch sein Ich-Bewußtsein, die Selbstwahrnehmung und -bewertung wird er im Querschnitt des Lebens von der Ganzheitlichkeit getrennt.
Ich habe aber dargestellt, daß dem Sicherheits- und Überlebensbedürfnis der Drang, ganz zu werden, Erfahrungen zu machen (in individuell unterschiedlicher Form) gegenübersteht.
Da der Mensch -wenn er durch ein unentwickeltes "ich-haftes" Bewußtsein beschränkt ist- in der aktuellen Situation von der Ganzheit getrennt ist, müßte er theoretisch -um ganz zu werden- mit eben diesem Bewußtsein die gesamte Natur in und außerhalb seiner selbst umfassen. Das ist nicht möglich, und so wurde auf das Schicksal als Chance verwiesen. Dethlefsen schreibt:

*"Die Instanz, die dafür sorgt, daß der Mensch nie aufhört zu lernen, und ihn deshalb immer mit neuen Problemen konfrontiert, nennt der Mensch Schicksal. ... Schon längst steht die Frage im Raum, wie weit das Schicksal ... determiniert und wo denn die Freiheit des Menschen ist, daran etwas zu ändern ... Was den Lehrplan betrifft, so ist dieser mit Sicherheit determiniert, er muß erfüllt werden ... Das Polaritätsgesetz stellt uns vor die Wahl, wie wir den Lehrplan erfüllen ... wollen ... "*

*"1. Das bewußte Lernen. Diese Möglichkeit erfordert vom Menschen, daß er stets bereit ist, sich den Anforderungen des Schicksals zu stellen und freiwillig jedes auftretende Problem durch Aktivität zu erlösen."*

Der Mensch müßte demnach freiwillig bestimmte kritische Erfahrungen machen, die ihn 'ganzer' machen, bevor die Umstände ihn zwingen. Sonst tritt das 'unbewußte Lernen' in Kraft:

*"2. Das unbewußte Lernen. Es tritt automatisch in Kraft, wenn der Mensch versäumt, ein Problem bewußt zu lösen. Die Mehrzahl der Menschen beschränkt sich größtenteils auf die zweite Möglichkeit, nämlich das unbewußte Lernen. Unbewußtes Lernen ist jedoch immer Lernen durch Leid. Solange der Mensch bereit ist, alte Standpunkte und Fixierungen in Frage zu stellen, neue zu lernen, neue Erfahrungen zu riskieren, sein Bewußtsein zu erweitern, so daß er alle vom Schicksal angetragenen Aufgaben meistert, solange braucht er sich vor allzu großen Schicksalsschlägen oder Krankheiten nicht zu fürchten. Doch in dem Moment, wenn der Mensch die Probleme wegschiebt und versucht, ihnen zu entfliehen oder sie zu negieren ... beginnt das Schicksal, den Menschen in den nicht wahrgenommenen Lernprozeß zu zwingen. Der Mensch wird Opfer einer Situation, in der er zwangsläufig mindestens einen Teil des Problems durch Erleben löst."(2)*

Da die heutige Umgebung künstlich, weil selbstgeschaffen ist und der Mensch für sein Leben plant, Schmerz zu vermeiden und glücklich zu sein, kommt der Fähigkeit, schwierige, aber in diesem Sinne entscheidende "schicksalhafte" Erfahrungen von unnötigem Leiden unterscheiden zu können, zentrale Bedeutung zu. Das wurde als "Suche nach der produktiven Verunsicherung" bezeichnet.

Damit sind wir bei der Notwendigkeit eines ganzheitlichen Bewußtseins angelangt. Es ist ja einerseits nötig, die kritischen Erfahrungen als ganzer Mensch zu durchleben, um daran zu wachsen und vollständiger zu werden, andererseits müssen die Möglichkeiten für eben diese -persönlich sinnvollen-kritischen Erfahrungen gefunden werden.

Beides ist dem nicht entwickelten, nicht ganzheitlichen Bewußtsein nicht möglich:

1. Ganzheitliches Erleben ist ein komplexes Geschehen, das von einem angemessenen Bild-von-der-Welt und einer intuitiven Durchlässigkeit für wichtiges Neues in den Wahrnehmungsprozessen abhängt
   Da nur eine Gestalt zugleich in der bewußten Aufmerksamkeit sein kann (Siehe Fußnote 4, S. 165!), ist, wie ich später genauer zeigen werde, durch die Trennung vom Ganzen, den Eigen Willen, nicht ohne weiteres gewährleistet, daß bei kritischen Erfahrungen die richtigen Bewußtseinssegmente angesprochen werden. Wenn diese Erfahrung aber nicht da ankommt, wo sie hinmüßte, nämlich zu existentiellen Bruchstellen, und wenn sie nicht auf allen Ebenen erlebt wird, macht sie den Menschen nicht vollständiger, führt nicht über die Begrenzung durch das Ich-Bewußtsein hinaus. Was die Ansprache des "richtigen" Bewußtseinssegmentes wählt oder entscheidet, ob etwas im übertragenen Sinne oder konkret gilt, ist die Intuition.
2. Genauso kann ein ich-haftes Bewußtsein nicht unterscheiden zwischen sinnlosem Leiden bzw. sinnvoller Angst, die den Menschen warnt, (also sinnvoller Angst-vor-sinnlosem-Leid einerseits und notwendigem Schmerz, der Angst-vor-Veränderung andererseits), denn es ist (zumindest in seiner unentwickelten Form) auf die schon gemachte Erfahrung beschränkt.

Der Sinn einer solchen schwierigen, gefahrvollen, aber schicksalhaft notwendigen Situation besteht aber gerade darin, den Menschen über die ich-hafte Begrenzung seines Bewußtseins hinauszuführen. Also kann das ich-hafte Bewußtsein eine solche Situation auch nicht erkennen, sie liegt außerhalb seiner Kompetenz! Für die Unterscheidung der richtigen Verunsicherung, des Wagnisses, das sich lohnt, des Schmerzes, der nötig ist, vom Selbstquälerischen oder Hasardeurhaften ist Verbindung zu etwas nötig, das das begrenzte Bewußtsein mit dem Ganzen, dem Sinn verbindet und seiner Entwicklung die Richtung auf Ganzheitlichkeit gibt.
Sowohl für die Ansprache des "richtigen" Bewußtseinssegmentes wie für die Richtung der Öffnung sind Intuition und Ganzheitlichkeit[3] notwendig.
Da, wie im vorigen Kapitel festgestellt, die freie Entscheidung dem Menschen als innere Natur mitgegeben ist, ist für all das eine bestimmte Entwicklung des Ich nötig, welches die pragmatischen Dinge des Lebens regelt. Es muß die Balance zwischen Überlebens- und Wachstumskraft halten können, die Wahrnehmung so entwickeln, daß es die nötigen täglichen Entscheidungen treffen, das Leben organisieren und planen kann, aber immer offen bleiben für die Intuition, die Verunsicherung, den Wandel.
Die Intuition entsteht zum Teil aus dem ganzheitlichen Erleben, also Brüchen in der Balance zwischen den Polaritäten des Bewußtseins. Damit hat das ganzheitliche Erleben doppeltes Gewicht. Zum einen ist es das Mittel der Bewußtseinserweiterung auf dem Weg zur Ganzheit -nur so kann das Bewußtsein umfassender werden- zum anderen ermöglicht es die richtige Entscheidung für oder gegen kritische Situationen, die dann wieder ganzheitlich erlebt werden könnten.
Da ich von der Behauptung ausgegangen war, daß ein nicht-entwickeltes ichhaftes Bewußtsein den Menschen von der Ganzheit der Situation und des Lebens überhaupt trennt, der Mensch aber nicht nur ein Ich-Bewußtsein hat, sondern es gerade in der modernen Gesellschaft offensichtlich sehr benötigt, beginne ich den psychologischen Diskurs mit Gedanken über das Ich:

## C ÜBERLEBEN UND WACHSTUM AUS PSYCHOLOGISCHER SICHT

Die Qualität der Ich-Funktion (festhaltend/rigide oder im Dienste des Wandels) bestimmt die entsprechende Qualität des Wahrnehmungsapparates und der Bewußtseinsstruktur. In diesem psychologischen Modell ist das Ich günstigenfalls eine Funktion, die aus einer fließenden Balance zwischen dem Sicherheitsbedürfnis und der Wachstumskraft eine Richtung zur relativen Ganzheit ermöglicht, indem sie ganzheitliches Erleben und eine Wahrnehmungsöffnung für die produktive Verunsicherung zuläßt. Dabei möchte ich auf die Einordnung dieser Begriffe kurz eingehen:

- Ein Sicherheitsbedürfnis nach Überleben und Schmerzvermeidung anzunehmen, ist wohl historisch unbestritten. Wichtig in meinem Konzept ist, es

von der Ich-Funktion sauber zu trennen.

- Ein Bedürfnis nach Wachstum, wie es im vorigen Kapitel postuliert wurde, ist dagegen als bewußte Formulicrung relativ neu:
  Menschen haben sich seit Urzeiten mit Problemen der Psyche befaßt. Priester(innen), Medizinleute, weise Frauen und Männer, vor allem Angehörige des schamanistischen Standes, kannten Praktiken, die, oft unter Einschluß körperlicher Verfahren, wirksamer für die Durchbrechung der Wahrnehmungsschranken des ich-haft/unentwickelten Bewußtseins waren, als es moderne Techniken sind. Selbstverständlich war die Einbindung in spirituell/transpersonale Konzepte. Fittkau weist auf den griechischen Ursprung des Wortes Therapie, "Therapeia", Dienst der Götter hin .(3)
  Eine genauere Beschreibung psychischer Funktionen begann Ende des letzten Jahrhunderts:
- Freud führte eine dynamische Betrachtung verschiedener Bewußtseinsebenen, den Vorgang der Verdrängung und das individuelle Unbewußte ein. Er nannte die Instanz, die das Überleben sichert, zwischen Trieben und Außenwelt vermittelt und mit einem pragmatischen Realitätsprinzip Bedrohendes oder Schmerzhaftes verdrängt, "Ich". Dabei sah er den Mensch durch die Traumata und Konflikte der frühen Kindheit bestimmt, das Modell ist also deterministisch(4). Rank(5), später auch andere, z.B. Janov(6), bezogen die Geburt als Ausgangspunkt potentieller Traumata mit ein.
- Adler führte dann als erster in diese deterministische Sichtweise eine finale Kraft ein. Er nimmt als entscheidende Triebkraft das Machtmotiv an. Danach versuchen Menschen zeitlebens, die als Kind erlebte Ohnmacht und Minderwertigkeit auszugleichen. Neben der deutlichen kulturellen Prägung dieser Idee ist eine Zielorientierung erkennbar, es ist ein erstes teleologisches Modell(7).
- Reich brachte den Körper in die Diskussion. Gefühle und ihre Verdrängung sind nicht von Muskelspannung bzw. chronischer Verhärtung, dem Muskelpanzer, zu trennen(8). Reich wurde in jüngster Zeit ergänzt durch die biodynamische Theorie nach Gerda Boyesen(9), die die verdrängten Gefühle auch als Verkrampfungen des Intestinalbereichs lokalisierte.
- Jung erweiterte die moderne Kenntnis um die Psyche durch die transpersonale Dimension. Das Selbst mit der Intuition und die Archetypen konstituieren ein kollektives Unbewußtes als Kontakt mit und Entwicklungsvorgabe auf das vor der biographischen Erfahrung angelegte Wesen.(10)
- Perls(11) machte den "Gestalt"ansatz -der in der Psychologie der 20er Jahre entwickelt und aus der Wahrnehmungs- und Denkpsychologie auf die Organisation gefühlsmäßigen, biographischen Materials in eine Einheit Organismus/Umwelt ausgeweitet wurde- zu einer effektiven Therapiemethode.
- Rogers(12), Maslow(13) und Grof(14) betonen die Wachstumskräfte als Selbstheilungskräfte, und ihre Therapie ist darauf abgestellt, diese zu unterstützen.

In der vorliegenden Arbeit wird angenommen, daß es eine Wachstumskraft gibt, die in jedem Menschen -wenn auch in sehr unterschiedlicher Form- wirkt und auf das Selbst, den vor der biographischen Erfahrung angelegten Wesenskern des Menschen, ausgerichtet ist. Die Beschreibung der Ich-Funktion entspricht der Freuds, wobei ich in diesem teleologisch/finalistischen Ansatz -wie auch Jung und Dürckheim- das Ich in Hinblick auf das Selbst sehe.
Ich nehme außerdem an, daß das Leben in archetypischen Figuren organisiert ist, die Psyche und Natur umfassen und verbinden. Entwicklung zur Ganzheit und Selbstverwirklichung liegen im Durchleben bestimmter schicksalhafter Situationen, die oft archetypische Konfrontationen darstellen. Ein wichtiges Element persönlicher Reifung und Bewußtseinsentwicklung bestände darin, wichtige Lebenssituationen so zu verarbeiten, daß sie als gute vollständige Gestalten die Situation und ihre Bewältigung angemessen repräsentieren.
All diese Situationen müssen vor allem ganzheitlich erlebt werden, was dann das Bild-von-der-Welt vervollständigt und den Menschen reifer macht.
Hier beißt sich die Katze ein bischen in den Schwanz:
Um sich ganzheitlich zu entwickeln, um zu wachsen, ist in gewisser Weise ganzheitliches Erleben schon notwendig. Sicher kann ein Mensch sich immer weiter vervollkommnen, ein gewisses Anfangsvermögen an ganzheitlichem Erleben und Verhalten aber ist Voraussetzung.
Mit der Ganzheitlichkeit verhielt es sich demnach so, wie der Volksmund es dem Geldbesitz nachsagt:
"Wenn man welches hat, bekommt man leicht welches dazu", was im Falle der Ganzheitlichkeit noch dadurch verschärft wird, daß in modernen Gesellschaften der Mensch selbst dafür sorgen muß, sich Lebenssituationen zu wählen, suchen oder aufzubauen, die sein Wachstum anregen. Das aber bedeutet Intuition für die "produktive Verunsicherung", die aus dem ganzheitlichen Erleben entsteht.
Um zu vermitteln, worin die Schwierigkeiten des Ich-Bewußtseins mit der Ganzheitlichkeit bestehen, müssen die Kräfte, zwischen denen das Ich vermittelt, skizziert werden:

# D DIE FUNKTION DES ICH

Wenn das Bewußtsein wachsen können soll, muß das Verhältnis zwischen beiden Grundkräften (der nach Wachstum, ganz zu werden, Erfahrungen zu machen und der nach Konstanz, Sicherheit, Schmerzvermeidung) eine bestimmte Balance haben. Überwiegt die nach Wachstum zu stark, kann es zu einer chaotischen Auflösung des Alltags und einer Überflutung des Bewußtseins mit Bildern, Ängsten und Wünschen kommen. Überwiegt die nach Sicherheit zu stark, stagniert der Mensch, das Leben wird vorhersagbar, langweilig, flach. Die richtige Balance hängt mit der Qualität des Ich zusammen.

Das Ich als psychische Instanz ist an sich unabhängig von den beiden Grundkräften, steht aber durch seine Aufgabe erst mal der Überlebenskraft näher. Es ist charakterisiert als Realitätsprinzip, das vermittelt zwischen Innen und Außen und das Überleben sichert. Dazu ist nötig, die chaotische Vielfalt von Reizen auf dem Gebiet der direkten Wahrnehmung zu reduzieren und ein handliches Bild der Umwelt herzustellen. Das gilt auch für das gesamte Bild von der Welt, das eine gewisse Einheitlichkeit haben muß. Ein wichtiges Mittel des Ich ist also Verdrängung bedrohlichen Materials. Dabei entscheidet das Maß und die Zugänglichkeit des Verdrängten über die Balance und Gesundheit des Individuums.

Das unentwickelte Ich hat somit auf einer primitiven Ebene eine wachstumsfeindliche Tendenz, da Öffnung und Veränderung immer Unsicherheit bedeutet.

Eine unentwickelte (ich-hafte) Ausprägung des Bewußtseins, mit der diese Ausrichtung in der einfachen Ich-Funktion gemeint ist, bedeutet also eine Störung in der Balance zwischen den Grundkräften. Im folgenden stelle ich Möglichkeiten einer Störung in der Balance zwischen Sicherheitsbedürfnis und Überlebenskraft dar:

- Das Überwiegen des Sicherheitsbedürfnisses kann zu einem flachen, rein diesseitigen, oder einem seinen Gewohnheiten bis zur Zwanghaftigkeit verhafteten Menschen führen.
- Eine andere Möglichkeit stellt die Depression dar: Ein dominantes Sicherheits- und Konstanzbedürfnis kann sich als Konfliktscheu auswirken. Die konsequente Vermeidung von Konflikten bedeutet zu starke Verdrängung. Das entspricht Flachs Sichtweise der chronischen Depression, bei der schmerzliches Erleben und Erfahrungen nicht verarbeitet werden und der gesamte "Elan vital" verkümmert, um den Drang dieser nicht geschlossenen Gestalten ins Bewußtsein zu reduzieren.(14)
- Oft aber ist ein chronisch-depressiv wirkender, also ein nicht auffälliger, oft auch etwas zwanghafter Mensch mit einem Abnutzungskrieg im Inneren beschäftigt. Petzold schreibt:

*"Im Kampf des Leibes gegen den Leib gibt es keinen Sieger. Die Unterdrükkung der Expression führt in die Zerstörung des individuellen wie des kollektiven Leibes. Die Repression der Ausdrucksgebärden, die Dämpfung der Laute, des Lauten, die Sedierung des Begehrens führt dazu, daß die Energien, die nach außen sprühen, sich entfalten wollen, von der Finsternis verschluckt werden. Sie brennen nach innen. Das verbotene Feuer der Lust, der Liebe, der Leidenschaft richtet sich verzehrend gegen die eigene Leiblichkeit und treibt sie in den Wahnsinn, weil selbst noch die Schreie, die das Innere verbrennen, nicht hinausgeschrien werden dürfen, sondern in stummer Resonanz sich zurückwerfen und den Leib bis in die Gefüge der Zellen erschüttern; und so werden die Prozesse der Entfaltung, der Kreativität, der Ekstase invers. Der in den Raum gerichtete Schrei, die Dynamik der Ausdehnung, verklumpt, bläht sich wuchernd nach innen. Das Es, das seine*

*Lebenskraft nicht hinausschleudern darf, verschwenderisch, in Millionen von Lebenskeimen, das Es, das gehindert wird, Leben in die Welt hineinzugebären, dem der orgastische Ekstaseschrei und der Schrei der Erleichterung in der Geburt verwehrt wird, koaguliert seine Lebendigkeit zur Krebsgeschwulst - ein negatives Zeugen und Gebären. Das Feuer dieser negativen Energien setzt kein Licht mehr frei, sondern generiert Dunkelheit, Wahnsinn des Geistes, Wahnsinn des Leibes."(15)*

In seinem Artikel: "Der Schrei in der Therapie" stellt er das Dilemma der meisten Therapien und Therapeuten dar, existentielle Lebenskräfte nicht anzuerkennen und in einer Anpassung an das Vorhersehbare zu verharren:

*"Die Doktrin vom 'schlechten Es' säht den permanenten Konflikt, der für die Freudsche Anthropologie kennzeichnend ist. Den Wahnsinn zu feiern (Lacan, Guattari) ist die Lösung nicht, sondern in der Begegnung des Gestalteten mit dem Ungestalteten, von Dynamik und Form, von Rede und Schrei liegt die Chance des Novums. Ein wesentliches Ziel von Therapie muß daher sein, den phantasmatischen Schrei, die Schreie des Phantasmas als die unseren anzuerkennen, und sie in ihre Rechte neben der geordneten einzusetzen. Die Schreie des Wahnsinns brechen sonst auf und zerstören die Vernunft, die sie geknechtet hat. Sie verhängen die Umnachtung. In die Dunkelheit dieser Schreie einzudringen bedeutet, an die Schatten des Todes zu rühren, an den Tod von Liebe, von Beziehungen, an Mord und Suizid, an Kriege und Progrome. Es ist dies der Bereich, in dem sich der Schrei des Einzelnen dem kollektiven Geschrei zugesellt, wo im Aufschrei eines persönlichen Wahnsinns, diesem Aufbäumen gegen die Knechtungen der Zivilisation, all die Schreie widerhallen, die die Diskurse der Gewalt auslösen - weltweit! In der Therapie wird diese Dimension selten berührt, obgleich sie immer anwesend ist."(17)*

- Ein starkes Drängen der Wachstumstendenzen in einem Menschen, der keinen Weg zur Integration und organischen Entwicklung des Bewußtseins gefunden hat, kann zu massiven Destabilisierungen führen. Eine Möglichkeit ist die Psychose, bei der Inneres, das nicht als Herausforderung bearbeitet und integriert werden kann, nach außen drängt und ohne Kontrolle und Vermittlung des Ich ausgelebt wird.
- Eine andere Möglichkeit sind schizophrene Formen. Wenn der Zwang des Ichs zu einem einheitlichen Weltbild zu stark ist, (die "Ambiguitätstoleranz" also niedrig ist) wird ein doppeltes Bewußtsein gebildet. Grof sieht schizophrene Schübe als Wachstumskrisen(18).
- Ich sehe auch Sucht als verzweifelte Rebellion der Wachstumskräfte gegen das Festhalten eines kontrollierend festhaltenden Bewußtseins, als einen Drang nach Leben, der nach dem Motto: "Macht kaputt, was euch kaputt macht", in die Selbstzerstörung führt. Hoffman schreibt dazu:

*"Die Sucht kann keinen Punkt machen. Deshalb tritt nie Sättigung ein, denn*

*auch wenn das Maß voll ist, fehlt die Sensibilität, dies wahrzunehmen. So gibt es keine Umkehr oder Rückkehr und damit kein Bewußtsein. In der Umgangssprache schlägt sich diese Maßlosigkeit nieder, wenn wir die Worte 'unheimlich' und 'wahnsinnig' als Superlativ einsetzen - das Bewußtsein macht sich nicht mehr die Mühe, das Übermaß zu begreifen, zu integrieren, sich darauf zu beziehen. Gleichzeitig ist es Zeichen einer Absage an die Wirklichkeit, einer Desensibilisierung, die aus jeder ekstatischen Erfahrung, die potentiell eine initiatische sein könnte, ein bezugloses 'ausflippen' macht. Dementsprechend gibt es eine Bewegungsqualität: unsensibel, impulsiv, sich selbst verzehrend und zerstörend, rücksichtslos - Ausdruck von Gewalt. Aus der Verdrängung der Lebendigkeit ist der Mythos der Sehnsucht -der Sucht nach der Sucht- entstanden."(19)*

Dazu gehören für mich auch das oft gesuchte massive Durchbruchserlebnis im therapeutischen Wochenendworkshop, sowie die Suche nach dem völlig anderen im ethnischen Bereich, wenn dies nicht nur eine Anleihe im Sinne einer Anregung und Verunsicherung, sondern der Versuch der Aufgabe der eigenen Geschichte in fremden Kulturen und Ritualen sein soll.

- Auch in der Aggression kann sich eine nicht gelebte Wachstumskraft manifestieren. Im direkten persönlichen Bereich ist Aggression oft der gewaltsame Versuch, die eigene Isolation zu durchbrechen. In der anonymen kollektiven Verherrlichung von Gewalt sehe ich auch teilweise eine Wachstumskraft, ein Ganzheitsbedürfnis ohne Chance.
  "Die Erde bebt und der Himmel verdunkelt sich unter der Wucht des sowjetischen Feuerschlages", wird in einem Kriegsszenario über Kampfhandlungen in einem möglichen dritten Weltkrieg geschrieben.
  In solchen apokalyptischen Schilderungen, die sich leicht auch in anderen ähnlichen Texten finden ließen, wird eine Sichtweise von Gewalt offenbar, die alle normalen Lebensgrenzen sprengt und so auch das Individuum aus den unüberwindlichen Mauern der eigenen Gewohnheit und gesellschaftlichen Anpassung heraussprengt.
- Auf gesellschaftlicher Ebene paßt dazu auch der Gegensatz: bürgerliche Ordnung - Krimineller. Im vorigen Kapitel hatte ich beschrieben, wie die Menschheit im Versuch, unabhängig vom Schicksal zu werden, die Natur, von der sie abhing, durch Städte und eigene Regeln ersetzte, die dann aber wie eine zweite Natur wirken können. Eine funktionierende Ordnung kann die Kreativität und Leidenschaft des Menschen im zufriedenen Mittelmaß ersticken. Große Städte dagegen können wie die Natur selbst das schöpferische Ursprüngliche freisetzen, wie Nizon über Paris und Schiller über die Natur (vergl. Fußnote 5 des vorigen Kapitels) beschrieben haben. Beispiel für eine unzivilisierte Art, die nicht die Spannung in sich selbst kultiviert und durcharbeitet, sondern als psychopathische Projektion das Gegenteil zur neurotischen Introjektion des Spießers darstellt, ist der Gangster. Unter ungünstigen sozialen Bedingungen aufgewachsen pfeift er auf die Sicherheit und Schmerzvermeidung des Weges bürgerlicher Anpassung,

will aber auch nicht auf Status und Luxus verzichten wie alternative Randgruppen, sondern setzt seinen kraß materialistischen Lebensentwurf "at gunpoint" durch, indem er wild im Dschungel der Stadt lebt.

In dieser Sichtweise ist eine Form der Ich-Instanz, die eine Integration von Überlebens- und Wachstumskräften leistet und so kontinuierliche Entwicklung ermöglicht nicht nur für den Einzelmenschen, sondern für die ganze Gesellschaft von zentralem Interesse.

Wenn ich oben geschrieben habe, daß ein unentwickeltes Ich erst einmal den Überlebenskräften näher stünde und so die Balance zu den Wachstumskräften störe, so könnte man in einer Schwächung des Ich eine Lösung sehen. Wie ich am Ende des Kapitels zeigen werde, ist aber gerade ein starkes Ich nötig, um die Grundkräfte zu integrieren. Vor allem ist eine Transformation des Ich wichtig, die Dürckheim "das Ich in den Dienst des Selbst stellen" nennt.(20)

Hier könnte man einwenden, das regele sich schon von selbst; einem Menschen geschehe sowieso das, was für ihn gerade angesagt sei.

Meiner Erfahrung nach stimmt das aber nur für Menschen mit schon ziemlich entwickelter Ganzheitlichkeit und einer sicheren Intuition dafür, wohin sie sich wenden sollen. Für alle anderen ist offensichtlich jeder Irrtum von der spießigen Stagnation bis zur nicht-wiedergutzumachenden Fehleinschätzung der eigenen Potenzen und der Gefahren der Situation möglich.

Wir kommen also zur offensichtlich zentralen Frage: Wie ist dem durch die Tatsache des Ich-Bewußtseins von der Natur in ihm getrennten Menschen Ganzheitlichkeit möglich? Um das zu erklären, muß ich zuerst en detail zeigen, wodurch ein untentwickelt/ich-haftes Bewußtsein die Ganzheitichkeit verhindert. Zu diesem Zwecke beginne ich mit der für die Schaffung von Wirklichkeit fundamentalen Ebene: Wie verhindert ein ich-haftes Bewußtsein die durch die Natur-im-Menschen vorgeprägte Ganzheitlichkeit der Wahrnehmung?

## E DIE ORGANISATION DES BEWUSSTSEINS, DIE NOTWENDIGKEIT DER REIZSELEKTION UND DES WAHRNEHMUNGSFILTERS

Im ersten Kapitel hatte ich geschrieben, daß das eigene Bild von der Welt und das Ich-Bewußtsein einen Verlust der Ganzheit bedeute.

Um "ganz" zu werden, müsse der Mensch sein Bewußtsein erweitern.

Dazu müsse er

1) alle Erfahrungen machen, die nötig sind. Das müsse
2) ganzheitlich, also mit allen Gefühlen und bewußt geschehen.

Daraus ergeben sich zwei Schwierigkeiten:

1. Das Bewußtsein ist durch das bestimmt, was bis dato erlebt wurde, der Mensch kann also die Richtung einer Veränderung zur Ganzheit nicht kennen.

2.Es kann nie alles im Bewußtsein sein, sondern immer nur eine Gestalt allein[4]. Was ins Bewußtsein dringt, muß also erst durch einen Filter.

Ein Bewußtsein, daß sich im Sinne der Erweiterung verändern will, steht somit vor zwei Problemen:

1.Die Suche nach der "produktiven Verunsicherung": Wenn es darum geht, ganz zu werden, müßte es gerade die Erfahrungen machen, die nicht in seinem Bild von der Welt enthalten sind. Um dafür die richtige Richtung zu wissen, müßte es gerade das wissen, was es nicht wissen kann, weil es das noch nicht erlebt hat.

2.Das ganzheitliche Erleben: Wenn jemand etwas ganzheitlich erleben will, dürfen nicht schon vorher wesentliche Eigenarten der Situation verdrängt werden.

Mit diesem Punkt möchte ich auch beginnen:

Schon auf der direkten Wahrnehmungsebene, also noch vor dem gedachten und gefühlten "Bild von der Welt" hat das Bewußtsein mit Aufmerksamkeit und also der Selektion von Daten zu tun.

Im menschlichen Organismus werden in jedem Augenblick ungeheure Mengen Informationen von innen und außen verarbeitet, von denen nur ein winziger Bruchteil bewußt wird. Es ist überlebensnotwendig, ständig zuverlässig die bewußtseinsfähigen interessanten von den für das Bewußtsein unwichtigen Daten zu trennen, andernfalls würde der Mensch in einem Chaos von Reizüberflutung versinken.

So hatten von Geburt aus Blinde, die als Erwachsene durch eine Operation das Augenlicht erhielten, extreme Probleme bei der Ordnung des optischen Materials(22)(Hilgard&Atkinson). Für die Struktur des Bewußtseins ist eine unbewußte Aufmerksamkeitssteuerung also elementare Grundlage. Es muß einen Filter geben, der vorbewußt die Daten selektiert, die nach bestimmten Kriterien als unwichtig eingestuften unterdrückt und die anderen zum Bewußtsein vordringen läßt.

Ein Beispiel dafür, wie das funktioniert, stellt die Kurzzeitgedächtnistheorie[5] von Miller, Galater und Pribram dar. (23)

Sie hat nichts mehr mit der erwähnten gewaltigen Menge von Reizen, die nicht bewußtseinsfähig sind, zu tun, sondern beschäftigt sich mit der Aufmerksamkeitssteuerung innerhalb des potentiell Bewußten.

Danach gehen alle möglichen Reize erst einmal in einen Kurzspeicher; das, womit sich der Mensch aktuell beschäftigt geht ins Bewußtsein, und das andere wird auf seine Relevanz untersucht. Bei dem berühmten Beispiel mit der Party folgt der Mann dem Gespräch mit seinem Gegenüber ohne Mühe und kann dessen Stimme aus all den anderen heraushören und unterscheiden, weiß auch nicht, wovon die anderen sprechen. Fällt aber irgendwo im Raum leise sein Name, horcht er auf. Noch deutlicher wäre es, wenn eine Mutter im gleichen Beispiel ihr Baby im Nebenraum hat. Auch ein Wimmern, das sehr viel leiser wäre, würde sie unter anderen Geräuschen heraushören.(24)

Es muß also etwas geben, das entscheidet, was ins Bewußtsein kommt, und diese Entscheidungen sind nicht bewußt.
Das verdeutlicht die Problematik der Öffnung für Neues: Bei einem unentwikkelten, rigiden Ich können Reize, die nicht in das "Bild von der Welt" passen, schon auf unbewußter Ebene unterdrückt werden, denn die Maßgabe dessen, was "interessant" für`s Bewußtsein ist, ist das bestehende "Bild von der Welt".
Wie sehr die Selektion vom Interesse abhängt, zeigen klassische Untersuchungen:

- Einem hungrigen Menschen fallen in einer Straße Imbisse auf.
- Das was auffällt, wechselt nach Interesse. Auch die Interpretation der Daten folgt stark dem Interesse, gleiche Bilder mit runden Gegenständen wurden von hungrigen Versuchspersonen für Äpfel gehalten, Satte sahen darin oft Bälle(25)(vergl. Levine/Chein/Murphy).
- Die ganze Vorurteilsforschung basiert auf der Erkenntnis, daß die Wahrnehmung so organisiert ist, daß sie die Aufmerksamkeit entlastet, die relevanten Daten selektiert und sie zu einem griffigen Bild verarbeitet, wobei es einen circulus viciosus von Klischee, der entsprechenden Reizselektion und Interpretation zur Bestätigung des Klischees gibt(26)(vergl. Hamilton/Rose).

Wenn aber die Reizverarbeitung schon auf der untersten Ebene von dem bestehenden "Bild von der Welt" abhängt, rückt dessen Qualität in den Brennpunkt des Interesses: Was macht das Bild-von-der-Welt, das schon so oft in Verbindung mit dem Ich-Bewußtsein für die Trennung von der Einheit der Situation herhalten mußte, aus?
Das Bild-von-der-Welt wurde schon in vorigen Kapitel eingeführt in dem Sinne, daß Menschen im Unterschied zu Tieren sich ein eigenenes Bild-von-der-Welt machen, von dem sie abhängen, das sie ständig weiterentwickeln und das im Unterschied zur (unabhängig vom Individuum archetypisch vorgeprägten) Natur-im-Menschen durch persönliche Erfahrung und Bewertung erworben ist. Das Bild-von-der-Welt ist in Gestalten (Def. s. S. 125!) organisiert, die Ideen -Gesichtspunkte- darstellen, unter denen sich das verfügbare Wissen von sich selbst, der Welt und den Beziehungen Person-Welt ordnet. Das betrifft einmal den jeweiligen Augenblick, also das, was aus der ungeheuren Menge von Reizen, die ständig vor allem von innen, der körperlichen Befindlichkeit, den verschiedenen Gedankensträngen und Gefühlsfeldern, die in den laufenden Lebensprozessen jedes Augenblicks angesprochen sind, und von außen ins Bewußtsein drängen.
Das Bild-von-der-Welt wirkt sich danach einmal im Querschnitt des Lebens -im Augenblick- aus, und was in's Bewußtsein kommt, hängt von den Auswahl- und Aufmerksamkeitskriterien ab, welche in diesem Modell durch die Gestalten des Bildes-von-der-Welt und das ganzheitliche Erleben bestimmt werden.
Die für den Augenblick relevanten Gestalten verbinden mit dem allgemeinen Bild-von-der-Welt für den Längsschnitt des Lebens, in dem die Lebenserfah-

rung organisiert ist. Diese Gestalten machen das eigentliche (die Situation überdauernde) Bild-von-der-Welt aus, aus dem sich -je nach Anforderung- die Auswahlkriterien für die Gestaltbildung des Augenblick bilden:
Mit Bild-von-der-Welt wird die Gesamtheit der Erfahrungen, Einstellungen, Gedankenverbindungen, Gefühlsdispositionen etc. bezeichnet, die ein Mensch erworben hat, sowie auch deren gewöhnliche Aktualisierungstendenz im Augenblick. Das Bild-von-der-Welt ist in Gestalten organisiert und drückt die Lebenserfahrung, die Reife aus. Ein unentwickeltes Bild-von-der-Welt unterscheidet sich einmal inhaltlich, in der Differenzierung, Klarheit, Angemessenheit und Prägnanz von einem entwickelten Bild-von-der-Welt, aber auch in seiner Veränderlichkeit, seiner Durchlässigkeit für Widersprüchliches.
In das persönliche Bild-von-der-Welt geht viel Wissen von der transpersonalen Natur-im-Menschen ein. Die Natur-im-Menschen tritt in diesem psychologischen Modell als Energiequelle und Gestaltbildungsarchetypus, in besonderem Maße aber als Gesamtheit aller vorgeprägten idealtypischen, archetypischen Gestalten auf, die das Bild-von-der-Welt und das ganzheitliche Erleben gestalten können. Genau in dem Maß, in dem dieses Wissen genutzt wird, unterscheidet sich auch ein entwickeltes von einem unentwickelten Bild-von-der-Welt. Die archetypischen Gestalten der Natur-im-Menschen stellen ja keine automatisch durch Reifung sich aktualisierenden Ordnungen dar. Das eher ich-nahe Bild-von-der-Welt muß im Gegenteil in einem ständigen Kultivierungsprozeß der Wahrnehmung auf die Natur-im-Menschen bezogen werden. Dafür sind außerdem die entsprechenden Erlebnisse wichtig, deren Verarbeitung in das Bild-von-der-Welt einfließen. Für diese Konfrontation mit archetypischen Situationen ist Intuition, die aus dem ganzheitlichen Erleben kommt wichtig. Dieses ganzheitliche Erleben ist auch für die Strukturierung der Gestaltbildungsprozesse, die das Bild-von-der-Welt formen, wichtig.
Wenn also das Erleben und Verhalten ganzheitlich sein sollen, hängt das demnach nicht zuletzt davon ab, was Menschen überhaupt von einer Situation mitkriegen. Das aber wird durch die ständige und notwendige Selektion und Aufmerksamkeit nach Vorgabe des Bildes-von-der-Welt bestimmt.
Wie stellt sich die gewöhnliche Störung der Ganzheitlichkeit auf der Ebene der Wahrnehmung dar? Damit Menschen überleben können, muß das Bild von der Welt relativ eindeutig und widerspruchsfrei sein, bei konkurrierenden Deutungen wird eine Version unterdrückt(27). Die Aufmerksamkeit kann immer nur bei einem Punkt zugleich sein. Die anderen Daten werden unterdrückt und beeinflussen das Bewußtsein in einem gewissen Maß (Subception) (28)(Hochberg), können aber nach bestimmten Kriterien auch den Bewußtseinsfilter durchbrechen. Interessant im Kontext dieser Arbeit ist, was diese Bewußtseinsfähigkeit und vor allem ihre Veränderbarkeit ausmacht:
Denkbar wäre bei einem extrem unentwickelten Bewußtsein ein starrer Filter, der nur Informationen zuläßt, die in das bestehende Modell der Welt passen, es tautologisierend immer wieder bestätigt und so zwischen dem

Menschen und seiner Entwicklung steht. Dabei würde hier gar kein bewußter Konflikt mehr erlebt, da dieser Mensch das, was nicht in sein Bild paßt, gar nicht sähe. Auf der anderen Seite wäre ein mangelhafter, sich chaotisch in wechselnde Richtungen plötzlich öffnender Filter bewußtseinszerstörend, würde die Identität durch Überflutung auflösen.
Um die Möglichkeit einer kontrollierten Öffnung -wie sie für eine Entwicklung zur Ganzheitlichkeit nötig wäre- darstellen zu können, beschreibe ich den Selektionsvorgang noch einmal unter dem Aspekt derS innhaftigkeit und Anpassungsoptimierung:

## WELCHE ERKLÄRUNGSMODELLE BIETET DIE WAHRNEHMUNGSPSYCHOLOGIE FÜR DIE SELEKTIONSMUSTER UND DIE INTERPRETATION VON REIZEN?

Die Wahrnehmung ist durch angeborene und erlernte Mechanismen so angelegt, daß sie eine benutzbare Version der Welt zur Verfügung stellt. Daten werden nicht nur unbewußt selektiert, sondern von Anfang an auch interpretiert.
Nachdem die frühe Psychologie die Wahrnehmung als Spiegel der Umwelt sah, revolutionierte die Gestaltpsychologie mit der These: -Das Ganze ist mehr, als die Summe seiner Einzelteile- die Wissenschaft. Köhler(29), Koffka(30), Wertheimer(31) und andere entdeckten Regelmäßigkeiten in der Verarbeitung komplexer Reizsituationen, die sie Gestaltgesetze nannten. Diese ermöglichen als unbewußte, unwillkürliche Leistung, ein konstantes Bild von der Umwelt unter wechselnden Bedingungen zu sehen, indem automatisch Wichtiges hervorgehoben und gegliedert wird. Dazu gehören die Organisation von Figur/Hintergrund, die Tendenz, Reizfolgen zu Bewegungen zusammenzufassen sowie Leistungen, die Wechsel von Helligkeit und Perspektive ausgleichen, so daß die Welt in konstanten Farb- und Größenverhältnissen erlebt wird.
Neben ihrer Gestalthaftigkeit ist Wahrnehmung auf Hypothesenprüfung und das Erkennen von Differenzen hin angelegt(32)(Bateson). Sie ordnet den mittleren Bereich zwischen Mikro- und Makrokosmos als Eingreifen in die Welt nach dem Reafferenzprinzip:

*"Bei jeder willkürlichen Bewegung unseres Körpers wird -so mutmaßte von Holst- auch eine Projektion der Veränderungen, die wir als Folge dieser Veränderung erwarten können, in ein Verrechnungszentrum des Gehirns geschickt. Mit dieser gespeicherten Erwartung läßt sich dann die tatsächlich erfahrene Veränderung vergleichen, indem die eine von der anderen subtrahiert wird. Entsprechen sich die beiden, quantitativ, dann ist das Ergebnis dieser Rechenoperation gleich null und die Welt erscheint uns als in sich ruhend. Erleben wir jedoch eine objektive Veränderung um uns, ein Baum, den der Wind bewegt, einen fliegenden Vogel, dann steht dieser Erfahrung keine in ein Bewegungskommando verpackte Erwartung gegenüber, die Subtraktion*

*der einen von der anderen liefert eine Serie von Impulsen aus dem das Erlebnis von Bewegung in der wirklichen Welt um uns gespeist wird." (33)(Wieser)*

Multisensorielle Informationen werden als wirklichkeitsgetreuer eingestuft und multimedial wird effektiver gelernt. Nach Klix ist Wahrnehmung eine ständige Hypothesenbildung, die aber, um die Aufmerksamkeit zu entlasten, unbewußt und unwillkürlich abläuft.(34) Wie Hypothesencharakter und Selektion kombiniert werden, um möglichst sparsam ein benutzbares (im Sinne von Orientierung) Bild der Welt zu schaffen, zeigt das Wahrnehmungsmodell von Bruner und Postman(35): Danach verläuft Wahrnehmung immer in bestimmten Schritten: -der Reizaufnahme, -dem Sammeln aller möglichen Informationen, -einer ersten Hypothesenbildung, -dem Suchen nach Gegeninformation, -dann einem Gatingprozeß, bei dem gegenläufige Informationen unterdrückt werden -und einer Identifikation. Besonders bedeutsam ist aber, daß die Hypothesenbildung hauptsächlich auf eine Identifikation/Klassifikation hinausläuft: Der Vorteil ist gewaltig, stehen dem Menschen nach der ersten Einordnung schon alle anderen Informationen, die jemals zu dem betreffenden Objekt gespeichert wurden, zur Verfügung. Bei einer rigiden Ich-Funktion mit unentwickelter Wahrnehmung könnte die Breite der ersten Reizaufnahme enger und die Anzahl der zur Auswahl stehenden Hypothesen geringer sein, als bei einer entwickelten Wahrnehmung. Das würde vorschnellere, invariablere Klassifikation bedeuten.
Wahrnehmung ist also Grundlage und Teil eines komplizierten Denk- und Verarbeitungsprozesses, der die chaotische Realität gliedernd verarbeitet. Dabei kann man ähnliche Mechanismen für bewußte persönliche Schlüsse annehmen, wie für die vorbewußten Prozesse. Aber auch wenn Wahrnehmung kein Spiegel ist, sondern die Informationsverarbeitung nach Vorgabe allgemeiner oder persönlicher Strategien schon auf Rezeptorebene beginnt(36), ist sie nicht beliebig. Zwar schreibt Dethlefsen:

*"Die Inder bezeichnen ... diese Welt als 'Maya', als Welt der Täuschung, die alten Ägypter sprachen vom Schleier der Isis, Platon versuchte durch sein Höhlengleichnis, den Menschen zu erklären, daß sie nichts Wirkliches sehen, sondern nur Schatten. Erst wenn man die Höhle verläßt, kann man die Wirklichkeit entdecken, die aber im ersten Moment so blendend ist, daß man sie nicht aushalten kann,"(37)*

was er mit folgendem Beispiel aus der Hypnose verdeutlicht:

*"Man kann einem Menschen die posthypnotische Suggestion geben, daß er alle Menschen ohne Haare sieht. Ein solcher Mensch hat im Wachzustand die gleiche Wahrnehmung seiner Außenwelt wie jeder andere Mensch, aber mit dem Unterschied, daß er alle Menschen kahlköpfig sieht. Diese Wahrnehmung ist für ihn absolut real ... "(38)*

Das Argument, daß wir Menschen uns ja auf eine gemeinsame Wirklichkeit einigen können, entkräftet er folgendermaßen:

*"Nun suggerieren wir dieses Programm zehn Personen und bringen diese mit nur zwei weiteren Menschen zusammen, so sehen nun zehn die Haarlosigkeit der Anwesenden, aber zwei behaupten, auf allen Köpfen Haare sehen zu können. Wer hat nun recht? Da wir gewohnt sind, die Meinung der Mehrzahl als Kriterium für die Wirklichkeit zu nehmen, kommen diesmal die beiden 'Normalen' in Verdacht, nicht ganz normal zu sein."(39)*

*"So müssen wir als erstes lernen, unserer Wahrnehmung der Welt der Formen keinen zu hohen Wirklichkeitscharakter zuzubilligen."(40)*

Nach Dethlefsen ist "Der Mensch ... ein Produkt von Programmen ... "(41), womit er bei einem Satz ankommt, der wieder genau die bisherigen Aussagen dieses Kapitels trifft. Im Unterschied zu Dethlefsens Ansicht halte ich diese Programme aber nicht an und für sich für beliebig.
Die klassischen Wahrnehmungstäuschungen zeigen wohl spektakulär, daß die Wahrnehmung kein naturgetreuer Spiegel der Umwelt ist: "Kipp-Bilder" oder Eschs Wendeltreppe, bei der der Anfang am Ende ankommt/beginnt, obwohl sie immer ansteigt, zeigen aber zugleich sinnvolle Prinzipien, mit denen ständig Figur/Hintergrund geschaffen werden, bzw. vom zweidimensionalen Netzhautbild auf den dreidimensionalen Raum geschlossen wird.
Goethe sprach vom wahren Schein. Wahrnehmung ist an der Welt entstanden, schafft Wirklichkeit, ist funktional pragmatisch orientiert und abstrahiert von der Vielfalt und Veränderbarkeit der Welt eine konstante und handliche Version, die die Aufmerksamkeit entlastet.
Bei persönlichen Mechanismen, die von "der Wirklichkeit" abstrahierend ein "benutzbares" Bild schaffen, sind die Mechanismen ohne die Korrekturmöglichkeit der Evolution in nur einem Menschenleben entstanden. Durch die Wahlmöglichkeit ist zudem wahrscheinlich, daß der Mensch sein Leben von vorne herein auf das reduziert, was in seinem Bild Platz hat. Dethlefsens Sicht trifft deshalb genau den Punkt des "Bildes von der Welt", das ein nicht entwickeltes Bewußtsein hat:
Nicht verarbeitete Erlebnisse bilden traumatische Erlebniskomplexe, um die herum die Sicht der Welt gruppiert wird. Weil sie nicht verarbeitet sind, wird ihr strukturelles und emotionales Grundthema immer wieder in die Außenwelt projiziert:

*"Der Patient wiederholt zwanghaft im täglichen Leben alles, was er nicht zu einem befriedigenden Abschluß bringen kann. Diese Wiederholungen sind sein unerledigtes Geschäft."(42)(Perls)*

Das gleiche gilt natürlich auch für kollektive Lebenslügen. Hierfür folge ich genau Dethlefsen:

*"Der Mensch glaubt zu tun, während er getan wird. Oder, wie es Pascal formulierte: 'Wenn der geworfene Stein Bewußtsein hätte, so würde er sagen, ich fliege, weil ich es will.'"(43)*

Wahrnehmung ist also weder beliebig, noch wirkichkeitsgetreu. Das "Bild von der Welt" beeinflußt als alltägliches -uns im Augenblick notwendiges- Vorurteil Auswahl und Selektion der Daten[6]. Bei einem unentwickelten Bewußtsein können sich diese vorläufigen Versionen des "Bildes von der Welt" so festsetzen, daß widersprechende Informationen von Innen und Außen gewohnheitsgemäß unterdrückt werden und die Bewußtseinsentwicklung stagniert.

Für die Wahrnehmung im allgemeinen gehe ich davon aus, daß sie zwar nicht die Wirklichkeit abbildet, aber mit ihr auf eine Weise verknüpft ist, die es ermöglicht, in und mit ihr zu mehr Erkenntnis zu kommen. Die Trennung von der Ganzheit im Querschnitt und Längsschnitt des Lebens, wie sie im Kapitel zwei formuliert wurde, stellt sich damit auf psychologischer Ebene so dar:

# F DIE STÖRUNG DER GANZHEITLICHKEIT

## 1 EINE BESCHREIBUNG DER STÖRUNG DER GANZHEITLICHKEIT IM LEBENSQUERSCHNITT -ALSO DER AKTUELLEN SITUATION- AUF DER EBENE DER WAHRNEHMUNG

Wahrnehmung ist Grundlage und Teil eines hochkomplexen, "denkintensiven" Informationsverarbeitungsprozesses, bei dem das Bild von der Welt als Selektionsvorgabe, Interpretationsmuster und Klassifikationsschema entscheidend mitwirkt.

Bei einem einfachen Bild von der Welt werden alle schwierigen Daten schon auf der ersten Interpretationsebene zurückgewiesen, wenn die Ambiguitätstoleranz niedrig und die Rigidität hoch ist. Beide Begriffe werde ich im nächsten Absatz einführen.

Eine Bewußtseinserweiterung würde zwei Chancen haben:

Zum einen wäre eine Veränderung der Selektion auf der untersten, der Empfindungsebene möglich. Dazu wäre eine direkte Wahrnehmung der Natur-im-Menschen nötig, die das Bild-von-der-Welt korrigieren könnte. Diese Möglichkeit wird im übernächsten Kapitel untersucht.

Zum anderen gibt es die Möglichkeit, eine Korrektur über den von der Qualität des Ichs abhängigen Filtervorgang selbst zu erreichen.

Dafür müßte das Bild seine Veränderungsrichtung "kennen". Das stellt -wie bei der Entscheidung auf einer bewußten Stufe, der Suche nach der "produktiven Verunsicherung"- ein unentwickeltes Bewußtsein vor ein unlösbares Problem:

Wie weiter oben beschrieben, müßte es dazu wissen, was seinem Bild von der Welt fehlt. Es muß demnach eine Entwicklungsvorgabe geben[7], die dem Menschen mitgegeben ist und eine Wahrnehmungsmöglichkeit dafür. Die entsprechenden Konstrukte "Selbst" und "Intuition" wirken im zeitlichen

Verlauf des Lebens, werden aber auch mit der Durchlässigkeit und Angemessenheit des Bildes-von-der-Welt, sowie der Ambiguitätstoleranz des Ich beeinflußt. Die Beschreibung der Störung der Ganzheitlichkeit im Längsschnitt des Lebens zeigt hier einen Weg zur Entwicklung besserer Einbindung.

## 2 SCHICKSAL, SELBST, INTUITION; EINE BESCHREIBUNG DER STÖRUNG DER GANZHEIT IM LEBENSLÄNGSSCHNITT AUF DER PSYCHOLOGISCHEN EBENE

Allgemein läßt sich die Bewußtseinsentwicklung mit dem universellen Vorgang von Adaptation und Akkommodation der Gestalten beschreiben, in denen die Lebenserfahrung geordnet ist. So bezeichnet Piaget(46) die Entwicklung immer adäquaterer Wahrnehmungs- und Denksysteme bei Kindern als Wechsel zwischen beiden Prozessen:

Zuerst gibt es ein vergleichsweise simples Modell der Welt. Alle Daten werden in dieses Modell hineingeordnet, was nicht hereinpaßt, wird unterdrückt. Der Wahrnehmungs- und Denkapparat, ja zu einem gewissen Teil die gesamte Persönlichkeit, sind damit beschäftigt, die Fülle von Eindrücken von der Welt auf diese Art und Weise faßbar zu machen. Irgendwann funktioniert auf dieser Ebene alles. Die Wahrnehmung besteht, wie oben gezeigt, aus der Abstraktion von der unüberschaubaren Menge auf etwas Regelhaftes. Es läßt sich jedoch für jedes Wahrnehmungsmodell konstatieren, daß es irgendwann einer immer größer werdenden Menge von Informationen nicht mehr gerecht wird.

Bei Piagets Untersuchungen über die kindliche Entwicklung geht es oft um die Interpretation von Daten, die mit der physischen Realität und dem davon abstrahierenden Denken zu tun haben, wobei wichtig ist, anzumerken, daß diese Auseinandersetzung mit der physischen Welt für die Kinder nicht abstrakt, sondern sehr persönlich ist. Die Auslösung des nächsten Entwicklungsschrittes geschieht dann oft durch Reifung. Das Kind entwickelt dann ein neues Modell, das eine sinnvollere und elegantere Lösung für das Verständnis der Welt bietet.

Auch beim Erwachsenen ist das als intellektuelles und gefühlsmäßiges persönliches Wachstum über das ganze Leben möglich und -für eine Entwicklung zur Ganzheit hin- nötig. Wenn ein Mensch mit einer bestimmten Version, die Welt zu sehen, umzugehen gelernt hat, werden oft neue Erklärungen herangezogen. Nach einer schwierigen Phase der Verunsicherung schält sich eine neue Organisation der Erfahrungen heraus, eine erweiterte Sichtweise, die oft alte Unstimmigkeiten auf eine befriedigendere Art ordnet. Für das Umgehen mit dem ganzen Leben heißt das, daß, wenn etwas gut klappt und ein Mensch alles im Griff zu haben scheint, er oft ein Gefühl von Leere, von Unzufriedenheit spürt und nach neuen Herausforderungen sucht, dabei oft das Erreichte riskierend.

Menschen suchen dann Situationen auf, die zum Teil sehr grundlegende Konfrontationen darstellen und archetypischen Bildern entsprechen. Durch diese Überforderung der alten Erlebens- und Verhaltensmuster bildet sich in einer manchmal existenziellen Krise ein neues besseres Verständnis des Lebens und der eigenen Person oder zumindest der in der entsprechenden Problematik geforderten Teile heraus. Nach dem alten Motto zur Charakterisierung der Gestaltbildung, daß das Bessere der Feind des Guten sei, können sich so immer umfassendere und stimmigere Gestalten zur Organisation des Bildes-von-der-Welt entwickeln. Diese würden dann wiederum als Selektionsvorgaben für die Wahrnehmung und als Steuerung der Aufmerksamkeit eine ganzheitliche Einbindung in die Situation ermöglichen. Hier wird eine Klärung der Begriffe Gestalt und Archetyp nötig:
"Gestalt" bezeichnet sowohl die psychische Tendenz, Erlebtes zusammenzufassen zu sinnvollen Figuren, als auch die Vielzahl vorgeprägter Ganzheiten der Wahrnehmung und überhaupt des Erlebens. Zuerst ging man von der Organisation der Wahrnehmung aus, wo nachgewiesen wurde, daß Zusammenhänge hergestellt werden,

*... "bei denen nicht, was im ganzen geschieht, sich daraus herleitet, wie die einzelnen Stücke sind und sich zusammensetzen, sondern umgekehrt, wo -im prägnanten Fall- sich das, was an einem Teil dieses Ganzen geschieht, bestimmt [wird] von inneren Strukturgesetzen dieses seines Ganzen."(47)(Wertheimer)*

Dabei gibt es einen immanenten Drang zur Vervollkommnung:

*"Unsere Wahrnehmung tendiert natürlicherweise zu vollkommenen Ganzgebilden, zur 'größtmöglichen Ordnung' zur Einfachheit, Einheitlichkeit, Glätte, Geschlossenheit, Vollständigkeit, Symmetrie ... "(48)(Pongratz)*

Dabei gelten

*" ... die Gesetze des Sehens ... der Struktur nach für das ganze psychische Leben, auch für höherseelische Phänomene ... (49)(Metzger)*

Es gibt

*" ... neben Wahrnehmungsgestalten auch gestaltete Denkverläufe, Verhaltensfolgen, Willenshandlungen. Alle seien 'mehr als die Summe ihrer Teile'. Sie sind gegliederte Ganze, die sich von einem diffusen oder neutralen Grunde abheben.(50)(Hehlmann)*

Im Zusammenhang meiner Arbeit gibt es damit zwei Hauptbedeutungen des Gestaltbegriffes:
Der eine ist Teil der Natur-im-Menschen, insofern er besagt, daß es Verbindungen gibt, die vor dem Ich-Bewußtsein den Menschen mit der Situation und der Ganzheit der Natur verbinden.
Man kann nicht die gesamte Natur-im-Menschen unter den Gestaltbegriff subsummieren; umgekehrt sind aber all die als Gesetzmäßigkeit beschrieben

gestalthaften Ordnungsfelder, die den Menschen mit der natürlichen und sozialen Situation verbinden, Natur-im-Menschen.
Der andere Gestaltbegriff bezeichnet ein Arbeitsprinzip der Psyche, daß allgemein, ohne auf Themata und Formen vorweg festgelegt zu sein, eine Ordnungstendenz des seelischen Lebens bezeichnet:

*"'Die Seele', schreibt Sander, 'ist angelegt, diffus Ganzheitliches zu durchformen und umgekehrt unverbunden Stückhaftes als Glieder zu einem gestalthaften Ganzen zusammenzuschließen' ... "(51)(Pongratz)*

*"'Nicht nur, wie Kant bemerkt hatte, die allgemeine Möglichkeit auf Zusammenhang ist in der Natur des Subjekts begründet; auch seine besondere Art im gegebenen Fall ist keineswegs von außen aufgezwungen (aufgeprägt); sie beruht vielmehr ebenfalls auf psychologischen Ursachen und folgt daher psychologischen Gesetzen' Wir haben also auf seiten der Person 'Gestaltungskräfte' anzunehmen, die ohne aktives Zutun auf 'Gestaltung' des Gegebenen drängen. Die psychische Organisation des Menschen duldet 'nur ein geringes Maß an Sinnwidrigkeit'"(52)(Pongratz)*

Hier handelt es sich um individuelle Gestalten, die nicht Teil der Natur-im-Menschen sind, wohl aber in der Natur des Menschen liegen. Auf diese Art und Weise ist das Bild-von-der-Welt gegliedert. Die Qualität des Gestaltbildungsprozesses bestimmt mithin die Angemessenheit des Bildes-von-der-Welt, dessen Bedeutung als Trenngröße von der Ganzheit der Situation ansonsten durch den Kontakt zur Natur-im-Menschen bestimmt wird.
Das gesamte Erleben des Menschen wird von diesem Ordnungsprinzip des Bewußtseins bestimmt. Alles, was einem Menschen widerfahren ist und seine Lebenserfahrung ausmacht, ist gestaltmäßig geordnet. Wenn man nun hinzunimmt, daß nicht die Einzelteile das Ganze bestimmen, sondern die Grundtönung des Erlebens, die Einstellung, die Stellung des Erlebnisses für den Menschen und vieles andere mehr die Einzelheiten dominieren und das mit dem Grundgesetz der Prägnanz, also der Tendenz zur Bildung möglichst stimmiger, widerspruchsloser und perfekter Gestalten zusammenbringt, so wird die Fehlerquellenpotenz deutlich:
Ohne Korrektur durch direkten Kontakt zur Natur-im-Menschen und ohne Konfrontation mit produktiven Verunsicherungen, die das alte Selbstverständnis überfordern, entsprechen die Gestalten des Bildes-von-der-Welt eher den Zufälligkeiten der Lebensgeschichte, der Bequemlichkeit und vor allem den Vorurteilen (was sich zum Teil überdeckt), als der Vielfalt des Lebens.
Die Korrekturmöglichkeit für diese Gestalten, die als Verarbeitung der Lebenserfahrung den Grad der persönlichen Reife angeben, können somit nicht in der Erlebniseinzelheit liegen, sondern im Erlebnismodus, also der Ganzheitlichkeit des Bewußtseins, der Qualität des Ichs, den Balancen der Polaritäten und als großem Korrektor dem Kontakt zur Natur-im-Menschen. Diese verbindet mit dem Selbst und den Grundgestalten -diesmal im ersten

Sinne als Ordnung für ein Thema gemeint- des Erlebens. Diese haben archetypische Bedeutung.
Pongratz' Problemgeschichte der Psychologie zufolge hat Jung diesen Begriff einer transzendentalen Grundgestalt in die Psychologie eingeführt und steht dabei bezeichnenderweise in einer Reihe antiker bis mittelalterlicher Religionsphilosophen wie Philo Judaeus, Irenaeus und Dionysos Areopagita, was die ontologisch gemeinte Qualität diese Begriffes verdeutlicht.
Er hat dort

*" ... die Bedeutung von einem vorgegebenen, nicht gewordenen, apriorischen geistigen Wissensbestand. Bei Jung hat er einen mehrfachen, keineswegs klar abgegrenzten Sinngehalt ... "(53)*

Für mich wichtig ist, daß sowohl psychologische und rein geistige Inhalte archetypisch geformt sein können, als auch biologische, physikalische oder instinktive Dispositionen.

*" ... 'Typische Formen des Auffassens und der Anschauung, des Erlebens und Reagierens, der Verhaltens- und Erleidensweisen' ... 'Reste des Ahnenlebens', 'Residuen und Funktionen der tierischen Ahnenreihe des Menschen' ... Vorwiegend biologische Bestimmungen: ... 'die Natur in uns', ... 'Selbstabbildungen der Instinkte' ... formale Bestimmungen ... 'Gott, Jungfrau-Mutter' ... 'Satan' ... 'Held, Riese' ... 'Hexe, Elfe' ... 'Schlange, Fisch' ... "(54)*

Archetypus ist tatsächlich per Definition nicht genau zu fassen aber trotzdem eine nicht zu überschätzende Bereicherung der psychologischen Begrifflichkeit, welche die subjektive und phänomenale Ebene durchbricht zum Existentiellen, zur Ebene des Seins hin. Diese Gestalten besonderer Bedeutung und Prägnanz bezeichnen Entsprechungen von Psyche und Welt, die sowohl deren Aufeinanderbezogensein, als auch die Sinnhaftigkeit der psychischen Anlage anzeigen.
Dabei sind alle Archetypen im oben genannten Sinn Gestalten, sie bilden eine unerhört prägnante, leuchtend vom Hintergrund des Alltäglichen abgehobene Gestalt. Umgekehrt sind natürlich nicht alle Gestalten Archetypen. Die individuellen Gestalten der persönlichen Lebenserfahrung, wie sie (als Resultat von Gestalttendenzen der Psyche) als zweite Begriffbedeutung liefen, haben ja eben keinen kollektiven apriorischen Charakter. Allerdings fällt der erste Gestaltbegriff der Natur-im-Menschen in gewisser Weise ganz unter die Kategorie Archetypus, bezeichnet er doch vorgegebene, mithin kollektive Figurationen. Hehlmann schreibt über die Schichtenpsychologie Rothackers:

*"Die Tiefenperson enthalte vegetative und emotionale Bestandteile, allgemeiner gesprochen die 'ichfernen' Schichten der Person. Sie enthalte in sich das 'Leben in mir', das 'Tier in mir', das 'Kind in mir', und schließlich die 'Gattung in uns' ... Schon vorbewußt setze sich die Person mit ihrer Welt auseinander, schon ehe das Ich kontrollierend eingreift, habe sie ein Verhältnis zu ihrer Welt ... "(55)*

Hier wird klar, wie die (in meiner Ausdrucksweise) Natur-im-Menschen den Menschen in archetypischen Grundgestalten mit der Situation verbindet, in die das Ich sich erst, wie in der Einleitung gesagt, hineinentwickelt.
Auch bei Jung werden ja Gestalten der Natur usw. als Archetypen bezeichnet. Allerdings stört mich der etwas psychisch/technische Charakter einiger der Wahrnehmungsgestaltgesetze, die sich nicht mit meinem Verständnis der psychischen Bedeutsamkeit von Archetypen vertragen. Aber es geht ja hier nicht um letzte Definitionen, sondern nur um praktikable Unterscheidungen, die das Verständnis des weiteren Verlaufs der Darstellung erleichtern sollen. Unter diesem Blickpunkt hat die Natur-im-Menschen, soweit gestaltet, archetypischen Charakter.
Bei der Mehrzahl der Menschen kommt nun dieser anfangs erwähnte Akkommodations-/Adaptationsprozeß der Gestalten der Lebenserfahrung schon in relativ frühem Erwachsenenalter zum Stillstand. Ein ich-haftes Bewußtsein, das Überwiegen des Sicherns, kann das persönliche Wachstum hemmen, die Wahrnehmung auf dem erreichten Level konstant halten. Der Mensch ist rigide. Der Denkapparat ist nicht mehr in der Lage, beweglich Neues mitzuvollziehen, viele neue Informationen dringen gar nicht mehr durch, werden, wie oben beschrieben durch schlechte Gestalten des Bildes-von-der-Welt schon vor der Bewußtseinsschwelle unterdrückt.
Aber das Problem der Bewußtseinsentwicklung ist auch komplexer, die Folgen sind schwerwiegender, als es sich so darstellt. Wirkliches persönliches Wachstum besteht ja nicht nur in einem komplexeren Denken, sondern darin, daß Erfahrungen (die, wie vorhin gesagt, z. T. existentielle Krisen auslösen können) gemacht und durchlebt werden. Ich hatte im ersten Kapitel dargestellt, daß dafür das Erleiden des "Schicksalhaften" notwendig ist, weil nur dadurch die Vorgabe des eigenen Bildes, der tautologisierende Kreislauf sich immer selbst bestätigender Vorgaben und Folgen durchbrochen werden kann.
Wenn, wie Hehlmann den Ganzheitspsychologen Werner zitiert, das Ganze dem Speziellen vorausgeht und

*" ... das Diffus-Ungegliederte dem Zentrierten und Thematischen ... "(56)*

sind damit erlebniszentrale Gefühle gemeint, die vor der artikulierteren Gestaltausprägung liegen. Auf einen anderen Ganzheitspsychologen bezugnehmend fährt Hehlmann fort:

*"Ganz generell betont Sanders die Ganzes-Glied-Gesetzlichkeit: d.h. die wechselseitige Abhängigkeit beider, jedoch bei klarem Vorrang des Ganzen ... Sie haben phylogenetisches und ontogenetisches Primat ... Endlich aber könnte man in psychischen Einzelvorgängen, z.B. eben bei Gestaltwahrnehmungen, verfolgen, wie sich diese aus diffus-ganzheitlichen Keimen bilden."(57)*

Wenn nun dieses Erleiden so sehr im Mittelpunkt steht bei wichtigen Veränderungen und Reifungen, wird deutlich, wie anspruchsvoll für das Ich die persönliche Entwicklung ist.

Diese Zitate sollen nicht eine Parteinahme meinerseits in dem alten Streit darüber, ob die Gestalt oder das Ganze primär sind andeuten, der in diesem Rahmen überflüssig ist. Ich halte Gestalten für primäre Ordnungen und will mit den Zitaten unterstreichen, daß sie, wenn es sich um die Ordnung lebensgeschichtlich bedeutsamen Materials handelt, immer in unauflöslicher Verbindung mit dem Ganzen, in diesem Zusammenhang für erlebnisintensive, starke Gefühlsganze gesagt, auftreten!
Damit ist der für das Ich schwierige Charakter des Erleidens solcher Erlebnisse und Veränderungen betont, die mit dem ganzheitlichen Gefühlscharakter einhergehen.

*"In diesem ... Sinn faßt Lersch den 'pathischen' Charakter der Erlebnisse des endothymen Grundes. 'Pathisch' heißt: In ihnen 'geschieht etwas, vollzieht sich etwas in uns und mit uns ... ' Der pathische Charakter ... zeigt sich somit darin, daß es das bewußte Ich überkommt, ihm widerfährt ... "(58)(Pongratz)*

Persönliches Wachstum geschieht also nur durch eigene Aktion und Erleben einer konfrontativen Situation und das Erleiden der eigenen Stellung und Handlung in dieser Situation. Das ist persönlich riskant und für das Ich-Bewußtsein bedrohlich. Daher stoppt die Entwicklung vieler Menschen, sobald sie die Macht haben, konstante, vorhersagbare Lebensumstände zu schaffen. Als Kind war ja jeder Mensch allein durch das physische Wachstum mit durchgreifenden Änderungen konfrontiert.
Für die Erwachsengewordenen entscheidet neben einem rigiden Denken vor allem die Tendenz zur Schmerzvermeidung in Verbindung mit einer künstlichen Umwelt, die es ermöglicht, ziemlich beliebig die Lebensumstände nach dem Weg des geringsten Widerstandes zu wählen.
Für die Vision einer produktiveren Entwicklung muß man allerdings die Fragilität der psychischen Balancen in Betracht ziehen:
Auch das große Bild von der Welt -die zentralen Gestalten der Gesamtheit des Denkens, Fühlens, der Erwartungen, Einschätzungen, Sichtweisen und Bewertungen- sind auf Widerspruchsfreiheit angelegt, wie die direkte Wahrnehmung. Nicht nur wird notwendigerweise die Masse der Reize der Wahrnehmung der äußeren Welt (alles außer dem was gerade wichtig ist und wenigen Schlüsselreizen) unterdrückt, sondern es gibt ein Maß an notwendiger individueller Verdrängung, die das Bewußtsein schützt.
Ich komme zu dem Punkt, den ich oben bei dem direkten Wahrnehmungsprozeß beschrieben hatte: Verdrängung, Beschränkung ist überlebensnotwendig.
Ein Denken, das sich willkürlich in alle möglichen beliebigen Richtungen öffnet, würde den Menschen überschwemmen; wenn alles immer bewußt würde, würde der Mensch in Angst ertrinken. Entscheidend ist die allmähliche Öffnung der Wahrnehmung, die die richtige Spannung, ein mittleres Schwierigkeitsniveau hält.
Wie soll das aber möglich sein?
Es lohnt sich ja nicht, sich "irgendwelchen" anderen Situationen auszusetzen.

Vieles Neue lenkt nur ab, belästigt, vieles Andersartige hat nur einen diffus chaotisierenden Einfluß.
Eigentlich gilt es, Dinge zu tun, die eine Herausforderung sind, eine Verunsicherung, die Bewußtseinsschablonen auflöst, eine "produktive Verunsicherung".
Schwäbisch/Siems empfehlen in ihrem populären Buch: -Soziales Lernen in der Gruppe-, das zu probieren, wobei man ein Kribbeln im Bauch hat.(59)
Was für die kleinen Alltagssituationen gilt, gilt auch für die größeren Entscheidungen.
Das Bewußtsein ist so angelegt, daß es Schmerzhaftes verdrängt hält und eine relativ eindeutige griffige Interpretation der Welt produziert. Konkurrierende Interpretationen werden entweder schon früh unterdrückt (zum Beispiel als Gating-Prozeß nach Bruner und Postman)(60), oder auf der Denkebene disqualifiziert (zum Beispiel kognitive Dissonanztheorie nach Festinger)(61).
Eine Erweiterung des Bewußtseins, die es "ganzer" macht, muß also die Auflösung des alten Bildes und dadurch eine fundamentale Verunsicherung in Kauf nehmen. Vor allem konfrontiert sie mit den dunklen, verdrängten, den nicht erledigten Teilen, und das löst Angst und Schmerz aus.
Angst und Schmerz und die Auflösung des gewohnten Bildes bedeuten aber, wie in Kapitel II, S.68ff dargestellt, an sich nichts Positives, sind keine "produktive Verunsicherung" in unserem Sinne. Im Gegenteil schützen sie den Menschen vor Gefahr.
Die Suche nach Schicksal bedeutet somit, daß der Mensch die Angst, die warnt, von der Angst, die auffordert, unterscheiden können müßte, oder wie Plato Aristoteles sagen läßt:

*"Es gibt aber zwei Arten des Wahnsinn. Einer entstammt den menschlichen Krankheiten, der andere dem göttlichen Heraustreten aus herkömmlicher Gewohnheit."(62)*

## G DIE MÖGLICHKEITEN DER INTUITION, ALS VERBINDUNG ZUM SELBST ZU MEHR GANZHEITLICHKEIT ZU FÜHREN

Die entscheidende Möglichkeit der Bewußtseinserweiterung wäre (sollte sie denn möglich sein, was später untersucht werden wird) die Empfindungsschulung und, was später kommt, ein ganzheitliches Erleben im Sinne balancierter Polaritäten. Sie könnte den Menschen durch Kontakt mit der Natur-im-Menschen direkt in die Situation einbinden. Die bisherige Diskussion hingegen hat sich auf die Frage zugespitzt: Wie kann das Bewußtsein ein Gespür für Anlaß, Zeitpunkt und Richtung seiner eigenen Erweiterung bekommen, die das -auch bei angenommenem Kontakt zur Natur-im-Menschen immer notwendige- Bild-von-der-Welt durchlässiger, prägnanter, angemessener und stimmiger gestalten würde? Um ein Gespür für Herausforderungen (die das bis dahin gültige Bild-von-der-Welt konstruktiv bedrohen) zu erlangen, gibt es zwei Möglichkeiten:

- Auf der mittleren Ebene liegt die Fähigkeit, Sprünge im eigenen Weltbild aufzuspüren und Komplexe aufzusuchen, die gefühlsmäßig nicht klar sind oder wo sich Fühlen und Denken widersprechen. Das hat mit der ganzheitlichen Qualität des Verhältnisses der Bewußtseinspolaritäten zu tun und wird später ausgeführt.
- Auf der Ebene der bewußten Entscheidung -in schwierigen folgenschweren Situationen- zu wissen, was rational nicht zu entscheiden ist, macht einen Begriff nötig, der über die biographische Erfahrung hinausreicht, den des "Selbst".

Im Interesse dieser Arbeit liegt vor allem, die Möglichkeiten, durch Körperarbeit Kontakt mit dem Selbst zu bekommen, darzustellen, was in den nächsten beiden Kapiteln geschehen wird. Hier möchte ich nur die grundsätzliche Bedeutung des Selbst für die Entwicklung des Bewußtseins zur Ganzheit darstellen[8]. Das Selbst stellt dabei die Verbindung des freien Menschen zum Wirken des Ganzen durch das Schicksal dar. Jacobi schreibt:

*"Die Idee des Selbst, das lediglich einen Grenzbegriff, wie etwa bei Kant das 'Ding an sich' darstellt, ist also an und für sich schon ein trandzendentales Postulat, 'das sich zwar psychologisch rechtfertigen, aber wissenschaftlich nicht beweisen läßt ... es ist das Ziel des Lebens, denn es ist der völligste Ausdruck der Schicksalskombination, die man Individuum nennt ... '"(63)*

Die Möglichkeit, durch die oben erwähnte Orientierung an Unstimmigkeiten im Bewußtsein und Brüchen im Bild von der Welt sowie eigenen Unfähigkeiten ganz zu werden, stößt an bestimmte Grenzen. Das hat damit zu tun, jenseits des Bemühens die eigene Begrenztheit und die Bedingtheit bestimmter Gegebenheiten anerkennen zu müssen, deren Anerkennung erst paradoxerweise zur Ganzheit führt. Im persönlichen Erleben kann sich das darin ausdrücken, daß ein Mensch immer wieder auf gewisse Situationen stößt, auf Konstellationen, die er auch mit allem Wollen, aller Planung und allem Bemühen um Unabhängigkeit nicht vermeiden kann. Dies sind oft Konfrontationen mit archetypischen Situationen wie Vereiningung-Trennung, die - ebenso wie der Begriff des Selbst als Grenzbegriff gebraucht- Grundgegebenheiten des Lebens bezeichnen, die nicht weiter erklärbar sind, sondern die Welt ausmachen.

Dazu gehören auch körperliche Gegebenheiten, die durch Vererbung, Zufälle oder anderes mitgegeben sind sowie der "Zufall" der Geburt. Eigentlich gibt es in dieser Betrachtungsweise keine Zufälle mehr, und gerade der Kampf gegen eine bestimmte Einschränkung der eigenen Lebensmöglichkeiten, der Versuch frei zu sein und alle Möglichkeiten zu haben, gehört zu dem Schicksalhaften, das zum Selbst führt.

Das Bewußtsein ist sonst gemäß John Lockes Satz:

*"Nihil est in intellectu, quod non ante fuerit in sensu."(64),*

durch die biographische Erfahrung bestimmt. Das Selbst ist nun das, was vor der persönlichen Entwicklung (persona heißt Maske und personare hindurchtönen) angelegt ist, und jenseits der Entscheidung den Platz des Individuums im Ganzen bedeutet.

Ich möchte hier auf die Parallele zum polynesischen Kahuna-System hinweisen. Nach Long gibt es eine Dreiteilung des menschlichen Wesens in Uhinipili, das niedere Selbst, für uns Natur, Uhane, das mittlere Selbst, für uns Ich-Bewußtsein und Aumakua, das hohe Selbst, unser Selbst.

*"Die Auffassung der Kahunas vom Bewußtsein und Unterbewußtsein kann man also ... zusammenfassend als ein Geist-Paar darstellen, das eng miteinander verbunden in einem Körper wohnt, dessen Funktionen vom Unterbewußtsein gesteuert werden ... Der bewußte Geist ist sehr menschlich und besitzt die Gabe zu sprechen."(65)*

*"Das Wort für das mittlere Selbst ist Uhane. Aus der Kürze dieses Wortes und der geringen Aussagekraft seiner Wurzel kann ersehen werden, daß die Kahuna ... dem mittleren Selbst außer induktivem Denkvermögen und der daraus folgenden Urteilskraft nur wenig besondere Fähigkeiten zuschrieben."(66)*

*"Das schmerzempfindliche Unterbewußtsein weint Tränen ... und lenkt außerdem auch die Vitalkraft des Körpers. Es verrichtet seine Arbeit im geheimen, still und sorgfältig. Auch kann es gelegentlich eigensinnig sein und den Gehorsam verweigern. So weigert es sich zum Beispiel, Dinge zu tun, derentwegen es die Götter fürchten müßte."(67)*

Das trifft genau die Eigenschaft des Unwillkürlichen, die Verbindung mit der Natur zu sein und als solche nicht frei, beliebig handeln zu können. Auf den Geist bezogen, für den die Wortwurzel Nili steht, schreibt Long:

*"Er wünscht gewisse Dinge sehr dringend. Er ist aber auch eigensinnig, widerspenstig und geneigt, die Ausführung des ihm aufgetragenen zu verweigern."(68)*

Auf diesen Eigencharakter der Natur-im-Menschen werde ich in diesem Sinne auf Seite 270ff, Kapitel V, genauer eingehen.

*"Die Kahunas nahmen an, daß sich oberhalb wie unterhalb der menschlichen Bewußtseinsebene viele weitere Bewußtseinsebenen schichten. Sie brachten aber den meisten dieser Ebenen wenig Beachtung entgegen. Ausgenommen war nur die Ebene, die direkt oberhalb der menschlichen* [ich-bewußten] *liegt".(69)*

*"Auf dieser Ebene wohnt das, was wir als Überselbst oder Hohes Selbst bezeichnen können. Die Kahunas gaben ihm verschiedene Namen. Einer der*

*beliebtesten war Aumakua, was in der Übersetzung soviel bedeutet wie 'älterer, elterlicher, äußerst vertrauenswürdiger Geist'."(70)*

*"Au-ma-kua ist einer von drei Ausdrücken für das hohe Selbst. Die beiden anderen sind Akua-Noho, 'der Gott, der beim Menschen wohnt, und Akua-Ulu, der Gott, der den Menschen so inspiriert' ... "(71),*

was exakt mit meiner Ansicht der Funktion des Selbst zusammenfällt, für dessen Intuition sich das Ich-Bewußtsein öffnen kann und welches -obwohl zum Einzelmenschen gehörig- überindividuell ist.

*"Alle Gebete und Riten wurden Aumakua dargebracht. Da man es aber als Teil des eigenen Selbst ansah -so wie wir in der heutigen Denkweise das Ober- oder Unterbewußtsein-, wurde der 'elterliche Geist' nicht etwa verehrt, sondern er wurde geliebt ... "(72)*

Interessant ist, daß die enge und direkte Beziehung über das niedere Selbst geht, was ja gottesfürchtig ist, während das hohe Selbst der 'Gott, der beim Menschen wohnt', ist.
Endlich führt uns diese Sichtweise auch zum Problem Freiheit und Schicksal zurück.

*"Ein besonderer Teil der Kahuna-Lehre befaßt sich mit dem freien Willen des niederen und mittleren Selbstes ... Das hohe Selbst ... ist gehalten, den niederen Selbsten die Ausübung ihres freien Willens zu gewähren und sie durch Erfahrung lernen zu lassen, SOFERN SIE NICHT die Führung und Hilfe des Hohen Selbstes wünschen ... Nur bei der Planung der langfristigen und bedeutendsten Ereignisse des menschlichen Lebens scheint der freie Wille verneint zu werden. Selbst dann aber ist es möglich, den schweren Auswirkungen solcher Ereignisse in gewissem Grade zu entgehen, wenn entsprechende Maßnahmen zu ihrer ... Änderung ergriffen werden."(73)*

Das Selbst verbindet auch in diesem System den Menschen mit dem "Lehrplan"(74) seines Lebens, dem Schicksal. Das Wissen um Anlaß, Zeitpunkt und Richtung der Öffnung der Wahrnehmung entsteht durch Kontakt des Ich zum Selbst.
Für alle weiteren Überlegungen über das Selbst (vor allem drängt sich der Begriff des Karma hier auf) möchte ich auf die religionsphilosophische und ethnologische Literatur, für die Psychologie natürlich vor allem Jung, verweisen(75), sowie auf die ausführliche Diskussion in Fußnote S.102.

## H DIE INTUITION

Das Mittel, auf der mittleren und der höheren Ebene produktive Verunsicherungen -Herausforderungen- von Gefährdungen und Verzettelungen zu unterscheiden, ist die Intuition. Während das Denken innerhalb eines Weltbildes sich auf seine Prämissen zurückführen läßt, so ist an diesen Brüchen, an

denen der Mensch das Gewohnte verläßt, eine rational nicht erklärbare Gewißheit nötig.
Das kann so sein, daß jemand etwas, was sehr unvorteilhaft für außenstehende Beobachter aussieht, tun muß, einfach weil er weiß, daß das jetzt ansteht. Deharde schreibt zu dieser Gewißheit, die jenseits des sinnlich biographisch Erfahrenen mit dem Selbst verbindet:

*"Nach C.G. Jung stellt die Intuitionsfunktion eine psychische Grundfunktion dar, die als unbewußte Grundfunktion die Welt aufnehme, aber von den Empfindungsfunktionen unterschieden werden müsse. Geht man von der Wortbedeutung des lateinischen intuitio (intueri) aus, was soviel bedeutet wie genau hinsehen, ursprüngliche Betrachtung, Anschauung, so handelt es sich um eine Wahrnehmungsfunktion; das lateinische 'intus ire' verweist weiter auf die Richtung der Wahrnehmung im Sinne von eintreten oder sich nach innen versetzen, d.h. also, es handelt sich um eine Wahrnehmung, die nicht mit den fünf Sinnen zu leisten ist. Jung definiert Intuition als eine Wahrnehmungsfunktion, die das Sublimale erfasse, worunter er die mögliche Beziehung zu Objekten, die nicht im Blickfeld erscheinen, und die möglichen Wandlungen in Vergangenheit und Zukunft, über welche das Objekt keine Aussage macht, versteht. Intuition sei ein unmittelbares Innewerden von Zusammenhängen, welche von den anderen Funktionen des Bewußtseins (Wahrnehmen, Empfinden, Denken, Fühlen, Wollen) im Moment der Orientierung festgestellt werden könne. Das heißt, im Moment der Orientierung reicht die personale Bewußtseins-'antenne''in die -das Personale überschreitende- transpersonale Erfahrungswirklichkeit hinein."(76)*

Im nächsten Kapitel werde ich mich der Rolle des Körpers für das Selbst sowie der Bedeutung der körperlichen Empfindung für die Intuition zuwenden.
In diesem Kapitel geht es um die psychologische Ebene. Es wird gezeigt, daß die Möglichkeit, das Bewußtsein zu erweitern, in der ganzheitlichen Struktur des Bewußtseins begründet ist.
Um Erfahrungsmöglichkeiten zu finden, die die bisherige Auffassung transzendieren, ist eine Intuition für die produktive Verunsicherung notwendig. Bevor ich zum zentralen Punkt dieses Kapitels komme -der Beziehung zwischen der Struktur des Bewußtseins und der Ganzheitlichkeit- werde ich Schönheit als Spezialfall für Intuition behandeln. Während in diesem Kapitel die ganzheitliche Persönlichkeitsentwicklung und im nächsten Kapitel die Rolle des Körpers unter psychologischen Aspekten untersucht werden, steuert das Buch ja auf die Theorie und Praxis Ästhetische Bildung zu. Deshalb ist an dieser Stelle die Diskussion der Bedeutung einer guten Beziehung von Inhalt und Form für die Entwicklung zur Ganzheit notwendig:

### Schönheit als Mittel der Intuition

Die Intuition führt den Menschen ja einmal zu archetypischen Lebenssituationen, denen er sich stellen müßte und spürt Brüche im Weltbild -neurotische

Fixierungen, mit denen schlechte Lösungen von Lebensproblemen festgehalten werden- auf. Sie läßt aber auch schon eine bessere Gestalt aufblitzen, die günstigeres Verhalten und ehrlicheres Erleben vereint.
Gestalt aber hat immer mit einer formalen Gliederung der jeweiligen inhaltlichen Gegebenheiten zu tun, ist also, indem sie eine formale mit einer inhaltlichen Ebene unauflöslich verknüpft, eine ästhetische Kategorie. Die psychische Repräsentation von Archetypen jedoch hat stets Gestaltqualität. Insofern allein stellt Schönheit ein entscheidendes Moment der Intuition dar, denn sie bietet stimmige Gestalten für Erlebniskomplexe, weist auf eine innere Ordnung hin und bietet eine machtvolle Motivation. Sie kann zwischen Menschen Wahrheit durch Liebe erzeugen:

*"Nun aber hat die Schönheit allein dies Los, daß sie zugleich höchst klar Erscheinendes und höchst Liebenswertes ist," (77)(Plato)*

die die Wesenheit der Seele (Selbst) im Sinne des Orakels von Delphi - Erkenne dich selbst, werde, der du bist, sei!- entwickelt.

*"Nach seiner Artung also erliest sich jeder die Liebe zu einem der Schönen ... Es verlangt also die Folger des Zeus,* [als Beispiel für eine Wesenheit der Seele] *daß Zeus - ähnlich in seiner Seele ihr Geliebter sei ... Und wenn sie ihn fanden, und sich in ihn verliebten, so tun sie alles, damit er ein solcher werde. Wenn sie vorher auch in dieser Lebensart noch unsicher waren, so bemühen sie sich alsbald, zu lernen, von wem sie immer können, ja auch selber zu forschen. In sich selber forschend erreichen sie es, des eignen Gottes Natur zu finden, weil sie gezwungen sind, unverwandt auf den Gott zu blicken, und indem sie durch die Erinnerung ihn selber fassen, empfangen sie in der Begeisterung aus ihm Sitte und Lebensführung, soweit es dem Menschen möglich ist, an einem Gotte teilzuhaben." (78)(Plato)*

Es geht, wie durch die Wortwahl "göttlich" deutlich wird, nicht darum, den Geliebten in das eigene Klischee zu pressen,
[gemäß Brecht's Geschichte vom Herrn Keuner:

*"'Was tun Sie', wurde Herr K. gefragt, 'wenn Sie einen Menschen lieben?' 'Ich mache einen Entwurf von ihm', sagte Herr K., 'und sorge, daß er ihm ähnlich wird.' 'Wer? Der Entwurf?' 'Nein', sagte Herr K., 'der Mensch.'"(79)*].

sondern in dem Objekt der Liebe die Projektion noch unentwickelter Teile des eigenen Selbst zu erkennen und in der Liebe zu wachsen, denn sie spendet zugleich auch die Kraft für die Veränderung:

*" ... wenn er ein gottähnliches Angesicht erblickt oder eine leibliche Gestalt, welche die Schönheit vollkommen abbildet, so überfällt ihn zuerst ein Schauer, und etwas von den damaligen Ängsten überkommt ihn ... . Und da er ihn geschaut, befällt ihn im Wechsel wie nach Fieberfrost Schweiß und ungewohnte Hitze. Denn wie einen Regen empfängt er durch die Augen die Ausflüsse der Schönheit, die ihn erwärmen und die Keime des Fittichs tränken. Durchdrang*

*ihn die Wärme, so schmilzt die alte Verhärtung um den Keim, die ihn einschloß und am Treiben hinderte ... " (80)(Plato)*

und die Leidenschaft, den Schmerz der Veränderung ertragen zu wollen:

*"Aber wer nach dem Schönen strebt, dem ist es auch schön, zu leiden, was ihm bestimmt ist"(81),*

wobei diese besondere Kraft der Schönheit in der Liebe nicht nur in der geschilderten platonischen Pädophilie, sondern zwischen allen Liebespaaren wirkt und Schönheit, wie auf S. 304ff gezeigt wird, nicht nur äußerlich gemeint ist. Wenn aber Schönheit sowohl die Richtung einer Öffnung der Wahrnehmung zeigen kann als auch Bereitschaft zur Unterwerfung unter den leidvollen Aspekt einer Konfrontation mit Verunsicherung erzeugt, hat sie eine zentrale Bedeutung für die Entwicklung zur Ganzheit. Wie ich zeigen werde, wirkt sie in diesem Sinne bei allen körperlichen Konfrontationen, die mit Kunst zu tun haben und stellt ein entscheidendes psychologisches Moment bei der Auswirkung von Tanztraining für die Persönlichkeitsentwicklung dar. So sieht Schiller Schönheit als der Ordnung innewohnendes Prinzip und Mittel zur Wiedererlangung von Ganzheit und Freiheit.

# I DIE BEWUSSTSEINSSTRUKTUR, DAS GANZHEITLICHE ERLEBEN UND DIE INTUITION FÜR DIE "PRODUKTIVE VERUNSICHRUNG"

Weiter oben wurde schon auf die Bedeutung ganzheitlichen Erlebens für die Intuitionsfunktion hingewiesen; die Möglichkeit, Wachstumschancen zu erkennen, ist demnach in der Eigenart des Bewußtseins enthalten.
Ich hatte vorher festgestellt, daß für die Entwicklung des Bewußtseins die Entscheidung für die richtige Herausforderung -die "produktive Verunsicherung"- die eine unabdingbare Voraussetzung ist. Die andere ist das ganzheitliche Erleben.
Dieses ganzheitliche Erleben werde ich ausführlich behandeln, weil es außer seiner Bedeutung als andere unabdingbare Notwendigkeit auch noch eine Quelle der Intuition, die richtige Herausforderung zu finden, ist. Was den Menschen von einer ganzheitlichen Einbindung in die Situation trennt, sind ein unangemessenes Bild-von-der-Welt und ein nicht-ganzheitliches Erleben. Um sich zu entwickeln, müßte der Mensch archetypische Situationen aufsuchen und sie ganzheitlich erleben. Die Intuition für archetypische Konfrontationen produktiver Verunsicherung entsteht aus ganzheitlichem Erleben. Das ganzheitliche Erleben ist somit ein zentraler Punkt der psychologischen Überlegung:
Das ganzheitliche Erleben besteht aus Gegensätzen[9], die sich ergänzen, aber

zugleich auch Brüche und Spannungen zwischen ihren Polen schaffen. Von der Qualität der Ich-Funktion hängt es ab, ob sich diese Gegensätze blockieren oder den Boden der Intuition bilden. Polaritäten werden dargestellt von Denken und Fühlen, Innen/Außen, Machen/Geschehenlassen, Diesseitig-pragmatisch/Jenseitig-transzendent.
Dabei ist mit Ganzheitlichkeit nicht irgendeine Vermischung gemeint, ein diffuses Etwas, sondern die klare und eigenartige Wirkung der Polaritäten auf jeder Ebene. Da aber das Bewußtsein, wie gesagt, nur an einem Punkt zugleich sein kann, bedeutet also Ganzheitlichkeit die Balance und Zugänglichkeit der Polaritäten. (S. auch hier Anfang des Kapitels!)
Bei einer entwickelten Ich-Funktion wird das intuitive Element durch das ganzheitliche Erleben, das unwillkürlich die richtige Ebene, den richtigen Punkt findet, gefördert, ja man ist versucht zu sagen ermöglicht. Es sind nicht-geschlossene Gestalten -Komplexe des Erlebens, die nicht stimmig, sondern "unerledigt" sind-, die in das Bewußtsein drängen als kleine Nadelstiche oder als machtvoll rufende Herausforderungen. Sie sind normale Wachstumselemente, Stachel der Unvollkommenheit, die aus dem einfachen Wunsch, zurechtzukommen mit dem Leben, ihm gewachsen zu sein, entstehen. Wenn das Erleben ganzheitlich ist, werden sie im richtigen Zeitpunkt, d.h. dann, wenn der Mensch damit umgehen kann, aktiviert (s. auch Einleitung des Kapitels). Im Idealfall ermöglicht das ganzheitliche Erleben das Finden produktiver Verunsicherungen, und mit dem ganzheitlichen Erleben wächst auch das Bewußtsein. Die Ich-Funktion steht dann tatsächlich im Dienste des Selbst.
Ein festhaltendes Ich dagegen ist rigide und von geringer Ambiguitätstoleranz. Darin ist der Grundfehler schon ausgedrückt: Aus Angst vor Schmerz und vor der Vielfalt der Welt ist ein starres Bild aufgebaut und das Leben in strikte Vorhersehbarkeit eingeengt worden. Der Mensch ist nicht mehr wandlungs- und nur noch begrenzt lernfähig, also rigide. Sein Bild von der Welt muß einfach und widerspruchsfrei sein, das heißt er hat geringe Ambiguitätstoleranz. Das Zulassen der Polaritäten bedeutet aber Veränderung und setzt die Fähigkeit voraus, verschiedene Deutungen der Realität nebeneinander stehen lassen zu können, ohne daß eine unterdrückt werden müßte -die also gleich gültig sind. Je extremer die Verkrüppelung und Beschneidung des Bewußtseins, desto verzweifelter, ängstlicher, aggressiver oder unlebendiger wird der Mensch, denn alles Ungelebte drängt (wie weiter oben beschrieben), ohne erkannt zu werden, im Unterbewußtsein, wird oft verzerrt, verunsichert und behindert.
Welchen Unterschied bewirkt eine entwickelte oder unentwickelte Ich-Funktion beim Denken?

# 1 DIE HEMMUNG ODER FÖRDERUNG DER ENTWICKLUNGS-DYNAMIK VON DENKEN UND FÜHLEN DURCH EIN UNENTWICKELTES -FESTHALTENDES- ODER ENTWICKELTES -ZULASSENDES- ICH.

## 1.1 Eingeschränktes und freies Denken

Dunker(83) beschreibt produktives Denken als das Lösen eines Prinzips aus seiner ursprünglichen Gebundenheit und seine überraschende Anwendung in einem neuen Zusammenhang: unmittelbar klar, daß das auch mit Loslassen zu tun hat. Das Denken hat scheinbar eine Eigengesetzlichkeit, die es immer weitergehen läßt, was einem rigiden Menschen Angst macht. Sein Denken wird starr, utilitaristisch, bestätigt sich ab einem gewissen Punkt immer wieder selbst. Vor allem aber fehlt dem Denken des rigiden Menschen die Inspiration. Große Wissenschaftler haben immer ihre Inspiration betont. Zimmer schreibt:

*"Unbewußt -wir sagen lieber intuitiv- verläuft weitgehend sogar jene Tätigkeit, die wir für unsere bewußte Geisteshaltung par exellence halten. Das -denkerische- Problemlösen. Immer wieder haben große, originelle Denker beschrieben, wie ihnen langgesuchte Lösungen plötzlich, nebenbei, ohne Anstrengung, eingefallen sind. Der Mathematiker Poincare: 'Wegen der Reiserei hatte ich meine mathematische Arbeit vergessen. Bei der Ankunft in Coutances nahmen wir einen Bus. In dem Moment, als ich einen Fuß auf das Trittbrett setzte, kam mir, ohne daß ihr irgend etwas den Weg bereitet hätte, die Idee, daß die Transformationen, die ich zur Definition der Fuchs`schen Funktionen verwandt hatte, identisch mit denen der nicht euklidischen Geometrie waren.' ... Es scheint also, als ob das Unbewußte die Lösung quasi über Nacht bereitgestellt, die mit dem Bewußtsein bestellt worden ist, und dieser intellektuelle Prozeß stark vom Unwillkürlichen abhinge."(84)*

Ein produktives Denken muß sich demnach durch ein bestimmtes Verhältnis logisch/analytischer und intuitiver Funktionen auszeichnen. Intuition teilt sich oft als Gefühl mit, und ihr Auftreten hängt mit bestimmten emotionalen Grundtönungen der Situation -seien diese bloße Entspannung oder komplexe bildhafte Zusammenhänge, die nur gemeinsam mit der emotionalen Grundfärbung behalten werden- zusammen. Deshalb komme ich auf das entwickelte, intuitive Denken nach der Behandlung von Gefühl und Ich-Funktion zurück:

## 1.2 Eingeschränkte und freie Gefühlsentwicklung

Die Gefühle an sich haben die Eigenart, "einen wegtragen zu können", was im unentwickelten Ich Angst auslöst, da es die Welt unvorhersehbar und unkontrollierbar macht. Die Angst vor Schmerz läßt viele Verdrängungen nötig werden, die unter Bindung psychischer Energie im Unbewußten gehalten

werden müssen und so das Ich noch mehr schwächen. Immer höhere Mauern werden nötig, immer mehr muß vermieden werden, da es mit Verdrängtem in Kontakt bringen würde. So wird das ganze Leben um eine Lebenslüge herum aufgebaut.
Die Gefühle müssen sich aber ungehemmt und intensiv in ihrem eigenen Verlauf entwickeln können, ohne durch ein starres Weltbild oder äußere Normen eingeschränkt und bewertet zu werden. Das hat allerdings nicht zur Folge, daß sie so ausgelebt werden müßten!
Hier verweise ich auf die Arbeiten und Erkenntnisse der humanistischen Psychotherapie:

- Gefühle zu durchleben und auszudrücken ist ohne Alternative.
- Eine negative Bewertung, die den Ausdruck und oft sogar die Wahrnehmung der Gefühle behindert, schafft sie damit nicht aus der Welt, sondern spaltet sie nur ab.

Rogers(85) zeigte, daß sich beim bedingungslosen, echten Akzeptieren die Gefühle klären und in eine positive Richtung zum Wachstum hin tendieren. Dabei sind sie nach Perls als Erlebniskomplexe in Gestalten organisiert, die erst dann als erledigt und geschlossen gelten, wenn sie ganz durcherlebt wurden.

*"Von höchster Bedeutung ist hier, daß die Vollendung einer starken Gestalt selbst die Heilung ist."(86)(Perls)*

Das trifft auf psychologischer Ebene die These des anthropologischen Diskurses aus Kapitel II, das Leben müsse ganzheitlich erlebt und durchlitten werden. (Dabei ist mit "Durchleiden" nicht die Notwendigkeit qualvoller Gefühle gemeint, sondern ein "aktiv" hinnehmendes Durchleben mit allem, was dazugehört.)
Wenn Denken und Fühlen in ihrer Eigenart entwickelt und eigenständig sind, können sie sich als Gegenpole gegenseitig bis zu einem gewissen Punkt korrigieren. Bei einem starren Ich hemmen sie sich nur.

### 1.3 Hemmung im Verhältnis zwischen Fühlen und Denken

Durch ein starres Denken werden neue Situationen -jede Herausforderung- ausgeschlossen, und wenn etwas Neues passiert, wird es in das alte Schema umgebogen, kann nicht verarbeitet werden. Jung schreibt:

*"Der Intellekt ist tatsächlich dann ein Schädiger der Seele, wenn er sich vermißt, das Erbe des Geistes antreten zu wollen, wozu er in keiner Hinsicht befähigt ist, denn Geist ist etwas Höheres als Intellekt, indem er nicht nur diesen, sondern auch das Gemüt umfaßt."(87)*

Verdrängte Gefühle ihrerseits setzen dem Denken enge Schranken, es wird wenig neugierig und folgerichtig, wird zum Rechtfertigen der Zustände eingesetzt. Gefühle an sich können keine Bewußtseinsentwicklung bringen, sie sind bedingt durch die Umstände und konditioniert, also blind. Das Denken an sich kann alles und nichts beweisen, ist also sinnlos für die

Entwicklung zum Selbst. Wichtig wäre eine eigenständige Entwicklung beider im Sinne einer Herausforderung, die Wachstum ermöglicht und nötig macht.

*"So notwendig es also ist, daß das Gefühl auf dem Gebiet der Vernunft nichts entscheide, ebenso notwendig ist es, daß die Vernunft im Gebiet des Gefühls sich nichts zu bestimmen anmaße. Schon indem man jedem von beiden ein Gebiet zuspricht, schließt man das andere davon aus, und setzt jedem eine Grenze, die nicht anders als zum Nachteile beider überschritten werden kann."(88)(Schiller)*

Denken und Gefühl müssen demnach in ihrer Eigenart klar und unabhängig sein, damit sie in ein gegenseitiges Spannungsverhältnis treten können. Sie können dann als "produktive Verunsicherung" wirken und eine Öffnung, Auseinandersetzung und Entwicklung der Bewußtseinskonzepte veranlassen.

## 1.4 Produktives Verhältnis zwischen Fühlen und Denken

Werden Denken und Fühlen aber in ihrer Eigenart zugelassen, bildet jedes für sich eine zu immer differenzierterer Entwicklung neigende Entität, die die andere herausfordern und korrigieren kann. So kann günstigenfalls das Denken die Bedingtheit von Gefühlen erkennen und den Menschen befreien: Schachter und Wheeler ließen Versuchspersonen einen Slapstickfilm sehen. Der Hälfte von ihnen hatten sie vorher Chlorpromazin, ein Mittel, das die allgemeine Erregung steigert, gegeben. Die Erregung ist unspezifisch, kann also die Stärke verschiedener Emotionen anzeigen.
Von den so erregten Versuchspersonen wurde eine Gruppe über das Mittel informiert, eine wurde im Unklaren gelassen, eine wurde sehr geschickt fehlinformiert. Die informierten Versuchspersonen führten ihre Erregung auf das Mittel zurück und bewerteten ihre Lustigkeit und die des Films so, wie die Kontrollgruppe.
Die Fehlinformierten dagegen führten ihre Erregung auf den Film zurück, wunderten sich zwar über ihre ungewöhnliche Heiterkeit, schrieben sie aber dem Film zu.
Die Gruppe, die im unklaren gelassen worden war, neigte dazu, sich entsprechende Gedanken zu machen und lag in ihrer Einschätzung zwischen den anderen.(89)
Die Kognition kann also über den Status eines Gefühls entscheiden und so den Menschen vor Täuschungen schützen, vor allem ihn nicht nur blind reagieren, sondern die Bedingung seiner Gefühle erkennen lassen.
Umgekehrt ist es der gefühlsmäßige Anteil des Denkens, der die Richtung, den Sinn angibt. Die Rolle des intuitiven Moments (welches als vages Gefühl oder gefühlsmäßige Sicherheit erscheint) für das Erkennen, die Entwicklung des Bewußtseins, wird oft unterbewertet. Kreatives Denken benötigt Intuition, und dafür scheint das Zusammenwirken zweier unterschiedlicher Denk-

modi notwendig zu sein, die den beiden Gehirnhälften zugeordnet werden (also eine nochmalige Abbildung der Polarität im Denken darstellen).

### 1.5 Denken und Intuition

Analytisch/logische Prozesse stellen nur die eine Hälfte des hochentwickelten kognitiven Prozesses dar, in dem rechte und linke Gehirnhälfte auf unterschiedliche Modi spezialisiert sind, die sich ergänzen:

*"Die Experimente beweisen, daß die besonderen Fähigkeiten der niedriger eingestuften, stummen rechten Hemisphäre in der Gestaltwahrnehmung liegen, da sie in der Verarbeitung der aufgenommenen Reize vorwiegend synthetisch vorgeht. Die höher bewertete, sprachkundige linke Hemisphäre dagegen scheint stärker logisch analytisch ähnlich einem Computer zu operieren." (90)(Levy, Sperry),* anders ausgedrückt,

*"die linke Hemisphäre analysiert, abstrahiert, zählt, mißt Zeit, plant schrittweise Operationen, formt zu Sprache um, macht rationale logisch begründete Feststellungen. ... Wenn wir uns der rechten Hemisphäre bedienen, können wir Bilder verstehen, träumen, neue Ideenverbindungen herstellen." (91)(Edwards)*

Beide Gehirnhälften sind gemeinsam am Denken beteiligt.

*"Da beide Gehirnhälften nicht unabhängig voneinander arbeiten und jede von ihnen ihre speziellen Fähigkeiten zu jeder geistigen Aktivität beiträgt, ist es bei einem normalen Gehirn völlig unmöglich, jeweils nur eine Hälfte auszubilden. In einem Literaturseminar wird die rechte Hemisphäre ebenso gefordert und gefördert wie die linke, und umgekehrt wird die linke bei einem Musik- und Malkurs nicht weniger beansprucht, als die rechte."(92)(Levy)*

Es handelt sich vielmehr um ein Zusammenwirken unter verschiedenen Vorzeichen, die einen Denkmodus ausmachen. Dieser ist nicht vom Material abhängig.

*"Erzählerische Texte können also, obwohl es um Spracherkennen geht, die rechte Hemisphäre einbeziehen und Tests des räumlichen Vorstellungsvermögens die linke -wenn die Versuchspersonen sich entscheiden, ihr Gehirn in dieser Weise zu benutzen. Aus diesen und anderen Arbeiten geht recht eindeutig hervor, daß der Mensch ein einziges Bewußtsein hat und daß die Hemisphären des Gehirns nicht auf unterschiedliche Arten von Problemmaterial spezialisiert sind, sondern auf verschieden Arten des Denkens."(93)(Ornstein)*

Produktives kreatives Denken scheint in dem ausgewogenen fruchtbaren Miteinander beider Modi zu liegen.

*"Die Wissenschaft stellt nur eine der Methoden zur Erkenntnis der Welt dar. Ein anderes komplementäres Verfahren wird durch die Kunst verkörpert.*

*Schon eine gemeinsame Existenz von Kunst und Wissenschaft ist eine gute Illustration des Komplementaritätsprinzips. Man kann sich entweder ganz der Wissenschaft oder ganz der Kunst hingeben. Beide Arten des Herangehens an die Probleme der Welt sind gleich berechtigt, obwohl jedes für sich genommen unvollständig ist. Grundpfeiler der Wissenschaft sind die Logik und das Experiment. Fundament der Kunst sind Intuition und Einsicht. Dennoch erfordert die Ballettkunst mathematische Exaktheit, und die Geometrie bedarf der Eingebung ebensosehr, wie die Poesie. Wissenschaft und Kunst schließen einander nicht aus, sondern ergänzen sich gegenseitig. Wirkliche Wissenschaft ist der Kunst verwandt, und umgekehrt enthält echte Kunst immer auch Elemente der Wissenschaft."(94)(Ponomarjow)*

Ornstein schreibt dazu:

*"Viele erkennen, daß wir in den hochindustrialisierten Gesellschaften nicht die Fähigkeit entwickelt haben, Systeme ganzheitlich wahrzunehmen. ... Die Folge: Wir haben gelernt, uns um unverbundene Bruchstücke zu kümmern, statt um ganzheitliche Lösungen. Eines Tages wird man vielleicht sagen, der alles überragende Glaube in den beherrschenden Kulturen des zwanzigsten Jahrhundert habe einer seltsamen Wesenheit, genannt die Fakten gegolten; unter Berufung auf sie habe man alle Probleme zu erklären versucht. ... Linkshemisphärisch/analytisch und die rechtshemisphärisch/intuitive Art des Erkennens ergänzen sich wechselseitig. Ohne ganzheitliche Sichtweise sind unsere analytischen Fähigkeiten nutzlos, und ebenso geht intuitive Einsicht verloren, wenn wir keine Möglichkeit finden, sie auszudrücken."(95)(Ornstein)*

Hilderbrandt zieht aus Platons Phaidros eine Essenz, die ich nicht direkt bei Plato zitieren kann, weil sie aus dem Ganzen hervorgeht, ohne jemals deutlich gesagt zu sein:

*"Unbedingte Wirklichkeit ist allein das schöpferische, göttliche Erleben: Weisheit ist nur den Göttern verliehen -den Göttlichen aber ist die Mania, das Irrationale näher als der kalte Verstand, die gottferne Dialektik ... alles hat nur Wert, wenn es auf der Erkenntnis des Wahren beruht und der Urheber es rechtfertigen kann. Darin wurzelt seine Schönheit."(96)*

Ohne Dialektik, den rationalen Diskurs, ist die Erkenntnis nicht darstellbar und erklärbar, diese letztere aber ist Mythos, nur intuitiv erfaßbar.

*"Und ohne Erfassen der Wahrheit, sagt der Lakonier, gibt es keine echte Kunst des Redens und wird es niemals eine geben."(97)(Plato)*

Es gibt viele Wege, Denken und Fühlen jedes für sich in seiner Eigenart zu trainieren. Mathematik und Philosophie können das Denken trainieren, gewährleisten aber nicht die produktive Spannung und Balance zum Fühlen. Verschiedenste Therapien klären den Gefühlsbereich, ohne ein angemessenes Verhältnis zum Denken garantieren zu können. Inwieweit Körperarbeit helfen kann, die Balance herzustellen, wird Gegenstand des nächsten Kapitels sein. Wie aber wirkt sich die Ich-Funktion für die Balance zwischen Innen und Außen aus?

## 2 DAS VERHÄLTNIS VON INNEN UND AUSSEN UND DIE ICH-FUNKTION

Das Verhältnis von Innen und Außen stellt eine fundamentale Orientierung dar und bildet eine Grundspannung des Lebens.
Ich hatte in Kapitel II, S.77ff, beschrieben, wie nach Glaser die naive Ganzheit des Säuglings an der notwendigen Frustration durch das Außen in steigendem Maße aufgelöst wird. Für ihn, wie für viele Körpertherapeuten, sind körperliche und persönliche Probleme in erster Linie Kontaktstörungen.
Innen und Außen bedingen sich gegenseitig, das Innen ist am Außen und für das Außen entstanden und könnte so immer die "richtige" Antwort auf jede äußere Anforderung haben. So könnte auch jeder Impuls bruchlos auf die Welt gerichtet sein.
Für Perls besteht Ganzheitlichkeit gerade in der Ganzheit der Gestalten der Mensch/Umfeld-Einheit.

### 2.1 Kontaktstörung Innen/Aussen

Ein unentwickeltes Ich hat, wie mehrfach dargestellt, viel Verdrängung nötig. Zwar kann auch im ganzheitlichen Erleben nicht ständig alles dem Bewußtsein zugänglich sein. Aufmerksamkeit, Selektion und Verdrängung sind überlebensnotwendig. Gesundheit aber hängt vom Maß der Verdrängung und der Zugänglichkeit des Verdrängten ab.
Das Verdrängte ist ja nicht einfach weg, sondern beeinflußt das Erleben auf eine verzerrte, unkontrollierte Art. Therapeuten sprechen von Projektion.
Ein unerledigtes Innen verzerrt also die Wahrnehmung des Außen. Die Ängste und nicht gelebten Bedürfnisse werden zum großen Teil auf die Umwelt projiziert, so daß als Begründung für das eigene Verhalten nicht das eigene Verdrängte herhalten muß, sondern die Umgebung schuld ist.
Dadurch aber fällt ein Grundimpuls, der von innen nach außen geht und ein maßgeblicher Entwicklungsmotor ist, weg.
Auch umgekehrt wird das eigene Innere nicht mehr deutlich wahrgenommen. Außer den blinden Flecken durch Verdrängtes wird das unentwickelte Ich in hohem Maße die Normen der Umwelt übernehmen und sich das Innen nicht eigengesetzlich entwickeln lassen, sondern schon nach der Maßgabe der Umwelt ausrichten.
Durch die mangelnde Wahrnehmung einer inneren Stimme ist das Individuum in hohem Maße fremdbestimmt. Projektionen der eigenen Abwehr schränken die Akzeptanz und die angemessene Wahrnehmung anderer Menschen stark ein, so daß die Spannung Ich/andere verfälscht wird. Auch die äußere Natur muß kontrolliert werden, da sie wie ein Katalysator für die Phantasie, die Intuition wirkt:

Denn da steht alles sowohl konkret für sich als auch für etwas anderes, hat also auch übertragene, symbolhafte Bedeutung. Niemand kann qua Intellekt und Willen diese Balancen kontrollieren oder steuern. Da es sich außerdem um einen Prozeß handelt, der offensichtlich in unvorhersehbaren Wendungen abläuft-

*"Sinnvoll ist hier in erster Linie nicht die Frage, warum wir etwas so oder so sehen, sondern wozu, welche noch unverwirklichte Seite unseres Lebens über die Vermittlungsfunktion der Sinne aktualisiert wird. Plötzlich sehe ich überall Bäume, sie faszinieren mich, ich fotografiere oder male sie, erzähle davon. Was hat diese plötzliche Bedeutungshaftigkeit des Baumes für meine Person auf sich? Wie steuert mein Selbst die Sinne, damit Neues dem verarbeitenden Ich zugänglich wird?" (98)(Seifert)*

-bedeutet Tendenz zur Ganzheit hin, Zugang zur inneren Stimme zu haben. Diese Fähigkeit zur Selbstheilung, zum Wachstum, drückt sich, wie ich aus langjähriger Arbeit mit inneren Bildern und Träumen bestätigen kann, für alle Menschen, auch lebenslange Großstädter, in Symbolen der Natur aus. Darauf werde ich im nächsten Kapitel beim Thema: Diesseitig/Jenseitig und der Körper noch eingehen.

### 2.2 Produktive Spannung Innen/Außen

Ein regulationsstarkes Ich läßt die Gültigkeit von Innenwelt und Außenwelt zu, ohne sie miteinander zu verwechseln. Deharde schreibt:

*"In dem Maße, in dem der Lernende Kontakt bekommt mit seinen vorbewußten und unbewußten Wahrnehmungsbereichen, wird er zunehmend Herr im eigenen Haus. Das schließt die Bereitschaft ein, in zwei Wahrnehmungswirklichkeiten, die beide ihre spezifische Wirkkraft haben, zu leben, sich von beiden durchdringen zu lassen. Der Lernende lebt so in einer inneren und äußeren Realität zugleich, ohne die Eine für wahrer zu halten, als die andere und ohne sie zu verwechseln, wie es dem psychisch Gestörten mit seinem schwachregulationsfähigem Ich geschieht."(99)*

Hier wird auch wieder die Notwendigkeit einer hohen Ambiguitätstoleranz, wie sie oben beschrieben wurde, deutlich. Nur wer Innen ist, kann Außen sein. Durch das Außen wird das Innen erst sinnvoll, aber nur ein klares Innen läßt die Eigenart des Außen durchscheinen. Durch das Außen wird das Innen angeregt, und in der Konzentration auf das Außen entfaltet sich das Innen. Auf der weiter oben diskutierten Ebene der persönlichen Entwicklung ist das Außen die Herausforderung, an der das Innen seine Stimmigkeit verliert und -umfassender- neu findet.

Die Spannung zwischen den Anforderungen, Möglichkeiten und Notwendigkeiten des Außen und den eigenen Fähigkeiten ist für das regulationsstarke Ich eine unerschöpfliche Wachstumsquelle.

Die Bilder des Innenlebens, seine Träume und Wünsche, geben dann die Kraft, die Umwelt zu bearbeiten. Die Spannung zwischen der Innenwelt und der Realität sind für das regulationsstarke Ich, das die Träume nicht am Machbaren orientiert, ein mächtiger Veränderungs- und produktiver Verunsicherungsfaktor.
Auf einer fortgeschrittenen meditativen Ebene findet sich im Innen das Ganze. Die Beendigung der Wahrnehmung der Welt bedeutet das einfache Sein, das nicht mehr der trennenden Beobachtung bedarf, sondern so-wie-es-ist Teil des Lebens und als solcher mit allem im All-Eins-Sein verbunden ist.

### 3 Aktiv/passiv (Machen/GeschehenLassen)

Eng mit Innen/Außen hängt der Komplex aktiv/passiv, Machen/Geschehenlassen zusammen. Ein zulassendes und regulationsstarkes Ich wird die Umwelt so annehmen und sehen können, wie sie ist und damit auch deren Aktivität mitwahrnehmen und richtig einschätzen. Dadurch kann es für seine eigene Aktivität den richtigen Zeitpunkt und Rahmen finden. Maslow(100) hat festgestellt, daß Self-Actualizer, Personen, die sich in hohem Maße selbst verwirklichen, besondere Fähigkeiten besaßen, die richtige, angemessene Umgebung für sich und ihre Aktivität zu finden.
Im Rahmen dieser Arbeit bliebe hinzuzufügen, daß das vor dem Hintergrund eines allgemeinen Akzeptierens, eines Annehmens der Welt geschieht.

### 3.1 Unentwickeltes Machen/Geschehenlassen

Bei einem unentwickelten Ich sind Machen/Geschehen-lassen voneinander losgelöst. Das Machen hat eine gewisse Willkürlichkeit und kann rücksichtslos sein, da keine Rückverbindung mit der Umgebung besteht. Wenn sich ein Mensch mit unentwickeltem Ich überlassen muß, hat das oft etwas Resignatives, passiv Hinnehmendes an sich. Die eigene Person wird in ihrem kreativen Potential unterschätzt, aber ansonsten als Verursacher zu wichtig genommen, die Balance der Polaritäten ist gestört.

### 3.2 Entwickeltes Machen/Geschehen lassen

Im günstigen Falle eines regulationsstarken Ich bleibt im Tun das Ganze spürbar, die Rückkopplung bleibt im Miterleben des eigenen Tun gewahrt, aber zugleich wird der eigene initiative Anteil deutlich, wird nicht anderen im Schlechten untergeschoben oder, wenn es um etwas für die eigene Person Günstiges geht, von den anderen erwartet. Im Lassen ist das innere Dabeibleiben, das Mitvollziehen wichtig. Letztlich sollte es möglich sein, die eigene Aktivität als Teil eines größeren Geschehens erleben zu können. Wotruba schreibt:

*"Die wache Gelassenheit des Buddha stellt ja das äußerste Gegenstück zur 'Passivität' dar, indem sie den dem Leben zugrundeliegenden Schmerz überwinden will."(101)*

Bezeichnenderweise gibt es im Indischen drei Ausdrücke für unser aktiv/passiv: "Tamas" entspricht dem passiven Erleiden, "Rajas" dem aktiven Machen.

*"Als 'Gelassenheit' ließe sich am ehesten der dritte ... Modus des 'Satva' übersetzen."(102)(Wotruba)*

Perls betont bei einer solchen Balance zwischen Machen und Geschehenlassen denn auch das Unvorhersehbare, die Spontaneität des Ablaufs und schreibt sie folgerichtigerweise nicht dem unentwickelten ich-haften Bewußtsein, sondern dem Selbst zu:

*"Das Selbst ist spontan, im mittleren Modus* [im Hinblick auf Tun und Erleiden] .... *Spontaneität ist das Gefühl, den gerade ablaufenden Organismus/Umweltprozeß handelnd zu erleben, nicht nur der Gestalter oder das Gestaltete zu sein, sondern darin zu wachsen. Spontaneität ist nicht gelenkt oder selbst-lenkend, noch ist sie ein Dahingetragenwerden, wobei man im Grunde unbeteiligt wäre, sondern sie ist ein Entdecken und Erfinden, während man unterwegs ist, sich einläßt und anerkennt. Der Spontane ist zugleich aktiv und passiv, sowohl das, wozu man bereit ist, als auch das, was einem zustößt, oder besser, es ist ein mittlerer Modus zwischen Tun und Erleiden, eine schöpferische Unparteilichkeit ... (103)*

Das entspricht der Entwicklung eines inneren Beobachters. Dabei wird das eigene Innere und seine Aktivität zusammen mit dem Grundakkord der Umgebung wahrgenommen. Das Gespür für diese Grundschwingung des Lebens außerhalb des Individuums kann soweit gehen, daß innerer Impuls und äußeres Geschehen, die eigene Aktivität mit den Geschehnissen der Welt zusammenfallen, wie choreographiert. Diese Nicht-Zufälle nennt Jung Koinzidenzen(104).

*"Alles könnte Spiel sein, wenn das Bewußtsein des einzelnen einen Standpunkt erreicht hätte, an dem ihm die Welt nichts mehr anhaben könnte; wenn es die Regeln und Gesetze des Wechselspiels zwischen Einzelorganismus und Universum beherrscht und wenn es sich im Einverständnis mit diesem großen Spiel befindet." (105)(Deharde)*

Das aber hängt eng mit der Entwicklung einer Wahrnehmung zusammen, die beobachtet, ohne zu werten oder gar einzugreifen. Das Lassen berührt sich hier mit der Bewußtseinstendenz der Wachstumskraft, die im Öffnen, im Zulassen besteht.

## 4 Diesseitig/Jenseitig

Die Polarität Diesseitig/Jenseitig in der Bewußtseinsstruktur fällt als kognitiver Anteil mit der Spannung zwischen Sicherheitsbedürfnis und Wachstumskraft als dynamischer Komponente zusammen. Daher hängt vom produktiven Miteinander dieser Polarität in besonderem Maß das Gelingen einer ganzheitlichen Entwicklung ab. Deshalb wird dieser Punkt besonders aus-

führlich behandelt:
Bei festhaltendem Ich ist die Balance zwischen Diesseitig/Konkretem und Jenseitig/Übertragenen zugunsten des Diesseitigen verändert, weil das Übertragene/Symbolhafte immer das Grenzenlose/Unwägbare in sich birgt und letztlich mit Gedanken an den Tod verbunden ist. Unsere Welt ist, wie ausführlich im zweiten Kapitel beschrieben, von dem Bedürfnis nach Sicherheit, Kontrolle, Festhalten bestimmt, und so ist auch eine pragmatische, funktionale Sichtweise fest in den Köpfen verankert.
Ich hatte festgestellt, daß für ein entwickeltes Bewußtsein alles in der Welt sowohl für sich als auch für etwas anderes steht und als solches alles mit allem verbunden ist.
Naturvölker haben dem Rechnung getragen mit einem Weltbild, daß einerseits ihr Überleben durch die praktische Benutzbarkeit der Natur sicherte und sehr genau das Funktionieren der Umwelt kannte.
Das pragmatische Wissen wurde aber andererseits balanciert durch eine komplexe symbolische Deutung, in der alles mit allem verbunden war und man sorgfältig darauf achtete, die Harmonie der Natur nicht zu stören. Schmidbauer schreibt dazu:

*"Es gibt ... zwei Krankheitsauffassungen, die nebeneinander verwendet werden: die magische und die naturalistische. Für den Europäer ist die Vermischung dieser beiden Auffassungen oft schwer verständlich. Ein weißer Forscher (die Anekdote stammt von Paul Parin) trifft einen Schwarzen mit zwei verkrüppelten Zehen. Er fragt, wie es zu diesen Verstümmelungen gekommen ist: 'Diese Zehe', antwortet der Schwarze, 'ist krank geworden, weil mich meine mißgünstige Schwiegermutter mit einem Zauber verfolgt hat.' 'Und wer hat dich verzaubert, so daß der andere Zeh krank geworden ist?' 'Das war kein Zauber', antwortet der Eingeborene. 'Ich habe mich verletzt. Schmutz ist in die Wunde gedrungen, sie hat geeitert und heilte lange nicht. Kennst du solche Verletzungen nicht?'"(106)*

So wie die Menschen direkt mit ihrem Körper und seinem Ausdruck lebten, war ihnen eine nicht sichtbare Welt hinter den Dingen selbstverständlich. Ich werde im folgenden zeigen, wie das miteinander von pragmatischem Benutzen und symbolischem Sich-Einfügen in einer traditionellen Gesellschaft funktionieren kann.

## 4.1 Das afrikanische Volk der Karanga als Beispiel einer traditionellen Balance diesseitig/jenseitig

Aschwanden schreibt in seiner "Bewußtseinsanalyse eines afrikanischen Volkes" (der Karanga):

*"Es gibt bei den Karanga kein Verständnis des Problems Krankheit, ohne daß dabei Aspekte wie Glauben an Gott, Totengeister, Beziehung zur Natur, Probleme der Heirat, des Geschlechtsverkehrs und vieles andere mehr mitberücksichtigt werden. Mit irgendeiner Beschränkung wären die wirklichen und*

*bewußtseinsträchtigen gedanklichen Strukturen der sogenannten 'Primitiven' nicht zu erforschen gewesen. Die Karanga erwiesen sich so als die Antispezialisten schlechthin, ihre Darstellungsbreite überstieg immer wieder unsere eigenen gedanklichen Entwürfe und Vorstellungen. Nachdem sich etwas Material angesammelt hatte, stellte sich uns bald das schwierigste aller Probleme: das des Symbolbegriffes. Alles im Leben der Karanga, seien es nun Mythen oder Riten, Probleme des Geschlechtsverkehrs oder gar die Bedeutung eines Wasserkrugs, ließ uns laufend über diesen Symbolbegriff stolpern."(107)*

Dabei stellt Aschwanden fest, daß die Welt nicht ausschließlich und an sich mystisch gesehen wird, sondern es klare rationale und pragmatische Beschreibungen gibt, die aber in einer allgemeinen symbolischen Ordnung vereinigt sind. Darüber sind sich die Karanga selbst im klaren:

*"Was sind Symbole? Wie entstehen sie? Was ist mit ihnen beabsichtigt? Was erreichen sie? Solche und viele ähnliche Fragen rufen die Spezialisten wie Anthropologen, Soziologen, Psychologen -um nur einige zu nennen- auf den Plan. Aus diesen Fachgebieten kann das Problem der Symbole angegangen und beantwortet werden. Eine solche Ausgangsbasis aber schien mir von vornherein fragwürdig, solange nicht eine einfache Frage geklärt war: Können die Karanga diese Fragen vielleicht nicht selbst beantworten? Besitzen sie nicht ihre eigenen Vorstellungen, die das Wesen ihrer kulturellen Leistungen verständlich und durchschaubar machen könnten? ... "(108)*

Hier wird eine Distanzierung von der ignorant/äußerlichen Betrachtung nötig, die diese kunstvolle und komplexe Balance diesseitiger und jenseitiger Aspekte auf ein "irrationales" Bewußtsein reduzieren will:

*"Professor H. Witter gibt folgende Zusammenfassung über die Struktur des Traumbewußtseins, die, wie er behauptet, der psychischen Struktur der 'Primitiven' nahestehen soll: 'Die Subjekt-Objekt (Ich-Welt-Verhältnis)-Spaltung fehlt. Das Ich ist ganz in seine Welt integriert. Die Welt wird konkret, irrational, prälogisch, gefühlsmäßig erfaßt. Sie tritt in sinnträchtigen, farbenreichen, aber gleichzeitig verschwommenen und zerfließenden Bildern (Symbolen ... ) vorgestalthaft in Erscheinung ... Der Primitive lebt unreflektierend in seine Welt integriert, weitgehend passiv, gebunden und unfrei!'"(109)*

Aschwanden hält ganz entschieden dagegen:

*"Die Karanga sind ... fähig, die Symbole, Mythen und Rituale mit einer Tiefe und Einsicht zu deuten, die mehr aussagen als jede wissenschaftliche Theorie. Als Gefangener eigener liebgewordener Theorien übersieht man geflissentlich, daß die 'Primitiven' über ein Bewußtsein ihrer eigenen Welt und ihrer Vorstellungen verfügen, wie man es nicht gesucht hat, weil man es nicht vermutete. Zudem, alle Theorien, die nur rational in diese Welt einzudringen versuchen, scheitern eben an ihrem Rationalismus. Denn das Studium der Symbole bei den Karanga verrät, daß dem Bewußtsein ein rationaler wie ein irrationaler Aspekt zuzuordnen ist. So bilden die Karanga ihre Symbole bewußt, ebenso*

*bewußt können sie sie analysieren und deuten, wobei aber unweigerlich das Irrationale zutage tritt. Dieses Irrationale ist dem westlich Denkenden unverständlich, ja widersprüchlich, weil es verstandesmäßig für ihn nicht zu bewältigen ist. Der Afrikaner dagegen vermag diesen Widerspruch in seinen Symbolen zu lösen, wobei er das logisch Verständliche außer acht läßt, weil es für die Symbolbildung auch nie relevant ist. ... (110)*

Zur gleichen Ansicht kommt auch Schmidbauer:

*"Es ist falsch, von einem magischen Weltbild zu sprechen, wenn darunter die vollständige Übermacht eines primitiven 'magischen' Denkens verstanden werden soll ... Die 'Wilden' sind in vielen Belangen genauso rational wie wir. Sie sind nur nicht so von der Vernunft besessen."(111)*

Aschwanden verdeutlicht das Ineinander-Verschränkt-Sein von Konkretem und Symbolischem:

*"Wir werden dabei nachweisen können, daß eine Kalebasse, auch diejenige, die einmal zur shupa (Symbol für den Uterus) erklärt wird, für den Karanga zunächst eine Pflanze ist wie jede andere auch. Er sagt: 'Wir können sie anpflanzen und wachsen lassen, was beim Uterus nicht möglich ist.' Somit besteht primär eine eindeutige Trennung von Subjekt und Objekt in seinem Denken ... ... Unter bestimmten Umständen und zu besonderen Zeiten mag eine Kalebasse zu einem Symbol für den Uterus werden. Dann besteht nur eine Identifizierung, und zwar eine beabsichtigte, die aber wieder rückgängig gemacht werden kann. Der Symbolbildung geht also ein anderer Prozeß voraus, nämlich das sachliche Erkennen der Außenwelt. Gerade im Erkennen der Objekte - unabhängig vom Ich - wird jene Einsicht gewonnen, die einmal die Grundlage der Symbolfindung bildet. Dazu gehört zweifellos ein bewußt reflektierendes Wesen, das sich vom Objekt zu distanzieren vermag. Der Wissenschaftler macht sich die Subjekt-Objekt-Trennung zur Grundlage seiner Forschung. Der 'Primitive' geht den umgekehrten Weg; er hebt die Trennung wieder auf. In diesem Prozeß formt er seine Symbole, mit denen er seine Welt ordnet. In diesem Zusammenhang müssen wir nochmals auf die Identifizierung von Symbol mit dem, was es vertritt, zurückkommen. Wie bereits dargestellt, ist anzunehmen, es handle sich um eine völlige Identifizierung. Ist diese nun wirklich absolut? Um diese Frage zu beantworten, halten wir uns an die Definition, die der Karanga selbst gibt. Er drückt die Identifizierung auf zwei verschiedene Arten aus. Die ein lautet: 'Die shupa nimmt den Platz des Uterus ein', oder: 'Sie ist ein Bild des Uterus' ... Aus diesem Ausdruck könnte man eine metaphorische Deutung des Symbols herauslesen. Aber die andere Ausdrucksweise lautet schlicht: 'Shupa ist der Uterus ... ', oder: 'Die Kalebasse ist ein realer Uterus.' Der Karanga weiß und anerkennt, daß Kalebasse und Uterus zwei verschiedene Dinge sind, doch im Verlauf der Symbolbildung werden beide identisch. Wie sehr er sich der Rätselhaftigkeit und Widersprüchlichkeit des Symbols bewußt ist, verrät seine eigene Deutung: 'Es sind zwei Dinge und doch wiederum nur eines ... ' ... Nur der Glaube an die Identifizie-*

*rung im Symbol vermag -die Widersprüchlichkeit in ihm akzeptierend- seelische Kräfte zu formen und freizumachen. Der 'Primitive', der mit diesen Symbolen bewußt arbeitet, hält sich Möglichkeiten offen, die zivilisierte Völker sich verbaut haben; denn die Wissenschaft zerstörte den Glauben an die Symbole."(112)*

Auf ihrer technischen Ebene waren die Karanga demnach nicht irrational. Vielmehr hatten sie ein genau balanciertes System, welches in modernen Gesellschaften fehlt. Diese sind geblendet von der "Machbarkeit". Dabei wurde mit der Wissenschaft eine Ideologie einseitig/rationaler Beschreib- und Beherrschbarkeit geschaffen, die für die Gattung Mensch objektiv gefährlich ist und für das Individuum die Entwicklung zum Selbst hin verbauen kann.

## 4.2 Die Notwendigkeit eines gut dies-/jenseitig balancierten Weltbildes in der modernen Gesellschaft

Diese Wissenschaft entwickelte sich mit der Einengung der Welt auf ihren pragmatischen Aspekt. Das Nicht-Sichtbare wurde als Aberglaube "entlarvt" und als subjektiv disqualifiziert, bis in neuester Zeit mit dem Fortschreiten der Wissenschaft deutlich wurde, daß die Gültigkeit dessen, was man als Wirklichkeit so schön faßbar, zählbar und handhabbar glaubte, begrenzt ist. Zwar war die Aufklärung wichtig, hat sie uns doch von vielem irrationalen Leid befreit. Auch Aschwanden beschreibt Riten und Bräuche, die nur auf ein traditionell gebundenes Leben hinweisen und nicht schon an sich auf ein tieferes Verständnis und Eingebundensein in die Welt.

Das Funktionieren der Welt, das Wie, können wir zwar viel genauer beschreiben als irgendein Naturvolk, und damit sind viele "abergläubige" Erklärungen überflüssig geworden. Die Grundfragen nach Leben und Tod, dem Sinn des Lebens, dem Warum, können wir nicht auf diese Weise beantworten.

Im Gegenteil hat uns die Aufklärung darüber hinweggetäuscht, daß der Mensch weder in erster Linie ein rationales Wesen, noch die Welt erklärbar ist. Sie hat den Bereich der Ratio vergrößert und die Welt beschreibbar gemacht, doch stehen wir heute vor der Aufgabe, neue, nicht traditionelle Symbole und Religionen zu finden.

Die Karanga hatten eine ziemlich genaue Vorstellung von der Zeugung des Lebens. Trotzdem haben sie sich nie darüber täuschen können, daß das Leben ein Geheimnis ist. Sie sagten: *"Wir Menschen zeugen den Körper, Gott gibt die Seele dazu,"*(113) oder *"Wir helfen einander mit Hilfe des Schöpfers."*(114)

Wir als moderne Menschen können nun über die Biologie der Zeugung usw. viel mehr und viel Genaueres sagen, zu dem Geheimnis des Lebens aber fällt uns nicht mehr ein.

Wenn Aschwanden so oft darauf hinweist, daß der Akt der Symbolbildung bei den Karanga bewußt sei, so verstehe ich das nicht im Sinne von willkürlich, sondern -wie zuvor genau dargestellt- daß ihnen der Doppelcharakter der Realität bewußt ist. Die Symbole selbst und die Tatsache ihrer Existenz und Bedeutung fasse ich als Formen und Grundgestalten des Lebens auf, wie auf

S.445ff ausführlich beschrieben wird.
So verstehe ich aber auch Aschwanden, der die Symbolbildung als so natürlich wie die Tätigkeit des Magens bezeichnet:

*"Mit dem Wort Symbol beziehe ich mich nicht auf jene 'Symbole', die man Zeichen oder Metaphern nennen kann; ich beziehe mich einzig auf jene Symbole, die durch eine Identifizierung zustande kommen, wie das am Beispiel von shupa und Uterus dargestellt wurde. Diese Art der Symbolbildung ist ein universelles Phänomen der menschlichen Existenz überhaupt. Wir finden es in der Identifizierung, die keiner Logik zugänglich ist. Diesen Prozeß prälogisch nennen, heißt, alle Menschen als prälogisch bezeichnen, 'Primitive' und moderne Wissenschaftler. Denn Menschen haben immer, in allen Kulturen, Symbole gebildet ... "(115)*

Aschwanden stellt heraus, daß Symbolbildung, das Verstehen von Symbolen und ein grundlegendes Verstehen der transzendenten Aspekte des Lebens durch das "Sowohl als auch" von Symbolhaftem und Konkreten für die Psyche generell notwendig sind:

*"Wir haben es hier mit einer jedem Menschen immanenten Gegebenheit zu tun, die so natürlich und real an[zu]erkennen ist wie die physiologischen Funktionen des Körpers. Deshalb ist jegliche Symbolbildung als solche verständlich, weil sie sich aus einem universal zu akzeptierenden Phänomen des Menschseins herleitet. Die Funktion des Magens wird als selbstverständlich begriffen (so rätselhaft sie auch bleibt); die Symbolbildung, ein Grundphänomen des Menschseins, muß im gleichen Sinn verstanden werden, auch dann, wenn ihre Funktion und Struktur nicht leicht erkennbar ist und unser Begreifen weit übersteigt."(116)*

Der Magen ist Teil der "Natur-im-Menschen". Die Symbolbildung hat mit dem Bewußtsein zu tun, welches die Natur-im-Menschen reflektiert und ihn von ihr trennt. In der "Natur des Menschen" ist die Fähigkeit zur Überwindung des Bruches angelegt, indem die Ratio in die Symbolbindung gefügt wird. Welche Probleme ein unentwickeltes Bewußtsein hat, die Balance zwischen Konkretem und Transzendenten zu halten sowie in einem ganzheitlichen Bewußtseinsprozeß Symbole zu finden und zu nutzen, werde ich im Kapitel V beschreiben.
Heute ist klar, daß das, was man von östlichen Lehren, Schamanen, Erfahrungen unter bestimmten Drogen und von Sterbenden als subjektive Äußerungen abhaken zu können glaubte, andere Welten darstellt, die nur nicht offensichtlich sind. Alle Menschen müssen einmal sterben, und schon die Übereinstimmung des ägyptischen sowie des tibetanischen Totenbuches mit den Erfahrungen moderner Sterbender zeigt, daß es sich um Wirklichkeiten handelt, die nur nicht rational zugänglich sind, mit denen man sich aber besser beschäftigen sollte. Schnier zitiert Grof/Halifax:

*"Für eine erfolgreiche Vollendung der Reise ist es unerläßlich, daß man mit der Geographie und den Regeln der anderen Welt vertraut ist. So entwickelten viele jener Kulturen, die an ein Leben nach dem Tode glauben, komplizierte, umfangreiche Prozeduren, die den einzelnen mit der Erfahrung des Sterbens vertraut machen. In allen Zeitaltern und in vielen Kulturen gab es rituelle Veranstaltungen, bei denen die Menschen eine wirkungsmächtige symbolische Begegnung mit dem Tod erlebten. Diese Konfrontation ist das Kernereignis der Durchgangsriten ('rites de passages') bei Tempelinitiationen, in den Mysterienreligionen und Geheim-gesellschaften wie auch in verschiedenen ekstatischen Religionen. Nach den Schilderungen in den historischen Quellen und in der anthropologischen Literatur führen solche profunden Erfahrungen eines symbolischen Todes nicht nur zu einer überwältigenden Erkenntnis der Vergänglichkeit der menschlichen Existenz, sondern auch zu einer erleuchtenden Einsicht in das transzendente, ewige, spirituelle Wesen des menschlichen Bewußtseins. Rituale dieser Art verbinden zwei wichtige Funktionen: Zum einen führen sie beim Initianden einen tiefgehenden Wandlungsprozeß herbei, der auf diese Weise eine andere Art der Welterfahrung entdeckt; zum anderen dienen sie als Vorbereitung auf den tatsächlichen physischen Tod. In mehreren Ländern wurden spezielle Anleitungen erarbeitet, die den einzelnen bei der Begegnung mit dem Tod führen und leiten, sowohl bei der Erfahrung des Todes auf der symbolischen Ebene im Rahmen spiritueller Praktiken, als auch bei der physischen Vernichtung des biologischen Gefäßes. Das tibetanische Totenbuch, der Bardo Thödol, die Sammlung von Bestattungstexten, die gewöhnlich das ägyptische Totenbuch, das Pert Em Hru, genannt wird, und die Literatur des Mittelalters über die 'Kunst des Sterbens', die sogenannte Ars-Moriendi-Literatur, sind die bekanntesten Beispiele dieser Art.(117)*

Die Verschiebung der Balance zwischen diesseitig/jenseitig zugunsten des Diesseitigen ist nicht zufällig gekommen, sondern war ein notwendiger Entwicklungsschritt. Um darstellen zu können, wie in der modernen Welt mit ihrem Mehr an rationalem Wissen eine angemessene Balance aussehen könnte, ist folgender Exkurs nötig:

### 4.3 Geschichte der Verzerrung der Balance zum diesseitig/pragmatischen hin

Der Versuch, unabhängig von der Natur zu werden, verschob grundsätzlich die traditionellen Balance-Verhältnisse. Mit der Befreiung des mittelalterlichen Menschen durch die Renaissancephilosophie (Kapitel II, S. 78f) wurde eine pragmatische Sichtweise eingeführt.
Eine rationale Wissenschaft, die bürgerliche Gesellschaft und die Profanisierung aller Lebensbereiche ermöglichten eine diesseitige Umgestaltung der Welt. Sie wurde als etwas Benutzbares, rational Erklärbares und Beschreibbares, als etwas Berechenbares definiert. Die parallele Sichtweise, die Welt als Geheimnis zu sehen, als unvorhersehbares Wunder, in dem nichts vergleichbar ist und in seiner Eigenart einzig für sich steht, wurde verworfen.

Wissenschaft war unter diesem Vorzeichen der konsequente Versuch, den Doppelcharakter der Wirklichkeit zu vereinheitlichen und die Welt erklär- und beherrschbar zu machen, wobei der unschätzbare Aspekt, die Welt vergleichbar zu machen und eine entsprechende Kommunikation zu ermöglichen oft in den Dienst eines rigoros rationalistischen Kalküls gestellt wird. So veränderte sich in Europa die Gleichzeitigkeit von praktischem Verständnis und mystischer Einbindung. Man hatte, wie Wichman schreibt,

*"vermehrt zu erkennen gelernt, daß die Erfindung auf naturwissenschaftlichem Gebiet sich außerordentlich nützlich, arbeitssparend und leisungssteigernd verwenden läßt. Der Kalkül zielte zwangsläufig darauf, vor allem diese Errungenschaften abstrahierend -ihres ehemaligen natürlichen Kleides enthoben- weiterzureichen."(118)*

Die enormen Erfolge dieser Erkenntnistätigkeit im Dienste der Kontrolle der Realität stützten ihre erkenntnistheoretische Voraussetzung eines mechanistisch materialistischen Weltbildes. So festigte sich diese Umdeutung der Wirklichkeit.
Die doppelte Sichtweise der Welt läßt sich aber auf Dauer nicht auflösen. Unser Denken ist als Abstraktion der Wirklichkeit entstanden, erkennt nicht die Dinge an sich, sondern macht sie uns, wie im Wahrnehmungskapitel dargestellt, für unser Bild von der Welt verfügbar.
Ein konsequentes Weiterdenken der logischen Begrifflichkeit, die als Fortschreibung der diesseitigen Ich-Funktion entstanden ist, führt ihre eigenen Annahmen ad absurdum, und gleichzeitig wird in diesem Weiterdenken die Möglichkeit einer neuen Balance sichtbar:

### 4.3.1 Die Entwicklung des naturwissenschaftlichen Weltbildes

Die Grundannahmen John Isaac Newtons sind[10]: das Universum ist aus unteilbaren kleinsten Einheiten fester Materie, den Atomen, zusammengesetzt, was als Idee schon im antiken Griechenland vertreten wurde. Sie sind durch Anziehungskräfte, die auf Schwerkraft beruhen, miteinander verbunden, der Stärke ihrer Masse direkt und dem Quadrat ihrer Entfernung indirekt proportional. Sie befinden sich im dreidimensionalen euklidschen Raum, dessen Dimensionen unabhängig voneinander sind, d.h. senkrecht aufeinander stehen und sind als Materie klar vom Raum unterschieden und unabhängig.
Die Zeit läuft konstant und unabhängig von der materiellen Welt von der Vergangenheit durch die Gegenwart in die Zukunft.
Auf dieser Grundlage hat die Physik enorme Fortschritte gemacht. Sie alle sind gekennzeichnet durch ein Verknüpfen systematischer Sinnesbeobachtung mit Hilfe der Logik, die selbst wieder durch die sinnliche Erfahrung der Realität entstand, dem Ordnen dieser Beobachtungen zu Theorien mit Hilfe von Intuition und dem Operationalisieren ihrer Begriffe zum Zwecke der Überprüfung daraus abgeleiteter Hypothesen an der Wirklichkeit.
Das geschieht in einer experimentell hergestellten Situation, die durch eine

Kontrolle der Variablen gekennzeichnet ist und so eine Beobachtung von Wirksamkeiten ermöglicht.

All das geschieht auf der Grundannahme Rene Descartes', es gäbe eine unabhängig vom Beobachter existierende Welt (Unterscheidung von res cogitans und res extensa), die mit Hilfe von Beobachtung adäquat beschreibbar wäre. Abgesehen davon, daß die Tatsache der Existent der Welt von beiden eher religiös erklärt wurde (Descartes nahm als Grundlage der Objektivität der Welt ihre Wahrnehmung durch Gott an, Newton nahm zwar ein materialistisch/deterministisch beschreib- und vorhersagbares Universum an, erklärte aber seine Herkunft und Beschaffenheit mit Gottes Schöpfungsakt), war damit praktisch die Voraussetzung für eine rationale Beschreibung gegeben, und die Physik erarbeitete in der Folge nützliche, überaus erfolgreiche Modelle für die mittlere Größenordnung, in der sich der Mensch bewegt und an der und für die sich seine Wahrnehmung entwickelt hat.

Die weitere Entwicklung von Wissenschaft und Technik brachte die Menschheit in Kontakt mit mikro- und makroskopischen Bereichen, und hier versagt dieses Bild.

In Einsteins Relativitätstheorie ist der Fluß der Zeit nicht absolut, sondern relativ zur Geschwindigkeit des Beobachters. Sie hängt mit dem Raum und der Masse zusammen, deren Unterscheidung in der Quantenmechanik neu definiert werden.

Demnach kann man nicht von festen Teilchen im Raum sprechen, sondern nur noch von Auftretenswahrscheinlichkeiten, die außerdem nicht von der experimentellen Anordnung zu trennen sind (Nils Bohrs Prinzip der lokalen Kausalität).

Im experimentellen Nachweis der Einsteinschen Behauptung, daß die Grundlage von Materie nicht Substanz, sondern Energie sei, ($E=M \cdot C^2$), konnte man Materieteilchen aus Energie erzeugen und sie wieder darein überführen.

Die Hochfrequenzphysik (es müßte heißen: Die Hochenergiephysik, d. Verf.) läßt subatomare Teilchen mit Lichtgeschwindigkeit kollidieren, die sich dann zwar mehrfach teilen lassen, aber dabei nicht kleiner werden.

Die von uns wahrgenommene Welt fester Gegenstände im Raum ist in der Quantenphysik nichts als ein dynamisches Muster von Verdichtungen eines kontinuierlichen Feldes, das sich über den ganzen Raum erstreckt.

Je nach Untersuchungsmethode lassen sie sich als Wellen oder Teilchen wahrnehmen. Diese Paradoxie im Sinne der Unvereinbarkeit obiger Beobachtungen mit der aristotelischen Logik akzeptiert die Physik Niels Bohrs mit dem Komplementaritätsprinzip -der Annahme von Wirklichkeitsaspekten, die einander ausschließen, aber für das Verständnis des Phänomenes nötig sind.

Bohr verweist darauf, daß es die Tatsache der Beobachtung ist, die das ungebrochene Ganze stört und Paradoxien erzeugt.

Gregory Bateson betont, daß wir mit unserer Wahrnehmung nicht das Wesen der

Dinge erfassen, sondern Sinnesumwandlungen über Unterschiede erfahren: Mit der Fortschreibung der Sinnesbeobachtung in der modernen Physik beschreiben wir die von uns selbst erzeugten Aspekte des Ganzen, die durch die Wahrnehmung verändert werden. Wir machen Aussagen über die Wahrscheinlichkeit von Wechselwirkungen.
Das Einstein-Podolsky-Rosen Experiment und damit zusammenhängende Bell Theorem endlich legt vollends ein verändertes Verständnis des abendländischen Kausaldenkens, daß den Geist als Produkt der Materie sieht, nahe. Es konvergieren die Erfahrungen Sterbender, die Ergebnisse moderner Psychologie und Bewußtseinsforschung sowie die Einsichten von Schamanen mit der Quintessenz östlicher Philosophie und Weisheit: Danach könnte man eher die Materie als ein Produkt des Geistes sehen oder sagen, Geist sei die Gesamtheit des Bewußtseins der Materie, eins sei im anderen enthalten.:

*"Zur vereinfachten Version des E.P.R. Experiments gehören zwei Elektronen, die in entgegengesetzter Richtung kreisen, so daß ihr Gesamtspin Null beträgt. Man vergrößert nun die Entfernung zwischen ihnen so lange, bis sie makroskopisch geworden ist. Zwei voneinander unabhängige Beobachter stellen nun ihren jeweiligen Spin fest. Die Quantentheorie sagt voraus, daß in einem System aus zwei Teilchen, deren Gesamtspin Null ist, der jeweilige Spin um jede beliebige Achse immer korreliert, d.h. entgegengesetzt ist. Obwohl vor der eigentlichen Messung nur von Spintendenzen gesprochen werden kann, werden diese Tendenzen durch den Akt der Messung in Gewißheiten verwandelt. Dem Beobachter steht es frei, welche Meßachse er verwenden will, und damit wird sofort der Spin des anderen Teilchens, das tausende von Kilometern entfernt sein kann, festgelegt. Nach der Realativitätstheorie kann kein Signal schneller als das Licht sein. Die Situation ist also im Prinzip undenkbar. Die unmittelbare nichtlokale Verbindung zwischen diesen Teilchen kann deshalb nicht als Verbindung durch Signale im einsteinschen Sinn zustandekommen. Eine Kommunikation dieser Art geht über das konventionelle Konzept der Informationsübermittlung hinaus ... Das Bellsche Theorem bringt die Physiker in ein schwieriges Dilemma. Es weist darauf hin, daß entweder die Welt objektiv nicht real ist, oder daß sie durch Kanäle verbunden ist, über die Kommunikation schneller als das Licht erfolgt. Nach Henry Stapp beweist Bells Theorem die tiefe Wahrheit, daß das Universum entweder grundsätzlich gesetzlos, oder grundsätzlich untrennbar ist."(119)(Grof),* (an dessen Sichtweise ich mich auch bei der vorigen Darstellung der Entwicklung des naturwissenschaftlichen Weltbildes orientiert habe.)

Die ich-hafte Einordnung der Welt aufgrund eines von der sinnlichen Wahrnehmung abstrahierenden Denkens führt, wenn man konsequent weiterdenkt, zu Widersprüchen in sich selbst, die auf das Irreduzierbare, Irrationale und Nicht-Erklärbare der Welt hinweisen:

### 4.4 Esoterische und exoterische Überführung von dies- und jenseitig ineinander

Im Sinne der Suche nach einer neuen Balance zwischen pragmatischen und transzendenten Aspekten interessant ist auch Ilya Prigogines Revision des zweiten thermodynamischen Gesetzes, die Formulierung des Prinzips der Ordnung durch Fluktuation der dissipativen Strukturen in chemischen Reaktionen(120). Die entsprechende Evolutionstheorie, nach der das vereinigende Prinzip das dynamische Gefüge der offenen, nicht im Gleichgewicht befindlichen Systeme ist, kann man auf ihrer Ebene als ganzheitlich bezeichnen. Sie gewährleistet, daß sich das Leben zu immer neueren dynamischen, komplexeren und höher integrierten Formen entwickelt. Hier wird auf der naturwissenschaftlichen Beschreibungsebene die sinnvolle Ganzheit der Schöpfung als Verbindung in der Verschiedenheit, wie in Kapitel 1 (S.52 oben) beschrieben, deutlich.

*"Gestaltung Umgestaltung, des ewigen Sinnes ewige Unterhaltung"(121),*

schreibt Goethe und mit seinem schon im Anthropologiekapitel zitierten

> *"Müsset im Naturbetrachten*
> *immer eins wie alles achten:*
> *Nichts ist Drinnen, Nichts ist Draußen;*
> *Denn was innen das ist außen.*
> *So ergreifet ohne Säumnis*
> *Heilig öffentlich Geheimnis"(122),*

nahm er eine andere Erfahrung moderner Wissenschaft, die auch im Avatamsaka-Sutra beschrieben ist, vorweg:

*"Im Himmel Indras, sagt man, hängt ein Netzwerk von Perlen so angeordnet, daß du beim Anblick einer Perle alle anderen in dieser wiedergespiegelt siehst. Genauso ist jeder Gegenstand in der Welt nicht nur er selbst, sondern ein Teil jedes anderen, er ist in Wirklichkeit alles andere."(123)(Eliot)*

Es drängt sich die Parallelität zur physikalischen Theorie der dynamischen Qualität des physikalischen Vakuums auf, in der alle Formen aus der Welt der Teilchen enthalten sind sowie dem holonomen Modell der Erklärung von Gehirnfunktionen -z.B. daß sie zugleich verteilt und auch lokalisiert erscheinen- des Anatomen Pribram(124). Die konsequente Fortschreibung sensorischer Wahrnehmung in der modernen Physik trifft so wieder auf den Doppelcharakter der Realität.
So ist, wie Kleist sagt, man einmal um die Welt herumgegangen und ist, nachdem man das Funktionieren der Welt ziemlich genau untersucht hat, wieder bei ihrem Urgeheimnis angelangt:
So scheint es mit ungeheuren Rechenoperationen möglich zu sein, von der Ausdehnungsgeschwindigkeit und Masse des Universums auf den Zeitpunkt des Urknalls zurückzurechnen. Warum aber überhaupt etwas ist, ob vorher etwas war u.s.w., für diese Fragen hilft das nicht weiter.

## 4.5 Naturwissenschaft, Bewußtseinsforschung, das Subjektive im Objektiven und das Objektive im Subjektiven

Der Grundgegebenheit, daß alles sowohl "für sich" als auch "für etwas anderes" steht -also konkret und im übertragenen Sinne gelten kann-, trägt auch die neuere Bewußtseinsforschung Rechnung:
Grof stellt fest, daß die Repräsentation von Erlebnissen im Bewußtsein wie in Spiralen übereinander angeordnet ist. Komplexe ähnlicher Art sind aufeinander und auf eine Urprägung, die Grundmatrix genannt wird und bei der Geburt entsteht, bezogen. Nachdem die Verdrängungen des aktuellen Lebens durchgearbeitet wurden, kommen die Patienten meist zu frühkindlichen und dann zu Erlebnissen und Traumata prä- peri- und postnataler Art(125).
Im weiteren Fortschreiten über diesen individuellen Kontext hinaus wird das, was in der Quanten- und Relativitätstheorie in mathematischen Formeln ausgedrückt wird und die Grenzen unserer am Alltagsbewußtsein entstandenen Vorstellungskraft sprengt, direkt erfahren. Das Lineare und die Dreidimensionalität des Raum-Zeit-Kontinuums sind aufgelöst. Identifikationen mit mikro- und makroskopischen Strukturen sind möglich, die nach Grof die naturwissenschaftliche Beschreibung exakt treffen sowie Erlebnisse aus früheren Inkarnationen:

*"Die ohnehin schon gewaltige theoretische Brisanz dieser Beobachtungen wird aber noch weiter durch die Tatsache verschärft, daß in psychedelischen Sitzungen transpersonale Erfahrungen, die die materielle Welt korrekt wiederspiegeln, auf derselben Ebene und in enger Verflechtung mit Erfahrungen auftreten, deren Inhalt nicht mit der in der westlichen Zivilisation vorherrschenden Weltanschauung übereinstimmt. ... "(126)*

Darüber hinaus werden geistige Kräfte im Sinne von Jungs Archetypen, Göttern, ja die Gesamtheit des Universums, das Nirwana, erlebt.

*"Menschen, die klinisch tot waren und zum Leben zurückkehrten, das tibetanische und ägyptische Totenbuch, Erleuchtete in Zen und Yoga, Schamanen aus aller Welt, Patienten aus modernen evokativen, transpersonal orientierten Therapien, machen ähnliche Aussagen über die Beschaffenheit einer nicht sinnlich wahrnehmbaren Wirklichkeit."(127)*

Ereignisse paranormaler Art, nicht nur im Sinne von Jungs Synchronizität, lösen sich im Verstehen einer höheren Ordnung auf.

*"Ich will hier von objektiver ... Subjektivität reden, da es sich um etwas interindividuell Feststellbares aber nur durch innere Wahrnehmung Erfahrbares handelt." ... .(128)*

Damit ist ein Bewußtsein, das seine ich-hafte Begrenzung transzendiert, auf diese Art, indem es die Welt umfaßt, wieder Teil der Ganzheit.

*"Diese Ergebnisse legen deutlich nahe, daß jeder von uns in einer noch nicht geklärten Weise Informationen über das gesamte Universum oder die Gesamt-*

*heit der Existenz besitzt, den potentiellen Zugang zu allen ihren Teilen hat und zu einem gewissem Teil das gesamte kosmische Netzwerk selber ist - wie er auch gleichzeitig nur einen unendlich kleinen Teil dieses Kosmos, ein isoliertes und unbedeutendes biologisches Wesen darstellt."(129)(Grof)*

Damit ist die Theorie vom Selbst, das als Objektives im Subjektiven das Individuum jenseits der ich-haften Beschränkung mit der Welt verbindet, experimentell untermauert. Die Begrenzung naturwissenschaftlicher Beschreibungsmöglichkeiten in der klassischen Subjekt-Objekt Trennung formuliert Prigogine:

*"Wir beginnen zu erkennen, warum wir in den meisten uns interessierenden Fällen das ideale 'maximale Wissen' weder in der klassischen, noch in der Quantenmechanik erreichen können. In unserem 'partizipatorischen' Universum können wir die Anfangsbedingungen nicht beliebig manipulieren."(130)*

Erkennen ist immer ein persönlicher Vorgang, an dem der erkennende Mensch beteiligt ist und der nur durch ihn hindurch -und damit durch seine Subjektivität- möglich ist.

*"Wir haben, genauer gesagt, anzuerkennen, was uns, die wir ein Teil der Natur sind, die wir beschreiben, möglich ist. In der Dynamik ist also in einem gewissen Sinn eine sehr ähnliche Entwicklung festzustellen wie in der Thermodynamik. Auch dort bedeutete die Entdeckung von irreversiblen Prozessen, daß die Grenzen der Manipulation erkannt werden müssen. In der Geschichte der Physik taucht während unseres Jahrhunderts immer wieder ein Thema auf: die Zugehörigkeit des Menschen zur Natur, die Entdeckung, daß uns eine Beschreibung von außen nicht möglich ist. Wir sind, dem bekannten Ausspruch von Niels Bohr zufolge, in dieser Welt sowohl Handelnde als auch Zuschauer."(131)*

Während in Prigogines Zitaten die Begrenzung eines rein rationalen äußeren Begreifens durch Beschreiben und Analysieren deutlich wird, beleuchtet Grof mit neuer Evidenz und experimentell, was Jung, Dürkheim und andere phänomenologisch erforscht hatten: Der Mensch ist durch die (notwendige) äußerlich/distanzierende Beobachtung getrennt, durch sein inneres Wesen aber verbunden mit der Welt. Jungs und Dürkheims Äußerungen darüber, daß die ich-hafte Begrenzung, die den Menschen trennt, überwunden wird mit der Entwicklung zum Selbst, welches den Menschen über sein Schicksal mit der Welt "objektiv" verbindet(s. Fußnote 11, S. 92, Kapitel II), entsprechen Grofs Beobachtungen: Er stellte fest, daß Menschen in Zuständen, in denen ihr Ich-Bewußtsein ausgeschaltet war, über Informationen von naturwissenschaftlichen Sachverhalten verfügten, die sie als Laien nicht haben konnten und was auch gar nicht direkt beobachtbar war sowie Wissen über esoterische Sichtweisen aus fremden Kulturen u.s.w., was auch den Erfahrungen aus Trancen und ähnlichen Bewußtseinszuständen entspricht(132).

## 4.6 Die Möglichkeit und Notwendigkeit einer sinnvollen "pragmatischen" Balance Dies-/Jenseitigkeit

Die Frage nach der Balance von diesseitigen und jenseitigen Sichtweisen läßt sich mit der nach dem Verhältnis von Schicksal und Freiheit verknüpfen, die ich in Kapitel II behandelt habe. Freiheit als Unabhängigkeit von der Natur ist nur möglich in einem vom Beobachter unabhängig regelmäßig funktionierenden Universum, das dann manipulierbar ist. Zufall als Schicksal entzieht sich aber dem rationalen Kalkül. Dem entspricht die doppelte Sichtweise von natürlich/übernatürlich bei Naturvölkern. Gerade das sogenannte Übernatürliche ist Teil der Natur, nur ist es nicht offen ersichtlich und im allgemeinen nicht im üblichen Rahmen erklärbar und vorhersehbar. Immerhin ist es in der Magie und im Schamanismus beeinflußbar. Damit meine ich nicht die beliebige Verfügbarkeit und Manipulation wie bei technischen Abläufen, sondern die Einfühlung von Fall zu Fall im Sinne eines Paktes mit der Natur[11].

Das Sich-Einlassen auf die Situation, ein schicksalhaftes Annehmen, trägt in sich die Möglichkeit der Transzendierung ihrer Bedingung. In dieser Situation ergibt sich das Unbegreifliche, Transzendente, aus dem Ernstnehmen des Direkten, Greifbaren:

*"Do you have supernatural powers?",*

wird der indianische Zauberer John Deer von einem Professor gefragt.

*"No, I only have natural powers, but they are super."(134)*

Die Natur hat offensichtlich Teile, die vorausberechenbar sind und Teile, die sich der rationalen Beschreibung und Erklärung entziehen, genauso wie es im Leben des Menschen Freiheit und die Wahl des Weges, die Veränderung der Lebensbedingungen, aber auch Zufälle, Unfälle und Schicksal gibt, so daß die "primitive" Version einer doppelten Beschreibung in konkreter und pragmatischer Hinsicht angemessen und praktisch scheint.

Dem nähert sich auch Prigogine: Er stellt fest, daß es keine einfachen Prozesse gibt, auf die man dann alles zurückführen könnte. Auch im mikroskopischen Bereich ist alles hochkomplex und nicht letztlich determinierbar. Dabei kommen wir genau zu John Deer's Wortspiel vom Mit-Inbegriffen-Sein des "Übernatürlichen" in der Natur. Prinzipiell ist alles beobachtbar, die Komplexität macht aber ab einem bestimmten Punkt das Nicht-Nachvollziehbare, nicht Vorherbestimmbare aus.

*"Es sei betont, daß eine Trajektorie ein 'globaler' Begriff ist, der sich theoretisch auf eine beliebig lange Zeitperiode bezieht. Es kann sein, daß eine Trajektorie während einer Million Jahre periodisch zu sein scheint und dann ihren Charakter ändert. Wir können demnach folgende Schlußfolgerung formulieren: ... Um die Art einer Trajektorie zu bestimmen, wäre hier eine unendliche Genauigkeit erforderlich. Wenn wir ein dynamisches System während einer unendlich langen Zeit beobachten könnten, würden wir natürlich wissen,*

*welcher Art von Trajektorie es folgt. Es sind allerdings miteinander offenkundig unvereinbare Aktivitäten, ein System während einer unbegrenzten Zeit zu beobachten und seine Entwicklung 'vorherzusagen'(135),*

so daß formuliert wird, was wir aus alltäglicher Erfahrung wissen: Ob in der Prognose des Wetters oder ökonomischer Entwicklungen, es ist nur weniges vorhersagbar.

Nun könnte man einwenden, daß das mit Hilfe von mehr Daten prinzipiell doch ginge. Wie kommt Prigogine dazu, eine Vorhersagbarkeit auszuschliessen? Zum einen liegt das an der schon erwähnten Tatsache, daß die Natur nicht auf einfache Strukturen im mikroskopischen Bereich reduziert werden kann. Es treten komplexe Wechselwirkungen auf, bei denen sich Einzelteile so verhalten, als wüßten sie vom Ganzen. Diese Ordnung durch Schwankung (an anderer Stelle auch Fluktuation genannt) wäre aber noch berechenbar und umkehrbar. Es gibt aber Punkte, die nicht determinierbar sind:

*"Wir gelangen nämlich zu der Schlußfolgerung, daß die Schwankungsgesetze in Gleichgewichtsnähe allgemeingültig sind, während sie in größerer Entfernung vom Gleichgewicht in Systemen mit einer nichtlinearen Kinetik je nach Art der Nichtlinearität spezifisch werden. Besonders in der Nachbarschaft von Verzweigungspunkten, wo das System zwischen verschiedenen Funktionsweisen 'wählen' kann, sind abnorm starke Schwankungen zu erwarten; Schwankungen können sogar die gleiche Größenordnung wie die makroskopischen Mittelwerte erreichen. An eine makroskopische Beschreibung, also an eine Unterscheidung zwischen Schwankungen und Mittelwerten, ist nicht einmal mehr zu denken ... Abnorme Schwankungen in der Nähe von Verzweigungen haben noch einen weiteren Aspekt. Zwischen normalerweise voneinander unabhängigen Ereignissen können Korrelationen auftreten. Wenn wir uns dem Verzweigungspunkt des Brüsselators nähern, verhält sich das System als ein Ganzes. Gebiete, die durch makroskopische Entfernungen voneinander getrennt sind, werden korreliert: Die Geschwindigkeiten der in diesen Gebieten stattfindenden Reaktionen werden voneinander abhängig, und lokale Ereignisse haben somit Rückwirkungen auf das ganze System ... Das indifferente Chaos des Gleichgewichts weicht somit einem aktiven Chaos, das potentiell eine Vielzahl von Strukturen enthält."(136)*

Dann versagt jede Berechnung.

*"Hier kommt ein irreduzibles Zufallselement ins Spiel; die makroskopische Gleichung kann uns nicht sagen, welchen Weg das System nehmen wird. Es hilft uns nicht viel, wenn wir uns der mikroskopischen Beschreibung zuwenden. Auch dort wird keine Unterscheidung ... auftreten. Wir stehen vor Zufallsereignissen, die dem Problem des Würfelspiels sehr ähnlich sind."(137)*

*"Um die komplexe raum-zeitliche Aktivität zu erzeugen, die in chemischen oder biologischen Systemen beobachtet wird, müssen wir das Verzweigungsdiagramm weiter verfolgen ... .Wir haben schon im vorigen Abschnitt die Beziehung zwischen Verzweigung und Geschichte betont. Sie wird noch deutlicher,*

*wenn wir die Möglichkeiten von aufeinanderfolgenden Verzweigungen betrachten, bei denen dem System immer mehr mögliche 'Landschaften' eröffnet werden ... Der 'geschichtliche' Weg, auf dem das System sich entwickelt, wenn der Kontrollparameter zunimmt, ist charakterisiert durch eine Aufeinanderfolge von stabilen Bereichen, in denen deterministische Gesetze herrschen, und instabiler Bereiche in der Nähe der Verzweigungspunkte, wo das System zwischen mehr als einer möglichen Zukunft 'wählen' kann. Der deterministische Charakter der kinetischen Gleichungen, mit deren Hilfe die Menge der möglichen Zustände und ihre jeweilige Stabilität berechnet werden können, und die zufälligen Schwankungen, die zwischen den Zuständen in der Nähe von Verzweigungspunkten 'wählen', sind unauflöslich miteinander verbunden. Was die Geschichte des Systems bestimmt, ist diese Mischung aus Notwendigkeit und Zufall,"(138)*

womit der Begriff des Schicksals -des nicht mehr rückgängig zu machenden, unvorhersehbaren- in die Naturwissenschaft eingeführt wäre. Hier beginnt nun die schamanistische "Wissenschaft vom Zufall"(139), deren Sinn sich auf der symbolhaften und poetischen Ebene erschließen lassen kann und die, wie in Kapitel IV, S. 224 und 227beschrieben wird, durch Einfühlung und Intuition, im Eins-Werden mit der Natur beeinflußbar wird.

*"Man kann sagen, Lukrez habe das clinamen in dem gleichen Sinn erfunden, in dem archäologische Relikte 'erfunden' werden: Man 'ahnt', daß sie da sind, bevor man zu graben beginnt. Woher kämen, wenn es nur monotone, reversible Trajektorien gäbe, die irreversiblen Prozesse, die wir hervorrufen und erfahren? Dort, wo die Trajektorien nicht mehr determiniert sind ... beginnt die Natur. Dort beginnt auch eine neue Wissenschaft, welche die Geburt, die Ausbreitung und den Tod der natürlichen Wesen beschreibt. 'Die Physik des Falls, der Wiederholung, der rigorosen Verkettung wird ersetzt durch die schöpferische Wissenschaft des Zufalls und der Umstände'. Die foedera fati werden ersetzt durch die foedera naturae, die nach Serres gleichzeitig 'Gesetze' der Natur, d.h. lokale, singuläre historische Zusammenhänge bezeichnen, aber auch ein 'Bündnis', eine Art Vertrag mit der Natur."(140)*

Für ein ganzheitliches Erleben ist eine besondere Art von Balance zwischen diesseitig/jenseitig notwendig: das Diesseitige ernst zu nehmen und darin das Jenseitige zu erkennen. Das hat direkt mit der Qualität der Ich-Funktion zu tun:

Grof unterscheidet zwischen hylo- und holotropem Bewußtsein. Damit meint er den Zugang zu der konkret/realitätsbezogenen, pragmatisch orientierten gegenüber der meditativ erfahrbaren, mystisch beschreibbaren, spirituellen Dimension. Psychische Gesundheit sieht er als Integration beider Aspekte, psychotische Symptome als Steckenbleiben in Übergangsstadien, als Interferenz der Ebenen.

- Ein ausschließlich materialistisch orientierter Mensch ist zwar vordergründig überlebenstüchtig, aber flach und unkreativ. Er wächst nicht mehr und ist im Sinne der freudschen Analyse durch seine Erfahrung determiniert.

- Ein ausschließlich spirituell orientierter Mensch ist nicht überlebensfähig:

  *"Ein Mensch, der vollkommen im holotropen Bewußtsein versunken ist, bedarf der Hilfe anderer Menschen, die für die Befriedigung seiner Grundbedürfnisse sorgen. Zahlreiche Berichte über Schüler, die sich in dieser Weise um ihre Meister kümmern, während diese ihre Samadhi- oder Satorierlebnisse hatten, können hier als Beispiel aufgeführt werden."(141)(Grof)*

Mit dieser Darstellung wird der Spannungsbogen zwischen diesseitiger und jenseitiger Sichtweise deutlich.

Nur ein regulationsstarkes Ich ist in der Lage, die Spannung zwischen beiden Polen auszuhalten. Beides ist direkt mit der dynamischen Komponente des Verhältnisses von Sicherheitsbedürfnis und Wachstumskraft verbunden. Ganzheitlichkeit und psychische Gesundheit hängen von einem gut ausbalancierten Verhältnis beider Aspekte, von den Balancen zwischen Sicherheitsbedürfnis und Wachstumskraft sowie Diesseitigkeit und Jenseitigkeit ab.

Dabei liegt in der Qualität von Diesseitigkeit die Möglichkeit ihrer Transzendierung:

Wie ein gutes Zurechtkommen im Diesseitigen eine jenseitige Orientierung ermöglicht, kommt es bei der Auswirkung der Wachstumskraft auf das gute Funktionieren des Ich und seiner Ordnungsfunktion an. Wie nur ein starkes regulationsfähiges Ich die Öffnung für die Wachstumskräfte vertragen kann, liegt in einer Optimierung und Klärung diesseitiger Verhältnisse die Möglichkeit zu ihrer Durchdringung. Dieses Verständnis liegt auch im Wort Transzendenz. Hindurchscheinen hängt von Klarheit ab. Das stimmt mit der anthropologischen Prämisse vom zweiten Kapitel überein, nach der das Schicksal durchlebt werden muß, damit der Mensch zur Ganzheit kommt.

Auch in der Psychologie zeigt sich, wie erwähnt, diese bemerkenswerte Parallele: Erst ein Mensch, der seine biographischen Traumata durchgearbeitet hat, wird mit karmischem Material konfrontiert werden(142)(Grof):

- Es ist nicht ohne weiteres möglich, das diesseitige Zurechtkommen zu überspringen, die Welt, wie sie ist, nicht anzunehmen und sich nicht auseinander zusetzen. (Siehe auch Seite 68ff)
- In Zen- wie christlichen Klöstern besteht das Leben aus Arbeiten und Beten. Dabei wird die Arbeit sehr ernst genommen. Für Zen ist es sogar ausgesprochen charakteristisch, das, was man macht, richtig zu machen.
- Der Sufi-Heilige Mevlana Cellaledin Rumi sagte:

  *"Vertraue auf Gott, aber binde vorher deinem Kamel die Knie fest."(143)*

Und auch von anderer Seite wird die Auseinandersetzung mit dem konkreten empfohlen, die erst Transzendenz ermöglicht:

*"Dion Fortune formuliert dieses Problem präzis in folgenden Worten: 'Der Mystiker muß die Bedingungen auf der Ebene der Form erfüllen, bevor er sich aus dem Bereich des Gestalteten zurückziehen darf. Wenn er überstürzt den*

*mystischen Pfad beschreitet, geht er ins Reich des Chaos ein, nicht ins Reich des Lichts. Wer von Natur aus zum mystischen Pfad tendiert, dem ist die Disziplin der Form zuwider, und es ist eine große Versuchung, den Kampf mit dem Leben auf der Ebene der Form aufzugeben und sich auf die höheren Ebenen zurückzuziehen, bevor man dazu reif ist. Die Form ist ein Gefäß, das das flüssige Bewußtsein umgibt, bis es soweit geformt ist, daß es nicht mehr zerlaufen kann. Wird das Gefäß zu früh zerbrochen, dann zerfällt das Bewußtsein ins Formlose sowie der Lehm zu Brei zerläuft, wenn man die Gußform zu früh zerbricht. Treten bei einem Mystiker Zerfallserscheinungen auf, so wissen wir, daß die Form zu früh zerbrochen wurde, und daß er zur Disziplin der Form zurückkehren muß, bis er die Lektion der Form gelernt hat.'"(144)(Dethlefsen) (S. dazu auch Kapitel II, S. 58!)*

Hier ist das Leben generell als Form bezeichnet worden. Die Form erfüllen heißt auch, sich auszudrücken, das Leben selbst darzustellen. Wie im Portmannzitat[12] aus dem Wissenschaftstheoriekapitel beschrieben, ist die Selbstdarstellung des Lebendigen ein Grundbedürfnis, was in dem Kapitel VIII über Ästhetische Bildung ausführlicher behandelt wird.
Der Weg durch das Diesseitige macht es vor allem unnötig, diesseitige Schwächen und Unklarheiten durch spiritualistische Spekulation und Weltflucht zu vertuschen, sich also vor dieser Realität zu drücken. Die Ahnung des Jenseitigen erlaubt es aber genausowenig, den anderen Fehler begehen zu wollen, das Unermeßliche mit dem Fingerhut der Ratio ausschöpfen, das Unerklärliche erklären zu wollen.
Nur durch Klarheit auf beiden Ebenen ist die fruchtbare Spannung möglich, die im Ernstnehmen der Welt -so wie sie ist, wohl wissend, daß sie nur eine Möglichkeit der unsichtbaren Grundordnung ist- besteht.
In Wihelms "I Ging"-Übersetzung ist in Kurzform ein großer Teil der Aussagen dieses Kapitels (die Notwendigkeit von Konfrontation, die freiwillig als "produktive Verunsicherung" gewählt wird, um durch die Arbeit am Konkreten zu wachsen) enthalten.

*"Unbeschränkte Möglichkeiten sind nichts, was für den Menschen geeignet ist. Dadurch würde sein Leben nur zerfließen im Grenzenlosen. Um stark zu werden, bedarf es der freien Schrankensetzung der Pflicht."(146)*

Indem man das Diesseitige so gut wie möglich macht, den Alltag als Übung nimmt, kann mit der Transzendierung des Konkreten die Anlage des Jenseitigen im Wesen des Diesseitigen sichtbar werden.

# J DIE ANFORDERUNGEN EINER SOLCHEN BALANCE AN DAS ICH

Nun komme ich noch einmal auf die Rolle des Ich zu sprechen.
Wenn das Bewußtsein sich entwickeln soll, muß das Erleben ganzheitlich sein. Zugleich stellt das ganzheitliche Erleben vieles für die Intuition, die "richtige" Verunsicherung zu finden, bereit. Als Voraussetzung für Ganzheitlichkeit wurde eine bestimmte Qualität von Ich-Funktion, Wahrnehmung, das Vorhanden-Sein von Intuition und eine Eigenständigkeit und produktive Spannung zwischen den Bewußtseinspolaritäten angenommen.
Daraufhin wurden ausführlich die Anforderungen an die Ich-Funktion und die Schwierigkeiten beschrieben, die bei einem disbalancierten Verhältnis zwischen Wachstumskraft und Sicherheitsbedürfnis auftreten. Sie wurden mit einer unentwickelten Ich-Funktion identifiziert. Diese ist neben dieser Disbalance vor allem durch bestimmte Wahrnehmungsprobleme charakterisiert, welche mit einem Mangel an Empfindungsschulung und Intuition, vor allem aber starren Verarbeitungsmechanismen gekennzeichnet wurden. Letztere beiden hängen von dem Verhältnis und der Ausprägung der Polaritäten des Bewußtseins ab, welches zugleich den Erlebnismodus der Ganzheitlichkeit bestimmt. Die Polaritäten wurden deshalb ausführlich für entwickelte und unentwickelte Ich-Funktionen untersucht.
Die Polarität dies-/jenseitig hat für das Wachstum besondere Bedeutung. Sie gibt die Richtung für das Wachstum über die persönliche Beschränkung hinaus an. Eine für Wachstum produktive Spannung von dies-/jenseitig kann nicht in der Eigenartigkeit, Selbständigkeit und Unabhängigkeit beider Polaritäten liegen. Sie kann nur in einer bestimmten Qualität von Diesseitigkeit liegen, in der Jenseitiges enthalten ist und sichtbar wird. Auch in dieser Hinsicht ist die Polarität umfassend, da in der Diesseitigkeit die anderen Qualitäten mitenthalten sind und von dem Gelingen ihrer Spannung und Eigenartigkeit die Qualität der Diesseitigkeit und damit ein produktives Verhältnis zum Gegenpol Jenseitigkeit abhängt.
Das Verhältnis der Polaritäten wurde immer für eine entwickelte im Unterschied zu einer unentwickelten Ich-Funktion dargestellt. Die Qualität der Ich-Funktion ist entscheidend für das Verhältnis der Polaritäten wie überhaupt für Ganzheitlichkeit. Für Selbstverwirklichung und persönliches Wachstum entscheidend ist auch eine immer angemessenere und umfassendere Gestaltorganisation des Bewußtseins. Dafür sind ein entwickeltes, produktives Verhältnis der Bewußtseinspolaritäten, sowie ein zugleich starkes und zulassendes Ich wichtig.
Deshalb ist es sinnvoll, die Anforderungen an eine entwickelte Ich-Funktion, die im Dienste des Selbst steht und eine gelungene Polarität dies-/jenseitig ermöglicht, genauer darzustellen:
Nachdem anfangs die Probleme einer unentwickelten Ich-Funktion dargestellt wurden, können nun -mit dem Wissen der bisherigen Untersuchung über ein mögliches günstiges Verhältnis der Polaritäten und eine offene

Wahrnehmung- die Anforderungen an eine entwickelte Ich-Funktion positiv beschrieben werden:
Bei der für Wachstum zentralen Polarität dies-/jenseitig entstand der Spannungsbogen aus der Qualität des Diesseitigen, die durch die anderen Polaritäten, vor allem aber durch die Entwicklung der Ich-Funktion mit dem Verhältnis Wachstumskraft/Sicherheitsbedürfnis bestimmt wird.
Deshalb stelle ich die Anforderungen an das Ich, die aus der bisherigen Diskussion klarer sind, abschließend dar:
Eine unentwickelte Ich-Funktion mit ihrem geschlossenen System von Bild-von-der-Welt, Reizselektion, Filter und Interpretation, Bestätigung der Vorgabe, wird oft sowohl von Betroffenen als auch von Trainern in Gruppen, die mit Kunst und/oder Persönlichkeitsentwicklung zu tun haben, mit der Ich-Funktion allgemein gleichgesetzt. Deshalb gibt es eine verbreitete Ansicht, daß für künstlerische, spirituelle oder sonstwie ganzheitliche Entwicklung das Ich zurückgedrängt -extremer, das Ego gebrochen werden müsse.
Um die Spannung zwischen den Daseinsformen aushalten und jede in ihrer Eigenart zulassen zu können und so die richtige Balance zwischen Beharren und Wachstum zu finden, kommt es aber im Gegenteil nicht nur auf eine bestimmte Qualität der Ich-Funktion, sondern auch auf ihre Stärke an.
Das Ich darf nicht schwach, sondern es muß stark sein. Nur dann kann es mit diesen starken Kräften umgehen. Der Veränderungsfaktor liegt in der Qualität.
Für eine Richtung auf Ganzheit muß das Ich mit folgenden Anforderungen zurechtkommen:

- Das Ich muß stark genug sein, die Spannung zwischen der Sehnsucht nach Erfahrung und dem Streben nach Ganzheit sowie der Notwendigkeit der Begrenzung, der Festlegung und dem "Common Sense" auszuhalten.
- Das Ich muß in sich die Polarität aktiv/passiv vereinen. Es muß abgrenzen, ordnen, Erfahrungen bündeln und Unzumutbares verdrängen einerseits, Erfahrungen und mit ihnen Änderungen des Weltbildes erleiden andererseits, denn nur durch erlebte Auseinandersetzung entwickelt sich mehr Ganzheitlichkeit.

*"Wenn wir vom 'pathischen Charakter' des Erlebens ... sprechen, dann meinen wir, daß das Ich sich im Status der Widerfährnis gegenüber einem spontanen, ursprünglichen psychischen Geschehen befindet. So hebt gerade der passivische Grundzug des Erlebens wieder die schon oft erwähnte Usprünglichkeit des Erlebens ins Licht ... "(147)(Pongratz)*

- Können starke Gefühle, neue, unvereinbare Informationen nicht gebündelt werden, ertrinkt ein Mensch in Angst, wird verrückt, oder verdrängt das Neue, was als Abspaltung eine persönliche Niederlage ist.
- Dafür muß das Ich regulationsfähig sein, das richtige Maß an Öffnung durchsetzen, sich auch verschließen können, muß zulassen, aber auch die Kontrollfunktion sichern können.

- Ein Ich im Dienste der Wandlung benötigt eine hohe Ambiguitätstoleranz. Der Mensch muß verschiedene Deutungen der Welt zulassen können, ohne sie zu vereinheitlichen und ohne eine für wahrer zu halten als die andere. Dazu ist es notwendig, mit einer intuitiven Sicherheit die Folgerichtigkeiten in der Eigenart einer Wirklichkeitsebene zu erkennen.
- Die Schulung der Intuition entlastet das Ich: Es müssen ja nicht willkürlich Prozesse initiiert, abgebrochen oder irgendwelche Entscheidungen getroffen werden, sondern das alles hat mit einer inneren Ordnung zu tun. Der Mensch kann einer inneren Stimme folgen.

Ein Kontakt zur Natur-im-Menschen, zum Selbst und den archetypischen Konfrontationen des eigenen Schicksals entlasten das Ich und fördern den Gestaltbildungsprozeß, der wiederum für die Kombination der Eigenschaften Stärke/Entscheidungsfreudigkeit und Durchlässigkeit/Offenheit für Neues günstig ist, die ein entwickeltes Ich in sich vereinen soll.

Hesse schrieb, daß die Menschen im Süden eine eigenartige Mischung von Unschuld und Reife hätten, die man im Norden nicht finden könnte. Die Unschuld entsteht durch das Zulassen der inneren Natur, sie entlastet das Ich von der Bewertung, und läßt dem Menschen die spontane und kraftvolle Vertretung und Äußerung seiner Interessen.

Der Mensch tut, was er tun muß, was ihm von der Natur gegeben ist.

Das Zusammenleben in der menschlichen Gemeinschaft erfordert aber Absprache und Regelung. Reife bedeutet hier Kompetenz.

Wenn der Mensch seine innere Natur kennt und mit ihr lebt, kann er für sich sprechen. Er hat ein tiefes inneres Wissen um das Leben. Das ermöglicht Sicherheit in der Absprache mit anderen, ein Zusammenleben auf engem Raum, ohne daß die Eigenart aufgegeben oder die Lebendigkeit eingeschränkt werden müßte.

# H CONCLUSIO

Aus dem Kapitel II wurde die folgende Ausgangsproblematik übernommen: Menschen sind durch die Besonderheit ihres Ich-Bewußtseins von der Ganzheit der Natur getrennt durch

- die Eigenart, die Welt bewußt, also trennend wahrzunehmen und
- die Freiheit, sich zu entscheiden.

Ein Sinn des Lebens besteht drin, das ganze Leben mit allen seinen Formen zu durchlaufen, daran zu wachsen und im Kampf mit dem und im Vollziehen des eigenen Schicksals ganz zu werden.

Dem steht die Tendenz, Schmerz zu vermeiden, selbständig zu entscheiden, in Verbindung mit einer Wahrnehmung, die planend und vorausschauend manipulieren kann, entgegen. Dadurch ist der Mensch von der Natur im allgemeinen und der Wirkung der Natur in sich im besonderen getrennt.

Völlige Ganzheit gibt es im Leben nicht, sondern Richtung auf Ganzheit hin durch ganzheitliches Erleben, wobei schicksalhaften Situationen eine beson-

dere Bedeutung für das Wachstum zukommt. Der Mensch hat aber die Einbindung in die Natur und die schicksalhaften Zusammenhänge weitgehend verlassen. Er ist in der Lage, sich annähernd beliebige Lebenssituationen aufzubauen und trägt als Individuum die Verantwortung dafür, welche Schwierigkeiten er vermeiden und welchen er sich stellen sollte. Niemand kann aber rational entscheiden, welche Schwierigkeiten des Lebens er getrost vermeiden könnte und welche ihm Wachstum abverlangen könnten. Dadurch bekommt die Entwicklung der Intuition für die "produktive Verunsicherung" eine ganz besondere Bedeutung. In diesem Kapitel wurde aus diesen anthroplogisch/philosophischen Überlegungen heraus ein psychologisches Modell ganzheitlicher Persönlichkeitsentwicklung entworfen:
Ein entscheidendes Problem der Bewußtseinserweiterung durch "produktive Verunsicherungen" hängt mit der Wahrnehmung zusammen.
Das Ich-Bewußtsein ohne direkten Kontakt zur Natur-im-Menschen lebt sowohl den Augenblick, als auch die langfristige Einschätzung der Lebenssituation ausschließlich über das Bild-von-der-Welt. Das Bild-von-der-Welt ist generell wachstumsorientiert im Sinne der optimalen praktischen Anpassung an die Wirklichkeit, hat aber in seiner Eigenart Mechanismen, die zu Fehlern und Stagnation neigen:
Der Wahrnehmungsapparat regelt die Aufnahme von Reizen in das Bewußtsein durch Aufmerksamkeit, Selektion und Filter und muß notwendigerweise Informationen unterdrücken.
Das Bewußtsein könnte keine wahllose Öffnung vertragen, sondern benötigt eine Intuition für die Richtung und den Zeitpunkt der Öffnung. Diese muß unterscheiden, was eine sinnvolle Unterdrückung von Reizen ist, die keine Neuinformation bringen, sondern diffus ablenken und was eine Unterdrükkung von Neuigkeiten wäre, die das bisherige Lebenssystem produktiv verunsichern könnten.
Dabei wird die Selektion von Reizen -zugegebenermaßen auf komplexe Art und Weise- durch die Gestalten des Bildes-von-der-Welt bestimmt, so daß es ungünstigenfalls Stagnation und einen geschlossenen Kreislauf von Selektion nach Vorgabe einer fixierten Gestalt, Bestätigung dieser Gestalt usw. kommt. Für eine Öffnung für Veränderung und Wachstum müßte das Bild aber seine eigene Veränderungsrichtung kennen.
Sie könnte im Kleinen (für die Ganzheitlichkeit der Einbindung in die Situation) durch Kontakt zu den idealen vorgeformten Gestalten der Natur-im-Menschen liegen, im Großen für die Reifung und Lebenserfahrung durch Kontakt zum Selbst, das als Grundgestalt, auf deren Verwirklichung der Mensch angelegt ist, über die Intuition die Richtung weisen kann.

**Die Rolle der Intuition**

Die Intuition soll einen Zugang zum Selbst herstellen und so der Wahrnehmung Richtung und Zeitpunkt der Öffnung weisen. Das kann aber nur allmählich geschehen. Auch das Umgehen mit den eigenen inneren Widerständen, den Blockaden der Wahrnehmung, die Unterscheidung zwischen sinnvoller und hemmender Abwehr, bedarf der Lenkung durch Intuition.

Darunter fällt auch der Umgang mit Angst, Angst im Zulassen der eigenen Gefühle und Angst, sich neuen Lebenssituationen auszusetzen. Menschen müssen unterscheiden lernen, welche Angst nur die Angst vor der Angst, vor dem Ungewohnten, dem Verlust des bisherigen Weltbildes oder vor verdrängten Gefühlen ist und welche Angst vor Unheil und Gefahr warnt. Neben einer Empfindungsschulung wurde auf ganzheitliches Erleben als Quelle von Intuition hingewiesen.

**Die Rolle des ganzheitlichen Erlebens**

Wenn das Bewußtsein am Schicksal wachsen soll, muß der Mensch es ganzheitlich erleben. Da Ganzheitlichkeit zugleich neben dem direkten Zugang zum Selbst und dem Schönheitssinn die wichtigste Quelle der Intuition für schicksalhafte Situationen ist, kommt ihr doppelte Bedeutung für das Wachstum zu. Ganzheitlichkeit bedeutet, Zugang zu allen Teilen der Person zu haben sowie die Übergänge zwischen den Seinsformen und ihren Polaritäten zu erleichtern. Dabei sollen sich diese Teile nicht gegenseitig behindern, sich vermischen und verwässern, sondern jedes für sich soll klar und in seiner Eigenheit ausgeprägt sein. Wenn die Wahrnehmung geöffnet ist und die Wachstumskräfte stark sind, muß auch das Ich stark sein, um die Spannung halten, die Ambiguität zulassen und die Veränderung in sich zentrieren zu können. So kann durch das ganzheitliche Durchleben wichtiger Situationen, die für das Individuum “schicksalhafte” Bedeutung haben, das Bewußtsein wachsen, seine Gestaltorganisation vervollkommnen, archetypische Konfrontationen verarbeiten und so mehr und mehr ganz werden. Dabei käme dem Körper nicht nur als Grundlage für ganzheitliches Erleben eine Schlüsselrolle zu. Das körperliche Erleben der Natur-im-Menschen, welches durch eine Schulung der Empfindungsfähigkeit erlebbar werden könnte, kann einen direken Zugang zum schicksalhaft/naturhaften darstellen, mit dem Ganzen verbinden und direkte Quelle der Intuition, sowie Grundlage des ganzheitlichen Erlebens sein.

**Die Bedeutung eines entwickelten Ich und entwickelter Polaritäten**

Voraussetzung dafür, daß die Gestalten der Natur-im-Menschen sich aktualisieren, ist die Entwicklung des Ich und der Bewußtseinspolaritäten. Denn kennzeichnend für Gestalt ist, daß sie ja nicht durch Zusammenfügen der Einzelteile entsteht, sondern sich unter einer Idee zusammenfügt, die die Bedeutung der Einzelteile bestimmt. Verzerrungen der Balancen der Polaritäten aber oder ein festhaltendes Ich mit neurotischen Fixierungen stellen Ordnungsgesichtspunkte dar, unter denen sich alles mögliche, nur nicht die gute Gestalt der Natur-im-Menschen, auch wenn die archetypisch vorgeprägt ist, aktualisiert[13].

Das gleiche gilt für die Entwicklung von guten Gestalten bei der Bewußtseinsorganisation der Lebenserfahrung. Das Erreichen von prägnanten Gestalten, die die fundamentale Konfrontation mit archetypischen Gegebenheiten zusammenfügen und ordnen, hängt von der Entwicklung des Ich und der Bewußtseinspolaritäten ab. Sonst findet keine angemessene Verarbeitung statt, oder die Erfahrung wird garnicht gemacht, weil die entsprechende

Situation vorher schon vermieden wurde.

**Das Bild-von-der-Welt und der Gestaltbildungsprozeß**

Das Bild-von-der-Welt ist aus Gestalten zusammengesetzt. Das sind zum einen die Vorprägungen der Natur-im-Menschen, zum anderen die Verarbeitungen der Lebenserfahrungen, die zum Teil archetypische Konfrontationen umfassen, zum Teil persönlich/individuell sind. Der Gestaltbildungsprozeß hängt von dreierlei ab:

**1.) DAS MATERIAL**

*" ... 'die sachliche Beschaffenheit des Gegebenen selbst; sie entscheidet über die Bildung von umfassenden Einheiten irgendwelcher Art ... '(Metzger)"(149)*

Um stimmige Gestalten wirklicher Lebenserfahrung bilden zu können, müssen existentielle Konfrontationen, produktive Verunsicherungen eingegangen werden.

**2.) GESTALTBILDUNGSTENDENZ:**

Die Gestaltbildungskräfte im Menschen können durch ganzheitliches Erleben, entwickeltes Ich und Kontakt zur Natur-im-Menschen befreit, angeregt und in Kraft gesetzt werden.

**3.) ERFAHRUNG:**

*"Die Tendenz zur Prägnanz bedarf der Übung, sonst verkümmert sie, wie andere Anlagen auch ... "(150)(Pongratz)*

Wechselnde Lebensumstände, sofern bewußt erlebt und bejaht können als Gestaltbildunbgsübung begriffen werden, vor allem aber jede künstlerische Tätigkeit und der Umgang mit Menschen in Anteilnahme und Auseinandersetzung.

Wie könnte man an diesem Punkt der Diskussion einen gelungenen persönlichen Reifungsprozeß psychologisch beschreiben?

Wenn das eigene Bild-von-der-Welt ein ich-haftes Bewußtsein von der Natur-im-Menschen und damit der Ganzheit der Situation trennt, macht das doppelt Probleme: Einmal werden Situationen nicht ganzheitlich erlebt, dann werden in einer entwickelten Gesellschaft mit Wahlmöglichkeitem nach dem Lustprinzip wichtige Konfrontationen vermieden.

Wenn nun die Polaritäten des Bewußtseins in produktiver Spannung zueinander stehen, ein angemessenes Bild-von-der-Welt, sowie ein entwickeltes Ich-im-Dienste-des-Selbst in der Situation Kontakt zur Natur-im-Menschen und ganzheitliches Verhalten und Erleben ermöglichen, ist damit auch die Intuition für die Entscheidung für Lebenssituationen produktiver Verunsicherung gegeben.

Der Mensch kann in Konfrontation mit bestimmten archetypischen Situationen wachsen. Die ganzheitliche Einbindung in die Situation befreit die Gestaltbildung und setzt die Grundgestalten des Erlebens und Verhaltens in

Kraft, wie in der Natur-im-Menschen angelegt. Diese stellen ihrerseits eine archetypische vorgeprägte Verbindung Mensch-Natur dar. Das ganzheitliche Erleben archetypischer Konfrontationen läßt den Menchen reifen, die Gestalten komplexer, stimmiger und geschlossener werden, was wiederum die Fähigkeit für ganzheitliches Erleben und Verhalten in der Zukunft verbessert.

Damit ist ein idealtypisches Modell ganzheitlicher Persönlichkeitsentwicklung formuliert, daß die Spaltung Ich/Natur als Aufgabe annimmt und tendenziell überwindet.

Abschließend möchte ich auf die zentrale Bedeutung der Empfindungsschulung zur Erfahrung der Natur-im-Menschen in diesem komplexen Modell hinweisen:

Ein in diesem Sinne guter Lebensprozeß besteht in ganzheitlichem Erleben und der Reifung (Vervollkommnung der Gestalten des Bildes-von-der-Welt). Dafür sind Entscheidungen für die "richtigen" Erlebnisse (produktive Verunsicherungen) nötig, die wiederum durch Intuition aus dem ganzheitlichem Erleben heraus möglich werden.

Auf dieser Ebene ist damit das ganzheitliche Erleben der zentrale Punkt für die persönliche Entwicklung.

Für das ganzheitliche Erleben seinerseits sind produktiv aufeinander gespannte Polaritäten, ein entwickeltes Ich und ein durchlässiges und angemessenes Bild-von-der-Welt wichtig.

Neben der Voraussetzung eines entwickelten Ich für ein produktives Verhältnis der Polaritäten aber ist das Kriterium für Stagnation gegenüber förderlicher Spannung der Polaritäten, festhaltendem versus Ich-im-Dienste-des-Selbst und fixiertem gegen angemessen/veränderlichem Bild-von-der-Welt die der Natur-im-Menschen innewohnende Veränderungstendenz idealtypischer Selbstkorrektur.

Letztlich hängt nach diesem Modell also alles vom Kontakt zur Natur-im-Menschen ab.

Diese Möglichkeit wird im übernächsten Kapitel diskutiert. Zunächst aber wird dieses ideale Modell, unabhängig von seiner Verwirklichungsmöglichkeit weiter entwickelt. Dafür müssen im nächsten Kapitel die apostrophierten idealen Gestalten der Natur-im-Menschen, die einem günstigen Verhältnis der Polaritäten zugrundeliegen und der psychischen Struktur als Korrektur dienen, genauer untersucht werden.

Dann kann man sehen, ob und inwieweit Körperlichkeit sich fördernd auf eine für persönliches Wachstum günstige psychische Konstitution auswirkt.

## ANMERKUNGEN

1 Hier kann eine Verwirrung zwischen den Kennzeichnungen "ich-haft" als Qualität und der "Ich-Funktion" entstehen. Eine unentwickelte Ich-Funktion wird als ich-haft bezeichnet, eine entwickelte steht im Dienste des Selbst.

2 *"Die Anfänge unseres ganzen seelischen Lebens scheinen unentwirrbar aus diesem Punkt zu springen, und alle höchsten und letzten Ziele scheinen auf ihn hinauszulaufen ... "(1)(Jung)*

3 Zum Sprachgebrauch: Ich unterscheide zwischen Ganzheitlichkeit, wie oben beschrieben und relativer Ganzheit im Sinne des Pars pro toto, wie im vorigen Kapitel beschrieben. Relative Ganzheit ist zum Beispiel den Tieren durch das bruchlose Wirken der Natur in ihnen gegeben. Der Mensch ist davon immer durch die Tatsache der bloßen Existenz seines Bewußtseins ausgeschlossen. Sein Weg ist einmal, die Natur in sich wahrnehmen zu lernen, bzw. sie von der Verzerrung durch das ich-hafte Bewußtsein zu befreien, zum anderen eine Intuition für die richtige Entscheidung zwischen Schicksal und Freiheit zu entwickeln, um das, was für ihn wichtig ist, ganzheitlich zu erleben. Diese Ganzheitlichkeit ist eine typisch menschliche Möglichkeit. Sie bedeutet, Zugang zu allen Teilen des Bewußtseins zu haben, zu dem alle Qualitäten der Psyche gehören ebenso wie als Grundlage die Wirkung der Natur-im-Menschen wahrzunehmen, an der -sie bewertend und sie reflektierend- das Bewußt-Sein entstand.

4 Zwar können mehrere Informationen gleichzeitig auf verschiedenen Kanälen verarbeitet werden, doch dringt in unser Bewußtsein nur ein Gegenstand, in den diese Informationen aus verschiedenen Kanälen eingeflossen sind. Vergl. die Kritik von Sekuler/Blake "Limitations Of The Multi Channell Model" am Modell von Campbel und Robson(21).

5 Aus der gewaltigen Menge psychologischer und neurophysiologischer Untersuchungen zu Wahrnehmung, Gedächtnis, Informationsverarbeitung usw. werde ich nur beispielhaft zitieren. Da in der Vorgehensweise nicht das "Einfache" das "Komplexe" erklärt, sondern die Bedeutung des "Einfachen" aus dem Sinn des "komplexen" Ganzen sich erschließt, erwähne ich nur die grundlegenden Untersuchungen.

6 Vergleiche Popper(44)

7 Vergleiche Rogers Prinzip der organismischen Selbstregulation(45).

8 Ausführlich auf Seite 102 unten beschrieben.

9 Vergl. Jung, der schreibt: *"Die Psyche ist ein System mit Selbstregulierung ... Es gibt kein Gleichgewicht und kein System mit Selbstregulierung ohne Gegensätze. Nicht eine Konversion ins Gegenteil, sondern eine Erhaltung der früheren Werte zusammen mit einer Anerkennung ihres Gegenteils ist das erstrebenswerte Ziel."(82)*

10 Dieser Überblick ist an Grofs Darstellung in: Geburt, Tod, Transzendenz orientiert.

11 Die Natur kann dann nicht im Sinne beliebiger Verfügbarkeit benutzt werden, sondern sie kann in den entsprechenden Situationen "veranlaßt" werden, zu wirken:

*"Da sollen Leute es vermögen, 'die Natur mit eigener Kraft selbst' wirken zu lassen, was sie sogar von schweren Krankheiten 'leichtlich' befreit. In der Sicht des italienischen Kapuzinerpaters erscheint das einfachste von der Welt höchst schwierig, nämlich die Natur wirken zu lassen. Aber nicht von alleine scheint die Natur ein Interesse daran zu haben, 'zu wirken', sondern man muß sie 'wirken lassen'. In*

*rätselhafter Weise sind gewisse Leute imstande, weniger die Natur zu einer bestimmten Wirkung zu veranlassen, sondern vielmehr eine bestimmte erwünschte Wirkung zuzulassen. Ein unorthodoxer Gedankengang, der vor und nach Montecuccoli viel Kopfzerbrechen bereitet hat."(133)(Gruber)*

12 *"Es ist an der Zeit, den Umfang solcher Formbildung zu erkennen, sie zu beachten als eine Äußerung von fundamentaler Bedeutung. Das ist es, was das Hervorheben der Erscheinung durch den Begriff der 'Selbstdarstellung' vor allem zu erreichen sucht. Was sich da darstellt, dieses 'Selbst', ist eines der großen Rätsel des Lebendigen; wie weit es lösbares Rätsel ist, wie weit unnahbares Geheimnis bleiben wird, das zu prophezeien ist nicht Aufgabe des Naturforschers. Uns ist aber aufgegeben, das mit den Methoden der Biologie Faßbare zu sagen und zugleich darauf hinzuweisen, daß im Reich der lebendigen Gestalten uns Gebilde vor Augen gestellt sind, die mit den Feststellungen der Naturforschung allein nicht voll erfaßt werden."(145)*

13 Pongratz fragt: *"Wirkt die Ordungstendenz so gesetzmäßig, daß wir Voraussagen machen können? ... Die Gestalttheorie behauptet nicht, Prägnanz und Ordnung würden ... überall erreicht. Soundso oft bleibt schon unsere Wahrnehmung im 'Unprägnanten' stehen, sei es, weil die ordnenden Kräfte zu schwach oder die sachliche Beschaffenheit (Reizordnung) ungünstig ist, aber auch, weil die nötige Erfahrung fehlt ... "(148)(Pongratz)*

Die gute, archetypisch geprägte Gestalt der Natur-im-Menschen setzt sich also nicht automatisch gemäß dem Prägnanzgesetz durch. Sie benötigt vielmehr eine Befreiung von neurotisch oder durch durch mangelnde Durchlässigkeit fixierten Gestalten, sowie eine Förderung durch Kontakt zur Natur-im-Menschen. Um sich klar und stimmig entfalten zu können sind außerdem ein ganzheitliches Bewußtsein, gut balancierte Polaritäten und ein entwickeltes Ich-im-Dienste-des-Selbst notwendig, da sich sonst automatisch Gesichtspunkte entwickeln, die das Feld nach anderen als den idealtypisch angelegten Gesichtspunkten der Natur-im-Menschen organisieren.

# IV Die Bedeutung des Körpers für die Ganzheitlichkeit

Die Frage, inwieweit der Körper dabei helfen kann, dem Menschen seine ihm aufgegebene Ganzheit zu entwickeln, ist auf dieser direkten Ebene einfach, man ist versucht zu sagen, trivial oder gar simpel zu beantworten. Wenn der Verlust der Ganzheit in der Trennung von der Natur besteht, der Körper aber Natur ist, stellt er natürlich das Heilmittel gegen die Entfremdung dar.
Der Mensch ist aber gerade nicht nur Körper. Die Trennung von der Natur besteht in der Eigenart seines Ich-Bewußtseins, dem eigenen Bild von der Welt. Zwar hatte ich am Ende des zweiten Kapitels ausgeführt, daß die Entwicklung dieser Zivilisation mit der bewußten Verdammnis des Körperlichen einherging, (die inzwischen als leidvoll erlebt wird und mittlerweile für die Zivilisation überflüssig ist). Die Empfehlung, körperlicher zu sein, entspricht aber dem Ratschlag, der Welthunger könne am besten bekämpft werden, wenn die Leute alle mehr essen würden:
Das Problem wurde einerseits als spezielle Ausprägung unserer Zeit mit ihrem Mangel an Konfrontation begriffen. Andererseits besteht es aber, wie im letzten Kapitel nachgewiesen, in der Eigenart der menschlichen Psyche. So borniert und in seiner Ignoranz arrogant ein "ich-haftes" Bild von der Welt auch sein mag, der Mensch hat es nötig, kann nicht ohne es leben, und jede Änderung muß eine allmähliche Entwicklung sein, also eben diese Beschränkung zum Ausgangpunkt und damit ernst nehmen.
Wenn das Bild von der Welt und seine allmähliche Entwicklung aus der Beschränktheit das typisch Menschliche ausmacht und dieses Bewußtsein mit seinen Tücken eine ausgeprägte Eigendynamik und -gesetzlichkeit hat, macht die Frage nach der Bedeutung des Körpers wieder einen Sinn: Die Frage ist dann die nach dem Wie, -der detaillierten Untersuchung, wie in diesen Mechanismen der Psyche der Körper zu einer Entwicklung zu mehr Ganzheitlichkeit hin beiträgt -und wie in genauer Diskussion der psychologischen Problematik diese Entwicklung vonstatten gehen könnte.
Im letzten Kapitel wurde dem Verhältnis der Polaritäten des Bewußtseins ein besonderer Stellenwert beigemessen, weil es günstigenfalls ein ganzheitliches Erleben ermöglicht, also den Modus von Ganzheitlichkeit darstellen kann und außerdem in sich eine Veränderungs- und Entwicklungsrichtung zu mehr Ganzheitlichkeit bietet: Sind die Polaritäten ausgeprägt, unabhängig und eigenartig, können sie einander in einer Art in Frage stellen, die sich gegenseitig korrigiert. So hat das "Bild von der Welt" seine eigene Entwicklungsmöglichkeit zu mehr Ganzheitlichkeit.
In diesem Kapitel wird es darum gehen zu untersuchen, wie Körperlichkeit die Eigenart von Denken, Fühlen, Innen, Außen, Machen und Geschehenlassen entwickeln und die produktive Spannung und Balance zwischen ihnen herstellen hilft.

Für die Frage nach der Bedeutung von Körperlichkeit fallen die Themen Dies-/Jenseitigkeit, allgemeine Intuition und direkte Formen des Kontakts zum Selbst, Entwicklung der Ich-Funktion und Öffnung der Wahrnehmung zusammen:

Für die Aufgabe der Entwicklung eines produktiven Verhältnisses von Dies-/Jenseitigkeit müßte gezeigt werden, daß der Körper etwas Konkretes, Diesseitiges ist, was in seiner Art über sich selbst hinausweist. Er müßte somit zugleich als Entwurf in die nicht individuell begrenzte universelle Harmonie hineinragen; das Konkrete verkörpern und es transzendieren. Wäre das der Fall, dann würde der Körper zugleich die Richtung der Öffnung der Wahrnehmung bieten und könnte ein Kontakt zum Selbst sein. Würde er zugleich das Ich stärken, so würde er auch dessen Qualität, seine Balance und Durchlässigkeit für Neues begründen. Als Sonderfall müßte noch seine Bedeutung für die Rolle von Schönheit als "produktiver Verunsicherung" untersucht werden.

Dieser Endpunkt der Untersuchung über die Bedeutung von Körperlichkeit deutet auf die Fragestellung des nächsten Kapitels hin. Wenn der Körper prinzipiell Grundlage der Entwicklung all der erwähnten psychischen Mechanismen zur Ganzheitlichkeit ist, steht unbeantwortet die Frage nach der Möglichkeit der Wahrnehmungsöffnung im Raum. Es geht dann darum, -wie die "Natur im Menschen", die der Körper für diese Fragestellung bedeutet, als allgemeine Intuition und direkt als Grundlage für das ganzheitliche Erleben wahrnehmbar ist, -ob und wie Menschen Schönheit als "produktive Verunsicherung" sehen können -und inwieweit Menschen die konkrete von der transzendenten Bedeutung in sich sinnvoll scheiden könne. Der Körper kann durch die in der Natur-des-Menschen vorgeprägten archetypischen Muster die Grundlage des ganzheitlichen Erlebens sein, indem er die Eigenart und Unabhängigkeit der Polaritäten fördert und sie in die "richtige" Spannung zueinander bringt. Er kann auch dem Bewußtsein qua Schönheit und als symbolische oder konkrete Bedeutung von Dies-/Jenseitigkeit sowie als Grundlage direkter Intuition die Richtung und den Zeitpunkt seiner Erweiterung zeigen. Das alles ist aber nur möglich, wenn das Körperliche, Unwillkürliche vor der Selektion und Interpretation durch die schon vorgegebenen Muster des "Bildes von der Welt" wahrgenommen werden kann.

In diesem Kapitel geht es aber um die Frage, inwieweit der Körper prinzipiell in psychischen Strukturen, die je nach ihrer Entwicklung ganzheitlich oder ich-haft beschränkt sein können, Ganzheitlichkeit fördern kann.

# A KÖRPERERFAHRUNG, FÜHLEN UND DENKEN

## 1 KÖRPER UND FÜHLEN

Fast ist es müßig, über Gefühl und Körper zu schreiben, so offensichtlich ist der Zusammenhang[1].

*"Nach unserer Auffassung besitzt der Körper ein ererbtes Wissen, er ist von Anfang an ungefähr an seine Umwelt angepaßt: Er verfügt über die Rohstoffe zur Verfertigung neuer Ganzheiten, und in seinen Gefühlen besitzt er eine gewisse Art von Umweltkenntnissen und Handlungsmotivationen; er äußert sich in wohlabgestimmten Zusammenhängen von Zwecken und Wünschen,"schreibt Perls(1).*

Die Art dieser Verbindung werde ich deshalb nur kurz skizzieren:
Damit Gefühle in ihrer Eigenart stark und angemessen sind, ist ein Zulassenkönnen der körperlichen Reaktion wichtig.
Wenn ich weiter oben geschrieben habe, daß die Kognition über den Status eines Gefühls entscheidet, so ist als Grundlage das Erleben des Gefühls in allen Regungen wichtig.
Die ersten und wichtigsten Elemente dabei sind die Körperspannung und der Atem. Die Körperspannung hängt mit dem Atem direkt zusammen, und beide reagieren als ein feinstes Instrument auf alle äußeren und inneren Reize.
Gefühle streben nicht nur danach, erkannt zu werden, sondern auch, ausgedrückt zu werden. Stimme, Mimik und Gestik machen das Gefühl deutlich und ermöglichen, es zu durchleben und durchzuarbeiten.

*"Unmittelbare Ergriffenheit von einem Gefühl ist dagegen stets eine leibliche Regung. Das läßt sich ... an der ... Gebärdensicherheit und -unsicherheit ablesen. Der Freudige weiß zu hüpfen, der Kummervolle zu stöhnen und schlaff oder gebrochen dazusitzen, der Zornige die Faust zu ballen, der Verzweifelte gellend aufzulachen usw.; niemand, der so betroffen ist, muß erst verlegen fragen, wie man so etwas macht. Dagegen muß sich der Mitleidige oft genug verlegen fragen, auf welche Weise er seinem Mitleid Ausdruck geben soll, weil er dabei an einem Kummer Maß nimmt, der ihm nicht selber 'in die Knochen fährt'. Das Sympathiegefühl ist meist nur eine Anwandlung, die den Betroffenen nicht leiblich packt und einnimmt und ihm dann auch nicht ein spezifisches leibliches Verhalten eingibt, das sonst auch dem Ungeschicktesten, wenn er nur vom Gefühl ergriffen ist, mit erstaunlicher Sicherheit gelingt. Erst dann, wenn auch das Mitgefühl dem Ergriffenen leiblich spürbar 'durch und durch' geht, gerät seine Gebärde so spontan und selbstverständlich wie nur die des primären Gefühls."(2)(Schmitz)*

Wenn sich in therapeutischen Gruppen jemand über die Wahrheit und innere Bedeutung seiner Aussage nicht klar ist, hilft es gewöhnlich, sie mit Überzeugung, Betonung, Mimik und Gestik anderen zu sagen. In dem Augenblick wird deutlich, ob sie stimmt, aber nur versteckt oder unklar war, oder ob sie wirklich nicht den Kern der Sache trifft. Kurz beschreibt das für die Hakomi Therapie:

*"Als Entwurf ist der Körper viel älter als der Mensch, die Primaten, oder sogar die Säugetiere. Daher ist der Körper ein ausgezeichneter Bezugspunkt für Verständnis: denn er ist von Natur aus ernsthaft, geerdet und wahrhaftig. Er hat sich im Laufe einer langen Zeit entwickelt, in der es galt, sich um alle anstehenden Probleme zu kümmern. Wir wenden uns an den Körper, um die wirklichen Effekte unserer Interventionen zu sehen. Wir schauen den Körper an, um viele der Signale zu erkennen, die etwas über Gefühle, Impulse, Stimmungen und Bedeutungen aussagen. Wir verfolgen fortwährend die 'Spuren des Körpers', achten auf Wechsel im Gesichtsaudruck und Gesten, Abweichungen in der Haltung, Veränderungen im Klang der Stimme, um zu sehen, welche Wirkung wir erzielen und was wirklich vorgeht. Es ist einfacher, diesen körperlichen Signalen zu vertrauen, als den Vorstellungen und Geschichten zu glauben, die wir die ganze Zeit hören, weil der Körper nicht so bewußt kontrolliert wird, während Vorstellungen und Geschichten Teil von Strategien sein können, die zu Vermeidungszwecken entworfen werden."(3)*

Das Durcherleben von Gefühlen ist nur ganzheitlich mit der Körperspannung, der Atemreaktion und der mimisch/gestischen Aktion möglich. Starke Gefühle von Freude, Liebe, Wut oder Angst benötigen dann sogar den ganzen Körper als Ausdruck - sie bringen pantomimische und tänzerische Aktionen hervor. Aus der bioenergetischen Therapie(4), dem Rebirthing(5) u.ä. sind die Negativbeweise für die Untrennbarkeit von Gefühl und Körper bekannt:

*"Die Verspannungen stehen vor allem in Zusammhang mit dem Bedürfnis nach rationaler Kontrolle und dem Vermeiden von Schmerz."(6)(Frauke Teegen)*

Das Sicherheitsbedürfnis hatte ich in Kapitel II auch als Hauptgrund für die Abspaltung des körperlichen Erlebens bezeichnet.
Gefühle, die nicht richtig durcherlebt werden, die abgespalten und verdrängt sind, verursachen energetische Blockaden im Körper, die sich in Über- und Unterspannungen äußern. Reich nannte sie Charakterpanzer(7). Werden chronische Verspannungen gelöst, wird gewöhnlich das verdrängte Gefühl wiedererlebt. In leichten Fällen kann man Menschen anregen, in bestimmte körperliche Positionen und Haltungen zu gehen, und sie kommen damit in die entsprechenden Stimmungen.

*"Die emotionalen und psychosomatischen Energien, die psychopathologischen Phänomenen zugrundeliegen, sind so elementar, daß man nur mit einem direkten, nichtverbalen und das Erleben unmittelbar einbeziehenden Vorgehen eine Chance hat, mit ihnen fertig zu werden."(8)(Grof)*

Die persönliche Souveränität und Freiheit hängt schließlich von der Fähigkeit, die eigenen Gefühle zuzulassen, zu erkennen, auszudrücken und zu

vertreten ab.
Dabei dürfen diese Gefühle nicht bewertet werden. Auf der nächsten Stufe versucht die Ich-Funktion, sie mit der Außenwelt zu vermitteln.
Judith Aston, die aus dem Rolfing heraus einen eigenen Ansatz mit Bewegungs- und Atemschule entwickelte(9), spricht vom neutralen Raum, den ein Körper bilden kann, und das meint das gleiche, wie der ideale Spannungszustand in der Eutonie; ein Körper, der nicht mit den eigenen Verspannungen und der Schwerkraft kämpfen muß, ist ein Ruhepol, in dem sich die Gefühle entfalten und klären. Der Mensch kann Ruhe finden und offen für alle Anregungen und jede Reaktionsmöglichkeit sein. Wenn Gefühle mehr als eine Beunruhigung des Denkens darstellen sollen, müßten sie eine Qualität haben, die über sich selbst hinausweisend die Bewußtseinsentwicklung zu mehr Ganzheit führt. Dazu müßte ein Weg entwickelt werden, der über das Gefühl (das konditionierbar ist) hinaus das Unwillkürliche, die Natur im Menschen, als Intelligenz des Körpers, als Intuition erfahrbar macht:

### 1.1 Focusing als Beispiel für eine körperlich fundierte Intuition bei einer produktiven Spannung zwischen Denken und Fühlen

Beim Focusing wird versucht, in Kontakt mit der Körperintelligenz zu treten, d.h. mit der komplexen Struktur eines ganzen Feldes von Informationen und Gefühlen, die zu einem Lebensbereich gehören, in Verbindung zu treten und dieses Feld sich unter dem Gesichtspunkt des jeweiligen Problems organisieren zu lassen. Gendlin schreibt in einer Anleitung:

*"Der Prozeß der persönlichen Veränderung, der innere Akt, den ich Ihnen in diesem Buch vermitteln werde, ist etwas vollkommen Natürliches. Da unsere Sprache keine Worte hat, ihn zu beschreiben, muß ich sie erfinden. Ich nenne den Prozeß 'Focusing'. In diesem Prozeß nehmen Sie Kontakt auf mit einer besonderen Art inneren körperlichen Bewußtseins, das ich als 'felt sense' bezeichnen möchte."(10)*

Damit ist schon gesagt, daß es sich um mehr als nur das Gefühl handelt.

*"Dieser wird im Körper empfunden, sagt aber etwas aus. Er sagt alles das aus, womit man bereits lebt, denn man lebt durch seinen Körper. Ein 'felt sense' ist Körper und Geist, bevor beides getrennt wird."(11)*

Im Sinne meines Ansatzes könnte man von der "Natur im Menschen" als Grundlage des Denkens und Fühlens sprechen. In Kapitel V werde ich zeigen, daß mit der Empfindungsschulung in Atem-, Dore Jacobs-und Eutoniepädagogik ein ähnliches Konzept existiert, die Natur im Menschen als etwas, was vor Fühlen und Denken liegt, zu erreichen.

*"Ein 'felt sense' ist keine Emotion. Er enthält emotionale Komponenten, wie auch sachliche Komponenten. Aber er ist mehr als eine bloße Emotion, komplexer - und viel schwieriger in Worte zu fassen."(12)*

Hier wird verdeutlicht, daß der Zugang über das Gefühl erfolgt, dann aber zu etwas vorgestoßen wird, was mehr ist:

*"Ein 'felt sense' setzt sich, wie ein Gewebe, aus mehreren ineinander verwobenen Fäden zusammen. Er wird aber als ein Ganzes empfunden (oder gesehen, wenn wir das Beispiel des Gewebes weiter verfolgen). Ein 'felt sense' ist das vielfaserige Gewebe körperlichen Bewußtseins."(13)*

Der Vorgang, damit Kontakt zu bekommen ist -wie auch in Kapitel V von einem anderen Gesichtspunkt aus beschrieben werden wird- nicht einfach; erst kommt eine Zone von Diffusität:

*"Ein 'felt sense' ist normalerweise nicht einfach da, er muß sich erst bilden. Sie müssen wissen, wie sie ihn entstehen lassen können, indem Sie Ihre Aufmerksamkeit auf das Innere Ihres Körpers richten. Wenn der 'felt sense' in Erscheinung tritt, ist er zunächst unklar, verschwommen. Durch gewisse Schritte können Sie ihn in den Focus rücken, und ihn verändern. Ein 'felt sense' ist die körperliche Wahrnehmung eines bestimmten Problems oder einer bestimmten Situation. Ein 'felt sense' ist keine Emotion. Wir kennen Emotionen. Wir wissen, wann wir wütend, traurig oder fröhlich sind. Einen 'felt sense' erkennen Sie nicht sofort, er ist vage oder unklar. Er ist die körperlich gespürte Bedeutung. Wenn Sie Focusing lernen, werden Sie entdecken, daß Ihr Körper seinen eigenen Weg und seine eigene Antwort auf viele Ihrer Probleme findet."(14)*

Die Information tritt dann mit Hilfe von Fühlen und Denken ins Bewußtsein. Hier wird deutlich, daß auch von dieser Warte aus beide Pole für die Bewußtseinsentwicklung notwendig sind, sie aber den Bezug zur "Natur im Menschen" brauchen:

*"Focusing ist keine Aufforderung, das Denken aufzugeben und nur noch zu fühlen. Das würde unsere Gefühle nicht verändern. Focusing beginnt mit diesem merkwürdigen und wenig bekanntem 'felt sense', und dann denken wir verbal, logisch oder mit Hilfe von Bildern - aber auf eine Weise, die den 'felt sense' in Bewegung setzt."(15)*

Dabei läßt man durch den Körper direkt aus dem gesamten gefühlten Komplex heraus die Frage, die mit dem aktuellen Problem zu tun hat, entstehen und sie entschieden ins Bewußtsein treten.
Dann tritt ein 'body shift' auf. Das, was als innere Logik vorhanden ist, tritt als Lösungsmöglichkeit ins Bewußtsein, und verursacht ein Gefühl der Erleichterung.

*"Der 'shift' ändert Ihren 'felt sense' ... in hundert oder vielleicht tausend subtilen Eizelheiten, die außer Reichweite Ihres rationalen Verstandes liegen. Die Veränderungen fanden in Ihrem Körper, nicht in Ihrem Geist statt. Ihr Verstand weiß wenig darüber. Alles, was Sie je wissen werden, ist, daß Sie ... anders fühlen und anders handeln werden. (Vielleicht kann man später herausfinden, weshalb das so ist -wenn man will.) Zugegebenerweise ist das*

*ein mysteriöser Prozeß, nicht nur für Leute, die ihn zum ersten Mal erleben, sondern auch für diejenigen, die ihn jahrelang studieren. Wir Menschen wissen immer noch sehr wenig über unsere seelisch-geistig-körperlichen Vorgänge."(16)*

Sie zu erklären wäre auch nicht möglich, da es sich gerade um das handelt, was jenseits des persönlichen "Bildes von der Welt" als Natur mit dem Ganzen verbindet.

*"Wenn ein 'body shift' stattfindet, fühlen wir, daß unsere herkömmliche Denkweise mit der Körper-Geist Einheit in Kontakt getreten ist, wodurch diese sich einen Schritt vorwärts bewegt hat. Hilfe können wir weder allein von dieser körperlich-geistigen Einheit, noch allein von unseren Gedanken ... erwarten. Ein normaler Gedankengang kann objektiv wahr und hilfreich sein. Wenn er sich aber mit dem verbindet, was der Körper bereits weiß und erlebt, wird er ungemein wirkungsvoller."(17)*

Das gilt auch für eine stärker denkorientierte Verarbeitung und liest sich beinahe wie eine praktische Illustration dessen, was in der Hemisphärentheorie (vergl. S.143ff) gefordert wird:

*"Wenn aber ein 'felt sense' den Ausgangspunkt bildet, kann man alle möglichen Konzepte ausprobieren, ohne an ein bestimmtes Denkschema gebunden zu sein ... Das bedeutet ein grundsätzlich neues Modell, ein neues Verständnis für die Natur und unsere Erfahrungen. Erfahrung und Natur sind nicht mit unseren Konzepten identisch. Unsere Konzepte sind festgelegt und unveränderlich. Die Wahrheit liegt aber nicht im Denken allein. Sie liegt darin, wie sich die Gedanken zur Erfahrung verhalten, ob sie Erfahrungen in den 'Focus' rücken, oder nicht. Erfahrung kann niemals mit Konzepten gleichgesetzt werden, sie ist aber auch nicht undefiniert. Sie ist viel stärker organisiert und feiner strukturiert, als ein Konzept je sein kann. Und dennoch ist es immer wieder möglich, neue Konzepte zu schaffen, die die früheren weiterführen und erneuern."(18)*

Gendlin beschreibt damit ausführlich und genau einen Weg, vor den Zugriff des "Bildes von der Welt", den er als Konzept bezeichnet hat, zu gelangen, also dem Bewußtsein eine Korrekturmöglichkeit zu verschaffen, die vor den selbstgeschaffenen Kategorien liegt. Focusing stellt damit einen eigenständigen Weg dar, vor das Gefühl zur Empfindung zu gelangen. Was Gendlin immer wieder anspricht, sind die von mir als "Natur im Menschen" bezeichneten Gestaltdispositionen einer Ganzheit, die schwer wahrnehmbar ist und dem Bewußtsein direkt seine Entwicklungsrichtung angeben kann. Damit handelt es sich um einen psychologischen Weg, die "Natur im Menschen" zugänglich zu machen.

Besonders interessant in diesem Zusammenhang ist, daß Gendlin beobachtet hat, daß sich Patienten, deren Therapie Erfolg haben wird, schon in der ersten Stunde von Patienten, deren Therapie keinen Erfolg haben wird, unterscheiden lassen. Was sie so verläßlich unterschied, daß auch Studenten schnell auf eine sichere Schätzung trainiert werden konnten, war dieser Kontakt nach Innen, den zu fördern Gendlin das "Focusing" entwickelte. Das unterstützt indirekt das Ideengebäude des Anthropologiekapitels, nach dem die "Natur-im- Menschen" als Verbindung zur Ganzheit existiert und die Überlegungen aus dem Psychologiekapitel, wonach eine Entwicklung oder Korrektur des Bewußtseins seine eigene Veränderungsrichtung wissen müßte, die durch die "Natur im Menschen" gefunden werden kann. "Natur im Menschen" wird hier analog zum Selbst gebraucht. Der genaue technische Ablauf dieser Wahrnehmung wird im nächsten Kapitel dargestellt.

Der Körper ist, abschließend gesagt, Grundlage der eigenständigen Entwicklung von Gefühlen. Diese können ein Zugang zur Natur im Menschen sein. Das Verhältnis Fühlen-Denken auf der alltäglicheren Ebene der gegenseitigen Korrektur erfordert hier die Untersuchung, ob die Eigenständigkeit des Denkens durch Körperlichkeit gefördert wird. Was hier über Körper und Gefühl gesagt wurde, ist für das Alltagsbewußtsein leicht einsehbar. Ob der Bezug zum Körper die Eigenart und Konsequenz des Denkens fördert, ist strittiger.

Ich hatte weiter oben (vergl. S. 118ff) Wahrnehmung und Denken in Beziehung gebracht. Dabei wurde die Wahrnehmungstätigkeit als Teil eines aktiven, wenn auch weitgehend unbewußten und unwillkürlichen Denkprozesses beschrieben, der die Umgebung nicht spiegelt, sondern gliedernd und deutend verarbeitet.

Im Folgenden werde ich untersuchen, ob Körperlichkeit die Abstraktion von der sinnlichen Gebundenheit, die das Denken ausmacht behindert oder fördert und inwieweit Körperlichkeit als Korrekturfaktor das Denken zu einem Prozeß macht, der dem "Bild von der Welt" eine Entwicklungsmöglichkeit in sich selbst verschafft:

## 2 DER KÖRPER UND DAS DENKEN

### 2.1 Das Denken an sich

Dunker beschreibt in seinem Buch "Produktives Denken" den Vorgang der Problemlösung als Lösung einer Struktur aus ihrer ursprünglichen sinnlichen Gebundenheit und ihre gelungene Übertragung auf eine neue Situation.

*"Beginnen wir von unten, d.h. vom Minimum dessen, was an 'Rationalität' in der Zusammenhangsweise einer Welt überhaupt vorhanden sein muß, damit ein Lebewesen gerade noch eben denkend in sie einzudringen, durch Denken sich in ihr zurechtzufinden vermöchte. Wenn die Ereignisse der Welt völlig regellos, völlig chaotisch miteinander raumzeitlich zusammenhingen, ihre Zusammenhangsweise also der absolute Zufall wäre, käme dem Denken keinerlei praktische Bedeutung zu. Konstanz des Zusammenhangs ist somit das minimum rationale. Da nun aber kein Ereignis sich genau identisch*

*wiederholt, kann eine Konstanz des Zusammenhangs nur zwischen Teilen oder Momenten von Ereignissen obwalten. Denn nur solche wiederholen sich. Dem Denken erwächst also die Aufgabe, herauszufinden, zwischen welchen Komponenten zusammenhängender Ereignisse ein konstanter Zusammenhang besteht oder - etwas lebensnäher gewendet - welche Eigenschaften des jeweils Gegebenen für einen besonders ins Auge gefaßten Effekt kausal wesentlich sind?"(19)*

Denken besteht somit immer in einer systematischen "Verarmung" der unvergleichlichen Vielfalt, um in ihr Regelhaftes, Vergleichbares zu finden.

*"Allenthalben in der unmittelbaren Praxis des Lebens findet sich der Mensch -und im Prinzip genauso das Tier- vor die Aufgabe gestellt, die konstante Struktur eines Zusammenhangs zu erfassen, volkstümlicher ausgedrückt: zu erfassen, worauf es ankommt. So vermag zum Beispiel ein Schimpanse offenbar nur darum immer wieder prompt irgendein taugliches stockartiges Werkzeug (z.B. ein Stück Draht ... ) zum Heranholen irgendeines direkt nicht greifbaren Zielobjektes sinngemäß zu verwenden, weil er erfaßt hat, daß es nicht auf die Farbe, Ausgangslage, absolute Raumrichtung usw. des manipulierten Werkzeuges ankommt, sondern einzig und allein auf die Struktur: das Ziel mit einem genügend langen Gegenstand in Greifweite zu schieben."(20)*

Dabei ist die Schaffung solcher Konstanz zuerst einmal nicht vom einsichtigen Verstehen abhängig.

*"Sehr wichtig ist nun, daß die Aufgabe, das Wesentliche zu erfassen, auch dort lösbar ist, wo die erfaßte Zusammenhangsstruktur in sich selber jeglicher Einsichtlichkeit entbehrt ... Die Natur läßt die Lebewesen mancherlei konstante Zusammenhänge erfassen, in deren innere Notwendigkeit einzudringen sie ihnen einstweilen noch verwehrt."(21)*

Verstehen durch Denken ist damit in erster Linie ein äußerlicher Gestaltungsprozeß, der auf die Schaffung regelhafter Wenn-Dann-Beziehungen angelegt ist:

*"Wie ursprünglich dieses Kausalkriterium ist, davon legen Versuche Huangs (Childrens explanations of strange phenomena, Psych. Forsch. Bd. 14) beredtes Zeugnis ab. Huang ließ in Versuchen mit Kindern u.a. scheinbar dasselbe Ereignis entgegengesetzte Effekte haben, z.B. das eine Mal sank die auf Wasser gelegte Nadel, das andere Mal nicht. Es ist erstaunlich, wie jeder noch so harmlose Unterschied zwischen den beiden Situationen von den Kindern prompt als 'Ursache' für das verschiedene Verhalten der Nadel aufgegriffen wurde ... Eine derartige 'abstrakte Induktion' vollzieht sich überall im praktischen Leben ... ".(22)*

Diese abstrakte Induktion macht das äußere trennende, aber notwendige "Bild von der Welt" aus, das in sich Entwicklungsmöglichkeiten zu mehr Angemessenheit und Differenzierung durch die Verbindung der inständigen

Analyse mit sinnlicher Überprüfung im Alltagsexperiment birgt.

*"Psychologisch bedeutet sie einen Prozeß, in welchem sich aus einer Vielfalt bestimmt gearteter Situationen der gemeinsame Aspekt herausorganisiert. Das Resultat eines solchen Organisationsvorgangs besteht in einer Aspektänderung der betreffenden Situationen und tritt häufig ganz plötzlich auf, eventuell begleitet von einem 'Aha-Erlebnis'."(23)*

Denken und Wahrnehmung sind also bei höher entwickelten Lebewesen so organisiert, daß sie Regelhaftigkeiten im Weltgeschehen erkennen, man ist fast versucht zu sagen, aktiv bilden:

*"Ursache und Wirkung sind mindestens bezüglich ihrer Stellen in Zeit und Raum nicht beliebig, sondern einsichtlich zueinander. Zeit und Art der Ursache gehen in Zeit und Ort der Wirkung unmittelbar anschaulich ein."(24)*

Den Menschen zeichnet nun vor dem Tiere aus, daß sein "Bild von der Welt" eine Eigenständigkeit hat, die in Verbindung mit dem Ich-Bewußtsein erlaubt, die Bedingungen der Welt zu verändern, was bedeutet, sich nicht nur irgendwie in der Situation zu verhalten, sondern Probleme zu sehen und nach Lösungen zu suchen! Dabei wird die Welt notwendigerweise instrumentalisiert und in ihrer "funktionalen Gebundenheit" einsichtsvoll verändert:

*"Jede Lösung besteht in irgendeiner Veränderung der gegebenen Situation. Dabei verändert sich nicht nur dieses und jenes an der Situation ... sondern ... die psychologische Gesamtstruktur der Situation ... Solche Veränderungen nennt man 'Umstrukturierungen'. Im Verlauf eines Lösungsvorgangs wird derart umstrukturiert, z.B. das 'Betontheitsrelief' der Situation (ihr 'Figur-Grund' Relief). Situationsteile und -momente, die vorher psychologisch kaum oder nur ganz im Hintergrund -unthematisch- existierten, springen auf einmal hervor, werden zur Hauptsache, zum Thema, zur 'Figur' -und umgekehrt ... "(25)*

*"Ob ein gesuchter 'Gegenstand' leichter oder schwerer gefunden wird, hängt u.a. ab vom Grad der 'Gebundenheit' des Gegenstandes. Ein Schimpanse, der einen Stock (etwas Langes, Festes ... ) benötigt, hat u.U. Schwierigkeiten, in einem noch am Baum befindlichen Ast den Stock zu erkennen, ihn 'loszusehen' (vgl. Köhler S. 83). Am Baum ist er 'Ast', ist ein Teil der optisch figuralen Ganzheit 'Baum', und dieser Teilcharakter - allgemeiner: diese 'Gebundenheit' - ist offenbar schuld daran, daß der Ast am Baum bei einem Suchen nach etwas stockartigem schwerer erreichbar ist, als der Ast am Boden."(26)*

Damit wird ein Unterschied zwischen Mensch und Tier deutlich: Kein Mensch hat Schwierigkeiten auf dieser Ebene, was an der allgemeinen intellektuellen Kapazität und dem Subjektbewußtsein liegt, welches die Welt instrumentell zu sehen erlaubt. Dieses Umstrukturierungsmoment des "produktiven Denkens" findet beim Menschen ständig auf einer abstrakteren Ebene oder in komplizierteren Zusammenhängen statt:

*"Es ist oft darauf hingewiesen worden, daß solche Umstrukturierungen beim Denken, beim Lösen von Problemen eine wichtige Rolle spielen. Die entscheidenden Stellen in Denkprozessen, die Stellen des plötzlichen Verstehens, des 'Aha', des Neuen, sind immer zugleich Stellen, wo so eine plötzliche Umstrukturierung im Denkmaterial geschieht, wo etwas 'kippt'."(27)*

*"Es ist sehr wahrscheinlich, daß die tiefsten Unterschiede zwischen verschiedenen Individuen bezüglich dessen, was man 'Denkfähigkeit', 'Intelligenz' nennt, in Unterschieden der Leichtigkeit solcher Umstrukturierungen begründet sind."(28)*

*"Wie entstehen denn diese Umstrukturierungen und mit ihnen die Lösungen? Daß sie geschehen und beim einen leichter, beim andern schwerer geschehen, gibt ja noch keinerlei Aufschluß darüber, warum sie geschehen, d.h. woher die richtunggebenden 'Kräfte' stammen, die ein Denkmaterial von der alten in die neue (lösungsadäquate) Strukturierung hinüberführen."(29)*

Dunker führt verschiedene Möglichkeiten an, bei denen entweder durch automatisches Umspringen der Wahrnehmung wie bei einem Kippbild, oder quasi automatisches Umspringen der Struktur, des Betontheitsreliefs nach vorheriger Problemstellung und Sucherci plötzlich und überraschend eine neue Sichtweise entsteht.

*"Wir können also sagen: 'inständige' Analyse der Situation, im Besonderen das Bestreben, geeignete Situationsmomente sinngemäß sub specie des Ziels zu variieren, müssen zum eigentlichen Wesen einer Lösungsentstehung durch Denken gehören."(30)*

Dann aber müssen die Möglichkeiten des Denkens als Lösung von Problemen im Rahmen der individuellen Unterschiede auch davon abhängen, wie sehr die sinnliche Wahrnehmung der Welt stimmig und zugleich locker ist, so daß die zitierte Möglichkeit der Umstrukturierung schon in der Anschauung als intuitives Moment gegeben ist. Darauf weist Dunker auch für den Sonderfall mathematischen Denkens hin:
Ich möchte seinen Ausführungen dorthin folgen, denn das mathematische Denken stellt nur einen besonders klaren Fall abstrakten Denkens -also jeden Denkens, das nicht direkt auf praktische Probleme gerichtet ist- dar. Mit einer Umstrukturierung abstrakter gedanklicher Gebilde ist aber alles allgemeine Denken über den Menschen und die Welt, die Alltagsphilosophie, das "Bild von der Welt" ständig beschäftigt.
Dabei geht es oft um das einsichtsvolle Gewinnen von Regelhaftigkeiten, die weit von der direkten Anschauung entfernt sind.

*"Synthetische Einsicht ist offenbar dadurch möglich ... daß ein Sachverhalt sich in der Regel durch weniger Momente (Aspekte) aufbauen läßt, als nachher*

*-vermöge neuer 'Betrachtungsweisen'- von ihm abgelesen werden können. Der Terminus 'ablesen' soll zum Ausdruck bringen, daß es sich um ein 'sehen', ein 'einer-Sache-etwas-Absehen' handelt. Einsicht ist in der Tat ein Sehen, Ersichtlichwerden. Es sind nicht alle möglichen Aspekte eines Denkgegenstandes zu seinem Aufbau nötig, so wenig wie alle möglichen Aspekte eines visuellen Gegenstandes zur eindeutigen Erfassung seines Aufbaus nötig sind."(31)*

Diese Tatsache bildet die Grundlage des Reizselektions- und Kategorisierungsprozesses nach Bruner und Postman(32), der im Kapitel III dargestellt wurde.

*"Ein und derselbe paradigmatisch in der Anschauung konstruierte Sachverhalt läßt sich a) von neuen Seiten, b) in neuen Richtungen, c) in neuen Zusammenfassungen, d) zum ersten Mal als Ganzes usw. betrachten. (Auf dieser 'Aspektstruktur' der Denkgegenstände beruht die Möglichkeit synthetischer Evidenz.)"(33)*

Womit sich auch in Dunkers Worten noch einmal die später auf S. 441ff genauer ausgeführte Grundannahme Ästhetischer Bildung von der Universalität von Form und Gestalt, hier für das Denken darstellt. Außerdem wird hier auch für diesen Bereich das Zulassen gegenüber dem Machen betont.
Im Falle der Mathematik geht man bei der Umstrukturierung allgemeiner logischer Eigenschaften von Denkgebilden oft von gesetzten Definitionen (Axiomen) aus:

*"Es macht ... für die Anwendbarkeit mathematischer Axiome auf die empirische Wirklichkeit keinen prinzipiellen Unterschied, ob die Axiome 'praktische Festsetzungen' oder 'Einsichten' sind. Denn wenn ich aus dem empirisch Gegebenen gewisse Begriffe wie 'größer als' oder 'Gerade' abstrahiere, zu komplexeren Gebilden zusammenfüge und daraus allerlei neue Einsichten ablese, so habe ich dafür, daß diese Ansichten auf die Wirklichkeit zutreffen, nicht mehr Gewähr, als wenn ich mit lauter praktischen Festsetzungen arbeitete ... "(34)*

*"Daraus folgt aber: die Anwendbarkeit auf Wirkliches ist für das 'Wesen' auch solcher Begriffe, die aus der Wirklichkeit abstrahiert wurden, in keiner Weise Pflicht -woraus denn gleichzeitig zu ersehen ist, daß sogenannte Wesensschlüsse auf Wirkliches nie absolut gezogen werden können. Denn ob die betreffende Wirklichkeit das in den Prämissen ausgesagte 'Wesen' tatsächlich verkörpert oder nicht, läßt sich einzig und allein empirisch entscheiden. Für synthetische Einsicht ebenso wie für analytische gilt der Einsteinsche Satz: 'Insofern sich die Sätze der Mathematik auf die Wirklichkeit beziehen, sind sie nicht sicher, und insofern sie sicher sind, beziehen sie sich nicht auf die Wirklichkeit.' (Geometrie und Erfahrung, s.S. 3 f.)."(35)*

Denken hat damit Entwicklungsmöglichkeiten in sich selbst, bedarf aber sinnlicher Überprüfung. Auf der Ebene des Wachstums bedeutet das, daß die

Kategorien, mit denen das Bewußtsein arbeitet, der produktiven Verunsicherung in der direkten Erfahrung bedürfen.

## 2.2 Die körperliche Erfahrung als Grundlage für die Entwicklung der Denktätigkeit

Die Anwendung des Denkens muß sich also an der Erfahrung der Welt orientieren. Letztlich würde eine immer weitere Abstraktion des Denkens von der Gebundenheit seines Ursprungs, der sinnlichen Erfahrung der Welt, die Gefahr systematischer Fehler nahelegen. Eine Rückbeziehung durch sinnliche Erfahrung, eine Öffnung für die Intuition ist schon allein deshalb wichtig. Ich möchte hier Kükelhaus noch einmal zitieren, der in seiner Begründung für die Anlage sinnlicher Erfahrungsparks schreibt:

*"Der Ausgangskern, aus dem heraus sich im Laufe der Milliarden Jahrgeschichte organischen Lebens das menschliche Endhirn mit dem Abstraktionsvermögen und dem Wissen von sich, dem Bewußtsein seiner selbst, gebildet hat, ist der Hirnstamm, den der Mensch gemeinsam hat mit den ursprünglichsten Arten von Lebewesen. Über die Brücke des Hirnstamms (oder Stammhirn) steht der Mensch jenseits noch des Gattungserbgutes, jenseits auch seines individuellen Anlagegrundes, unter dem Walten universeller Ordnungen und einer kosmischen, als göttlich verehrten Gesetzlichkeit, die als steuernde Muster der Symmetrie, Polarität, Zahl, Rhythmik, Schwingung, Gravitationbeginnend mit der Zellsymmetrisierung in den Anfangsgründen der Leibgeschichte geweblich eingeschlüsselt sind. Die beiden äußersten Pole der menschlichen Genesis, das Abstraktionsvermögen und das Vermächtnis des Grundgeschehens, in wechselseitiger Verbindung zu halten, galt das Wirken der Kulte und Religionen."(36)*

Wenn außerdem Denken als Abstraktion und einsichtsvolles Verstehen der die Welt gliedernden Wahrnehmung entstanden ist, müßte eine Sinnesschulung auch die Grundlagen des Denkens verbessern. Glaser schreibt über die Grundlagen der menschlichen Einbindung in die Welt:

*"Hierbei spielt Berühren und Anfassen die bedeutendste Rolle. Schon Aristoteles hielt den Tastsinn bei Mensch und Tier für den grundlegenden Sinn. Und der Umweltraum ist für den Menschen primär ein haptischer Raum (Calcon und Prick), denn die 'Beziehung geschieht (nach Bodenheimer) haptisch-taktil, das meint im Berühren und Anfassen'. Haptik und Taktilität sind die beiden Radikale des haptisch -taktilen Elementes der Beziehung. Das erstere ist nach Bodenheimer die aktive Form der berührenden Hinwendung, das Erfassen, Begreifen und Behalten. Taktilität oder Taktus ist die passive Form, das Sich-anrühren-Lassen, das Ergriffen-Werden oder -Sein. Selbst sprachlich ist die Ableitung der übrigen Sinneseindrücke von diesem grundlegenden Sinn gegeben. 'Man wirft ein Auge auf die Dinge', man 'erfaßt ein Bild, ein Musikstück', man wird 'ergriffen' von einem Gefühl, vom Eindruck, den ein Geschehnis uns macht, und vieles andere mehr."(37)*

Fast alle Begriffe des sozialen Denkens lassen sich praktisch auf körperlich/ räumliche Erfahrungen zurückführen. Ob man "etwas so annehmen kann", "jemanden abstoßend findet", meist sind die Begriffe aus dem physischen Bereich, und auch viele Begriffe aus dem Denken haben eine handwerklich praktischen Hintergrund, kommen also aus der sinnlich erfahrbaren, dinglichen Welt. Zur Lippe schreibt dazu: Der chilenische Biologe und Erkenntnistheoretiker R. Maturana

*"weist nach, daß selbst die abstraktesten Modelle unseres logischen Denkens nur Abstraktionsformen von Organisationssystemen unseres Körpers sind und Denken vor der Sprache entsteht. Der Leib bleibt durch unser ganzes Leben erlebtes und gestaltetes Vorbild. Die anschaulichste Einsicht dazu ist das lange bekannte Modell des Begriffs, der aus dem Greifen der Hand zum Werkzeug des Denkens geworden ist, aber ohne das tastende Begreifen der Hand alleine zur haltlosen Spekulation führen kann."(38)*

Man kann die Bildung von Begriffen allgemein als Abtraktionsvorgang in diesem Sinne sehen: Die Erfahrung von Raum und Struktur im Raum führten zur Entwicklung von Logik, die Entwicklung zeitlicher Entwicklungsverläufe zu folgerichtigem Denken. Kükelhaus bezieht das sogar auf die pränatale Entwicklung:

*"Die Entwicklungsgeschichte des vorgeburtlichen Menschen zeigt beschreibbar, daß -beispielsweise- Hand, Herz, Auge, Hirnrinde jeweils einzeln aus der Einheit eines Verrichtungsganzen von Hand, Herz, Auge, Hirn hervorgegangen sind. Eine Einheit, der gemäß die Hände mit dem Spiel der Finger selbstständige Denkorgane sind."(39),*

und die Embryologie findet, daß die ersten Vernetzungen im Gehirn sich bei den ersten Bewegungen im Mutterleib bilden.

### 2.3 Denken und Körperlichkeit, Materialismus und Idealismus

Freilich möchte ich nicht in einem materialistischen oder mechanistischen Sinn verstanden werden. Ich bin überzeugt, daß Geist und Materie Ausdruck der gleichen Verursachung sind, die nicht materiell ist.
Nur so ist verständlich, daß Heilung in umfassendem seelisch/körperlich, also psychosomatischem Sinne durch das Wort möglich ist. Schmidbauer schreibt:

*"Die kühnste Definition der Dichtkunst stammt von Robert Frost: 'What gets lost in translation' ... In Groddecks Umgang mit den Kranken war es zentral bedeutsam. Eine andere Definition der Dichtung, kaum weniger kühn, kommt aus der Feder des klassischen Dichters: 'Und wenn der Mensch in seiner Qual verstummt / Gab mir ein Gott, zu sagen, wie ich leide.' Bei Groddeck war der Kranke jemand, der es aufgegeben hatte, sich auszudrücken, der stumm geworden war und resigniert nur mehr durch seine Symptome sprach. Er versuchte, zusammen mit dem Kranken die Ursache für diese Resignation zu finden. Dabei arbeitete er mit der Sprache, wie es der Dichter tut, der ebenfalls*

*Bilder findet, die einen Sachverhalt lebendig machen, weil sie ihn mit der Ganzheit des Lebens verbinden. Dabei werden Wörter vieldeutig, sie erfassen nicht nur konkrete Tatbestände, sondern auch verborgene Erlebnisse. Sie gehen durch die Welten hindurch, wie die Trommel des Schamanen ... "(40)*

Schmidbauer sieht das gleiche auch bei Freud:

*"'Wie wahrscheinlich ist es nicht', sagt Freud weiter, 'daß die Redensart etwas herunterschlucken, die man auf unerwiderte Beleidigung anwendet, tatsächlich von den Innervationsempfindungen herrührt, die im Schlunde auftreten, wenn man sich die Rede versagt, sich an der Reaktion auf Beleidigung hindert?' Gegenüber einem abgeschwächten Sprachgebrauch, der zum körperlichen Empfinden keine unmittelbare Beziehung mehr hat, setzt Freud die Hysterie (=Poesie) in das Erbe einer urtümlichen Sprache ein, in der die Menschen noch lebten, was sie sagten." (41)*

Um aber Fühlen und Denken zu entwickeln, das So-Sein der Welt zu erfahren und sich des Wie seiner Existenz bewußt zu werden, ist die körperliche Erfahrung primär,

*"Die erste Entwicklungsphase ist taktil bestimmt. Im Uterus erfährt das Kind die Welt unmittelbar nur durch den Berührungssinn ... Auch während und kurz nach der Geburt informiert dieser Tastsinn das Kind über seine Umgebung ... Erst dann tragen Gesichts- und Gehörsinn zur Bewußtheit des Kindes bei," (Eisman)(42)*

die zu gliedern und zu verarbeiten eine entsprechende Gestalt angelegt sein muß. Diese ist grundlegend an körperlichen Gegebenheiten und an der Welt orientiert, wie Schilders(43) Körperschema[2] und Plügges(45) Untersuchungen über Phantomglieder zeigen. Glaser schreibt:

*"Ein armloses Mädchen (Dysmelie) pflegte zu Beginn seiner Schulzeit wie die anderen Kinder zum Lösen von Rechenaufgaben seine unsichtbaren Phantomhände auf den Tisch zu legen und zählte die Finger einen nach dem anderen ab."(46)*

So kann Waldenfels zu Merleau-Pontys Ansatz schreiben:

*"Der Leib selbst ist 'gleichsam eine vorläufige Skizze meines ganzen Seins', er ist nicht mehr, aber auch nicht weniger."(47),*

Sie zu entwickeln, ist jedoch im allgemeinen physische Welterfahrung nötig. Schiller schreibt:

*"Keine Empfindung, ohne vorhergehende Idee ... "(48)*

In der konkreten Entwicklung

*" ... vertritt die Modifikation in dem körperlichen Werkzeug die Stelle der Ideen, und so hilft die tierische Empfindung das innere Uhrwerk des Geists, wenn ich so sagen darf, in den Gang bringen. Der Übergang von Schmerz zu Abscheu*

*ist Grundgesetz der Seele."(49)*

Der Mensch ist auf die Erfahrung der Welt hin angelegt, indem in ihm die gleichen Gesetze des Seins vorgeprägt sind, nach denen sich die Materie organisiert. Seine Psyche ist darauf angelegt, diese Welt sinnvoll zu ordnen. Für diesen Ordnungsvorgang ist die sinnliche Erfahrung wichtig:

### 2.4 Praktische Folgerungen für das Denken und die sinnliche Gebundenheit

Die sinnliche Ebene und darin wiederum die Körpersinne sind also schon von der Entwicklung her primär. Beim Finden abstrakter Einsichten geht es aber, wie Dunker schreibt, um die Lösung dieser sinnlichen Gebundenheiten, so daß man einen Widerspruch zwischen sinnlicher Bildung und abstrakter Denkfähigkeit konstruieren könnte:

*"Der Funktionswechsel der Bestandteile eines komplexen mathematischen Gebildes, der so oft vollzogen werden muß, damit in dem betreffenden Gebilde eine bestimmte Struktur wiedererkannt werde - diese Umstrukturierung, präziser: diese (systemimmanente) Funktionsverschiebung ist es, was dem Denken beim Finden mathematischer Beweise je nach Anlage mehr oder weniger große Schwierigkeiten bereitet. Es widerstrebt dem Denken (in individuell verschiedenen Graden), einen in bestimmter anschaulicher Strukturierung eingeführten und darin noch lebendig gebundenen Sachverhalt in konträrer Strukturierung zu konzipieren."(50)*

Trotzdem besteht kein Widerspruch zwischen dem Rückbezug auf die sinnliche Erfahrung der Welt und der Abstraktionsfähigkeit:

*"Die zusammenfassende Formulierung im vorangegangenen Paragraphen ist sehr ergänzungsbedürftig. Sie darf auf keinen Fall den Eindruck erwecken, als sei 'Anschauung' an und für sich ein Hemmnis mathematischen Denkens. In einem sehr allgemeinen Sinn 'anschaulich' ist jedes produktive Denken ... Spricht Anschauung auch nicht das letzte Wort, so spricht sie jedenfalls das erste. Sie hat recht eigentlich heuristische Funktion ... Manch eine für den Beweis bzw. die Konstruktion relevante Eigenschaft der Voraussetzung wird viel früher in der Anschauung entdeckt als logisch gefolgert. Überaus häufig deutet die Anschauung der logischen Explikation ihre Richtung an ('Wenn das wirklich zuträfe, was da so aussieht als ob ... dann könnte man so und so verfahren. Ich muß doch einmal prüfen, ob es zutrifft?') Diese heuristische Funktion verdankt die Anschauung ihrer 'abreviierenden' Rolle, d.h. dem Umstand, daß sie viele Implikationen der Voraussetzungen, die logisch nur in schwerfälligem Nacheinander explizit zu werden vermöchten, simultan (in Abbreviatur) überschaubar macht, das Gesamtterrain sondiert. Auf diese Weise ermöglicht sie es dem Denkenden, die entscheidenden Angriffsstellen zu sehen und sich auf diese zu konzentrieren."(51)*

Damit ist gezeigt, daß, auch wenn Denken Abstraktion von sinnlicher

Erfahrung ist, indem es diese kategorisiert und in ihrem "Betontheitsrelief" umstrukturiert, die sinnliche Erfahrung der Abstraktionsfähigkeit nicht entgegensteht. Wie Dunker geschrieben hat, gibt sie im Gegenteil als Intuition der abstrakten Umstrukturierung die Richtung an. Dunker nimmt damit die Ergebnisse der Hemisphärenforschung (auf die ich gleich näher eingehen werde) vorweg, die die gleiche Aufgabenverteilung den beiden Gehirnhälften zuordnen konnte. Während über das Gefühl Zugang zu der "Natur im Menschen" möglich ist, welche als direkte Intuition auf höchster Ebene wirkt, können sich Denken und Fühlen auf einer alltäglichen Ebene gegenseitig korrigieren. Für die Ausprägung der Eigenarten von Denken und Fühlen scheint Körperlichkeit förderlich zu sein. Im folgenden geht es darum, wie sich Körperlichkeit auf die produktive Spannung zwischen beiden auswirken könnte:

## 3 DENKEN UND FÜHLEN

Als ich die polare Anordnung von Denken und Fühlen beschrieben habe (s. S.: 142ff), wurde der Begriff der Intuition in Verbindung mit der rechten und der linken Hemisphäre benutzt. Damit wurde beschrieben, wie bildhaft gefühlsmäßig anschauliche Gewißheiten mit analytisch logischen Prozessen zusammen neue sinnvolle Anpassungen des Bildes von der Welt ermöglichen. Hierbei spielt der Körper noch in anderer Hinsicht eine wichtige Rolle:
Eines der ältesten Gesetze in der Psychologie, das Yerkes-Dodson Law(52), besagt, daß die körperliche Erregung umgekehrt proportional zur Komplexität der Denkaufgabe gehalten werden muß, soll diese gelingen.
Bei ähnlichem intellektuellen Potential spielt also die Entspannungsfähigkeit eine große Rolle. Bei Kreativitätstrainings wird nicht nur mit Entspannung, sondern auch mit Sensitivity-Übungen gearbeitet.
Dabei wird in einer sinnlichen Gebundenheit und bildhaften Anordnung das intuitive Denken angeregt, dessen Ergebnisse in der Entspannung dann besonders gut umstrukturiert, gestaltet und abstrahiert werden können. Intuition und das bildhafte Vorstellen haben wohl auch allgemein mit dem Zugang zur Weisheit des Körpers zu tun.
Viele naturheilkundliche Verfahren arbeiten damit, daß sie davon ausgehen, daß in jeder Zelle die Weisheit des Gesamtorganismus enthalten ist. Vielfältig sind Teile miteinander verbunden. Marquards Fußreflexzonentherapie(53) arbeitet mit der Abbildung des Körpers in den Fußsohlen, es gibt entsprechendes für Ohren, Gesicht, Hand, Rücken; alles ist mit allem verbunden. Gegebenheiten, die für das logische Denken als Gegensätze formuliert sind, werden als verbunden erlebt. Innen ist nicht ohne Außen vorstellbar, Zentrierung bedeutet nicht eine nach innen gerichtete Konzentration, die nach außen abschließt, sondern es paradoxal erst ermöglicht. Man kann nur offen für das Außen sein, wenn man in seinem Zentrum ist, wie man sich umgekehrt nur durch ein Außen erfährt. In der Meditation kann der Mensch aber auch

alles in sich finden, All-Eins-Sein.
Die ganzheitlich intuitive Art des Denkens als einzige Möglichkeit, die Natur im Menschen durch Einfühlung in das Unwillkürliche mitzuvollziehen, konfrontiert mit dem nach Konstanz und Einheitlichkeit strebenden Wesen des Ichs, wie ab S. 111 dargestellt. Dem entspricht eine zergliedernd/kontrollierende Denkart. Das findet sich, wie so oft, in der Sprache:

*"Unsere Sprache und unser Denken sind mit Redewendungen durchsetzt, die unsere Auffassung über links und rechts kundtun. Das rechte, (also der linken Hemisphäre zugeordnete) wird mit gut, gerecht, moralisch, richtig, verbunden. Alles, was links ist, (und damit der rechten Hemisphäre entspricht), löst Vorstellungen von Anarchie und unkontrollierten Gefühlen aus und ist daher schlecht, unmoralisch, gefährlich."(54)(Edwards)*

Der Bezug auf den Körper könnte ein produktives Zusammenwirken beider Körperhälften bedeuten:

*"Frederic Vester hat (nach Rudolf von der Lippe) in seinen weit verbreiteten Darstellungen ein körperliches Modell aufgezeichnet, an dem unser Denken und unsere Einstellung aus dem konditionierten Ja/Nein, Entweder/Oder, Passiv/Aktiv einen freieren Weg finden könnte in die vielseitige Vernetzung statt der mechanischen Verdrahtung. Die Rezeptoren unserer Nervenbahnen wirken durch selbständige innere Bewegungen zusammen, wobei gerade die Aufnahmetätigkeit gegenüber den ankommenden Impulsen die höhere Aktivität darstellt nicht etwa das Senden, wie es die Kommunikationstheorie behauptet."(55)*

Das aber entspricht, wie ich ab S. 258 zeigen werde, genau dem Vorgehen der Körperbildung, die bei körperlichen Reizen das Zulassen betont. So können also Denken und Fühlen in ihrer Eigenart durch Körperlichkeit gefördert werden und sich gegenseitig zu mehr Ganzheitlichkeit weiterentwickeln helfen. Der Wahrheitsanspruch eines solchen Weges durch den Körper zur Bewußtseinsentwicklung steht allerdings in Gegensatz zu Grundpfeilern abendländischer und fernöstlicher Philosophie. Auf Plato und Lü Dsu - stellvertretend für taoistische Sichtweisen- fußend wurde Körperlichkeit als Grundlage der Täuschung über die Welt gesehen. Damit wäre eine Philosophie des "Körpers als Weg" absurd.

## 4 ERKENNTNIS UND KÖRPERLICHKEIT, PLATO, DAS KLASSISCHE MIß VERSTÄNDNIS UND SEINE ENTWICKLUNG SOWIE EIN VERGLEICH MIT TAOISTISCHEN VORSTELLUNGEN ÜBER KÖRPERLICHKEIT UND ERKENNTNIS

Traditionell wurde allerdings die Denktätigkeit gar nicht so sehr als aktive Leistung, sondern mehr wie ein Empfangen gesehen, welches direkt aus der Natur kam und die Polaritäten Denken/Fühlen mit dies-/jenseitig, aktiv/passiv und innen/außen zusammenbringt. Diese mehr empfangende Art zu Denken war Naturvölkern bekannt.
Crottet berichtet in seinen auf Tatsachen beruhenden -stark autobiographisch gefärbten- Geschichten von einem Dorf in Lappland, dessen traditionell lebenden Bewohner Transistorradios mit dem Argument ablehnten, der Lärm aus den Kästen übertöne die Sprache der Bäume.
Diese Sichtweise eines direkten Empfangens aus der Natur gab es auch im frühen Griechenland[3] . Plato läßt im Phaidros Aristoteles sagen:

*"Mein Freund, im Heiligtum des Zeus zu Dodona sagten die Menschen, die ersten Weissagungen seien von einer Eiche ausgegangen. Ihnen, weil sie keine Weisen waren, wie ihr Jünglinge heute, genügte es in ihrer Einfalt, der Eiche und dem Stein zuzuhören, wenn sie nur die Wahrheit sagten."(57)*

Dabei ging er von ewigen Ideen aus,

*("Mir scheint nämlich, wenn irgend etwas anderes schön ist, außer jenem Schönen selbst, daß es wegen garnichts anderem schön sei, als weil es teilhabe an jenem Schönen, und ebenso sage ich von allem. Räumst du diese Ursach ein? Die räume ich ein, sprach er. ... Also auch vermöge der Größe das Große groß und das Größere größer, und vermöge der Kleinheit das Kleinere kleiner? Ja."(58)(Phaidon))*

für die der Mensch sich nur zu öffnen brauche (s. dazu auch S. 456). Schnier zitiert von Aster über Plato:

*"'Kunst, Wissenschaft und Metaphysik einen sich im Gewande des Mythos, der zwischen gleichnishaftem Bild und wissenschaftlichem Begriff schwebenden, in freier künstlerischer Darstellung an alte traditionelle Mythen anknüpfenden Darstellung.'"(59)*

Dabei ist diese Ganzheit wie die seinsmäßige Grundlage, die Idee, nicht erdacht, sondern eher erinnert.

*" ... entweder sind wir dieses wissend geboren worden und wissen es unser Leben lang alle, oder die, von denen wir sagen, daß sie hernach erst lernen, erinnern sich dessen nur, und das Lernen ist eine Erinnerung."(60),*

wobei Plato dieses Erinnern mit der Ewigkeit der Seele verknüpft:

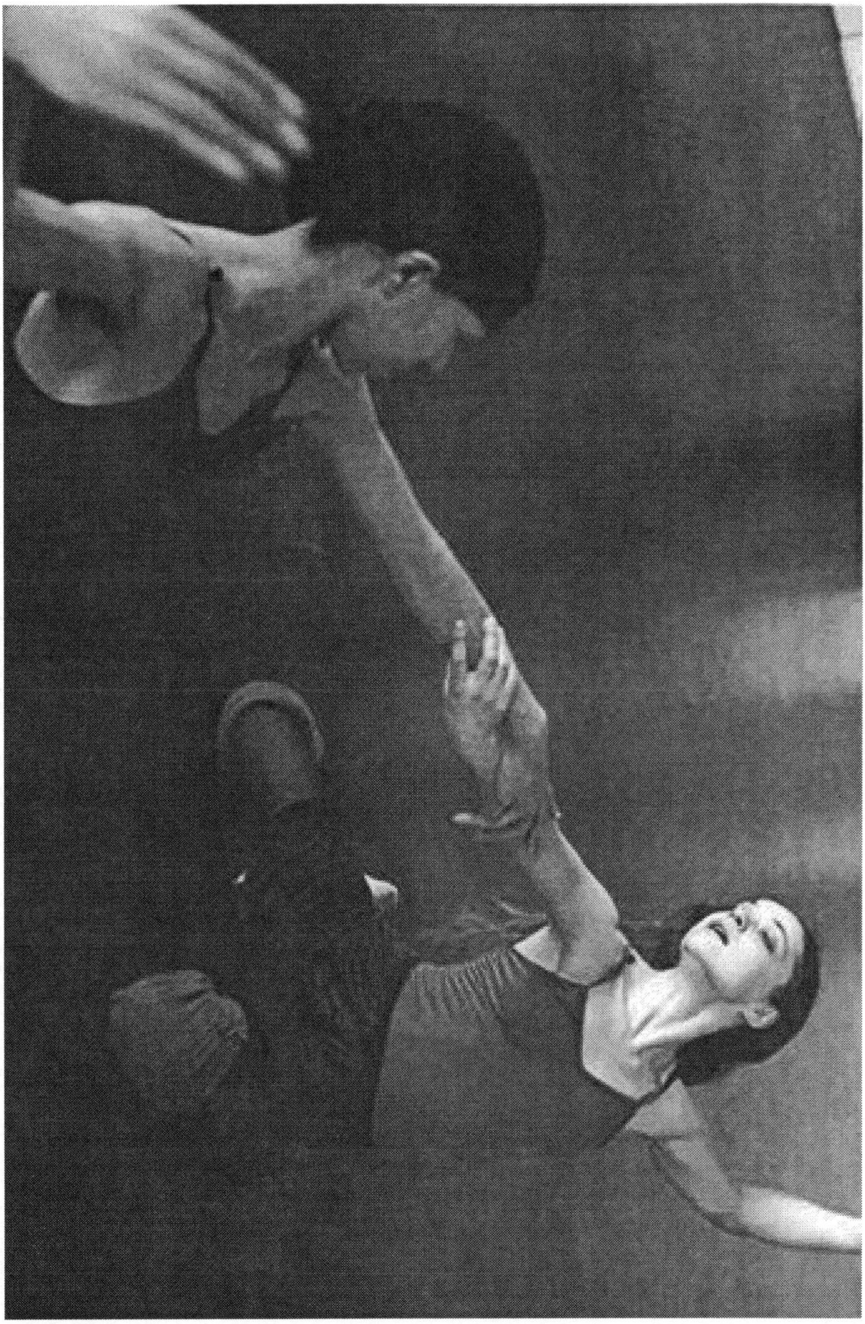

*"Wenn das etwas ist, was wir immer im Munde führen, das Schöne und Gute und jegliches Wesen dieser Art und wir hierauf alles, was uns durch die Sinne kommt, beziehen, als auf ein vorher Gehabtes, was wir als das unsrige wieder auffinden, und diese Dinge damit vergleichen: so muß notwendig, ebenso wie dieses ist, so auch unsere Seele sein, auch ehe wir noch geboren worden sind."(61)(Phaidon)*

Diese "ewigen Ideen" wurden aber auch bei Platon im diesseitigen Leben durch Erfahrung gebildet, die auf diese präformierten Bewußtseinselemente bezogen wird:

*" ... denn zum Menschen gehört es, das gemäß der Idee Gesagte zu verstehen, das aus vielen Wahrnehmungen durch den Verstand in eins zusammengefaßt wird. Dies aber ist Erinnerung an jenes, was einst unsere Seele erblickte, als sie dem Zuge Gottes folgte und hinwegschaute über das, was wir jetzt Sein nennen, das Haupt aufreckend in das Wirklich- Seiende."(62)(Phaidros)*

Einer ähnlichen Auffassung war auch Pythagoras von Kroton, der Wissenschaft, Musik, körperliche Übung und Meditation miteinbezogen hatte. Bei ihm ist die Bedeutung der Sinne durch diese Praxis klar. Sehr deutlich wird die Mittlerrolle sinnlicher Erfahrung in der Theorie der Kahunas: Bei den polynesischen Kahunas war das mittlere Selbst (Ich) beim Denken nur für das Ordnende zuständig, ansonsten aber auf die Vitalkraft des unteren Selbst (Natur im Menschen) und die Intuition des Oberen Selbst angewiesen:

*"Das Wort für Denken ist Mana-o ... Aus den Bedeutungen der Wurzelworte ersieht man klar, daß nach der Ansicht der Kahunas alles Denken Mana oder Vitalkraft erfordert, die sich in reziproken Strömen zwischen niederem, mittleren und Hohen Selbst aufteilt, doch im wesentlichen zwischen dem niederen und mittleren Selbst. Der Stamm o enthält in diesem Fall die Bedeutung von etwas tragen, nämlich Gedankenformen auf einem Fluß von Vitalkraft. Auch bedeutet er etwas durchstoßen ... Als Symbol bedeutet o, in eine dunkle Öffnung hineingreifen, dort etwas erfühlen und herausziehen. Dadurch symbolisierten die Kahunas, wie auf Veranlassung des mittleren Selbstes* [ich] *das niedere Selbst* [Körperlichkeit] *die aufbewahrten Gedankenformen der Erinnerung aufsucht und sie dem mittleren Selbst anbietet."(63),*

Wie auch in dieser Arbeit, wird angenommen, daß die unpersönlichen "ewigen Ideen" durch körperliche Erfahrung vermittelt werden, was Platos Vorstellung überpersönlicher Ideen mit der psychologischen Erkenntnis zusammenbringt, daß Gedächtnisleistungen sehr mit emotionaler Bewertung zu tun haben.
Das stimmt mit meinem Ansatz überein, über den Körper Zugang zur Weisheit der Natur zu bekommen.
Nun wird aber gerade Plato, den ich oben zitierte, oft als Kronzeuge für Körperfeindlichkeit angeführt.
Darauf möchte ich ausführlich eingehen, denn hier beginnen zwei Mißver-

ständnisse: Das einer Leibfeindlichkeit, die sich besonders in unserer christlichen Tradition entwickelte und einer Spaltung der Erkenntnis in Rationales und Irrationales mit wechselseitiger Verteufelung in Mittelalter und Neuzeit. Tatsächlich schreibt Plato, daß die Sinne täuschen, wahre Erkenntnis nur durch direkte Seelenschau möglich sei, überhaupt das Körperliche verwirre:

*"Und der kann doch jenes am reinsten ausrichten, der am meisten mit dem Gedanken allein zu jedem geht, ohne weder das Gesicht mitanzuwenden beim Denken, noch irgendeinen anderen Sinn mitzuzuziehen bei seinem Nachdenken, sich reinen Gedankens allein bedienend, auch jegliches rein für sich zu fassen trachtet, soviel wie möglich getrennt von Augen und Ohren und, um es kurz zu sagen, von dem ganzen Leibe, der nur verwirrt und die Seele nicht Wahrheit und Einsicht erlangen läßt, wenn er mit dabei ist."(64)*

Die gleiche Auffasung vertritt der Taoist Meister Lü Dsu:

*"Wenn man nicht von den Außendingen gereizt sich bewegt, das ist die Bewegung des Himmels. Das Wesen, das dem Himmel gegenübergestellt wird, kann fallen und gerät unter die Herrschaft der Triebe. Die Triebe beruhen darauf, daß es Außendinge gibt. Das sind Gedanken, die über die eigene Stellung hinausgehen. Dann führt Bewegung zur Bewegung. Wenn aber keine Vorstellung sich erhebt, so entstehen die richtigen Vorstellungen. Das ist die wahre Idee."(65)*

Beide Aussagen stehen in Übereinstimmung mit allem, was in meinem Ansatz über die absolute Erkenntnis geäußert wurde. Während sich Platos Aussage über die Unzulänglichkeit des Körpers auf absolute esoterische Erkenntnis bezieht (von der auch ich annehme, daß sie nicht mit den Sinnen zu leisten sei) nicht aber um den Weg zu dieser Erkenntnis, äußert Lü Dsu allgemein, daß Erkenntnis nicht mit direktem körperlichen Interesse vereinbar sei.
Schon Jung hat aber bezüglich Lü Dsus vermutet, im alten China hätte man sowieso von einem gelebten Leben, sinnlicher Bindung, d.h. gelungener Inkarnation ausgehen können. (S. S.70ff!)
Auch bei Plato steht zu vermuten, daß seine Transzendenz von wirklicher Inkarnation ausging: Immerhin war die Kraft des Eros seine Grundlage (s. Kapitel III) und im berühmten Beispiel der platonischen Jünglingsliebe zieht er entschieden das, allerdings nicht sexuell ausgelebte, Verhältnis aus Liebe dem wohlwollend neutralen vor. Diese Liebe bedeutet aber, den Weg durch die Sinne zu gehen und durch Schönheit zur Wahrheit zu kommen:

*"So große, Kind, und so göttliche Geschenke wird dir die Freundschaft eines Verliebten spenden. Jene Vertraulichkeit aber des Nichtliebenden, die mit sterblicher Besonnenheit verdünnt ist, Sterbliches und Dürftiges haushälterisch zuteilend, gebiert die von der Menge als Tugend gepriesene Gemeinheit in der lieben Seele und bewirkt, daß sie sich neuntausend Jahre um die Erde und unter der Erde herumwälzt."(66)(Phaidros),*

In diesen Sätzen erscheint sinnliche Ergriffenheit, ja Leidenschaft, als Bedingung für Wachstum. Allerdings äußert er sich andernorts so eindeutig gegen den Weg der Erkenntnis durch den Körper,

*"Weil jegliche Lust und Unlust gleichsam einen Nagel hat und sie* [die Seele] *an den Leib annagelt und anheftet und sie leibartig macht, wenn sie dann glaubt, daß das wahr sei, was auch der Leib dafür aussagt,"(67)(Phaidon)*

daß ich schließen muß, er wolle nur die Kraft des Eros gebrauchen und sie für das rein Geistige transformieren, wie die Taoisten:

*"Wenn die Triebe sich regen, so fließt es nach unten, auswärts gerichtet, und erzeugt Kinder. Wenn man im Moment der Auslösung es nicht nach außen fließen läßt, sondern es durch die Kraft des Gedankens zurückleitet, daß es nach oben dringt in den Tiegel des Schöpferischen und Herz und Leib erfrischt und nährt, so ist das ebenfalls die rückläufige (Transformation) Methode. Darum heißt es: Der Sinn des Lebenselixiers beruht vollkommen auf der rückläufigen Methode."(68)(Lü Dsu)*

Körperlichkeit wird hier nur als Ausagieren der Triebe gesehen, für das beide zur gleichen Konsequenz kommen:

*"Denn dadurch, daß sie gleiche Nahrung hat mit dem Leibe und sich an dem nämlichen erfreut, wird sie, denke ich, genötigt, auch gleicher Sitte und gleicher Nahrung wie er teilhaftig zu werden, so daß sie nimmermehr rein in die Unterwelt kommen kann, sondern immer des Leibes voll von hinnen geht; daher sie auch ... unteilhaftig bleibt des Umganges mit dem Göttlichen Reinen und Eingestaltigen."(69)(Plato, Phaidon)*

*"Wenn aber der Urgeist vom bewußten Geist während des Lebens benutzt wurde zur ... Begierde, Lust, ... dann ist im Augenblick des Todes die Geisteskraft trüb und wirr, und der bewußte Geist fährt durch die untere Öffnung des Bauchs mit der Luft zusammen hinaus. Denn wenn die Geisteskraft trüb und unrein ist, so kristallisiert sie sich nach unten, sie sinkt zur Hölle hinab und wird zum Dämon. Dann verliert nicht nur der Urgeist seine Macht, sondern auch die Macht und Weisheit des wahren Wesens wird dadurch verringert."(70)(Lü Dsu)*

Das alles kann man aber auch als den allerdings fundamentalen Unterschied zwischen Durchleben und Ausagieren körperlicher Bedürfnisse verstehen! Aber auch wenn es darum geht, nicht alles auszuagieren, erscheint ein Widerspruch zu meiner Annahme, im Wesen der Körperlichkeit liege Wahrheit und Ganzheit.
Der Widerspruch läßt sich auflösen, wenn man Platos Aussage hinzunimmt, daß, um zu wirken, nicht nur die Erkenntnis (Mythos) und die Art der Darstellung (Dialektik), sondern auch der richtige Augenblick (Kairos) gehören. Dann nämlich wird klar, daß natürlich der todgeweihte Sokrates angesichts der Absolutheit des Todes die Relativität irdischer Erkenntnis betont.

Für das Leben aber läßt sich auch bei Plato eine Bejahung leiblicher Kraft und Form als Weg der Entwicklung zu mehr Ganzheit finden: Was ich als Streben nach Ganzheit bezeichnet haben, ist bei Plato der Wunsch nach Unsterblichkeit, die Wachstumskraft bei ihm Eros, die als Wachstumskraft den Menschen seine Beschränkung als solche erkennen läßt und ihm die Kraft gibt, sie zu verlassen:

Als erstes stellt er fest, daß Eros nicht etwas ist, was jemand als Eigenschaft hat, sondern ein Motiv, eine Veränderungskraft, die danach strebt, etwas zu erlangen:

*"Das Begehrende begehre, wessen es bedürftig ist, und begehre nicht, wenn es nicht bedürftig ist.(71)"*

*"..So wäre Eros Liebe zur Schönheit, zur Häßlichkeit nicht. -Er stimmte bei. - War nicht festgesetzt, wessen man bedarf und was man nicht hat, das liebt man? -Jawohl. -Eros bedarf also der Schönheit und nicht besitzt er sie? - Notwendig, sagte er."(72)*

Eros als Bedürfnis nach Schönheit wird jetzt als eine allgemeine Wachstumskraft beschrieben, die durch Schönheit zur Wahrheit führt:

*"Keiner der Götter sucht Weisheit oder begehrt, weise zu werden, denn er ist es. Und auch wenn ein anderer weise ist, sucht er nicht Weisheit. Aber auch die Toren suchen nicht Weisheit und begehren nicht, weise zu werden ... Welches also sind die Weisheitssuchenden ... wenn nicht die Weisen und nicht die Toren? ... die zwischen diesen beiden, deren auch Eros einer ist. Die Weisheit gehört nämlich zu den schönsten Dingen, Eros aber ist die Liebe zum Schönen, so daß Eros notwendig weisheitssuchend ist ... "(73)*

Die letzte Wahrheit liegt in der Ganzheit und diese im Tod als Aufhebung der Trennung des Lebens. Dieser wird von Plato als Verbindung mit dem Ganzen, als Unsterblichkeit angesprochen:

*"Soll man nun einfach sagen, daß die Menschen das Gute lieben? -Ja, sagte ich. -Wie denn? Müssen wir nicht zusetzen, daß sie das Gute zu besitzen begehren? -Das müssen wir ... Also zusammengefaßt ... heißt nun die Liebe, daß man das Gute für immer besitzen will."(74)*

*"Mit dem Guten aber Unsterblichkeit zu begehren ist notwendig, wenn wir doch fanden, daß Liebe nach dem ewigen Besitz des Guten trachtet. Notwendig ist nach dieser Lehre, daß die Liebe auch nach der Unsterblichkeit trachtet."(75)*

Auch wenn in diesem Ansatz die letzte Aufhebung der Trennung der Tod, die letzte Ganzheit, ist (vergleiche auch S.76), ist für Plato mit seiner Betonung auf der unsterblichen Seele die Lösung eleganter. Indem der Eros den Menschen zum Schönen und Guten führt, läutert er die Seele, so daß sie in die Unsterblichkeit eingeht. Der Weg dazu führt aber durch den Körper:

*"Wenn aber immer die Liebe hierauf geht ... wie und in welchem Tun müssen der Eifer und die Leidenschaft ihm folgen, damit man sie Liebe benennt? ... Wohlan, ich will es dir sagen. Es ist nämlich ein Zeugen im Schönen, sei es im Leibe, sei es in der Seele."(76)*

Plato sieht sowohl die Kraft, als auch die Form als Weg zur Wahrheit an.

*"Denn wer in der rechten Weise dieser Sache nachgeht, der muß jung beginnen, den schönen Leibern nachzugehen, und zuerst ... einen schönen Leib lieben ... dann aber erkennen, daß die Schönheit in irgendeinem Leibe der im anderen Leibe verschwistert ist, und wenn man die schöne Gestalt an sich verfolgen muß, es sinnlos wäre, nicht die Schönheit in allen Leibern für ein und dasselbe zu halten. Dies erfahrend zeigt er sich in alle schönen Leiber verliebt und wird nachlassen, einen allzusehr zu lieben ... Aber danach wird er die Schönheit in den Seelen für verehrungswürdiger halten, als die im Leibe, und wenn einer, der an Seele löblich ist, nur geringe Blüte hat, so ist es ihm genug, und er liebt und sorgt um ihn ... Von der Lebensführung muß er zu den Erkenntnissen wandeln, damit er auch der Erkenntnisse Schönheit erblickt. Und da er das Schöne schon in der Vielheit erschaut, wird er ihm nicht mehr bei einem dienen, gemein und kleinlich denkend -wie ein Sklave die Schönheit eines Knäblein oder eines Mannes oder einer einzigen Beschäftigung pflegend-, sondern aufs weite Meer des Schönen sich begebend und ausschauend schöne Worte und prächtige in Menge erzeugen und Gedanken in überfließender Liebe zur Weisheit, bis er ... eine Erkenntnis erblickt, jene einzige, welche die Erkenntnis dieses Schönen ist."(77)(Alles aus Symposion, Plato)*

Ähnlich äußert sich Schiller:

*"Der Knabe: Hier ist schon Reflexion, aber immer nur in Bezug auf die Stillung tierischer Triebe ... Liebe zur Arbeit, Liebe zu den Eltern, zu Freunden, ja selbst Liebe zur Gottheit geht durch den Weg der Sinnlichkeit in seine Seele ... Jüngling und Mann. Übertragung will in dem Mittel selbst Schönheit gefunden haben ... Itzt können schon die Strahlen der geistigen Schönheit selbst seine Seele rühren; das Gefühl seiner Kraftäußerung ergötzt ihn, und flößt ihm Neigung zu dem Gegenstand ein, der bisher nur Mittel war, der erste Zweck ist vergessen. Aufklärung und Ideenbereicherung decken ihm zuletzt die ganze Würde geistiger Vergnügungen auf -das Mittel ist höchster Zweck geworden."(78)*

Unnötig, zu erwähnen, daß das genauso für Frauen, wie für Männer gilt und daß es sich auf den ganzen Bereich sinnlicher Freude an der Schönheit bezieht.

*"Der Körper ist also der erste Sporn zur Tätigkeit, Sinnlichkeit die erste Leiter zur Vollkommenheit."(79)*

Der Taoist Meister Lü Dsu drückt sich lakonisch aus:

*"Wenn es allmählich gelingt, den Kreislauf des Lichts in Gang zu bringen, so darf man dabei seinen gewöhnlichen Beruf nicht aufgeben. Die Alten sprachen: Wenn die Geschäfte auf uns zukommen, so muß man sie annehmen, wenn die Dinge auf uns zukommen, so muß man sie bis auf den Grund erkennen."(80)*

und Wilhelm kommentiert:

*"Wie kommt es da, daß der Meister gerade jetzt davon redet, daß man seinen bürgerlichen Beruf nicht aufgeben soll? ... Der Wissende antwortet darauf: ... Der Meister ist besorgt, daß der Lernende sein Karma noch nicht erfüllt hat, deshalb redet er so."(81)*

Der Taoismus, wie auch Plato gehen davon aus, daß letzte Erkenntnis in der Innenschau geschieht und nicht mitteilbar ist, das Leben aber durchlebt werden muß, und die körperliche Energie für die Transzendenz wichtig ist. Beide Philosophien verneinen die Körperlichkeit nicht. Man kann sogar davon ausgehen, daß sie ihre Erfüllung voraussetzen. Im Taoismus sind aber die Form und das Wesen des Körperlichen nicht ein Weg der Erkenntnis, was einen grundlegenden Unterschied zu meiner Arbeit ausmacht. Im Osten gibt es als Weg durch die Sinne den tantrischen Weg, den ich auf S. 363ff beschreiben werde.

Plato mißt -wie gezeigt- darüber hinaus der Form eminente Bedeutung zu, wie es auch in der Ästhetischen Bildung geschieht, äußert sich aber nie zum Problem der Erfahrbarkeit der Natur im Menschen, offenbar existiert dieses Problem für ihn nicht. Für ihn ist Schönheit das wichtigste Mittel zur Wahrheit, nicht zur letzten, die nicht sinnlich erfahrbar ist, aber als Fortschritt im Leben. Wie auch in dieser Arbeit wird von Schönheit angenommen, daß sie nicht nur als "produktive Verunsicherung" wirkt, sondern in den Menschen auch die Kraft zur Veränderung ihrer Gewohnheiten freisetzt[4] . Dabei geht es ja nicht um die eigene Schönheit, sondern darum, inwieweit Schönheit außerhalb die Unvollkommenheit des Innen verdeutlicht. Die Frage nach der Bedeutung von Körperlichkeit für diese Aufgabe ist die Frage nach der Wahrnehmung: Kann ein unentwickeltes Bewußtsein Schönheit wahrnehmen und als "produktive Verunsicherung" nutzen und welche Rolle spielt der Körper dabei? Diese Frage nach der Rolle des Körpers als "Natur in Menschen" und der Möglichkeit, sie direkt, wie im Focusing beschrieben, zu empfinden, wird im Kapitel V behandelt.

Plato äußert sich nie zu dem Problem der Erfahrbarkeit von Schönheit. Daraus kann man schließen, daß es von der Antike bis jetzt, vermutlich mit der Aufklärung begründet (S. S.70) und in der Industriegesellschaft entstanden, einen Bruch mehr im Menschen gibt, eine Distanz zu den eigenen Antrieben, die es wohl auch in den heutigen Entwicklungsländern nicht gibt (S. auch S.496ff). Perls schreibt:

*"Diese Spaltung, die ein sonderbares 'psychosomatisches Problem' oder ein 'Außenweltproblem' mit sich bringt, galt in der Antike noch nicht. Aristoteles spricht von vegetativen Funktionen, Wahrnehmungen und Antrieben als den*

*Hauptantriebsarten der Seele und verknüpft sie im Fortgang als 'identisch in der Handlungsart' mit der Natur der Nahrung, den Objekten der Wahrnehmung usw."(86)*

Offenbar gab es vom "Bild von der Welt" her noch keine Bewertung der eigenen Körperlichkeit:

*"In der antiken Wertung der Leiblichkeit und in der Überlegung, wie sich der Mensch zu ihr verhalten soll, spielt das Gegensatzpaar 'Tugend'/'Sünde' nur am Rande und nur an späterer Zeit eine Rolle. Statt dessen dominierte das Gegensatzpaar 'rein'/'unrein' ... .Zu allen Zeiten ist bei dem Begriffspaar 'rein'/'unrein' auch die Antithese 'sauber'/'schmutzig' im physischen Sinne mitverstanden worden."(87)Dörrie*

Es gab keine Abpaltung, sondern ein grundlegendes Akzeptieren von Körperlichkeit. Sie konnte, wie mit Schiller im folgenden dargestellt wird, noch Grundlage des (Er)lebens sein.

*"Warum qualifizierte sich der einzelne Grieche zum Repräsentanten seiner Zeit, und warum darf dies der einzelne Neuere nicht wagen? Weil jenem die alles vereinende Natur, diesem der alles trennende Verstand seine Formen erteilten."(88)*

Damit spielt er auf die Wahrnehmung der "Natur im Menschen" als Grundlage der Entwicklung und des Ausdrucks an.

*"Damals bei jenem schönen Erwachen der Geisteskräfte hatten die Sinne und der Geist noch kein streng geschiedenes Eigentum; ... "(89)*

*"So hoch die Vernunft auch stieg, so zog sie doch immer die Materie liebend nach, und so fein und scharf sie auch trennte, so verstümmelte sie doch nie ... Bei uns, möchte man fast versucht werden, zu behaupten, äußern sich die Gemütskräfte auch in der Erfahrung so getrennt, wie der Psychologe sie in der Vorstellung scheidet, und wir sehen nicht bloß einzelne Subjekte sondern ganze Klassen von Menschen bloß einen Teil ihrer Anlagen entfalten, während daß die übrigen, wie bei verkrüppelten Gewächsen, kaum mit matter Spur angedeutet sind."(90)*

*"Indem hier die luxurierende Einbildungskraft die mühsamen Pflanzungen des Verstandes verwüstet, verzehrt dort der Abstraktionsgeist das Feuer, an dem das Herz sich hätte wärmen und die Phantasie sich entzünden sollen."(91)*

Körperlichkeit kann die Grundlage einer eigenartigen und in sich stimmigen Entwicklung von Fühlen und Denken sein und beide in ein Verhältnis gegenseitiger Korrektur bringen. Es ist möglich, über Gefühle einen Weg zur "Natur im Menschen" als direkter Intuition für Entwicklung zur Ganzheit zu finden.

Wenn der durch Denken und Fühlen mit Hilfe der Körperlichkeit beschrittene Weg der Bewußtseinserweiterung keine endgültige esoterische Wahrheit beansprucht, steht er nicht im Gegensatz zur platonischen und taoistischen Philosophie. Während im Taoismus der Körper aber nicht als Weg gesehen wird, gibt Plato Schönheit als sinnlichen Weg zur Wahrheit an.
Zu den Möglichkeiten der Wahrnehmung der "Natur im Menschen" jenseits der Selektion und Kategorisierung in bestehende Schemata ist damit, genauso wie zur Wahrnehmung von Schönheit, eine Aussage gemacht.
Es scheint von der Antike bis zur Neuzeit nicht nur den in Kapitel II dargestellten Mangel an Konfrontation, sondern -vielleicht durch die Internalisierung von Normen- einen Bruch mehr in der Wahrnehmung der "Natur im Menschen" zu geben.

## B KÖRPERERFAHRUNG, INNEN UND AUSSEN

Ich hatte im letzten Kapitel geschrieben, daß die innere Welt in der Eigengesetzlichkeit ihres Erlebens nicht durch die Regelung der Außenwelt vorprogrammiert sein darf. Das Innere darf aber auch nicht auf das Äußere projiziert werden. Beide müssen in einer Spannung verbunden sein. Nur dann können sie sich gegenseitig "produktiv verunsichern" und das Bewußtsein und den Menschen zu mehr Ganzheitlichkeit bringen. Die äußere Welt aber kann nur angemessen wahrgenommen werden, wenn es keine groben inneren Verzerrungen gibt.
Auf diese Art klärt ein körperlich fundiertes Verhältnis von Denken und vor allem Fühlen das Innen, der Kontakt zum Unbewußten ist hergestellt. In der körperlichen Fundierung, überhaupt der Eigenart von Gefühlen liegt es, daß sie durcherlebt werden müssen. Wie bei "Fühlen" beschrieben, bleiben nicht-durcherlebte Gefühle als Verspannung bestehen und blocken als "Charakterpanzer" die angemessene Gefühlsreaktion ab.
Viele Therapeuten sehen daher psychische Probleme überwiegend als Kontaktprobleme. Von einem philosophischen Standpunkt aus stellt sich das bei Marcel so dar:

*"Das Mit-Sein ist ursprünglich. Das menschliche Selbst ist nicht nur nicht ablösbar; es ist vielleicht nichts anderes als dies Beim-Anderen-Sein. Psychische Erkrankung ist darum immer in irgendeiner Weise auch soziale Krankheit."(92)*

*"Die pathologischen Erscheinungen treten nur in der Beziehung eines Menschen zu anderen auf, als Störungen seiner sozialen Situation, genauer gesagt: seines Einbezogenseins. Die sog. seelischen oder geistigen Störungen lassen sich daher samt und sonders als Störungen, als Zerfall oder gar als Entzug des 'Zwischen' verstehen."(93)*

Wenn ein Hauptgrund der Kontaktstörung die Blockierung der Gefühlsreak-

tion ist, die, wie gezeigt, Körperlichkeit als Grundlage hat, gewinnt die körperliche Dimension des Innen/Außen-Verhältnisses Kontur.
Schon im Wort Kon-Takt kommt Mitschwingung zum Ausdruck, welches eine unwillkürliche Verbindung Innen/Außen darstellt. Man beachte auch das Wort Sym-Pathie. Der Ansatz der Eutonie betont die ideale Spannung, die als angemessene Gegenspannung zur inneren und äußeren Situation verstanden wird.
Die gleiche Verbindung, wie durch die Körperspannung, wird über den Atem hergestellt. Er verbindet ständig Innen und Außen physisch durch den Luftaustausch und für das Bewußtsein durch die unwillkürliche Reaktion des Atem auf alles. Von seiner Funktion hängt außerdem die Stimme ab, mit der der Mensch sein Inneres mitteilen kann. Verspannungen machen den freien Atemfluß unmöglich.
Ulsamer schreibt über die Therapiemethode "NLP", daß sich bei gutem Kontakt unwillkürlich die Atemrhythmen harmonisieren, bei schlechtem Kontakt kann z.B. in der Paartherapie der Versuch, sich aufeinander einzulassen und den gleichen Rhythmus zu finden, zu gutem Kontakt und Gesprächsbereitschaft, bzw. -fähigkeit führen.(94)
Die Spannungsregulation und der Atem sind also fundamentale Verbindungen, die den Menschen direkt unwillkürlich mitschwingen lassen. Beim rigiden Menschen mit seinen chronischen Verspannungen und Erschlaffungen ist eine Trennung zwischen ihm und der Umwelt da. Der offene, gelöste Mensch schwingt mit, übernimmt unwillkürlich die Spannung der Welt um ihn herum, oder die für sein Vorhaben nötig ist.
Nach holistischen Vorstellungen ist das Innen im Außen angelegt und umgekehrt, und Perls schreibt für die Gestalttherapie:

*"Die Kontaktgrenze aber, wo die Erfahrung sich ereignet, steht nicht trennend zwischen Organismus und Umwelt ... Die Kontaktgrenze -zum Beispiel die fühlende Haut- ist nicht so sehr ein Teil des 'Organismus', wie sie essentiell das Organ einer besonderen Beziehung zwischen Organismus und Umwelt ist."(95)*

*"Neurologisch ausgedrückt hat sie Rezeptoren und Propriozeptoren. Aber im Akt des Kontaktes gibt es nur ein einziges Ganzes aus wahrnehmungschaffender Bewegung voller Gefühl."(96)(Perls)*

Auch Glaser betont das Füreinander-Geschaffen-Sein von Innen und Außen:

*"Wir ersehen hierin mit Buytendijk die phänomenologische Urevidenz, daß der Mensch in seiner biologischen Funktion auf die Welt hin angelegt ist. Und wir gehen in allen Stücken mit von Uslar konform, wenn er sagt: 'Seine Wirklichkeit endet nicht an den gestalthaften Grenzen des Körpers, sondern er ist in diese Welt hinein verwoben.' 'Leiblichkeit und Weltlichkeit sind also komplementäre Begriffe' und 'alle psychischen Erscheinungen und Manifestationen des In-der-Welt-Seins'. 'Seele als Wirklichkeit des Leibes ist darum immer die Wirklichkeit eines Verknüpftseins mit der Welt.' 'Das Psychische ist nicht nur*

*etwas in meinem Innern, sondern ebenso draußen bei den Dingen. Es ist in sich selbst Weltlichkeit.'"(97).*

So wird in der Körperarbeit oft versucht, im Kontakt, in der Arbeit mit Material oder anderen Menschen das Innen zu regulieren. Auf einer konkreten Ebene gilt das auch für Bewegungen. Durch sie wirkt der Mensch auf seine Umwelt ein. Sie sind an ihr für sie entstanden. Mit Bewegungen kann der Mensch in den Raum gehen, das Außen erfahren, sich aneignen und sein Inneres mitteilen, die Innenbewegung nach außen tragen.
Endlich ist es möglich, Innen und Außen als Gegensatzpaar aufzuheben, indem das Ich das innere Wirken zuläßt und so Innen und Außen ein Wirkungsganzes bilden. Waldenfels schreibt über Merleau-Ponty:

*"Indem ich mir im Faktum der Geburt, dem Beginn einer selbständigen leiblichen Existenz, selbst gegeben bin, bin ich auch schon bei der Welt, bin ich 'zur Welt' (au monde), wie es häufig heißt. In dieser leiblichen Selbstvorgegebenheit löst sich der starre Gegensatz von Innerlichkeit und Äußerlichkeit. 'Inneres und Äußeres sind untrennbar. Die Welt ist ganz innen, und ich bin ganz außer mir'. Da die Welt 'aus dem Stoff des Leibes' und dieser Leib selbst ichhaft ist, erschließt sich im Leibe die Welt von innen her."(98)*

Körperlichkeit kann das Innen klären und Innen und Außen in ihrer ursprünglich aufeinander angelegten Ganzheit in eine positive Spannung bringen. Dann kann eins die Herausforderung des anderen sein und die ganzheitliche Bewußtseinsentwicklung herausfordern. Damit erscheint in der Prozeßhaftigkeit von Innen/Außen der Aspekt Machen/Geschehenlassen. Von diesem Gesichtspunkt her ist das körperlich begründete "In der Welt sein" so selbstverständlich angelegt, daß die Genese der epidemischen Kontaktstörung moderner Gesellschaften (die auch in Dritte-Welt-Gesellschaften so nicht existiert) beleuchtet werden muß.
Ich hatte die besondere Bedeutung eines Weges für moderne Gesellschaften, über den Körper zu mehr Ganzheitlichkeit zu kommen, mit dem Mangel an Konfrontation im Sinne von Schicksalhaftigkeit begründet. Ein besonderes Element war darin der Verlust direkten körperlichen Erleidens. Die Zurückdrängung körperlicher Notwendigkeit und Abspaltung von körperlichem Erleben hatte ich mit dem Bedürfnis nach Freiheit und Kontrolle, dem Sicherheitsbedürfnis, in Verbindung gebracht. Ich war im ersten Kapitel davon ausgegangen, daß die Entwicklung von Freiheit auch die Abstraktion von der eigenen Leiblichkeit bedeutet, um dem damit verbundenen Schicksalhaften zu entgehen. Dieses Schicksalhafte ist zum einen die jeweilige körperliche Gegebenheit. Schmitz schreibt:

*"Die leibliche Disposition bildet in der persönlichen Situation gleichsam den stützenden Baß zur Oberstimme des persönlichen Charakters; es handelt sich um ein relativ beharrendes, obwohl der Wandlung fähiges 'Klima' ganzheitlicher leiblicher Regungen, das das leibliche Befinden einer Person eigentümlich tönt und für diese schicksalhaft ist."(99)*

Zum anderen kann als schicksalhaft ein Eingebunden-Sein in die Atmosphäre gelten, die durch ein körperliches Dabei-Sein entsteht. Der folgende Gedankengang zeigt das Schicksalhafte in der Bindung an die Eigenart und Atmosphäre der Situation, die mit einer ganzheitlichen körperlichen Einbindung einhergeht, die für das Nicht-Sichtbare sensibilisiert:

*"Jeder vollsinnige Mensch nimmt Dunkelheit, Stille, leeren Raum, Zeit, Atmosphären, Sachverhalte und Situationen nicht weniger als Schälle, Flächen und Bewegungen wahr."(100)*

*"Man kann solche Atmosphären auch züchten und pflegen, z.B. die Gemütlichkeit einer Wohnung, die dem eintretenden Besucher auf den ersten Blick auffällt, noch ehe er sich umgesehen hat."(101)*

*"Dem eigenen leiblichen Befinden entnimmt der Feinfühlige manchmal direkter und subtiler etwas über den Gesprächspartner, als der Beobachtung des Gesichts, der Hände und der Haltung und dem Lauschen auf die Stimme. Manchmal läßt der Eintritt eines Menschen in einen Raum die Atmosphäre zu Eis erstarren, oder warm, locker und herzlich werden."(102)*

*"Den verhaltenen Zorn, den Ärger, das Unbehagen eines Anderen spürt ein empfänglicher Mensch nicht bloß an dessen Gesichtsausdruck oder anderen Symptomen des Benehmens, sondern ebenso oder eher noch am eigenen peinlich befremdeten oder erschrockenen Betroffensein ... "(103)*

Es gibt also eine direkte leibliche Wahrnehmung der Atmosphäre, des nicht physisch Erklärbaren einer Situation, welches nicht einzelsinnlich vermittelt ist und den Menschen im obigen Sinne an die Gesamtschwingung anschließt und ihn ihr ausliefert. Dabei wird die subjektive Entscheidungsmöglichkeit eingeschränkt durch eine Einbindung in diese atmosphärische Gestalt, die im künstlerischen die sinnlich/sinnvolle Gestimmtheit ausmacht.
Ein "normal" entwickeltes menschliches Subjekt-Bewußtsein mit seiner Distanzierungsfähigkeit mindert diese direkte Einbindung:

*"Das Zusammenschrecken können, das Plötzliche, das Abreißen von Kontinuität in primitiver Gegenwart scheidet das Tier von der Pflanze, die Entfaltung der Gegenwart ... den Menschen vom Tier. ... Der wache, besonnene Mensch lebt als solcher in entfalteter Gegenwart. Als personales Subjekt steht er über dem Hier und Jetzt ... Das elementar-leibliche Betroffensein, daß ihn zum Beispiel in heftigem Schreck, in Angst, Schmerz und katastrophaler Scham, in maßlosem Orgasmus und allen panischen Zuständen in die Enge treibt und dem Plötzlichen ausliefert, läßt diese Entfaltung der Persönlichkeit schwinden. Das personale Subjekt sinkt dann in sein Hier und Jetzt ein, die miteinander und mit ihm verschmelzen, und die Wirklichkeit packt den Betroffenen unmittelbar, ohne ihm seine Distanzierungsfähigkeit zu lassen; alle Eindeutigkeit schrumpft auf die Spitze des Plötzlichen zusammen, dem er ausgesetzt ist ... "(104),*

Diese Distanzierungsfähigkeit von der direkten, "schicksalhaften" Einbettung in die Situation unterscheidet Zivilisierte von Naturmenschen, Erwachsene von Kindern. Sie ist grundsätzlich für die persönliche Freiheit gegenüber dem Ausgeliefert-Sein an die Situation wichtig. Was im Augenblick beobachtet werden kann, ist jedoch eine ungeheure Verselbständigung dieser Distanzierung, die zu einer Unfähigkeit zur Mitschwingung geführt hat.
Ich hatte im Anthropologiekapitel zur Geschichte des Verhältnisses Mensch-Schicksal auf S.64 angemerkt, daß mit der Entstehung eines Bewußtseins für individuelle Freiheit im antiken Griechenland die Tragödie als Kunstform entstand. Die Funktion der Tragödie war die Katharsis. Sie sollte die individuelle (Ver)spannung im Miterleben des packenden, "spannenden", "bewegenden" Schicksals durchbrechen und den Menschen zum Mitschwingen bringen.

*"Die befreiende heilende Wirkung aller großen künstlerischen Erlebnisse, die Katharsis, die durch die griechischen Dramen ausgelöst wurde, die Heilung durch Musik beruhen auf der Durchbrechung einer Isolierung der Persönlichkeit, die sich in einem starren, fixierten Körpertonus manifestiert hat. Aber auch jeder soziale Einfühlungsvorgang, das Bemühen, sich in den einzelnen oder in den Geist, in die Haltung einer Gruppe hineinzuversetzen, das Mitfühlen und Mitleiden ist von Tonusveränderungen abhängig, wenn es echt erlebt wird und sich nicht nur auf ein intellektuelles Verstehen beschränkt."(105)(Alexander)*

Dieses Zitat ist doppelt interessant: Einmal demonstriert es, wie Kunst die individuelle Verspannung durchbrechen kann[5]. Dann zeigt es, daß das damals, im antiken Griechenland, nötig war. Zwar ist, wie anläßlich der Auseinandersetzung mit Platos Philosophie beschrieben, noch ein direkterer Kontakt zur "Natur im Menschen" zu vermuten, und es gab -wie ebendort nahegelegt- die moderne Internalisierung von Normen und negativer Bewertung von Körperlichkeit noch nicht. Wenn aber Schmitz schreibt:

*"Der Physiologismus* [Beschränkung des Innen/Außen-Kontaktes auf das direkt durch die Sinne vermittelte] *erwacht mit den Anfängen der Wissenschaft in Griechenland, ... "(107)*

so hat das nicht nur wissenschafts- und erkenntnistheoretische Bedeutung, sondern wir können das auch auf das von und zu G. Alexander gesagte beziehen. Die Menschen begannen das erste Mal, individuelle Freiheiten zu entfalten und lösten so die Einheit der Wahrnehmungssituation, von Mensch und Situation, Innen und Außen auf, was Großtaten von Wissenschaft und Philosophie ermöglichte, die Katharsis der Tragödien nötig machte und, da die leibliche Einbindung allgemein noch stark war, der Kunst eine enorme Blüte verschaffte. Da sich die Menschen schon als Individuen verstanden, gab es ein persönliches Ausdrucksbedürfnis, welches durch den direkteren Kontakt zur "Natur im Menschen" die von der Nachwelt bestaunte Sicherheit im Ausdruck gab.

Die Unabhängigkeit von der Situation, die für die entstehende rationale Erkenntnis, die Beherrschung des Schicksals und die Planung individueller Freiheit nötig ist, fordert aber nicht nur ein Verlassen der direkten leiblichen Wahrnehmung der Schwingung, sondern innerhalb der Sinne noch einmal eine Hierarchie:

*"Alles, was einmal unmittelbar körperlich war, ist längst interiorisiert und transformiert in eine semiotische Funktion. Der Einsatz des Körpers ist für die reine Erkenntnis nicht nötig, ja er würde die Objektivität des Erkennens stören ... Das Auge wird bevorzugt, weil es am wenigsten an die Körperlichkeit des Erkennens erinnert. Es ist ein körperfernens Sinnesorgan. 'Das Auge ist der intellektuellste Sinn' (Rittner). Bereits Hegel wußte davon, 'Das eigentlich Materielle der Körperlichkeit ... geht uns beim Sehen ... nichts an.' (108)*

Wenn die eigene Körperempfindung die direkte Erfahrung am eigenen Leibe bedeutet und damit direkt ausliefert, das Auge dagegen eine abstrakte Übersicht aus der Ferne und damit Distanzierungsmöglichkeit bedeutet, stehen die anderen Sinne dazwischen: Beim Hören gibt es die Anbindung an die Schwingung, den Ton, die Gestimmtheit, die "vibrations" offensichtlich, wenn auch nicht so direkt und unmittelbar wie durch den Körper.
Körper und Ohr ergänzen sich aber: Um seine Körperempfindung genauer zu spüren, kann man in sich reinhorchen, und beim Tanzen ist die optische Kontrolle durch andere und durch einen Spiegel ein irritierendes Moment der Unstimmigkeit, die erst einer kunstvollen Transformierung bedarf, um nicht störend auf den Bewegungsfluß zu wirken. Hingegen hilft Musik in fast jeder Hinsicht, die innere Stimmung zu stärkerem Ausdruck zu bringen. Bei der Entwicklung von Bewegungsfolgen, bei denen es auf die Rhythmik der Bewegung an sich ankommt und bei der Empfindungsschulung wird dagegen still gearbeitet.
Das Riechen geht ja bekanntlich nicht nur durch den Bulbus Olfaktorius mit der kürzesten Reizleitung zum Gehirn, sondern vermittelt Zustandsinformationen aus dem Inneren von Körpern.
Der Geschmack endlich hat mit der direkten Einverleibung, der radikalen Aufhebung des Innen/Außen zu tun und ist auch gar nicht unabhängig vom Geruch zu denken.

*"Am Geruch und Geschmack eines Stückes Teegebäck haftete für Proust seine Vergangenheit als Eindruck,.."(109)*

schreibt Schmitz, und in der folgenden Passage aus Bellows Roman spricht deutlich die poetische Fiktion einer untrennbaren Verbindung von Geschichte, dem "Geruch der Geschichte", dem Schicksal und der aktuellen Schwingung :

*"Chicago ist keine Schlachtstadt mehr, aber die alten Gerüche leben in der Nachthitze wieder auf. Der alte Gestank hängt noch über der Gegend. Er kommt gelegentlich zurück, steigt überraschend aus dem geräumten Boden*

*auf, um uns alle daran zu erinnern, daß Chikago einstmals die Welt in die Schlächter-Technologie geführt hat und das Milliarden Tiere hier gestorben sind. Und in jener Nacht waren die Fenster weit offen, und der vertraute, bedrückende, vielschichtige Gestank von Fleisch, Talg, Blutmehl, gemahlenen Knochen, Fellen, Seife und verbranntem Haar machte sich wieder bemerkbar. Chikago keuchte in dieser Nacht -eine tolle-Hunde-, lange-Messer-, Notzucht- und Mordnacht. Tausende Hydranten offen, die aus beiden Brüsten Wasser versprühten."(110)*

Die Hierarchie der Sinne setzt sich aber nur allmählich durch in dem Maße, in dem das Leben abstrakter organisiert und vom direkt unmittelbar Körperlichen getrennt wurde. (Siehe auch Ende des Anthropologiekapitels) Herzog schreibt:

*"Das Auge ist im Mittelalter dem Tasten, Riechen und Hören nachgestellt. (Rittner) Im Auge vermutet man die Quelle von Irrtum, Verwirrung und Illusion. In der Renaissance ist die visuelle Wahrnehmung noch immer diffus und nicht in dem Maße unabhängig von den übrigen Sinnen wie in unserer Zeit. (Broekhoff) Das 16. Jahrhundert ist das Jahrhundert der Gerüche, Düfte, Töne und anfaßbaren Körper (vgl. oben). Erst allmählich ...* [wird] *der Gebrauch des Geruchssinns, die Neigung an Speisen oder an anderem zu riechen, gleichsam als etwas Tierisches, eingeschränkt ... ' (Elias). Das Auge gewinnt durch die Tabuisierung der 'niederen' Sinne eine unwillkürliche Dominanz ... ."(111)*

Schmitz kann die Entwicklung und ihr Ergebnis folgendermaßen resumieren:

*"In der Theorie hat sich die von den Philosophen seit Demokrit eingeschärfte Klassifikationsweise der sensualistischen Reduktion erst im 17. oder 18. Jahrhundert entscheident durchgesetzt. Dabei wird die Abstraktion an isolierten Merkmalen auf der Grundlage der Eindrucksfragmente, die der Physiologismus auf der Gegenstandsseite der Wahrnehmung übrigläßt, ausgeübt. Dadurch wird exakte Induktion und Statistik ermöglicht, aber der Boden der natürlichen Wahrnehmung verlassen und verkannt."(112)*

Wenn die hier untersuchten Methoden von körperlicher Bildung die als leidvoll erlebte Isolierung und Beziehungslosigkeit des modernen Menschen aufheben, indem sie die körperliche Einbindung in die Situation stärken, unterstützt das die Annahme, mit der modernen Körperarbeit sei eine Suche nach Einbindung und Schicksal, nach Echtheit, eine "emanzipierte", da freiwillige Form von Schicksalhaftigkeit verbunden.

## C KÖRPERERFAHRUNG, MACHEN UND GESCHEHENLASSEN

Ich hatte in Kapitel III festgestellt, daß eine klare Ausprägung dieser Haltungen in Richtung Wachstum und Ganzheitlichkeit als Voraussetzung hat, daß beim Machen, bei der Aktivität, die Wahrnehmung und Empfindlichkeit für den Gesamtvorgang nicht verlorengeht. Coenen schreibt in diesem Sinne:

*"Die Leiblichkeit ist nicht eine natürliche Unterschicht des menschlichen Lebens, sondern ein stets lebendiges und sich entwickelndes Zusammenspiel von faktischer Gegebenheit und kreativer Erneuerung, von passiver und aktiver Intentionalität."(113)*

Der Aktive muß entweder bei sich und bei den anderen sein, oder er muß einer sicheren Intuition folgen, die ihn, wie bei einem Tier in Kontakt mit der Natur als Korrektor des "selbstherrlichen" Ich hält. Coenen spricht von

"[passiv- und aktiv-] *intentionalen Strukturen, in denen der einzelne nicht mehr als ein Durchgangspunkt (obwohl ein unentbehrlicher) ist ... Auch der bewußte selbstherrliche Charakter des Subjekts wird hiermit relativiert: die Wirklichkeit wird nicht von ihm konstituiert, sondern vielmehr konstituiert sich die Wirklichkeit durch ihn hindurch."(114)*

Der Wechsel zum überwiegenden Empfang passiert dann im richtigen Moment.
Bei der Atemarbeit ist das Zulassen das A und O. Als man einen achtzigjährigen Zenmeister danach fragte, was er nach so langer Zeit über den Atem sagen könne, antwortete er: "In der letzten Zeit ist es mir zunehmend gelungen, den Atem zu beobachten, ohne ihn zu stören."
Wenn die Wahrnehmung darin geschult ist, den Atem wahrzunehmen, ohne ihn stören und beeinflussen zu wollen und dies zu einem gewissen Teil realisieren kann, ist diese Fähigkeit immer als Korrektur und Rückversicherung gegen die Willkür des Ego im Menschen verankert. Die Schule der Atempädagogik ist in erster Linie eine Schulung des Zulassens. Das ist die Grundlage, auf der überhaupt mit dem Atem gearbeitet werden kann.
Auch bei (der später ausführlicher beschrieben Pionierin eines Lernens von der "Natur im Menschen") Dore Jacobs geht es ums Zulassen. Sie geht davon aus, daß Bewegung mehr aus einem kontrollierten Geschehenlassen und gezieltem Herausfiltern unwillkürlicher Impulse entsteht. (Siehe auch S.296!)
Für die Tanzimprovisation spricht Deharde von einer quasi Bewußtseinsverdoppelung:
Der Mensch initiiert Aktionen, begleitet ihren vom Unwillkürlichen gesteuerten Verlauf und ist so zugleich beim Machen und Zulassen.
Das entspricht dem inneren Beobachter, den ich an anderer Stelle (S.494) für Meditationsansätze erwähne .
Tart bezeichnet ihn als ein wichtiges Moment für ein Bewußtsein, das das aktive Wollen mit dem Innen und der Umgebung versöhnt.

Die gesamte Körperbildung kultiviert dieses Zulassen, so daß alles Weitere unter den Kapiteln "Die Natur im Menschen" und "Ästhetische Bildung" ausgeführt ist.
Körperlichkeit kann somit die Eigenart und das Verhältnis zueinander von Denken und Fühlen, Innen und Außen sowie Machen und Geschehenlassen derart ausprägen und entwickeln helfen, daß das Erleben ganzheitlich ist, die Polaritäten in sich Entwicklungsmöglichkeiten haben und sie sich gegenseitig als "produktive Verunsicherung" korrigieren und das Bewußtsein weiterbringen können. Außerdem wurde festgestellt, daß der Körper wie im Focusing direkte Quelle der Intuition sein und als Weg zur Wahrheit führen kann.

# D KÖRPEREFAHRUNG UND ICH-TRANSFORMATION

Eingangs hatte ich angekündigt, die Frage nach Dies-/Jenseitigkeit, Intuition und der Ich-Qualität zusammen zu behandeln, da sie die gleiche Untersuchung von Körperlichkeit als etwas Konkretem und zugleich Transzendentem nötig machen. Ich beginne mit einer Untersuchung der Rolle des Körpers für die Ich-Transformation:
Das unentwickelte Ich hat keinen ständigen Spürkontakt zum Körper, sondern nimmt ihn nur wahr, wenn er nicht funktioniert, schmerzt oder nach dem Volksmund: "Schön ist, wenn der Schmerz nachläßt" sich wohlfühlt. Plügge schreibt:

*"Im Behagen sind wir -als Ich- keineswegs völlig identisch mit dem vorher strapazierten Leib, in dem sich der Charakter körperlicher Dinglichkeit bemerkbar machte. Im Behagen ist diese, meist harmonische Beziehung von Leiblichkeit und Körperlichkeit, d.h. aber eben doch die Nicht-Identität von Ich und Leib, von leibhaftigem Ich und Körper-Haben deutlich. Hier genießen wir sogar unsere eigene Körperlichkeit. Allerdings nur deshalb, weil wir uns sicher wähnen, daß unsere beschwerliche Körperlichkeit im Begriffe ist, ihre Gegenständlichkeit aufzugeben und damit als Lastcharakter zu verschwinden."(115)*

Dieses unentwickelte Ich ist, wie in den Kapiteln II und III ausführlich gezeigt wurde, einseitig auf die Vermeidung von Schmerz bedacht und konservativ an Sicherheit orientiert. Ich hatte außerdem dargestellt, daß ein Ich, welches Veränderungen zulassen kann, stark sein muß. Seine Fähigkeit, loszulassen, hängt, wie ausführlich beschrieben, von der Ausbildung der Intuitionsfunktion ab. Nur wenn ein Gefühl da ist für das, was jenseits der persönlichen Bedingtheit liegt, kann das Ich zulassen und loslassen, die Kontrolle zeitweise aufgeben. Dazu war als Fähigkeit Ambiguitätstoleranz genannt worden: Wie hilft Körperlichkeit, ein starkes Ich und eine potentielle Durchlässigkeit des Wahrnehmungsfilters zu entwickeln sowie die für eine entwickelte Intuition hohe Ausprägung einer Ambiguitätstoleranz zu erreichen?
Einmal ist Ich-Stärke eine Vorraussetzung für Ambiguitätstoleranz. Ein Ich, das Eindrücke bündeln kann und Erfahrung mit der Entstehung, Auflösung und Veränderung von Sinnzusammenhängen hat, kann Widersprechendes leichter zulassen, als ein Ich, welches nur seine äußere Ordnung kennt.
Es ist dann in der Folge weniger damit belastet, gegen Entwicklungen zu kämpfen und kann leichter die Kraft aufbringen, die Entscheidungen zu fällen, die nötig sind. Da in der Natur-im-Menschen die Ordnung der Welt gestalthaft angelegt ist, hilft Körperlichkeit in diesem Sinne, klar und ganzheitlich in der Welt zu sein. Das wird besonders deutlich, wenn nicht nur das Bild-von-der-Welt die angemessene Aktualisierung archetypischer Gestalten verzerrt, sondern eine echte Störung da ist:

*"So waren die von Van Woerkom beschriebenen Patienten, die an Störungen des Leibesschemas litten, nicht in der Lage, einfache Figuren, die man ihnen mit Streichhölzern vorbaute, auch nachzubauen ... Ein Patient von Engerth, der an einer Fingeragnosie litt, konnte keine Hand zeichnen ... Cassirer bemerkt, daß in primitiven Sprachen Ortsbestimmung nicht mit Hilfe von Vor- oder Nachsilben vorgenommen werden, sondern durch Substantive, welche Körperteile bezeichnen. 'Vorne' wird durch 'Auge' wiedergegeeben, 'hinten' durch Rücken und 'innen' mit Bauch ... "(116)(Calon/Prick)*

Umgekehrt hilft ein Kontakt zur Natur-im-Menschen, mit einem angemessenen Bild-von-der-Welt und einem ganzheitlichen Erlebnissmodus günstig im Lebensprozeß postiert zu sein, so daß das Ich in der Identifikation mit Regungen im Menschen enorm entlastet und daurch indirekt sehr gestärkt wird. Andererseits sind gerade die gestalthaften Vorprägungen der Natur-im-Menschen etwas, was das Ich erleidet. Durch körperliche Orientierung transformiert sich das Ich also in diese günstige Qualität gleichzeitiger Stärke im Sinne der Entscheidungsfreudigkeit mit Hingabe und der Haltung des aktiven, beteiligten Geschehenlassens:

Körperarbeit stärkt immer dann das Ich, wenn sie mit äußeren Fertigkeiten, also Bewegungslernen und Kraftaufbau gekoppelt ist (117)(Buffone), (118)(Ravizza). Eine genaue Spürarbeit kann indirekt, indem Verdrängtes bewußt wird und nicht mehr Verdrängungsenergie abzieht, das Ich stärken. Vor allem, weil die Erfahrung einer inneren Ordnung Vertrauen in Entwicklungen schafft -der Mensch also nicht mehr gegen diese kämpfen muß- ist der Mensch mehr mit sich selbst eins. So schreibt Waldenfels zu Merleau-Ponty:

*"Der Leib ist nicht nur unser allgemeines Medium einer Welthabe, er ist zugleich 'notre ancrage dans un monde' -unsere Verankerung in einer Welt. Durch unseren Leib haben wir eine Welt und gehören wir dieser Welt an. 'Der eigene Leib ist in der Welt wie das Herz im Organismus.'"(119)*

Von direktem stärkenden Einfluß aber sind in erster Linie Bewegungskompetenz und Erfahrung. Das ist nicht schwer zu erklären, regelt doch das Ich die Belange der konkreten äußeren Welt. In dem Augenblick, wo physische Kraft zur Verfügung steht und der Körper beweglich, durchlässig und geschickt ist, stehen physische Reserven für viele Anforderungen zur Verfügung, hat ein Mensch Vertrauen, zurechtzukommen.
Außerdem ermöglicht körperliche Ausbildung eine größere Ausdrucksfähigkeit sowie das, was "Power" genannt wird. Wenn sich mit wachsender Ich-Stärke aber zugleich die Qualität des Ich so verändern soll, daß, wie Dürckheim schreibt,

*"Sein Formsein ... Formel der Wandlung, seine Formel der Wandel der Form"(120)*

ist, muß Kontakt zum Selbst als Veränderungsrichtung da sein. Nur wenn das Ich im Dienste des Selbst steht, kann es Veränderung konstruktiv zulassen.

Dafür ist Intuition nötig.
Sinnvoll für persönliches Wachstum ist Ich-Stärke nur in Verbindung mit Empfindsamkeit, Durchlässigkeit und Intuition.
Seine Ambiguitätstoleranz hängt von der Sicherheit und Authentizität auf verschiedenen Ebenen ab sowie einer Sicherheit, die nur in Kontakt mit dem Selbst entsteht, dem Wissen darum, daß alles einer komplexen Ordnung zustrebt, seinen Sinn hat, in seinem Zusammenhalt nicht vom Aufrechterhalten äußerer Ordnungen abhängt.
Wenn der Körper diese Ich-Qualität stärken soll, macht das zwei Annahmen nötig:
1.) Der Körper vermittelt als zugleich Konkretes und Transzendentes eine Veränderungsrichtung.
2.) Es besteht eine Wahrnehmungsmöglichkeit dafür, die vor dem Zugriff der gewöhnlichen Verarbeitung liegt.
Letzteres ist Gegenstand des nächsten Kapitels. Der nächste Untersuchungspunkt nach der Rolle des Körpers für Dies-/Jenseitigkeit ist von zentraler Bedeutung für Punkt eins:

# E KÖRPERERFAHRUNG, DIES- UND JENSEITIGES

Untersuchungen, inwieweit der Körper eine Quelle direkter Intuition sein kann und ob er eine Grundlage für die Balance Diesseitig/Jenseitig sowie die Ich-Transformation darstellt, münden in die gleiche Frage: liegen Transzendenz und die Richtung auf mehr Ganzheitlichkeit im Wesen von Körperlichkeit?
Vor einer ausführlichen Analyse des Körpers in seinem -für die Psyche-konkret/transzendenten Charakter als Weg zur Ganzheitlichkeit werde ich traditionelle Wege zur Ganzheitlichkeit-mit Hilfe-des-Körpers schildern. Sie werfen Licht auf verschiedene Eigenarten eines Weges durch den Körper und stellen eine empirische Bestätigung dieser Möglichkeiten dar:
- Zuerst behandle ich zwei Beispiele, wie mit Hilfe von Drogen, -also materiell- die Psyche so verändert wird, daß die Schranken des Ich-Bewußtseins verschwinden und unmittelbarer Kontakt zum Jenseitigen hergestellt ist.
- In zwei weiteren Beispielen untersuche ich ausführlich die Möglichkeit der Verdrängung des Ich in ekstatischer Besessenheit.
- Zwei weitere Beispiele beschäftigen sich mit traditionellen körperlichen Wegen der Ich-Entwicklung zu mehr Ganzheitlichkeit.

Dabei möchte ich keineswegs behaupten, daß der Weg über den Körper die einzige Möglichkeit der Entwicklung bietet. Es scheint mir nur für unsere Zeit mit ihrem Mangel an Konfrontation und ihrer Diffusität am vernünftigsten, den Körper (als etwas Konkretes, Grundlegendes mit realer Überprüfungsmöglichkeit) als Mittel einer Bewußtseinserweiterung zu nehmen. Andere Wege waren immer Fasten, Isolation und Drogen. Aber auch hier wird der

Körper benutzt, nur eben nicht als Weg -indem man in seinem Funktionieren Weitergehendes findet-, sondern als Mittel, das normale Funktionieren der Wirklichkeit auszuschalten. Gerade diese Veränderbarkeit der geistigen Qualität der Wirklichkeit durch chemische Substanzen, Wahrnehmungs- oder Nahrungsentzug macht aber auch das Ineinandergreifen von Geist und Materie deutlich.

# 1 TRANSZENDENZ UND DIE MATERIELLE VERÄNDERUNG DER WAHRNEHMUNGSORDNUNG

## 1.1 LSD und das Mysterium von Eleusis

Beispielhaft deutlich wird die Möglichkeit von Ganzheit durch physische Ausschaltung des Ich mit Hilfe von Drogen in der Untersuchung von Wasson, Ruck und Hofman über das Mysterium von Eleusis. In diesem zentralen Mysterium der Antike ging es um die Erfahrung von Ganzheit in Geburt, Tod und Wiedergeburt:

*"Die endgültige Lösung besteht darin, das Universum, in das nun der Tod eingedrungen ist, zu heilen, indem auch die Möglichkeit einer Rückkehr ins Leben zugelassen wird. Wiedergeburt vom Tod war das Geheimnis von Eleusis."(121)(Ruck)*

Das Mysterium hatte ein Setting, welches allgemein für Rituale überall ähnlich ist. Um die sinnliche Begrenzung der Erkenntnis zu überwinden, sind vielfältige körperliche Vorbereitungen und geistig/spirituelle Einstimmungen nötig:

*"Monate des Lernens und der Rituale gingen der Offenbarung der Mysteriennacht voraus; jede Handlung programmierte im feineren Detail Bedeutung und Inhalt, sämtliche Einzelheiten der bevorstehenden Vision ....Vor den Mauern des Heiligtums fand der nachtlange Tanz ..statt."(122)*

Die Erfahrung von Jenseitigkeit hatte große gesellschaftliche Bedeutung und war von körperlichen Erscheinungen begleitet, die für Drogengebrauch typisch sind:

*"Die antiken Zeugnisse zu Eleusis sind einhellig und unzweideutig. Eleusis galt als die höchste Erfahrung im Leben des Eingeweihten. Die Erfahrung war gleichzeitig körperlich und mystisch: Zittern, Schwindel, kalter Schweiß und dann ein Anblick, der alles bisherige Sehen wie Blindheit erscheinen ließ ... "(123)*

Die Erfahrung von Jenseitigkeit war nicht allmählich und balanciert, sondern trotz Vorbereitung jäh und gewaltig.

*"Auf einmal wurde Licht und die Grenzen dieser Welt brachen auseinander; man konnte die Gegenwart geistiger Wesenheiten fühlen, und die Halle war vom glühenden Mysterium durchflutet ... "(124),*

Der jenseitige Zustand ist dem konkret diesseitigen Ich nicht vermittelbar: *"ein Gefühl von Ehrfurcht und Staunen über eine Pracht, die tiefes Schweigen bewirkte, weil das eben Gesehene und Gefühlte niemals mitgeteilt werden konnte: Worte werden der Aufgabe nicht gerecht."(125)(Ruck)*

Die Autoren finden nun eine Erklärung für das gleichzeitige und gleichartige Auftreten der Vision, die nicht die Vision selbst erklärt, (die als Mysterium nicht erklärbar ist), aber ihr Funktionieren vermittelt und darüber wichtige allgemeine Erkenntnisse erschließt: Wie akribisch nachgewiesen wird, tranken die Initianden ein Extrakt des Roggenmutterkorns in Wasser gelöst, in welchem die gleiche chemische Substanz wirkt, wie in den heiligen Pilzen Mexikos, LSD. Darüber schreibt Achteck:

*"Für Albert Hofman, den schweizer Wissenschaftler, der das LSD entdeckte, 'liegt die größte Bedeutung des LSD darin, daß das, was man gemeinhin als Wirklichkeit einschließlich der Wirklichkeit der eigenen Person bezeichnet, keineswegs etwas feststehendes, sondern etwas vieldeutiges ist, daß es nicht nur eine, sondern viele, jeweils ein verschiedenes Ich-Bewußtsein einschließende Wirklichkeiten gibt.' Eine Einsicht, die nicht nur von den Azteken und Indianern, (deren heilige Pilze Hofman in den 50er und 60er Jahren erforschte) bestätigt wird, sondern auch von der modernen Quantenphysik, die durch streng wissenschaftliches Vorgehen an eben den Punkt kam, den Hofmans Entdeckungen zum existentiellen Erlebnis werden läßt: die Rückkopplung von Empfänger (Ich) und Sender (Welt), der fließende Übergang von Subjekt und Objekt, in dem die Dinge zu leben beginnen."(126)*

Diese Wirksamkeit einer chemischen Substanz als Katalysator einer Transzendierung materieller Gebundenheit macht auf atemberaubende Art und Weise das Ineinander-Enthalten-Sein von Geist und Materie deutlich; denn die Erfahrung in Mexiko und Eleusis ist die gleiche typisch mystische, wie sie sonst durch lange Meditation erreicht wird: Ruck schreibt zu den körperlichen Begleiterscheinungen wie Schwindel, Schweiß, usw.:

*"Dies sind die unverkennbaren Symptome der von einem Halluzinogen herbeigeführten Erfahrung"(127),*

und Wasson zitiert Aristides,

*" ... was der Eingeweihte erfahre, sei 'neu, erstaunlich, der rationalen Erfahrung unzugänglich', um dann fortzufahren: 'Eleusis ist ein der ganzen Erde gemeinsames Heiligtum, und von allen göttlichen Dingen, die es unter den Menschen gibt, ist es das ehrfurchtgebietendste und das leuchtendste. An welchem Ort der Erde wurden wunderbarere Botschaften gesungen, und wo erweckten die Dromena größere Gemütsbewegung, wo gab es größere Rivalität zwischen Hören und Sehen?' Und weiter spricht er von den 'unaussprechlichen Visionen', ... Diese Beschreibung entspricht Punkt für Punkt der Wirkung des zentralamerikanischen Pilzrituals auf den Eingeweiten, bis hin zur Rivalität*

*zwischen Sehen und Hören."(128)*

Diese Erfahrung ist keine aktive Erkenntnis, ein Indianer wird mit

*"Sie bringen einen dorthin, wo Gott ist"(129),*

zitiert und

*"Aristoteles sagte von den Eleusinischen Mysterien genau das gleiche: die Initianden mußten bestimmte Eindrücke und Stimmungen ertragen, fühlen, erfahren. Sie hatten nichts zu lernen."(130)(Wasson)*

Ruck merkt an, daß "mystes" von "myo", sich Schließen, Schließen der Augen oder auch Schweigen, die Lippen schließen, hergeleitet wird.
Die Erscheinung ist nicht mitteilbar, sie ist esoterisch. Solche letzten Einsichten kann ein Mensch nicht selbst hervorbringen, sondern nur zulassen. Wasson schreibt über die Wirkung der mexikanischen Pilze:

*"Die pilzberauschte Person schwebe im Raum; ein körperloses Auge, unsichtbar, unstofflich; sehend, aber selber unsichtbar. In Wirklichkeit befinden sich alle fünf Sinne in körperlosem Zustand, alle eingestimmt auf höchste Sensitivität und Bewußtheit, und alle gehen auf seltsamste Art ineinander über, bis man, völlig passiv, zum reinen, unendlich feinen Empfänger von Eindrücken wird."(131)*

Alles ist ihm schön und bedeutsam;

*" ... mit einer Deutlichkeit, die einen dazu bringt ... zu sagen: Nun sehe ich zum ersten Mal, zum ersten Mal kann ich direkt sehen, ohne daß sterbliche Augen dazwischen treten,"(132)*

so daß er schließt, daß Platons ewige Ideen in diesem Zustand gesehen worden wären, was aber Griechen wie Mexikaner nach Ruck für nicht mitteilbar hielten:

*"Wer die höheren Halluzinogene aus persönlicher Erfahrung kannte, war nicht dazu geneigt, mit Außenstehenden zu diskutieren, was ihm offenbart worden war ... Einer, der das Unaussprechliche erfahren hat, läßt sich ungern auf Erklärungen ein, Worte sind nutzlos."(133)*

Die Erscheinung ist rein jenseitig und wird durch ein Sich-Überlassen möglich. Dieses Sich-Überlassen geschieht durch die Droge, wird aber bewußt erlebt. Dieses Überlassen, das Passive, besteht im Wegfallen des persönlichen Ich, wodurch der Mensch reiner Beobachter, Teil der Ganzheit wird. So wird neben der Verschränkung von Geist und Materie sichtbar, wie sich verschiedene Kulturen in ihrer Suche nach Transzendenz treffen. Der Inhalt dieser Vision ist für die Wissenschaft uninteressant, da er eben nicht durch Worte mitteilbar ist und außerdem nicht erklärbar ist. Interessant ist dagegen, wie sich die Beschreibungen mit anderen (Todes- und Meditationserfahrungen) gleichen und die Entdeckung, daß es eine Droge ist, also das Wie.
Was für uns zwei Ebenen sind, die chemisch/botanisch/physiologische und die

phänomenologisch/mystisch/spirituelle, vereinigt sich in der Sicht der Mexikaner und Griechen zu einer Erfahrung, in der die höchste Individuation, der Mensch, seine tiefste Eigenart erkennt, ganz wird in der Erkenntnis seiner Ewigkeit und Vergänglichkeit durch eine Pflanze, die als Gottheit gesehen wird:

*"Es scheint, daß es bei den Griechen eine Redewendung gab, wonach Pilze die Speise der Götter ..waren, und in einem Porphyrios - Zitat werden sie Zöglinge der Götter genannt."(134)(Wasson)*

*"Die botanischen Überlieferungen schrieben Pflanzen auch Emotionen zu, die der Sammler durch angemessene Gesten besänftigen mußte ... Wenn es (die Droge) dann eingenommen wurde, war das Kind zum Manne herangewachsen, und die vormaligen Ammen wurden in erotischer Besessenheit durch die Drogen zu Bräuten des Gottes."(135)(Ruck)*

## 1.2 Peyote, Castaneda und die indianische Psychologie

Interessanterweise haben die Indianer dieser Kulturen sowohl das philosophisch schwierige Thema Dies-/Jenseitigkeit verbalisiert, als auch die Notwendigkeit und Problematik der Droge thematisiert: Der indianische Zauberer Don Juan erklärt dem Ethnologen Carlos Castaneda aus Los Angeles in dessen Sprache Tonal und Nagual, die Begriffe für das Diesseitige und Jenseitige.

*"Er lächelte und zwinkerte mir zu ... 'Ich will jetzt mal deine eigenen Worte gebrauchen', sagte er ... 'Das Tonal ist die soziale Person.' Er lachte, wie ich annahm, über mein bestürztes Gesicht ... 'Das Tonal gilt, mit Recht, als ein Beschützer, ein Wächter -ein Wächter, der sich meistens in einen Wärter verwandelt.' Ich fummelte in meinem Notizbuch herum. Ich versuchte, mitzubekommen, was er sagte. Er lachte, und äffte meine nervösen Bewegungen nach. 'Das Tonal ist der Organisator der Welt', fuhr er fort. 'Vielleicht kann man seine gewaltige Arbeit am besten beschreiben, wenn man sagt, daß auf seinen Schultern die Aufgabe ruht, das Chaos der Welt zu ordnen. Es ist nicht zu weit hergeholt, wenn man -wie die Zauberer- behauptet, daß alles, was wir als Menschen wissen oder tun, das Werk des Tonal ist ... Im Augenblick zum Beispiel ist es dein Tonal, das versucht, unser Gespräch zu verstehen. Ohne dieses gäbe es nur komische Geräusche und Grimassen, und du würdest nichts von alldem verstehen, was ich dir sage ... Ich sage also, das Tonal ist ein Wächter, der etwas kostbares bewacht, unser ganzes Sein. Daher ist es eine wesentliche Eigenschaft des Tonal, daß es bei seinem Tun vorsichtig und bedachtsam ist. Und da seine Taten der bei weitem wichtigste Teil unseres Lebens ist, ist es kein Wunder, daß es sich schließlich bei jedem von uns von einem Wächter in einen Wärter verwandelt.' ... 'Ein Wächter ist großzügig und verständnisvoll', erklärte er. 'Ein Wärter dagegen ist ein Sicherheitsorgan, engherzig und meistens despotisch. Ich behaupte also, daß das Tonal bei uns*

*allen zu einem kleinlichen despotischen Wärter gemacht wird, während es doch ein großzügiger Wächter sein sollte.' 'Das Tonal, das ist alles, was wir sind', fuhr er fort. 'Schau dich um! Alles, wofür wir Wörter haben, ist das Tonal. Und da das Tonal nichts anderes ist, als sein eigenes Tun, muß folglich alles in seine Sphäre fallen.' Ich erinnerte ihn daran, daß er gesagt hatte, das Tonal sei die soziale Person - ein Begriff, den ich selbst ihm gegenüber verwandt hatte, um den Menschen als Endresultat von Sozialisationsprozessen zu bezeichnen. Falls das Tonal dieses Produkt sei, führte ich aus, könne es nicht alles sein, wie er gesagt hatte, denn die uns umgebende Welt sei nicht das Produkt einer Sozialisation. Don Juan verwies mich darauf, daß mein Einwand für ihn gegenstandslos sei, denn er habe mir schon vor langem erklärt, daß es keine Welt schlechthin gebe, sondern nur eine Beschreibung der Welt, die wir uns vorzustellen und als gesichert hinzunehmen gelernt hätten. 'Das Tonal ist alles, was wir kennen', sagte er. 'Ich meine, dies allein ist ein zureichender Grund, warum das Tonal eine so überragende Bedeutung hat.' ... 'Das Tonal ist alles, was wir kennen', wiederholte er langsam. 'Und das schließt nicht nur uns als Personen ein, sondern alles in unserer Welt. Man kann sagen, das Tonal ist alles, worauf unser Auge fällt. Bereits im Augenblick unserer Geburt beginnen wir es zu hegen und zu pflegen. In dem Augenblick, da wir den ersten Atemzug tun, atmen wir auch Kraft für das Tonal ein; Es trifft also zu, daß das Tonal des Menschen eng mit seiner Geburt verbunden ist. Dieses Faktum mußt du im Sinn behalten. Es ist sehr wichtig, um dies alles zu verstehen. Das Tonal beginnt mit der Geburt, und endet mit dem Tod.' ... 'Ich verstehe immer noch nicht, Don Juan, was du mit der Feststellung meinst, daß das Tonal Alles sein soll', meinte ich nach kurzer Pause. 'Das Tonal ist das, was die Welt erschafft.' 'Ist das Tonal der Schöpfer der Welt?' Don Juan kratzte sich am Kopf. 'Das Tonal schafft die Welt - das ist nur eine bildliche Redeweise. Es kann nichts erschaffen oder verändern, und doch schafft es die Welt, denn es ist seine Funktion, zu urteilen, zu bewerten und zu bezeugen. Ich sage, das Tonal schafft die Welt, denn es bezeugt und bewertet sie gemäß den Regeln des Tonal. Auf ganz seltsame Weise ist das Tonal ein Schöpfer, der nichts erschaffen kann. Mit anderen Worten, das Tonal stellt die Regeln auf, nach denen es die Welt begreift. Also erschafft es sozusagen die Welt.' ... 'Man kann sagen, es ist das Tonal der Zeiten, was uns einander ähnlich macht, genau wie es alle Tische in diesem Restaurant sich gleichen läßt. Dennoch ist jeder Tisch für sich ein Einzelfall, genau wie das persönliche Tonal eines jeden von uns. Doch das entscheidende Faktum, das wir nicht vergessen dürfen, ist, daß alles, was wir über uns selbst und unsere Welt wissen, sich auf der Insel des Tonal befindet. Siehst du, was ich meine?' 'Wenn das Tonal alles ist, was wir über uns und die Welt wissen, was ist dann das Nagual?' 'Das Nagual ist derjenige Teil von uns, der uns ganz unzugänglich ist.' 'Wie bitte?' 'Das Nagual ist der Teil von uns, für den es keine Beschreibung gibt, keine Worte, keine Namen, keine Gefühle, kein Wissen.'"(136)*

Castaneda kann das nicht verstehen. Er lebt in Los Angeles, der Stadt, die wahrscheinlich am weitesten auf dem Weg einer rein/diesseitigen, zweckmäßigen Organisation des Lebens fortgeschritten ist, aber auch in Europa wecken solche Passagen höchstens Erinnerungen an das, was von der christlichen Mystik übriggeblieben ist, von der unsterblichen Seele, und der negativen Theologie, die beschrieb, was Gott, für den es keine Worte gibt, nicht ist, u.ä..
Eine so radikale Ansicht schließt den Körper als Weg und als Fundament der Balance aus. Indirekt hat er eine Bedeutung; einmal soll ein "Krieger makellos" sein(137), was durchaus den körperlich psychischen Zustand meint, auf einer anderen Ebene ist es die Materie in Form einer Droge, die ihre Transzendierung auch dem eingefahrenen modernen Menschen ermöglicht:

*"'Darum mußte ich auch entscheiden, ob wir Kraft-Pflanzen zu Hilfe nehmen sollten, oder nicht. Ebensogut hättest du nur diese vier Techniken anwenden und deine Insel des Tonal aufräumen und neu ordnen können. Sie hätten dich zum Nagual geführt.'"(138)*

Obwohl der "künstliche" Weg über Drogen so gut ausgearbeitet ist, wird der "organische" Weg einer Balance Dies-/Jenseitigkeit betont: die Bedingung für letztere ist -wie auch in dieser Arbeit betont- das optimale Zurechtkommen im Diesseitigen.

*"'Aber nicht allen Menschen ist es gegeben, auf einfache Empfehlungen zu reagieren. Du, und ich selbst übrigens auch, wir brauchten etwas anderes, um uns wachrütteln zu lassen. Wir brauchten diese Kraft-Pflanzen.' ... 'Haben die Pflanzen mir geholfen?' fragte ich. 'Selbstverständlich', sagte er. 'Sie öffneten dich, indem sie deine Ansicht von der Welt unterbrachen. In dieser Hinsicht haben Kraft-Pflanzen dieselbe Wirkung auf das Tonal, wie das richtige Gehen. Beide überfluten es mit Informationen und gebieten dem inneren Dialog Einhalt.(139)* [Dem "inneren Dialog" entspricht, wie ich ergänzen möchte, das "eigene Bild von der Welt" im Sprachgebrauch dieser Arbeit.] *Die Pflanzen eignen sich hervorragend dazu, aber um eine hohen Preis. Sie fügen dem Körper unabsehbaren Schaden zu..'"(140)*

In der vorliegenden Arbeit geht es darum, einen Weg zu finden, über Körperlichkeit den sich selbst bestätigenden Kreisschluß einer unentwickelten Wahrnehmung zu verändern.

## 2 TRANSZENDENZ UND BESESSENHEIT

Eine andere Möglichkeit, den Menschen in Verbindung zur Ganzheit zu bringen, besteht in der Auflösung/Verdrängung des Ich in der Ekstase oder Besessenheit. Einen traditionellen, individuellen Weg, Kontakt zum Jenseitigen herzustellen, stellt die schamanistische Ekstasetechnik dar. Doch wird der Körper weniger als Weg benutzt, in seinem normalen Funktionieren

Transzendenz zu üben, denn als Mittel zur Überwindung der alltäglichen Wahrnehmungsgewohnheit. Dabei geht die Auflösung des alten Ich mit Krankheit und symbolischem Tod einher.

## 2.1 Archaisch/schamanistische Ekstasetechnik und die Auflösung der Ordnung

### 2.1.1 Körperliches Leiden und symbolischer Tod

Schamanen in aller Welt (zu denen man auch Don Juan zählen würde) erleiden vor ihrer Initiation eine schwere Krankheit oder ein Handikap Die Initiation hat mit dem eigenen Tod zu tun, wobei der Körper zerlegt und neu wieder zusammengesetzt wird.
Mircea Eliade schreibt:

*"Man kann daher nicht jeden Ekstatiker als Schamanen betrachten; der Schamane ist der Spezialist einer Trance, in der seine Seele den Körper zu Himmel- und Unterweltfahrten verläßt."(141)*

Ekstase oder "Ausflippen" führen nicht unbedingt zu einem Kontakt mit dem Jenseits. Dafür ist ein spezieller Weg nötig:
Es ist auch *"leicht zu sehen, worin der Schamane sich vom 'Besessenen' unterscheidet: ... Er meistert seine Geister, in dem Sinn, daß er als menschliches Wesen eine Verbindung mit den Toten, den 'Dämonen', und den 'Naturgeistern' zustandebringt, ohne sich dazu in ihr Instrument verwandeln zu müssen."(142)*
Die körperlichen Wege waren bei Schamanen aller Welt bis ins Detail ähnlich:

*"Wie wir sogleich sehen werden, weisen alle ekstatischen Erlebnisse, welche die Berufung des zukünftigen Schamanen bestimmen, das traditionelle Schema einer Initiationszeremonie auf: Leiden, Tod, und Auferstehung. Von diesem Gesichtspunkt aus betrachtet erfüllt eine jede Krankheitsberufung die Rolle einer Initiation, denn ihre Leiden entsprechen den Initiationsfolterungen; ebenso bildet die psychische Isolierung eines erwählten Kranken das Gegenstück zu der rituellen Isolierung und Einsamkeit der Initiationszeremonien und der Todesgefahr, welche der Kranke erlebt hat (Agonie, Bewußtlosigkeit), der Analogie zum symbolischen Tod, der in allen Initiationszeremonien dargestellt wird. ... Bestimmte körperliche Leiden erfahren eine genaue Übersetzung in die Terminologie eines (symbolischen) Initiationstodes, so zum Beispiel die Zerstückelung des Körpers des Kandidaten (= Kranken), ein ekstatisches Erlebnis, das sich in den Leiden der Krankheitsberufung ebenso ereignen kann, wie in gewissen rituellen Zeremonien und Träumen. Fast immer umfaßt der -ziemlich reiche- Inhalt dieser Initiationserlebnisse eines oder mehrere von folgenden Themen: Zerstückelung des Körpers, danach Erneuerung der inneren Organe und der Eingeweide; Abstieg in die Unterwelt und Unterhaltungen*

*mit den Geistern und Seelen der verstorbenen Schamanen ..."(143)*

In dieser Schilderung wird deutlich, daß ein solcher radikaler Weg des Kontaktes mit dem Jenseitigen in unmittelbare Nachbarschaft des Todes führt, den ich in Kapitel II als letzte Ganzheit bezeichnet hatte. Aber auch der Schamane hält eine Balance, braucht eine Ich-Funktion.

### 2.1.2 Balance Ganzheit(lichkeit) und Tod

Das Zerstückeln und neu Zusammensetzen des Körpers stellt eine Paralelle zu der These aus Kapitel II dar, der Mensch müsse die ursprüngliche Ganzheit verlassen, -alles ausprobieren, -auseinandernehmen, um dann freiwillig einzustimmen in die Gesetze der Welt und die Ganzheit neu zu erarbeiten. Dieser Abschied vom gewohnten Bild hat im Schamanismus mit dem Ich-Tod zu tun. Der Mensch erschafft sich sein Innenleben und damit auch das Außen neu:

*"Antriebskraft des Ausgangserlebnisses und Zugkraft der Zielvorstellung bewähren sich auf dem initiatischen Weg gemäß einer universalen, den Meistern aller Zeiten bekannten Gesetzlichkeit, in der die Verwandlungsbewegung sich in bestimmten Schritten als ewiges 'Stirb und Werde' vollzieht."(144) (Dürckheim)*

Der Kontakt mit dem Jenseitigen wird im Schamanismus hergestellt, indem die Seele den Körper verläßt. Die Balance Dies-/Jenseitig ist nicht auf allmähliches Wachstum im Alltagsleben abgestimmt, wie in der modernen Körperarbeit. Vielmehr stellt die archaische Ekstasetechnik der Schamanen auch ohne Drogen in einer Konsequenz und Radikalität den Kontakt zum Jenseitigen her, daß sie den Schamanen zum "Wanderer zwischen den Welten"(145) werden läßt.
Obwohl Konsequenz und Methode von der hier vorgestellten so verschieden sind, gibt es erstaunliche Ähnlichkeiten in der Sichtweise der Grundproblematik und Aufgabe:
Ich bin davon ausgegangen, daß Leben an sich schon Verlust der Ganzheit ist, dann aber besonders durch das manipulative Ich-Bewußtsein, welches seinen eigenen Plan verfolgen will und für eine vorhersagbare beständige Welt konstanter Zufriedenheit, die schicksalhafte Verbindung mit der Natur gelöst wird. Ausweg sollte die Transformation zum Selbstbewußtsein sein. Gruber nennt sein Buch: "Tranceformation, Schamanismus und die Auflösung der Ordnung"(146) und sieht die Rolle des Schamanen als die eines Mittlers zwischen dem diesseitig Planenden und dem jenseitig Unvorhersehbaren:

*"In der Rolle des 'fathers of mysteries' erweist sich unser Protagonist als immer noch beiden Welten verbunden: jener der Ordnung und Selbstverständlichkeit, jener der Überraschungen und Unbestimmbarkeit. Halifax erkennt in der 'Schamanenkrone ' aus Hirschgeweih die symbolische Darstellung dieser Dualität und die Fähigkeit auszugleichen."(147)*

Das entspricht den Grundannahmen und Forderungen einer Balance zwischen Schicksal/Wachstumskraft und Planung/Sicherheitsbedürfnis:

*"In dieser Vermittlerrolle versucht der Schamane ein Gleichgewicht aufrechtzuerhalten, das in letzter Instanz das Verhältnis zwischen Natur und menschlichem Eingriff in dieselbe ausgleichen will."(148)*

Sowohl die Trennung durch das Ich-Bewußtsein, als auch die Tendenz zu ihrer Aufhebung werden als menschliche Grundeigenschaften gesehen:

*"'Wir müssen uns vor Augen halten, was wir durch das Bewußtsein verlieren ... Wir ermessen die unvermeidliche Verarmung, die mit dem Bewußtsein verbunden ist', schreibt Bataille. Er setzt hinzu: 'Wer nicht bewußt ist, ist auch nicht menschlich.' Darin klingt jene Verschmelzung mit der Natur an, die sich in der Tiertransformation und im psychedelischen Erleben der Einheit mit Pflanzen, Steinen, Galaxien zeigt: das So-Sein des Menschen wird abgelegt zugunsten des Seins."(149)*

Das hört sich im Sinne einer allgemeinen Teihabe an der universellen Ordnung (wie Grof sie beschreibt) viel weitgehender an als die Balance, die mit Ästhetischer Bildung am Körper für den Alltag erreicht werden soll.

*"Wenn der Schamanenkörper zerrissen wird in der Inititation, wenn die Mänaden Tiere und Menschen zerreißen, dann handelt es sich um ein Zerreißen nicht nur der Lebensform, sondern des Selbstverständnisses der Lebendigkeit überhaupt. Und immer bedeutet das zugleich das Erleben der Seinsidentität. Nicht eine eindeutige Zuordnung, sondern kaleidoskopische Entsprechungen."(150)*

In der Tat soll hier nicht nur Ganzheitlichkeit in unserem Sinne erreicht werden, sondern die relative Ganzheit, die ich den Tieren zugesprochen hatte:

*" ... denn die dramatischen Unterschiede zwischen Mensch und Mensch und zwischen Mensch und allen anderen Dingen, diese unüberwindbar scheinende Trennung von Eigenem und Anderem, die eine existenzielle Besiegelung der menschlichen Kondition zur Verdammung im Allein - Sein darstellt, haben hier unten aufgehört zu sein."(151)*

Sogar die absolute Ganzheit des Todes soll erreichbar gemacht werden. Gruber zitiert den Ausspruch der alten Schamanin bei der Geburt eines Kindes, dessen Weg zum Schamanen sie vorhersah:

*"'Er ist geboren, um zu sterben, aber er wird leben.' Die Nähe zum Tod. In dieser Ankündigung steckt bereits eine spätere Allianz mit ihm."(152)*

*"Die nierika der mexikanischen Huichol hat viele Bedeutungen, aber vor allen Dingen bezeichnet sie eine Tür, die gewöhnlich bis zum Tod verschlossen bleibt."(153)*

Die Schamanen suchen nicht nur eine vorsichtige Balance und allmähliche

Entwicklung, sondern gehen -was für moderne Gesellschaften nicht möglich wäre- einen tragischen Weg ohne Umkehr der Verbindung mit der Natur ein, was sie nahe an die Trickster-Götter aller Kulturen rückt:

### 2.1.3 Freiheit, Zufall und Verantwortung

Den großen Göttern pantheistischer Systeme sind oft Trickster-Götter zugeordnet. Diese sind zeitweise mächtiger als die Oberen des Pantheons, doch unberechenbar.

*"So gebärdet sich (der Trickstergott) Exu als Regler des Kosmos, der darauf achtet, daß alles so läuft, wie es laufen soll. Ohne ihn ist die Schaffung der Welt undenkbar. Erst die prahlerischen Taten-Götter späterer Zeiten haben ihn seiner besonderen Position enthoben. Das muß ihnen keine besonderen Schwierigkeiten bereitet haben, denn in seiner Vielgestalt und tölpelhaften Weisheit läßt sich Exu rasch von einem Starken unterdrücken. Auch seine Unterwürfigkeit ist ein Teil von ihm. Exu ist o chefe, der Chef, aber auch escravo, der Sklave, der durch Priester und Candomble-Anhänger ausgesandt wird, um die Verbindung zwischen den Menschen und den Göttern herzustellen. Exu ist sozusagen verfügbar, aber nicht in einem technischen Sinn, sondern in einem magischen; wir hatten dies kennengelernt als 'die Natur durch sich selbst wirken lassen'"(154),*

Das beschreibt genau die "relative Freiheit" aus Kapitel II, von der ich geschrieben hatte, daß sie sich an der Natur orientiert.

*"So wie der Schamane nach Belieben zu seinen magischen Kräften greift, verzichtet er auch auf sie; so wie Trickster die tollsten Dinge erfindet, läßt er es zu, tölpelhaft ins Unglück zu fallen."(155)*

Das bedeutet Eins-Sein mit der Natur im Sinne des Zufalls und meinem Begriff des Schicksals, und tatsächlich bedeutet das Eins-Sein mit dem Naturhaften diese "eigentümliche" Macht/Ohnmacht.
Mit "eigentümlich" meine ich, daß die Macht sich nicht willkürlich benutzen läßt im technischen Sinn, zum Beispiel zur Unterwerfung, wie die technische Macht, denn sie besteht im Eins-Sein mit den Kräften der Natur, ist von den Umständen abhängig.
So sieht das Schmidbauer(156) auch für moderne Heiler, z.B. den "wilden Analytiker" Groddeck, der Poesie als direktes Wirken der Natur für das wesentliche des Heilungsprozesses hält. Dabei besteht seine Macht, genauso wie die der Schamanen, im Eins-Sein mit der Macht der Natur, was ihn der beliebig einsetzbaren Macht der Technokraten unterliegen läßt.

*"Das Kind, den Erwachsenen überlegen und doch ohnmächtig ihnen gegenüber: so sieht Groddeck seine Situation, die des Künstlers in einer von Bürokraten beherrschten Welt."(157)*

Dabei ist sein Wissen ein Wissen, das durch direkte Anschauung gewonnen wird und genau wie bei Plato nur im richtigen Augenblick am rechten Ort gilt:

*"Groddecks Wissen unterscheidet sich vom 'naturwissenschaftlichen' Wissen in unserem vertrauten Sinn dadurch, daß es nur am richtigen Ort und zur richtigen Zeit 'stimmt'. Was nun der richtige Ort, was die richtige Zeit sind, das läßt sich nicht bestimmen, nicht vorhersagen, sondern nur intuitiv erspüren."(158)*

Ein solches Wissen verleiht keine Macht, denn es ist an die Umstände gebunden, ist also nicht beliebig, sondern nur in der "richtigen" Situation einsetzbar.

*"'Ja, ich muß am Schlusse noch eingestehen, daß ich alles Dunkle - und gerade das ist das Wesentliche - beiseite geschoben habe. Denn -aber Sie müssen wieder vergessen, was ich jetzt sage- letzten Endes ist alles, was man vom Es zu wissen glaubt, nur bedingt richtig, nur richtig in dem Moment, wo das Es in Wort, Gebärde, Symptom sich äußert. Schon in der nächsten Minute ist die Wahrheit fort und nicht mehr zu finden.'"(159)*

Das entspricht der schamanistischen Kunst, den Zufall zu nutzen. Groddeck verrät darin die gleiche sichere Intuition dafür, was "konkret" und was "im übertragenen Sinne" gelten soll, die Kunst zu einer "Wissenschaft des Zufalls" -wie sie Prigogine(160) gefordert hat- macht.
Sie läßt die Schamanen den Weg der Natur gerade jenseits ihrer Gesetze in der freien Schöpfung sehen:

*"Es sind die Fährten des Zufalls, die sich in steinernen Erosionsfiguren, im Gurgeln des Baches oder dem Flug einer Vogelschar offenbaren. Dies ist die Schrift, die Schamanen lesen ... Als Beobachter der Wege der Natur, der zufälligen Zeichen und Risse, der unerwarteten Geräusche, und nicht zuletzt der Träume, ist er in einen intellektuellen Handel mit dem Unbändigen getreten. Seine Erkenntnis war die, daß das nicht Gezähmte von einem Puls bewegt wird, der auch in seinen Adern floß. Es besteht kein Zweifel, daß der Schamane bald erkannte, daß er sich jener stillen und doch so deutlichen Form, in der sich die Natur divinatorisch mitteilt, ähnlich machen kann, um deutlicher zu sehen. In der Trance fand er den Lehrmeister einer schamanischen Ars Vivendi. Die Mitteilungsform ist Poesie, die größtmögliche Dichte der Sprache."(161),*

Wenn man Krankheit -wie mit Dethlefsen im Kapitel III- als "zwangsweises Lernen" des Lehrplans des Lebens betrachtet, wird die schamanistische Heilkunst, wie sie auch der "moderne" Pyschoanalytiker Groddeck meinte, verständlich:

*"Seine Sicht der Welt ist die Perspektive der zu Ende gekommenen Zeit, die Perspektive der Toten. Die malopo Erkrankten sind geheilt, weil sie die Dinge nunmehr als das erkennen, was sie wirklich sind."(162)*

Wenn man diesen Gedanken weiter folgt, kommt eine Sichtweise zustande, die Zivilisation auch in einfachen Gesellschaftsformen, in denen Schamanismus existiert, als ich-hafte Form, das Schicksal zu betrügen, auffaßt.

### 2.1.4 Planung, Schicksal, Zivilisation und Opfer

Krankheit hat in allen indigenen Gruppen mit dem Verlust der Harmonie zu tun, der seinen Ausdruck in einem physisch oder psychisch unangenehmen Zustand findet, aber immer zugleich einen Harmonieverlust zwischen der Welt der Lebenden und den Bereichen des nicht Alltäglichen reflektiert.
In diesem Zusammenhang kann das Opfer, das in allen frühen Kulturen überragende Bedeutung hatte, verstanden werden:
Die frühe Planung der mit dem Ackerbau verbundenen Vorratshaltung ist ein Versuch des Menschen, unabhängig zu sein, die Natur zu manipulieren, sein Schicksal selbst zu bestimmen. In Krisensituationen wird ihm gezeigt: Es gibt Schicksal, du bist abhängig, es war Frevel, sein Glück durch eigene Planung sichern zu wollen und nicht dem Rhythmus der Natur zu folgen. Das Opfer bedeutet die Sühne für die Vorratshaltung, das Eingeständnis, das "Ja, ich gebe das ab, was ich aus Eigensinn behielt".
Das Ziel ist radikaler und der Weg gewaltsamer. Die gemeinsame Sicht der Grundproblematik aber setzt sich fort in einer verblüffend ähnlichen Lösungsperspektive:

*"Aufmerksamkeit und Bewußtheit für das, was wirklich vor sich geht ... soll einem stumpfsinnigen Verhaltensrepertoire weichen ... Schamanische Awareness bedeutet nicht Perspektivelosigkeit, sondern Freiheit von Gesinnung und Perspektive ... tausend Gesinnungen, tausend Götter, tausend Welten, keine besser oder schlechter, sondern einfach anders. Bedingungslos und ohne Kompromißbereitschaft bleibt die Treue des Schamanen gegenüber seinem Kern, seinem Leben, seiner Herkunft ... Breton bietet Klartext: dem Menschen bleibt 'nur eine Chance, die Quellen der Inspiration vor der durch Rationalismus und Utilitarismus bedingten Austrocknung zu bewahren, indem er wieder an die sogenannte primitive Vision anknüpft, die eine Synthese sinnlicher Wahrnehmung und geistiger Repräsentation bedeutet ... '"(163)*

Diese Balance zwischen Fühlen/Denken und Dies-/Jenseitigem, um die es auch in der vorliegenden Arbeit geht, ist für den modernen Menschen nicht ohne weiteres zu erreichen. Auf die Möglichkeiten und Probleme, in einer komplexen Gesellschaft -die Selbstkontrolle und Internalisierung von Regeln erfordert- den Körper als Weg zu mehr Ganzheitlichkeit zu nutzen, komme ich im nächsten Kapitel. Festzuhalten bleibt eine verblüffende Übereinstimmung in Philosophie und Anthroplogie zwischen Schamanismus und den Annahmen dieses Buches. Die körperlichen Praktiken ähneln sich zum Teil.

### 2.1.5 Die Bedeutung des Körpers selbst für die radikale Überwindung der Diesseitigen Ordnung

Für die Überwindung der Ich-haften Beschränkung sind körperliche Techniken wichtig:

*"In der Ekstase stellt er sich vollkommen zur Verfügung sozusagen. Und dann, wenn alle Bewegungen gleich geworden zu sein scheinen, bis die Präzision des gemeinsamen Tanzes perfekt ist, hat sich der Unterschied aufgelöst zwischen Tänzer und Getanztem, zwischen dem Tanz und dem Wesen des Tanzes selbst. "(164)*

Das entspricht, wie wir im nächsten Kapitel sehen werden, genau dem Weg Ästhetischer Bildung. Ziel ist auch hier nicht die Auflösung der Ordnung an sich, sondern die Änderung der Dominanz des ich-haften Bewußtseins und die Teihabe an einer "universellen Ordnung":

*"Menschlich wird das Handeln mit und in der Welt, eben durch die Zurücknahme seiner selbst: Laotses Wu-wei und Don Juans Not Doing: Ziel-loses Tun, das keine Absicht verfolgt denn die, sich in der Handlung wiederzufinden."(165)*

Dieses "Sich in der Handlung wiederfinden" bedeutet nichts anderes, als daß im Körperlichen ein Prinzip existieren muß, in sich Konkretes (Handlung) und Transzendentes (Weg zur Veränderung) zu sein.

*"Wu-Wei wird oft mit 'Inaktivität' und 'Nicht-Handeln' übersetzt. Eigentlich bedeutet es aber, wie Needham gezeigt hat, 'refraining from activity contrary to nature'. Not-Doing hängt mit dem Stoppen des inneren Dialogs zusammen und so mit einer plötzlichen Entrücktheit von der alltäglichen Wirklichkeit."(166),*

Dieser "Innere Dialog", den ich vorher mit dem "Bild von der Welt" identifiziert hatte, bedeutet damit auch in Grubers Darstellung des Schamanismus den Bruch mit der Natur. Demnach ist die Auflösung des "Bildes von der Welt" ein universelles Thema in verschiedenen Gewändern[7].
In einem früheren Bericht über schamanistische Bräuche in Südamerika wird genau das Ziel Ästhetischer Bildung am Körper, wie es im nächsten Kapitel S.287 beschrieben wird, genannt:

*"Da sollen Leute es vermögen, 'die Natur mit eigener Kraft selbst' wirken zu lassen, was sie sogar von schweren Krankheiten 'leichtlich' befreit. In der Sicht des italienischen Kapuzinerpaters erscheint das einfachste von der Welt höchst schwierig, nämlich die Natur wirken zu lassen. Aber nicht von alleine scheint die Natur ein Interesse daran zu haben, 'zu wirken', sondern man muß sie 'wirken lassen'. In rätselhafter Weise sind gewisse Leute imstande, weniger die Natur zu einer bestimmten Wirkung zu veranlassen, sondern vielmehr eine bestimmte erwünschte Wirkung zuzulassen. Ein unorthodoxer Gedankengang, der vor und nach Montecuccoli viel Kopfzerbrechen bereitet hat."(169)*

Dieses Zulassen der Natur kann Tanz sein. Die folgende Schilderung der Bedeutung von Tanz als über sich selbst hinausweisendes Medium ist zeitlos aktuell:

*"Für Lukian war der Tanz nicht nur Vergnügen, sondern augenöffnendes Psychodrama. Denn er 'bringt die Seele des Menschen in den rechten Rhythmus und stellt anschaulich dar, was innere Schönheit der Seele mit der äußeren Schönheit des Körpers gemeinsam hat, den Punkt aufzeigend, wo beide gleichsam zusammenfließen.' Nur ein Weiser, der Kenner des Menschlichen, kann demnach schön 'richtig' tanzen. Der Tänzer muß jene Eigenschaft besitzen, die Thukydides an Perikles pries: 'Wissen um das, was sein soll, und verstehen, es auch auszudrücken.' Der !Kung Buschmann K"xau lernt 'richtig' zu tanzen von auha Gott, der ihn durch den Tanz in die Geheimnisse der Existenz einführt. Dann kann der Schamane von sich behaupten 'yes, I am a big dancer' (Biesele 1975). Der maskierte Tanz versucht durch Hilfsmittel besonders deutlich zu machen, daß sich etwas ausdrückt, das gewöhnlicherweise unsichtbar ist und daß der Zeitpunkt und der Ort des Tanzes deshalb von besonderer Alltagsenthobenheit ist." (170)*

In diesem Zitat wird Tanz schon mit einer Balance dies-/jenseitig in Verbindung gebracht, mit Wahrheit und einer unsichtbaren Ordnung. Dabei wird nicht nur die alte ich-hafte Ordnung aufgelöst, sondern eine innere Ordnung gesehen:

*"Ein Zhu/twasi !Kung berichtet dem Ethnologen: 'You dance, dance, dance, dance. The n/um (eine Art Lebensenergie) lifts you in your belly and lifts you in your back, and then you start to shiver. N/um makes you tremble; it`s hot. Your eyes are open, but you don`t look around you hold your eyes still and look straight ahead. But when you look into !kiah, you`re looking around because you see everything, because you see, what`s troubling everybody.'" (Katz 1973) (171)*

In dieser Aussage ist die Lösung der Frage, inwieweit der Körper Weg und Grundlage einer Balance Dies-/Jenseitigkeit sein kann, enthalten. Sie entspricht -obwohl aus einer anderen Zeit und einem anderen ethnischen Zusammenhang- genau der von mir vertretenen These: Indem Tanz unsichtbare allgemeine "kosmische" Ordnungen sichtbar macht -und zwar von und durch das Innen- verbindet er Innen und Außen, Diesseitiges und Jenseitiges, findet die objektive Ordnung im Diesseitigen und hebt die Trennung von der Ganzheit tendenziell auf. Dabei kommt es, wie Schmidbauer berichtet, auf körperliche Präzision an:

*"Ein Buschmanntanz ist ein unendlich kompliziertes Zusammenspiel von Stimmen und Rhythmus, ein Orchester von Körpern, das eine äußerst vielfältige und präzise Musik macht. Diese Perfektion wird mit großer Sorgfalt und Mühe erreicht, denn die Buschmänner lernen die Lieder und Tänze als Kinder und vervollkommnen sich in Geschick und Taktgefühl ihr ganzes Leben lang."(172)*

Obwohl sich Gruber(173) mit Schamanismus -nicht mit einem Weg zur Ganzheit durch den Körper für moderne Menschen- beschäftigt, zieht er eine Parallele zur Jetzt-Zeit, die ich mit Hanna(174) am Ende von Kapitel II gezogen habe: Das Bedürfnis zu wachsen, die Trennung von der Ganzheit aufzuheben, ist ein Willen zur Echtheit, drücke er sich in Reisen in die Dritte-Welt oder direkter körperlicher Selbsterfahrung aus. In diesem Drang zur Echtheit steckt die Suche nach dem Sinn des Lebens, nach Direktheit, Konfrontation. Gruber schreibt:

*"Alles wird gesehen in der Urprungserfahrung, so wie Cicero die Initia, die Mysterien der Einweihung in Ungeahntes, beschreibt: 'Und in den Initien erkannten wir genau so, wie sie heißen, die Prinzipien des Lebens' (nach Kereny 1945)."(175)*

Diese Prinzipien des Lebens aber werden durch den Bruch mit der Natur und in seiner Überwindung -die beide den Menschen ausmachen- deutlicher, als in der naiven Ganzheit:

*"Als Hans Arp noch sein Zufallsbild schuf, war seine Schöpfung jener klassischen japanischen Geschichte, bei der die wertvolle zerbrochene Teedose mit Gold wieder zusammengefügt wird und erst dieses goldene Netzwerk ihre wahre Schönheit zum Vorschein bringt, näher, als der Pollock-Ginsbergschen Manie. Freilich, die Grundform bleibt die altbekannte: die Natur wirken lassen, um dem Magischen Raum zu geben. Aber dazu kommt ein Ärger mit den Umständen, ein fast zwanghafter Realisierungswunsch. Der Wille zum Gewollten wandelt sich in den Willen zum Ungewollten. Kein Radiergummi, keine Retouche. Kein Traumbericht, nur Traum. Die Besessenheit des stoned age war zunächst eine Besessenheit von Echtheit."(176)*

Der Exkurs über den schamanistischen Weg, den Bruch mit der Natur zu überwinden, mündet hier in die grundsätzlichen Überlegungen zur Geschichte des Verlustes der Ganzheit vom Ende des Kapitels zwei: Der Sinn des Menschen ist, erst die Natur zu zerstören, um sie dann freiwillig wiederzufinden. Das Bedürfnis nach Ganzheit drückt sich in einem Bedürfnis nach Echtheit aus. Der schamanistische Weg ist aber, trotz des Booms an Schamanismus-Kursen[8] keine allgemeine Möglichkeit für moderne Menschen: Auch damals war ein so extremer Weg nur für wenige gangbar, die die Überwindung der Spaltung des Menschen als spezielle Dienstleistung für die Gemeinschaft betrieben. Heute fehlt vor allem den einzelnen Menschen und der Gesellschaft das Verhältnis zur Natur, welches Voraussetzung für schamanistische Beratung ist. Schmidbauer schreibt:

*"Die schamanistische Magie drückt eine kollektive Übereinstimmung aus, deren Ziel die Erhaltung des Lebens ist. Wenn sie ein Bewußtsein ihrer selbst hätte, stark genug, sie vor der Preisgabe ihrer ganzheitlichen Orientierung zu schützen, wäre sie eine begehrenswerte Lebensform. Sie hat dieses Bewußtsein nicht. Darum kann uns das Heimweh nach den schriftlosen Kulturen keine*

*Orientierung, sondern nur Anstöße vermitteln."(178)*

Es ist von unschätzbarem Wert, kulturelle Anleihen und Inspirationen zu nehmen, aber jede Zeit und Kultur muß ihre eigenen Formen finden, was in modernen Gesellschaften noch einmal das Individuum für sich tun muß.

### 2.2 Voodoo, Tanztechnik als Trancetechnologie und Religion

Einen anderen traditionellen Weg zur Ganzheit mit Hilfe des Körpers stellt die Trancetanztechnik des Voodoo dar. Daran nehmen alle Mitglieder des Dorfes bzw. der Familie oder der Arbeitsgruppe teil. Die Ganzheit besteht darin, daß in der Ekstase das Ich eines Voudouissants verdrängt wird durch die Besessenheit von einer Gottheit, die dann durch ihre Anwesenheit und Äußerungen für das Kollektiv die Ganzheit herstellt. Der Weg wirkt damit nicht für Einzelindividuen. Die Besessenen selbst können sich an nichts erinnern.

#### 2.2.1 Religion und Magie, Manipulation des Schicksals oder Einfügung in die universelle Ordnung

Die Priester und Priesterinnen des Voodoo, die Houngans und Mambos, kann man als Schamanen bezeichnen. Ihre Macht besteht, wie im Gruber Zitat über die Schamanen gesagt wurde, im Eins-Sein mit der Macht der Natur: Deren schreibt:

*" ... it illuminates the apparently ambivalent relationship of a man to his loa as a delicate and dynamic balance between devotion to and mastery of one's principles;"(179)*[9]

Im Unterschied zum Schamanismus stellen hier gerade die "normalen Gläubigen" ständig direkten Kontakt zu jenseitigen Kräften her. Dazu hat man eine regelrechte "Trancetechnologie" entwickelt, deren zentrales Moment - allerdings nur in ganzheitlichen Zeremonien wirksam- der Tanz ist. Ganz allgemein stellt Voodoo einen Versuch dar, den Menschen mit der Natur, dem Schicksal in Gestalt der Seele -des Selbst- in Kontakt zu bringen und zu halten:

*"The intensive and extended rituals of initiatory gradation are devoted entirely to such a creation and development of a 'soul'."(180)*

Dabei geht es im Unterschied zu Magie, in der das Schicksal manipuliert und die Umgebung verändert werden soll[10] darum, den Menschen zu einer solchen Reife zu bringen, daß er sein Schicksal annehmen und leben kann:

*"Magic refers to power, which is amoral in nature; the primary emphasis of religion is moral discipline and development ... In effect in religion the serviteur is changed; in magic the world is changed."(182)*

Wenn Deren schreibt, daß Macht in der Natur als amoralisch gilt, die Religion aber das Ziel habe, moralische Disziplin zu entwickeln, heißt das -in die Sprache dieser Arbeit übersetzt: Der Natur zu folgen bedeutet, das Schicksal walten zu lassen; -lernen, es annehmen zu können. So verstanden ist der Weg durch den Körper Religion, denn es wird versucht, den Menschen sein Schicksal annehmen und lernen zu lassen. Wenn wir Religion im wörtlichen Sinn als Rückverbindung an die Natur verstehen, kommen wir auf den gleichen Satz; es geht darum, das Schicksal, die Natur, freiwillig wirken zu lassen. Während es in modernen Systemen mit dem Körper zu wachsen, um freiwillige Konfrontation und allmähliches Wachstum geht, wird im Voodoo das Ich in der Besessenheit verdrängt.

### 2.2.2 Die Verdrängung des persönlichen Ich in der Besessenheit

Um die Ganzheit mit der Natur zu erreichen, bedient man sich einmal des Mittels, das Ich durch rituelle Praktiken zeitweise zurücktreten zu lassen, und in einer "crise de possession" den Menschen von einer göttlichen Kraft besetzen zu lassen:

*"Under certain well defined and ritualistically determined conditions, the loa* [göttliche Energie] *may temporarily displace the gros-bon-ange* [Seele] *of a living person and become the animating force of the physical body. This we know as 'possession'. In the terminology of Voudoun, it is said, that the loa 'mounts' a person, or that a person is 'mounted' by a loa. The metaphor is drawn from a horse and his rider and the actions and events which result are the expression of the will of the rider."(183) "The serviteur must be induced, to surrender his ego, that the archetype become manifest."(184) "To understand that the self must leave if the loa is to enter, is to understand that one cannot be man and god at once."(185)*

Es geht hier nicht um die Balance eines Individuums, sondern um den Kontakt mit Gottheiten, den die Gruppe durch die besessene Person herstellt.

### 2.2.3 Die Auflösung der Individualität und der psychosomatischen Krise durch den gemeinsamen Rhythmus, der das Wohlgefallen der Götter findet und sie anzieht

In einer Voodoo-Zeremonie mit Besessenheit können psychosomatische Symptome gedeutet werden, die körperlicher Ausdruck eines Schicksals sind, welches das Bewußtsein im Augenblick nicht ertragen konnte:

*"Instead of accepting an objective destiny with indulgent dispair, the Haitian assumes a subjective failure which is accessible to correction. Thus, in the final analysis, the loa and the houngan treat psychic shock through the physical channel and propose the only moral therapy which exists: action and discipline."(186) "Thus psychosomatic projection serves not as an evasion but as a means of making the moral problem accessible on a level of real action."(187)*

Das deckt sich mit den zitierten Aussagen von Dethlefsen über Schicksal und

Krankheit: danach besteht die psychosomatische Krise darin, einem Lebensprinzip, das schicksalhaft für den Menschen ist, nicht gefolgt zu sein. Die beste Lösung besteht darin, den "Fehler" herauszufinden, indem das Symptom gedeutet wird und dem Prinzip zu genügen. Diese Prinzipien sind weder Geist, noch Materie, Mensch oder Umgebung, sondern sie sind unsichtbare Ordnungen:

*"A loa contains both subject and object, both the seer and the thing seen. In Voudoun neither man or matter is divine. A loa is an intelligence, a relationship of man to matter."(188)*

Diese Prinzipien sind im Voodoo nicht abstrahierte Ordnungen, sondern Leben, eher durch Kunst zu erreichen und nur so zu verstehen:

*"Rythmes de tambours et danses attirent les esprits ... Si la musique et la danse plaisent aux esprits au point de contraindre leur volonté, c'est parce qu'ils sont eux memes des danseurs qui laissent emporter par la puissance surnaturelle du rythme. Ils se manifestent de preference a l'occasion des danses executées en leur honneur et il est rare, qu'ils ne profitent pas de leur incarnation pour faire danser leur 'cheval'."(189)*

Die Tänze sind getanzte Archetypen, die alle gemeinsam ausführen. Der Weg, durch Tanz in Kontakt mit dem Selbst, der Gottheit, zu treten, ist die Auflösung der individuellen Schranken im gemeinsamen Rhythmus. Die Tanzenden sind nicht sozial orientiert und in Kontakt von Person zu Person, und ihr Tanz hat keinen individuellen Ausdruck. Sie sind geeint durch das Band des Rhythmus, der die Zeit gemeinsam macht:

*"Watching, one senses that if these are united, it is not at all because they refer to each other. They are separate, as bodies and as beeings; the ground-fixed eyes and the deep crouch accentuate this sense of each of them in-turned, in-listening, moving in common to a shared sound, heard by each of them singly."(190)*[11]

*"It is, in fact, upon the drumming that the burden falls of integrating the participants into a homogeneous collective. It is the drumming which fuses the fifty or more individuals into a single body, making them move as one, as if all of these singular bodies had become linked on the thread of a single pulse."(191)*

Die Tanzform führt die Menschen damit in eine präpersonale Existenz, in der ein gemeinsames nicht-individuelles Erleben da zu sein scheint.

### 2.2.4 Die Zähmung des Ego durch den Kontakt mit der Natur im Menschen als Kulturleistung

Im Voodoo wird -ähnlich wie in dieser Arbeit- das Ziel einer Ich-Entwicklung zu mehr Ganzheitlichkeit verfolgt. Danach genügt es nicht einfach "aus dem Bauch heraus" sich alles frei entwickeln zu lassen in der Grundannahme, daß dann alles von selbst richtig würde. Vielmehr wird die Entwicklung des Ego

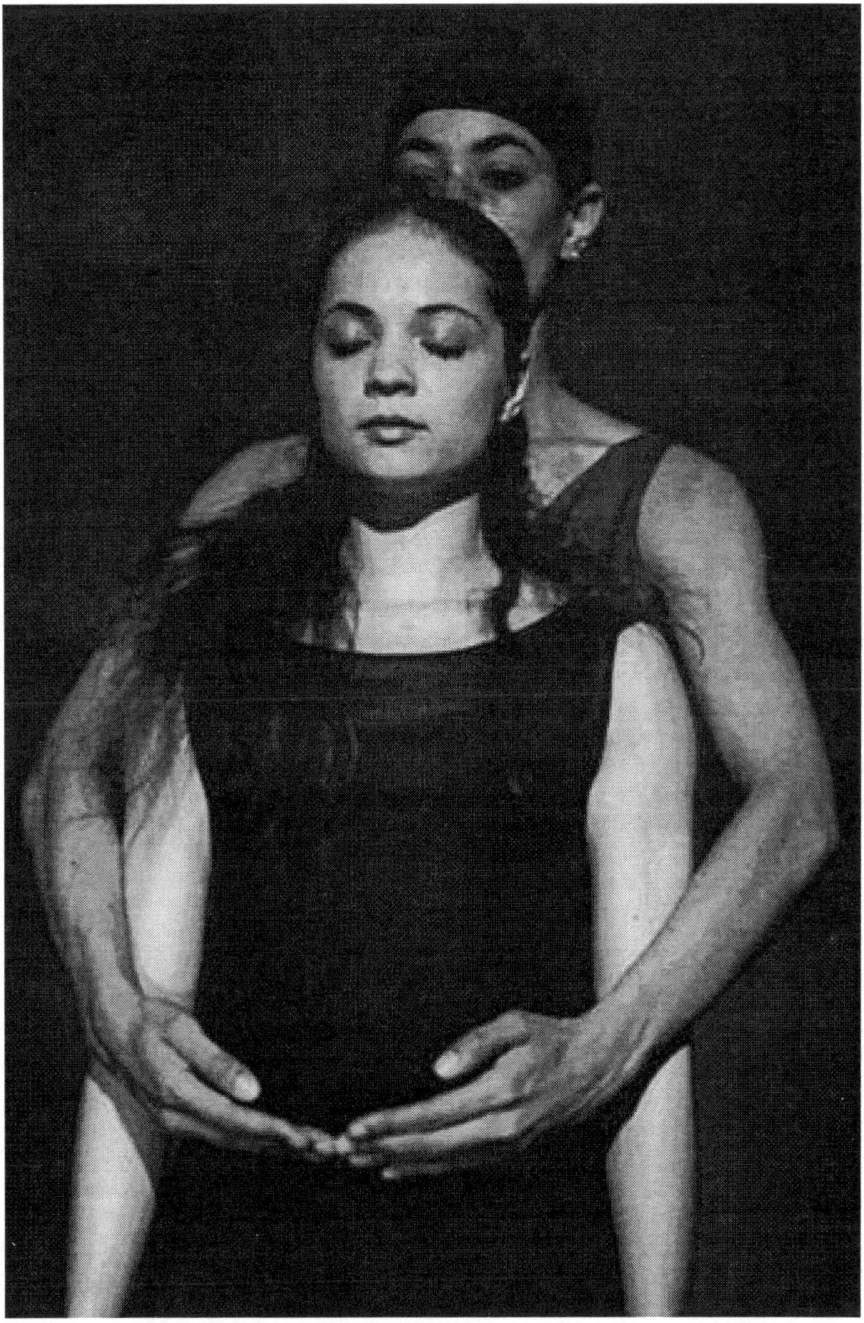

zum ganzheitlichen Kontakt hin als Kulturleistung gesehen:

*"Thus the Haitian does not share the notion of the cultivated primitivist -that free, naive and unselfconscious naturalness is a condition of essential goodness and/or that the exercise of the human intellect tends to run counter of the good direction of the divine essence of man. On the contrary, the Haitian conceives of goodness or morality as a function of man's consciousness, experience, information, understanding and discipline;"(192)*

Es geht auch im Voodoo nicht darum eine "Natur-an-Sich" wirken zu lassen. Vielmehr wird die Funktion des Ich und der Zivilisation auf der Basis der "Natur im Menschen" deutlich gesehen:

*"... and he conceives of ritual a means, by which men induce the essentially amoral forces of the universe towards moral ends."(193),*

Dabei ist wichtig zu ergänzen, daß -wie in der Fußnote 10 über den Unterschied zwischen Religion und Magie geschrieben wurde- die Veränderung der Kräfte im Menschen entsprechend der Natur und nicht die Manipulation nach Maßgabe des Ego gemeint ist. Diese Bildung kann nur im Zugang zur Natur im Menschen liegen. Das Ritual, das kollektive Tanzen und Trommeln haben nicht nur den Zweck, Besessenheit zu induzieren, sondern verfolgen ein Ziel in sich:

*"In art, where fictional purpose is substituted for real purpose, the attitude, the manner of the movement, is increasingly important. And in sacred works, where the acts will not, in themselves, result in anything, but may be rewarded if they please the divinity to whom they are addressed -where, therefore, there can be said to be no direct material purpose- the form is the total statement; and its distinctive quality is that reverent dedication which man brings only to divinity. The sense of the dedicated act is to serve, not oneself, but the object of one's dedication, and it is therefore characterized by a quality of selflessness, discipline and even depersonalisation. The performer becomes as if anonymous. It is from that one derives a sense of the abstract."(194)*

Hier wird Tanz -wie im Schamanismus auch schon- die Qualität von etwas beigemessen, das seinem Wesen nach über sich selbst hinausweist. Damit ist ein entscheidender Hinweis für die Beantwortung der Frage gegeben, inwieweit der Körper prinzipiell einen über sich selbst hinausweisenden Charakter habe und so als Grundlage für die Ich-Entwicklung und die Balance dies-/jenseitig wichtig sei:

Für Tanz als Kunst und zugleich auch in seiner transzendenten Bedeutung kommt es vor allem auf die Qualität von Bewegungen an, weniger auf ihr Ziel. Qualität der Bewegung und die "Form an Sich" führen, wenn Menschen sich darauf einlassen können, über sich selbst hinaus.

Entscheidend für eine religiöse Bedeutung ist, daß es sich nicht um einen persönlichen Ausdruck, eine Performance, handelt, sondern um eine eher anonyme Verkörperung. So sind im Voodoo die Trommler, bei denen es am meisten auf künstlerisch handwerkliche Fertigkeiten ankommt und die oft professionell sind, eindeutig und betont den Priesterinnen und Priestern unterstellt:

*"It is as if the drums were understood as the moral organism, whereas the drummer was a mechanism, a necessary material accessory to their avtivity."(195) "As between the drummer and the houngan, it frequently seems, that the former has command of the superior technique ... It would seem logical to expect, then, that the drummer would command a high position in the religious hierarchy. Yet the opposite is, in fact, true ... "(196)*

Virtuos im Sinne brillanter Soli sind nur die Besessenen. Im Voodoo liegt das an den Göttern, den Archetypen und Prinzipien, mit denen der Körper in dem Augenblick eins wird, nicht an den Persönlichkeiten und ihren Fertigkeiten. Courlander schreibt:

*"There is no tradition of famous dancers, famous singers or famous drummers ... Good dancing and good singing are recognized and applauded, but these, like the audience, are a by-product, not the ultimate objective. The prime reason for the dance is participation."(197)*

Deren gibt ein Beispiel für diese Kunst, die persönlich anonym und nicht Ausdruck des besessenen Menschen ist, sondern der Gottheit, die den Platz des Ego eingenommen hat:

*"If, in the chorus, one hears, suddenly, a single voice emerging with special tone and insistence, or if, in the crowded peristyle* [Tempel], *one remarks, between all these bodies which move with such a homogeneity, one whose movements exceed this generality, become spectacular -this sign is that a loa arrives. For if the mark of man's dedication to the loa is selfless anonymity, the mark of a loa's devotion to man is his most elaborated, realized manifestation. Therefore, virtuosity is the province of divinity."(198),*

Vom Publikum wird eine solche Darbietung auch als Beweis für die Anwesenheit der Gottheit gesehen, in deren Perfektion die Einheit mit der Natur, die Ganzheit sich manifestiert:

*"Sous l'aiguillon du dieu qui est en lui, le fidele, qui, quelques instants auparavant, dansait sans ardeur, se lance dans des brillantes improvisations et deploie une souplesse, une grâce et une fantaisie déconcertantes. L'auditoire ne s'y trompe pas et c'est au loa et non à son serviteur que va son admiration,"(199)(Métraux)*

denn im Augenblick der Besessenheit trennt sich die Seele vom Körper, wie es Deren erlebt hat:

*"As sometimes in dreams, so here I can observe myself ... ."(200)*

Diese Möglichkeit der Selbstbeobachtung gilt nur für das Anfangsstadium der Besessenheit, der Rest kann nicht erinnert werden. Trotzdem bietet diese Anfangsphase mit ihrer Selbstbeobachtung eine Parallele zur Bewußtseinsverdoppelung beim Tanz, wie sie auf S.273f Kapitel V beschrieben wird.

### 2.2.5 Wahrheit, Schönheit, Alltagskunst, Besessenheit und Religiosität

Haiti bietet dem Beobachter das Bild einer Gesellschaft, die sich so intensiv auf den Kontakt mit dem Jenseitigen spezialisiert hat, wie die moderne Gesellschaft ihn verdrängt hat. Für den Alltag gilt die religiöse Maxime, nicht die Umgebung nach der Bequemlichkeit des Menschen zu verändern, sondern den Menschen in die Lage zu versetzen, sein Schicksal annehmen zu können. Das Ergebnis ist ein sehr armes Land. Wenn zugleich die physischen Schwierigkeiten der Alltagsbewältigung nicht technisch gelöst werden und ihre Lösung konsequenterweise nicht irgendwann von Maschinen übernommen wird, sondern gerade die körperlichen Schwierigkeiten als quasi-religiöses "Alltag-als-Übung" aufgefaßt werden, kommt es zu einer verblüffenden Qualität der Alltagsbewegung. Die Bewegungen, Posen, Gesten wirken wie choreographiert. Es kommt zu einer erstaunlichen, auffälligen Mischung von Anmut und Armut. Deren schreibt:

*"Whether here* [auf dem Weg zum Markt] *or in the men walking towards the fields, the grace of the bodies' bearing is so manifest that it imparts elegance to even the most poorly cut dress ... In the backyard, the women cooking, tending the children, carrying water, forever doing laundry or braiding each others hair, possess, also, this same grace of the body, which, since so much is demanded of it, has discovered how to achieve by balance what might otherwise require muscular force. Indeed, every posture, every moment is in balance. Even the groups of people -resting and talking in the high heat of mid-afternoon- seem to be 'composed' in a painter's sense, reflecting, in this easy, automatic integration of physical arrangement, the fact that here is no mere gathering together of individuals but rather that these people live together, relate to one another."(201),*

Das heißt nicht, daß Armut und einfaches schicksalhaftes Leben an sich schon ein Garant für Schönheit und Stimmigkeit der Bewegung sein müßten; in Haiti kommt dazu dieser spirituelle Ansatz einer Durchdringung von Religion, Körperlichkeit und Alltag. In diesem Zusammenhang ist Schönheit das Merkmal von Wahrheit. Die spirituelle und körperliche Übung hält die Menschen in ständigem Kontakt mit ihrer inneren und äußeren Ordnung. Dadurch wirkt ihr Handeln nicht willkürlich, sondern wie das Zulassen einer der zahllosen, aber nicht beliebigen Möglichkeiten (Charakterisierung von Kunst), die ihre Wahrheit und Stimmigkeit auch äußerlich zeigen, indem sie wie komponiert und choreographiert wirken. Das gilt vermutlich für viele Kulturen, vor allem in Afrika,

*"which are..predicated on the notion that truth can be apprehended only when every cell of brain and body -the totality of a human beeing- is engaged in that pursuit.."(202)*

Hier möchte ich zusammenfassend auf zwei Dinge hinweisen:
1.) Die Ganzheit, um die es im Voodoo geht, besteht in einem direkten Kontakt zu Gottheiten. Während in der Ästhetischen Bildung eine allmähliche Bewußtseinserweiterung für das Individuum und damit eine bessere Balance gesucht wird, geht es im Voodoo um den Kontakt zu Kräften, die Ganzheit ausmachen, für das Kollektiv. Das Individuum profitiert nur mittelbar. Entscheidend ist, daß die Gemeinde der Voodooissants einen Kontakt herstellt, den die besessene Person gar nicht direkt erlebt. Es geht dabei darum, die diesseitigen Bestrebungen des Dorfes, Familienclans oder der Gemeinde, auch einzelner Personen einzubinden in die universale Ordnung der Ahnen und der Natur, der kosmischen Prinzipien. Das moderne Bedürfnis einer individuell gesuchten Balance des einzelnen Menschen existiert in archaischen oder ländlichen Zusammenhängen hier so nicht.
2.) Es gibt das Bedürfnis nach Ganzheit in Form eines Dranges zur Auflösung des Individuums auch in unserer Zeit. Diese kollektiven Ekstasetechniken sind im Gegensatz zur allmählichen Bewußtseinsentwicklung der Ästhetischen Bildung und zu Voodoopraktiken nicht auf die Lebensverantwortung gerichtet, sondern haben Fluchtcharakter. Im Gegensatz zu den anderen auch oft unbewußten und kompensatorischen Ganzheitsbestrebungen wie exotische Reisen, Aggression, Drogen, Disco-Dancing und vieles mehr, die ich schon früher erwähnt habe, geht es dabei um eine direkte körperliche dramatische Aktion, die Kunst und Symbolik benutzt, wenn sie auch im Vergleich mit schamanistischen- und Voodootechniken grob, wenig elaboriert, unkultiviert, man könnte sagen als Zerrbild erscheint. Luyken schreibt in einem Zeitartikel über englischen Fußball:

*"In dem Massenexzeß bauen sich enorme Spannungen auf, Energien wie in einem Brutreaktor ... Es blieben noch zwei Stunden bis zum Spielbeginn. Der Pub war so bumsvoll, daß der Wirt die Läden vor den Türen zugeschlagen hatte. Drinnen hoben Gesänge an; ihre Wucht schien die Backsteinmauern in's Schwanken zu bringen."(203)*

Dabei ist eine undifferenzierte Auflösung der Ordnung die Regel:

*"Draußen verwandelten die Ausgeschlossenen den Vorplatz des Pubs in kürzester Zeit in einen Saustall. Zerdrückte Bierdosen, aufgerissene Chipstüten, angebissene und achtlos weggeworfene Hühnerbeine ... Ich habe noch nie Menschen gesehen, die so unbekümmert pinkeln, wie die Liverpudlians. 'To piss in situ', nennt man das in der Stadt. Im Gedränge auf den Tribünen dienen zusammengerollte Ausgaben des Liverpool Echo schon seit jeher als*

*handliche Pissoirs, weil man ja seinen Vordermann nicht naßmachen will ... ."(204)*

Auf eine bestimmte Art aber erinnert die folgende Schilderung an das emotionale Drama der Voodoo Zeremonien, die jubelnden Gesänge der Gläubigen, das Erleben des Schicksalhaften[12]:

*"Die anarchische Seele kann sich auf der Tribüne austoben. Die Drehkreuze an den schwerbewachten Stadioneingängen sind die Schwelle zu einer Welt, in der totales Theater Wirklichkeit ist ... Fußball in England ist keine Show, in der Akteure den Zuschauern etwas darbieten, sondern die fast religiöse Identifikation von 50000 stöhnenden, jubelnden, leidenden Seelen mit den Bewegungen von 22 Stellvertreter-Helden, die den Willen der Massen in die Tat umsetzen. Es sind die Zuschauer, die die Spieler mitreißen ... Die Zaubertricks des ... Fußballgenies ... korrespondierten ... so sehr mit den Jubelekstasen, daß tatsächlich schwer zu sagen war, was nun was verursachte: die Zaubertricks den Jubel oder Jubel die Zaubertricks. Der Sieg ... wurde auf den Tribünen fast schwerer erkämpft als auf dem Spielfeld. Neunzig Minuten schoben und wogten schwitzende, dünstende, schreiende Körper auf den Steh-Traversen, preßten sich aneinander, umarmten sich, schubsten sich, hievten sich gegenseitig auf die Schultern, fielen um, rappelten sich wieder auf, grölten, sangen, jauchzten ... hemmungslose Hingabe, die völlige Auflösung des Indivuums, war eineinhalb Stunden lang Lebensprinzip."(205)*

Der entscheidende Unterschied zu religiösen Ekstasen besteht darin, daß im Fußball nur ausagiert wird[13] . Im Voodoo z.B. jedoch geht es um einen "realen" religiösen Kontakt. Deshalb stellen Voodoo und andere dramatische Religionsausübungen kein Dampfablassen, sondern einen Weg dar. Entsprechend heißt der "CBS" Fernsehfilm über Voodoo: "Opening the gate"
Um das Prinzip eines absichtsvollen Weges zur Überwindung der Ich-haftigkeit zu verdeutlichen, zitiere ich Long, der vom polynesischen Kahuna-System berichtet:

*"Nach der Kahuna-Theorie haben wir freien Willen, und das Hohe Selbst greift nicht ein, ... SOFERN WIR NICHT DAS HOHE SELBST BITTEN, UNS ZU HILFE ZU KOMMEN. Diese Bitte bewirkt das 'Öffnen der Tür' ... "(207)*

Die Verbindung,

*"auf deren Strom ... Inspirationen getragen werden ... ist der symbolische 'Pfad' ... Verhindert ein ... Kompiex die Verbindung ... so sagt man, der 'Pfad' sei 'blockiert'." (208)*

In diesem Grundkonzept sucht und findet Voodoo einen Weg zur Ganzheit über den Körper, der für traditionelle Gesellschaften und in einem Gruppendesign arbeitet. Die Beschreibungen des körperlichen Weges via Tanz entsprechen den Anforderungen an einen körperlichen Weg für eine ganzheitliche Balance im modernen Leben. Die Möglichkeiten, Voodoo in einer individualisierten Gesellschaft für eine ganzheitliche Entwicklung zu nutzen, sind trotzdem begrenzt. Die Tanztechnik kann von großem Wert für die allmähliche Entwicklung einer Balance für moderne Menschen sein. Als spirituelle Methode ist die Kombination von Jenseitigkeit und festen traditionellen Gruppen nicht auf moderne Gesellschaften mit individueller Verantwortung zu übertragen.

# 3 TRADITIONELLE WEGE ZUR GANZHEITLICHKEIT, DIE DEN KÖRPER ALS WEG BENUTZEN

## 3.1 Initiation in Afrika und der Körper als Weg

Die normale Initiation von Stammesmitgliedern in Afrika stellt einen -im Vergleich zu Besessenheit und Droge- allmählichen und balancierten Weg dar, über körperliches Lernen den Menschen in Kontakt zum Ganzen bringen.

*"Die Initiation verweist in erster Linie auf den Körper, das Instrument des Wissens: er registriert das Wissen, er verbindet es mit einem Ort, einer Haltung, einem bestimmten Moment, einer Gruppe, mit den Geistwesen. Der Körper ist das Instrument des Wissens: bereits unter dem Aspekt einer Philosophie, die einräumt, daß alles Wissen mit dem Körper in Zusammenhang steht; mehr aber noch, weil der Körper das Wissen in sich aufnimmt, davon durchdrungen und zu dessen Träger wird. Die moderne Psychologie, die diese Wahrheit experimentell belegt, deckt sich hier mit einer Erfahrungstatsache der Initiation. Verstand, Herz und Körper arbeiten Hand in Hand, um den ganzen Menschen zu bilden. Weit davon entfernt, den Körper als unwesentlich und getrennt vom geistigen Tun zu betrachten, anerkennt die Initiation seinen Platz und seine Rolle. Diejenigen, die glauben oder sagen, auswendig gelerntes Wissen (savoir par coeur) sei kein Wissen, mögen in gewissem Sinne recht haben. Wie betroffen aber müßte sie die Feststellung machen, daß ein Erkennen 'durch das Herz' (connaitre par le coeur) das wahre, wenn nicht einzige Erkennen, und das Erkennen durch den Körper (connaitre par le corps) die Basis des wahren Wissens ist ..." (209)*

Das Wissen, um das es hier geht, entsteht nicht in erster Linie aus dem körperlichen Prozeß an sich und es besteht auch nicht vorwiegend in dem Zugang zur Körperlichkeit. Vielmehr geht es um traditionelle kollektive Inhalte, die für einen Stamm oder eine Gruppe gemeinsam und verbindlich sind:

*"'Es ist der Körper in seiner Gesamtheit, der die Wirklichkeit erfaßt.' Im lebendigen Kreis, der gebildet wird aus den Körpern und Gliedern aller, ist jeder einzelne Körper notwendig für alle anderen. Es ist die Gruppe in ihrer Gesamtheit, die in sich aufnimmt, lernt und wiederholt, die in Bewegung und Schwingung versetzt wird und die wieder zur Ruhe zurückkehrt. Zutiefst*

*werden die Körper miteinander verbunden durch die Bande der Tradition, die aufs neue lebendig wird im Akt ihrer Überlieferung, die immer absolut getreue Wiedergabe sein muß ..." (210)*

Wie im Voodoo und schamanistischem Tanz wird Wert auf Genauigkeit gelegt. Dabei geht es ausdrücklich um eine dies-/jenseitige Balance, welche alle einzelnen Individuen erreichen sollen:

*"Ziel einer solchen Pädagogik ist die völlige Eingliederung ihrer Schüler in die Wirklichkeit der Welt. Im Bewußtsein der Harmonie der Kräfte des Universums, der auch die richtige Gebärde in jedem Augenblick entsprechen muß, bedient diese Pädagogik sich der Körpersprache, in der Reden und Tun, Gebärden und Worte, Worte und Symbole sich zu einer einzigen Sprache vereinigen. Sie ist in der Tat eine Liturgie, eine wahre Liturgie der Körpersprache, in die alle Beteiligten auf eine ebenso ausdrucksstarke wie gemeinschaftsbetonte Weise einbezogen sind, und zwar mit ihrem gesamten Sein, das danach strebt, mit den Harmonien des Universums zutiefst verbunden zu sein ... "(211)*

Im Folgenden wird beschrieben, wie sehr dieses körperliche Lernen sowohl konkret als auch symbolisch ist, wobei das Eine im Anderen enthalten ist:

*"Im Bewußtsein auch des sich im Menschen aufbauenden Wechselspiels zwischen Körper und Geist, zwischen Person und Gruppe, zwischen Individuum und Umgebung, verweilt diese Pädagogik nicht allzulange bei der Analyse jeder einzelnen dieser Gegebenheiten, wie es die westliche Schule tut, die die Einheit der Wesen mit der Erforschung ihrer Unterschiede zerbricht. Demgegenüber haben wir bei uns eine Pädagogik der Zusammenflüsse. So wie die Flüsse in das Meer einströmen, ohne daß dieses je gesättigt würde, so verhält es sich auch mit der Gesamtinitiation des Menschen, der im Zusammenfluß aller irdischen Wesen seinen Ort hat. Der Rhythmus der Initiation zielt daher gleich einer konzentrischen, niemals endenden Schwingung auf den Ausdruck des Menschen in seinem umfassenden Veständnis. Er versucht dies mit den Gegebenheiten einer Tradition, die in einem vielgestaltigen und doch alles verbindenden Zusammenspiel die gemeinschaftsbezogenen wie auch die globalen Zeichen des Daseins und der Kommunikation liefert. Es handelt sich dabei um umfassende Zeichen, die den ganzen Körper einbeziehen, um Gebärden, die versuchen, die konkrete Wirklichkeit einzufangen, und mit analogen und symbolischen Elementen die unsichtbare Wirklichkeit auszudrücken."(212)*

Dabei wird die gleiche Qualität von Ganzheit als Einheit in der Verschiedenheit beschrieben, wie im Anthropologiekapitel:

*"Mit Hilfe dieser Analogien und Symbole führt die Initiation, ohne metaphysische Schwindelgefühle, an die Schwelle eines wirklichen Eins-seins, denn das Symbol läßt gerade in der Verschiedenheit eine Ähnlichkeit sichtbar werden ... Die erlebte und zutiefst empfundene Erkenntnis, daß alle Communio Einheit in der Verschiedenheit, Ähnlichkeit und nicht Identität ist, bildet, wie*

*wir später noch sehen werden, in der Form des Geheimnisses und des Mysteriums den innersten Kern dessen, was die Initiation erstrebt ... Was wir hier im Hinblick auf die Initiationstradition nur zusammenfassend festhalten wollen, ist, daß der Körper - und zwar der individuelle, wie der der Gemeinschaft - insgesamt Hort und Zugangsweg des Wissens ist; hier geschieht Fortdauer und Weitergabe dieses Wissens vermittels einer Pädagogik, die auf den umfassenden und ganzheitlichen Ausdruck des Menschen zielt."(213)*

In dieser Schilderung von Initiation wird ein körperlicher Weg beschrieben, auf dem eine Balance zwischen Dies- und Jenseitigkeit für einzelne Individuen erreicht werden kann. Zugleich ist sie aber mit traditionellen Inhalten verknüpft und in ein festes Gruppendesign eingebunden. Ein zeitgenössischer Weg aber müßte an körperlichen Prozessen als solchen ansetzen und den Einzelnen die inhaltliche Verknüpfung frei lassen. Die Unterschiedlichkeit von Lebensgeschichten und -situationen sowie die allgemeine Individualisierung machen die Orientierung an einer allen verbindlichen Tradition unmöglich.

## 3.2 Yoga und der Körper als Weg

Für den modernen Menschen kann ein traditioneller Weg so nicht funktionieren. Es ist notwendig, den Körper als Mittel, Weg und Ziel zu erfahren, der in seiner Optimierung über sich selbst hinausweist. Dem entspricht am ehesten die Idee des Yoga: Gottmann schreibt:

*"Das Wort Yoga bedeutet Vereinigung oder Integration ... "(214)*

Dabei stellt sich Yoga ausdrücklich das Ziel der Ganzheitlichkeit:

*"Der Mensch soll zu einer Ganzheit geführt und in einen kosmischen Bezug gestellt werden. Vom Standpunkt des methodischen her sind unter dem Begriff Yoga alle jene indischen Techniken zusammenzufassen, die darauf abzielen, einen erlebnismäßigen Zugang zum Transrationalen, Transzendenten zu ermöglichen. Da der Yoga zu einer Ganzwerdung des Menschen strebt, muß er psychische sowie physische Vorgänge in diesen Prozeß einbeziehen ... "(215)*

Nachdem in früheren Yogaformen der Körper mehr als Mittel benutzt wurde, die Materie zu überwinden, beginnt zwischen 500 und 200 v.Chr. im frühbuddistischen Yoga eine Entwicklung, die in hohem Maße dem entspricht, was hier unter Ästhetischer Bildung auf körperlichem Weg vorgestellt ist:

*"So wird der Atem zu einem bewußten Geschehen und zum Akt geistigen Erkennens, in dem der Meditierende sich seines Leibes und der sich darin spontan* [in unserem Sinne würde es heißen: unwillkürlich] *ablaufenden Lebensvorgänge bewußt wird. Nach Govinda 'beginnt der ganze Vorgang im geistigen Bewußtsein, wirkt durch die körperlichen Funktionen auf die tieferen, dem Wollen nicht zugänglichen Schichten des Unterbewußtseins und kehrt so potenziert in das bewußte geistige Zentrum zurück.' ... In ähnlicher Weise wird nun der Körper nicht nur im Sitzen, sondern ebenso in der*

*Bewegung und im Liegen in seiner Ganzheit bewußt gemacht, wobei dies komplex-ganzheitlich, nicht aber analytisch erfolgt ... "(216)*

Diese Techniken, das Unwillkürliche dem Bewußtsein zugänglich zu machen, stellen einen Zugang zur "Natur im Menschen" dar, wie er auch in der Ästhetischen Bildung durch den Körper gesehen wird. Dabei wird eine polare Struktur der Welt -nicht nur des Bewußtseins, wie ich im Psychologiekapitel geschrieben habe- angenommen, was schon im Worte Tantra bedeutet ist:

*"Der Begriff Tantra ist abgeleitet von 'Weben' (=tan) und deutet die zentrale Vorstellung aller Tantras an: Das Ineinandergeflochtensein allen Geschehens und aller Dinge, die Komplexität menschlichen Seins, die aus dem Ineinandergreifen von Gegensätzen erwächst. In allen Richtungen des Tantra steht ferner die Idee der Polarität zentral. Die Welt besteht nach dieser Auffassung aus einer großen Anzahl von Polen, wie z.B. männlich-weiblich, Tag-Nacht, Natur und Geist, in sich ruhende Weisheit und tätiges Erbarmen. Aus dem lebendigen Spannungsgefüge dieser Polaritäten entfalte sich das Leben des Einzelnen, wie das des Kosmos, weshalb sie auch nicht negiert oder niveliert werden dürften. Es soll vielmehr als letztes Ziel dieser tantrischen Yogawege eine conjunctio und complexio oppositorum angestrebt werden."(217)*

Die Auffassung entspricht genau dem Ziel eines ganzheitlichen -wie in Kapitel III bechrieben- Bewußtseins und deckt sich mit dem Inhalt des Zitates über die afrikanische Initiation.

*"Im Tantra findet das Universum seinen Ausdruck im Individuum, der Mikrokosmos wird als Abbild des Makrokosmos gesehen, das Kosmische erfährt seine Sinngebung im Einzelnen."(218)*

Der Körper wird hier als etwas dargestellt, was in seiner Eigenart über sich selbst hinausweist und so für das Ich die Möglichkeit einer Verbindung mit der Natur, der Ganzheit, darstellt. So bietet in der dargestellten Sichtweise Yoga für den Körper in Ruhe die gleiche Möglichkeit einer Balance von Dies- und Jenseitigkeit in Verbindung mit einer Ich-Transformation, wie Tanz in der Darstellung von Schamanismus und Voodoo. Beide zusammen stellen entscheidende Hinweise der Möglichkeiten des Körpers allgemein für eine Bewußtseinsentwicklung zur Ganzheitlichkeit dar.

*"Eine solche Weltanschauung begünstigte eine neue Haltung zum menschlichen Körper, er wird nunmehr nicht als das bloße prakti oder maya betrachtet, von dem der purusa oder der atman sich letztlich zu befreien habe, sondern als Gefäß des Unendlichen, das dem Universellen erst Sinn verleiht. Die Sinne werden nicht mehr im Sinne des pratayama zum Schweigen gebracht, sondern als Mittel zur Schaubildentfaltung benutzt. Daher werden bei jeder Form tantrischer Meditation Körper und Sinnesempfindungen gleichzeitig eingesetzt."(219)*

Was in diesem Kapitel untersucht werden soll, wird hier als Selbstverständlichkeit der alten Erfahrungswissenschaft Yoga dargestellt.

*"Schließlich aber wird der Körper in allen seinen Teilen gleichzeitig erlebt. Dies wird gelegentlich auch in tantrischen bildlichen Darstellungen zum Ausdruck gebracht, indem die ganze Körperoberfläche mit sich entfaltenden Lotusblüten (Symbole eines sich entfaltenden Bewußtseins) übersäht dargestellt wird. Im tantrischen Meditationsvorgang wird somit die Ganzheit des Menschen nicht zuletzt dadurch angesprochen, daß der Übungsweg von Anfang an psycho-physisch ausgerichtet ist. Die volle Einbeziehung des physischen wird auch dadurch deutlich, daß sich in seinem Stadium der Hatha Yoga entwickelte, jene Yogaform, die sich zunächst mit dem Leib befaßt, um dann auf andere tantrische Yogaformen überzuleiten."(220)*

Die Tendenz, den Körper nicht zur Überwindung der Diesseitigkeit zu benutzen, sondern als Möglichkeit einer Balance Dies-/Jenseitigkeit zu sehen, wurde erst im Laufe der Geschichte entwickelt:

*"Blickt man auf die Geschichte des Yoga zurück, so erscheint es uns, als wenn im Laufe der Jahrtausende im Rahmen dieser 'mystischen Psychotechnik', das Körperliche mehr und mehr einbezogen wird ..." (221)*

In früheren Zeiten (mit geringer ausgeprägter Individualisierung) ging es nicht um die Balance, sondern nur die Überwindung der Diesseitigkeit:

*"Es geht im Tantra daher nicht mehr nur um Vergeistigung, wie z.T. in früheren Yogaformen, sondern mit der Vergeistigung des Körpers geht einher die Verleiblichung des Geistes."(222)*

Diese Ansichten entsprechen ziemlich genau denen, die den Methoden der Ästhetischen Bildung zugrundeliegen.
Es gibt also mit Yoga und Focusing Wege, direkt mit der Natur im Menschen in Kontakt zu treten und allgemein eignet sich der Körper in Ruhe und Bewegung als Weg zu einer dies-/jenseitigen Balance. Im Interesse dieser Arbeit ist es, den allgemeinen Wirkmechanismus des Körpers als Weg für die Erweiterung des Bewußtseins und die Ganzheitlichkeit zu erklären.
Zwar würde ich nicht unbedingt Jung folgen, wenn er sagt:

*"Die wachsende Bekanntschaft mit dem geistigen Osten darf uns nur symbolischen Ausdruck der Tatsache bedeuten, daß wir anfangen, mit dem noch fremden in uns in Verbindung zu treten. Verleugnung unserer eigenen historischen Vorbedingungen wäre reine Torheit und wäre der beste Weg zu einer nochmaligen Entwurzelung."(223)*

Bezüglich des Yoga kann von einem allgemeinen Weg gesprochen werden. Allerdings stellen die Tatsache, daß Yoga in einem anderen ethnischen, klimatischen und kulturellen Zusammenhang entstanden ist und der unterschiedliche Stand der Zivilisationen eine Begrenzung der großen Möglichkeiten für durchschnittliche Europäer dar. In unserer fort-geschritteneren und damit weiter von der Natur entfremdeten Zivilisation ist die Natur, das Unwillkürliche im Menschen, schwerer zu erfahren.

Die Internalisierung von Normen, das eigene Bild von der Welt und allgemeine Deformationen sind weiter fortgeschritten. Zudem existieren mehr Ausdrucksmittel und moderne Phänomene, die miteinbezogen werden wollen. Der gesamte Ich-Bereich ist stärker ausgeprägt.

Wird, was für alle traditionellen Formen gilt, ein fremder Formkanon übernommen, ohne daß Kontakt zur Natur im Menschen da ist, hat Jung recht, wenn er schreibt:

*" ... Westliche Nachahmung ist tragisches ... Mißverständnis, ebenso steril wie die modernen Eskapaden nach Mexiko, seligen Südseeinseln und Zentralafrika, wo mit Ernst 'primitiv' gespielt wird ... "(224)*

Es ist wichtig, den allgemeinen Wirkmechanismus einer Ich-Korrektur über den Körper zu ergründen, um das Prinzip für eine Vielzahl von Wegen zu erkennen, die der Verschiedenheit der Menschen angemessen sind. Die Methode an sich sagt nichts aus. Entscheidend ist, wie ein Mensch sie sich zu eigen machen und sie selbständig benutzen kann.

*"Ein alter Adept sagte: 'Wenn ein verkehrter Mann die rechten Mittel gebraucht, so wirkt das rechte Mittel verkehrt.' Dieser wahre chinesische Weisheitsspruch steht in schroffstem Gegensatz zu unserem Glauben an die richtige Methode, abgesehen vom Menschen, der sie anwendet. In Wirklichkeit hängt in diesen Dingen alles am Menschen und wenig oder nichts an der Methode. Die Methode ist ja nur der Weg und die Richtung, die einer einschlägt, wobei das Wie seines Handelns der getreue Ausdruck seines Wesens ist. Ist das aber nicht so, so ist die Methode nicht mehr als eine Affektation, künstlich hinzugelernt, wurzel- und saftlos, dem illegalen Zweck der Selbstverschleierung dienend, ein Mittel, sich über sich selbst zu täuschen und dem vielleicht unbarmherzigen Gesetz des eigenen Wesens zu entgehen."(225)*

# F ANALYSE DES KÖRPERS ALS WEG: DIE GRUNDIDEE EINES WEGES DURCH DIE SINNE

Die Diskussion der traditionellen ethnischen Wege, einen Zugang zur Jenseitigkeit zu schaffen, zeigt,

- daß die Öffnung des Ich für die direkte jenseitige Erfahrung von Ganzheit auf materiellem Weg durch Drogen möglich ist;
- daß, wie im zitierten Beispiel angesprochen, ein solcher Zugang auch in der Transzendierung des Diesseitigen ohne Drogen möglich wäre;
- daß mit Hilfe von Ekstasetechniken, die körperlicher Art sind, ein Zugang zur Ganzheit möglich ist;

- daß Tanz als Weg in der Qualität der konkreten Bewegung in dem Augenblick, wo sie als Prozeß ernst genommen wird, das Konkrete transzendiert. Dann erscheint eine innere Regelhaftigkeit, die als Objektives im Subjektiven das Individuum in die universelle Ordnung stellt;
- daß die traditionellen Wege Schamanismus und Voodoo keine Balance, sondern Überwindung des Diesseitigen suchten oder der Kontakt zur Ganzheit ein kollektiver Sinn war;
- daß die afrikanische Initiation einen individuellen Weg für eine Balance darstellt, der aber mit traditionellen ethnischen Inhalten verbunden ist;
- daß Yoga als allgemeiner Weg, von Körperlichkeit zu lernen, der allgemeinen Vorstellung einer Ästhetischen Bildung durch den Körper am nächsten kommt;
- daß die vorgestellten Wege und Philosophien unter unterschiedlichen Aspekten und auf unterschiedlichen Wegen zeigen, daß der Körper eine ihm innewohnende Qualität hat, die über sich selbst hinausweisen und das individuell begrenzte Bewußtsein mit dem Ganzen verbinden kann. Damit gibt er der Öffnung der Wahrnehmung und der Ich-Transformation Weg und Richtung.

Im Suchen, Empfinden und Üben optimalen körperlichen Geschehens existiert ein unzweifelbares Realitätsprinzip, welches zugleich über sich selbst hinausweist. Der Körper vermittelt existentielle Erfahrung und ist zugleich ein Mittel der Weltaneignung, welches planvoll zu handhaben und in seinen erwünschten Eigenschaften trainierbar ist.

Die Erfahrung von Körperlichkeit kann helfen, die Balance zwischen Sicherheitsbedürfnis und Wachstumskraft zu halten, indem der Körper beides organisch in sich vereinigt:

*"Wir wissen, daß er* [der Mensch] *anfängt mit bloßem Leben, um zu endigen mit Form; Daß er früher Individuum als Person ist, daß er von den Schranken aus zur Unendlichkeit geht. Der sinnliche Trieb kommt also früher als der vernünftige zur Wirkung, weil die Empfindung dem Bewußtsein vorhergeht, und in dieser Priorität des sinnlichen Triebes finden wir den Aufschluß zu der ganzen Geschichte der menschlichen Freiheit."(226)(Schiller)*

Zugleich vermittelt Körperlichkeit dem Ich zu einer Qualität, in der es konkrete Belange und die Möglichkeit ihrer Transzendierung in sich vereinigen kann: Waldenfels charakterisiert Merleau-Pontys Ansatz so, daß der Körper

*"eine präpersonale, anonyme, generelle, natürlich und kulturell erworbene Existenz ... eine 'incarnation perpetuelle'"(227)*

darstellt.

*"Er steht für die erste und die zweite Natur, ist 'natürlicher' und 'kultureller Leib' in einem ... er stellt eine Etappe dar in der 'Geschichte des Bewußtseins', er ist meine Vergangenheit mit Einschluß der 'Urvergangenheit' ... als Stiftung*

# V Die Natur im Menschen

## A EXPOSE

Es geht in dieser Arbeit darum, den Sinn von Tanztraining und Empfindungsschulung für eine ganzheitliche Persönlichkeitsentwicklung zu ergründen. Dabei bin ich davon ausgegangen, daß in der Natur des Menschen der Bruch mit der Natur genauso wie das Bedürfnis, diesen Bruch zu überwinden, angelegt sind. Ich habe außerdem angenommen, daß dieser Bruch mit einer Ästhetischen Bildung durch den Körper -also einer Schulung in der Kunst, die Natur im Menschen wahrzunehmen- überwunden werden könnte.
Darüber hinaus habe ich gezeigt, daß diese "ewige" menschliche Grundproblematik eine besondere aktuelle Schwierigkeit aufweist: Der Menschheit ist es in den letzten Jahrzehnten gelungen, die Welt mehr und mehr nach ihrem Plan umzugestalten. Es gibt unvergleichlich mehr Wahlmöglichkeiten. Unter der Voraussetzung, daß für persönliches Wachstum vom ich-haft beschränkten Bewußtsein zum Selbst Konfrontation notwendig ist, diese Konfrontationen aber nicht irgend etwas, sondern etwas auf dem Weg des jeweiligen Menschen Wichtiges sein sollen, stehen Menschen heute vor einer besonderen Herausforderung: Sie müssen selbst Situationen suchen, mit denen sie sich konfrontieren und in denen sie dann wachsen können, also eine Intuition für die "richtige Verunsicherung" entwickeln und diese ganzheitlich erleben.
Ich hatte ein psychologisches Modell für Wachstum entwickelt und gezeigt, daß die Erfahrung von Körperlichkeit der Psyche auf jeder Ebene zu mehr Ganzheitlichkeit verhelfen kann. Als entscheidendes Problem hatte sich im letzten Kapitel die Frage nach der Möglichkeit einer direkten Wahrnehmung des körperlichen Wissens erwiesen. Die Möglichkeiten bestanden einmal in Schönheit, dann in Symbolik, vor allem aber in direkter Wahrnehmung.
In diesem Kapitel möchte ich zeigen,

- wie diese drei Wahrnehmungsmöglichkeiten funktionieren,
- worin das Problem eines unentwickelten Bewußtseins auf dieser Ebene besteht und
- daß die Wahrnehmungsschulung auch für die Körpersymbolik und Schönheit von der Schulung der direkten Wahrnehmung von Körperlichkeit als "Natur im Menschen" abhängt.

Der zentrale Punkt der theoretischen Untersuchung dieser Arbeit ist dann der Nachweis, daß eine Möglichkeit direkter Wahrnehmung der "Natur im Menschen" existiert und daß sie indirekt auch in den theoretischen Werken der Atempädagogik, Eutonie, Dore-Jacobs-Arbeit und Tanzimprovisation beschrieben werden, von denen ich -mit der Behauptung, sie hätten Ästhetische Bildung als ein gemeinsames Wirkendes- ausgegangen war.

## B DIE DIREKTE WAHRNEHMUNG VON KÖRPERLICHKEIT UND DAS SELBST

Die direkte Wahrnehmung von Körperlichkeit könnte den Menschen generell jenseits seines alltäglichen Bildes von der Welt und der gewöhnlichen Gefühle helfen, die Beschränkung des Ich-Bewußtseins zu überwinden. Ein Bewußtsein, das seine biographische Begrenztheit transzendiert, ist ganzheitlich mit der Natur verbunden. Darin liegt auch die Möglichkeit einer Überschreitung des durch eigene Erfahrung bestimmten Bewußtseins. Das wird bildhaft in Grofs Beispiel von Menschen klar, die in außergewöhnlichen Bewußtseinszuständen Zugang zu pflanzlichem und anorganischem Sein hatten und -ohne sich jemals damit beschäftigt zu haben- Struktur- und Funktionsdetails beschreiben konnten, die wissenschaftlich bestätigt wurden(1).

Als Teil der Natur trägt der Körper all ihr Wissen in sich, und im Verständnis und Mitvollziehen seiner Prozesse liegt etwas, was über sich selbst hinausführt. Praktisch handelt es sich dabei selbstverständlich nicht um außergewöhnliche Bewußtseinszustände mit verblüffendem, nicht zu erklärendem Wissen. Vielmehr geht es um die nicht rationalen Gewißheiten für Bewußtseinserweiterungen, für die "produktiven Verunsicherungen", für Entscheidungen auf dem eigenen Lebensweg, die nur in Kontakt mit etwas, was das biographische Gedächtnis und das persönliche Wissen überschreiten, möglich sind. Die direkte Intuition aus der Körperlichkeit führt damit zum Selbst und stellt das Ich in den Dienst des Selbst.

Ich bin allerdings nicht der Auffassung, daß der Körper mit dem Selbst gleichzusetzen wäre. Dessen Erfahrbarkeit liegt neben der direkten Empfindung durch den Körper vor allem in Träumen und dem Symbolhaften der Natur. Die Rolle direkter körperlicher Empfindung für die Entwicklung zum Selbst könnte der des polynesischen Kahunasystems entsprechen:

Nach der Kahuna-Lehre sind außergewöhnliche Fähigkeiten wie das Schauen in die Zukunft nur durch direkten Kontakt zum (Hohen) Selbst möglich. Die Parallele ist auffällig, stellt doch nach meiner Ansicht das Selbst den Kontakt des freien Menschen zum Schicksal dar. Noch verblüffender wird aber die Übereinstimmung, wenn festgestellt wird, daß dieser Kontakt mit dem (höheren) Selbst niemals dem Ich-Bewußtsein (mittleren Selbst) möglich ist, sondern nur durch die Natur im Menschen (das niedere Selbst) zustande kommt:

*"Die Kahunas glaubten auch, daß uns alles Vorauswissen und Vorausfühlen vom Hohen Selbst durch Vermittlung des niederen Selbstes oder Unterbewußtseins eingegeben wird. Das stimmt mit der bekannten Tatsache überein, daß wir durch Willensanstrengung nicht dazu kommen können, die Zukunft zu erschauen oder zu erträumen."(2)*

*"Daß die Kahunas mit ihrer Ansicht recht hatten, daß alle Voraus-Erkenntnis vom niederen Selbst übermittelt wird, geht daraus hervor, daß Visionen, Träume und andere Arten der Erkenntnis zukünftiger Ereignisse nur im*

*Zustand der Entspannung möglich sind, wenn das Unterbewußtsein dominiert und von der Bevormundung durch das mittlere Selbst frei ist."(3) (Long)*

Körperliche Klarheit und Durchlässigkeit können also dem Selbst via Intuition die Möglichkeit geben, Wegweiser, Inspirator und Lehrer zu sein. Die Wahrnehmungsschulung kultiviert das Zulassen. Richtung, Anlaß und Art der Öffnung von Wahrnehmung und Bewußtsein sind in der Natur des Körperlichen an sich vorgegeben.

# C KÖRPERLICHKEIT, SYMBOL UND SINN

Im letzten Kapitel hatte ich dem Körper eine Qualität zugesprochen, durch seine zugleich konkret/praktische und allgemein/transzendente Eigenart Grundlage einer Balance dies-/jenseitig und der Ich-Transformation zu sein. Der Mensch hat über seinen Körper Zugang zur expliziten Ordnung, kann sie in sich erfahren und mitvollziehen, ihr Wesen erkennen und transzendieren. Ästhetische Bildung hat damit in Dürckheims Diktion pragmatischen und initiatischen Charakter(4).

Was Goethe als "wahren Schein" der Wahrnehmung bezeichnet, nämlich daß sie zwar nicht die Welt widerspiegelt, aber auch kein zufälliges Bild, sondern einen sinnvollen Hinweis gibt, gilt ähnlich für die Erfahrung der Natur im Körper: ein genaues Sicheinfühlen und bewußtes Mitvollziehen optimaler Körperfunktionen läßt Menschen nicht nur in dieser Realität gut zurechtkommen, sondern ist ein Verstehen des Wesens der Wirklichkeit, die einen Hinweis auf die eingefaltete Ordnung im Sinne Bohms gibt, ja, sie in sich wesenhaft enthält. Alles Körperliche hat damit prinzipiell einen Symbolcharakter. Für Barz ist ein Symbol

*" ... eine sinnlich (also nicht etwa nur optisch!) wahrnehmbare Gestalt, die für denjenigen, der sie adäquat wahrnimmt, durch sich selbst hindurch auf etwas anderes hinweist, das anders als durch diese symbolische Gestalt nicht zureichend ausgedrückt werden kann. Das so verstandene Symbol erschöpft sich jedoch nicht in seinem hinweisenden Charakter, sondern es hat für denjenigen, der es in angemessener Weise erfährt, zugleich Anteil an dem, worauf es hinweist. Es ist also mit anderen Worten nicht nur sinnerfüllt, sondern auch machtgeladen."(5)*

Neben dem Körper an sich und seinen Erscheinungen trifft das genau das Wesen von Kunst, die besonders in Musik und Tanz in der Wirklichkeit enthaltene aber nicht sichtbare Möglichkeiten entfaltet, mit der Erscheinung der Dinge spielt und sie umgestaltet -aber nicht beliebig, sondern den ihnen innewohnenden Ordnungsmöglichkeiten entsprechend.

In der Bedeutung des griechischen Wortes Poiesis, der Einheit von Handwerk und Kunst, drückt sich dieses Verständnis von Wirklichkeit aus, daß in dem konkreten "handwerklichen" Verstehen ihres Funktionierens auch ihre Ästhe-

tik enthalten ist, die zugleich auch eine Möglichkeit der sinnvollen Umgestaltung mitgibt. Damit schließt sich für mich der Kreis zum Verstehen ganzheitlicher Körpererfahrung: ein "Sich-Einfinden" in optimale körperliche Funktionen läßt den Menschen das konkrete So-Sein der Welt verstehen und zugleich alle anderen Möglichkeiten erahnen, und die Wahrnehmung dieser körperlichen Funktion und ihr Ausdruck, ihre Gestaltung, z.B. als Tanzimprovisation, ergänzen und bedingen sich.
Die Fähigkeit, Symbole richtig zu erkennen und zu deuten, ist wichtig, um die richtigen Entscheidungen auf dem Weg zu mehr Ganzheit fällen zu können. Symbole richtig zu deuten, ist dem nicht entwickelten Ich-Bewußtsein nicht möglich. Hierzu wäre eine überrationale Gewißheit nötig. Was kann dem überforderten Ich helfen, im symbolhaft/konkreten Doppelcharakter der Realität die "richtige" Ebene zu finden?

## D SCHÖNHEIT ALS PRAKTISCHE HILFE BEI DER SUCHE NACH DEM SINN UND DEM PERSÖNLICHEN WEG

Hier kann vor allem die direkte Körperempfindung als Intuition helfen, die nicht rational begründbar -wie im Focusing beschrieben- zeigt, was stimmt und was nicht stimmt.
In diesem Zusammenhang spielt aber noch ein anderes Kriterium eine entscheidende Rolle: äußere Stimmigkeit.
Ästhetische Bildung nimmt ja ein bestimmtes Verhältnis von Form und Inhalt an. Neben der direkten leiblichen Empfindung ist der Schönheitssinn deshalb ein besonders mächtiger Wegweiser. Gadamer sagt in diesem Sinne:

*"Es gibt eine Intelligenz der Sinne, eine Offenheit, die sich gegen instinktgebundene Voreingenommenheiten, gegen Vorurteile unkontrollierter Art, gegen emotionale Verzerrungen und die wahllose Überschwemmung mit Reizfluten bewahrt. Kultur der Sinne, das heißt am Ende: Entwicklung der menschlichen Urteilsfähigkeit."(6)*

Senghor schreibt dazu über die Tänzerin Germaine Acogny zu dem gleichen Thema:

*"Um das ganz Vergeistigte auszudrücken, greift sie zu den Erscheinungen der sichtbaren Welt; doch geht der Griff durch sie hindurch auf die archetypischen Bilder, die auf dem Grund der von den Vätern ererbten Erinnerungen liegen: die Symbolbilder, die die geistige Überrealität ausdrücken. Darum also geht sie vor wie die schwarzafrikanischen Künstler, denn die auf Entsprechung zielenden Bilder wären ohne Sinn, wären keine Symbole, wenn sie nicht wohlklingend wären und rhythmisch, wenn sie nicht gesungen würden und getanzt."(7)*

Für Perls ist Schönheit Ausdruck psychischer Gesundheit:

*"Der Kontakt, d.h. die Arbeit, die in Assimilation und Wachstum ihr Ergebnis hat, erschafft sich eine anregende Figur auf dem Hintergrund des Organismus/ Umwelt-Feldes. Diese Figur (oder: Gestalt) der bewußten Wahrnehmung ist klar und lebendig, ob als Vorstellung, Bild oder als Einsicht: motorisch ist sie die anmutige und kraftvolle Bewegung mit Rhythmus, Spannung, usw ... "(8)*

Laban schreibt über den Nutzen von Tanz als Ästhetischer Bildung für Kinder:

*"In den komplexeren Formen des Tanzens, wo ein ganzes Werk geschaffen und aufgeführt wird, lernt das Kind jene höhere Synthese von Ausdrucksmitteln zu erfassen, aus denen Kunstwerke bestehen. Gelegenheit dazu bieten Solo- und Gruppentänze. Bei beiden wird der Tanzende in das fast architektonisch aufgebaute Ganze einer Bewegungskomposition hineingenommen, wodurch sein Geschmack gebildet wird, d.h. seine Fähigkeit, das Bewegungsgeschehen und Gruppierungen in einem größeren Zusammenhang beurteilen zu können und seine Wertungen nicht allein auf die sinnliche Wahrnehmung von unwesentlichen Einzelheiten zu stützen"(9)*

Wie sehr die Schönheit auf das Wirken der Natur hinweist, wird in einer Abhandlung deutlich, in der der Biologe H. Plügge anhand von Kleists Marionettentheater eine biologische Entsprechung für Schönheit sucht:

# E DIE ZENTRALE ROLLE DER SCHÖNHEIT FÜR DIE WAHRNEHMUNG DER NATUR IM MENSCHEN

## 1 ÜBERLEBEN, SCHÖNHEIT UND ZWECKMÄSSIGKEIT

Für seinen biologisch/ästhetischen Exkurs muß Plügge Anmut und Grazie, die Begriffe, die Kleist benutzt, erst einmal operationalisieren.

*"Richten wir den Blick nocheinmal auf das Beispiel, das Kleist in seiner Geschichte vom tanzenden Bären gibt, so finden sich dann auch leicht die ersten Ansätze zu einer biologischen Beschreibung der Motorik, der wesensgemäß Anmut zugehörig ist. Eine solche Motorik wird allen Anforderungen gerecht, die in jeder Situation von seiner Umwelt an das Tier gestellt werden. Anmut wäre dann das spezifische Merkmal einer situationsgerechten und umweltgerechten Motorik."(10)*

Das hat damit zu tun, daß

*"Tier und Umwelt in präformierten identischen Bewegungsformen, in einem Gestaltkreis als einem Wesen verbunden sind."(11)*

Plügge zitiert Buytendijks Analyse des Films:
Kampf zwischen Mungo und Kobra:

*"'Das Gesamte aller Bewegungsphasen beider Tiere hat weniger die Struktur eines Schachspiels, in dem der Zug eines Partners den des anderen veranlaßt, sondern eher das Gefüge eines Konzerts, in dem die Mitspieler nach einem übergeordneten vorgeschriebenen Plan gleichzeitig ihre Stimme spielen.'"(12)*

Er verweist auf v. Weizsäckers Gestaltkreis; ohne hemmende Bewußtseinseingriffe herrsche die Natur im Tiere so ungebrochen, wie in der Pendelbewegung der Marionetten, was er so mit Goethe erklärt:

*"Der Fisch ist ein entschiedener Bewohner des Wassers. D.h. das Wasser ist nicht nur seine Umwelt, in der der Fisch möglich, angepaßt ist, ist nicht nur ein äußerer Umstand (Lips), also letztlich etwas zufälliges, sondern das Wasser ist in das Leben des Fisches einbezogen wie dieses oder jenes seiner Organe. Der Fisch ist - wie Goethe formuliert - durch das Wasser zum Wasser gebildet."(13)*

Die belebte Natur entsteht an der unbelebten, ist ihr also zwangsweise angemessen.

## 2 DER VERLUST DER GANZHEIT DURCH DAS BEWUß TSEIN AUS BIOLOGISCHER SICHT

Der Mensch fügt sich, indem er seiner Stellung gewahr wird, nicht ohne weiteres ein:

*"Ihm ist es gegeben, sich von jener organischen Ganzheitlichkeit von innen und außen von Substanz und Erscheinung zu lösen. Er ist dazu imstande kraft seiner Fähigkeit, denken und wollen zu können, das Erscheinungsbild seines Daseins gedanklich und vorstellungsmäßig vorwegzunehmen und sich willensmäßig eine bestimmte äußere Form zu geben. Er vermag es, dem Geschehenlassen, der Spontaneität des Werdens und Wachsens die Absichtlichkeit des Wollens im Hinblick auf ein gedanklich bzw. vorstellungsmäßig fixiertes Leitbild entgegenzustellen."(14)*

*"Dieser Bruch zwischen innen und außen bedingt eine Unnatürlichkeit, eine Unechtheit, und (entwicklungspsychologisch) den Verlust der Naivität."(15)*

*"Vergleichen wir damit Kleist: 'denn Ziererei erscheint, wie sie wissen, wenn sich die Seele (vis motrix) in irgend einem anderen Punkte befindet als in dem Schwerpunkt der Bewegung.' Durch die Spaltung von innen und außen, von Gestus und Substanz kommt es nicht nur zu dem Verlust der Naivität, sondern auch zum Verlust der Anmut. Anmut setzt also voraus die Ganzheitlichkeit von innen und außen, das organische Wachstum der Erscheinungsperipherie, die Echtheit - oder Negativ ausgedrückt: Sie setzt voraus, daß die Möglichkeit des Menschen zur Reflexion das Außen, den Gestus, die Motorik, nicht von ihrem Schwerpunkt, von der Tiefe des endothymen Grundes trennt. Anmut verlangt ein Sichentsprechen von Substanz und Peripherie."(16)*

Das hat direkt mit dem Thema dieser Arbeit zu tun. Sitz des Bewußtseins ist die Großhirnrinde. Denken und Fühlen sind vorwiegend genauso kortikale Leistungen, wie die Veranlassungen von Bewegungen. Man spricht dabei von Willkürmotorik. Alles andere, die vegetative Steuerung, Grundspannung, Regulation und Modifikation, Stützung, Mit- und Ausdrucksbewegungen werden subkortikal gesteuert.
Plügge zitiert nun Hess mit einer verblüffenden Lokalisierungsmöglichkeit von Bewegungsqualitäten, in der die anthropologisch/psychologische Überlegungs- und Beurteilungsebene eine biologische Entsprechung findet:

*"Subkortikal ausgelöste Bewegungseffekte bieten zunächst einmal einen 'durchaus natürlichen Anblick' (W.F.Hess), im Gegensatz zu kortikal bedingten Effekten, die einen unnatürlichen, einen Zuckungscharakter aufweisen; d.h. die Bewegungsformen darstellen, wie wir sie etwa beim Reflex oder im epileptischen Anfall oder in vielen anderen pathologischen Fällen zu sehen bekommen. Subkortikal induzierte Bewegungen zeigen dagegen das Merkmal des fließenden, des Runden, des Gewachsenen der natürlichen Bewegung; sie unterscheiden sich von der kortikal gesteuerten Bewegung etwa wie eine spontane natürliche Ausdrucksbewegung von einer Zuckung oder einem Krampf. Dieser Sachverhalt wird nun noch unterstrichen, wenn wir beobachten, daß die vom subkortikalen Mechanismus getragene Bewegung immer 'komplex' ist, die von kortikalen Zentren induzierte dagegen nur beschränkte Muskelgruppen ergreift. Subkortikale Bewegungen ergreifen fast immer eine ganze Extremität, oder eine Extremität und den Kopf, oder Teile des Rumpfes zusammen mit ein oder zwei Extremitäten. Sie imponieren dem unbefangenen Beobachter sofort als 'sinnvoll', als gültiges Glied eines Bewegungsablaufs, den dieser als 'natürlich' anerkennt, sind also etwa erkenntlich als 'Hinwendung', 'Flucht', 'Aufmerken' usw.. Kortikale Effekte stellen sich dagegen meist als unvollständige, gleichsam unwillkürlich herausgerissene 'sinnlose' Anteile aus einer natürlichen Bewegung dar, also etwa lediglich als explosive Beugung oder Streckung eines Arms oder Beins. Sie sind räumlich meist überschießend und auch in ihrem zeitlichen Ablauf sehr deformiert - in diesem Sinne also gestaltlos."(17)*

Auch auf biologischer Ebene findet sich somit ein Beleg für die These, die ich im Kapitel Anthropologie aufgestellt hatte; die Kontrolle durch ein unentwikkeltes Ich-Bewußtsein in Verbindung mit dem eigenen Bild von der Welt zerstört die Schönheit, die auf Ganzheit hinweist. Schönheit, positiv formuliert, weißt auf das Zulassen der archetypischen -z. T. in tieferliegenden Hirnregionen lokalisierbaren- Gestalten der Natur-im-Menschen hin.

### 3 SCHÖNHEIT ALS NATÜRLICHE SYNTHESE VON FREIHEIT UND NOTWENDIGKEIT

Wie im ersten Kapitel dargestellt, liegt es nicht in der Intention Ästhetischer Bildung, zurückzugehen, -das Bewußtsein abzuschaffen. Mit Kleist war ich vielmehr der Meinung, der Geist müsse wachsen, so daß er der Natur entspreche.

*"Weil aber die Natur bei willkürlichen Bewegungen, wo sie als Mittel behandelt wird, um einen Zweck auszuführen, nicht wirklich frei heißen kann, und weil sie bei den unwillkürlichen Bewegungen, die das Moralische ausdrücken, wiederum nicht frei heißen kann, so ist die Freiheit, mit der sie sich in ihrer Abhängigkeit von dem Willen demungeachtet äußert, eine Zulassung von Seiten des Geistes. Man kann also sagen, daß die Grazie eine Gunst sei, die das Sittliche dem Sinnlichen erzeigt, so wie die architektonische Schönheit als die Einwilligung der Natur zu ihrer technischen Form kann betrachtet werden."(18)(Schiller)*

Damit ist Schönheit als Merkmal für eine Harmonie zwischen Bewußtsein und Natur im Menschen gekennzeichent. Sie kann damit in allen Lebenssituationen als Leitfaden dienen.

## F VORLÄUFIGES RESÜMEE

Um eine Balance im Bewußtsein -Ganzheitlichkeit in Erleben und Verhalten- zu finden und die Richtung auf Ganzheit im Leben zu haben, sowie als Grundlage für die Ausbildung der Intuitionsfunktion (die dabei hilft) ist ein Kontakt zum Wirken der Natur im Menschen sehr wichtig.
Die Wahrnehmung des Naturhaften ist aber nicht ohne weiteres möglich.
Indirekt läßt sich das Wirken der Schöpfung durch das Symbolhafte im Körper, wie auch außerhalb des Körpers finden. Die Deutung von Symbolen ist aber schwierig. Sie ist dem Intellekt allein nicht möglich.
Entscheidend ist auch hier die direkte sinnliche Ebene, die dem nicht entwikkelten Bewußtsein verschlossen ist.
Schönheit ist eine andere Hilfe, die im Symbolhaften die Richtung weisen kann, vor allem aber auf das ungebrochene Wirken der Natur, auf Stimmigkeit, hinweist.
Plügge hat aber Schönheit klar als Angemessenheit definiert:
Es geht hier nicht um modische Zufälligkeiten (die allerdings auch wichtige Hinweise auf oberflächlichere sinnliche Gebundenheiten geben können), sondern um Stimmigkeit, Authentizität, Echtheit, um eine Schönheit, die aus der Einheit von Wesen und Ausdruck entsteht.

*"Wenn nämlich weder die über die Sinnlichkeit herrschende Vernunft, noch die über die Vernunft herrschende Sinnlichkeit sich mit Schönheit des Ausdrucks vertragen ... so wird derjenige Zustand des Gemüts, wo Vernunft und Sinnlich-*

*keit -Pflicht und Neigung- zusammenstimmen, die Bedingung sein, unter der die Schönheit des Spiels erfolgt"(19),*

schreibt Schiller, denn

*" ... der Mensch ist nicht Seele und Körper, der Mensch ist die innigste Vermischung dieser beiden Substanzen."(20)*

Für das Bewußtsein sind damit die direkte Empfindung, die Deutung der Symbole der Natur und vor allem des eigenen Körpers und die Schönheit, die auf das Wirken der Natur hinweist, Wegweiser seiner Veränderung und Entwicklung.

## G DIE VERSCHÜTTETE TRADITIONELLE MÖGLICHKEIT

Schönheit, Symbol und direkter Kontakt zur Natur im Menschen durch Bewegungsqualität und Körperwahrnehmung stellen einen traditionellen Weg der Menschen dar, der heute nicht mehr ohne weiteres gangbar ist. Hofman arbeitet Köpersymbolik, Schönheit und direkte Wahrnehmung der Natur im Menschen als Leitfaden einer Bewußtseinsentwicklung in einem alten Indianermärchen heraus:

*"'Es waren einst zwei Brüder. Der eine machte sich eine Jagdhütte in der Krone eines Azywaywabaumes, auf dem sich die Araras zu versammeln pflegten, um die Blüten zu fressen. Er hatte schon viele Araras geschossen, als zwei Jaguare kamen. Sie brachten Stücke von Kürbisflaschen mit, die sie mit Nektar anfüllten, den sie aus den großen, gelben Blüten des Azywaywa ausprеßten. Der Mann sah ihnen verwundert zu, getraute sich aber nicht, auf sie zu schießen. So beobachtete er sie täglich lange Zeit hindurch ... Eines Tages wollte sein Bruder auch in der Jagdhütte ansitzen. Da erzählte er ihm, daß er dort die beiden Jaguare treffen werde, und warnte ihn, er solle nicht auf sie schießen. Der Bruder begab sich in die Jagdhütte. Als aber die beiden Jaguare gekommen waren und sich dicht bei ihm auf die Äste setzten, glaubte er wenigstens den einen töten zu können und schoß zwei Pfeile auf ihn ab, die nicht die geringste Wirkung taten. Darauf schoß er auch zweimal auf den anderen Jaguar, mit dem gleichen Erfolg. Nun bemerkten aber die Tiere, daß er in der Jagdhütte war. Da verursachten sie einen heftigen Sturm, der die Jagdhütte samt dem Jäger zur Erde schleuderte und zerschmetterte. Die Jaguare aber stiegen herab und schleiften den Leichnam nach dem Eingang zur Unterwelt, der nur so groß war wie ein Ameisenloch. Durch diese Öffnung zogen sie ihn hinab ... Am andern Tage dachte sich der Bruder des Toten gleich, daß jener seine Warnung nicht beachtet hätte und verunglückt wäre. Er ging, um ihn zu suchen, fand die herabgestürzte Jagdhütte und folgte der Blutspur bis zu dem Ameisenloch. 'Hier müssen sie ihn hinabgezogen haben', sagte er sich und verwandelte sich in eine*

*Ameise. Er kroch durch das Loch hinab und kam bald auf eine breite Straße, die nach dem Dorf der Jaguare führte. Schon von weitem hörte er von dort deren Gesänge. Er sah in dem Dorf ein großes Haus, vor dem der Leichnam seines Bruders in der Sonne an einem Holzkreuz angebunden war. Er ging in das Haus hinein und sah an einer Stange unter dem Dach viele Gefäße mit Honig aufgehängt. Darunter tanzten und sangen die Jaguare des Nachts, und der Mann fand das Fest so schön, daß er seinen toten Bruder ganz vergaß und nur noch den Wunsch hatte, mittanzen zu dürfen. Er lernte die ganzen Gesänge, und schließlich meinte er, die Jaguare würden ihn wohl auch in Menschengestalt nicht erkennen. So verwandelte er sich allnächtlich in einen Menschen und sang und tanzte mit den Jaguaren, und tagsüber wurde er zur Ameise ... So trieb er es, bis er den Jaguaren alles abgelauscht hatte und ihrer überdrüssig war. Dann kehrte er durch das Ameisenloch an die Oberwelt zurück und erzählte seinem Volk, was er gesehen und gelernt hatte. - 'Laßt uns heute singen!' sprach er zu den Leuten, aber diese antworteten: 'Wie singt man denn?' - Da lehrte er sie singen. - 'Laßt uns nun Honig holen! Ich weiß, wie man unter dem Honig singt.' - Sie taten es und brachten den Honig in das Dorf unter Freudengeschrei. Nun lehrte er die Frauen unter den aufgehängten Honiggefäßen singen, und einen Monat später zeigte er auch den Männern, wie man den Honig mit Wasser mischt und auf dem Dorfplatz das Fest feiert .... "(21)*

Hofman schreibt weiter, daß Märchen und Symbole bei den Indianern Widersprüchliches, welches das Alltagsbewußtsein überschreitet, vermitteln sollen. Im Vermitteln der Tanzstile im Märchen sieht sie einen Hinweis für Empfindungsschulung zur Wahrnehmung der "Natur im Menschen": Was soll hier vermittelt werden, was lernt der, der sich an die Natur anpaßt? Es geht hier um ein

*"Wissen des Wie, nicht des Was. Und so ist anzunehmen, daß die Jaguare nicht bestimmte Tanzstile, sondern eine bestimmte Bewegungsqualität vermitteln."(22)*

Der Held absorbiert sie und kehrt zurück, um sie weiterzugeben. Im europäischen Märchen sieht Hofman dagegen einen Bruch mit der Natur, der es unmöglich macht, von ihr zu lernen:

*"Auch in unseren europäischen Märchen kennen wir nächtliche Tanzfeste, die den ahnungslosen Beobachter in ihren Bann und damit immer mehr in ein Reich der Geister, Elfen, Kobolde und Hexen ziehen. Aber hier ist das Ende anders: da gibt es kein Zurück mehr. Verstörten Sinnes irrt das Opfer am nächsten Morgen über die Lichtung im Walde, in dem es sich hoffnungslos verloren hat ... Zeigt sich hier, schon in den Märchen, das gebrochene Verhältnis unserer Kultur zur Natur? Sicher ist es kein Zufall, daß im Indianermärchen das Göttliche, Übernatürliche, also ein geistiges Prinzip in einer natürlichen Gestalt, nämlich der des Tieres erscheint. Damit ist eine für den Menschen nachvollziehbare Verbindung zwischen Natur und Geist, Natürlichem und Übernatürlichem geschaffen, so daß der Mensch nicht von der Offenbarung Gottes überwältigt und ausgeschaltet wird, sondern etwas davon lernen kann.*

*Das Tier ist, im Gegensatz zu den Geistern, etwas Lebendiges, etwas aus Fleisch und Blut. Und das Göttliche, das im Tier erscheint, durch seine Tiergestalt hindurch scheint und wirkt, -tanzt-, ist so die Verkörperung des geistigen Prinzips im Lebendigen. Und eben diese Verankerung im Lebendigen, in der Sinnlichkeit, ruft den Geist, und bewahrt vor den Geistern. Integration statt Desintegration, Wahrsinn statt Wahnsinn ist die Folge. Die Erfahrung des Übernatürlichen muß deshalb nicht abgewehrt werden, sondern dient der Weiterentwicklung, der Kultivierung des Menschen ... "(23)*

Hofman sieht auch in diesem traditionellen indianischen Märchen Hinweise, daß Schönheit Ausdruck von Stimmigkeit, Echtheit, Wirken der Natur im Menschen ist:

*"Die Schönheit verführt zwar, aber sie führt auch weiter: und obwohl Kant sicher nichts von tanzenden Jaguaren wußte und wissen wollte, so bewährt sich doch seine These, derzufolge Schönheit nur für den Menschen, das heißt, für das tierische aber doch vernünftige Wesen gilt. Und einzig dem Menschen ist zur Versöhnung für seine Gespaltenheit in Sinnlichkeit und Vernunft die Schönheit gegönnt. Die Schönheit führt nicht nur, sie vermittelt, und erst durch diese Vermittlung ist Lernen möglich. Lernen wird damit nicht nur im bewußten, analytisch-linearen Denkbereich angesiedelt, sondern vollzieht sich auf einer bewußten, unterirdischen Ebene -wie neue Lerntheorien bestätigen. Darüber hinaus führt der Abstieg in die Unterwelt -der als ein Eintauchen in das Zellbewußtsein, in eine ekstatische Erfahrung der Lebendigkeit an sich gedeutet werden kann- zu einer Erfahrung, die den Gedanken an den Tod verbannt, also zu einer Erfahrung von Unsterblichkeit. Hier zeigt sich auch ein grundlegender Unterschied zwischen schamanistischer und christlicher Kultur: gerade das Lebendige wird bei uns als das Vergängliche, Sterbliche erfahren, und deshalb ein Kontakt mit dem Lebendigen einer Infektion mit der Sterblichkeit gleichgesetzt, und vermieden. Hier entsteht ein Mißverständnis, das den Menschen in die Verdrängung und Abspaltung seiner eigenen Lebendigkeit sowie in die gespenstischen Bereiche der Entfremdung und Fremdbestimmung drängt."(24)*

Damit bin ich an dem zentralen Problem der Wahrnehmung angelangt, das sich in der menschlichen Geschichte entwickelt hat. Safranski schreibt:

*"Man hat dem Leben einen transzendenten Sinn und Wert beigelegt. Wenn dieser Jenseitssinn schwindet, bleibt das Leben zurück: sinn-los. Man hat* [im Mittelalter] *ein Jenseits geheiligt und das Diesseits profaniert. Verschwindet* [in der Moderne] *das heilige Jenseits, bleibt das profanierte Diesseits zurück. Der moderne Nihilismus verliert ein Jenseits, ohne ein Diesseits zu gewinnen."(25)*

Damit ist es von der Einstellung her nicht möglich, die Natur als Lehrer zu haben. Die Schönheit, die auf Stimmigkeit hinweist, ist dem ich-haften Bewußtsein genausowenig ohne weiteres wahrnehmbar, wie es Symbole deuten, oder gar die direkte Wirkung der Natur in sich spüren könnte.

# H DER VERLUST DER GANZHEIT, DER BANKROTT DES SCHÖNHEITSSINNES UND SEINE WIEDERBELEBUNG DURCH DIE ENTWICKLUNG DER EMPFINDUNGSFUNKTION

## 1 DER VERLUST DES SINNES FÜR SCHÖNHEIT UND WAHRHEIT

Wenn die Menschen heute die Natur wieder als Lehrer akzeptieren wollen, treffen sie auf massive Schwierigkeiten, setzt doch das Lernen das, was gelernt werden soll, voraus. Um der Natur näherzukommen, -um ganzheitlicher zu werden- muß die Wirkung der Natur im Menschen spürbar sein. Genau das scheitert aber an mangelnder Wahrnehmungsfähigkeit, die nicht einfach zu entwickeln ist. Der Ratschlag, Gefühlen zu folgen, "nicht mehr über den Kopf, sondern ganz aus dem Bauch zu leben", ist Unsinn. Gefühle sind konditionierbar und entsprechen an sich genausowenig der Natur in Menschen, wie der Intellekt.

*"Das Fühlen ist ebenso losgerissen von der menschlichen Mitte, ebenso unsicher, verführbar, übersteigert oder abgestumpft wie das Denken eingleisig und stur oder zufällig und richtungslos. Darum ist es unmöglich, die Fehlentwicklung zu überwinden durch Wendung von einer animalen Funktion zur anderen, vom Verstand zum Gefühl ... Beide, Verstand und Gefühl, bedürfen in gleicher Weise der Rückverbindung mit den objektiven, allgemeinen Lebensquellen." (26)(Dore Jacobs)*

Genausowenig wie die direkte körperliche Wahrnehmung gelingt aber die Deutung von Symbolen.

## 2 SINNLICHE BILDUNG, PSYCHOSOMATIK UND BEDEUTUNG VON SCHÖNHEIT FÜR DIE SICHERHEIT IM UMGANG MIT SYMBOLEN

### 2.1 Die Schwierigkeiten bei der Deutung von Symbolen

Die Deutung von Symbolen ist nicht einfach. Werden die komplexen übertragenen Bedeutungen von Körperlichkeit nicht rechtzeitig wahrgenommen, lebt ein Mensch nicht in ständigem Kontakt mit dem Körper/Schicksal, kommt als dramatischere Möglichkeit meist die Krankheit, mit deren Bedeutung sich die Menschen dann meist ausführlich beschäftigen.
Nachdem früher Krankheiten abgespalten und als Unfälle des körperlichen Geschehens gesehen wurden, gelten heute Psychosomatik und der Zusammen-

hang von Allem mit Allem im Körper zumindest in den gebildeteren und progressiveren Teilen der Bevölkerung als gesicherte Erkenntnis. Immer häufiger hört man: “Ich hab’ jetzt wieder das und das, aber ich weiß schon, woher das kommt”, u.ä..
Schmidbauer weist in seinem Buch, “Die subjektive Krankheit”(27), darauf hin, daß es auch durchaus eine Mode ist, alles und jedes zu deuten und zurückzuführen. Die “richtige” Deutung körperlicher Phänomene ist aber bei der normalen Entfremdung von der Natur im Menschen schwierig, wie im überraschenden Beispiel Franks deutlich wird:

*“ ... z.B. wurde Schlaflosen eine Zuckerpille gegeben, und wenn man ihnen sagte, dies sei ein Anregungsmittel, schliefen sie schneller ein, als wenn man ihnen sagte, es sei ein Beruhigungsmittel. Eine plausible Erklärung ist, daß erstere, als sie sich trotz des vermeintlichen Anregungsmittels nicht erregter fühlten als gewöhnlich, daraus schlossen, daß sie auf dem Wege der Besserung seien, und umso leichter einschliefen. Die anderen, die das vermeintliche Beruhigungsmittel bekamen, mögen gedacht haben, daß sie an diesem Abend ungewöhnlich angespannt seien, weil nicht einmal die Pille sie beruhigen konnte, und lagen deshalb länger wach.”(28)*

Die Ratio kann bei der Deutung nicht helfen. Schmidbauer schreibt:

*“ ... die Tiefe der subjektiven Erlebniswelt ... kann sich nicht gleichzeitig mit der Gesetzmäßigkeit des objektivierenden Wissens entfalten. Der in psychosomatischen Überlegungen enthaltene Versuch, Verlorenes wiederzufinden, läuft in Gefahr, den Verlust noch zu verschärfen. Moralisierende in Leistungszusammenhänge eingebettete ‘Übersetzungen’ der Krankheit in eine lexikalisch geordnete Organsprache führen zu einer Selbst-Kolonialisierung der Subjekte, die in die Formel mündet ‘Ich weiß schon, es ist psychosomatisch.’”(29)*

Auf dieser Ebene gibt es keine Lösung für den Sinn- und Kontaktverlust, dessen Ausdruck die psychosomatische Krise ist.

### 2.2 Die symbolisch/rituelle Handlung oder das direkte Erleiden erlösen das Symbol

Eine Lösung für die psychosomatische Krise kann, wie Schmidbauer im Rückblick auf “schicksalhafte” Zeiten schreibt, im Erleiden liegen:

*“Im Winter mußten fast alle Menschen frieren, im Frühling war die Freude über einen wärmenden Sonnenstrahl groß. Die Beziehung zur Natur war sinnlich, nicht romantisch wie in der bürgerlichen Welt oder gegenwärtig in der Ökologiebewegung.”(30)*

Zu diesen Zeiten

*“ ... litt* [der Kranke], *aber er wußte nicht, woran und mit welcher Zukunft ... Seine Lebenserfahrung bereitete ihn darauf vor, dem nachzufühlen und nachzugeben, was ihn plagte: nicht weil er es besonders gern tat oder einen Sinn darin*

*sah, sondern weil ihm nichts anderes übrigblieb. Und siehe: Oft ergab sich daraus der Sinn."(31)*

*"Die Botschaft der Krankheit konnte ebensowenig entziffert werden, wie heute, aber sie wurde gefühlt, nicht unterdrückt -und weil sie gefühlt wurde, war sie bereits zum Teil entziffert."(32)*

Wenn dieses Zurück zum Schicksal, zum direkten Erleiden, vermieden werden soll, ist auch nach Schmidbauer immer wieder Kunst das Mittel, um zu verstehen und damit zu heilen. (s. auch S. 227) Tietze ist der Ansicht, daß sich das Unbewußte in kritischen Situationen überhaupt nur symbolisch ausdrükken kann:

*"Richtet man jedoch 'brisante' Fragen direkt an das Unbewußte, so erhält man keine Antwort. Das Unbewußte sperrt sich in solchen Fällen einfach dagegen, die gewünschte Information preiszugeben. Wenn wir jedoch einen weisen alten Mann imaginieren, oder vielleicht eine Hexe oder einen Magier, ein Reh oder einen Hund ... und solche Gestalten befragen, dann handelt es sich um eine indirekte Fragestellung, und demnach sind die antwortenden Figuren nichts anderes als Aspekte des Unbewußten."(33)*

So ist die psychosomatische Krankheit vielleicht die angemessene natürliche Reaktion auf zu große Belastung und das Problem liegt in der Deutung, d.h. an einem Mangel der für die Deutung nötigen Körperintelligenz, sowie der moralisch/religiösen Kompetenz der Gesellschaft. Was Deren über Haiti schreibt, wäre auch für moderne Gesellschaften bedenkenswert:

*"When a man is threatened by a blow, his instinctive gesture is, to raise his arm over his head and face, to protect the most fragile portion of his anatomy, the brain. To receive the blows 'honestly' on the head, would soon made him punch - drunk. When a situation is temporarily or permanently and irremediable brutal, the organism behaves like a clever boxer: it shields the mind from the blows, which would only destroy it, and absorbes the shock in the muscular and durable flesh. If the Haitian peasant were forced, to 'face' his hopeless situation, it would be moral suicide for him ... Thus psychosomatic projection serves not as an evasion but as a means of making the moral problem accessible on a level of real action,"(34)*

Dabei ist neben einer richtigen Deutung der übernatürlichen (psychosomatischen) Krankheit -im religiös sozialen Kontext in der Besessenheit oder durch einen Traum von Priestern- vor allem die Behandlung durch rituelle Eigenaktivität der Patienten wichtig:

*"And it is an accepted fact, that activity, hopeful activity, is the only thing, which can prevent demoralization and can rehabilitate after shock ... The second therapeutic manipulation consists in the requirement that all the action shall not be executed by the priest but must be carried out, in major portion, by the patient himself under the guidance of the priest. The patient must himself*

*straighten out his difficulties with the loa. In other words, the patient treats himself and this is another boost to his moral."(35)*

Die Möglichkeiten der Deutung und des In-Beziehung-Setzens benötigen aber viel Erfahrung und Intuition.

## 2.3 Praktisch/therapeutische Hilfe und körperlich/sinnliche Bildung

Die Psychoanalyse beschäftigt sich "nur" mit diesseitigen Phänomenen. Sie hat aber als erste in einer modernen Gesellschaft ernsthaft und systematisch versucht, in ihrem Bereich -der Diagnose und Therapie psychischer Störungen- etwas, was im übertragenen Sinne gilt, zurückzuführen auf seine ursprüngliche Bedeutung.
Man ging dabei von einer "Überdetermination des Psychischen" aus, d.h., nicht nur ein offensichtliches Motiv bestimmt das Verhalten, sondern auch ein verdrängtes, welches im Verborgenen wirkt. In Bezug auf Personen spricht man von Übertragung. Übertragung ist im Leben ubiquitär. Positiv ausgedrückt, spricht die Lerntheorie bei angemessener Übertragung von positivem Lerntransfer, eine ständige Übertragung vergangener Probleme auf neue Situationen und Menschen behindert aber die aktuelle Auseinandersetzung und Entwicklung.
Bei der Psychoanalyse geht es nun darum, Übertragungen, in denen verdrängtes Material auf eine Situation projiziert und damit deren angemessene Wahrnehmung verhindert wird, zurückzuführen auf das zugrundeliegende Trauma.
Dabei ist die Deutung auf den ersten Blick fast unmöglich. Nach dem Motto: "Wenn es die Mutter nicht gewesen sein soll, muß sie es gerade gewesen sein," kann man kaum unterscheiden, was berechtigte Ablehnung von nicht Zutreffendem und was Widerstand gegen eben genau das Verdrängte ist.
In der Analyse zielt deshalb die therapeutische Technik mit Abstinenz usw. darauf ab, eine Übertragungsneurose zu ermöglichen; der Patient soll sein Problem auf den positiv neutral im Hintergrund bleibenden Analytiker projizieren. Dabei kann dieser -er ist ja nicht beteiligt- mit einiger Erfahrung im weiteren Verlauf der therapeutischen Beziehung auf das Trauma schließen, wobei Ammon ganz im Sinne Derens und der haitianischen Auffassung schreibt:

*"Das Interesse verlagerte sich dabei immer mehr auf die Seite der funktionellen Störung: 'An die Stelle der Frage: Was sagt der Körper? trat nunmehr die Frage: Wie spricht der Körper, und auf welche Weise ist es möglich, das organische Symptom zum Sprechen zu bringen?'"(36)*

Singer fordert also mit Groddeck:

*"'Der Arzt muß die Sprache des Es* [Groddecks Ausdruck, der unserer Natur im Menschen entspricht] *nicht nur verstehen, er muß sie selber sprechen. Dann*

*wird sich in ihm auch die Fähigkeit ausbilden, zu dem Kranken in der Sprache des Unbewußten und Vegetativen zu reden, nicht als Kranker, sondern als Arzt, als Mensch, der gelernt hat, solche Sprachen zu sprechen und dabei gesund zu bleiben'"(37),*

oder besser ohne dafür krank werden zu müssen, so daß ich völlig mit Singer übereinstimme:

*"Das innere Lebensgesetz des Menschen, sein Dau, offenbart sich in einer eigentümlichen Sprache. Die Psychoanalyse hat herausgefunden, daß sich ihr 'Unbewußtes' in der Sprache der Symbole offenbart. Ähnlich ist es hier, doch anders, regelloser, denn das Dau entzieht sich jeder katalogisierenden Festlegung. Wir wollen die Annahme machen, daß sich das innere Lebensgesetz eines Menschen in seinem körperlichen Erleben ausdrückt, oder auch: daß das, was sich im körperlichen Leben ausdrückt, das innere Lebensgesetz ist. Das körperliche Leben umfaßt besonders die Konstitution, den Spannungszustand der Gewebe, die Art der Bewegung, die Art zu atmen und organische Erkrankungen ... Das seelische Leben erschließt sich über den Weg des körperlichen Lebens ... Das innere Lebensgesetz des Menschen will in jeder Situation neu gefunden werden, wozu ein lebendiges Instrument nötig ist. Das kann der Körper des Therapeuten sein, wenn er lebendig gehalten, sensibilisiert und geschult ist. Es kommt zu einer Kontaktaufnahme beider Körper, deren Verständigung wohl am besten mit Intuition oder Gestaltwahrnehmung beschrieben ist."(38)*

Damit ist auch für die professionelle therapeutische Technik wieder Kunst und Intuition mit direktem Kontakt zur Natur im Menschen wichtig.

## 2.4 Die allgemeine Bedeutung dieser Darstellung

Die Möglichkeiten professioneller Hilfe bei der Deutung der Körpersymbolik stehen im normalen Leben nicht zur Verfügung. Das Wachstum benötigt aber die ständige Deutung von Symptomen in Anpassungskrisen. Ammon schreibt:

*"Ich halte es für einen grundsätzlichen Irrtum, anzunehmen, nur der Hysteriker habe die Gabe, sich zu irgendwelchen Zwecken krank zu machen, jeder Mensch besitzt diese Fähigkeit, und jeder verwendet sie in einer Ausdehnung, die man sich nicht groß genug vorstellen kann."(39)*

Zur Deutung der Symbole wäre einmal direkte Körperempfindung als Intuition notwendig, die dem modernen Menschen verlorengegangen ist. Zum anderen könnte der Schönheitssinn helfen, der wie ausführlich dargestellt, auf Wahrheit und Ganzheitlichkeit hinweist.
Es ist aber ein Allgemeinplatz, daß -wie das Körperempfinden- das Gefühl für Harmonie und Schönheit mit der Natur um uns und in uns verschwunden oder zumindest unsicher geworden ist.
Dem modernen Menschen helfen also Schönheit und Anmut nicht als Leitfaden zu sich, wie auch die Empfindung taub bleibt. Er kann sie nicht mehr ohne weiteres wahrnehmen.

Erst eine Ästhetische Bildung, die den Menschen die dem Leib innewohnende Ordung entfalten und sie als innere Stimme hören läßt, entwickelt mit der Empfindung für den Körper den Sinn für Schönheit und Anmut, der ihm als sicherer Führer dienen und Anmut als ein Geschenk verleihen kann (der Sinn des Wortes Grazie). Gadamer fragt:

*"Was heißt, die Sinne bilden und was heißt, die Intelligenz bilden? Bilden ist nicht machen. Das Wort bilden läßt immer ein organisches Bedeutungsganzes anklingen, auch wenn wir das oft nicht genügend realisieren. Bildung heißt nicht primär, daß wir einem rohen Stoff eine Form aufzwingen, sondern daß etwas auf seine Form herausgeführt wird."(40)*

Schönheit weist dann auf stimmiges Wirken der Natur hin, was sich oft symbolhaft deuten läßt. Für die Deutung der Symbole ist die direkt-sinnliche Ebene wichtig, sowie der Schönheitssinn, für den wiederum die Sinnesbildung (die mit dem Kontakt zur "Natur im Menschen" Hand in Hand geht) die Grundlage darstellt.

*"Ausbildung des Empfindungsvermögens ist also das dringendere Bedürfnis der Zeit, nicht bloß, weil sie ein Mittel wird, die verbesserte Einsicht für das Leben wirksam zu machen, sondern selbst darum, weil sie zu Verbesserung der Einsicht erweckt."(41)(Schiller)*

Jetzt müßte gezeigt werden, daß es einen Weg gibt, die Wahrnehmung so zu entwickeln, daß sie die Natur im Menschen direkt wahrnehmen kann.

# I NIETZSCHE UND DIE SINNLICHE BILDUNG ALS GRUNDLAGE DER ERKENNTNIS

An diesem Punkt, die Natur im Menschen "wahr" zu nehmen, und die Bewußtseinsentwicklung an ihr zu orientieren, war die Diskussion schon einmal: Nietzsche hat wie kein anderer vor ihm provokativ und kontrovers Körperlichkeit als Grundlage der Erkenntnis und Leitlinie des Lebens in die moderne Diskussion eingeführt. Ich möchte mich dabei auf die Arbeit: "Das Konzept der Leiblichkeit bei F. Nietzsche" von Schnipperges beschränken, die sich speziell mit dem Aspekt auseinandersetzt, um den es mir geht. Nietzsche geht davon aus, daß der Leib die Grundlage des Denkens und der Erkenntnis überhaupt ist:

*"Am Leitfaden des Leibes zeigt sich eine ungeheure Vielfachheit; es ist methodisch erlaubt, das besser studierbare reichere Phänomen zum Leitfaden für das Verständnis des ärmeren zu benutzen ... Innerhalb des kategorialen Systems der Leiblichkeit erst bekommen wir ein Organ für Perspektive, Gestalt und Bewegung, kurzum: für die großartige Symbolik, wie sie uns in der Bewegtheit eines Leibes vor Augen tritt. 'Bewegung ist eine Symbolik für das Auge; sie deutet hin, daß etwas gefühlt, gewollt, gedacht worden ist.' Das Leibliche wird mehr und*

*mehr zum Symbol der Wirklichkeit: 'Als Leib, als Gebärde, als Instinkt -als Realität mit einem Wort.'"(42)*

Der Leib verbindet Innen und Außen,

*"Mit dem Leib ist uns ja nicht nur die äußere Welt gegeben, sondern auch eine komplette 'Phänomenologie der inneren Welt'"(43)*

und damit den Menschen mit der Natur, die er durch sein Ich-Bewußtsein nicht wahrnehmen kann;

*"'Der Leib ist eine große Vernunft', weiß 'Zarathustra' zu sagen; denn: 'Es ist mehr Vernunft in deinem Leibe, als in deiner besten Weisheit', als in aller Philosophie"(44),*

wobei Vernunft wie bei Schiller nicht in dem Sinne von vernünftig, rational, sondern als Gesamtbewußtsein der Natur gesehen wird.
Der Mensch trennt sich davon durch sein bewußtes Planen, wodurch er sich Erleichterungen schaffen will,

*-"'Unsere Erleichterungen sind es, die wir am härtesten büßen müssen.' Krankheit bringt uns erst zur Vernunft. Es ist die verborgene Weisheit unserer Natur, die uns zur Einsicht in die Realität zwingt. Krankheit als die prompte Antwort auf jede schräge Lebenssituation wird damit gleichsam zum Wegweiser in die zweite, die höhere Gesundheit"(45)-,*

so daß Krankheit "Schicksal als Chance" ist:

*"Krankheit ist ihm dabei zu einem bevorzugten Mittel der Erkenntnis geworden; sie bringt uns gerade jenen 'Überschuß plastischen, ausheilenden, nachbildenden und wiederherstellenden Kräften, welcher eben das Zeichen der großen Gesundheit ist.' ... Wollte man nur die Gesundheit, so würde man das Genie abschaffen, den Künstler, nicht zuletzt auch den religiösen Menschen. Krankheit wäre daher für eine menschliche Existenz kaum entbehrlich."(46),*

aber diese Korrekturen des ich-haften Bewußtseins sind schmerzhaft.

*"'Erst der große Schmerz ist der letzte Befreier des Geistes, der Lehrmeister des großen Verdachts.'"(47)*

So geht Nietzsche davon aus, daß der Bruch mit der Natur in der Natur des Menschen liegt und wir erst durch eigene Arbeit ein angemessenes Verhältnis zur Natur herausbilden können, wozu religiöse, künstlerische und geistige Aspekte nötig sind.

*"Des Menschen eigentliche Aufgabe wäre demnach, ständig 'ein Stück erster Natur' abzutragen, um 'eine große Masse zweiter Natur' hinzuzutragen: 'beide Male mit langer Übung und täglicher Arbeit daran.' Für Nietzsche ist gerade dies 'der Grundgedanke der Kultur', ein Kulturauftrag gleichsam für jedermann mit dem Ziel: 'die Erzeugung des Philosophen, des Künstlers und des*

*Heiligen in uns und außer uns zu fördern und dadurch an der Vollendung der Natur zu arbeiten.' Mit dieser seiner 'zweiten Natur' erst sieht Nietzsche sich in den Besitz seiner ersten, seiner eigentlichen Natur gesetzt"(48),*

was sich exakt mit der Auffassung der Ästhetischen Bildung und auch des Voodoo deckt. Auch die Vorstellungen vom Körper als Weg und der Überforderung des Ich sind die gleichen,

*"'Das Phänomen des Leibes ist das reichere, deutlichere, faßbarere Phänomen: methodisch vorauszustellen, ohne etwas auszumachen über seine letzte Bedeutung'"(49),*

nämlich der für die Ratio unauslotbaren Verbindung zu Leben und Schicksal:

*"Wir lernen von diesem methodischen Ausgangspunkt her wieder von neuem das Alphabet der Leiblichkeit: die überlegene Logik des Leibes, seine überwältigende Grammatik, seine scharfe Dialektik. Wir finden in der Sprache des Leibes allenthalben 'die große Spur, auf der das Leben geht.'"(50)*

Er nimmt im folgenden das Konzept der Natur im Menschen, die von Fühlen und Denken verschieden ist und unabhängig von diesen wahrgenommen werden kann, genau vorweg:

*"Eine solche 'Vernunft des Leibes' setzt sich zwar fort in der kleineren Vernunft unseres bewußten Geistes, von dem wir so großes halten. Wirklich phänomenal aber ist nur dieser Leib: 'Die prachtvolle Zusammenbindung des vielfachsten Lebens, die Anordnung und Einordnung der höheren und niederen Tätigkeiten, der tausendfältige, welcher kein blinder, noch weniger ein mechanischer, sondern ein wählender, kluger, rücksichtsvoller, selbst widerstrebender Gehorsam ist - dieses ganze Phänomen 'Leib' ist nach intellektuellem Maße gemessen, unserem Bewußtsein, unserem 'Geist', unserem bewußten Denken, Fühlen, Wollen so überlegen wie Algebra dem Einmaleins.'"(51)*

Dieses Thema der Natur im Menschen als Korrekturstelle wird auf S.257ff ausführlich mit Dore Jacobs' Ansatz behandelt. Der Zugang zur Natur im Menschen oder Vernunft des Leibes ist von Nietzsche sehr genau erfaßt worden. Sie ist nicht durch intellektuelle Recherche möglich und was Nietzsche hier auf Mediziner bezieht, gilt natürlich genauso für Psychologen:

*"'Sie haben nicht jenes instinktive Mißtrauen gegen die Abwege des Denkens, welche in der Seele jedes* [im guten Sinne] *wissenschaftlichen Menschen infolge langer Übung seine Wurzeln eingeschlagen hat. Ihnen genügt es, irgend eine Hypothese über eine Sache zu finden, dann sind sie Feuer und Flamme für dieselbe und meinen, damit sei es getan.' Gegen solche Abwege des Denkens schützt uns nichts besser, als der ständige Umgang mit dem Leibe. Deshalb fragen wir in erster Linie den Leib und hören auf seine Vernunft und 'lehnen das Zeugnis der verschärften Sinne ab: wenn man will, wir sehen zu, ob nicht die Untergebenen selber mit uns in Verkehr treten können.'"(52),*

denn

*"Die Symbolsprache dieser Leiblichkeit kann nur erfahren werden mit dem Leib."(53)*

Doch konnte Nietzsche dafür keinen angemessenen Weg außer Aufenthalten in entsprechenden Klimata, Diäten, usw. nennen.

## J DIE FRAGE NACH DER KONKRETEN MACHBARKEIT EINES PRAKTIKABLEN WEGES SINNLICHER BILDUNG

Die Wege, auf die sich diese Arbeit bezieht, Tanzimprovisation, -Atemtherapie, Eutonie, Dore Jacobs-Arbeit, usw. waren zu Nietzsches Lebzeiten nicht bekannt. Daß er aber in eine ähnliche Richtung gedacht haben könnte, machen die Verklärung der Erotik und des Dionysischen deutlich.
Vor allem gehen unsere Konzepte über die Eigenart des seelischen auseinander. Während Nietzsche annahm,

*" ... daß auch alle 'Geistigkeit' im Grunde 'nur der letzte blasseste Abdruck einer physiologischen Tatsache' ist"(54),*

sehe ich im Selbst etwas Eigenes, zu dem der Körper aber der Weg ist.
Schließlich soll all das den Menschen mit dem Schicksal versöhnen, ihm die Möglichkeit geben, was auf seinem Lebensweg liegt zu erleiden, anzunehmen, aber auch zu gestalten suchen in dem Sinne, wie Ottomeyer Marx versteht:

*"'Sinnlich sein ist leidend sein ... Die Leidenschaft, die über das bloße Leiden hinausgeht, den Gegenstand anvisiert, ihn auf spezifische Weise 'bejaht', bringt bereits das Leiden zur Aktivität, ist energisch. 'Die Leidenschaft, die Passion, ist die nach seinem Gegenstand energisch greifende Wesenskraft des Menschen.'"(55)*

Dabei verbindet ihn, muß man in unserem Sinne ergänzen, die Natur im Menschen -Nietzsches Vernunft des Leibes- mit der Gesamtnatur:

*"Es ist gerade die große Vernunft des Leibes, die über alles theoretische Erfassen der Wirklichkeit hinaus auf Realisierung der Ideen drängt: auf praktische Verwirklichung, auf die Bejahung des Lebens in jeder Gestalt. Dieses 'verzückte Ja-sagen zum Gesamt-Charakter des Lebens'"(56)*

bedeutet Ernstnehmen der Natur oder etwas mißverständlich ausgedrückt der

*"Triebe nicht nur als ein bißchen sexuelles Stellwerk an der psychischen Apparatur, sondern -so Freud-: als 'mythische Wesen, großartig in ihrer Unbestimmtheit', unbestimmte Größen im Alphabet der Leiblichkeit, die es in jedem Falle zu artikulieren gilt, will man nicht im barbarischen Gestammel des Unmenschlichen verbleiben."(57)*

So kann ich mit Gabriel Marcel schließen:

*"Nicht zufällig verbindet sich dieser Intuition Nietzsches die Forderung, das Schicksal und das Leben des Menschen einer Daseinsinterpretation 'am Leitfaden des Leibes' zu unterziehen. Lassen wir dahingestellt, ob Nietzsche imstande gewesen ist, den Leib und konkrete Leiberfahrung zu denken ... oder ob er sich letzten Endes doch in der Proklamation erschöpft hat, -entscheidend ist, daß er die Frage richtig gestellt hat."(58)*

Nietzsche hat die richtigen Fragen gestellt und auch den allgemeinen Lösungsweg angegeben, ohne selbst die praktische Möglichkeit gesehen, geschweige denn geübt zu haben.
Nietzsches starke Vision und seine Krankheit in Verbindung mit dem Fehlen einer tatsächlichen praktischen Korrektur durch den Körper und einer Erfahrung von Körperarbeit könnten Ursache der späteren Entgleisung von Nietzsches Denken zu vulgärem Kampf- und Überlegenheitsdenken hin sein.
In dieser Arbeit geht es im nächsten Punkt darum, zu zeigen, daß es tatsächlich eine Möglichkeit gibt, die Natur im Menschen vor dem Zugriff der gewöhnlichen Verarbeitungsmechanismen direkt wahrzunehmen.

# K WIE STELLT SICH DIE NATUR IM MENSCHEN DAR?

Für die modernen Gehirnforscher ist nicht erstaunlich, daß der Mensch ein Unbewußtes hat (womit Freud seine Zeit schockierte), sondern daß sich ein Teil der gewaltigen Menge der sich im Gehirn abspielenden Prozesse seiner selbst bewußt wird. Nicht nur die inzwischen vorherrschende Erkenntnis des überwiegenden psychosomatischen Anteils an den meisten Krankheiten legt uns die Vorstellung nahe, das Bewußtsein müsse (gerade weil das unwillkürlich Naturhafte so beeinflußbar und störbar ist), außer daß es einen Zugang zum individuellen Unbewußten haben solle, vor allem dem Unwillkürlichen entsprechen; d.h. es müsse, was uns die Natur mitgegeben hat, mitvollziehen.
Dieses Phänomen wurde in außereuropäischen Denkansätzen beschrieben:
Long beschreibt die Einstellung der polynesischen Kahunas zu der Beeinflußund Störbarkeit, wie wir sie aus der Psychosomatik und Suggestionsverfahren wie dem autogenen Training kennen:

*"Bei empfindungsfähigen Wesen spricht die Vitalskraft auf Befehle und Weisungen des Bewußtseins an, und zwar fast so, als ob sie selbst Bewußtsein hätte"(59),*

wobei die Übersetzung, wie wir schon an verschiedenen Stellen festgestellt haben, nur manchmal einfach ist und den Vorstellungen des Ich entspricht:

*"Beide Stammworte, besonders NIHI* [aus UNIHIPILI für das niedere Selbst] *tragen die Bedeutung von leiser, sorgfältiger, heimlicher Tätigkeit, so wie auch*

*des Zurückschreckens vor gewissen Handlungen aus Furcht, denen, die Autorität besitzen, zu mißfallen. Das weist darauf hin, daß das niedere Selbst* [Natur im Menschen] *einen großen Teil seiner Arbeit tut, ohne seine Tätigkeiten dem mittleren Selbst* [Ich-Bewußtsein] *zum Bewußtsein zu bringen."(60)*

Von welcher Art nun ist die Kontrollmöglichkeit durch das Bewußtsein, und wie sind die Erfahrungsmöglichkeiten für das Unwillkürliche?

## 1 DIE PHYSIOLOGISCHE GRUNDLAGE DER PRAKTISCHEN LÖSUNGSMÖGLICHKEIT

Zimmer erwähnt folgende Beobachtung über das Blindsehen:
Wird das für das Auge zuständige Gebiet in der linken Großhirnrinde entfernt, meldet das Auge nach wie vor seine Sinneseindrücke an das Gehirn, sehen kann der Mensch nichts. Wenn man ihn raten läßt, kann er aber korrekt antworten.
Wahrnehmung kann damit unbewußt/bewußt funktionieren, wie bei Subception. Des weiteren zitiert Zimmer Libet:

*"Dessen ingeniöse Untersuchungen galten unter anderem dem Zeitpunkt, zu dem einem ein Reiz oder ein Akt bewußt werden. So ermittelte er, daß ein Hautreiz, -etwa ein Nadelstich- erst nach der für Nervenvorgänge langen Zeit von etwa 500 Millisekunden -einer halben Sekunde- zu Bewußtsein gelangt, obwohl er schon nach etwa 10 Millisekunden im Gehirn eintrifft."(61)*

Das alles weist darauf hin, daß auch die Mehrzahl der bewußtseinsfähigen Aktionen unwillkürlich vorgeklärt werden. Das folgende Experiment ist Kernstück der Beweisführung für die direkte Wahrnehmungsmöglichkeit der Natur im Menschen.

*"Ein weiteres Experiment ging aus von einer Entdeckung des Ulmer Neurologen Hans Helmut Kornhuber. Der hatte festgestellt, daß jeder Muskelbewegung im Gehirn ein Aufbau elektrischer Aktivität vorausgeht, ein Bereitschaftspotential, welches sich ... im EEG aufspüren läßt. Es ist ein objektiver Hinweis darauf, wann genau das Gehirn mit der Vorbereitung einer Bewegung beginnt. Libet ließ seine Versuchspersonen zu einem nur von ihrem Willen abhängigen Zeitpunkt eine Bewegung machen, z.B. mit den Fingern schnipsen: Musterbeispiel für eine der bewußten freien Entscheidung entsprungene Handlung. Er registrierte, wann das Gehirn mit der Vorbereitung der Bewegung begann, und wann die Versuchspersonen sich bewußt zu der Bewegung entschlossen. Und siehe da, diese Entscheidung fiel regelmäßig erst, wenn die Bewegung bereits eingeleitet war, und zwar eine Drittelsekunde und mehr danach! ... Die vermeintlich freie Entscheidung muß also längst festgestanden haben, als sie bewußt getroffen wurde ... Allerdings, Bewußtheit stellte sich immer vor der Bewegung selbst ein -das Bewußtsein hätte also noch intervenieren können, und manchmal stoppte es sie. Trotzdem spielte es wohl nur einen Entscheidungspro-*

*zeß nach, der unbewußt bereits gelaufen war."(62)*

Das ist nun allerdings für den gesamten Ansatz der Ästhetischen Bildung am Körper als Erfahrung der Natur im Menschen von außerordentlicher Bedeutung! Ist doch damit gezeigt, daß auf der neurophysiologischen Ebene das Wirken der Natur im Menschen als Unwillkürliches klar vom Eingriff des Bewußtseins unterschieden werden kann.

## 2 REALE LÖSUNGSMÖGLICHKEITEN FÜR EINE SINNLICHE BILDUNG ZUR ERFAHRUNG DER NATUR IM MENSCHEN UNTER VERSCHIEDENEN BLICKWINKELN

Auf der biologischen Ebene läßt sich damit beschreiben, daß der Mensch Teil der Natur und ganz wäre, wenn das Bewußtsein nicht trennend eingriffe.
-(Im Groben gibt es genau diese Auffassung auch in der Psychologie:

*"Im Zusammenhang mit der Kontaktanbahnung können wir nun die Funktion des Ichs definieren als das Sichidentifizieren, Sichentfremden und das Bestimmen der Grenzen oder des Kontexts. 'Eine Triebregung als eigene anerkennen' heißt in dieser Sequenz, sie einen Teil des Grundes sein lassen, in dem die nächste Figur sich entwickeln wird"(63)(Perls),*

neu ist der Gesichtspunkt von der "Natur im Menschen" aus, welche als Konzept weit über die Konzeption des Es hinausgeht.)-
Die geforderte Empfindungsschulung, die vor der gefühlsmäßigen Wertung und der intellektuellen Verarbeitung die Natur im Menschen erfahrbar machen soll, ist damit theoretisch möglich!
Das trifft den bekannten philosophischen Standpunkt Merleau-Pontys, wie ihn Waldenfels formuliert:

*"Hierauf zielt auch Merleau-Ponty ab, wenn er die Anonymität des ursprünglichen Wahrnehmungsimpulses betont und feststellt: 'Man nimmt in mir wahr, und nicht ich nehme wahr.' ... Überall wird das bewußte Verhalten gestützt, getragen, angeregt von leiblichen Impulsen, die einen Sinn anbieten und in denen das Ich bereits lebt, anstatt sie bloß instrumental zu gebrauchen"(64),*

was die Beliebigkeit der Subjektivität relativiert,

*" ... da ich mich bereits in mein Verhalten eingesetzt finde."(65)*

*"Unser Verhalten zur Welt und Mitwelt trägt in sich eine Schicht von Unwillkürlichem und Ungewußtem, das weder rein der Natur gehört, noch auch meiner vollen Verfügung untersteht ... Gewiß, ich kann mich entscheiden, diesen Farbfleck da anzuschauen, doch welchen Farbfleck? Den dort an der Wand. Was besagt dies anders als: den Farbfleck, den ich schon und weiterhin vor Augen habe, wenn ich ihn bewußt anschaue. Das Sehen wird nicht durch und durch von mir hervorgebracht, es wird, mit Husserl zu reden, gleichsam 'inszeniert';*

*mein Tun ist fundiert in einer Sphäre des 'von selbst sich Machens', einer 'uneigentlichen Intentionalität', einer Intentionalität, da hier bereits Sinn auftritt, einer uneigentlichen, weil dieser Sinn meiner aktiven Setzung vorausgeht"(66),*

wobei das Ich wie im Experiment eingreifen kann, um zu verhindern aber auch, wie ich unten mit Dore Jacobs zeigen will, um zu lenken.

*"Auch diese Möglichkeit einer inneren Distanz muß angelegt sein in der leiblichen Existenz selbst* [vergleiche meine Beschreibung der Begriffe "Natur des Menschen" versus "Natur im Menschen" auf S. 22], *von der alle Reflexion ausgeht. In der Tat ist mein Leib der Wirklichkeit oder wenigstens der Möglichkeit nach immer schon mehr als ein 'natürliches Ich'; denn das, was die leibliche Initiative uns in der offenen Situation an mehrdeutigem Sinn anbietet, wartet auf ein bestimmtes, theoretisches oder praktisches Bejahen und Verneinen, weil nur dann etwas als solches, mit einem expliziten Sinn erfaßt und gesetzt ist. Die unwillkürliche Initiative des leiblichen Vor-Ich* [welchen Ausdruck ich für mißglückt halte, legt er doch nahe, die Natur im Menschen sei nichts weiter als ein nicht fertiges Ich] *ist nur dann mehr als ein physischer Prozeß oder ein biologisches Verhalten, wenn sie einer freien Initiative, dem verantwortlichen Fiat eines wirklichen Ich gegenübersteht. Gewiß bringe ich das Sehen nicht hervor, aber ich kann es dirigieren und das Gesehene explizieren und begreifen."(67) (Waldenfels zu Merleau-Ponty)*

Bei Merleau-Ponty wird sprachlich deutlich, daß eine ursprüngliche Ganzheit -wie auch im Experiment mit dem Fingerschnipsen gezeigt- durch das Unwillkürliche (synonym für die Natur im Menschen gebraucht) existiert. Diese ursprüngliche Ganzheit ist aber, wie gezeigt, leicht störbar und beeinflußbar. In einer Ästhetischen Bildung kommt es damit darauf an, diese ursprüngliche Einheit wahrnehmen zu lernen, ohne sie zu stören, um -behutsam dirigierend- wählen zu können. Auf ein derart gelungenes Verhältnis weist dann Schönheit als Stimmigkeit hin:

*"In einer schönen Seele ist es also, wo Sinnlichkeit und Vernunft, Pflicht und Neigung harmonieren, und Grazie ist ihr Ausdruck in der Erscheinung. Nur im Dienst einer schönen Seele kann die Natur zugleich Freiheit besitzen und ihre Form bewahren, da sie erstere unter der Herrschaft eines strengen Gemüts, letztere unter der Anarchie der Sinnlichkeit einbüßt."(68)(Schiller)*

Schönheit weist also auf Stimmigkeit hin. Diese Stimmigkeit bedeutet Freiheit, die nicht willkürlich ist, sondern in der Natur des Menschen begründet ist:

*"Zwar ist schon das Schöne ein Ausdruck der Freiheit; aber nicht derjenigen, welche uns über die Macht der Natur erhebt und von allem körperlichen Einfluß entbindet, sondern derjenigen, welche wir innerhalb der Natur als Menschen genießen. Wir fühlen uns frei bei der Schönheit, weil die sinnlichen Triebe mit dem Gesetz der Vernunft harmonieren."(69)*

Es müßte nun gelingen, die unwillkürlichen Prozesse wahrzunehmen und zuzulassen, dann könnte die Natur Lehrer für den Menschen sein.

## 3 WAS HEISST DAS FÜR BEWEGUNG?

Mit den folgenden Zitaten werde ich zeigen, wie die vorgestellte Sichtweise mit der Auffassung von Dore Jacobs über Bewegung zusammenfällt:

*"Willensbewegungen entstehen durch Hemmung störender Reflexe und durch Verbindung und Lenkung der Reflexe. Ein gutes Beispiel bildet das Zeichnenlernen. Das malende Kind bringt keine Linien auf das Papier, sondern es gibt unwillkürlichen Greif-, Halte- und Berührungsreflexen nach, es strampelt auf dem Papier. Allmählich lernt es, Reflexe, die die gewünschte Linie stören, auszuschalten: die Herrschaft über die Bewegung wird nicht durch Tun gewonnen, sondern durch Unterlassen. Bezeichnend ist, daß in der Großhirnrinde, dem Organ des Bewußtseins und der Willenstätigkeit, nicht die Reflexzentren liegen, sondern die Zentren für die Hemmung der Reflexe. In der Trunkenheit, wo diese Zentren teilweise gelähmt, die Willenseinflüsse verringert sind, wird die Bewegung nicht etwa gemindert, sondern ausfahrend, hemmungslos, unbeherrscht. Teilweise Ausschaltung der Willens- und Bewußtseinssphäre hat also nicht das Aussetzen der Bewegung, sondern Aussetzen der Bewegungshemmung zufolge, ein sprechendes Zeugnis dafür, daß die Hirnrinde nicht bewegendes, sondern bewegungshemmendes Zentrum, der Wille nicht Erzeuger, sondern Lenker der Bewegung ist. Was der Wille zur Bewegung beiträgt, ist also mehr ein Lassen als ein Tun. Nicht der Überaktive, Betriebsame, ständig Ratternde ist der Willensstarke, sondern der Gelassene, Ruhige, der kein Aufheben macht."(70)*

*"Das tonussteigernde oder erregende Zentrum liegt im Kopfmark, gehört also dem vegetativen System an; das tonushemmende oder beruhigende liegt in der Großhirnrinde, also einem animalen Organ. Der Wechsel der Tonushöhe beruht auf dem Zusammenspiel beider Zentren unter den verschiedensten leiblichen und seelischen Einflüssen."(71)*

*"Charakteristisch für die Aufgabe des Bewußtseins bei der Bewegung ist es, daß das Bewußtseinszentrum, das Großhirn, nicht erregenden, sondern beruhigenden Einfluß hat. Wiederum deutet das darauf hin, daß die Aufgabe des Bewußtseins bei der Bewegung nicht krampfhafte Aktivität, sondern umgekehrt die Einschränkung unnötiger, kraftvergeudender Manöver ist. Die Bewegungsaktivität gibt uns die Natur; was wir hinzuzutun haben, ist Besonnenheit und Gelassenheit. Leider tun wir oft das Gegenteil."(72)*

Dore Jacobs hat damit eine gelungene Bewegung eindeutig als eine Bewegung charakterisiert, die "kunstvoll" zugelassen wird. Auch ein Üben oder bewußtes Steuern einer Bewegung ist vor allem ein speziell auswählendes Zulassen, ein dirigieren, wobei es auf die Balance Machen/Geschehenlassen ankommt.

# L WIE KANN SICH DIE NATUR IM MENSCHEN AUSDRÜCKEN?

## 1 DIE ALLGEMEINE DIMENSION FÜR DIE KONKRETE LÖSUNGSMÖGLICHKEIT: DER KÖRPER ALS KORREKTURSTELLE

Im folgenden bezieht Dore Jacobs sich explizit auf die Darstellung in Kleists Marionettentheater, von dem ausgehend ich im zweiten Kapitel den Verlust der Ganzheit in der aktuellen Situation beschrieben hatte:

*"Die Kunst ist, immer die Innenbewegung zu haben, die man braucht, um sich unbekümmert nach Wunsch und Willen bewegen zu können, der Natur zu gehorchen, ohne von ihr abhängig zu werden, oder positiv ausgedrückt: sie lenken zu lernen, ohne sie zu unterdrücken. Der 'Naturmensch' braucht nur den Antrieb zum Springen zu empfinden, dann hat er alles, was dazugehört, sowohl die Technik wie die Innenbewegung, und zwar unbewußt. Wer sich in Übereinstimmung mit der Innenbewegung zu bewegen gelernt hat, dem geht es genauso: die Vorstellung eines Tons genügt, um die Innenbewegung bereitzumachen, sie auf die beabsichtigte Bewegung einzustellen. Er erreicht auf dem Wege über das Bewußtsein, was der Primitive unbewußt hat. Das Bewußtsein dringt an die Oberfläche wie in die Tiefe der Bewegung, durchdringt sie, begreift sie. Das Endergebnis aber ist ein Zustand, in dem die Ganzheit der Bewegung, ihr mechanischer Verlauf wie ihre organische Belebtheit und die damit verbundene seelische Beteiligung, wieder von selbst da ist, ein Zustand neuer Unbefangenheit, der Naivität und Wissen vereint. Man fühlt sich an das Wort erinnert, mit dem Kleist seine Abhandlung über das Marionettentheater schließt: 'Mithin müßten wir also zum zweiten Male vom Baume der Erkenntnis essen, um in den Stand der Unschuld zurückzufallen.'"(73)*

Das aber ist die hohe Kunst, deren Irrweg Kleist mit dem Beispiel des Jünglings zeigt. Wenn ein Mensch also nicht durch ein unangemessen-kontrollierendes Bewußtsein den Kontakt zur Natur, die Schönheit seines Ausdrucks verlieren will oder sie gar erst wiedererlangen will, muß er Wege finden, in denen das Bewußtsein Unwillkürliches erfahren kann und eine Kunst der Wahrnehmung, also eine Beobachtung ohne Behinderung, eher ein Mitvollziehen, entwickeln. Das ist der Sinn Ästhetischer Erziehung, wie Tai Deharde es vom griechischen Aisthetike -Kunst der Wahrnehmung und Empfindung- ableitet. Das würde nicht nur eine ausgewogene harmonische Einflußnahme und Lenkungsmöglichkeit als Lebenweisheit und künstlerische Fähigkeit ermöglichen, sondern eine Denkfähigkeit der Angemessenheit und Kreativität fördern. Damit ist ausdrücklich eine Möglichkeit für Ganzheitlichkeit durch die Wahrnehmung der Natur im Menschen angegeben, die sich -wenn sie gelingt- direkt in äußerer Schönheit ausdrücken müßte. Die letzte Stufe in der Kette ist

noch die technisch/praktische Möglichkeit einer Wahrnehmung des Unwillkürlichen, der Natur im Menschen: Dazu zeigt die Körperbildung Wege der Erfahrung und gibt technisches Rüstzeug:
Atem, Spannung und Bewegung sind organismische Vorgänge, die unser Leben von der Geburt bis zum Tod begleiten. Sie sind wesentlich unwillkürlich und in nahezu allen Hirnstrukturen verankert und von dort beeinflußbar. Sie reagieren auf alle inneren Reize wie Stimmung, Müdigkeit, organismische Mangelzustände, Gefühle, Gedanken und auch die äußere Situation, den Raum, die Anforderung, die soziale Situation. Sie sind vor allem dem Bewußtsein zugänglich, d.h. erfahrbar im Gegensatz zu der Masse normalerweise nicht bewußtseinsfähiger Prozesse, sie sind beeinflußbar.

*"Nichts ist anpassungsfähiger als die Innenbewegung, wenn der Mensch Kontakt mit ihr sucht, nichts starrer und eigensinniger, wenn er sie behandelt wie ein schlechter Reiter, der sein Pferd störrisch macht. Sie reicht zu jeder erwartbaren Leistung und zu mancher unerwarteten, wenn der Mensch sie mitbestimmen läßt und sie kann bei der alltäglichsten versagen, wenn er rücksichtslos über sie hinweggeht."(74)*

Das entspricht genau der polynesischen Auffassung,

*" ... daß das niedere Selbst ein unabhängiges und selbstständiges Geistwesen ist" (Long)(75),*

und die Dore Jacobs Ansicht:

*"Nach all dem erscheint es als Überhebung, von willkürlichen Bewegungen zu sprechen. Denn das Primäre, Erzeugende, Bewegende an der Bewegung ist nicht der Wille, sondern es sind unwillkürlich wirkende nervliche Reaktionen. Wenn der Mann am Steuer den Motor laufen läßt, dann mag es für den Unwissenden so aussehen, als ob er den Wagen laufen machte; in Wirklichkeit setzt er nur die Verbrennungsenergie, nicht die eigene, in Wirkung. Er kann den Motor an- oder abstellen, aber er kann ihn nicht drehen. So kann auch der Mensch die Bewegung einschalten oder abstellen, er kann sie ablaufen lassen oder stören, aber er kann sie nicht erzeugen"(76)*

entspricht genau der von Long zitierten polynesischen Auffassung:

*"Wenn ich 'will', daß ich vom Stuhl aufstehe und ins Nebenzimmer gehe, so gebe ich damit einfach die Gedankenform der gewünschten Aktionen an das niedere Selbst. Dieses ist daran gewöhnt, solche Befehle des mittleren Selbst zu befolgen"(77),*

was Long direkt mit der psychischen Intuitionsfunktion verbindet:

*"Die Bestätigung des Kahuna-Glaubens, daß das niedere Selbst alle psychischen Handlungen vollzieht, führt immer wieder zur unbestreitbaren Tatsache zurück, daß das uns am besten bekannte mittlere Selbst mit seinem Willen keinesfalls die Erzeugung psychischer Aktionen erzwingen kann. Es bleibt*

*nichts anderes übrig, als den Befehl dazu dem niederen Selbst zu erteilen und dieses einfach sich selbst zu überlassen, damit es entspannt an die Arbeit gehen, seine psychischen Fähigkeiten nutzen und uns die erhaltenen Informationen durch das Bewußtseinszentrum zuleiten kann."(78)*

Das Entscheidende ist nun die Schwierigkeit eines "Erfahrens-als-Mitfühlen", ohne zu stören. Wir treffen hier auf ein ähnliches Phänomen wie es Nils Bohr für die physikalische Beobachtung formuliert hat:

*"Die Tatsache der Beobachtung ist es, die das ungebrochene Ganze stört und Paradoxien erzeugt."(79)*

Tatsächlich wird in diesen von mir als Ausgangspunkten betrachteten Ansätzen (Eutonie, Atempädagogik, Dore Jacobs-Arbeit und Tanzimprovisation) - wie ich weiter unten zeigen werde- die Wahrnehmungsschulung für grundlegend gehalten.

## 2 DIE BEDEUTUNG DER WAHRNEHMUNG DES UNWILLKÜRLICHEN, IHRE SCHWIERIGKEITEN UND MÖGLICHKEITEN

### 2.1 Die methodischen Grundlagen der Lösungsmöglichkeit

Ich bin von der These ausgegangen, daß der Mensch durch sein Ich-Bewußtsein und das Bild von der Welt von der Ganzheit -die sonst direkt oder im zeitlichen Verlauf durch das Schicksal wirkt- getrennt ist. Wenn der Mensch ganz werden will, müsse er sein persönliches Lebensschicksal ganzheitlich durchleben; damit ist gemeint, daß es mit allen Gefühlen und bewußt durchlebt werden soll. Ich hatte dazu festgestellt, daß dabei die Eigenart der Polaritäten des Bewußtseins doppelt wichtig ist: einmal, weil sie ganzheitliches Erleben bedeuten und dann, weil sie eine grundlegende Quelle der Intuition sind.
Um herauszufinden, was auf seinem Schicksalsweg liegt, muß der Mensch einen Zugang zu seinem Selbst haben, und dafür ist die Intuition und als spezielle Ausprägung der Schönheitssinn wichtig.
Im letzten Kapitel hatte ich geschrieben, daß körperliches Erleben von fundamentaler Bedeutung für die Polaritäten des Bewußtseins ist und daß die Intuition und das Selbst direkt mit einem Verständnis der Natur als Prozeß des Lebens und Symbol zu tun haben. Darauf weist die Schönheit direkt hin.
Endlich hatte ich dargestellt, daß der Mensch die Natur als Lehrmeister nicht wahrnehmen kann, da ihr Wirken als Schicksal im Lebenszusammenhang nicht mehr unmittelbar wirkt, er außerdem die eigene Naturhaftigkeit verloren hat und das Gefühl für die Natur in ihm und der Schönheitssinn verloren gegangen sind.
Deshalb sind die Erfahrungsmöglichkeiten für die Natur im Menschen durch die Entwicklung der Empfindungsfähigkeit für Atem, Spannung, Alltagsbewegung und Tanzimprovisation von solch außerordentlicher Bedeutung.

Indem sie unwillkürlich verankert und reguliert, dem Bewußtsein aber zugänglich, erreichbar und beeinflußbar sind, stellen sie die Erfahrungs-möglichkeit par excellence dar.
Damit sind sie nicht nur Grundlage der Entwicklung der Bewußtseinspolaritäten, sondern ermöglichen auch die Entwicklung des Schönheitssinnes sowie eines direkten unmittelbaren Zuganges zum Selbst.
Ich hatte aber auch auf S. 118ff. geschrieben, daß schon auf der primären Wahrnehmungsebene etwas stattfindet, was als Unterdrückung widersprechender Informationen auf Denkebene Anlaß zu der Theorie der kognitiven Dissonanz nach Festinger war.
Bruner und Postman hatten in ihrem Artikel "On going beyond the information given"(80) von einem "gating"-Prozeß gesprochen.
Damit ist gemeint, daß aus der Unzahl ständig einlaufender Sinneseindrücke die relevanten ausgesucht werden und daß das wie ein Hypothesenbildungsprozeß funktioniert, der frühe Kategorisierung, Erkennen und Zugang zu allen verfügbaren Informationen bei gleichzeitiger Entlastung der Aufmerksamkeit bedeutet. Der Hypothesenprozeß nach Klix vermeidet Fehlinterpretationen(81). Davor, daß Eindrücke, die in kein bestehendes Schema passen, von Anfang an ausgefiltert werden, schützt er nicht. So haben die bestehenden Interpretationen, Bilder und Modelle der Welt einen frühen Zugriff auf das Material, woraus sich das Bild der Welt formt.
Das Neue drückt sich aber oft durch Symbole oder Schönheit aus, von denen wir gehört haben, daß sie sich sinnlich erfahrbar darstellen. Wenn, wie Seiffert geschrieben hat,

*"Das Auge sieht, was die Seele sucht, sieht es so, wie es sich die Seele vorstellt"(82),*

muß die Körperbildung eine Sinnesschulung beinhalten, die vor den "gating"-Prozessen eingreift.
Genau das meint die Schulung der Empfindungsfunktion:
Jung unterscheidet als Bewußtseinsfunktionen -Wahrnehmen, -Empfinden, -Denken, -Fühlen und Wollen(83)(Deharde). Dabei meint Empfinden die direkte sinnliche Information vor einem "gating".
Das erfordert eine enorme Verfeinerung des Wahrnehmungsprozesses. Dabei wird die Empfindungsfunktion anhand der Erfahrung der Natur im Menschen geschult, die ihrerseits wiederum nur durch die Empfindungsfunktion kennengelernt werden kann.
Anfangs bestehen dadurch enorme Schwierigkeiten und Unsicherheiten. Die Übenden empfinden oft Leere, und die Frage: "Bilde ich mir das alles nur ein?" kommt auf. Später wird die Kenntnis des Wirkens der Natur im Menschen schnell größer, wie auch die Empfindung sicherer wird. Da durch die Empfindung eine direkte Erfahrung der Natur im Menschen möglich ist, die vor der gefühlsmäßigen Wertung und der Verarbeitung durch das Denken wahrgenommen werden kann, ist Ästhetische Bildung eine Schulung der Empfin-

dungsfähigkeit. Sie ist genauso möglich für den Atem wie für die Spannung und die Bewegung. Dadurch wird das Bewußtsein mit den archetypischen Gestaltdispositionen der Natur-im-Menschen in Kontakt gebracht, was einen -je nach Technik- massiven oder allmählichen Auflösungs- und Neubildungsprozeß des Erlebnismodus und des Bildes-von-der-Welt initiiert.
Im Folgenden werde ich zeigen, daß sich das Konzept der Erfahrbarkeit des Wirkens der Natur-im-Menschen in den Ansätzen der Atem-, Eutonie-, Dore Jacobs-, und Tanzimprovisationspädagogik finden läßt, auch wenn es nicht explizit als Theorie existiert. Dabei werde ich möglichst ausschließlich mit Zitaten arbeiten, um die Idee und das Prinzip der Ästhetischen Bildung in den verschiedenen Wegen im authentischen Sprachgewand herauszuarbeiten.

## 2.2 Atempädagogik

Ilse Middendorf nennt die unbewußte Atemform das "Sein im Nichtwissen"(84)[1]:

*"Die unbewußte Atemfunktion ist der von der Natur gegebene Atem, der uns von der ersten bis zur letzten Minute unseres irdischen Lebens durchzieht. Wie alle anderen Funktionen unserer Leiblichkeit bleibt sie zunächst unbewußt."(85)*

*"In jeder Sekunde des Daseins reagiert das unbewußte Atemgeschehen. Hier wird die Gunst der Natur wirksam, indem sie schützt, heilt und aufbaut, noch bevor der Mensch von Gefahr, Krankheit oder Schwäche weiß. Sie bringt ins Gleichgewicht, was zu schwanken drohte, wenn der Kampf um die Durchlässigkeit des Leibes nicht zu ihren Ungunsten entschieden wurde -wenn die 'Panzerung', (Reich) die Verkrustung der Körperlichkeit nicht unüberwindlich wurde für die sensible Beweglichkeit der unbewußten Atemfunktion."86)*

*"Sie kann sich nicht selbst befreien, da sie auf jede Einwirkung reagieren muß. Die unbewußte Atmung ist ja unbewußt und reagiert auch unbewußt. Wir müssen in dieser Funktion eines der feinsten Instrumente der Natur sehen, die unser Leben zum Erblühen bringen könnte, wenn sie nicht vom denkenden Bewußtsein, durch Emotionen und unzählige andere Eindrücke lebenslang bekämpft würde."(87)*

Die unwillkürliche Atemführung ist das Tun von außen nach innen. Mit der nächsten Aussage bezieht Middendorf sich direkt auf die ursprüngliche Einheit der Natur im Menschen und ihre Störbarkeit:

*"Sie können das erfahren, wenn Sie Ihren Willen einsetzen um zu atmen und dabei bemerken, daß Sie etwas tun, daß Sie etwas 'machen'. Sie erreichen durch dieses Tun oder Machen nur ganz bestimmte Ausschnitte innerhalb Ihres gesamten komplizierten Körpergefüges und Sie können auch nicht ermessen, wo oder wie Ihnen ... die angebotene eingesetzte Atmung nützt oder schadet, da Ihre innere Stimme, ein ganz bestimmter Körpersinn, der seine Wurzeln in Leib, Seele, Geist hat, ausgeschaltet ist bzw. unbewußt bleibt."(88)*

Mit dem erfahrbaren Atem meint sie das "Bewegtsein in beruhter Bewegung und bewegter Ruhe".(89)

*"Wir lassen den Atem kommen, wir lassen ihn gehen und warten, bis er von selbst wiederkommmt. Das ist eine schlichte Aussage, die aber schon Wesentliches in sich trägt."(90)*

Um mit dem Atem die Natur im Menschen zu erfahren, kommt es laut Middendorf vor allem auf das Zulassen an:

*"Sie werden des ganzen Vorganges nur dann gewahr, wenn Sie Ihren Atem kommen oder gehen lassen, also durch Ihre Anwesenheit oder Sammlung zu sich selbst. Durch Ihre Empfindungsfähigkeit erfahren Sie Ihre Atembewegung, und daß diese nach dem Ausatmen ruht. Sie spüren auch, wenn der Atem von selbst eindringt, also ungewollt -nicht geholt. Sie werden auf diese Weise Zeuge Ihrer unbewußten Atemfunktion, ohne deren Ablauf zu stören. Das Wort 'lassen'-'zulassen' ist das Schlüsselwort für eine Art zu atmen, die Sie nicht willentlich bestimmen und deren Wurzeln in den tiefen Grund Ihres Daseins ganz hinabreichen."(91)*

Auch für Middendorf umfaßt der Atem als Natur im Menschen die psychischen Funktionen und begründet sie zugleich:

*"Dieser 'gelassene' Atem umschließt das körperlich seelisch geistige Unbewußte und bringt dessen Aussagen in Form von entsprechenden Atembewegungen ans Licht des Empfindungsbewußtseins, das dann in Form von Erkenntnissen, Gefühlen, Intuitionen oder Denkakten weiterwirkt. So erfahren Sie Ihren Atem. Der erfahrbare Atem meint Körper, Seele und Geist und erreicht die Ganzheit des Menschen direkt."(92)*

Die gesamte Leiblichkeit mit ihren Innenräumen, Rhythmen, Innen- und Außenbewegung wird, wie später dargestellt wird, im Dreiklang sammeln, empfinden, atmen erlebt:

*"Sammeln heißt, anwesend sein: ich bin in einer Körpergegend anwesend, d.h. meine Aufmerksamkeit richtet meine ganzheitlichen Kräfte zur gewählten Gegend hin. Dort entsteht, ergänzt durch atmen und empfinden, gesteigertes Leben in Form von Zirkulation des Blutes, strömende Nervenkraft und vieles andere mehr bis zu Anregung der Zelltätigkeit."(93)*

*"Die Empfindungsfähigkeit spielt keine mindergroße Rolle in unserem Üben am Atem."(94)*

Middendorf stellt heraus, daß Empfindung verschieden von Gefühl ist und - ganz im Sinn dieser Arbeit- jenseits der persönlichen Irrungen mit dem Ganzen verbindet:

*"Im allgemeinen wird das Empfinden ... vom Fühlen nicht unterschieden. Auch in Kreisen der heutigen Leibtherapeuten werden Empfinden und Fühlen ver-*

*mischt. Die Präzision unserer Arbeit am Atem verlangt jedoch eine durchgehende Empfindungsfähigkeit, welche Wahrnehmung vermittelt, ohne die wir zum Beispiel einer Atembewegung gar nicht innewerden können. Das Wahrnehmen als Antwort auf die Reize aus dem sensiblen Nervensystem ist unmittelbar, genau und unverfälscht (das Wahre nehmen). Die Empfindung breitet sich durch Atmen mehr oder weniger im Körper aus und wird räumlich flächig erfahren. Erst danach antwortet das Gefühl mit allen seinen Wertungen. Gefühl ist nicht immer unmittelbar. Es kann sogar illusionär sein."(95)*

Entscheidend ist die Fähigkeit, ohne Vorgabe, d.h. Beeinflussung durch ein analytisches-beobachtendes Bewußtsein das Unwillkürliche erfahren zu können:

*"Wenn ich erfahre, bin ich im Zustand des Lassens. Ich kann eine Erfahrung nicht tun, ich kann sie nicht machen. Deshalb wird die Erfahrung im Üben am Atem besonders gefördert durch das Wahrnehmen und die Empfindungsfähigkeit."(96)*

*"Erfahrung setzt voraus: Unvoreingenommenheit -keine Vorstellungen haben. Erfahrung, aus dem Erlebnis entstanden, ist Offenheit für Einflüsse, Mut zu Neuem, noch nicht Erlebtem, Neugier in gradueller Abstufung. Erfahrung ist eine Seelenhaltung - keine intellektuelle Tätigkeit. Erst wenn ich erfahre, kann ich betrachten und mich auseinandersetzen mit allen anderen Seinskomponenten. Erfahrung kann zur Kraft werden, wenn sie integriert wird. Sie ist inneres Wissen, wenn sie mit Intuition verbunden ist. Sie ist Reflex, wenn sie sich wie bei einem Tier rein körperlich äußert."(97)*

Mit diesen Zitaten ist deutlich geworden, daß mit der Atempädagogik nach Middendorf nicht nur eine Praxis, sondern ein -wenn auch indirekt formuliertes- Konzept der Erfahrung der Natur im Menschen und der Ganzheitlichkeit vorliegt. Wie die psychischen Probleme, die sich mit dieser "Seelenhaltung des Lassens" ergeben, behandelt werden, -wie mit Widerständen und Ängsten umgegangen wird, wird nicht deutlich. Es wird nicht beschrieben, was geschieht, wenn das alte, unangemessene Bild-von-der-Welt in Frage gestellt wird durch eine Ahnung tieferen Wissens der archetypischen Anlagen, ohne daß schon eine verläßliche Führung da wäre. Große Bedeutung dürften wohl die Einzelbehandlungen haben. Es existiert kein allgemein deutlich formuliertes psychologisches Konzept. Der Weg durch den Atem scheint damit im Sinne von Kapitel II S. 81ff konfrontativ oder anders gesagt "freiwllig schicksalhaft"[2] zu sein.

## 2.3 Eutonie

In einem pragmatisch gehaltenen Aufsatz zu

*"Eutonie als einem durch Ausgleich der Körperspannungen erreichbaren optimalen Spannungsverlauf"(98)*

sieht Gerda Alexander als Möglichkeit für Probleme nicht die Störung durch das Bewußtsein, sondern die Erfahrbarkeit, den bewußten Zugang, überhaupt. Das verwundert nicht, ist doch ein für Eutonie nötiges und viel geübtes Erspüren der Innenräume und Knochen aus der Funktion des sensiblen Nervensystems nicht ohne weiteres zu erschließen. Außerdem manifestiert sich gerade in der Verspannung die Verdrängung, die, wie oben beschrieben, im Einfühlen in den Körper bedroht wird.

*"Eine zu schnelle Veränderung kann zu Angstzuständen und sogar zu Identitätsverlust führen."(99)*

*"Eutoniebehandlungen haben oft genug zu völlig unerwarteten Ergebnissen geführt, die nahezulegen scheinen, daß eine Verbindung zwischen Tastsinn, dem Tonus und dem Gedächtnis besteht. Im Moment der Entladung einer Spannung steigen längst vergessene Ereignisse aus dem Gedächtnis auf und werden in klaren Bildern gesehen. Wieder und wieder konnten wir die Erfahrung machen, daß Klienten, die vom Behandelten nicht in irgendeiner Weise befragt wurden und die keine Gelegenheit hatten, über die Ursachen ihrer Verspannungen zu sprechen, während der Behandlung plötzlich riefen: 'Das ist ja weil ... '"(100)*

*"In fast allen Fällen haben Unsicherheitserlebnisse in der Kindheit eine muskuläre Verspannung bewirkt. Wenn derartige Verspannungen sich zu oft wiederholen, werden sie zu einem permanenten Zustand und können sich Reste solcher Spannungen chronifizieren."(101)*

Bei Eutoniebehandlungen und Ausbildungen sind somit therapeutische Effekte Nebenprodukte einer allgemeinen Bewußtwerdung unwillkürlicher Prozesse. Eutonie stellt sich im folgenden Zitat ausdrücklich das Ziel, die Natur im Menschen als ursprüngliche Einheit von Mensch und Situation erfahrbar zu machen:

*"Den Menschen schwingungsfähig zu machen, ist ein wesentliches Anliegen der musischen Erziehung, auch wenn nicht alle Vertreter dieser Disziplin sich dieser Tatsache bewußt werden mögen. In der Eutonie ergibt sich die Tonveränderung ohne den Umweg über die Musik, sozusagen an sich durch die Beobachtung der Reaktionen, die sich im eigenen Körper abspielen, wenn sich der Schwerpunkt der Aufmerksamkeit verschiebt. Bei dieser Art des Übens entwickelt sich gleichzeitig das zunächst fast immer sehr schwach und lückenhaft vorhandene Körpergefühl, es wird total und verstärkt sich zum Körperbewußtsein. Dieses Körperbewußtsein, anfangs nur in der Übungssituation vorhanden,*

*wird allmählich ein selbstverständlicher Teil des Normalbewußtseins. Es bleibt bei allem Tun gleichsam wie ein Grundakkord unter der Melodie des augenblicklichen Geschehens."(102)*

Damit ist der Mensch wieder ganzheitlich in die ursprüngliche Einheit der Situation eingefügt.

*"Die befreiende und heilende Wirkung aller großen künstlerischen Erlebnisse, die Katharsis, die durch die griechischen Dramen ausgelöst wurde, die Heilung durch Musik beruhen auf der Durchbrechung einer Isolierung der Persönlichkeit, die sich in einem starren, fixierten Körpertonus manifestiert hat. Aber auch jeder soziale Einfühlungsvorgang, das Bemühen, sich in den Einzelnen oder in den Geist, in die Haltung einer Gruppe hineinzuversetzen, das Mitfühlen und Mitleiden ist von Tonusveränderungen abhängig, wenn es echt erlebt wird und sich nicht nur auf ein intellektuelles Verstehen beschränkt."(103)*

Der Weg dafür besteht in einer Erfahrung der Natur im Menschen, die vor individuellen Eigenarten liegt:

*"Von der allgemein zugänglichen Erfahrung ausgehend, daß bereits die bloße Hinwendung der Aufmerksamkeit auf einen bestimmten Körperteil, z.B. den Fuß, dort die Zirkulation belebt und die Tonuslage ändert, wurde durch differenzierte, streng sachliche Beobachtung eine Gesetzmäßigkeit dieser Wirkungen gefunden. Die anfangs durch die individuelle Situation des Übens bedingten unterschiedlichen Reaktionen werden nach einer Normalisierung und Egalisierung der Grundspannung, des Tonus, im ganzen Körper gleichartig und gesetzmäßig."(104)*

*"Um das Körperbild zu normalisieren und in Richtung auf eine totale Erfahrung und Bewußtheit des Körpers zu entwickeln, versuchen wir, die Oberflächen- und die Tiefensensibilität des Organismus zu steigern. Dadurch, daß wir wahrnehmen, wie wir die Umgebung berühren, den Boden, den Stuhl, den Schrank, werden wir uns der verschiedenen Teile des Körpers bewußt, bis daß wir in der Lage sind, sie insgesamt zur gleichen Zeit zu spüren, ohne uns zu bewegen. Der Umfang und das Gewicht des ganzen Körpers und die verschiedenen Teile der Muskelmasse müssen klar wahrgenommen werden, bevor wir dazu übergehen können, den Innenraum des Körpers mit dem Skelett und den inneren Organen zu erfahren. Wenn wir die verschiedenen Teile des Körpers bewußt erforschen und erfühlen, entdecken wir, daß damit eine Veränderung des gesamten Körpertonus einhergeht. Die bewußte Berührung mit der Umgebung gleicht den Tonus aus und normalisiert ihn. Das Wahrnehmen des Volumens, der Muskelmasse und des Gewichtes senkt den Tonus bis zum Zustand einer tiefen Entspannung. Das Wahrnehmen der äußeren Haut und das Spüren des Skeletts hebt den Tonus von seinem normalen Niveau zu gewichtsloser Leichtigkeit."(105)*

Dabei handelt es sich immer um ganzheitliches Erleben:

*"Es handelt sich bei diesem Weg nicht um einzelne, voneinander unabhängige Gebiete, die jedes für sich studiert und beherrscht werden sollen, sondern jede neuerarbeitete Bewußtseinsstufe muß in die bisher erreichte Einheit der Persönlichkeit integriert werden. Diese Einheit, das Erlebnis der Gesamtheit der im Augenblick vorhandenen psychosomatischen Situation, ist in ständigem Wandel begriffen. Jede neue Erfahrung führt dazu, daß alles Vorherige in neuer Beziehung zueinander erlebt wird."(106)*

Auch in der Formulierung des Eutonieansatzes von Gerda Alexander finde ich ein Konzept der Natur im Menschen bestätigt, wobei ich den Schwerpunkt der Diskussion um die Erfahrbarkeit weniger in der Polarität Machen/Geschehenlassen, als bei Innen/Außen sehe. Auch hier wird die psychologische Problematik nicht formuliert. Es fehlen Konzeptionen des Zustandes, wo das alte Bewußtsein als nicht mehr gültig für die Wirklichkeit erlebt wird, aber noch kein sicherer Kontakt zu den Gestalten der Natur-im-Menschen da ist, der weiterführt. Das Beispiel, in dem in der Behandlung Verdrängtes bewußt wurde, scheint für die Person problemlos gewesen zu sein. Es wird aber darauf hingewiesen, daß die Bewußtseinsentwicklung nicht zu schnell vor sich gehen darf. Ich gehe davon aus, daß es sich wie bei Atempädagogik auch hier um ein konfrontatives Konzept handelt, bei dem die Teilnehmer den Prozeß direkt erleiden müssen.

### 2.4 Das Problem der Erfahrbarkeit

Im folgenden möchte ich ein besonderes technisches Problem der Erfahrbarkeit der Natur im Menschen behandeln. Dabei geht es darum, ob die ursprüngliche Einheit der Situation, die als euton bezeichnet wird -also ein gelungenes Wirkenlassen der Natur im Menschen- direkt wahrgenommen oder nur erinnert werden kann: Nach Volkmar Glaser

*"kennzeichnet Eutonie eine Verhaltensweise, in der der Mensch sowohl innerhalb seiner selbst als auch in die Umwelt harmonisch integriert ist. Dieser komplexe Zustand drückt sich psychologisch in einer heiteren Kommunikationsbereitschaft und somatisch in einer besonderen Elastizität und Koordination des Muskelsystems aus. Eutonie ist damit eine Sonderform der höher integrierten Formen der Tonusregulation. Eutonie ist das Integral der Tonusregulation ... Eutonie ist kein Ergebnis eines bewußten Lernprozesses ... Sie kommt in allen Lebenslagen vor. Sie ist Ausdruck eines autonomen Nivellierungsvorganges sämtlicher Strebungen auf der jeweiligen Entwicklungsstufe. In ihr findet das Erreichte einen Ruhepunkt und eine Sammelstätte, zugleich aber auch eine potentielle Ausgangslage für weitere Entwicklungen."(107)*

*"Eutonie vereinigt die Grundformen der Bewegungsentwicklung ... sie sind der kinetische Ausdruck der Strebungen, sich mit der Welt auseinanderzusetzen*

*und weisen jeweils Dehnvorgänge auf, die wir als Obtentus bezeichnen. In der Eutonie neutralisieren sich diese Strebungen. Der Obtentus geht über in eine allgemeine Elastizität. Damit ist ein Zustand kommunikativen Daseins verbunden, in dem sich die unterschiedlichen Gesten der Bewegungsentwicklung zur Geste des Umfassens vereinigen. Eutonie ist die vollkommenste Selbstregulation. Der Nivellierungsvorgang als solcher ist nicht bewußt lenkbar und auch subjektiv nicht direkt registrierbar, da eine Beobachtung dieses Bewegungsvorganges die autonome Regelung irritieren würde. Lediglich das mit diesem Vorgang verbundene koinästhetische Allgemeingefühl wird bewußt. Es zeichnet sich dadurch aus, daß eventuell vorher vorhandene Sensationen, die die eigene Leiblichkeit ins Bewußtsein rücken könnten, verschwinden." (108)*

Glaser hält also gerade das Unwillkürliche für nicht direkt erlebbar:

*"Wie die Gefühlsmomente, so stehen auch die leiblichen Phänomene der Eutonie unter einer paradoxen Gesetzmäßigkeit. Auch sie kann man nicht unmittelbar an sich selbst beobachten. Sie entstehen nur während der Hinwendung auf etwas, was sich außerhalb unseres Leibes befindet und zudem auch nur dann, wenn man einheitlich mit Leib und Seele darauf eingestellt ist. So ist es unsinnig, von sich selbst zu behaupten: Ich bin euton - oder - ich mache Eutonie. Diesen Zustand kann man an sich selbst nur indirekt erfahren, indem man sich seiner inne wird. Das vorher so gegenwärtige Leibbewußtsein schwindet und läßt das seelische ... Empfinden für das gefühlsmäßige in-der-Welt-sein vordergründig werden. Durch die Hinwendung auf ein sinnvolles Tun erhält der Leib eine Transparenz, als wäre er garnicht vorhanden. Und doch bedient man sich seiner mit einer Selbstverständlichkeit ... Die muskulären Spannungen fallen ab, die Glieder verlieren ihre Schwere. Stehen, Handeln und Reden werden problemlos und vollziehen sich ohne Augenmerk auf den Vorgang von selbst ... Die Sensibilität für Berührung ist gesteigert und führt zu besserer Anpassung, Koordination bei besserer Elastizität und Balance, ohne daß es einem bewußt wird. Erst im Nachhinein vermerkt man mit Erstaunen und voll Freude, daß der Leib alles so gut und richtig vollzogen hat, wie man es unter eigener Direktive nie hätte machen können. Erst in der Rückerinnerung kann man sich bis zu einem gewissen Grade Klarheit darüber verschaffen, welche leiblichen Funktionen sich tatsächlich vollzogen haben. Das liegt an folgenden Besonderheiten der motorischen Regulation: 1. Die leiblichen Regungen vollziehen sich langsamer als unser Denken. Sie klingen noch nach, wenn eine Situation, auf die die Gedanken gerichtet waren, schon nicht mehr aktuell ist. So kann sich das Bewußtsein von einem gerade erlebten Situationsgefühl -vielleicht einer liebevollen Hinwendung- auf das noch nachklingende Leibgefühl wenden und ist frei dafür zu bemerken, wie sich der Brustkorb weitet, wie weich oder dynamisch der Atem ging, wie sicher man stand, wie lebensvoll es einem die Arme hob. Wir nennen dieses Nacherleben Poststimulation ... 2. Die vollzogenen Handlungen und Verhaltensweisen bilden Bewegungsmuster, die als Runen in den Hirnzentren gespeichert werden und bis zu einem gewissen Grade sowohl als Erinnerung an die durchlebte Situation als auch zur Vorplanung auf eine ähnliche*

*abgerufen werden können. Wir nennen diesen Vorgang Prästimulation, weil allein schon die Vorstellung einer Situation die entsprechende leibliche Phänomenkette aufruft, bevor sie realisierbar ist. Auch in dieser Phase ist die in spezifischer Weise in Gang gesetzte Atmung oder die Vortonisierung der Muskulatur ... auf die zu erwartende Handlung beobachtbar, denn das Bewußtsein ist noch nicht von der Situation gefangengenommen. Man kann sich also, im Wechsel zwischen Leib und Situationsgefühl schnell hin und herpendelnd, mit Hilfe der Prä- und Poststimulation über eine Reihe von leiblichen Phänomenen Klarheit verschaffen, ohne sich in der Situation selbst beobachten zu müssen. Wir nennen dieses Fühlen mit alternierendem Bewußtsein FAB-Methode, sie ist ein Weg zur Klärung psycho-physischer Zusammenhänge"(109),*

was an die Introspektionsdiskussion der frühen Psychologie erinnert. Glaser hat dabei sicher für viele Situationen selbstvergessenen Seins und Tuns recht, in denen im Nachhinein die eigene Harmonie und Ganzheitlichkeit staunend zur Kenntnis genommen wird. Nach meiner Meinung ist aber das Unwillkürliche schon direkt erlebbar in einer quasi Bewußtseinsverdoppelung, der Entwicklung eines "inneren Beobachters", was später noch genauer beschrieben wird. Ich halte es aber für sehr wichtig, das Unwillkürliche in einer Aufgabe walten zu lassen. So könnte eine Ästhetische Erziehung durch den Körper idealerweise mit Erfahrung im Umgang mit Materialien ergänzt, angewandt und korrigiert werden. Die Möglichkeiten einer Korrektur aneinander sind aber meiner Ansicht nach vor allem durch eine Verbindung mit Bewegungs- und Tanzansätzen möglich, in denen wie in Atem- und Eutoniepädagogik eine Wahrnehmung und Gestaltung der inneren Natur geschieht:
Es ist meines Erachtens möglich, sich selbst und seine eigene Regulation in der Aufgabe, die sich auf den eigenen Körper bezieht, genauso zu vergessen, wie es Glaser für Aufgaben mit Objekten oder Partnern beschreibt. Entscheidend ist die Schulung der Wahrnehmung und Haltung. Als das Besondere einer Ästhetischen Bildung verstehe ich gerade die Gleichzeitigkeit von Intentionalität und absichtslosem Zulassen. Diese Technik ist ausführlich auf S. 451 beschrieben.

## 2.5 Die Alltagsbewegung

Dore Jacobs ist in ihrer Auffassung über Bewegung schon vorher zitiert worden. In ihrem nicht durch feste Methodik gekennzeichneten Ansatz steht wiederum das Zulassen der Natur im Menschen im Vordergrund. Nach dem Motto: nicht Bewegungen, sondern sich bewegen zu lernen, betont sie detailliert Probleme und Möglichkeiten einer Empfindungsschulung:

*"Nur die gröbsten Unterdrückungsmaßnahmen lassen sich willentlich abstellen. Geschehenlassen fordert eine veränderte Einstellung: Empfänglichkeit statt übersteigerter Aktivität. Weniger wollen, mehr horchen, dann erst unterbleiben unbewußt angewöhnte, automatisierte Willenseingriffe."(110)*

*"Nach alldem erscheint es als Überhebung, von willkürlichen Bewegungen zu sprechen. Denn das Primäre, Erzeugende, Bewegende an der Bewegung ist nicht der Wille, sondern es sind unwillkürlich wirkende nervliche Reaktionen. Wenn der Mann am Steuer den Motor laufen läßt, dann mag es für den Unwissenden so aussehen, als ob er den Wagen laufen machte; in Wirklichkeit setzt er nur die Verbrennungsenergie, nicht seine eigene, in Wirkung. Er kann den Motor an- oder abstellen, aber er kann ihn nicht drehen. So kann auch der Mensch die Bewegung einschalten oder abstellen, er kann sie ablaufen lassen oder spüren, aber er kann sie nicht erzeugen. Das ist keine bloß theoretische Feststellung, es ist erfahrbar. Wer zum Beispiel ein Instrument spielt, weiß, daß es ein Hinsehen und Aufpassen auf die Bewegung gibt, das stört, und ein Absehen von der Bewegung und Sich-Hinwenden zum musikalischen Geschehen, das hilft:...Ein Lauf, der beim Üben Schwierigkeiten macht, kann im Ablauf des musikalischen Ganzen mühelos gelingen. Warum? Weil Hingabe an den Gegenstand die nervlichen Reaktionen reibungsloser ablaufen läßt als willentliches Einwirken auf die Bewegung. Durch Willensanspannung kann man die Bewegungsenergie verpuffen lassen, das Letzte herausholen. Man verhält sich dann wie ein Reiter, der sein Pferd zuschanden reitet."(111)*

Im Ansatz der Dore-Jacobs Arbeit geht es immer darum, den Bewegenden indirekt anzusprechen, wobei das Spüren eine zentrale Rolle hat:

*"Ein Mensch, der ausgesprochen schlecht geht, steifbeinig oder schlaksig, technisch grob falsch und ohne jedes Körpergefühl -der überdies ungeschult ist und keine Ahnung hat, wie er richtig gehen sollte-, ein solcher Mensch findet nach einer guten Bein- und Fußmassage von selbst einen besseren Bewegungsablauf. Vielmehr Fuß und Bein finden ihn; denn dies Finden geht nicht über das Bewußtsein, sondern ausschließlich über den Körper: ... Wird nur ein Bein massiert, so geht optisch das eine richtig, die Sohle spürt den Boden, der Fuß rollt ab, das Knie streckt sich vor dem Übertragen des Gewichts, die warme Muskulatur löst und spannt sich im rechten Augenblick, während das andere Bein in seiner alten Unwissenheit verharrt - ein sonderbarer und höchst belehrender Anblick. Offenbar ist mit Hilfe der Innenbewegung (Massage bedeutet Befreiung der Blutströmung) etwas wach geworden, was wir mit Nietzsche die Vernunft des Leibes nennen können ... Ein den Muskeln und Gelenken ursprünglich innewohnender Bewegungssinn, der den rechten Bewegungsablauf kennt, ohne daß sich das menschliche Bewußtsein darum zu bemühen brauchte....Das Gegenbeispiel liefert der Versuch, einen ebenso schlecht gehenden Menschen durch Anruf und Belehrung, durch Fehlerkorrektur, ohne Beeinflussung der Innenbewegung, zu richtigem Gehen zu bringen. Das Ergebnis ist, verglichen mit dem vorherigen Versuch, kläglich."(112)*

In diesem Sinne werden auch andere Bewegungsanregungen stets als Improvisation, als spontanes Finden bei kleinen aber ungewöhnlichen Verunsicherungen konzipiert. Bei Dore Jacobs wird, wie schon vorher deutlich geworden sein dürfte, das Zulassen der Natur im Menschen sehr betont angesprochen.

Aus der Theorie wird nicht klar, wie stark die auflösende Wirkung von Bewegungsaufgaben sein kann, die die Natur-im-Menschen zu direktem Reagieren veranlassen und wie die Neuformierungsprozesse der Gestaltbildung unterstützt werden können. Die psychologische Problematik wird auch hier nicht behandelt, so daß die Art der Unterweisung tendenziell konfrontativ genannt werden kann.

## 2.6 Üben und Geschehenlassen

Die methodischen Hauptprobleme bei der Erfahrung des Unwillkürlichen und der Einübung des bewußten Mitvollziehens durch den Atem und die Alltagsbewegung liegen in der Kontrolle durch das Bewußtsein. Die pädagogischen Mittel sind die Entwicklung der Spür- und Empfindungsfähigkeit, sowie das Geschehenlassen bei wechselnden Aufgaben. Dagegen hatte die Eutonie als Hauptproblem bei der Bewußtmachung, über das Spürenkönnen überhaupt eine Erfahrbarkeit zu schaffen.
Bei der Tanzimprovisation verkompliziert sich die methodische Aufgabe noch einmal:
Obwohl die gleiche Gefahr wie bei Atem- und Alltagsbewegung besteht, in einer Erfahrungssituation die Erfahrungsmöglichkeit durch Kontrolle zu zerstören, genügt hier nicht die Entwicklung der Spür- und Empfindungs-fähigkeit und des Zulassens. Vorher muß ja durchaus ein Einüben stattfinden.

## 2.7 Tanzimprovisation

Tai F. Deharde will mit Tanzimprovisation als ästhetischer Erziehung

*" ... ein Anwachsen von Bewußtheit bewirken, die im Alltag Verwirklichung finden kann, sowie eine Mehrdimensionalität von Bewußtheit und eine Mehrschichtigkeit von Wirklichkeit in Gang bringen."(113)*

Von den bisher dargestellten Ansätzen entspricht Dehardes Darstellung in Terminologie und psychologischem Konzept am stärksten dem dieser Arbeit:

*"Wenn von dem vorrangigen Ziel gesprochen wird, den Menschen zu einer größeren Bewußtheit zu führen, so muß zunächst die Möglichkeit gegeben werden, von seiner wirklichen, ihm selber als Ich zunächst verborgenen Erfahrung Kenntnis zu nehmen. Das heißt, in der ästhetischen Erziehung müssen Situationen geschaffen werden, die den Lernenden ermöglichen, Erfahrungen zu machen, mit denen er nicht durch die Brille des Ich-Bewußtseins in seiner Aufnahmefähigkeit auf das eingeschränkt wird, was das Bewußtsein gewohnheitsgemäß als Aufnahmewert signalisiert, was er bisher allein als Wirklichkeit erkennen konnte. Dabei kann es zu Initialerlebnissen kommen, die Neumann als 'affektive Zündung zwischen ihm (dem Menschen) und der Welt' bezeichnet; ein Erleben, das auf eine beiden gemeinsame schöpferische Wirklichkeit hinweist, auf eine Appetenz, die in der Natur ebenso wie im Menschen wirksam sei und beide zueinanderführe."(114)*

Deharde behandelt dann das methodische Problem der Erfahrbarkeit der Natur im Menschen im Hinblick auf die besondere Problematik von bewußtem Üben, Zulassen und gleichzeitiger Selbstbeobachtung: Am Beispiel des Erlernens eines Rhythmus wird die einmalige Möglichkeit verdeutlicht, quasi in einer Bewußtseinsverdoppelung, Tanz zu initiieren und sich selbst im Tanz zu erleben: Dabei muß erst bewußt und willkürlich gelernt werden:

*"Bei der Übermittlung eines spanischen Flamencotanzes, wie zum Beispiel der Seguiriyas, einem Tanz von tragischem und kultischen Charakter, der durch einen ständigen Betonungswechsel von 6/8 Takten in zweier und dreier entsteht, wird dem Lernenden zuerst der Rhythmus dieses Tanzes aufgegeben."(115)*

*"Für den Tänzer besteht die erste Aufgabe darin, sich diesen Rhythmus ... so zu eigen zu machen, daß sein Hervorbringen unabhängig vom Denken geschehen kann, d.h.: seinem Pulsrhythmus vergleichbar zu einem in ihm schwingenden Rhythmus wird."(116)*

Der Prozeß, in dem sich das Unwillkürliche die neue Bewegung zu eigen macht, ist eindrucksvoll:

*"Beim Hineinwachsen in die Schwingungsgestalt des Rhythmus geht der Tänzer durch eine Phase hindurch, in der er alles in den dem Rhythmus eigenen Zeitverhältnissen wahrnimmt und vollzieht; d.h., der Rhythmus ordnet und gliedert hier inneres und äußeres Bewegen, selbst im Alltag, in seine Zeitverhältnisse. Ist diese Phase überwunden, lebt der Rhythmus wie selbstverständlich in ihm, ist jederzeit abrufbar; das bedeutet: die leibliche und seelische Verfassung des Tänzers ist durchlässig geworden für das geistige Gesetz des Rhythmus, indem er nun wie absichtslos spielen kann, aber ebenso auch der Rhythmus mit ihm zu spielen vermag. Erst dann tanzt er wirklich, wenn die Gestaltungskraft des Rhythmus durch den lebendigen Fluß der Bewegung hervortritt; wenn der Rhythmus die Bewegung zu in sich stimmigen Bewegungsabläufen ordnet und formt. Das Einswerden mit dem Rhythmus ist das zentrale Anliegen der Bemühung, um dann im Vollzug des Tanzes die in seinem Rhythmus immanente Aussage sein zu können.*

Der gelungene Tanz besteht dann auch mehr in einem Zulassen als in einem Machen:

*"Kann der Tänzer sich in dieses Einssein mit dem Rhythmus nicht hineingeben -es zulassen-, dann bleibt sein Tun mehr oder weniger ein Machen und ein intellektuelles Konstruieren von Schritten. Für den Rhythmus sagt das dann aus: Der Rhythmus ist die ursprüngliche Verlaufsgestalt, die den Tanz aufbaut. Theoretisch bedeutet dieser Lernprozeß ein Verschmelzen von Wahrnehmung (Musik) und Handlung (menschliche Bewegung) zu einer durch den Rhythmus geprägten tänzerischen Bewegungsgestalt."(117)*

Deharde beschreibt ausführlich und eindrucksvoll die Rolle von Tanzbewegungen als etwas zugleich Konkretem und über sich selbst Hinausweisendem, welches diese zur idealen Grundlage der Balance Dies-/Jenseitigkeit machen:

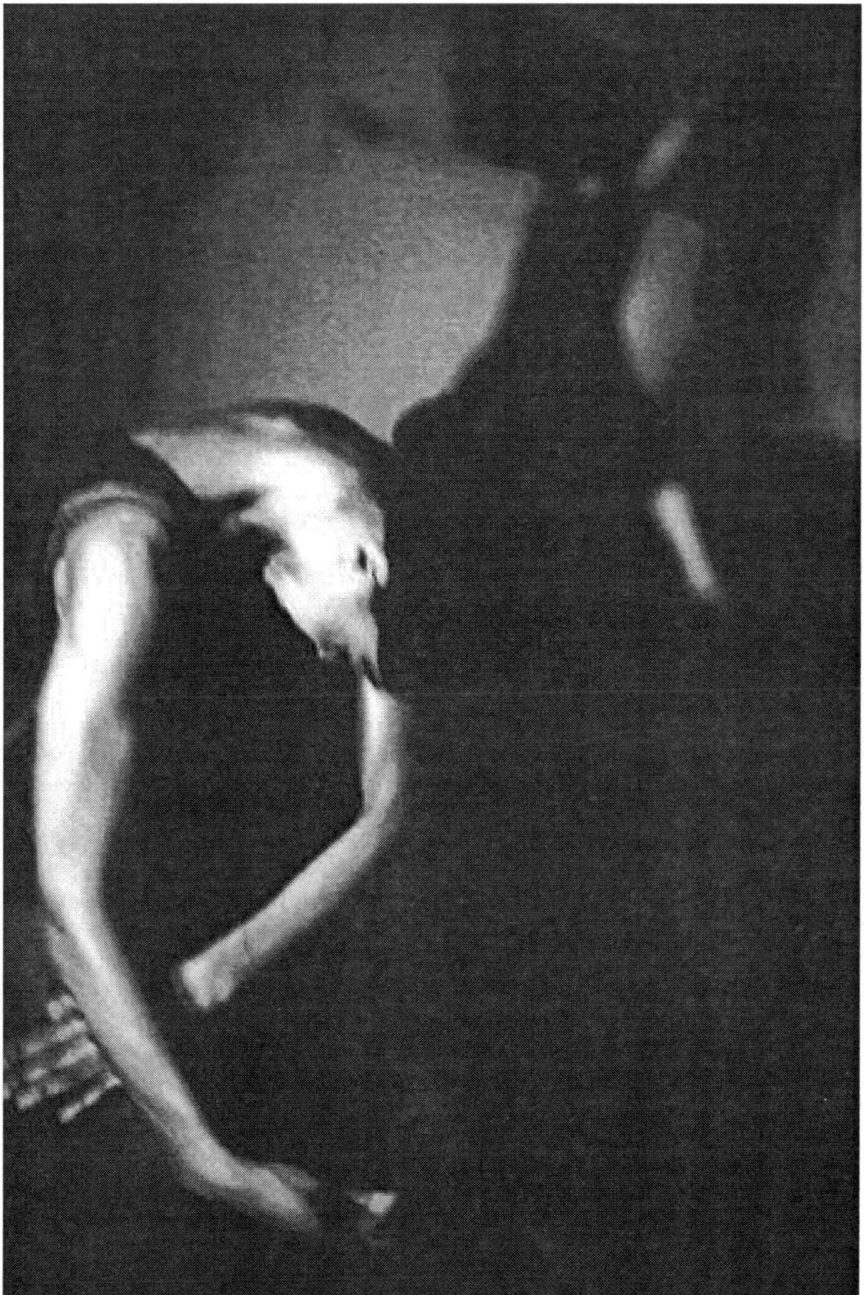

*"Hier kann günstigstenfalls eine spiralenförmige Aufwärtsbewegung entstehen, die ausgelöst wird durch den einmal geschlossenen Kreis von Wahrnehmung des Rhythmus, sich überlassen dem Rhythmus und wieder Hervorbringen des rhythmuseigenen Erlebnisgehaltes durch die tänzerische Bewegung. Unter spiralenförmiger Aufwärtsbewegung wird folgender Prozeß verstanden: Die Wirkung eines intensiv erarbeiteten Rhythmus wurde mit den durch ein Mantra ausgelösten Schwingungen im Meditierenden verglichen. Durch den einmal geschlossenen Kreisprozeß von Wahrnehmung des Rhythmus und seiner Gestaltung im Tanz ist eine erste Schwingungsebene entstanden. Im Verlauf des Tanzes kann sich die Möglichkeit eröffnen -ausgelöst durch eine Intensivierung der Bewegung oder auch einem accelerando- daß eine Steigerungsphase in diesen genannten Faktoren die Schwingungsfrequenz derart verändert und intensiviert, daß die gewohnten Bewegungsausführungen dieses Tanzes durchbrochen werden in Bezug auf die Art der Spannung (der Energie) in der Bewegungsausführung ... Einem Quantensprung vergleichbar geschieht ein Umspringen in's Initiatische, in eine neue Bewegungsqualität, die sich -wie schon gesagt- als gesteigerte Lebensqualität vermittelt und sowohl im Erleben des Tanzenden aber auch des Zuschauenden deutlich von dem bisherigen Schwingungszustand unterschieden wird. Der Übergang von einer Schwingungsebene in die nächst höhere wird erlebt als ein Umschlagen der Wahrnehmung und Erlebnisqualität, die sich auszeichnet durch zunehmende Tiefe, Strukturiertheit, Intensität, Klarheit, Fülle, Farbkraft, Helligkeit, Fluß und anderes mehr. Vom Zuschauenden wird das Umschlagsphänomen zunächst als Kraftfeld erlebt, in das er einbezogen ist. Nach einer Weile nimmt er die Veränderung auch an der Bewegungssprache der Tänzer wahr, in der sich größere Klarheit, Direktheit, Bestimmtheit, Einfachheit und Leichtigkeit wie Tiefe und Differenziertheit in der Aussagekraft abzeichnen. Die zuvor drohende Erschöpfung der Tänzer scheint paradoxerweise durch intensiveres Tanzen verschwunden zu sein, da in solchen Augenblicken der Rhythmus seine Aufgabe als Träger des Tanzes voll erfüllen kann, und der Tanz sich selber tanzen kann, wie es zuvor in Kapitel 2 hieß. Während solcher Tanzerlebnisse geschieht es Laien wie erfahrenen Tänzern, daß die bis dahin bewußten Grenzen ihrer Ausdrucksmöglichkeiten nicht nur gesprengt werden, sondern scheinbar mühelos -vom Rhythmus beflügelt- wie selbstverständlich weit überschritten werden. Solche Sternstunden sind nicht willentlich wiederholbar. Jeder neue Ansatz kann nur zu einer ähnlichen aber nie vergleichbaren Erfahrung führen."(118)*

Deharde beschreibt dann die absichtliche Absichtslosigkeit, das bewußte Wirkenlassen der Natur im Menschen:

*"Als Voraussetzung zur vollen Bewußtheit des Erlebens dieses Tanzes gilt, daß der Prozeß der Bewußtwerdung des Tuns nicht mehr das Denken beschäftigen darf. Die Elemente dieses Tanzes und damit auch die das Erlebnishafte dieses Tanzes vermittelnden dynamischen Qualitäten müssen derart beherrscht sein, daß der Tänzer als Ich in den Hintergrund treten kann, einem Regisseur*

*vergleichbar, sich als zweite Person gegenübertretend, zuläßt, daß er sich tanzend erlebt. Durch den vorausgegegangenen Arbeitsprozeß ist er frei von der Kontrolle des Materials und damit frei für das erlebnishafte der Interpretation, dem Wechselspiel mit dem Partner, den Bezügen zum Raum, oder der technischen Perfektion, was es - wenn auch selten zu erleben - auch gibt.*

Die ursprüngliche Einheit der Natur im Menschen findet sich -scheinbar paradox- erst in der aktiven Verwirklichung durch Arbeit. Nirgendwo wird deutlicher als hier, daß der Mensch sich das gelungene Verhältnis zur Natur in sich -wie auch für Voodoo S. 237 beschrieben- erst erarbeiten muß: Deharde zieht dann auch den Schluß zu Kleists Marionettentheater und bezeichnet Schönheit als Versöhnung des Willkürlichen mit der Natur im Menschen:

*"Erst an diesem Punkt der Tanzerfahrung geben Anmut und Grazie (Schiller, Buytendijk) der Bewegung wieder die Leichtigkeit und Schwerelosigkeit, die Kleist in seinem Essay über das Marionettentheater bildlich darstellt. Hat der Tänzer sich durch die persönliche und technische Desorientierung, die durch den Verlust der naiven Einstellung zum Tanzen hervorgerufen wird, und das damit verknüpfte naive Verhältnis zu sich selbst in der Bewegung, hindurchgearbeitet, so findet er auf neuer Ebene, bewußt erlebend, zu Anmut und Grazie in der Bewegung zurück. Im gleichen Stadium der Entwicklung ist der Tänzer zu einer weitaus objektiveren kritischen Auseinandersetzung über den von ihm gestalteten Tanz in der Lage, da er sich als der Tanzende und der diesem Tanz Zuschauende zu erleben vermag."(119)*

Deharde formuliert als einzige die psychologische Problematik. Danach gilt für Ästhetische Bildung, das Problem der Angst, Abwehr, Rationalisierung zu sehen:

*"Nur das regulationsstarke und kreative aggressive Ich ist in der Lage, sich auf Situationen einzulassen, die die Sicherheit seiner gewohnten Verhaltensweisen in Frage stellen. Für das regulationsschwache Ich sagt das aus: Auf Grund seines verstärkt angstbesetzten Verhaltens kann es sich kreatives Verhalten nicht leisten, da es mit einem großen Anteil seines Regulationsvermögens sein vermeintliches Schwächebild verteidigen muß. Die Folge ist eine reduzierte Wahrnehmungs- und Erfahrungsfähigkeit, die sich auf die Tiefe und Weite der Bewußtseinsfähigkeit gewohnter wie neuer Lebensbereiche gleichmäßig erstreckt, (sic!) deren Folge ist wiederum eine der Einschränkung entsprechend reduzierte Entwicklungsmöglichkeit der Persönlichkeit."(120)*

Der Ansatz von Deharde betont -mehr als die ursprüngliche Ganzheit- die Entwicklung durch den Körper zum Selbst, wobei als das Entscheidende auch hier nicht das Machen, sondern das Zulassen gesehen wird. Ansonsten sind psychologische Problematik und Wahrnehmungsschulung detailliert ähnlich, wie in der vorliegenden Arbeit formuliert.

Deharde betont zwar die Notwendigkeit von Reflexion und einem klientenzentrierten Leiterverhalten, läßt ansonsten aber das Problem entsprechender

Begleitung offen. Ihr Ansatz ist nicht auf Finden und Behandeln des biographischen Konfliktes ausgerichtet, sondern geht -wie die anderen beschriebenen Schulen auch- von einer persönlichen Konfrontation mit den dem Menschen innewohnenden Möglichkeiten aus. Deharde formuliert als einzige die Schwierigkeiten eines unentwickelten Ichs, beläßt es aber bei der Schilderung der Problematik, so daß ich auch ihren Ansatz im obigen Sinn als konfrontativ bezeichnen würde.

## M DIE NATUR IM MENSCHEN

Es ist damit theoretisch möglich und praktisch machbar, über Empfindungsschulung die Wahrnehmung so zu entwickeln, daß sie die Natur im Menschen, das Unwillkürliche, die ursprüngliche Ganzheit, direkt als Intuition oder Wissen empfängt. Dadurch ist eine Gewißheit im Umgang mit Symbolen möglich, was eine Balance von Dies-/Jenseitigkeit und Sicherheits-/Wachstumskraft ermöglicht und die Grundlage der Ich-Entwicklung ist. Da Schönheit als Indikator für Stimmigkeit und das Wirken der Natur im Menschen aufgefaßt wird, ist es sinnvoll, ihre ästhetischen Qualitäten als Ausdruck ursprünglicher Ganzheit zu beschreiben.

## N DAS WESEN DER ANMUT

Ich habe Kleists Beobachtung über den Verlust der Anmut im Zugriff des unentwickelten Bewußtseins in der Hirnanatomie als Eigenschaften der Willkürmotorik gegen das Unwillkürliche wiederfinden können. Aus einer Betrachtung des Unwillkürlichen als Natur im Menschen wurde die Forderung nach einer Kultivierung der Bewußtseinsfunktion als begreifendes Entsprechen abgeleitet. Atem, Spannung, Alltagsbewegung und Tanz als Möglichkeiten einer solchen Bewußtseinserweiterung durch Empfinden, Lassen, Folgen, Begreifen können zu einer Ganzheitlichkeit führen, in der Freiheit nicht nur als Willkür möglich ist, sondern als Schwung, der aus dem Mitvollziehen der Natur im Menschen erwächst.

Das Bewußtsein muß also nicht Feind der Anmut sein. Im Gegenteil weist uns die menschliche Anmut auf ein pflegendes, die Natur als Lehrerin akzeptierendes Bewußtsein hin, wie auch allgemein Schönheit nicht etwas Angenehmes aber Nebensächliches ist, sondern den Menschen von der Natur als Indikator für Harmonie, Stimmigkeit und innere Ordnung mitgegeben ist. Die Sinne sind an der Natur entstanden, und so ist auch das Empfinden für Schönheit an der Natur orientiert (vergleiche auch Buytendijks Beispiel der Rose weiter unten S. 307!).

Nicht nur die Eleganz eines solchen Kreises verpflichtet uns, jetzt noch einmal nach dem Wesen der Anmut zu fragen. Es ist auch von nicht zu überschätzendem Nutzen für die Praxis, ein ästhetisches Kriterium für Angemessenheit und Schönheit zu haben:

*"In der idealen Bewegung des Tanzes übertrifft die Natur sich selbst, indem der Leib tut, wozu eigentlich nur der Geist fähig wäre. Er erhält Macht über sich selbst und entfaltet diese in einem Überfluß von Möglichkeiten und anscheinend ohne Mühe, als wäre er noch reine Natur. Um diese Macht auszudrücken, läßt Valery seinen Sokrates die Bewunderung für den vollkommenen Tanz formulieren: 'Je m'inquiète comment la nature a su enfermé dans cette fille si frêle et si fine, un tel monstre de force et de promptitude? Hercule, change en Hirondelle, ce mythe existe-t-il?' In der Anmut des Tanzes erscheint die Beseeltheit des Leibes nicht nur als eine Beherrschung und als eine Emanzipation vom Stofflichen in einer ungekannten Macht, sondern auch als ihr Gegenteil, als eine Übergabe, als ein Folgen jener bewegenden Kraft, wodurch die Freiheit paradoxal gewährleistet wird." (Buytendijk) (121)*

In einem Satz hat Buytendijk ausgedrückt, daß Schönheit auf das Wirken der Natur hinweist, was mit Zulassen zu tun hat, daß die Freiheit im Akzeptieren und Folgen besteht, wodurch in einem bestimmten Rahmen Macht und Schönheit, die jetzt auf Freiheit in Verantwortung hinweist, entstehen. Schiller schreibt:

*"Wenn sich der Geist in der von ihm abhängenden sinnlichen Natur auf eine solche Art äußert, daß sie seinen Willen aufs treueste ausrichtet und seine Empfindungen auf das sprechendste ausdrückt, ohne doch gegen die Anfoderungen (sic) zu verstoßen, welche der Sinn an sie, als an Erscheinungen, macht, so wird dasjenige entstehen, was man Anmut nennt."(122)*

Noch stimmiger und einfacher läßt es sich nur noch in einer Legende ausdrükken:

*"Was mit diesem Überwinden durch ein passives Folgen gemeint ist, kann vielleicht am besten durch eine budhistische Legende erläutert werden. Eine Gottheit sieht ihren Sohn in einem Weiher mit der Schlange des Schicksals ringen, die ihn zu erwürgen droht. Nun ruft der Vater dem Sohn zu, keinen Widerstand zu bieten, sondern jedem Druck der Schlange vollkommen nachzugeben. Auf diese Weise könne er beweisen, eine Gottheit zu sein. Der Sohn befolgt diesen Rat, wodurch die Schlange ihre Macht über ihn verliert und er sich völlig von ihrer Umklammerung befreit."(123)(Buytendijk)*

Schöner läßt sich der Charakter dieser nicht willkürlichen Freiheit nicht ausdrücken.

*"Das Verhältnis des Geistes zum Leibe bei der anmutigen Bewegung und Haltung ist verwandt mit der Weise, wie ein Künstler seine Materie beherrschend formt, ohne ihre Art, der er gehorsam folgt, aufzugeben."(124)(Buytendijk)*

Das kommt schon in dem Wort An-Mut zum Ausdruck. Der Mensch ist frei, kann also gegen die Natur in ihm handeln. An-Mut ist ein anderer Gebrauch dieser Freiheit, als Mut-Wille. Wenn ein Mensch bewußt einstimmt in das, was die Natur in ihm angelegt hat, ist der Mut angelehnt an die Natur, dann geht

alles wie von selbst, ist leicht. Der für Anmut typische Eindruck der Leichtigkeit entsteht also nicht im Bemühen um sie wie im klassischen Ballett, sondern durch das Eins-Sein mit den Gesetzen der Natur. Man muß sein Gewicht spüren und ihm folgen. Dann sorgt die Natur mit den Transportreflexen von selbst für den richtigen Aufbau.
Das hat wieder direkt mit dem, was Dore Jacobs mit der

*"Kunst, immer die Innenbewegung zu haben, die man braucht"(125),*

meint, zu tun, mit der Stützkraft des Atems und dem Einklang der Bewegung mit seinem Rhythmus und dem Bereitschaftsreflex der Eutonie, der Feineinstellung über das Gammanervensystem, wofür ein Spüren-Können der Muskeln, Knochen und Räume, nötig ist für alle, deren ursprüngliche Naturhaftigkeit verloren gegangen ist.
Bei komplexen Bewegungen bedeutet das auch die Notwendigkeit eines korrekten Körperbildes, der Fähigkeit zur Bewegung in den Regeln der Gelenke und Proportionen. Hier geht der Weg auch über das Lernen von Außen. Wenn das Prinzip "eingefleischt" ist, kann "es" durch uns tanzen, wie das Rhythmusbeispiel lehrt. Für all das ist die Durchlässigkeit nötig, die die Marionetten als mechanische Eigenschaft haben. Deren Glieder geraten als Pendel "durch zufällige Weise erregt"(126), in eine Art von rhythmischer Bewegung, die dem Tanze ähnelt.
Wenn Buytendijk schreibt:

*"Bewegungen, die eine gewisse Geschwindigkeit überschreiten, werden regelmäßig eckig"(127),*

und:

*"Die Trägheit einer Bewegung darf nicht übertrieben sein, wenn diese anmutig bleiben soll. Zu träge Bewegungen erscheinen uns mühsam, manchmal plump, manchmal teigig, die Massen schwer und die Kräfte groß. Eine zu langsame Bewegung wird nicht mehr als vollständige Bewegungsgestalt wahrgenommen"(128),*

muß ich aus der Erfahrung der Praxis mit Dore Jacobs relativieren: Das Geheimnis der Anmut ist, "in der Bewegung zu ruhen und im Ruhen bewegt zu bleiben.(129)"
Das hat wieder mit der Innenbewegung zu tun:

*"Drei Merkmale sind kennzeichnend für die Wirkung der Innenbewegung auf den Bewegungsablauf: Die Mühelosigkeit der Bewegung, ihr rhythmischer Verlauf, und ihr naturhafter Ausdruck. Mit naturhaft meinen wir hier das Einfache, Unbemühte, Selbstverständliche, Geschlossene des Bewegungsausdrucks -etwas, das keine besonderen Merkmale aufweist und deshalb schwerer zu entdecken ist, als jener Ausdruck, der bestimmte Inhalte oder Gefühle verkörpert. Die Bewegung wirkt weder lässig, noch beherrscht, weder angestrengt, noch betont leicht -sie ist einfach da, sie geschieht."(130)*

Dazu ist ein eutoner Spannungszustand nötig:

*"Im Ruhezustand, der Lösung, ist der gesunde Muskel weich, aber nicht schlaff; er behält eine gewisse vitale Spannung, die ebenso auf der Flüssigkeitsfüllung seiner Adern und Gewebespalten wie auf fortwirkenden Reizungen vom zentralen Nervensystem beruht ... Der tätige, gespannte Muskel ist im Verhältnis zum ruhenden kürzer, dicker und fester, bleibt aber elastisch. Er fühlt sich straff und prall an, aber nicht hart."(131)*

Das ermöglicht diese bewegte Ruhe genauso wie ein Zeithaben selbst bei "atemberaubend" schnellen Abläufen.

*"Alle Primitiven arbeiten mit einer Weichheit der Muskulatur, die man für unmöglich halten würde, wenn man sie nicht mit eigenen Augen sähe. Heben, Stemmen, Werfen, Springen, Feinarbeit beim Handwerk, wie beim Musizieren -all das geschieht mit gelassenem, von innen her bewegtem Gesicht, mit stetiger, durchfließender Bewegung, mit einem Minimum an Kraftaufwand und unwahrscheinlich weichem und harmonischen Muskelspiel."(132)*

Auch

*" ... alle großen Könner arbeiten mit unwillkürlicher Muskelspannung. Daß jedes Handwerk, jede Schwerarbeit, jedes schwierige Kunststück, jede technische Bravourleistung bei ihnen trotz höchster Bewußtheit mühelos wie ein Spiel und absichtslos wie Natur wirkt, hängt mit dieser Unwillkürlichkeit im Gebrauch der Mittel wohl ebenso eng zusammen, wie mit der gelassen-zielsicheren Haltung zum Erfolg."(133)*

Das bewirkt bei Ausnahmetalenten im Sport, daß Höchstleistungen oft spielerisch leicht wirken. Für solche Bewegungen gilt dann auch das absolute Eins-Sein im Rhythmus[3] , was Fluß und Leichtigkeit bei hohen Geschwindig-keiten ermöglicht.
Im Hinblick auf Perfektion kann ich mich wieder rückhaltlos Buytendijk anschließen:

*"Anmut ist sichtbar gewordene évolution créatrice. Verbunden mit dem tiefsten Wesen des elan vital ist die Grazie gleich fern der Zweckmäßigkeit der Vernunft wie dem ungebundenen Chaos. Sie entsteht jedoch nicht zwischen beiden, sondern verbindet den Logos als Regel und das Chaos als Ursprünglichkeit in einer dialektischen Spannung und unlösbaren Einheit zu reiner Dynamik. ... Wenn, wie in der Form einer aufgeblühten Rose, das Ursprüngliche jedes Teiles zugleich mit der in aller Variation sich behauptenden Regel erscheint, so entsteht der Eindruck von Anmut, von Einfachheit, die sich spielerisch in Üppigkeit entfaltet."(135)*

Letztes Kriterium ist also die Natürlichkeit, die in dem Dore Jacobs-Zitat als das Einfache, Unbemühte, Selbstverständliche beschrieben wird. Buytendijk schreibt:

*"Jetzt verstehen wir, warum in der normativen Typologie der menschlichen Bewegung die Anmut die äußerste Betonung der Natürlichkeit, die höchsterreichbare Vergeistigung des Lebens, ein edles Gut ist, das erst preisgegeben wird, wenn der Leib nicht mehr zum Ausdrucksorgan, sondern zum Instrument des Geistes wird."(136)*

Also sind wir auch hier bei der Einheit von Geist und Materie angelangt. Letztes Geheimnis der anmutigen Bewegung ist ihre Beseeltheit. Bei Kleist ist das die Anwesenheit in ihrem Schwerpunkt. Wir brauchen also, genau wie in den Ansätzen beschrieben wurde, keine Absicht. Wenn wir im Gegenteil ganz bei dem sind, was wir tun, lehrt uns die Eigenart der Bewegung alles: Empfindungen suchen ihren Weg in die Bewegung, diese führt, wenn der Mensch in ihrem Schwerpunkt anwesend ist, die Empfindung weiter aus und gibt ihr Gestalt, welche die Grundlage für eine neue Empfindung ist.

*"Der Schwerpunkt der Bewegung ist also der Weg der Seele des Tänzers."(137)(Kleist)*

## O CONCLUSIO

Ausgangspunkt der Überlegungen dieses Kapitels waren die Ergebnisse aus dem letzten Kapitel. Danach könnte Körperlichkeit bei ganzheitlichem Erleben, der ganzheitlichen Entwicklung von Bewußtsein und der Wahrnehmungsöffnung, sowie der Suche nach der "produktiven Verunsicherung" helfen. Als Problem blieb die Frage nach der Erfahrbarkeit von Körperlichkeit als Natur im Menschen offen.
Diese Erfahrbarkeit wurde folgendermaßen beschrieben:

- Über den Körper als Verbindung mit dem Selbst kann der Mensch qua Intuition direkten Zugang zur Ganzheit haben, was auf allen Ebenen des psychologischen Modells ganzheitlicher Entwicklung bedeutsam ist.
- Körperlichkeit als etwas Konkretes und zugleich über sich selbst Hinausweisendes drückt sich symbolisch aus.
- Schönheit weist auf Ganzheit hin.

Ein unentwickeltes Bewußtsein kann weder Schönheit wahrnehmen, noch Symbole deuten, bzw. Übertragenes von Konkretem unterscheiden. Vor allem hat es keinen Zugang zur Natur im Menschen.
In diesem Kapitel gelang der Nachweis, daß man die automatische frühe Verarbeitung aller Reize gemäß der bestehenden Wahrnehmungsschemata auf naturwissenschaftlicher Ebene von der unwillkürlichen Ganzheit durch die Gestalten der Natur-im-Menschen unterscheiden kann und daß ein Wissen darüber in den Ansätzen, denen ich "Ästhetische Bildung durch den Körper als Erfahrung der Natur im Menschen" als gemeinsames Wirkendes unterstellt hatte, existiert und offensichtlich genutzt wird! Durch ein entsprechendes Training kann die Natur-im-Menschen sowohl als Prozeß, als auch in ihren

Gestalten erfahren werden. Dadurch werden die als unbewußte Vorurteile wirkenden "schlechten" Gestalten des alten Bildes-von-der-Welt umgangen und ein Ahnung existentieller Ganzheit entsteht. Dabei entwickelt sich die Ich-Funktion auf einen zugleich stärkeren und offeneren, auf einen kraftvolleren und hingebungsvolleren Zustand hin und die archetypisch ganzheitlich vorgeprägten Erlebnismodalitäten von Denken/FÜhlen, Innen/Außen, Machen/Geschehenlassen und pragmatisch/transzendent balancieren sich. Es entsteht damit eine Intuition für die Lebenssituation, in der Auseinandersetzung, Erfolg und Entwicklung möglich sind. Durch diese Erfahrungen entwickelt sich das Bild-von-der-Welt stimmiger, der Mensch wird reifer.
Es ist also möglich, in einer entsprechenden Körperarbeit die Wahrnehmung so zu schulen, daß sie das Unwillkürliche direkt als Intuition nutzen, Symbole deuten und Schönheit wahrnehmen kann.
Unklar bleibt die Psychodynamik einer solchen konfrontativen Erweiterung des Ich-Bewußtseins. Offensichtlich geht man davon aus, daß sich die Neustrukturierung der Lebenserfahrung, die Veränderung des Ich und des Erlebens und Verhaltens "en passant" erledigt und intuitiv in der täglichen Arbeit in Kontakt mit der Natur-im-Menschen richtig geschieht.
Der Gesichtspunkt Ästhetischer Bildung ist ja auch erst mit diesem Buch entstanden, die Ausbildungen selbst haben ja ganz bestimmte eigene Ziele. Die haben zwar auch mit Ästhetischer Bildung zu tun, aber natürlich sind die Ausbildungen nicht als Ästhetische Bildung unter Berücksichtigung dieser psychologischen Problematik konzipiert.
Was in diesen Ausbildungen für Teilnehmer geschieht, ob sie ihre Erfahrungen in dem hier entwickelten Konzept wiederfinden, darum geht es im nächsten Kapitel. Das übernächste und letzte Kapitel stellt dann ein Konzept und praktische Erfahrungen mit einem als Ästhetische Bildung gestalteten Ansatz vor.

## ANMERKUNGEN

1 Zur Kurzinformation über Atem- Eutonie- Dore Jacobs- und Tanzimprovisationspädagogik siehe S. 286ff!

2 Zum Sprachgebrauch: Am Ende des zweiten Kapitels habe ich moderne Gesellschaften als durch einen Mangel an Konfrontation gekennzeichnet beschrieben. Damit waren Ereignisse gemeint, die der Mensch ohne Diskussion unausweichlich -am besten körperlich- erleiden muß und die damit schicksalhaft erlebt werden. Mit konfrontativ sind bezüglich Körperarbeit eine Pädagogik und ein Stil gemeint, die nicht gruppenorientiert oder konfliktorientiert sind. Vielmehr stellen sie -wie klassischerweise in der Kunst- das Ergebnis und die Arbeit als etwas in den Vordergrund, was nicht diskutabel ist und an das sich die Schüler anpassen müssen. Das ist vor allem deshalb bedeutsam, weil die Themen, wie in einer Therapie, die Kompetenz des Ich überschreiten. Konfrontativ bedeutet dabei, daß kein therapeutischer Beistand geleistet wird, sondern sich in konsequenter Arbeit -mit einer gewissen Härte- an einem umfassenden Thema (Kunst oder Natur im Menschen) die persönlichen

Konflikte "en passant" erledigen, oder, wie Jung sagte (Siehe ausführlicher S. 497ff!) überwachsen.

3 Für eine ausführliche Diskussion der Bedeutung von Rhythmus für die Sportwissenschaft verweise ich auf Röthig(134)

# VI Resümee des theoretischen Teiles

Ich wollte untersuchen, welchen Sinn Tanztraining und Empfindungsschulung für eine ganzheitliche Persönlichkeitsentwicklung haben und hatte unterstellt, daß sie eine "Ästhetische Bildung" darstellen, die auf körperlichem Weg die "Natur im Menschen" erfahrbar macht. Dabei war ich von Erfahrungen und Beobachtungen in Atempädagogik nach Middendorf, Eutonie nach Alexander, Dore-Jacobs-Arbeit und Tanzimprovisation und -technik nach Solomon, Deharde und in diversen New Yorker Schulen ausgegangen.
Nach Kapitel II ist der Mensch durch sein Ich-Bewußtsein von der ursprünglichen Ganzheit getrennt, da er das Wirken der Natur in sich selbst beeinflussen kann. Ein Grundbedürfnis besteht aber darin, ganz zu werden, was über ganzheitliches Erleben möglich ist. Dafür ist Konfrontation mit Situationen nötig, die auf dem Lebensweg des betreffenden Menschen schicksalhaft sind. Da der Mensch die Welt mehr und mehr gemäß seines Freiheits- und Sicherheitsbedürfnisses gestaltet hat, besteht ein Mangel an Konfrontation. Die Freiheit ist oft nur diffuse Beliebigkeit. Dadurch entsteht ein Bedürfnis nach Schicksal und "echter" Erfahrung. Um für sich "emanzipierte Formen von Schicksalhaftigkeit" finden zu können, muß der Mensch eine Intuition für die "produktive Verunsicherung" -eine Konfrontation, die zu erleiden sich lohnt- entwickeln.
Nach Kapitel III ist, um zum Selbst zu kommen, schon Kontakt zum Selbst nötig, anders ausgedrückt: Die Intuition für die "produktive Verunsicherung" entsteht aus dem ganzheitlichen Erleben und muß selbst ganzheitlich erlebt werden. Dann kommt der Mensch seiner Ganzheit näher. Diese Ganzheitlichkeit besteht in einer Balance zwischen den Polaritäten des Bewußtseins, deren Gelingen sowohl ganzheitliches Erleben bedeutet, als auch Quelle der Intuition ist. Vor allem muß die Wahrnehmungsschranke so aufgelöst werden, daß das "richtige" Neue, -etwas, was nicht in das bestehende Bild von der Welt paßt, aber es als produktive Verunsicherung erweitern könnte- aufgenommen werden kann. Dafür ist ein Ich nötig, das im Dienste des Selbst steht. Es muß die Kraft haben, Neues zu integrieren, Verunsicherungen zu ertragen und zugleich durchlässig zu sein. Es muß die Balance zwischen Sicherheitsbedürfnis und Wachstumskräften halten können.
Nach Kapitel IV hilft die Erfahrung von Körperlichkeit auf dem Weg zur Ganzheit sowohl bei der Entwicklung der Bewußtseinspolaritäten, als auch bei der Ich-Transformation. Dafür und für die Entwicklung der Balance zwischen Wachstumskraft und Sicherheitsbedürfnis, der Balance der Polarität Dies- und Jenseitigkeit sowie einer Intuition für die Entwicklungsrichtung und den Zeitpunkt der Öffnung der Wahrnehmung spielt vor allem die Eigenschaft des Körpers, sowohl konkret zu sein, als auch über sich selbst hinauszuweisen eine Rolle. Das wurde in unterschiedlicher Art in verschiedenen Zeitaltern und bei verschiedenen ethnischen Gruppen genutzt.

Nach Kapitel V besteht das Hauptproblem darin, diese “Natur im Menschen” erfahrbar zu machen. Nur wenn es eine Möglichkeit gibt, die ursprüngliche Ganzheit wahrzunehmen, ohne sie zugleich zu verfälschen, kann sie dem Bewußtsein zu mehr Ganzheitlichkeit verhelfen und als Intuition die ichhafte Beschränkung des Bewußtseins überwinden helfen. Es gelang zu zeigen, daß dies theoretisch möglich ist und -in unterschiedlichen Terminologien, aber eindeutig identifizierbar- in den Ansätzen, durch deren Beobachtung ich zur Entwicklung dieser Theorie inspiriert wurde, auch formuliert wird. Das bedeutet aber nichts weiter, als daß eine solche “Ästhetische Bildung” -in unterschiedlicher Praxis- geübt wird, denn die Formulierung der von mir untersuchten Ansätze geschah als Konsequenz langer praktischer Erfahrung und Übung.

Im folgenden empirischen Teil dieser Arbeit werde ich untersuchen, ob diese praktische Arbeit und andere entsprechende Ansätze tatsächlich so wirken und empfunden werden, wie ich es theoretisch erschlossen habe.

# VII Empirie

## A EXPOSE

Im Empirieteil geht es darum herauszufinden, ob Studenten am Ende einer Ausbildung in Tanz oder Körperbildung/Empfindungsschulung die anthropologisch/philosophische Situation und ihre psychologische Entwicklung so einschätzen und empfinden, wie es in diesem Buch beschrieben wird.
Dazu habe ich Absolventen der Atem-, Eutonie- und Dore-Jacobs-Schule befragt. Dehardes und Solomons Ansätze wurden nicht lang genug unterrichtet, um dem Standard bezüglich der Ausbildungsdauer, den ich für die Interviewpartner gesetzt hatte, zu genügen. Dagegen habe ich eine Reihe anderer Ausbildungen mit in die Untersuchung hineingenommen, um eine breite Vergleichbarkeit der persönlichen Bedeutung von Ausbildungen, aber auch der Brauchbarkeit meiner Begriffe zu bekommen. Die allgemeinen Standards, nach denen ich die Institute ausgesucht habe, waren:

- Es soll sich bei den Interviewpartnern um Studenten, nicht Lehrer oder Praktizierende handeln, da ich keine theoretische Diskussion mit Leuten führen wollte, die ihre Erfahrungen schon formuliert haben. Mir war wichtig, auf eine starke, möglichst unmittelbare Erfahrung zu treffen.
- Es sollte sich um Personen handeln, die 3 Jahre ganztags in den entsprechenden Lehrweisen mit Körperlichkeit konfrontiert waren, so daß es sich um eine massive, direkte Erfahrung handelt.
- Es soll sich bei den Ausbildungen um "Ästhetische Bildung" handeln: was genau "Ästhetische Bildung" ist und was nicht, ist allerdings nicht ganz eindeutig feststellbar. Grob würde ich folgende Leitlinien aufstellen:
  - Handelt es sich um Körperbildung, müßte es einen ausgefeilten Weg der Empfindungsschulung geben und eine detaillierte Vorstellung über die Topographie, welche die Natur im Menschen durch das Medium (Atem, Spannung etc., mit dem gearbeitet wird) abgibt.
  - Handelt es sich um Bewegungen, müßten sie in ausgeklügelter Weise so genutzt werden, daß sie die unwillkürlichen Reaktionen freilegen, und es müßte eine differenzierte Vorstellung über willkürliche und unwillkürliche, angemessene und künstliche Bewegungen geben.
  - Handelt es sich um Techniktraining, muß dieses in Verbindung mit Schönheit stehen -also Kunst sein- und mit Improvisation arbeiten. Es müßte eine genaue Vorstellung über die Wechselwirkung zwischen dem "Machen" der Technik und dem "Zulassen" der Improvisation existieren.

Atem-, Eutonie- und Dore-Jacobs-Arbeit werden entsprechend lange angeboten, und die Ausbildungen sind ausgefeilt. Bei den Ansätzen von Glaser, Deharde und Solomon sind die Ausbildungen für meine Zwecke zu kurz. Der Unterrichtsstil macht eine Ausbildungsdauer von 3 Jahren notwendig:
Bei allen untersuchten Ausbildungen wird ein konfrontativer Unterrichtsstil (s. auch Seite 310f) gepflegt. Dabei werden die Schüler massiv mit Ihrer

Körperlichkeit und Schönheit etc. konfrontiert und das Ich braucht eine bestimmte Zeit, bevor es seine Umstrukturierungsphase beendet hat.
Für meine Untersuchung war es außerdem interessant, auch Absolventen anderer als der vorgestellten Schulen zu interviewen, deren Ausbildung jedoch auch Ästhetische Bildung sein könnte. Dazu gehören z. B. Tanzausbildungen, die nicht mit Improvisation arbeiten. Festgelegte Kunstbewegungen, also "combinations" oder auch ganze Choreographien sind dann im Sinne der Ästhetischen Bildung "gut", wenn die Tänzer sich in der Bewegung "natürlich" verhalten. Dazu muß die Grundtechnik, mit der gearbeitet wird, "organisch" sein. In diesem Fall kommen die Studenten des Tanzes nicht umhin, die Natur in sich zu erfahren, denn bei allen Methoden und Konfrontationen mit Form (die außerdem ja auch Kunst ist) hängt ein Gelingen der Bewegung vom Zulassen ab. Dieses Zulassen ist nur dann möglich, wenn die Technik den körperlichen Gegebenheiten entspricht (also organisch ist) und gut unterrichtet und geübt wurde. "Gelungene Kunst" aber weist -wie gezeigt- auf das Wirken der Natur im Menschen hin.
Demnach habe ich geeignete Institute der erwähnten Richtungen einschließlich bestimmter Technikausbildungen angeschrieben und ihnen mein Projekt vorgestellt. In dem Schreiben habe ich darum gebeten, in Abschlußklassen zu fragen, ob die Studenten an Interviews einzeln, in Zweier- oder Dreiergruppen interessiert seien. Dann sollten sie sich mit mir in Verbindung setzen, um Termine abzumachen.
Diese Methode war die einzige praktikable Möglichkeit, Gesprächspartner zu finden. Sie hat im allgemeinen mit einigem Hin und Her gut funktioniert, hatte aber den Nachteil, daß die Auswahl der Interviewpartner nicht zufällig war. Durch meine Vorgehensweise wurden Leute befragt, die aus irgendeinem Grund sprechen wollten. Aufgrund der geringen Anzahl konnte es sich außerdem nicht um repräsentative Stichproben handeln. Es ging eher um Fallstudien.
Da aber die Ausbildungen im allgemeinen auf die Entwicklung grundlegender, vorindividueller Gegebenheiten der "Natur im Menschen" abzielen, sehe ich in dem Faktum der Nichtzufälligkeit und geringen Anzahl keinen prinzipiellen Nachteil.
Auf diese Weise kamen Interviews zustande, die in der chronologischen Reihenfolge Atempädagogik, Commedia dell'arte, experimentelles Bewegungstheater, Dore-Jacobs-Arbeit 1 und 2, Ausdruckstanz nach Laban, Alexander-Technik, Eurythmie, Alvin Ailey, Graham 1, Feldenkrais, Voodoo-als-Tanztechnik, Tanztherapie, Graham 2 und Eutonie gemacht wurden.
Um Unterschiede herauszufinden habe ich als Kontrollgruppe Menschen, die Wege aus benachbarten, aber vom Konzept her klar unterschiedenen Ansätzen gehen, interviewt. Dabei handelte es sich um Sport, Körpertherapie und ethnisch/religiösen Tanz. Hier war es schwerer, Interviewpartner zu finden. Deshalb habe ich nur jeweils eine Person für Leichtathletik, Rudern, Jiu-Jitsu, Bioenergetik und traditionelles Voodoo interviewt.

# B AUSWAHL DER ANSÄTZE UND VERSUCHSPERSONEN

Im folgenden werde ich Geschichte, Ansatz, Arbeitsweise und Ausbildungsmodalitäten der Schulen, aus denen meine Interviewparter/innen stammen, darstellen. Dabei versuche ich, möglichst alles durch die Selbstdarstellungen der Institute in ihren Info-Broschüren sagen zu lassen. Das schwer Sagbare körperlicher Ansätze kann am besten von den jeweiligen Experten beschrieben werden. Vor allem soll möglich sein, die Diktion meiner Theorie und ihrer Konstrukte vom Originaljargon der jeweiligen Schule zu unterscheiden. Dann kann das Typische der Interviews, die im Anhang ausgeführt sind, in der Konfrontation mit meinen Thesen deutlich werden.
Wo eine Selbstdarstellung nicht möglich war, habe ich auf die Literatur zurückgegriffen[1].
Aus den Darstellungen wird die Unterschiedlichkeit der Ansätze, Praktiken und "Spirits" deutlich. Es ist aber auch möglich zu sehen, wie sich die Gedanken, die meiner Theorie zugrundeliegen -mal mehr mal weniger deutlich- in den Darstellungen und ihrer Sprache finden lassen. Sie stellen jedoch kein ausdrückliches Ziel der Ausbildungen dar und sind nicht explizit formuliert worden. Die theoretischen Teile in den Ausbildungen beziehen sich entweder auf klassische Fächer wie Physiologie und Pädagogik oder die jeweilige spezifische Schulphilosophie. In manchen Ausbildungen wird auch auf Theorie verzichtet. Was eigentlich wirkt, warum und wie es wirkt -die ganze philosophisch/anthropologische Einordnung aber- wird nirgendwo wirklich behandelt. Die Thesen, die ich in den Interviews vorstellte, stießen demzufolge immer auf Überraschung.

## 1 ATEMPÄDAGOGIK

Ilse Middendorf, geb. 1910, gründete 1965 das nach ihr benannte Institut in Berlin, nachdem sie seit 1936 in eigener Praxis Atembehandlungen "gegeben" hatte. Stark beeinflußt wurde sie von Cornelius Veening.

*"Der 'Erfahrbare Atem' entsteht durch Sammeln und Empfinden des eigenen Leibes. Wesentlich ist dabei, den Atem frei fließen zu lassen, ihn von selbst zuzulassen. Dann äußert er sich im Urrhythmus des Übenden, entwickelt Leib, Seele und Geist zu einer Ganzheit und führt den Menschen zur Selbständigkeit, Gesundheit und zum 'Selbst-Bewußt-Sein'."(1)(Middendorf)*

Die Ausbildung dauert zweieinhalb Jahre.

*"Ausbildungsziel: Es soll eine Ausbildung vermittelt werden, die neben einer integrierten Atemfähigkeit auch die persönliche Reife des zukünftigen Atempädagogen/-therapeuten zum Ziel hat. Fächer: Atem und Bewegung, Behandlungsdemonstration, Pädagogik, Vokalraumarbeit, Teilnahme an einem Laienkurs, Übungszeiten für Atembehandlung, Einzelbehandlung, Anatomie,*

*Psychologie, schriftliche Hausarbeiten, Vorträge am Institut."(2)(AFA)*

*"Der Erfahrbare Atem erschließt dem Übenden fünf "Atemräume" über die Arbeit mit Dehnungen, die Arbeit mit Druckpunkten und Übungen zur Bildung von Vokalräumen. Dabei lernt er seinen Leib kennen, erfährt seinen eigenen Atemrhythmus, seinen aufsteigenden, absteigenden und horizontalen (Aus–)Atem. Er spürt die Wandlungen in seiner Haltung und wird gewahr, daß über das wachsende Empfindungsbewußtsein und die vertiefte Sammlungsfähigkeit die Atembewegung aus ihm selbst entsteht. Die Bewegungen aus dem Atem kommen aus dem schöpferischen Grund des Menschen. Sie fördern seine Entwicklung und heilen gleichzeitig. Sie machen selbständig und bringen Gleichgewicht. Sie erschließen seine Begabungen und erweitern seine Möglichkeiten. Die Bewegung aus dem Atem - ein Weg zur Personbildung und Selbsterfahrung - stellt den wichtigsten Bereich der Arbeit am Institut für Atemtherapie und Atemunterricht dar."(3)(AFA)*

*"Zunächst lernt der Übende seinen Atem kennen, ohne dessen Ablauf zu stören. Er lernt zu unterscheiden zwischen seiner unbewußten Atemfunktion, dem vom Willen eingesetzten Atem und dem Erfahrbaren Atem. Dabei entdeckt er, daß sein (Ein-)Atem reflektorisch auf Körperdehnungen reagiert, ebenso wie auf das Zusammendrücken von Fingerkuppen ('Druckpunktarbeit'). Er erlebt, daß sich beim Tönen von Vokalen gesetzmäßig bestimmte 'Vokalatemräume' ausbilden. Im Laufe der Arbeit am Atem entstehen dann 'Bewegungen aus dem Atem', wobei wahrgenommen werden kann, daß der Ausatem verschieden gerichtet sein kann ('aufsteigend', 'absteigend' und 'horizontal'), was sehr unterschiedliche psycho-physische Reaktionen auslöst und eine starke Atemkraft hervorruft. Atemkraft und Atemraum begegnet ihm* [dem Studenten] *besonders in Atemweisen, die den 'Spannungsatem' betreffen und in der Arbeit mit 'Höhle und Richtung' wird es ihm möglich, Gegensätze wie Yin und Yan, männlich und weiblich, hart und weich usw. zu umspannen. Sein Leib wird durchlässig, spürsam und empfindungsfähig, so daß er nun aus der Ganzheit von Leib, Seele und Geist 'Bewegungen aus dem Atem' hervorbringen kann, die aus seinem schöpferischen Grund kommen ... "(4)(Middendorf)*

## 2 COMMEDIA DELL'ARTE

*"Unter 'Commedia dell'arte' verstehen wir das italienische Stegreiftheater der Renaissance, eines der aufregendsten Phänomene, die das europäische Theater in seiner jahrhundertelangen Entwicklung erlebt hat. Kurz nachdem sie in der zweiten Hälfte des 16. Jahrhunderts von der Geschichtsschreibung wahrgenommen worden war, griff die Commedia dell'arte, von Italien ausgehend, in den folgenden zweihundert Jahren auf ganz Europa über. Sie eroberte Marktplätze, Theaterhäuser, ja selbst die königlichen Höfe, und machte ihre Charaktere überall bekannt."(5)(Esrig)*

*"Eine ungeheure Welt, erstaunlich lebendig, wahr und künstlich zugleich, die sich, ihre Vitalität auf den paar Quadratmetern des Podestes entfaltend, in Europa am Anfang seiner neuzeitlichen Ära behauptete. Mehr noch, sie förderte innerhalb des Systems unserer Zivilisation den Geschmack für die symbolische Darstellung des unmittelbaren Daseins."(6)(Esrig)*

*"Es gelang in der Commedia dell'arte nicht nur, Situationen und menschliche Charaktere so weitgehend wie in keiner anderen europäischen Theaterform zu stilisieren, sondern auch die Dynamik der Existenz mit ihren scheinbar zufälligen Höhen und Tiefen, sowie die physischen und emotionalen Bewegungen in immer neuen geometrischen Kombinationen symbolhaft darzustellen."(7)(Esrig)*

*"'Commedia all'improviso' gibt zu verstehen, daß die Aufführungen nicht auf einem vorgegebenen, ausführlich-literarischen Dialog basierten, sondern auf einem kurzen Szenarium, dem 'Canavaccio'. Hierin fand man die Anweisung für die Handlung, auch wurden die Beziehungen zwischen den Figuren erklärt, selten aber die Motivationen der Handlungen angegeben; niemals enthielt es eine Textvorlage. Die Wahl der Worte wurde dem Komödianten überlassen, seiner Phantasie, seiner Spontanität und seinen Kenntnissen."(8)(Esrig)*

*"Die Commedia hat, laut Pandolfi, in dieser Zeit eine so vollkommene, so genau definierte Form entwickelt, daß ihre Figuren sogar zu Archetypen wurden."(9)(Esrig)*

*"Trotz ihrer vielen Bezüge zur Zeitgeschichte hat die Commedia etwas von einem autonomen Spiel. An einer echten Wiedergabe der Wirklichkeit ist sie nicht im geringsten interessiert, sie hat ihre eigenen Konventionen, ihr geschlossenes System und funktioniert ähnlich 'selbstbezogen' wie die Musik: Themen und Variationen."(10)(Batz/Schroth)*

Ausbildungsgänge stelle ich nicht dar, da ich -aufgrund unklarer Informationen- nicht auf eine Schule, sondern eine professionelle Truppe traf. Das gleiche gilt für den nächsten Abschnitt.

## 3 EXPERIMENTELLES UND TOTALES THEATER AM BEISPIEL GROTOWSKI

*"Auch für das pure oder rituelle Theater (Antonin Artaud, Jerzy Grotowski) ist die Suche nach dem einzig unersetzbaren Träger des Theater grundlegend, dem Menschen. Dieses Konzept, stark vom Psychodrama und weltlicher Mystik geprägt, ist als 'grausames, heiliges, ekstatisches Theater' weder belehrend noch unterhaltend, sondern auf die Offenbarung der Existenz gerichtet. Es ist*

*ein totales Theater mit Aktionen, Happenings, Tanz und Gesang unter Verzicht auf äußere Mittel. In einem rituellen, oft schockierenden Akt der Selbsterforschung, die Exzeß, Provokation und Trance miteinschließt, durchbrechen die Schauspieler die Mauern, die Alltag und Rollen vorgaben und Kunstkonvention gebildet haben. Von außen gesehen ist dies ein armes Theater, das mit minimalen Mitteln arbeitet: ein leerer Raum, eine Kerze, ein Ton, entblößte Spieler. Die Produktionsform, oft auch eine Lebensform, ist die eines Laboratoriums, eines strengen, asketischen Zirkels, oder, wie beim amerikanischen 'Living theater', ein großes, selbstbezogenens Kollektiv."(11)(Batz/Schroth)*

*"'Was uns an dieser Methode am wesentlichsten erscheint, liegt in der Tatsache, daß sie nicht versucht, dem Schauspieler irgendwelche Fertigkeiten beizubringen oder ihm dabei zu helfen, ein sog. Arsenal von Ausdrucksmitteln auszuarbeiten. Es ist also kein Weg der Deduktion, der Addition verschiedener Fertigkeiten. Alles ist auf den geistigen Prozeß des Schauspielers konzentriert, der sich durch die Neigung zum Extremen, die vollkommene Entblößung seiner Intimität auszeichnet, und das alles ohne eine Spur von Egoismus und Autodelektierung; ganz im Gegenteil, der Schauspieler muß sich selbst hingeben, wenn er spielt; es ist eine Technik der Trance und der Integration aller geistigen und physischen Kräfte des Schauspielers, die intimen, instinktiven Schichten entspringen und in einer Art Translumination hervorbrechen. Die Methode der Schulung des Schauspielers zielt in unserem Theater nicht darauf ab, ihm etwas einzuschärfen, sondern ihn zu lehren, die Hindernisse zu beseitigen, die ihm sein Organismus beim seelischen Prozeß in den Weg legt. Der Körper des Schauspielers darf dem inneren Prozeß keinerlei Widerstand entgegensetzen, damit es keinen zeitlichen Abstand zwischen innerem Impuls und sichtbarem Abreagieren gibt, damit der Impuls an sich schon eine äußere Reaktion ist; auf diese Weise scheint der Körper gleichsam der Vernichtung, der Verbrennung zu unterliegen, und der Zuschauer hat es nur mit einer Folge sichtbarer geistiger Impulse zu tun.'"(12)(Grotowski)*

## 4 DORE JACOBS

Dore Jacobs, 1884 in Essen geboren, erhielt seit ihrer Schulzeit Rhythmik-Unterricht bei einem Dalcroze-Schüler.

*"1912-14 wurde sie zur Lehrerin der rhythmischen Sportgymnastik ausgebildet in Hellerau bei Dresden.* [Die Dalcroze-Schule] *Gleichzeitig studierte sie an der TU Dresden Philosophie und Naturwissenschaften ... 1920 gründete sie mit anderen die Schule für Körperbildung in Essen. Die Schule wird 1935-45 von den Nationalsozialisten geschlossen ... 1945 Wiederbeginn ... 1953 Einführung der Schulgeldfreiheit in NRW...Klassen wachsen von vormals 8-10 auf 20 Schüler/innen. Seit 1945 Leitung der Schule durch Lisa Jacob. Seit 1970 'Gymnastikschule Karin Gerhard'." (13)(Lietz)*

Die Dore Jacobs-Schule sieht

*" ... den Menschen als untrennbare Einheit von Körper, Geist und Seele. In diesem Sinne verstehen wir Bewegungs-, Gesundheits- und musische Erziehung, eingefügt in die Wechselbeziehung zu geistig-seelischen und sozialen Prozessen des Menschen. Im besonderen geht es darum: die Wachheit der Sinne zu entwickeln, das Körperbewußtsein zu schulen und die Bewegungsmöglichkeiten zu erweitern. Außerdem Erfahrungen zu ermöglichen im Umgang mit sich selbst, dem Partner und der Gruppe und die kreativen und musischen Ausdrucksmöglichkeiten zu fördern."(14)*

*"In der Körper- und Bewegungsbildung geht es darum: 'die Wahrnehmungs- und Bewegungsfähigkeit anzuregen und zu erweitern - die dem Körper innewohnenden Gesetzmäßigkeiten zu erfahren und zu nutzen - die Bewegungen mit den organischen Funktionen (Atmung und Blutzirkulation) in Einklang zu bringen.' Über das wechselnde Angebot von Übungsmaterial und Arbeitssituationen werden vielseitige Grunderfahrungen mit dem Körper gemacht. Über den Prozeß von Erfahren, Erkennen und Üben werden Bewegungsfertigkeiten erlernt und die Sicherheit im Umgang mit dem eigenen Körper vermittelt. Wesentlich in der Bewegungsarbeit ist die Sensibilisierung der Wahrnehmung für den eigenen Körper (u.a. Haut, Muskelspannung, Skelettaufbau, Körperraum, Atem -und Blutzirkulation) und für das Umfeld (u.a. Raum, Material, Partner, Gruppe). Ausgerichtet auf die gestellte Bewegungsaufgabe geht es um das Zusammenwirkenlassen aller Einflüsse, damit eine, für die Gesamtsituation angemessene und angepaßte Bewegungsantwort entstehen kann. Daraus entwickelt sich eine gute Gesamtkoordination, ein intensiveres Bewegungserleben und eine stärkere Ausdrucksfähigkeit."(15)*

*"In der Rhythmik geht es um die Wechselbeziehung von Musik und Bewegung und um die Auseinandersetzung mit den Gegebenheiten Raum, Zeit, Kraft und Form. Durch die Erfahrungen mit der Musik und die Wirkung von Klang, Melodie und Rhythmus entwickelt sich einerseits Lebendigkeit, Erlebnisfähigkeit und Kreativität; andererseits kommen ordnende und formende Kräfte zum tragen. Die gemachten Erfahrungen erweitern das eigene Bewegungspotential und -bewußtsein und steigern Improvisations- und Gestaltungsfähigkeit. Die Einbeziehung der Rhythmik in den Bewegungsunterricht bietet Hilfen in didaktischer wie methodischer Hinsicht. Innerhalb der Gymnastikausbildung liegen die Schwerpunkte des Rhythmikunterrichtes im musikalischen Bereich. Dabei werden gleichzeitig die Wahrnehmungs-, Reaktions-, Kommunikationsfähigkeit und die Kreativität geschult."(16)*

*"Gestaltung entwickelt sich aus dem formenden Umgang mit Bewegung. In diesem Prozeß wird Bewegung mit prägenden Faktoren wie Zeit, Raum, Dynamik oder auch Objekten, Farben, Musik in Übereinstimmung gebracht. Individuelle Eindrücke und Erfahrungen kommen zum Ausdruck, sie erhalten*

*Gestalt, werden somit wiederholbar, nachvollziehbar."(17)*

*"Die Bewegungstherapie findet ihre Anwendung im Bereich der Prävention, Kompensation und der Rehabilitation. Ziel der Bewegungstherapie ist es, dem überlasteten, geschwächten und entfremdeten Menschen 'durch gezielte Bewegungsübungen auf psychosomatischer Grundlage Wege zu zeigen, wie er sich selbst helfen kann' - dem Gesunden zu zeigen, wie er gesund bleiben kann. (Jutta Holler v.d.Trenck). Es werden Schwächen und Schäden im Bereich von Haltung, Bewegung und Organleistung in Gruppen- und Einzelarbeit behandelt und korrigiert. Die Störungen im Organismus werden dabei immer als den ganzen Menschen betreffend verstanden ... Das heißt, daß die Behandlung des Symptoms nur dann zu langfristiger Genesung führt, wenn die dahinter stehenden Ursachen und Zusammenhänge, die das ganze Leben des Menschen betreffen, berücksichtigt werden(18)....*

Die Voraussetzung ist Abitur, die Ausbildung umfaßt drei Jahre mit staatlicher Abschlußprüfung. Unterrichtsfächer sind:
- Körper- und Bewegungsbildung (6-8 Stunden wöchentlich über drei Jahre)
- Rhythmik (2 Stunden wöchentlich über drei Jahre) -Folklore (2 Stunden über ein Jahr)
- Bewegungsgestaltung (3 Jahre) - Tanzgestaltung (zwei Jahre) - Bewegungstheater (ein Jahr), mit wöchentlich je 2 Stunden
- Bewegungstherapie (drei Jahre/2 Stunden) -Massage (ein Jahr/2 Stunden)
- Gesundheitserziehung (ein Jahr/2 Stunden) -Sonderturnen (ein Jahr/2 Stunden) -Motopädagogik (zwei Jahre/2 Stunden) -Geburtsvorbereitung (ein Jahr/2 Stunden)
- Sport, Spiel (drei Jahre/2 Stunden) -Schwimmen (zwei Jahre/2 Stunden) - Geschichte des Sports (ein Jahr/2 Stunden)
- Methodik, Didaktik, Bewegungslehre (drei Jahre mit 2-4 Stunden Theorie und 2 Stunden Praxis wöchentlich)
- Anatomie, Physiologie (drei Jahre/4 Stunden)
- Psychologie, Pädagogik, Soziologie (drei Jahre/4 Stunden)(19)

(Alle Zitate aus: Information zur Berufsqualifizierung der Gymnastiklehrer)

## 5 AUSDRUCKSTANZ NACH LABAN

*"Rudolf von Laban, Visionär der 'richtigen', d.h. harmonischen Körperbewegung im Raum und Pionier des Ausdruckstanzes und des sogenannten 'Bewegungschors', hat tiefgehende Impulse und allgemeingültige Wegleitungen für eine universelle und zeitgemäße Bewegungserziehung des Menschen auf verschiedenen Entwicklungs- und Lebensstufen gegeben. Er ging aus von seiner Idee der Wechselwirkung zwischen dem inneren Bewegungs-Antrieb und dessen Entfaltung im Raum durch das Medium des Körpers. Diese neue Art der Bewegungs- und Tanzerziehung bietet ein einzigartiges Fundament auch in*

*der Ausbildung von Erziehern, Animatoren und Bewegungs-Beobachtern, sowie von professionellen Bewegungskünstlern."(20)(Das Berufsbild...)*

*"Einer der Initianten ist Claude Perrottet, Absolvent des 'Laban Art of Movement Centre' in Addlestone, England. Er ist Leiter des 'Studios für Bewegungskunst' in Zürich, wo die erzieherische und künstlerische Arbeit mit freier Tanzbewegung nach Laban gefördert wird."(21)(Studio...)*

*"Gründung 198O als Schule, in Ablösung des bis dahin bestehenden 'Arbeitskreis Bewegung und Tanz'. Zweck: Arbeits- und Bildungsstätte zur Pflege und Förderung von Bewegung und Tanz auf den technischen und erfahrungsbildenden Grundlagen des von Rudolf von Laban inspirierten 'Modernen Ausdruckstanze'" (freie Tanz-art)"(22)(Studio...)*

*"Das Material des Tanzes ist die Bewegung, womit ich in diesem Zusammenhang die von Laban dargestellte Interaktion von Bewegungsantrieb und Raum durch das Medium des Körpers meine. Die Bewegungen unseres Körpers bringen Raumformen hervor und sind mit Bewegungsantrieben 'geladen', einer von innen kommenden Energie, die einer ganzen Reihe von Impulsen, Absichten und Wünschen entspringt. Je mehr wir eine Bewußtheit für unser Selbst und unsere Umwelt entwickeln, desto deutlicher erkennen wir, daß der Körper ein sensibles Instrument sein muß, um eine Manifestation des Wechselspiels zwischen innerer und äußerer Welt möglich zu machen. Eines der Ziele von Tanz in der Erziehung und nach meiner Ansicht das wichtigste ist, durch das Tanzen Menschen zu helfen, eine körperliche Beziehung zum ganzen Dasein zu finden. Tanz ist wie alle Künste eine Quelle des Wissens, aus der man schöpfen kann. Erst aber müssen wir uns mit seiner Disziplin vertraut machen und lernen, seine Rhythmen und Formen klar auszuführen, wenn wir aus ihm Nutzen ziehen wollen."(23)(Ullmann)*

*"Die Arbeit im 'Modern Educational Dance' -hierzulande 'Moderner Ausdruckstanz' genannt- basiert auf sechzehn Bewegungsthemen, durch die wir von elementaren zu höheren Stufen allmählich fortschreiten. Im Unterricht befassen wir uns mit den dynamischen, den rhythmischen und den räumlichen Elementen der Bewegung, die durch die verschiedenen Gliedmaßen des Körpers ausgedrückt werden können. Vom Lehrer angeregte und vom Schüler gefundene und geübte Körperaktionen und -gesten können zu kurzen Bewegungsfolgen zusammengefaßt oder zu Tänzen ausgestaltet werden. Als Anregung dienen oft Musik und Geräusche, Sprache und Laute, gelegentlich auch Gegenstände, oder Themen aus Natur, Umwelt und Alltag. Das Gestalten innerer Stimmungen, sowie von Beziehungen zwischen zwei Partnern und in der Gruppe, stellen weitere Schritte in unserer Bewegungserfahrung dar."(24)(Studio...)*

## 6 ALEXANDER-TECHNIK

*"Alexander erkannte..., daß man Menschen helfen müßte, ihr Leben neu zu strukturieren, damit sie nicht Opfer ihrer Vergangenheit bleiben müssen. Alexander versuchte, eine solche Neustrukturierung durch eine Veränderung des Körpergebrauchs zu erreichen ... " (25)(Barlow)*

*"Die Alexander-Technik ist ... eine Methode, bei der Menschen lernen, wie sie ihren schlechten Körpergebrauch und allgemein schlechte Haltungen bei Bewegungen und im Ruhezustand erkennen und vermeiden können. Der Lehrer vermittelt dem Schüler durch direkte Arbeit am Körper Informationen über die individuelle Gebrauchsweise. Zu der Methode gehört auch das Erlernen von neuen Grundbegriffen für den Körpergebrauch; sie sind eine Reihe von formelhaften Sätzen, die der Schüler lernt, und die er mit dem neuen muskulären Gebrauch, der ihm durch die Körperarbeit beigebracht wird, zu assoziieren beginnt. Der Schüler lernt auch, sich diese Anweisungen nicht nur im eigentlichen Unterricht, sondern auch wenn er allein ist innerlich zu sagen."(26)(Barlow)*

Die Körperprozesse sollen nach einem hierarchischen Prinzip integriert werden:

*"Eine solche hierarchische Struktur soll verhindern, daß sich einzelne Körperteile zum Erlangen von kurzfristigen Zwecken entgegen den Belangen des übrigens Körpers durchsetzen. Dem Alexander-Prinzip zufolge sollte man lernen, wie man seine Körperfunktion regulieren kann, um den Körper in ein stabiles Gleichgewicht zu bringen. Die Alexander-Technik bietet Verfahrensweisen, mit denen sich verschiedene, einander sonst meist zuwiderlaufende Körperfunktionen in eine hierarchische Struktur integrieren lassen. Diese hierarchische Struktur wird als ein neues Körperkonstrukt gelernt, durch das die 'dummen' Körpereflexe unter die Kontrolle des 'vernünftigen' Gehirns gestellt werden.(27)(Barlow)...*

*"Die schlechte Haltung von Kopf und Hals ist nach Alexander grundlegend für schlechte Haltungen anderer Körperteile. Die schlechte Haltung irgendeines anderen Körperteils kann nur nach einer Korrektur der schlechten Haltung von Kopf und Hals angemessen behandelt werden"(28)(Barlow)*

*"Die ganze Region am unteren Ende des Halses, sowohl hinten, als auch vorne, ist ein richtiggehender Knotenpunkt muskulärer Koordination. Gerade hier wirken die am stärksten von der Fehlentwicklung betroffenen Körperteile - Schultern und Oberarme- ihren schädigenden Einfluß während unserer vielen Aktivitäten aus. Hier bewirken verschiedene Formen falschen Atmens, daß sich die tieferliegenden Hals- und die oberen Rippenmuskeln übermäßig verkrampfen. An dieser Stelle erfordern die Mechanismen beim Sprechen und Schlucken eine ziemlich gute Haltung der Wirbelsäule, wenn die Speiseröhre,*

*die Luftröhre und die dazugehöhrigen Stimmorgane gut funktionieren sollen. Nahe an diesem Bereich führen sehr wichtige und komplizierte Blutgefäße zum untersten Teil des Gehirns, Nervenganglien, die Atmung, Herzschlag und Blutdruck beeinflussen, sowie Nervenausgangspunkte, die mit zunehmendem Alter immer mehr in Gefahr laufen, zusammengedrückt zu werden...Und es ist diese Region, in der Haltungsschäden am häufigsten beginnen. An dieser Stelle müssen wir auch ansetzen, wenn wir die mannigfaltigen Formen schlechter Haltungen des übrigen Körpers korrigieren wollen."(29)(Barlow)*

Die Lern- und Lehrmethode besteht demnach aus einer Kombination von Behandlung und Selbstregulation:

*"Das erste ist eine sanfte Regulation des Körpers des Patienten, die der Lehrer mit den Händen ausführt; die verkehrt gebrauchten Muskeln sollen zu einer besseren Koordination 'überredet' werden. Zweitens muß sich der Patient... an diesem Geschehen beteiligen, indem er sich absichtlich eine Reihe von Gedanken aufsagt, die dem genau entsprechen, was sein Lehrer gleichzeitig in seinen Muskeln auszulösen trachtet."(30)(Barlow)*

*"Die Ausbildung zum Lehrer in Alexander Technik wird in einer anerkannten Ausbildungsschule...im internationalen Verbund der Gesellschaften der Lehrer der F.M. Alexander Technik durchgeführt. Die Ausbildung umfaßt 1600 Unterrichtsstunden a 60 Min. in einem Zeitraum von mindestens drei Jahren, in der Regel 15 Stunden wöchentlich in ca. 35 Wochen im Jahr."(31)(G.L.A.T.)*

## 7 EURYTHMIE

*"'Der Mensch ist eine fertige Form, wie er vor uns steht. Aber diese fertige Form ist aus Bewegung hervorgegangen. Diese fertige Form ist aus sich bildenden uns ablösenden Urformen hervorgegangen. Nicht das Bewegte geht aus dem Ruhenden, das Ruhende geht ursprünglich aus dem Bewegten hervor. Und wir gehen zurück zu den Urbewegungen, indem wir die Eurythmie ausbilden.'"(32)(Steiner)*

Eurythmie, auf verschiedene Art und Weise mit Wigman und der rhythmischen Gymnastikschule von Dalcroze in Hellerau verbunden, wurde von Steiner 1912 durch Maier-Smits begründet. Über den Unterrichtsprozeß, wie er von Steiner begonnen wurde, schreibt Veit:

*"Immer wieder kommt die überraschende Anregung und ermunternde Empfehlung: 'Lernen Sie, zu empfinden!' Empfindungen sind also nicht selbstverständlich 'da', einfach vorhanden. Sie bilden und entwickeln sich, indem sie an den inneren Wahrnehmungen und Erfahrungen der gehörten Laute und an den eingenommenen Haltungen der leiblichen Gestalt erweckt und bemerkbar werden. Es gilt aber ein Doppeltes: Der Laut wird an der Gestalt erlebt und die Gestalt an der Wahrnehmung des Lautes empfunden und ausgerichtet ... Im*

*übenden, erfahrenden Tun erwacht das Empfinden und Erkennen. Vom einfühlsamen Wahrnehmen und Erleben geht der Weg in das gestalterische Bewußtsein und immer bewußtere Gestalten."(33)*

*"Die Formtendenzen der Lebenswelt enthalten auch die Gestaltungselemente von Poesie und Musik: Laut, Ton, Intervall, Rhythmus. Sie verhalten sich zueinander in gesetzmäßiger Weise. So entspricht zum Beispiel jedem Laut, den wir im Alphabet finden, eine eigene Formtendenz, die dann an der Menschengestalt in Erscheinung treten kann. Auf diese Weise wird es möglich, nicht nur die allgemeine Stimmung eines poetischen Textes zum Ausdruck zu bringen, sondern auch die stimmungstragende Lautfolge objektiv auszudrükken. Dasselbe gilt für die Elemente des Musikalischen: Objektiver Expressionismus."(34)(Biesantz)*

Die Hamburger Schule wurde 1927 gegründet und besteht seit 1977 als Ausbildungsinstitut in der heutigen Form.

*"'Wir suchen über das Erleben der musikalischen Bau-Elemente zu einer Erkenntnis zu kommen', sagt Elmar Lampson. Diese 'goetheanische Methode' ist für den Eurythmisten besonders wichtig. Er soll ja aus der differenzierten Wahrnehmung heraus schöpferisch werden und in der Wirklichkeit des Wahrgenommenen die Idee finden lernen. Das ist eine Haltung, die alle Fächer durchziehen sollte. Die Stunden bestätigen diese Aussage. Wahrnehmungsübungen werden miteinander gemacht. Lehrer wie Schüler verstehen sich als Forschende, Suchende, die sich im Gespräch austauschen, sich wechselseitig in ihren Sinnes-Erfahrungen und Empfindungen überprüfen und ein Gemeinsam-Verbindliches: das Gesetzhafte herauslesen. Ideelle Inspiration durch Sinnesschulung -so könnte man diese Methode auf einen Nenner bringen. Sie ist Teil des anthroposophischen Erkenntnisweges. Einige zentrale Fächer, die für ein Eurythmiestudium unerläßlich sind, werden in Kursen ... gegeben: Anatomie, Physiologie, Ästhetik, Astronomie, Geometrie, Kunstgeschichte, Literaturkunde, allgemeine Anthropologie. Die Grundausbildung dauert ... vier Jahre ... Die gewünschte Symbiose von Musik und Bewegung, sie findet in Hamburg statt. Das ist auch im Unterricht spürbar, wo Stimmbildung, Chorsingen, Musiktheorie und Musikgeschichte neben den umfänglichen Pflichtfächern eines Eurythmiestudenten -Poetik, Metrik, Kunstgeschichte, Anthroposophie u.a. -die Regel sind."(35)(Veit)*

## 8 ALVIN AILEY

Über den 1931 in Rogers, Texas, geborenen Ailey und Lester Horton, Aileys Lehrer, dessen Technik das Alvin Ailey American Dance Center als Haupttechnik benutzt, konnte ich keine Informationen bekommen, so daß ich auf eigene Einschätzungen, sowie Rezensionen zurückgreifen muß.

*"Getrieben vom rhythmischen Takt, voller Spannung vor Kummer, Schrecken oder Freude, tanzen Alvin Aileys Tänzer den Geist des schwarzen Afrika voll aus,"(36)*

schreibt Cohen in einem Überblick über den amerikanischen Tanz heute.

*"Aileys Bewegungsidiom ist der Jazz, der Komponist, den er am meisten bewundert, der Jazz-Musiker Duke Ellington, und thematisch bevorzugt er Stücke mit Gefühlsinhalt und keine abstrakten Stilübungen. Man kann sich Aileys Kompanie kaum ohne jene Konstante von Freude und Schmerz vorstellen, die am eindringlichsten wohl in Revelations und Blues Suite formuliert ist."(37)(McDonagh)*

Die Horton-Technik als Technik des Ailey-Centers ist in Europa so gut wie unbekannt, wird aber eher als die Limon-Technik, der in Europa dieser Platz zugewiesen wird, als das Gegenstück zur Graham-Technik im Modern Dance angesehen. Horton hat mit Limon das Umgehen mit Gewicht als Fall-Recovery gemeinsam, ist also auch schwungorientiert, aber nach Aussagen amerikanischer Tänzer anspruchsvoller als die Limon-Technik.
Wichtig im Ailey-Center für das afrikanische Erbe ist die Pflege der Dunham-Technik, die als modern-ethnic auf dem haitianischen Voodoo basiert. Die Bewegungen sind wenig raumbezogen und polyzentrisch-polyrhythmisch wie im Voodoo, beziehen aber modernes Vokabular ein.
Das Center hat enorme Bedeutung für die allgemeine Tanzerziehung:

*"The American Dance Center is the official school of the Alvin Ailey American Dance Theater directed by Alvin Ailey, and the Alvin Ailey Repertory Ensemble, directed by Silvia Waters. More then 150 classes weekly are open to professionals, dance students and adult beginners on a single or multiple class card basis without an audition."(38)(Informationsblatt)*

Es gibt, ähnlich wie bei Grahams Trainee Program, ein Alvin Ailey Dance Center Scholarship Program, welches eine professionelle Ausbildung für ca. 70 Studenten betreibt.(39)(Informationsblatt) Voraussetzung ist hier, wie in den USA üblich, auch eine klassische Grundausbildung, auf deren Basis dann mit der Horton-Technik die Grundlage für eine professionelle Karriere geschaffen wird.

## 9 FELDENKRAIS

Feldenkrais-Arbeit bedeutet "Bewußtheit durch Bewegung"(40)(Feldenkrais)

*"Moshe Feldenkrais, geboren 1904, Doktor der Physik und Direktor des Feldenkrais-Instituts in Tel Aviv, war es, der dieses allgemeine System neuromotorischen Lehrens und Re-konditionierens entwarf. Sein bedeutendstes theoretisches Werk, Body and Mature Behavior, erschien 1949. Seitdem lehrte er Gruppen- und individuelle Techniken ... Er starb am 1. 7. 1984 in Tel Aviv."(41)Rywerant)*

*"Der Feldenkrais-Arbeit nahestehende Richtungen sind die Alexander-Methode, die Eutonie und die Arbeit nach Gindler, die ebenfalls mit Bewegungsbewußtsein arbeiten."(42)(Gattnar et al.)*

*"Die Feldenkrais-Arbeit führt zu einem bewußteren Wahrnehmen der eigenen Bewegungen und damit zu einem Lernprozeß, der das Selbstbild erweitert und vervollständigt. Dabei werden die Spielräume körperlicher, seelischer und geistiger Beweglichkeit vergrößert." (43)(Gattnar et al.)*

*"Die Feldenkrais-Methode kennt zwei Lernformen: 'Bewußtheit durch Bewegung' und 'Funktionale Integration'. 'Bewußtheit durch Bewegung' wird vorwiegend in Gruppen über verbale Anweisungen unterrichtet. Über das behutsame Spiel mit kleinen und interessanten Bewegungen entdeckt jeder seine ganz persönliche -vielleicht gewohnheitsmäßige- Art und Weise, sich zu bewegen und spürt, was dem eigenen Organismus möglich und angenehm ist. Spielerisch und fast unmerklich werden die eigenen Grenzen überwunden und die Bewegungsmöglichkeiten erweitert." (44)(Gattnar et al.)*

*"Eine individuelle, manipulative Technik, die Funktionale Integration genannt wird. Mit Hilfe dieser Technik kann sich der Lehrer bei leichter Manipulation des Schüler-Körpers der Besonderheiten in der neuromotorischen Funktionsweise des Schülers bewußt werden. Durch passende Manipulation macht er den Schüler auf diese Besonderheiten und die alternativen Möglichkeiten, seine motorischen Funktionen zu kontrollieren, aufmerksam. Die Wirkung dieser Behandlungssitzungen ist häufig recht bemerkenswert. Sie reicht von einer Steigerung des Wohlbefindens und der Lebenskraft sowie der Effizienz motorischer Funktion im allgemeinen bis zu einer graduellen Schmerzlinderung und Zurücknahme motorischer Beeinträchtigung."(45)(Rywerant)*

*"Beide Lernformen fördern die Wahrnehmung und führen über einen Lernprozeß zu der Fähigkeit, sich als Mensch gesünder und ganzheitlicher zu organisieren. Die Arbeit erfordert Aufmerksamkeit, aber weder Anstrengung noch Anspannung der Muskelkraft; es geht darum, herauszufinden, wie es am leichtesten geht. So durchgeführt, macht das Lernen Freude und läßt die Neugier nach Weiterem wachsen."(46)(Gattnar)*

## 10 VOODOO ALS TANZTECHNIK

Zu Voodoo als Tanztechnik gibt es -wie zu Alvin Ailey- kaum Literatur, so daß ich eine eigene Schilderung einfügen muß. Voodoo als Tanztechnik unterscheidet sich tänzerisch nicht vom normalen Gebrauch des Voodoo in religiösen Zusammenhängen. Es handelt sich immer um verschiedene Tänze, die ihrerseits unterschiedliche einzelne Schrittfolgen haben. Diese sind immer polyzentrisch und polyrhythmisch, d.h., daß verschiedene Körperzentren im Rumpf oder den Gliedmaßen oder der Kopf zu einer genau entsprechenden Trommelmusik in verschiedenen Rhythmen gleichzeitig bewegt werden, wobei die relativ kurze Einzelkombination immer wiederholt wird. Es besteht keine Raumorientierung, d.h., die Voudouissants tanzen im Kreis -oder wenn es als Tanztechnik geübt wird- auf den Bahnen des Studios ihre Schrittwiederholungen. Es gibt auch keine Gruppenorientierung oder Differenzierung, d.h., daß alle einzeln für sich das gleiche tun, wodurch eine überpersönliche Verbundenheit im gleichen Rhythmus besteht. Dagegen besteht eine innige Verbindung zur Musik, d.h. Trommelgruppe und Tanzcorps agieren in direktem musikalisch/energetischen Kontakt. Die Bewegungskombinationen sind von ihrer Grundposition eher gebeugt und am Boden orientiert, erfordern hohe musikalisch rhythmische Fähigkeit und eine gute athletische Durchbildung. Da sehr lange überwiegend im demi-plie gegangen wird und dabei ausgeprägte Binnenkörperbewegungen ausgeführt werden, ist eine Kombination von großer Kraft in Beinen und Rücken zusammen mit einer ungewöhnlichen Beweglichkeit des Schulter/Rückenbereichs erforderlich.

Den großen Unterschied zwischen Voodoo als Tanztechnik und seiner gewöhnlichen rituellen Einbindung stellt die Feier, das gesamte Setting und vor allem die Trance dar. In normalen Zeremonien haben die Tänze bestimmte Aufgaben der Anbetung. Sie sollen Gottheiten dazu verlocken, sich in Gläubige zu inkarnieren. Deswegen finden die Tänze als Teil ausgedehnter und komplexer Rituale statt, bei denen magische Zeichen gemalt werden, bestimmte (Lieblings)Speisen (der entsprechenden Gottheiten, die gerufen werden sollen) zubereitet werden, die Gläubigen die Farben und Parfums der Gottheiten benutzen, Tiere geopfert, die entsprechenden Rhythmen getrommelt, Choräle gesungen, Gebete gebetet und eben Tänze getanzt werden.

Allerdings sind die Tänze auch nicht irgendein Bestandteil, sondern zentral mit den Trommelrhythmen für die Trance verantwortlich. Sinn der Zeremonien ist die Inkarnation von Ahnen oder Gottheiten, die von Gläubigen Besitz ergreifen (monter un cheval), die dabei in Trance fallen, wodurch ihre Persönlichkeit verdrängt und durch die der Gottheit ersetzt wird, die sich so unter den Menschen ausdrücken kann. Der Wunsch nach Besessenheit, dem durch Breaks im Trommelrhythmus und beim Tanz Nachdruck verliehen wird, unterscheidet Tanztechnik und Ritual.

Die von mir interviewte Tänzerin hatte Unterricht bei Lavinia Williams in Port au Prince (Haiti) genommen. Williams stammt aus New York und ist als schwarze Amerikanerin und ausgebildete klassische und moderne Tänzerin ideales Bindglied zwischen westlicher und Voodookultur. Sie hat die letzten dreißig Jahre abwechselnd in Haiti und New York gelebt und kennt Tänze, Tanztechniken und Rituale genau. Andererseits ist sie Amerikanerin mit der entsprechenden Selbstdistanz, so daß sie Technik, Gefühl und Bedeutung vermitteln kann, soweit das bei einer ethnisch/religiösen Tanzform außerhalb ihres lokalen Kontextes überhaupt geht:

*"In den Kursen von Lavinia Williams in Voodoo zeigte sich bereits eine gewisse Problematik, die rein kultischen Elemente, wie z.B. die Anrufung Damballah's oder die Trance-Tänze mit Europäern einzustudieren. Indem Lavinia erzählend in den Kult einführte und die Klasse die Tänze durch Lieder auf kreolisch begleiten ließ, schuf sie die Atmosphäre, die für diese so heikle Arbeit notwendig ist. Anstelle des Eintretens in den Zustand der Trance, entweder durch die Trommeln oder durch vorbereitenden, sich intensivierenden Tanz, wurden die Kommandos 'contract-release' erteilt, so daß die kult-ungewohnten Europäer lediglich die äußeren Manifestationen der Trance imitierten, was einem legitimen Erlebnis der Trance fern liegt."(47)(Berger)*

Meine persönlichen Erfahrungen mit Unterricht in Haiti waren anders. Es wurde nie mit Trancesimulation gearbeitet, sondern es ging sowohl bei Lavinia, als auch anderen Lehrern um die Tanztechnik und die genaue Einfühlung und Erklärung von Bedeutung und Zusammenhang, was für mein Dafürhalten legitim ist. Die Tänze sind allein für sich von großer körperbildender, ästhetischer und psychischer Bedeutung. Für Trancen, wie in Haiti erlebt, halte ich den Zusammenhang für entscheidend. Was oft als Setting bezeichnet wird, ist in Wirklichkeit nicht von den religiösen Erlebnisscn zu trennen. Es gibt keine anonymen Trancen. Sie geschehen initiierten Voodooissants gewöhnlich in Gruppen, die sich kennen oder Familiensippen und haben mit Gegend, Geschichte, Rasse und vielem mehr zu tun, was in einem kollektiven Zusammenhang steht, so daß ich Bergers Kritik einerseits teile, anderseits durchaus, wie auch in seinem Buch an anderem Ort beschrieben, die Möglichkeit eines sinnvollen "profanen" Unterrichts in "ethnischen" Tanzformen sehe, auch wenn sie einen Kompromiß darstellen. Sie lassen sich -so wie sie sind- nicht übertragen, weil sie Teil der gesamten Umgebung sind. Auf die Bewegung reduziert vermitteln sie aber gerade dem Körper und damit auf einer non-verbalen Ebene dem ganzen Menschen (in dem Augenblick, wo wirklich inspiriert und hingebungsvoll gearbeitet wird) das, was jenseits der Folklore an echtem inneren Verstehen vermittelbar ist. Indem dieses Verstehen durch eigenes Tun geschieht, ist es echt; -das, was der Mensch in sich finden kann.

## 11 TANZTHERAPIE

*"Die Tanztherapie ist eine handlungsorientierte Therapieform, deren Ansatzpunkt das aktuelle Bewegungsrepertoire eines Menschen ist. Tanz wird dabei als elementare Körper- und Symbolsprache und als Kommunikations- und Interaktionsmöglichkeit verstanden." (48)(Winter)*

*"Die Tanztherapie als eine Form künstlerischer Psychotherapie macht sich die uralte Heilkraft des Tanzes zunutze. Nicht die Erlangung festgelegter tänzerischer Formen ist das Ziel, sondern die authentische, eigenschöpferische Bewegung. Schon seit jeher lag die heilende Kraft des Tanzes im ursprüngli-*

*chen Selbstausdruck und der zwischenmenschlichen Begegnung in der Gemeinschaft. Die Ursprünge der Tanztherapie entwickelten sich nach dem Zweiten Weltkrieg in den USA. Wegbereitend dafür war die neue Entwicklung des Tanzes hin zur kreativen Entfaltung in Deutschland vor dem Krieg. Inzwischen existieren in der Tanztherapie Ansätze analog zu den wichtigsten psychologischen Schulen."(49)(Klein)*

*"In den USA gilt die Tanztherapie als eine etablierte Therapieform. Sie wurde in den 2Oer Jahren von Mary Wigman, Rudolf v. Laban, Trudi Schoop, Isadora Duncan u.a. entwickelt, die sich vom klassischen Ballett abwendeten. Durch Improvisationen und den daraus entstandenen Choreographien machten sie Erfahrungen mit dem eigenen Körper und erlebten so den Einfluß von Bewegung auf ihre Gefühle und umgekehrt. Sie verstanden fortan Tanz nicht nur als Ausführung vorgefaßter Tanzkombinationen, sondern als einen persönlich geschaffenen Stil körperlicher Bewegung, der das Wesen eines Menschen zeigt. Ähnlich wie Moreno das Theater benutzte, entwickelten sie Bühnentänze, in denen Gefühlsinhalte im Vordergrund standen. Ihre Erfahrung war, daß Psyche und Bewegungsverhalten gekoppelt sind und sich gegenseitig beeinflussen. Laut der 'American Dance Therapy Association' (1965 in den USA gegründet) ist die Tanztherapie 'die psychotherapeutische Verwendung von Bewegung als Prozeß, der die emotionale und physische Integration des Individuums zum Ziel hat'".(50)(Winter)*

*"Die Tanztherapie beruht auf der ganzheitlichen Annahme, daß Körper, Geist und Seele eine Einheit bilden. Dieser Zusammenhang besagt, daß ein Mensch sowohl von der geistigen, der gefühlsmäßigen als auch von der körperlichen Ebene her beeinflußt werden kann. Ansatzpunkt der Tanztherapie ist das aktuelle Bewegungsrepertoire (Bewegungsmuster, Bewegungsverhalten, Bewegungsmöglichkeiten). Über das Medium der Bewegung kann sich der Klient erfahren und ausdrücken. Der Tanztherapeut nimmt an, daß jeder Mensch nach Selbstverwirklichung strebt und daß bei jedem Menschen 'gesunde', sowie konservative (bewahrende) und progressive (sich entwickelnde) Tendenzen zu finden sind. Der Tanztherapeut vertraut auf die 'gesunden' Anteile beim Klienten und setzt dort an, wo sich der Klient seiner Entwicklung entsprechend befindet. Damit arbeitet er mit dem vorhandenen Energiepotential des Klienten. So wird nicht der 'kranke' Anteil betont, sondern die 'gesunde' Seite gefördert und gestärkt, was das Selbstvertrauen des Klienten kräftigt und die Basis für eine Konfliktverarbeitung schafft." (51)(Winter)*

*"Aus der Geschichte der Tanztherapie ergibt sich eine therapeutische Nähe zu den analytischen Schulen (Freud, Adler, Jung). Vertreter der Tanztherapie sind E. Siegel (Freud), L. Espenak (Adler) und M. Capy (Jung). Zusätzlich hat die Tanztherapie vor allem aus den humanistischen Verfahren, insbesondere den körperorientierten Verfahren (Psychodrama, Gestalttherapie) sinnvolle Elemente adaptiert und benutzt eine sorgfältige Gesprächsführung zur kognitiven Integration."(52)(Winter)*

## 12 GRAHAM

*"It takes about ten years to make a mature dancer. The training is two-fold. There is the study and practice of the draft in order to strengthen the muscular structure of the body. The body is shaped, disciplined, honored and, in time, trusted. Movement never lies. It is a barometer telling the state of the soul's weather to all who can read it. This might be called the law of the dancer's life - the law which governs its outer aspects."(53)(Graham)*

*"Nichts ist enthüllender als Bewegung. Was du bist, findet Ausdruck in dem, was du tust', sagt sie. Und an anderer Stelle heißt es: 'Der Tanz kommt aus den Tiefen der inneren Natur des Menschen, dem Unbewußten, wo die Erinnerung weilt...Kunst ist die Beschwörung der inneren Natur des Menschen...Der Mensch ist dabei, sich selbst als eine Welt zu entdecken'. Isadora Duncan leitet als erste für die moderne Tanzkunst die tänzerische Bewegung explizit von inneren, emotionalen Impulsen ab, die sie als 'Triebfeder' des tänzerischen Ausdrucks sieht, und ebnet dadurch den Weg für eine Beobachtung der eigenen psychischen Vorgänge des Tänzers zum Zwecke psychologischer Selbsterkenntnis. Dies führt dazu, daß Martha Graham in den dreißiger Jahren beginnt, tänzerische Techniken zu entwickeln, die die Verarbeitung psychischer Konflikte des Individuums zu psychologischen Tanzdramen ermöglichen." (54)(Stüber)*

*"Im Zusammenhang mit den Archetypen steht auch Martha Grahams Begriff motor memory. Durch Aktualisierung des 'motorischen Erinnerungsvermögens' -erinnert sei an den im Kontext des Freudschen Innervationsvorgangs geprägten Begriff 'Körpergedächtnis'- sollen beim kinästhetischen Prozeß im potentiellen Beobachter metakinetische Erfahrungs- und Bedeutungsinhalte archetypischer Prägung bewirkt werden. Der kinästhetische Prozeß, der den Innervationsvorgang beinhaltet, umfaßt die Dimension der metakinetischen Anteile. Hier intendiert Martha Graham, archetypische Gehalte zu aktualisieren, die, an das 'Körpergedächtnis' gebunden, durch die 'muskelsympathischen' Prozesse zwischen Tänzer und Betrachter freigesetzt werden können."(55)(Stüber)*

*"'In meiner Arbeit...habe ich immer versucht, ein Bild des Menschen in seinem Kampf um Ganzheit zu zeigen, um das, was man eher Gottes Idee von ihm als seine eigene Idee von ihm selbst nennen könnte.'"(56)(Graham in Stüber)*

*"Die Symbole - im Hinblick auf den Tanz ließe sich auch von 'Bewegungsbildern' sprechen - sind demnach 'genuine Schöpfungen des Unbewußten.'"(57)(Stüber)*

*" 'Technik', so Martha Graham, 'ist dem Körper lediglich dienlich zum vollständigen Ausdruck.'"(58)(Stüber)*

*"Ausgangspunkt ihrer Tanztechnik ist ein grundlegender biologischer Vorgang: die Atmung. Ein- und Ausatmung gehen einher mit Bewegungen des Oberkörpers, der sich beim Ausatmen zusammenzieht und bein Einatmen ausdehnt."(59)(Stüber)*

*"Es ist der alternierende Bewegungsrhythmus von 'Kontraktion' und 'Dilatation', den Martha Graham tänzerisch ausnutzt und von welchem sie zwei grundlegende Antriebsbewegungen ableitet: 'Die zwei grundlegenden Bewegungen sind, wie ich sie nenne, contraction und release. Ich gebrauche den Ausdruck release um den Moment auszudrücken oder zu bezeichnen, wenn der Körper voll Atem ist, eingeatmet hat und eine luftbezogene Eigenart besitzt, und den Ausdruck contraction, wenn der Antrieb abgefallen und raus ist, wenn der Atem ausgegangen ist.' Sie ist primär an der rhythmischen Muskeltätigkeit dieses Vorganges interessiert und nur sekundär an der Atmung an sich. Ihre tänzerische Expressivität basiert auf der tänzerischen 'Überhöhung' eines biologischen Rhythmus."(60)(Stüber)*

*"Diese anatomische Zentrierung ergibt ein Bewegungszentrum, das ihr einerseits erlaubt, durch bewußt gesteuerte Muskelkontrolle in diesem Bereich eine dynamische Bewegungsfolge aufzubauen. Andererseits jene für ihren Tanzstil typische konvulsische Bewegungsqualität zu erreichen, die treibend-stoßende Bewegungen energiemäßig in der Pelvis gut kontrollierbar macht und so jenes präzise Timing ermöglicht, das den Eindruck tänzerischer Spontaneität erweckt. Martha Graham erwähnt ausdrücklich, daß diese Spontaneität nicht Folge emotioneller Bereitschaft ist...'Sie ist Form der objektivierten Emotion...Spontaneität ist im wesentlichen von der Energie, von dem zum perfekten Timing notwendigen Kraftaufwand abhängig.'"(61 )(Stüber)*

*"The Martha Graham School offers a Trainee Program...leading to a certificate of completion, for dancers who have demonstrated professional potential to the Director of Faculty. Trainees must hold a high school diploma... A student is accepted as part of the Trainee Program when he/she has attended the school for at least six months and...can realistically work toward a dance career at a professional level. Criteria for determining professional potential are the development of physicality and the mastery of specific skills....The length of the Trainee Program is two years... on a fulltime basis to a maximum of two-and-one-half years..."(62)(General Information)*

## 13 EUTONIE

*"Eutonie bedeutet eine durch Ausgleich der Körperspannung erreichte optimale Spannungsbalance."(63)(AFA)*

Gerda Alexander (geb. 1908) ging anfangs

*"von der musikalisch fundierten 'rhythmischen Gymnastik' Jaques Dalcrozes"(64)(Rosenberg) aus. "Auch war sie in den 20er und 30er Jahren sehr inspiriert von der Schlaffhorst-Andersen-Schule."(65)(Kjellrup). Neben 'Kontakt und Austausch mit Moshe Feldenkrais' ... gibt es 'viele inhaltliche Verbindungen zu der Arbeit von Elsa Gindler und Heinrich Jacoby und den von seinen Schülern weiterentwickelten Arbeiten ... '"(66)Kjellrup)*

1940 gründete G. Alexander ein Institut in Copenhagen, das sie seitdem leitet:

*"Die 4-jährige Ausbildung umfaßt neben Eutonie und eutonischer Bewegung auch Psychologie, Anatomie, Physiologie, Neurophysiologie, Pathologie, Stimmbildung, Geburtsvorbereitung, 'Höfische Tänze' von Prof. K.H. Taubert und 'Grundlagen der gesetzmäßigen Bewegung' von Prof. Rosalia Chladek, schriftliche und mündliche Examen durch Eutoniepädagogen, Psychologen, Ärzte." (67) (AFA)*

*"Jeder, der Eutoniepädagoge werden und Eutonietherapie anwenden will, muß erst die Eutonie in seinem eigenen Verhalten verwirklichen. Für die vielseitigen Anforderungen, die an die Eutoniepädagogen gestellt werden müssen, Regeln aufzustellen, ist unmöglich. Nur wer seine eigene Eutonie immer wieder neu erwerben kann, hat die Voraussetzung, in jedem einzelnen Fall sinngemäß zu reagieren. Deshalb steht in der Ausbildung die Erarbeitung der eigenen Eutonie im Vordergrund, die trotz störender Einflüße der Großstadt -nicht in geschützter Isolation- erreicht werden muß." (68) (AFA)*

Dabei wird mit folgenden Methoden gearbeitet:

*"Eutonische Bewegungen sind nicht mechanisch, sie erfordern immer das erweiterte Bewußtsein, die Präsenz der Gesamtpersönlichkeit. Die Bewegungen werden daher in einem sehr langsamen Tempo ausgeführt, um die Möglichkeit zu haben, immer von neuem seinen Kontakt und sein Körperbewußtsein zu spüren. Eine objektive Kontrolle der Gelenke, Muskeln und Bänder haben Schüler und Lehrer in den 'Kontrollpositionen', den einzigen festgelegten Übungen in der Eutonie. Um die normale Elastizität und Muskellänge zurückzubekommen, wird als grundlegende Disziplin der Eutonieschulung die Kontakt- und Durchströmungstechnik verwendet. Sie harmonisiert den Tonus, die Atmung, die Blut- und Lymphzirkulation und die gesamten Stoffwechselvorgänge. Dadurch verschwinden Ablagerungen in Muskeln und Bändern ohne aktive Atem- oder Bewegungsübungen. Wichtig ist besonders das 'bewußte Erleben des Transportes'. Damit ist der Druck gemeint, der als Widerstand gegen unser Eigengewicht vom Boden her auf*

*unser Skelett wirkt. Dieser Druck wird von Knochen zu Knochen über die Gelenke übertragen ... Er wirkt der Anziehungskraft der Erde entgegen und hat eine aufrichtende Wirkung auf den Körper. Das bewußte Erleben dieser aufrichtenden Kraft stärkt das Selbstvertrauen und hat eine befreiende Wirkung." (69)(Kjellrup)*

*"Eines der Ziele der Eutonie ist es, daß der Mensch zu seinem eigenen Wesen kommt, das durch Gewohnheiten und Ansprüche der Umwelt verdeckt wird, daß er, ruhend im und agierend aus dem eigenen Grund, gestaltend wirkt. Dieses Ziel wird durch Übungen erreicht, die jedoch nicht dazu führen sollen, daß beeindruckende Vorbilder nachgeahmt werden. Darum ist das eigentliche Ziel der Arbeit die Eutonie der Gesamtpersönlichkeit. Hierzu hat Gerda Alexander verschiedene Mittel geschaffen, von denen nur einige stichwortartig genannt seien: das Körperraumbewußtsein, die willentliche Tonusumstellung, die Kontakt- und Durchströmungstechnik, der Raumkontakt, die 'Verlängerung', das Erspüren der Strahlungszone über die sichtbare Begrenzung des Körperraumes hinaus, die Einfühlung in jeden Teil der Haut und des Körperinnern einschließlich der Blutgefäße und der Knochen. Für all dies werden jedoch, das ist auffällig, nur 'kleine Mittel' eingesetzt, es gibt hierbei nicht große Gesten oder ausladende Bewegungen (ein großer Teil der Arbeit wird auf dem Boden liegend verrichtet). Mit einem Minimum an Aufwand wird ein Maximum an Wirkung erreicht."(70)(Rosenberg)*

## 14 IDEEN- UND KULTURGESCHICHTLICHE HINTERGRÜNDE

Nach Kenntnissen der Theorien, die aus den Praktiken der Schulen entwikkelt wurden, nach früheren Gesprächen mit Lehrern und Schülern und nach eigenen praktischen Erfahrungen kann ich versichern, daß die zentralen Thesen und Begriffe meiner Theorie nicht verwandt werden. Sie sind selbstverständlich implizit enthalten. Entsprechendes Gedankengut taucht schon bei den Schulen auf, auf die sich die meisten der heutigen Ansätze zurückführen lassen: Dalcroze (vergl. auch Fußnote 16 S. 93!) zum Beispiel ging es um die Befreiung von starren Formen und das Finden einer universellen Harmonie auf der Grundlage von Training und Kunst:

*"The breaking loose from rigid forms and the creation of one's own style depended, he said: '...on a reunification of spiritual and corporal faculties, that can be achieved only by assiduous training in movement in time and space, and a diligent cultivation of a muscular sense.'"(71)*

*"Movement, then, given the right conditions, materialized the ideal of Rhythm and in so doing harmonized body and spirit, thereby creating individualitity."(72)(Stone)*

Dalcrozes Schule Hellerau bei Dresden war

*"für viele das Tor zu einer selbständigen ästhetischen Orientierung als Musiker, als Gymnastiker, als Tänzer. 'Vorschule der Künste' war sie vor allem für einige der herausragenden Persönlichkeiten der gerade ihre ersten Ansätze entwikkelnden neuen Tanzkultur in Deutschland -Mary Wigman an erster Stelle genannt ... "(73)(Stone)*

Es gab vor dem ersten Weltkrieg 500 Schüler/innen in Hellerau und 7000 in unzähligen Zweigstellen im In- und Ausland, der Unterricht war an Konservatorien, Musik- und Theaterschulen, Gymnasien, Schulen, Pensionaten, Kindergärten und Privatschulen eingeführt. Nijinsky und Diaghilew engagierten Dalcrozes Assistentin Rambert. Der Erste Weltkrieg beendete die Ära. Nach dem Krieg übernahm schließlich Chladek die nach Laxenburg bei Wien übergesiedelte Schule und entwickelte ein Tanzsystem, das über Dalcroze hinausging.(74)(Darstellung orientiert an Müller)
Dore Jacobs machte eine Ausbildung in Hellerau genauso wie Gerda Alexander und Suzanne Perrottet.
Ein stärker tanztechnisch und bewegungsanalytischer Einfluß ging von Laban aus. Seine Ansichten sind pragmatischer und sein Wirkbereich spannt sich von Bewegungsstudien für die Industrie über modernen Ausdruckstanz und Tanztherapie, sowie pädagogischen Konzepten für Laienarbeit bis zur Entwicklung von Tanzschrift. Für Laban sind Bewegungen bis ins Detail beschreibbar durch ein ausgeklügeltes System von Raum und Dynamikkomponenten und drücken die Eigenart der Personen aus.
Sehr weitreichenden Einfluß auf Verfahren der Körperbildung, wie der Körpertherapien, hatten auch Elsa Gindler, deren Aufzeichnungen leider im Krieg vernichtet wurden(75)(vergl. auch Petzold), sowie Bode, der die Verbindung visceraler Rhythmen mit kosmischen Rhythmen betont, deren Harmonie durch das Ego gestört werde.(76)(vergl. Stone)
Viele Ansätze lassen sich auf diese Art in ihrer Entstehung miteinander in Beziehung setzen. Andere, wie Feldenkrais oder Commedia dell'Arte sind individuell entstanden oder entstammen anderen Traditionen. Mir geht es darum, eine Theorie zu formulieren, die gemeinsame Annahmen, Wirkmechanismen und Bedeutungen herausarbeitet. Einzelne Elemente daraus werden so oder ähnlich von den Protagonisten der Schulen angesprochen. Das meiste und jeder Gesamtzusammenhang bleiben unausgesprochen. Die ausdrückliche Formulierung dieser stillschweigend enthaltenen Voraussetzungen und Annahmen ist Anliegen dieser Arbeit.
Das gleiche gilt für die Ähnlichkeit. Dem Laien mögen die Schilderungen dieses Abschnitts nicht viel Konkretes gesagt haben. Das Gemeinsame scheint eine diffuse Ganzheitlichkeit zu sein, die mit Empfindungsschulung oder Ausdruck erreicht werden soll. Es ist mir deshalb wichtig, an dieser Stelle darauf hinzuweisen, daß selbst eng verwandte und offensichtlich benachbarte Ansätze wie Atemarbeit und Eutonie sich ziemlich scharf voneinander absetzen und ihre Methode für die eigentlich richtige halten. Besonders

verschärft gilt die Distanzierung für Empfindungsschulung und Tanz, die sich nicht abgrenzen, da sie sich als zu gegensätzlich für einen Vergleich halten.
Mir geht es darum, in dieser Arbeit zu zeigen, daß
- A stillschweigende Annahmen über das Leben und die Natur des Menschen bestehen und
- B diese Annahmen den unterschiedlichen Ansätzen als stillschweigende Denkvoraussetzungen gemeinsam sind und ihnen eine gemeinsame Bedeutung für die Menschen geben.

# C DIE INTERVIEWTECHNIK

## 1 DER SINN DER INTERVIEWS

Sinn der Interviews ist es herauszufinden,
1.ob tatsächlich Effekte, wie sie im psychologischen Teil behauptet werden, auftreten und
2.ob die Übenden ihre Situation ähnlich einschätzen, wie im anthropologischen Teil angenommen wird.

ad 1. Die Fragen über die persönliche Entwicklung, die mit der Ausbildung einhergeht, sind nicht einfach und mußten in ihrem Sinn näher erklärt werden. Entsprechend ließen die Befragten die Fragen oft etwas länger auf sich wirken, horchten quasi in sich hinein, um dann oft ausführlicher zu antworten. Manchmal kamen die Antworten prompt und waren detailliert, was auf eine mehr oder weniger bewußte und reflektierte Auseinandersetzung mit dieser Fragestellung schließen ließ. Andernfalls hätte nachgefragt und überlegt werden müssen.

ad 2. Die Fragen des anthropologischen Teils sind Fragen nach einer philosophischen Einschätzung der eigenen Erfahrung, des eigenen Tuns, der gesamten Situation. Sie setzen eine hohe Reflexionsstufe voraus, und entsprechend hatten die Fragen den Charakter kleiner Statements, zu denen die Befragten ihre Meinung abgeben sollten. Aus einer prompten Beantwortung dieser ungewöhnlichen Thesen habe ich daher geschlossen, daß diese Kategorien tatsächlich stillschweigende Voraussetzungen sind. Wären sie es nicht, würde länger nachgefragt, gezögert (wie ich es immer in Gesprächen mit "Laien" erlebe), es wären nicht sofort aus eigener Erfahrung Beispiele beigesteuert worden.

Im folgenden werde ich den ungefähren Wortlaut und die Abfolge der Fragen eines Interviews skizzieren:
Die Fragen des psychologischen Teils gehen darum, daß Menschen, um ganz zu werden, eine Intuition dafür brauchen, was Probleme sind, die unnötig sind, und was Schwierigkeiten sind, die eine Herausforderung zum Wachstum darstellen. Ein wichtiges Instrument ist die geschmackliche Bildung, der

Schönheitssinn, eine psychologische Grundlage ist eine Balance zwischen bestimmten Polaritäten wie Fühlen-Denken, Innen-Außen, Machen-Geschehen lassen, pragmatisch-transzendent. Voraussetzung für eine solche Balance ist eine angemessene Entwicklung des Charakters jeder Polarität. Dann kann die Persönlichkeit das richtige Maß für das Tempo von Veränderung und Wachstum finden.

## 2 SKIZZE DER DURCHSCHNITTLICHEN INTERVIEWFRAGEN

Die erste Frage war:

- Hast Du das Gefühl, daß sich im Laufe Deiner Arbeit Deine Art zu denken verändert hat? Ist es zum Beispiel klarer, deutlicher oder diffuser geworden?...
- Wie ist es mit dem Gefühl?...
- Der nächste Punkt ist die Entwicklung der Gefühle und das Verhältnis von Fühlen und Denken.
  Fühlen und Denken können sich behindern. Unerledigte Gefühle erzeugen Projektionen und Denkhemmungen, ein starres Denken läßt differenzierte Gefühle nicht aufkommen usw. Umgekehrt können ein Denken, das in seiner Eigenart konsequent und frei ist und Gefühle, die akzeptiert sind, in einer fruchtbaren Spannung zueinander stehen und eine kreative Entwicklung des Weltbildes fördern, ja eine Quelle der Intuition sein.
  Hat sich dieses Verhältnis von Fühlen und Denken zueinander entwickelt?
- Eine andere Frage ist die nach dem Verhältnis von Machen und Geschehen lassen. Es gibt einmal eine Art zu Machen, die losgelöst von inneren und äußeren Bedingungen nach einer bestimmten Vorgabe agiert und zum anderen einen Ansatz, zum richtigen Zeitpunkt und in der richtigen Situation das Richtige zu tun. Beim Geschehen lassen gibt es ein passives fatalistisches Hinnehmen des Unvermeidlichen gegenüber einem aktiven Bejahen dessen was passiert, einem In-Kontakt-Sein mit allen Entwicklungen aus dem inneren Wissen heraus, daß das -was passiert- nicht zufällig Dir passiert.
  Wie hat sich das bei Dir entwickelt?...
- Daraus ergibt sich die Frage nach einem inneren Beobachter, der wie in der Meditation die inneren Impulse, das, was von innen her entsteht, und den Willen des Ego ohne zu werten wahrnimmt.
  Kannst Du damit etwas anfangen?...
- Eine andere Frage ist die nach Innen und Außen. Bei einem gesunden Verhältnis ist das Innen an sich klar, differenziert und unabhängig und nicht durch die Vorgabe des Außen bestimmt, die Wahrnehmung des Außen seinerseits wird nicht durch den inneren Wunsch bestimmt, sondern für sich klar gesehen. Der Mensch ist in der Lage, die Spannung dazwischen auszuhalten, was ein wichtiger Motor der Entwicklung im Leben ist. Ein Problem ist oft, daß die äußere Realität so übermächtig ist, daß sie die

Wahrnehmung der inneren Bilder, Wünsche, Träume, Ängste normiert, so daß sich die innere Entwicklung schon am Machbaren orientiert. Andersherum kann die Innenwelt auf das Außen so projiziert werden, daß eine unverfälschte Wahrnehmung nicht möglich ist und das Wirkliche durch das Gewünschte überlagert wird.
Wie hat sich das bei Dir im Lauf der Arbeit hier entwickelt?...

- In dem Zusammenhang stellt sich auch die Frage nach der Wahrnehmung anderer Menschen. Glaubst Du, daß Du andere jetzt mehr so sehen kannst, wie sie sind?...
  Hast Du den Eindruck, daß Du für andere jetzt klarer bist?...
- Im Idealfall gibt es auch die Möglichkeit, daß Innen und Außen, von denen ja eins ohne das andere nicht denkbar ist, zusammenfallen. Innen und Außen sind füreinander geschaffen und heben sich auf in dem Augenblick, wenn der innere Beobachter funktioniert. Auch Machen und Geschehen lassen sich so auflösen, wenn man das eigene Tun als Impulse wahrnimmt, die von Innen nach Außen gehen, die Umgebung verändern und dann wieder die eigene Wahrnehmung verändern. Hast Du das Gefühl, daß so etwas mit der Ausbildung eher möglich geworden ist?...
- In Psychotherapien geht es ja auch darum, daß möglichst viel bewußt wird. Siehst Du Ähnlichkeiten?...
- Hättest Du eine spezielle psychotherapeutische Intervention in kritischen Situationen benötigt oder reicht die Ausbildung auch in Situationen, da Du an spezielle biographische Verwicklungen kommst, die schmerzhaft und angst-besetzt sind?...
- Ich möchte jetzt eine etwas gewagte These aufstellen und mich würde interessieren, was Du davon hältst:
  Das Streben vom Ich her ist ja, das Leben sicher, vorhersagbar und konstant glücklich zu gestalten und zu planen.
  Das war früher nur sehr begrenzt möglich, weil die Menschen in engen sozialen Bezügen lebten, die sie zwangen, sich mit den Familienmitgliedern und Nachbarn ständig und direkt auseinanderzusetzen. Sie waren auch stark in Traditionen eingebettet und in hohem Maß vom Klima, der Naturgegebenheit überhaupt usw. abhängig. Auch Krankheiten und Unfälle spielten eine schicksalhaftere Rolle....
  Das Leben heute entspricht ja vielmehr den Bedürfnissen des Ich, ist in hohem Maß planbar und die Menschen können sich ihre Umgebung, Freunde usw. ziemlich frei wählen....
  Für das persönliche Wachstum dagegen scheint es wesentlich zu sein, auf bestimmte Bedingungen zu treffen, die nicht beliebig sind, die nicht diskutabel und veränderbar sind, sondern die gegeben und fest dastehen und an denen ein Mensch wachsen kann.
  Ich habe das ein Bedürfnis nach Schicksal genannt....
  Nun möchte ja niemand mehr ernsthaft zurück in die Festlegung archaischer Gemeinschaften. Die Bedürfnisse nach Natur oder Dritte Welt sind

immer die nach freiwilligem und reversiblem Sich-Einlassen und alle behalten sich Optionen vor, die in Notfällen ein hartes Schicksal korrigieren könnten. Mir scheint es eher so zu sein, daß die Freiheit von der Ungerechtigkeit des Zufalls schon ein selbstverständlich bejahtes Gut der Zivilisation ist, eine große Sehnsucht aber nach Echtheit besteht, so daß die sinnlose Beliebigkeit einer atomisierten Gesellschaft sich zu einer Freiheit-in-Verantwortung entwickelt....

In diesem Sinne ist für mich Körperarbeit eine emanzipierte Form von Schicksalhaftigkeit, etwas, wo ich in der Zeit des Unterrichts -des Übens- in Kontakt mit etwas trete, was mich unentrinnbar mit meinen Wurzeln, meiner Anlage und dem, was ich daraus gemacht habe, konfrontiert. Damit kommt dieser für das Wachstum so wichtige Aspekt des Erleidens zurück in das komfortable Leben, aber eben eines Erleidens, das nicht im zwangsweisen Vollziehen des als zufällig empfundenen Lebensschicksals besteht, sondern in einem freiwilligen Sich-Konfrontieren mit der eigenen Natur besteht und zum Selbst führt.

Könntet Ihr, um es auf einen Punkt zu bringen, einem Satz wie: Körperarbeit ist eine emanzipierte Form von Schicksalhaftigkeit zustimmen?...

- Glaubst Du, daß Körperarbeit genauso wie ein Leben in einfachen Verhältnissen -bei dem man nicht gefragt wird- zu Demut und Stolz führt; Demut, weil das, was passiert, nicht dem Ego entspringt, sondern etwas Größerem in uns und Stolz darauf, damit in Kontakt gekommen zu sein in dem Sinn, daß das etwas in mir ist, worum ich mich trotz vieler Fehlschläge immer weiter bemüht habe?...
- Glaubst Du, daß Menschen in sich ein Bedürfnis nach Ganzheit haben ..., daß die letzte Ganzheit der Tod ist... und wir im Leben einen Weg gehen von der Begrenztheit des Ego durch die Erfahrungen des Lebens zu mehr Ganzheit..., und daß dafür der Körper entscheidende Bedeutung hat, weil er Teil der Natur ist und ihren Gesetzen folgt, die entfaltete Ganzheit sind, andererseits er unserem Willen untersteht?...
- Glaubst Du, daß es auf dem Lebensweg eines modernen Menschen mit seinen Wahlmöglichkeiten kritische Situationen gibt, denen er sich als "schicksalhafter Herausforderung" stellen muß, -an denen er "so oder so" nicht vorbeikommt?...
- Niemand kann in ständiger Öffnung leben: Ein Weltbild -Gewohnheiten, die das Ich entlasten- und Verdrängung sind überlebenswichtig. Es kommt aber auf die "richtige" Balance zwischen Öffnung und Konsolidierung an und auf die "richtige" Richtung, also die "produktive Verunsicherung"....
  Glaubst Du, daß die Ausbildung Dir geholfen hat, die richtige Balance zu finden zwischen Wachstumskraft und Ich und eine Intuition für die "produktive Verunsicherung" zu entwickeln?...
- Um diese Balancen zu finden -mehr zuzulassen- muß das Ich nicht geschwächt, sondern transformiert und stärker werden. Hast Du das Gefühl, Dein Ich hat sich in diese Richtung entwickelt?...

- Ein Kennzeichen eines entwickelten Ichs ist Ambiguitätstoleranz, also die Fähigkeit, verschiedene sich widersprechende oder konkurrierende Bilder souverän stehen zu lassen, ohne den Zwang zu spüren, für Klarheit und Eindeutigkeit sorgen zu müssen. Wie empfindest Du Dich im Hinblick darauf?...
- Wie steht es für Dich mit Körperarbeit und Religion, führt der Körper zu einer Form persönlichen religiösen Erlebens, einer bestimmten Spiritualität und, wie empfindest Du allgemein die Balance pragmatisch/transzendent nach der Ausbildung?...
- Ist für Dich Schönheit etwas Äußerliches und Angenehmes aber nicht Bedeutsames, oder hat Schönheit für Dich eine entscheidende, maßgebliche Bedeutung, die das persönliche Schicksal und die Intuition lenken kann?...

Diese Fragen unterschieden sich von Interview zu Interview in ihrer Formulierung, z. T. auch in der Reihenfolge, da es sich um eine lebendige Auseinandersetzung handelte.

Meine Probanden sollten eine massive und ernsthafte Auseinandersetzung mit "ihrem" Ansatz erlebt, aber nicht unbedingt ein explizites Konzept haben, so daß meine Vermutungen über das, was bei einer solchen Arbeit passiert, auf eine reichhaltige solide Erfahrung treffen, die aber noch nicht in intellektuelle Kategorien gebracht wurde. Ideal für diese Anforderung sind Studenten, die eine Ausbildung abgeschlossen haben. Diese Ausbildungen dauern meistens ca. drei Jahre und nehmen täglich vier bis acht Stunden ein, so daß von einem professionellen Erfahrungsniveau gesprochen werden kann, ohne daß fertige Konzepte die Erfahrungen geglättet hätten.

Ich habe die Fragen und Statements bewußt so gewählt, daß meine Auffassung oder Vermutung deutlich wurde. Da es sich bei meiner Interviewgruppe um Leute mit einer massiven Erfahrung und um selbstbewußte reflektierte Persönlichkeiten mit Kontakt zu ihrer Erfahrung und ihrem inneren Erleben handelte, wurde durch meine "klare Subjektivität" und andersherum auch "subjektive Klarheit" paradoxerweise Objektivität gewährleistet[2] :

Denn je deutlicher ich meine Auffassung machte, umso mehr bemühten sich meine Gegenüber darum, Gemeinsamkeiten oder Unterschiede herauszufinden und desto greifbarer und leichter wurden diese erkennbar. Bestimmte Fragen sind mit Absicht provokant formuliert, vor allem die nach Demut und Stolz. Im nachhinein hat gerade das besonders gut funktioniert. Es existiert tatsächlich ein vom normalen Sprachgebrauch abweichendes Verständnis, welches durch die besondere Erfahrung von Körperarbeit, Kunst und Ich-Entwicklung zustandekommt und bei verschiedenen Ansätzen in verschiedenen Ländern und Sprachen als verblüffende Ähnlichkeit besteht.

Methodisch bewege ich mich mit dieser Form von Empirie auf Neuland. Zwar werden in der Literatur das Tiefeninterview (Scheuch)(78), bzw. das teil- oder nicht-standardisierte Interview (Anger)(79) mit den Vorteilen höherer Flexibilität und Gültigkeit und den Nachteilen von geringerer Vergleichbarkeit und größerer Beeinflussungsmöglichkeit erwähnt, doch stellt sich meine

Vorgehensweise als erheblich verschieden von klassischen Fragebogen oder Interviewsituationen dar:

1. Es können nur wenige Menschen befragt werden, so daß keine Repräsentativität im klassischen Sinn gegeben ist.
2. Es ist nur eine qualitative Auswertung möglich, da die Tonbandprotokolle eine große Menge relevanten und irrelevanten Materials in sehr unterschiedlich erzählter Form enthalten.
3. Der "Interviewer" ist kein Stellvertreter des "Forschers", dem der Sinn erklärt und mit dem das Interviewverhalten geübt werden müßte, sondern der "Forscher" selbst und zeigt sein "Forschungsinteresse" offen. Wie oben beschrieben, habe ich die Fragen offen formuliert, doch die Statements, die die Befragten beurteilen sollten, stellten unmißverständlich meine Meinung zu den in Frage stehenden Themen dar.

Ad 1: Es ging hier nicht um Falsifizierung oder Verifizierung, sondern darum, eine gewagte und komplexe Theorie, die eine Situation konzipiert und zugleich das Warum ihres Auftretens und das Wie ihres Funktionierens erklärt, in Kontakt mit der erlebten Wirklichkeit der betroffenen Menschen zu bringen.

Ad 2: möchte ich auf das "Narrative Interview"(Wiedemann(80) verweisen. Wiedemann will -aufbauend auf Politzer(81) und Schütz(82) das Lebensdrama des Alltags zum Gegenstand der Psychologie machen. Methodisch besteht der entscheidende Unterschied, daß ich ein Konzept zur Diskussion stelle, das Drama in den Alltag zu holen und damit im Gegensatz zum offenen Charakter des narrativen Interviews eine relativ feste Struktur habe. Ähnlich ist dagegen die Grundidee und die daraus folgende Orientierung am alltäglichen Reden realer, greifbarer Menschen im Gegensatz zur klinisch sauberen Situation mit abstrakten Versuchspersonen.

Ad 3: hängt eng mit 2 zusammen. Hier möchte ich nicht nur auf Gerdes/v. Wolffersdorff-Ehlert(83) und ihre Ansicht, nur durch Miteinbeziehen der Subjektivität der Menschen zu so etwas wie Objektivität zu gelangen, verweisen, sondern auch auf Holzkamps kritische Psychologie(84).

# D DIE INTERVIEWS

## 1 ATEMTHERAPIE

### Situation

Das Interview fand mit drei Studenten der Atemtherapie, zwei Frauen und einem Mann, die ihre zweieinhalbjährige Ausbildung gerade beendet hatten, im Institut für Pneopädie in Berlin statt. A und B, die beiden Frauen sind Anfang bis Mitte dreißig, der Mann, C, ist Ende zwanzig. Alle drei wurden gemeinsam interviewt.

### Die Fragen

Auf die erste **Frage nach dem Denken** wurde übereinstimmend geäußert, daß es sich nicht so sehr verändert, eher entwickelt hätte, in eine Richtung, in die es schon vor der Ausbildung gegangen sei und daß dabei dann aber die Arbeit am Atem entscheidend in der eingeschlagenen Richtung geholfen habe.

**Zur Entwicklung der Gefühle** wurde betont, daß die Arbeit am Atem Empfindungsschulung sei. A, die vorher Kunsterzieherin war, betonte zum Verhältnis von Fühlen und Denken, daß sie vorher die Welt erdenken zu können gedacht hätte, während sie jetzt das Denken als der Erfahrung nachgeordnet betrachtet. C, der vorher Handwerker war, sagt, daß er je nach Situation eher vom Denken oder vom Fühlen her an eine Sache herangeht. Dazu meint B, die Art, über das Denken an Dinge herangehen zu wollen, könne ein Unterschied zwischen Mann und Frau sein.

Dieselbe Frau sagt zur allgemeinen Entwicklung ihrer Gefühle, sie sei generell viel empfindsamer geworden gegen äußere Situationen wie Lärm aber auch andere Menschen, zum Beispiel deren Aura. Der Mann sagt auf meine Frage, wie es mit in unserer Gesellschaft noch immer kritischen Gefühlen wie Angst, Wut, Sexualität sei, die Gefühle hätten sich nicht verändert, wohl aber deren Wahrnehmung, er könne ihre Entstehung deutlicher spüren und auch, wenn er sie unterdrücke. A erläutert, daß die Bewertung der eigenen Gefühle weggefallen wäre, B, daß sie deutlich spüre, wo welche Gefühle im Körper säßen, allgemein wird geschlossen, das Zulassen der Gefühle entdramatisiere sie. Sie gehörten einfach dazu, seien "gesellschaftsfähig".

A betont die Bedeutung von **Spannung zwischen Fühlen und Denken** und daß es egal sei, wie hoch die Spannung sei, wichtig für Veränderung sei nur, daß ein Kontakt zwischen beiden da wäre.

Zur Frage nach **Machen und Geschehenlassen** erläutert A, daß es bei der ganzen Atemarbeit ja um das Zulassen gehe, daß das der zentrale Punkt sei, was aber im alltäglichen Leben nur in glücklichen Augenblicken realisiert würde.

Auch das Beobachten und Geschehenlassen, der innere Beobachter wird nach allgemeiner Aussage als etwas wie ein regelrechtes Schulfach bezeichnet, was auch nicht nur als Nacherinnerung, sondern zugleich wahrgenommen werden könne.

A sagt zu der **Frage nach Innen/Außen**, daß das für sie durch die Wahrnehmung der körperlichen Begrenzung klarer geworden sei. Sogar das Erlebnis, daß Innen und außen zusammenfallen und das beobachtende Ich wie eine "Membran" dazwischen sei wird sofort angeführt, was sie als reinen "Seinszustand ohne Erwartung" bezeichnet. B sagt, daß dadurch, daß sie sich verändert hat, sie sich von vielen "Menschen verabschieden mußte", mit denen dann einfach keine Verständigung mehr möglich war und daß sie in solchen Situationen verunsichert ist, weil es zu anderen Konfrontationen mit der Außenwelt führt und auch schmerzhaft ist. C sagt, daß er sich nicht direkt anders empfunden hat, sondern immer wieder gemerkt hat: "Ich verhalte mich anders" und dadurch indirekt sein anderes Empfinden sich erschloß, also eher im Nachhinein bewußt wird.

Zum **Thema Psychotherapie** sagt A, daß sie vorher Gesprächstherapie genommen hat. Sie hatte das Gefühl, daß es um das gleiche gehe, aber "in der Psychotherapie nur davon gesprochen wird ... die Psychotherapie Realität nicht bereitstellen kann", wohingegen in der Atemarbeit wirklich etwas passiert.

Ob Psychotherapic als Ergänzung sinnvoll wäre, war nicht eindeutig zu klären. A verneinte, B sagte, der Psychologieunterricht hätte ihr viel geholfen und C kam zu dem Punkt:

*"Ich denk' schon, daß es auch was erleichtert hätte, aber man könnte im Nachhinein nicht mehr sagen, wie wär das wenn ich die Zeit abgewartet hätte."*

Zum Thema **"emanzipierte Form des Kontakts mit dem Schicksal"** sagt B, daß sie eine Schamanin kennt und daß da sehr viel mit dem persönlichen Leidensweg gearbeitet wird,

*"daß man nicht um das 'rumkommt, das ist zwar schrecklich und grausam und schmerzvoll, aber nur dann passiert was, das spürt man auch körperlich ... "*

Das gleiche berichtet sie auch von der Atemtherapie,

*" ... also wenn man da an Stellen kommt und es geht nicht weg ... und da merkt man, was da auch für ein Leid drinn ist, für ein Schmerz ... daß man das nicht einfach wegkriegt, daß man ihn annehmen muß und durch ihn durch muß."*

A sagt,

*" ... wir werden nicht fertig, wir sind keine guten Menschen hinterher, wir sind nicht leidfrei, wir sind nicht irgendwie beruhigt, wir sind auch Gott sei Dank keine anderen, sondern genau die gleichen, wir haben nur mehr Möglichkeiten, Welt aufzunehmen und mit Welt in Kontakt zu gehen. Wir haben's nicht mehr nötig, zu sagen: Nein, das kann ich aber nicht aushalten ... "*

Der Mann sagt, daß der Kampf nicht aufhört, sondern sich die Aufgaben, durch die man durchmuß, mit dem Lebensalter ändern, "man das besser wahrnimmt."

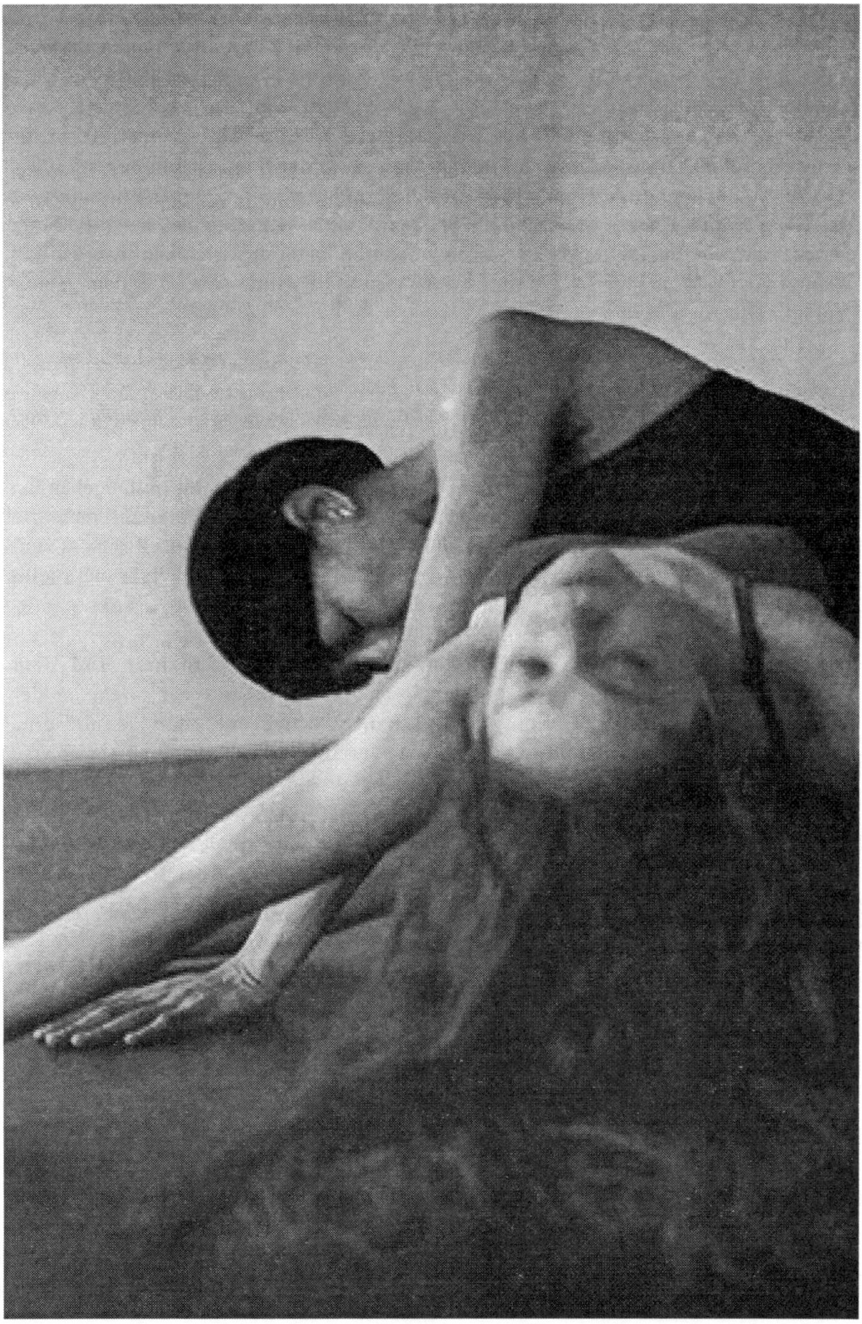

Auf die **Frage nach Demut und Stolz** möchte die erste Frau "Stolz gerne durch Würde ersetzen", worauf die zweite Frau lachend ergänzt: "und wenn Du dann den Stolz mit Würde trägst", worauf man sich darauf einigt, daß beides unverzichtbar sei. Es wird ergänzt, daß der Stolz eigentlich mit Bescheidenheit zu tun hat, daß es mehr der Verlust eines sonstigen stillschweigenden Omnipotenzanspruches und gleichzeitigen Ohnmachtsgefühls vieler Menschen zugunsten einer Bescheidung auf die eigene Einmaligkeit ist. Die zweite Frau sagt, ergänzt von dem Mann, daß es zum Beispiel Stolz darauf ist, wenn sie im Atem ist und dadurch auch im gleichen Augenblick Demut und Bescheidenheit, weil es der Atem -die Natur- ist, die man ja nur zuläßt. Die erste Frau sagt, daß es

*" ... der Stolz auf mein So-Sein ist. Damit ist mir etwas ganz und gar Einmaliges gegeben, was ich zu verwalten habe, und das ist was Kostbares und darauf muß ich stets so stolz sein und das muß ich stets so hochhalten ... daß es unzerstörbar ist ... "*

also nicht etwas, was sie geleistet hat, sondern etwas, was ihr mitgegeben ist und was sie so verwalten und entwickeln muß, "und dazu braucht man die Demut." Der Mann sagt, daß es ein Stolz sein kann, durch etwas gut durchgegangen zu sein und das als körperliche und geistige Erfahrung bleibt und sich zu Selbstsicherheit transformiert. Wir schließen den Punkt damit, daß es ein Ja-Sagen sein kann.

**Zum Bedürfnis nach Ganzheit, dem Tod als letzter Ganzheit und dem Körper als Weg** sagt A, daß die Arbeit an der Mitte und vor allem an der Atempause immer die Richtung zur Ganzheit wäre, aber daß es nur eine Annäherung sein könne, die nur einen Augenblick wie auch die Atempause zwischen zwei Atemzügen bestehen könne, bevor sie sich in neue Spannungen auflöst.

Zur Frage nach schicksalhaften Situationen sagt der Mann, daß das für ihn ein ganz entscheidender Teil seiner Lebensphilosophie sei, daß es

*" ... ganz bestimmte Steine gebe, wo ich mich drunter durch buddeln oder drüber wegsteigen kann oder die ich zur Seite räumen muß ... "*

daß es also Wahlmöglichkeiten über daß Wie gibt, aber daß es den Stein gibt und er daran vorbei müsse, daran gebe es keinen Zweifel.

Auf die **Frage nach der Balance zwischen Ich und Wachstumskraft und der Entwicklung der Intuition** sagt die erste Frau, sie habe gelernt, mit viel mehr Vertrauen in den Prozeß zu leben, -nicht mehr so rigide zu sein. Die zweite Frau sagt, sie müsse sich nicht mehr so schnell festlegen um Sicherheit zu haben, hätte mehr Vertrauen in ihre Intuition, das Richtige zu finden. Der Mann sagt, bei ihm sei es eher dahin gegangen, sich entscheiden zu müssen. Er sieht im Gegensatz zu früher mehr die Wahlmöglichkeiten. Wir schließen in der Aussage, daß für jeden der Weg zu einer guten Balance eine andere Entwicklung notwendig mache, für den einen könne das mehr das Zulassen

und Warten, für den anderen das Sich-Entscheiden, für einen dritten das Vertrauen sein.
Zur **Qualität der Ich-Transformation** sagt die erste Frau, das Ich habe es ja leichter, "je mehr ich mich überlassen kann, desto mehr habe ich das Gefühl, ich bin Herr der Sache", sie sei also, indem sie mehr geschehenlassen kann, weniger ausgeliefert, die anderen stimmen zu.
A sagt zur **Ambiguitätstoleranz**, sie habe sich sehr vergrößert, weil das Anderssein ihr keine Angst mehr mache. C sagt, je mehr er seinen Atem im Körper an verschiedenen Stellen erlebe und je mehr Spielraum der Atem habe, also je durchlässiger er sei, desto weiter würden auch die persönlichen Grenzen. Auch an seinem Arbeitsplatz, er arbeitet im Augenblick wieder als Handwerker, ist er vielfältiger, erlebt die Situationen mehr in ihrer Eigenart.
Die erste Frau betont, wie sehr sich ihre Flexibilität und Vitalität entwickelt hätte, wie viel sie zugleich machen kann und was alles geht.
A sagt zum Thema **Körper und Spiritualität sowie pragmatisch/transzendent**, sie wäre vor der Ausbildung ausschließlich rational gewesen. Die Erlebnisse der Ausbildung lassen sie ihre frühere Einstellung als dumm empfinden,

*" ... das Erlebnis von Transzendenz ist im Hier-und-Jetzt partiell möglich ... "*

die sie aber nicht in einer bestimmten Glaubensrichtung finden kann. "Ich kenn` eben in der Atemarbeit Situationen, wo ich gemerkt habe, so ist Seligkeit." B spricht von Unendlichkeit. Sie spürt auch beim Behandeln eine Kraft, die einfach da ist. Die erste Frau spricht davon, daß das für jeden verschieden sein kann, aber sie so etwas wie Heilsgewißheit spüre, die zweite spricht von umfassender Liebe.

### Zusammenfassung

Zusammenfassend für die Arbeit wird gesagt, das Einfachste sei für uns das Schwierigste und man hätte ein wenig den Eindruck, in der Ausbildung noch einmal von vorne zu lernen, wie man lebt.
Es ist schwer, das Interview nur annähernd angemessen wiederzugeben, da es einmal zu lang dafür ist, ich also zusammenfassen muß und der Wortlaut verloren geht. Vor allem aber geht die Betroffenheit verloren, die entsteht, wenn etwas, was existentielles persönliches Erleben war und ist, angesprochen wird. Es gab in diesem Interview dramatische Spannungsmomente und Begeisterung darüber, sich in etwas schwer mit Worten Fassbarem getroffen zu haben, bestimmte Grundüberzeugungen zu teilen.
Das ist für die wissenschaftliche Relevanz bedeutsam, denn die Thesen sind zu ungewöhnlich, als daß sie von Leuten geteilt werden könnten, denen entsprechende Erlebnisse fehlen. Nach diesem Interview bleibt für mich die Überzeugung, daß das, was ich erarbeitet habe, tatsächlich stillschweigende philosophisch/anthropologische Voraussetzungen sind und auch das Modell der psychischen Prozesse eine treffende Beschreibung darstellt.

## 2 COMMEDIA DELL'ARTE

### Situation

Das folgende Interview fand in Venedig mit der Leiterin und Akteurin einer bekannten professionellen Commedia dell'arte Gruppe auf französisch statt. Ort war das alte Theatro Goldoni, und die Gruppe stand vor einer Aufführung, der ersten seit langer Zeit in Venedig, und entsprechend groß war das Lampenfieber, was sich im Interview als produktive Aufregung auswirkte. Als erfahrene Künstlerin von ca. dreißig Jahren entsprach diese Frau nicht dem Ideal meiner Interviewgruppe; da aber ihre Erfahrung sehr lebendig und nicht durch Konzepte überlagert war, gab es keine Probleme, Begriffe zu übersetzen.

### Die Fragen

Am Anfang der ersten Frage nach dem **Einfluß von Körperarbeit auf das Denken** gibt es eine interessante Verwechslung: Sie fragt nach, ob es um Effekte beim Publikum geht. Die richtig verstandene Frage beantwortet sie eindeutig mit Ja. Sie erläutert, daß das Gedächtnis körperlich sei und daß die gesamte Arbeit die Möglichkeiten des Denkens bereichert, kreativer macht. Die Techniken, mit denen gearbeitet wird, greifen auf Ursprüngliches zurück (primordial). Meine Ergänzung "archetypisch" wird akzeptiert. Sie erläutert bestimmte Charaktere und weist auf die ganzheitliche Richtung der Auseinandersetzung hin.

Auf meine **Frage, ob sie äußere Form allgemein für entscheidend für das Innere** halte, bejaht sie, Formen entsprängen dem Inneren, entwickelten es und machten es zu einem Teil des öffentlichen Bewußtseins. Eine entsprechende Körperarbeit sei sehr machtvoll und entscheidend für die emotionale Stabilisierung, was die nächste Frage war. Sie betont, daß es existentiell schwierig sein kann, sich in eine andere Identität hineinzuarbeiten, aber letztlich zu einer Stärkung der persönlichen Kraft und tiefer empfundener Eigenart führt.

Sie betont die Konsequenz einer solchen Auseinandersetzung und daß es ein **echtes Durchleiden** sei.

Wir treffen uns in dem Punkt, daß ein solches Durchleiden für die Entwicklung der Persönlichkeit wichtig sei und daß es wichtig sei, ein solches Element in das moderne Leben zurückzuholen.

Sie führt aus, daß eine Theatergruppe wie ein Mikrokosmos sei und die **Arbeit eine permanente therapieähnliche Situation** darstelle. Für sie wird vor allem immer mit dem Umgang mit Angst gearbeitet – der persönlichen Grenze -, und die Arbeit ist nur möglich durch Liebe, eine grundlegende Form von Liebe.

Sie betont, daß die **Persönlichkeit** - hier in unserem Sinne des Ego gebraucht- sehr stark sein müsse, um gerade diese Öffnung ertragen, die Balancen halten zu können. Dann hilft umgekehrt die Arbeit auch bei der

Balance zwischen Innen und außen.
Eine solche Arbeit führe unbedingt zu einer **persönlichen Form von Spiritualität**, das sei einfach eine Erfahrung, die bei der Arbeit komme und die eine natürliche Balance zwischen der konkreten praktischen Arbeit und der Transzendenz enthalte.

Sie ist sicher, daß durch die Arbeit die **Intuition** und die Fähigkeit, Situationen differenziert wahrzunehmen, gefördert wird und daß Schönheit dabei eine entscheidende Rolle spielt.
Auch die These, daß künstlerische Arbeit mit einer delikaten **Balance zwischen aktiven Impulsen und dem Geschehenlassen**, der inneren Quelle der Kreativität zu tun hat, findet ihre Unterstützung.

### Zusammenfassung

Das Interview konnte aufgrund von Sprachschwierigkeiten (französisch war für uns beide die gemeinsame Fremdsprache) nicht so differenziert geführt werden, ergab aber eine generelle Unterstützung des psychologischen Modells. Die philosophischen Thesen zum Schicksal wurden indirekt bestätigt, indem sie die Notwendigkeit des Leidens und Durchleidens für die Entwicklung der Persönlichkeit betonte.

## 3 EXPERIMENTELLES BEWEGUNGSTHEATER

### Situation

Dieses Interview ist leider nur als Gedächtnisprotokoll rekonstruierbar, das ich zwei Tage nach dem Interview gemacht habe; die Kasette kam bei einem Diebstahl auf der Rückfahrt zusammen mit anderen Sachen abhanden.
Es wurde in einem chinesischen Restaurant in Rom mit einem Regisseur von ca. vierzig Jahren auf englisch geführt, der experimentelles Körpertheater mit zwischen Laien und Profis gemischten freien Gruppen macht.
Die Gruppen wechseln ständig und werden als Projekte von der Stadt Rom finanziert.
Dieser Mann bezieht sich sowohl auf seine persönliche Arbeit, als auch auf die Beobachtung mit all den professionellen und Laienakteuren.
Das Interview weicht dadurch vom üblichen Schema ab, es ist ein von reflektierter Erfahrung ausgehendes Gespräch.

### Die Fragen

Er bestätigt das psychologische Modell, indem er betont, daß die Balancen besser werden sowie durch das körperliche Agieren Sublimationen wegfallen und die Akteure in freier Intuition Zugang zu den natürlichen Regulierungskräften bekommen.
Er hält dabei auch die Schönheit für sehr wesentlich und hat beobachtet, daß jenseits aller theologischer Spekulation bei solcher Arbeit oft ein tief empfun-

denes Element von Religion im Sinne von Religio=Rückverbindung mitspielt. Insofern ist auch diese Egotransformation in Richtung Stärkung und Zurücktreten, Durchlässigkeit für ihn logisch. Er beobachtet ein starkes Element von Stolz und auch Hybris in direkter Verbindung mit Demut, ohne die künstlerische Arbeit nicht möglich sei.

Auch glaubt er, daß Menschen ein starkes Bedürfnis haben, eine eigene innere Ordnung jenseits von Konvention und Tradition zu finden und sieht, daß durch künstlerische Arbeit ein individueller Weg zu einer persönlichen Gewißheit, zu einer Intuition für das Nicht-Offensichtliche entwickelt wird. Er kann hier auch einen Zusammenhang zu einer Balance sehen zwischen dem Wunsch, sich aus Traditionen und familiärer Bevormundung zu lösen, dem allgemeinen persönlichen und gesellschaftlichen Wertechaos und dem Bedürfnis nach Schicksal, verstanden als Weg zu einer persönlichen Verpflichtung und einem persönlichen Weg. Er glaubt aber auch, daß dieser immer wieder mit Kämpfen, Brüchen und Verwirrungen neu gefunden werden muß.

**Zusammenfassung**

Für dieses Interview gilt die gleiche Einschränkung, wie für das vorige. Aber auch hier gilt ein starkes Einverständnis, welches durch die Sprachverwirrung noch besonders hervortritt.

Gerade die eigenwilligen Formulierungen, z. B. mit Demut und Stolz oder emanzipierter Form von Schicksal werden ja von der Normalbevölkerung anders aufgefaßt und die philosophischen Statements sind schon zwischen zwei Menschen in ihrer gemeinsamen Muttersprache schwer zu verstehen. So war es für mich eine eindrucksvolle Bestätigung meiner Spekulation über die stillschweigenden Voraussetzungen, daß selbst über zwei Sprachbarrieren hinweg dieses gemeinsame Verstehen da war.

## 4 DORE JACOBS SCHULE 1

**Situation**

Das folgende Interview fand mit drei Absolventen der Dore Jacobsschule, zwei Frauen und einem Mann, in einer Privatwohnung in Essen statt. Eine der Frauen, im folgenden B genannt und Mitte zwanzig, war nach der Ausbildung in eine psychische Krise gekommen und zum Zeitpunkt des Interviews in einer psychiatrischen Tagesklinik. Ihr wurde das Interview ab einem bestimmten Punkt zu direkt, aber auch zu lang. Sie stieg aus.

Die andere Frau, G, ist Anfang dreißig, wie auch D, der Mann.

**Die Fragen**

Zur ersten Frage nach der **Entwicklung des Denkens** sagt G, daß es vielschichtiger, im alltäglichen Leben komplizierter geworden sei, Punkte, an

denen sie Dinge klarer sieht aber auch andere, wo sie viel verunsicherter ist, auf jeden Fall die Ausbildung eine Art Initialzündung gewesen sei, auch wenn die Richtung noch nicht ganz klar sei. D sagt, daß ja auch schon der Zeitpunkt, eine solche Ausbildung zu wählen nicht zufällig sei und er in der Situation, aus der er gekommen ist, auf jeden Fall einen Schritt weiter sei. Er führt fort, daß das, was angeregt wurde, "über das von Dore Jacobs hinaus" weiterführt. G sagt, die **Gefühle** seien vielschichtiger, tiefer und differenzierter geworden, der Mann stimmt zu und sagt weiter, das Alltagsempfinden sei komplexer geworden. Sie sagt, daß sie mehr Vertrauen in ihre Gefühle hätte, sich mehr auch in kritischen Situationen darauf verlassen könne.
Zur Frage nach **Sexualität, Aggression, Angst** sagt B, daß sie sich in der Schule so richtig fallenlassen konnte. Die Schule würde in der Öffentlichkeit oft als Schmuseschule kritisiert, sie halte aber gerade das für sehr wichtig und habe dabei auch mit schwierigen Situationen weiterzuarbeiten gelernt. G sagt, diese Themen seien in der Wahrnehmung sehr nach vorne gerückt, so daß sie sich seltsam vorgekommen sei, als sie -in einer Phase z. B.- immer nur Sexualität wahrgenommen hat.
B meint darauf, daß alle immer schöner geworden seien und es eine Schule für's Leben sei.
Zur Frage, ob **begleitende Therapie** gut sei, antwortet G, es sei für sie gut gewesen, da so durchgegangen zu sein. D findet es schwierig, das jetzt schon zu beantworten, hat aber das Gefühl, daß das an manchen Punkten besser gewesen sei. Auf mein Nachfragen sagt D, daß man oft an bestimmte Grenzen stoße, wo man weitergehen könnte, dafür dann aber der Platz nicht da sei in einer Gruppe mit so vielen und auch die Themenstellung zu allgemein ist, so daß man zurückgeworfen wird. G sagt, daß das für sie auch gut so war, daß die Schule in dieser Hinsicht ein Freiraum war, wo sie bestimmte Dinge auch für später aufheben konnte und dann daran weiterarbeiten wird.
Zur Frage nach der produktiven Spannung als **Intuition** zwischen Denken und Fühlen sagt B eindeutig Ja, durch die Körperarbeit käme beides wie bei Kindern in ein fruchtbares und selbstverständliches Verhältnis. Sie sagt, daß das Körpergefühl bei all dem helfen würde. Das aber hätte man ihr in der Psychiatrie genommen und das sei die Hölle; sie sei durch die Hölle gegangen. Zu **Innen/Außen** meint D, daß es manchmal schwierig gewesen sei, nicht im Innen zu versinken und meint, daß die Lehrer in der Ausbildung darauf achten müssen, die Schüler in einen Gleichklang zu bringen, also die Seite anzusprechen, die weniger dominant ist.
Das hat nach D sehr gut geklappt. G sagt, daß sie im Gegensatz zu früher heute viel mehr in der Lage sei, "Leute auch zu lassen", sie nicht mehr in "Schubladen zu stecken" oder "abzuhaken" wie früher, sondern sie "im Ganzen eher anzunehmen". D sagt, in so einer Ausbildung würde ein Interesse für das Innen und für das außen geweckt, durch die innere Öffnung könne man mehr ja sagen zum außen. Wir sind einig darin, daß ein entwickeltes Ich weniger zu tun hat in der Vermittlung Innen/Außen, da beides

aneinander entstanden und füreinander da ist, wobei D die aktive Rolle des Ich in einem solchen Prozeß noch einmal hervorhebt.
Zu **Machen/Geschehenlassen** meinen alle, daß die Balance sich entwickelt hat und noch entwickelt. D meint, meist kämpften Menschen mit ihrem unangemessenen Selbstbild und könnten dadurch nicht zulassen und müßten im Machen bleiben. Das, was beim Zulassen geschehe, sei immer mehr, als das, was die Intention des Ich sei. B sagt, daß dabei etwas zutage käme, was vor dem Individuellen da sei und über das individuelle Unbewußte hinausgehe. G sagt, daß es Momente gebe, wo einfach alles stimmt, die Einheit mit der Umgebung, die Spannung usw., wo die richtige Intuition da ist. D sagt, daß für ihn nicht wirklich klar ist, was es ist, das da etwas tut, wenn nicht das "Es"; daß er auch das Gefühl kenne, Teil von etwas Größerem zu sein, aber nicht wisse, ob das nur körperlicher oder auch geistig/seelicher Natur sei.
Zum **Verlust der Ganzheit** bemerkt D, daß die individuelle Entwicklung des Menschen mit der Isolierung, dem Herausfallen aus der Ganzheit der Natur erkauft sei. Auf mein Statement, daß wir damit aber frei seien und zwischen verschiedenen Wegen wählen könnten, wirft B motzig dazwischen, dazu hätten wir doch alle zuwenig Power und das hätten sie außer bei Rüdiger (einem Pantomime-Lehrer) auch auf der Schule nie gelernt. Sie sagt, es fehle die Energie, die Power, das Spritzige, sie traue sich kaum, auf den Tisch zu hauen. Es kommt zu einem Hin und Her, wer Power hat und wo die in der Ausbildung war, auch zu kleinen verbalen Rangeleien, Provokationen, Wortspielen zwischen G und B, die sich gut kennen. Für B ist die Art des Gesprächs zu langwierig, sie möchte mehr direktes schnelles Hin und Her und kann sich nicht so lang auf Themen konzentrieren. Als wir aber alle weitermachen wollen, zieht sie sich dann mehr zurück.
Es kommt schließlich zu einem kleinen Showdown zwischen B und G, welches halb spielerisch, halb ernst ausgetragen wird und damit endet, daß B sich ganz aus dem Gespräch zurückzieht und schließlich in der Küche mit den Töpfen klappert, während wir weitermachen.
Zur These über **Körperarbeit als emanzipierter Form des Schicksals** sagt D als erstes "Ohlala", während G sofort zustimmt. D sagt dann, von seinem Gefühl her gäbe es etwas wie eine eingeborene Ganzheitstendenz als persönlich empfundenen Sinn für den einzelnen. Er betont, daß man eigentlich die Existenz über den Tod hinaus weiterdenken muß, um dieses Streben nach Ganzheit und das damit verbundene Leid auf sich zu nehmen. G sagt, daß der Gedanke an den Tod an sich schon genüge, um das vordergründige Lebensziel, Schmerz zu vermeiden, zu ändern und das zu leben, was auf dem persönlichen Weg sinnvoll ist. Wir einigen uns, daß das Leiden im Leben einen Sinn hat. G fügt hinzu, daß das aber "eine Konsequenz sei, die auch Angst mache". Ich führe aus, daß deshalb auch ein Ich mit seinen Filtern und Verdrängungen sinnvoll sei und eine Intuition für Richtung und Tempo der Öffnung notwendig mache.
G fühlt sich an Dethlefsens Schicksal-als-Chance erinnert, D ergänzt, der Sinn erschlösse sich ja oft erst im Nachhinein und die Schwierigkeiten hätten

ihren Sinn genauso wie Kinderkrankheiten, nach denen die Kinder ja auch oft plötzlich einen Schritt weiter wären.
Zu **Demut und Stolz** sagt D, daß der Körper da nicht der einzige Weg sei, G erwidert sofort, für sie sei er ein ganz wichtiger Weg, die wesentlichen Einsichten in dieser Richtung in den letzten Jahren seien bei ihr alle mit der Körperarbeit gekommen. Sie betont, daß der Körper wirklich die Grundlage der Lebenserfahrung sei.
Zu **Schönheit als Weg** macht B, die wieder ins Zimmer kommt, eine Performance mit dem Geräusch von Teeeingießen auf Kandiszucker.
G sagt, Schönheit erreiche sie mehr, betreffe sie, sie könne sie eher "bejahen, ohne Mißtrauen". Schönheit erreicht sie körperlich, geht "ganz durch", ist nicht etwas, was "ja ganz interessant ist", sondern erreicht sie innen, zentral.
D sagt, es hat mit dem Aufschließen der Sinne zu tun. Er betont noch im Nachtrag zu Innen/Außen, daß er die Dinge nur rein und klar sehen und auf sich wirken lassen kann, wenn das Innen klar ist, keine gefühls- und denkmäßigen Fixierungen dazwischenstehen.
Zu **Spiritualität** sagt G, bei ihr sei ein Glaube an die großen Zusammenhänge entstanden, an das Schicksal, was mit dem Glauben an sie selbst zusammenhängt, worauf D zustimmend brummt.
Beide finden Kunst sehr wichtig und hätten davon gerne mehr gehabt,

*" ... eigentlich müßte das, was so'ne Ausbildung ist, ganz Kunst sein, dann erst kann sie auch lebendig sein ... "*

sagt D.
Die Ausbildung sei sehr gemischt zwischen Kunst und Nicht-Kunst.
D kritisiert, daß die Theorie nur Wissensvermittlung sei, und nichts von Kunst da ist.

**Zusammenfassung**

Die stillschweigenden Voraussetzungen sind hier nicht ganz so deutlich; meine Thesen werden mit großem Interesse und Sympathie aufgenommen und bejaht, aber ich muß sie erklären und dann stimmt man nach Rückfragen und Überlegen zu. Es ist nicht so, daß direkt nach meiner Formulierung eine eigene Aussage im gleichen Geiste kommt, was der Fall ist, wenn es eine stillschweigende Voraussetzung wäre in dem Sinne, daß ich etwas ausdrücke, was so empfunden wird, aber noch nie so gesagt wurde und dadurch überreif für eine Formulierung ist.
Hier ist es so, daß ich etwas sage, was schon in gewisser Weise innerlich erwartet wird und zu dieser Arbeit gesagt werden muß, aber es ist ein Vorgriff. Das psychologische Modell dagegen kann klar bestätigt werden.

## 5 DORE JACOBS SCHULE 2

**Situation**

Das folgende Interview wurde mit zwei Absolventinnen der Dore Jacobs Schule gemacht. Es fand abends in der Privatwohnung der einen Frau in Witten statt. Die beiden sind Anfang Zwanzig.

**Die Fragen**

A sagt, daß sich ihr Denken schon vor der Ausbildung verändert habe und das zu der Entscheidung geführt hätte, dort anzufangen,
B meint, es hätte sich bei ihr in der Ausbildung verändert, vorher hätte sie sich nicht so sehr mit so was beschäftigt.
A ergänzt, daß sie bis zum Abitur in der Schule bemerkt hätte, wie sie "mit dem Verstand alles auseinandernehmen konnte, ohne das irgend etwas auf der Gefühlsseite passierte". Das wollte sie ändern.
B sagt, sie hätte gelernt, "**Gefühle** intensiver zu fühlen und sie mehr zuzulassen, daß sie freier geworden sei und sich ihr Spektrum an Gefühlen vergrößert hätte". A sagt, sie wäre anfangs "erschlagen worden von der Sensibilität, der Vielfalt an Menschen und Gefühlen, von Sensationen" und daß soviel vom Körper kam. Es gab auch viele Konflikte mit anderen durch diese neue Sensibilität.
B hätte gerne **therapeutische Hilfe** in der Ausbildung gehabt.

*"Es kommen starke Gefühle hoch, auch der Angst, und dann wird man damit etwas allein gelassen".*

A regelt Dinge gerne allein für sich und fand es gut, auch durch Durststrecken durchzukommen. Beide fanden es gut, daß R. -ein Gastdozent- so was (auch Beziehungsprobleme in der Gruppe) angesprochen habe, was aber mehr auf besondere Initiative der Klasse zustandegekommen wäre.
Wir einigen uns darauf, daß ein Konzept "Ästhetische Bildung" prinzipiell mit diesem Problem (starke Gefühle, die hochkommen, kommen und gehen zu lassen, bzw. ihre Energie für die Arbeit zu nutzen, was nicht immer für die einzelnen möglich ist) belastet ist.
Zur **produktiven Spannung zwischen Fühlen und Denken** als Quelle für die Intuition sagt A, angestoßen hätte sie sich schon gefühlt, aber für sie hätten Theorie und Praxis auseinandergeklafft, wozu B zustimmend nickt.
Auf meinen Einwand, daß es auch nicht um ein methodisch didaktisches Verhältnis im Unterricht ginge, sondern um eine Auswirkung der Praxis durch den Körper und den Geist für das Alltagsleben, meinen beide:

*"Das ist eine schöne Theorie und wir stehen da noch am Anfang einer Entwicklung."*

Zu **Innen/Außen** meinen beide pauschal, daß ihnen die Ausbildung in dieser Hinsicht viel gebracht hätte. A betont nochmal ihren Konflikt. Durch diese

Sensibilisierung hätte sie gemerkt, "die anderen sind ja alle total anders". Damit "ist sie nicht klargekommen", aber andererseits hat ihr das dann doch geholfen, sich besser wahrzunehmen, dadurch mehr zu sich zu stehen und dann auch die anderen mehr akzeptieren zu können.
A sagt, daß sie ansatzweise diese ideale Einheit, daß Innen und außen zueinander passen, erlebt hätte, aber daß das in der Schule zuwenig aufgegriffen würde.

*"Dann bleibt man im persönlichen Clinch hängen, das ist zu wenig, das geht damit ja auch auf 'ne göttliche Ebene, das was in mir passiert, das erleb' ich in 'nem anderen Menschen, das erleb' ich in der Umwelt, das ist so'n gemeinsames Prinzip ... "*

Zu **Machen und Geschehenlassen** sagt B, sie hätte schon mehr zuzulassen gelernt, aber auch die Erfahrung gemacht, daß sie irgendwann vom Kopf her gesperrt hat. A hat in einer Pantomime so etwas wie Bewußtseinsverdoppelung im Sinne eines inneren Beobachters erlebt,

*" ... ich mach die Augen zu und ich weiß, die sind da, und ich weiß was ich tue, und trotzdem passiert es."*

Beim Atem waren das nur Augenblicke, da herrscht bei beiden eher das Gefühl vor, das geht nicht. A hat das Gefühl, im Alltagsleben eher von ihrer Überkontrolle losgekommen zu sein. B hat das in der Schule und im Alltagsleben als Anfänge, als Augenblicke erlebt.
Zur Frage nach **Spiritualität** ist erst einmal langes Schweigen, dann sagt A, sie wäre während der ganzen Ausbildung mit dieser Frage konfrontiert gewesen, hätte keine Antwort von den Lehrern bekommen. Sie hat den Eindruck, diese religiöse Seite, die bei Dore Jacobs und ihrem Mann stark betont worden sei, sei im Zuge der Zeit fallengelassen worden. Sie hätte zwar bei einigen -auch gerade Lehrern- so etwas gespürt, im Gespräch sei dazu aber nie etwas gesagt worden.
Zu den **philosophisch/anthropologischen Voraussetzungen** meint A, sie sei von der Existenz von so etwas wie dem persönlichen Schicksal überzeugt, B stimmt zu.
Auf die **Frage nach der Wachstumskraft**, dem inneren Drang, alle nötigen Erfahrungen zu machen, um das Leben zu kennen und ganz zu werden, entsteht ein längeres Schweigen. Es stellt sich heraus, daß A Angst hat, wenn sie immer so schnell antwortet, würde sie B die Möglichkeit zu einer eigenen Meinung nehmen. B schüttelt die ganze Zeit den Kopf und ich sage etwas schnell, daß erfahrungsgemäß die anderen sich in dem Augenblick, wo eine Meinung geäußert werde, sich über ihren Standpunkt klar würden und Abweichendes einbringen würden.
A sagt, daß sie deshalb ja die Ausbildung angefangen hätte und aus dem gleichen Grund jetzt nochmal bei den Anthroposophen weiterlernen würde. B sagt, für sie gelte das gleiche, aber es sei wirklich nur ein Anfang, man komme auf einen Weg und es wäre ein langer Weg.

Beide stimmen überein, die **Fähigkeit, etwas zu erleiden und anzunehmen**, was auf dem Weg zur Ganzheit liegt, auch wenn es schwierig ist, sei gewachsen. Das sei aber auch schon mit der Entscheidung zu einer solchen Ausbildung da. A ergänzt für sich, daß mit den "peak Experiences" von Harmonie und Ganzheit während der Ausbildung auch die Ungeduld wachse.
A sagt, sie habe vor der Ausbildung eine kirchlich gefärbte **Demut** -"ich armer böser Mensch"- empfunden, da habe aber der Stolz gefehlt. Wirkliche Demut in Kombination mit **Stolz** im Sinne der Frage sei aber erst im letzten Teil der Ausbildung entstanden.
B hat ihre Erfahrungen der Ausbildung nicht mit diesen Begriffen gekoppelt. sondern, je nachdem, Erfolg oder Niedergeschlagenheit empfunden.
A ist der Ansicht, mit **Körperarbeit** wieder mehr an das **Schicksal** angeschlossen zu werden, aber in dem Sinne, in die eigene Verantwortung gestoßen zu werden, nicht sich diffus fallen zu lassen.
A ist sicher, daß die **Balance zwischen Öffnung und neuer Balance** viel besser und die Übergänge fließender und einfacher geworden sind, B stimmt zu.
Bei A ist die **Intuition** gewachsen, sie hat sozial viel mehr intuitive Sicherheit und reagiert entsprechend.
Bei A ist die **Ambiguitätstoleranz** "ganz klar" gewachsen.
Für A hat eine Entwicklung stattgefunden von einem äußerlichen Schönheitsideal zu einer Wahrnehmung, die auch die innere Stimmigkeit im Ausdruck sieht.
B findet, daß mehr **Kunst** in die Ausbildung integriert werden sollte. Für A wäre das nicht so nötig, sie würde lieber eine stärkere Differenzierung in der Ausbildung -auch als Abschlußdifferenzierung- sehen.

**Zusammenfassung**

Auch in diesem Interview wurden alle Thesen im Groben bestätigt.
Es war aber weniger als bei den vorigen Gesprächen so, daß die philosophischen Annahmen schon wie abrufbereit darauf warteten, auf diese Art und Weise angesprochen zu werden. Die Gesamtverarbeitung der Erfahrung war diffuser, die Zustimmung kam zögernder und die Eigenformulierung bzw. spontane Illustrationen des Angesprochenen waren weniger häufig und prägnant.
Die psychologischen Prozesse scheinen in ähnlicher Weise wie sonst abzulaufen, insgesamt aber auch weniger fertig formuliert zu sein.
Die philosophischen Propositionen schienen manchmal gar ein wenig weit gegriffen.
Mein Eindruck ist, daß hier das Alter eine Rolle spielt. Während bei Middendorf die existentielle Erfahrung im Vordergrund steht und dementsprechend Wert darauf gelegt wird, daß die Studenten älter als dreißig sind und einen Beruf ausgeübt oder Kinder und Familie haben, ist das Angebot der Dore Jacobs-Schule breiter, allgemeiner und bezüglich der persönlichen Konfrontation

wohl diffuser. Entsprechend ist das Publikum sehr gemischt zwischen jungen Frauen von Anfang Zwanzig und Älteren.
Das gleiche Lehrangebot trifft nun wohl bei jüngeren auf eine andere psychische Phase, so daß die Anregung in die gleiche Richtung geht, aber allgemeiner ist. Ältere dagegen sind wohl schon von sich aus häufiger auf solche Probleme im Leben gestoßen bzw. mußten ihre Erfahrung so verdichten, daß dieser Aspekt des Angebots hier weiter wirkt.
In diesem Gespräch war bei A, obwohl mit B ungefähr gleichaltrig, durch die andere Vorprägung (Konfrontation mit existentiellen Fragestellungen durch die Kirche) ein deutlicher Unterschied in der Antwortfreudigkeit und -schnelligkeit da.

## 6 AUSDRUCKSTANZ NACH LABAN

### Situation

Das folgende Interview fand in Zürich mit zwei Absolventen der Laban Ausbildung an der Perrottet Schule statt. B ist Ende Zwanzig und hat sich in und nach der Ausbildung in Richtung Bühnentanz entwickelt, P ist ca. vierzig und arbeitet als Tanztherapeut.
Das Gespräch findet nachmittags in einer Pizzeria statt, die sehr laut ist. B ist im Probenstreß vor einer Aufführung, P ist extra für das Interview von außerhalb gekommen.

### Die Fragen

P betont, daß man ja schon eine bestimmte Einstellung hätte, wenn man so etwas macht. Er bestätigt, daß durch die Ausbildung eine Veränderung im **Denken**, im Aufnehmen stattfindet, meint auch, daß das noch anders sei, wenn man schon vorher einen anderen Beruf ausgeübt hätte. Er betont, daß "die Denkart Tanz" dazu ganz etwas Gegensätzliches ist. Bei B hat sich nicht "eine Umstrukturierung der Denkweise ergeben, sondern mehr eine Klarheit ... ich bin härter geworden, konsequenter."
P würde nicht sagen, seine **Gefühle** hätten sich verändert, eher entwickelt, "eventuell doch auch verändert". Beide sagen spontan, daß dadurch auch die Auseinandersetzung in der Ausbildung, der "Disput" mit den anderen ausgelöst und möglich wurde.
B stellt klar, daß er auf der Performerseite ist und sich sehr von P, der Dozent sei, unterscheide. Er betont, daß er bezüglich der von mir angesprochenen Gefühle **Angst, Aggression und Sexualität** sich genauso verhalte, wie andere auch. P ergänzt noch einmal, daß das, was er von sich gibt, frei und unmittelbar ist, was durch die Körperarbeit kommt. Beide betonen, daß es wie bei Sprachen sei: Der körperliche Zugang müsse immer weiter geübt und gepflegt werden, sonst würde er wieder verschüttet. P erwähnt noch, daß die Wege des Zugangs verschieden seien und Leute, die zu ihm kämen, auch dann

sehr gefordert und verunsichert seien, wenn sie vorher Tai 'Chi, Alexander-Technik, Eurythmie, Feldenkrais oder Yoga gemacht hätten.
Zur **Balance von Denken und Fühlen** meint B, man "müsse ja nicht Bekehrte bekehren", die sich ja nicht umsonst zu so einer Ausbildung entschlossen hätten. "Wenn ich da drüben diese Metallgießerei sehe, würde ich mir ja nur wünschen, daß alle Leute so denken und fühlen könnten, wie wir es können." P sagt dazu, er sei vorher in der Technik tätig gewesen und ist heute "fast extrem gegen diese Art zu denken", möchte am liebsten die ganze Gesellschaft neu begründen mit dieser anderen Art zu denken.
Wie B sagt ist zeitweise ein **Therapeut** hinzugezogen worden, doch hätte er die vielen Konflikte, die in der Ausbildung auftraten, "gerne missen wollen, weil sie kontraproduktiv waren". Er fügt aber hinzu, daß, wenn man wirklich allem so auf den Grund gehen wollte, man wohl zehn Jahre brauchen würde, und "irgendeine Initiative muß der Schüler auch aufbringen." P sagt, sie hätten im letzten Semester Tanztherapie gehabt, und das wäre schon viel eher nötig gewesen. Er hat aber insgesamt während der Zeit viel erlebt, was in's therapeutische ging und womit er auch heute arbeitet. B, der während der tanztherapeutischen Lektionen für die Bühne übte, meint dann, daß ihm wohl einiges heute leichter fallen würde, wenn er das nicht verpaßt hätte, daß aber für ihn halt die Technik doch wichtiger gewesen wäre. Auch und gerade für die künstlerische Arbeit findet er therapeutische Bildung wichtig.
Beide sind der Ansicht, daß das Durcharbeiten des ganzen Bereichs Projektion usw. unerläßliche Voraussetzung für künstlerische und tanztherapeutische Arbeit ist. P sagt, durch sein unmittelbareres Verhalten sei er nicht immer nur deutlicher für andere, sondern die könnten zum Teil auch weniger mit ihm anfangen, weil das so eine andere Art sei, sich zu geben. B meint,

*" ... manche haben gesagt, du bist ein Arschloch geworden, mit dir kann man nicht mehr sprechen ... "*

er bewege sich jetzt in einem anderen Kreis. Wenn er mit jemandem zusammen sein wolle, dann sei er auch wirklich mit dem zusammen, er ist also präsenter, mehr da, deutlicher.
P kann **andere jetzt mehr so lassen**, wie sie sind, sie mehr so akzeptieren, ohne ihnen einen Vorwurf zu machen. Bei B hört sich das eher etwas resignativ an,

*"Der Missionar in mir ist längst gestorben."*

Bei B hat sich die **Balance zwischen Machen und Geschehenlassen** sehr entwickelt. P verbindet die Bestätigung dieser Entwicklung direkt mit einem Credo zum Zulassen, "daß es überhaupt nicht selbstverständlich sei, Ausdruckstanz zu machen und das auch durchzustehen", weil vieles ganz anders sei, als man sich das vorgestellt habe. Das Bild ändere sich, B fügt hinzu, man sei "nirgendwo so nackt".
P erklärt ausführlich, wie wichtig er die Augenblicke, in denen Harmonie

zwischen der Eigenaktivität und dem Geschehen ist, für das, was wesentlich ist, findet. Das Gespräch geht jetzt mehr in Richtung Begabung für Performance und dem Wert von Technik, Spezialisierung, inneren Prozessen für den Ausdruckstanz. Wir sind uns einig, daß sowohl die inneren Prozesse, als auch Technik und Körperbildung wichtig sind.
Für P hat die Arbeit mit dem **Schicksal** zu tun, "Ich wollte Selbsterkenntnis, und dann kam die Bewegung einfach so dazu. Im Lauf der Zeit hat diese Art, die ich dann mir angeeignet habe, dazu geführt, daß ich gespürt habe, wohin tendiere ich, was liegt eben jetzt auf meinem Weg, was ich vorher nie gesehen habe..."
Er müsse aber mit der Erkenntnis auch vorsichtig sein.
B beantwortet meine Frage nach Tanz als emanzipierter Form des Schicksals in klassischem Mißverständnis. Als ich an den Punkt gekommen bin, nach den schicksalhaften Festlegungen archaischer oder bäuerlicher Gesellschaften die Freiheit vom Schicksal des modernen Menschen zu beschreiben, widerspricht B:

*"Ne! ... bin ich nicht überzeugt. Wer in diesem Gewerbe, Tanzgewerbe, bestehen will, der ist auch irgendwo schicksalshaft, sonst fällt der raus, weil er die Anstrengungen, die Leiden, die dieser Beruf mit sich bringt, gar nicht ertragen kann.",*

darauf ich:

*"Das ist interessant, dann ist das praktisch so was wie ein freiwillig gewähltes Schicksal."*

*B: "Ja ... vielleicht ... dann entschiedener: "Ja!"*

Für ihn ist Tanzen Selbstverwirklichung, schicksalhafte Notwendigkeit.

*"Natürlich sag' ich mir, ich bin blöde, daß ich mich so abrackere, kein Geld habe und überhaupt nix mir leisten kann und weiß der Kuckuck was, aber ich könnt' ja genauso auf'm Büro gehen oder auf's Dach oder handwerklich irgendwas machen, ich hätte meine dreitausend Franken im Monat oder vier oder fünftausend, weiß der Kuckuck, aber ich wär' nicht zufrieden ... "*

darauf ich: "Also mit dem freiwilligen Schicksal ... " B: "Jaja, da könnt' ich mich einigermaßen einverstanden erklären."
**Intuition für die produktive Verunsicherung** heißt für B vor allem durch Sachen durchgehen, Leidensfähigkeit und zwar körperlich und psychisch. Er fühlt sich heute schlecht, macht aber trotzdem das Interview und geht zum Training.
Beide empfinden Bewegung auch als Sucht.
Beide empfinden Disziplin als wichtig für die **Stärkung des Ich**, ohne die eine Öffnung nicht möglich wäre.
Für beide ist auch **Schönheit** ein ganz entscheidendes Element, B meint, daß der Mensch zur Ästhetik veranlagt sei, P führt aus, daß eine Ästhetische

Bildung auch ein persönliches Fundament sei.
Der Rest des Gesprächs ist schwer zu verstehen. Die Batterie wurde schwächer, und der Tumult im Lokal stärker, auf dem Tonband ist starkes Rauschen. Auch war der Rest der Fragen unter Zeitmangel -B mußte zur Probeknapper beantwortet worden.
So fanden beide, daß der Akkommodations/Adaptationsprozeß leichter ablaufe und die Arbeit zu einer natürlichen Spiritualität führe.
Auch Demut und Stolz fanden als Begriffe die Zustimmung von den beiden.

**Zusammenfassung**

Das ganze Interview litt unter den Bedingungen. Es kostete viel Konzentration, sich in dem Getöse wirklich zu verständigen und für B, der, wie er wiederholt sagte, in einer schwierigen Phase war, zudem erschöpft von den Proben und im Streß, war die ordentliche Durchführung des langen Gesprächs unter diesen Bedingungen auch ein Beweis seiner Disziplin.
Die Ausbildung selbst schien für beide sehr schwierig mit vielen Auseinandersetzungen in der Gruppe und mit der Leitung verlaufen zu sein, und beide sprachen sehr betont von ihren jetzigen Arbeitsansätzen, in die sie die wohl intensiven und widersprüchlichen Erfahrungen der Ausbildung integrieren konnten.
Ich hatte den Eindruck, daß diese Ausbildungserfahrung betroffen gemacht und angeregt hat, das zusammenzufügen; -dem, was tief angeregt aber unfertig, ja vielleicht im Widerstreit belassen war, für sich einen Sinn zu geben. Beide wirkten auf mich engagiert, aber sehr betont auf ihre jetzige Arbeit zentriert.
So handelte es sich de fakto mehr um ein konzeptionelles Gespräch, als um eine Befragung, die an der konkreten Ausbildungserfahrung geblieben wäre, also mehr um die Frage: "Findest Du, daß für das Thema das und das wichtig ist?", als "Was ist für Dich dabei passiert?".
Alle Fragen zur psychologischen Entwicklung und alle Statements zur Philosophie wurden im Sinn meiner Theorie behandelt.
Während bei den Middendorf-Studenten aber der Eindruck da war, genau der Erfahrung Worte verliehen zu haben, die gemacht wurde und bei den Dore Jacobs-Studenten das Gefühl blieb, den Punkt zu treffen aber der Verarbeitung und Konkretisierung etwas vorzugreifen, bleibt hier als Resümee: Wir sprechen über das gleiche und sind der gleichen Ansicht, aber der Fokus, der Blickwinkel und die Verarbeitung sind verschieden. Während es mir vor allem um eine Entwicklung des Individuums in einer abstrakten Gesellschaft geht, hat für die beiden die Abgrenzung und Auseinandersetzung von der gewöhnlichen Denkart und auch als Konsequenz ihrer Ausbildung die weitere Entwicklung in die Richtungen Tanztherapie und Performance erhebliche Bedeutung.
Gerade vor diesen Unterschieden in der Oberfläche bleibt für mich ein starker Eindruck der gemeinsamen Grundlage in allen Fragen bestehen.

## 7 ALEXANDER-TECHNIK

### Situation

Das folgende Interview wurde in einer Privatwohnung mit zwei Absolventen der Schule für Alexander-Technik in Freiburg gemacht.
Der Mann, A, ist vielleicht dreißig, die Frau, B, ungefähr fünfundzwanzig, beide haben die dreijährige Ausbildung beendet.

### Die Fragen

B weiß nicht, ob die Veränderungen in ihrem **Denken** nur auf die Ausbildung zurückzuführen sind, weil auch noch viel anderes in der Zeit passiert ist. A "kann ohne Vorbehalte sagen, ja, das tut's".
B stimmt zu, relativiert aber im folgenden noch einmal, es würde sich immer verändern, egal was sie gemacht hätte, durch die Schule eben anders, als wie wenn sie in der Fabrik gearbeitet hätte. A sagt, daß etwas in Gang gekommen sei mit den ersten "lessons", was die drei Jahre angehalten hätte, jetzt weiterliefe und wahrscheinlich das ganze Leben weitergehen würde. Es gab aber einen qualitativen Umschlag:

*"Ab einer bestimmten Unterrichtsstunde hat für mich die Welt anders ausgesehen ... Es ist während der Arbeit so gewesen, als hätte jemand die Scheiben frisch geputzt, als wäre Regenwetter gewesen und der Himmel klargewaschen, die Konturen schärfer, wahrnehmbarer."*

Diese Wahrnehmungsveränderung sei die Voraussetzung für die Veränderung des Denkens gewesen. "Dann haben sich sicher Denkkonzepte oder Vorstellungskonzepte von der Welt verändert." B brummt zustimmend.
Für sie hat das nicht mit der Alexander-Technik angefangen und geht endlos weiter. Wir stimmen überein, daß so etwas schon vorher anfängt und in einer Ausbildung akzentuiert wird.
B kann einem **Gefühl wie Angst** eher gegenübertreten, muß nicht mehr weglaufen, kann sich mehr konfrontieren, zulassen. A erweitert auf eine Ebene, die in diesem Frageschema unter **Innen/Außen** und unter **Machen/ Geschehenlassen** behandelt wird: Er kann Menschen, Situationen, die von außen kommen oder Gefühlszuständen, die von innen entstehen, mehr gegenüberbleiben, sie zulassen und so annehmen, wie sie sind. Für ihn hatte das mit der Arbeit an Kopf, Nacken und Rücken zu tun. B stimmt zu, daß das ein

*" ... Bezugspunkt, nicht Fluchtpunkt war, wo ich immer hin konnte, aber von wo aus ich auch nach draußen konnte, zum Gegenüber, zu meinen Gefühlen, also eine Möglichkeit, ein bißchen schizophren vielleicht sogar zu sein,"*

womit eigentlich in Kurzform alles zum psychologischen Gelingen gesagt ist, den Balancen sowie auch dem inneren Beobachter. B spricht denn auch von "einer Distanz, die erst die Nähe ermöglicht."

Ich will aber gewissenhaft nochmal zur **Balance Fühlen und Denken als Möglichkeit der Intuition** zurück. Diese Begrifflichkeit ist B fremd. wenn A sich da 'reindenkt, stellt er fest, daß es bei der Alexander-Technik eigentlich immer um Awareness geht, eine fragile Balance, bei der zuviel oder zuwenig Spannung die Anwesenheit bei dem, was geschieht, zerstört. Das sei eine günstige Bedingung, die der angesprochenen Balance zugrundeläge, was unsere Theorie en Detail trifft. B stimmt zu.
Sie bestätigt, daß sie andere mehr so sehen und lassen könne, wie sie sind: "Man ist nicht mehr so verstrickt." Sie sagt, daß sie das **Innen** besser wahrnehmen kann und ihre **Beziehung zu anderen** sich verändert hätte, aber fügt nocheinmal hinzu, das sei dadurch gekommen, daß sie gelernt hätte, genauer hinzusehen, sich auf etwas einzulassen. Sie meint einerseits, daß das die Körperarbeit sei, kommt aber immer wieder dahin, daß es auch etwas anderes gewesen sein könnte. Letztlich bleibt unklar, ob nicht eine andere Beschäftigung in der gleichen Zeit für sie eine ähnliche Veränderung bewirkt haben könnte. A dagegen führt seine Entwicklungen, im Zusammenhang dieser Frage: -Trennung von Freunden, neuer Kontakt- auf die Schule zurück. Er findet, daß alles seinen richtigen Weg geht, daß es leichter falle, Entwicklungen anzunehmen und Veränderungen zuzulassen. B hakt nochmal nach, ob das nicht auch bei anderen Tätigkeiten hätte passieren können. A sagt, für ihn sei das klar diese Technik gewesen. Wir kommen überein, daß es nicht zu klären sei, was durch andere Einflüsse, sei es Therapie, Kunst, andere Körperarbeit ausgelöst worden wäre.
Hier gehe es um den Unterschied zur allgemeinen alltäglichen Stagnation derer, die nur beliebigen Zerstreuungs- und Routinetätigkeiten ausgesetzt seien.
**Innen und außen** waren für A keine wichtigen unterscheidbaren Kategorien, es ging mehr um

*" ... Wachsenlassen, um's Nicht-Eingreifen, sich mehr Zeit geben, Ruhe und Geduld haben".*

Er hält es für so etwas wie die Essenz dessen, was er gelernt hat,

*" ... immer noch mal hinzuschauen, nicht den eigenen Vorurteilen auf den Leim zu gehen".*

Ich stelle fest, daß wir jetzt eher auf der **Ebene Machen-Geschehenlassen** diskutieren. Er habe jetzt den Aspekt des Annehmens, Zulassens betont. A merkt an, daß das nicht im fatalistischen Sinne mißverstanden werden dürfe und daß wir auf eine Ebene gekommen seien, bei der ihm nicht wohl sei, weil das kaum mit Worten zu fassen, fast unmöglich auszudrücken sei. Auf meine nähere Ausführung, was mit Harmonie oder Behinderung zwischen Tun und Geschehenlassen gemeint sei, erläutern beide, daß das eine Frage der Wahrnehmung und des Standpunktes, von dem aus man beobachte, sei. Auf ein von mir erwähntes Unterrichtsbeispiel bezogen gäbe es den Zustand der Nicht-Einmischung, der "Non-Doing-Condition". Der Schüler könne im Unterricht

ein Geschehenlassen im Dabeisein in direktem Kontakt zur Hand des Lehrers lernen, wenn dieser "nicht pusht".
Dieses Geschehenlassen ist hier nicht nur erlebter Bestandteil der Balancen, sondern wird in dieser Diskussion in den Rahmen eines zentralen Dogmas erhoben, was einerseits genau der hier vertretenen Theorie über die Rolle der Natur im Menschen entspricht. Folglich wird auch die These von der Bewußtseinsverdoppelung und dem inneren Beobachter sofort angenommen. Für mich war andererseits aber schwierig, daß es nicht mehr um eine Erfahrung ging, die als "peak-experience" auftritt, sondern daß ich den Eindruck hatte, hier einem Konzept zu begegnen. So war es mir auch unmöglich, noch die Balancen anzusprechen, die Spannungen und Kämpfe, die für mich zu einer realen Erfahrung gehören, solange die Übenden nicht als Erleuchtete Eins sind mit dem Fluß der Zeit und Geschehnisse.
Diese Tendenz wird bei der Beantwortung der nächsten Frage deutlich: Beide nehmen an, daß es ein **allgemeines Streben nach Ganzheit** gibt: Mit A ergibt sich aber noch ein kleiner Disput, ob er diese Frage persönlich, oder als Alexander-Lehrer beantworten soll und dann, ob er das kann, was B dann aber lachend auf die selbstverständliche Ebene hebt, daß es natürlich eine persönliche Antwort sei.
Für B ist es selbstverständlich, daß ein Mensch, um ganz zu werden, **Erfahrungen** machen muß, wozu auch der Kampf, die Abspaltung, die Erbitterung gehören kann, daß es aber nicht irgendwelche Erfahrungen, sondern die, die auf den persönlichen Lebensweg nötig sind, sein müssen, -also Schicksal als Aufgabe.
A betont, daß die Erfahrung wirklich gemacht worden sein müsse, B setzt sich mit der Ansicht durch, sie könne auch stellvertretend gemacht werden, wenn sie integriert werden könne. A ergänzt nochmal, Erfahrung sei das, was wirklich integriert sei und erinnert an seine Formulierung: "Wie wenn plötzlich die Fenster geputzt sind." Auf meine Vermutung, das habe ja mit den alten Begriffen aus der Körperarbeit: Zulassen/Durchlässigkeit zu tun, betonen beide, daß sei etwas Verschiedenes. Integration bedeute eine aktive Arbeit, ein "Sich-zu-eigen-Machen".
Beide sagen, sie hätten keine **therapeutische Ergänzung** nötig gefunden, durch das Prinzip des Geschehenlassens und die Sanftheit hätten die Leute die Erfahrungen gemacht, für die sie bereit gewesen wären.
Mir wird klar, daß auf diesem Umweg ein Teil meiner **Innen/Außen-Frage** beantwortet wurde. Der Gegensatz hebt sich in dieser Arbeit auf, indem die Erfahrungen, die gesucht werden, gemacht und integriert werden; zumindest für den Bereich der Arbeit löst sich das Spannungsfeld zwischen Innen/Außen, Aktiv/Passiv.
Insofern ist auch meine Frage nach der Entwicklung der **Intuition** falsch gestellt. Beide sagen, die **Wachstumskraft**, der Prozeß sei da, wie eine Blume, die zum Aufblühen keine Intuition brauche, sondern den Zeitpunkt und alles, was dazu gehöre, kenne. Indirekt stimmt die These von der emanzipierten Form von Schicksal dann doch. Einerseits können beide damit

nicht soviel anfangen, meinen, Alexander habe sich damit als alter Mann beschäftigt. Aber beide finden sich in einem Bild, in dem ein Schiff im Hafen liegt und entscheiden kann, in den Strom zu fahren. Körperarbeit wäre dann schon eine Entscheidung, mit etwas in Kontakt zu kommen, was da ist. Es geht dann um Entscheidungen, Dinge wegzulassen, die das Wachstum stören, den ich-haften Prozeß willkürlicher Steuerung zugunsten eines genauen Hinsehens zu verlassen und der Natur im Menschen zu trauen. Das kommt mir wie eine radikale Variante, wie eine wirklich konsequente Folgerung aus dem, was meine eigene Theorie über die Natur im Menschen sagt, vor, aber mir scheinen die Umwege und Schwierigkeiten zu fehlen, es hört sich für mich ideal aber allgemein an.

Ich frage deshalb, ob es nicht auch **schwierige Phasen** gäbe. Körperarbeit würde oft helfen, auch schmerzhaftes, was notwendig sei, besser annehmen, erleiden zu können. Damit können beide nichts anfangen, finden es gar allgemein, was verdächtig nahe an meiner Empfindung für das, was die beiden vorher gesagt haben liegt. Haben wir einen so verschiedenen Jargon, daß wir über das gleiche reden und uns nicht verstehen? Eher scheinen mir die Wege und Gewichtungen unterschiedlich zu sein bei einem ähnlichen Ansatz.

Witzigerweise sind wir aber bei den Konnotationen zu den Begriffen **Demut und Stolz**, die ich jetzt als Zuspitzung in die Runde werfe, verblüffend einig. B sagt, sie habe sich mit Demut sehr intensiv beschäftigt und kennt auch Stolz. A hat damit

*" ... keine Berührungsängste, beides vermischt sich auch von Zeit zu Zeit".*

Er kennt so etwas wie demetigen Stolz und ist "manchmal Stolz auf die Demut". (Gelächter)

Ich komme dann noch einmal zu dem Punkt des **Zulassens** und der Probleme, die damit einhergehen. Diesmal scheint die sprachliche Verständigung zu klappen. Beide sind "klar" der Auffassung, daß die Bildung und Auflösung von Bildern (Akkomodation und Adaptation) flüssiger und angemessener ist, sie weniger rigide seien und auch, daß sie mit den Spannungen, Unsicherheiten und Ungewißheiten besser umgehen könnten. Die Ambiguitätstoleranz sei entscheidend gewachsen. A würde sogar soweit gehen, zu sagen, daß er gerade durch "Paradoxa lernen" würde; sie als Herausforderung nehmen könnte,

*" ... was macht die Spannung, wie macht sie Kreativität ... one after the other and all together",*

fügt B hinzu.

Von dort schlage ich den Bogen wieder zur **Intuition**, mit der ich die Fähigkeit meine, in der Selektion der Wahrnehmung Zeitpunkt und Richtung der Öffnung zu bestimmen, also welche Angst mich vor Gefahr warnt und welche nur Begleitung des Neuen ist. In dieser genaueren Beschreibung wird die Rolle der Intuition und ihre Zunahme anerkannt, aber zugleich gesagt, daß

ich alles, wohl unter dem Zwang, das wissenschaftlich erklärbar zu machen, sehr kompliziert darstelle. Ich räume das ein; meine Absicht sei, das, von dem immer gesagt werde, man müsse es erfahren und könne nicht drüber reden, zugänglich zu machen.
Über die Frage, ob das **Ich** gestärkt, geschwächt oder transformiert würde kommen wir wieder in Sprachprobleme. Es gehe darum, die Welt ohne Déja-vu Effekt so zu sehen, wie sie ist. Wenn das Ich das sei, was störend eingreife, wäre das das Ich, was schwächer würde. Wenn das, was dann entstände, auch ein Ich sei, wäre ihnen auch nicht primär der Punkt der Energie wichtig.
B sagt, ihre **Spiritualität** hätte sich nicht verändert, die sei schon vorher da gewesen, bei A dagegen ist sie konturierter geworden, worauf B sagt, das könne sie für sich auch sagen.

### Zusammenfassung

Als Resümee bleibt zu dem schon im Text Gesagten hinzuzufügen, daß es große Probleme im Konzept gab. Durch den betont körperbildenden Ansatz, der die psychodynamische Ebene erfolgreich marginalisierte, war es sprachlich nur schwer möglich, diese Problematik anzusprechen. Das Körperbildungskonzept des Zulassens kam dann auch kristallklar heraus. Die übrigen Bereiche erschlossen sich zum Teil nur indirekt. Wenn man das betonte philosophische Understatement beiseite läßt, ist eine -wenn auch nicht explizite- Übereinstimmung mit meinen Thesen evident.

## 8 EURYTHMIE

### Situation

Das Interview fand in Hamburg in den Räumen des Ausbildungsinstitutes für Eurythmie statt mit A und B, männlich, Anfang Dreißig und Ende Zwanzig sowie C, weiblich, Mitte Zwanzig.
A hat eine siebenjährige Ausbildung in Heileurythmie und Bühnenkunst abgeschlossen, B und C haben den vierjährigen Heileurythmieteil absolviert.

### Die Fragen

B sagt, sein Denken hätte sich verändert, er sähe nicht mehr so sehr die Einzelteile, sondern mehr die Ganzheit. C sagt, das Denken sei flexibler, offener geworden,

*"Man gibt sich selbst mehr Möglichkeiten, weitläufiger zu denken."*

A hatte vorher Medizin studiert und bei der Ausbildung hat sich sein Denken sehr dadurch verändert, daß es plötzlich keine schematischen Stützen mehr gab, die Vermittlung im Prozeß direkt von Mensch zu Mensch war. Er hat gemerkt, daß das Schematische eigentlich gar keine Stütze ist, sondern nur eine Einengung,

*" ... daß das Direkte viel mehr innere Sicherheit geben kann, Vertrauen, was Mensch dann schafft, ein Empfinden für Echtheit".*

Für ihn war es eine erschütternde Öffnung der Wahrnehmung. Er hatte seit Jahren während des Medizinstudiums keinen Frühling mehr erlebt, und der Eindruck der Natur und der menschlichen Gesten war unwahrscheinlich stark. Sein Denken stellt nicht mehr nur Tatsachen fest, sondern sieht Entwicklungen, das, was noch nicht ist, das Werden. Es hat sich eine neue Ebene erschlossen, die des geduldigen behutsamen Hinsehens.
C hat den Eindruck, daß das ganze Fühlen

*" ... überhaupt erst mal aufwacht ... Es wird in jeder Richtung intensiviert, und man bekommt für viele Dinge ein Gefühl, für die man vorher ganz taub war."*

Das ist ihr mit dem Gefühl zur Natur so gegangen

*" ... und natürlich auch mit jeder menschlichen Beziehung".*

Das war zum Teil sehr

*" ... turbulent, aber nicht so, daß man nicht mehr Herr darüber ist".*

A stimmt zu. B sagt, er habe "mehr Vertrauen in das Gefühl", er könne die Qualitäten genau differenzieren.

*"Das Gefühl kann etwas Exaktes über ein Ding sagen, so wie das Denken."*

Für C ist da ein sehr aktiver Entwicklungsanteil gefordert. Bei der Interpretation von Gedichten oder Musikstücken glaube man am Anfang immer, alles empfunden und verstanden zu haben und erst mit der Zeit und der Auseinanderstzung mit jedem Ton komme ein andere Qualität; das hänge auch mit Üben zusammen.
Für alle haben sich **Balancen zu einer Harmonie** entwickelt.
Das gibt dann eine andere Qualität im alltäglichen Leben.
B sagt, **Gefühle wie Angst, Sexualität, Aggression** seien nicht thematisiert worden, aber

*" ... das hat sich ja wirklich geändert, so nebenher".*

B kann bei sich und anderen mit schwierigen **Gefühlen** besser umgehen aus einem ganzheitlichen Zusammenhang heraus. Das Gefühl, nichts tun zu können, ist weg. Zwar hat er auch keinen Weg gegen Entscheidungen in politischen Machtzentren, aber diesen konkreten produktiven Ansatz. C sagt, dadurch, daß man jeden Tag was vorstellen, was zeigen müsse, lerne man konkret mit Ängsten umzugehen.
Für B und C hat die Ausbildung, der Unterricht, die Arbeit in der Gruppe ausgereicht, auch mit schwierigen persönlichen Prozessen zurechtzukommen. B sagt, die Gruppenarbeit sei auch darauf angelegt,

*" ... daß man die Kräfte entfacht, damit auch zurechtzukommen",*

für C hängt viel von der Art der Übungen, die dazu gemacht werden, ab. A betont, daß die künstlerische Arbeit, in der sich die einzelnen so in den Prozeß hineinfinden müssen, daß es äußerlich exakt stimmt, ungeheuer befreiend und klärend für die persönlichen Schwierigkeiten war, so daß sich ab einem bestimmten Punkt das Innere am Äußeren klären kann. B betont noch mal, daß es unmöglich gewesen wär, da jemanden von außen mit einer **Therapietechnik** zuzunehmen und daß die Prozesse in der Gruppe mit den Lehrern, die Teil des Prozesses sind, ausgereicht hätten.
A sagt, die Eigenart der einzelnen in vorgegebenen Bewegungen hätten ihm geholfen, andere so zu sehen und zu nehmen, wie sie sind.
Alle erleben eine Klärung und einen positiven Spannungsbogen im Kontakt zwischen **Innen und außen**. A sagt, daß das Gefühl, außen und Innen bedingten einander und harmonierten, von einen wirklichen Kontakt zu dem, was tief innen ist, abhinge.
Allgemein wird der These von der Förderung der Eigenart und der produktiven Spannung zwischen Machen und Geschehenlassen, der Intuition für den richtigen Zeitpunkt usw. zugestimmt.
Jede künstlerische und körperliche Aktion ist, so stimmen wir überein, ein **Geschehenlassen**, nicht ein **Machen**. Die Frage nach dem inneren Beobachter wird in dieser Weise beantwortet, da man gewöhnlich keine Improvisation mache (was mein Beispiel war), sondern vorgegebene Stücke. Wenn dabei etwas gekonnt ist, wird eine Einheit mit der Form empfunden, fallen Innen und außen, Machen und Geschehenlassen zusammen. Dabei wird das Paradoxon, sich in der Form zu finden, als Befreiung quasi, betont.
Es gibt eine allgemeine **Zustimmung zum philosophischen Exkurs**, dem Verlust der Ganzheit, dem Bedürfnis nach Erfahrung, der Notwendigkeit, bestimmte persönlich zentrale Dinge zu erleiden.
Die These von der **emanzipierten Form von Schicksal** wird ausdrücklich geteilt. Dafür werden Form und Intuition für wesentlich gehalten.
Die **Fähigkeit, kritische Phasen zu erleiden**, ist sehr gewachsen. C sagt,

*" ... wenn man einmal Kontakt zu einem inneren Leitfaden gefunden hat, eine innere Sicherheit, daß und wie es weitergeht, kann man auch viel mehr erleiden, das ist auch einfach eine Notwendigkeit".*

A bringt das damit zusammen, daß irgendwann ein Umbruch notwendig sei. Sein festgefahrenes Medizinstudium habe er nicht so einfach aufhören und mit Eurythmie anfangen können. Ohne Abgründe und Unsicherheiten ließen sich keine eingefahrenen Lebenssituationen ändern. Für die **Intuition** werden Kunst und **Schönheit** für wesentlich gehalten.

*"Eine Welt ohne Kunst nur mit Wissenschaft wäre unbeschreiblich langweilig."*

Es wird die innere Fügung von Kunst und Schönheit gegenüber der Willkür alltäglicher Urteile betont.

Der **Akkomodations/Adaptationsprozeß** ist in Fluß, die Rigidität vermindert. Von sich aus erläutert A, daß nur das unentwickelte Ich den Prozeß festhalten möchte zugunsten eines konstanten Weltbildes und daß ein entwickeltes Ich mehr davon ausginge,

*" ... daß, was ich bin, mehr das ist, was mir entgegenkommt, als was ich meine und festhalte."*

Er betont, daß er in der Lage sei, das, was das Schicksal ihm entgegentrüge, anzunehmen und daß er gar nicht die Auffassung der Psychologie teile, das Ich sei gegen Veränderung. Wir stellen fest, daß man zwischen einem entwickelten und unentwickelten Ich unterscheiden müsse und daß ein schwaches Ich eher festhalten müsse, während Öffnung und Lösung ein entwickeltes starkes Ich voraussetze. B spricht von sich aus an, daß man dann nicht mehr immer so feste Bilder nötig hat, sondern mit mehrdeutigen fließenden Zuständen leben könne. A sagt,

*"man muß auch etwas Unfertiges leben können",*

womit die Frage nach **Ambiguitätstoleranz** beantwortet ist. Er erzählt ein Beispiel aus dem Zusammen-Malen eines Bildes, was sich immer verändert und meint, äußerliche Leistungs- und Perfektionsansprüche würden oft verhindern, daß Menschen mit ihrer inneren Leistung, die nicht im Ergebnis, sondern mehr im Prozeß liege, Kontakt bekämen. Wir einigen uns, daß früher durch die zwangsweise Orientierung am Rhythmus der Natur Entwicklung im Leben war, und A, der aus Schweden stammt, sagt, traditionelle bäuerliche Formen, wie er sie auf dem Land kennengelernt habe, hätten schon einen Sinn ergeben, der tragen könne. In modernen Gesellschaften sei aber zum einen Einmischung und Entscheidung wichtig. Man müsse die Verantwortung für all das, was die Tradition nicht mehr regeln kann, übernehmen. Auch seien Kunst und Körperarbeit die persönliche Anregung und Leitung ("Quelle und Inspiration"), ohne die beliebige, bequeme, stagnierende oder diffuse Kompromisse überwiegen würden. Zu Demut und Stolz sagt C, die Lehrmeister der Eurythmie seien Mut, Demut, Ausdauer, wobei sie Mut gelungener findet als Stolz. A sagt, daß man ohne die "Ehrfurchtskräfte nicht an die Gestaltung" komme. C sagt darauf, Stolz könne sie doch gut finden, und zwar als eigene innere Sicherheit bei Gestaltungen,

*" ... von mir aus kann das jeder unmöglich finden, ich mache es so!",*

was ja wirklich ziemlich mit dem von ihr gebrauchten Mut zu tun hat. A zitiert, man solle "frech und fromm" sein, was auch diese Idee hätte. B sagt, beim Vormachen brauche man Mut und Kühlheit, was an Stolz 'rankomme. A sagt, **Religion** sei für ihn durch seine strenge protestantische Erziehung an der schwedischen Westküste ein Enttäuschung gewesen, und als er gemerkt hätte, daß Anthroposophie mit Religion zu tun hat, wollte er sich schon wieder abwenden, merke aber jetzt, daß es letztlich der Grund und Sinn des persönlichen Schaffens sei. C sagt, sie sei in der Ausbildung wacher geworden für Religion im Verstehen und auch gefühlsmäßig. B sagt, daß

*" ... wenn man es nicht mehr einfach sehen will, -durch eine mehr lebendige Anschauung ... zu einem Schönheitsbegriff kommt, zur Religion kommt".*

A meint, wenn die Leute 10.000 Jahre religiös gewesen wären, wäre es für ihn nicht vorstellbar, daß sie es plötzlich nicht mehr seien, vielmehr halte er die modernen Gesellschaften für quasi-religiöse Systeme.

### Zusammenfassung

Abschließend kann ich eine große Übereinstimmung feststellen, bei der im letzten Teil oft die Antworten vor den Fragen gegeben wurden. Auch der psychologische Teil bestätigte die Thesen.

## 9 ALVIN AILEY

### Situation

Dieses Interview wurde mit zwei Studentinnen (scholarship students) der Alvin Ailey School in dem Cafe nahe der Schule, in das man in den Pausen geht, auf englisch geführt. Es war einigermaßen ruhig, die beiden sind anfang Zwanzig, seit eineinhalb Jahren bei Ailey und haben lange professionell/halb-professionelle Tanzerfahrung vorher gesammelt.

### Die Fragen

A sagt zum Denken, daß man so aufmerksam sein müsse, man müsse ständig alles mitkriegen. Für B hat es auch viel verändert, nicht nur, wie sie andere Leute sieht, sondern auch die Ideen über das Leben und sie selbst, ihre Reaktionen, Gefühle ... A wirft ein,

*" ... because you'r deeply in yourself all the time ... "*

man müsse sich immer konzentrieren, dürfe sich nicht verrückt machen oder ablenken lassen und immer so aufmerksam für die eigene Reaktion sein, und das würde sich dann auch auf die Aufmerksamkeit für die anderen auswirken. A sagt, es hätte ihre Art, an Dinge und auch an Menschen heranzugehen, geändert.

Ich werfe ein, daß sei ja das **Paradoxon von Innen/Außen**, daß, wenn man Innen sicher sei, der Kontakt zum Außen klarer würde. B sagt, sie sei offener geworden und möge sich selber besser leiden. Sie hätte sich anders wahrzunehmen und betrachten gelernt. Auf meine Frage, ob sie sich als klarer für andere empfinden, sagt A, man arbeite ja immer für ein Ziel, im Tanz: -deutlicher und klarer zu werden- das wirke sich auch persönlich aus. B sagt, sie sei introvertiert und hätte große Probleme, expressiv zu sein, gehabt. Ihre (schwarze) Lehrerin hätte sie geschüttelt und gesagt: Laß endlich heraus, was in dir ist, aber sie habe immer an ihren Ursprung (japanisch) denken müssen und daß östliche Leute nie viel von ihren Gefühlen zeigen könnten. Sie wäre sich dessen in einem starken Maße bewußt geworden, zumal die anderen immer zu ihr gesagt hätten: Öffne dich, du mußt dich mehr öffnen! Dann arbeitete sie sehr daran; nicht ihren Charakter zu ändern, "'cause I like it", sondern sich mehr auszudrücken, was ihr endlich besser gelang.

Zur Frage, ob **Therapie** sinnvoll sei, lachen beide und sagen, ja; nur wenige Lehrer könnten danach wirklich mit einem reden. A sagt, besonders im ersten Jahr sei es hart gewesen, zu der Ermüdung sei immer diese Verunsicherung gekommen, daß man sich selbst in Frage stelle, es seien in der Klasse viele Tränen geflossen wegen all der Dinge, die hochkämen. Manchmal müsse man auch gegen Gefühle kämpfen (attack your emotions), um Fortschritte zu machen. B lacht, sie brauche nicht im üblichen Sinn professionelle Hilfe, mehr ab und zu so was wie counseling, Tanz konfrontiere einen nämlich gezielt damit, was falsch an einem sei, in Körper, Gefühlen, Bewegungen, im Ausdruck. A pflichtet bei, das ganze Verhalten, alles, was nicht funktioniert, falle auf, denn für Tanz müsse man perfekt sein. Das mache einen sehr sensibel, so daß man schon gezielte Unterstützung brauche. Sie sagt, man sei so ausgeliefert, alles wäre immer direkt offensichtlich. B wirft ein, für das geschulte Auge sei der Tanzschüler persönlich nackt, darauf A, plötzlich würden die Lehrer auch was zu einem sagen, was genau in's Schwarze treffe, aber wovon man eigentlich nicht wolle, daß die ganze Klasse es mithöre. Auf mein Nachfragen meint sie aber, daß das dann in Bewegung komme, sich entwickle.

Beide meinen, speziell bei Ailey sei der Anfang sehr schwer gewesen, ständig habe man sich beobachtet und beurteilt gefühlt, -in jeder Hinsicht. Auf meine Frage, ob das speziell für Ailey sei, meinen sie, gerade die Art der Lehrer, Dinge vor der Klasse zu sagen, anzugreifen usw. sei für sie problematisch gewesen. Zuerst seien sie so geschockt gewesen, dann aber, wenn das wieder und wieder passiere, gewöhne man sich, mache es einem nichts mehr aus. B betont, daß es so wichtig sei, dann Verständnis zu haben bei den anderen. Auf meine Frage, ob Kritiken nicht auch allgemeiner oder diskreter möglich seien, sagt B, das hinge vom persönlichen Geschick der Lehrer ab und hier auch sehr von Sympathie, was sie zwar menschlich verständlich aber schwierig fände.

Daß Menschen ein **Bedürfnis nach Ganzheit** hätten, findet Zustimmung, auch daß mit dem Bruch mit der Natur die natürliche Anmut gebrochen werde. Zustimmung findet auch die Aussage, im Tanz werde der moderne Mensch mit Unangenehmem konfrontiert, das er sonst vermeiden würde und was früher mehr im Schicksal gelegen hätte. So findet die These von Körperarbeit als **emanzipierter Form de Schicksals** Zustimmung. Die Frage, warum man sich so anstrenge, vom Lehrer harte Kritiken einstecke, obwohl man sein Geld weit leichter verdienen könnte, löst befreiendes Gelächter und

Zustimmung aus. Wir sind uns einig, daß das gerade die persönlich schicksalhafte Konfrontation mit dem Selbst sei. Dabei sei **Schönheit** als Richtungsanzeiger und Besänftigung wichtig. A sagt, daß eine Woche ohne Tanz sie den Kontakt mit sich verlieren lasse, sie die physische Aktion brauche und es sei ja nicht nur die physische Aktion, sondern auch psychisch und spirituell. B sagt, da sei alles, was man sonst vermeide, sie sei durch Trauer, Wut, Ärger, gegangen, weil sie immer habe gut sein wollen, hätte aber gelernt, damit zurechtzukommen, umzugehen, das schlechte Gefühl anzunehmen und weiterzuarbeiten.

Beide meinen auch, daß das **Ego** für eine **Transformation** eher stärker als schwächer sein müsse, sehen auch die Möglichkeit, produktive Verunsicherungen zu finden, also etwas, was nicht nur unangenehm sei, wie irgendein Ärger im normalen Leben, sondern "to question the Ego" unter der Maßgabe einer neuen Ordnung. Vertrauen, etwas Schwieriges annehmen zu können, lerne man vor allem. B und A betonen beide, daß "normale" Leute sich vielmehr beklagen würden, während sie viel mehr Vertrauen in ihren individuellen Weg hätten, mehr Toleranz gegen Verunsicherungen und eine bessere Intuition, was genau dem hier diskutierten Modell entspricht. B sagt sogar zur Ambiguitätstoleranz, sie könne niemanden mehr verurteilen, wie ein Richter, so sehr würde sie den Sinn in allem für die Person verstehen und fühlen.

Wir einigen uns, man sei weniger **rigide**, könne vieles mehr von Innen verstehen.

Beide meinen, die Balance zwischen **Machen und Geschehenlassen** sei wirklich eine Grundvoraussetzung für Tanz.

Zu **Intuition** meint B, sie hätte gute Erfahrungen damit gemacht, Gefühlen, die sie zu etwas habe, zu folgen. Wenn sie keine innere Gewißheit für etwas hätte, fühle sie sich wirklich schlecht, worauf A: "I get lost many times", was sie einem starken Skorpioneinfluß im Horoskop zuschreibt, beisteuert. A sagt, daß es wichtig sei, wirklich Kontakt zum Innen zu fühlen und sich nicht durch Vorinformationen beeinflussen zu lassen.

Sie sind auch der Ansicht, der **soziale Kontakt** ändere sich, sie sähen die Menschen anders, direkter und seien auch anders für andere, wobei B betont, sie könne schon alte Kontakte halten, auch wenn sie sich verändert habe.

Beide meinen, das Leben sei offener geworden im Sinne von **Adaptation/ Akkommodation,** man folge nicht mehr einem Ziel, sondern sei im Prozeß und habe mehr Mut zur Unsicherheit.

## Zusammenfassung

Zusammenfassend möchte ich sagen, daß das gesamte psychologische Konzept bestätigt wurde. Die philosophischen Thesen werden geteilt, aber nicht mit der Emphase, wie in anderen Interviews, was zum Teil sicher wieder eine Altersfrage ist. Die psychologischen Prozesse wurden dagegen detailliert bestätigt, wobei der Therapieaspekt wieder viel Platz einnahm. Im Fall der

Alvin Ailey School haben wir wohl einen Extremfall des "Antitherapie-konzeptes" Ästhetischer Bildung vor uns, was sicher zum einen mit der besonderen "hard core" Einstellung von Tänzern im allgemeinen zur persönlichen Härte zu tun hat. Dann spielt sicher eine Rolle, daß es nach meiner Beobachtung unter schwarzen Amerikanern normal (im Sinne von sozial üblich und akzeptiert) ist, sich öffentlich über Schwächen der anderen lustig zu machen. Spott scheint dazuzugehören und nicht unbedingt zu Verbitterung zu führen, sondern -wie auch hier beschrieben- letztlich als Feedback genommen zu werden.
Obwohl der bei weitem größere Anteil der Schule schwarz oder farbig ist, waren nur eine asiatische und eine weiße Studentin bereit, das Interview zu machen, wohingegen eine schwarze Frau direkt zu mir sagte: "Dein Thema, das ist alles Quatsch. Das einzige, was zählt in so einer Ausbildung, ist Power, die persönliche Energie, die Überzeugung, daß Du es bist, der es schafft, egal was passiert. Du brauchst vor allem den Willen, egal wo Du bist, der Beste zu sein."
Vor dem Hintergrund einer solchen Tendenz ist wohl auch der konfrontative Stil der Lehrer zu sehen. Wichtig dabei ist, daß die Kraft, die die Schüler in der Ausbildung entwickeln, offenbar ausreicht, damit zu arbeiten, den informativen Teil als Herausforderung zu nutzen.

## 10 GRAHAM 1

### Situation

Das folgende Interview wurde mit einer Tänzerin von Mitte Zwanzig, die aus der Schweiz nach NY gekommen war und seit einem Jahr die Graham School besuchte, in einem griechischen Lokal in Manhattan auf deutsch geführt.

### Die Fragen

Ihr **Denken** hätte sich stark verändert, sei intuitiver geworden, bei einer Unterhaltung zum Beispiel nehme sie die Worte und das Gespräch der Körper wahr. Das Denken bekomme eine körperliche Grundlage, was nicht für Graham speziell, sondern für Modern Dance allgemein gelte.
Es gebe Leute, die sagten, Graham könne komisch machen,

*" ... Leute würden psychopathisch durch die Technik ... "*

das komme daher, daß man immer vom Zentrum arbeite, "Contract/Release" und mit dem Atem, dann sei man vier Stunden ein anderer Mensch als auf der Straße,

*" ... ich glaube schon, daß animalische Züge herauskommen ... "*

ihre natürliche Impulsivität sei dadurch sehr gefördert worden.
Die **Gefühle** würden intensiver und direkter, die Technik sei ja nicht nur bioenergetisch und dramatisch, sondern wirklich animalisch, worunter ich verstehe, daß durch und über Therapie und Kunst hinaus die Natur im Menschen erreicht wird.
Sie fände auch eine **psychotherapeutische Krisenintervention** sehr gut. Das sei utopisch, aber ideal,

*" ... man ist ganz allein, wenn man tanzt".*

Selbst gute Freundschaften seien auch Konkurrenz.
Andererseits sei es auch gut, durch diese Phasen **allein hindurchzugehen**, dann kläre sich auch, ob das der richtige Weg für einen sei, denn für Tanz müsse man unheimlich stark sein.

*"Im Endeffekt ist Tanz ja nicht nur Körper, sondern Psyche, sehr stark, und wenn man da nicht genügend stark ist, bleibt man da auf der Strecke, -es bleiben ja auch viele auf der Strecke."*

In dieser Technik mache man schnelle Fortschritte, in der Schule würde aber gesagt, es sei nicht gut für jugendliche Leute, man solle das nicht vor achtzehn machen, man müsse erwachsen sein für diese Technik, es sei auch sehr viel Sexualität, das Contract/Release. "Grundsätzlich, wenn man tanzt", würden Gefühle wichtiger. Sie meint, "auf jeden Fall", daß die Polarität Fühlen/ Denken klarer werde und besser funktioniere. Das Verhältnis zu anderen werde klarer, sie sei auch klarer für andere, sie sehe andere mehr so, wie sie sind.
Daß die **Projektionen** klarer würden, sei oft schwierig, man sehe so viel bei anderen, die Lehrer sähen übrigens alles genau, man sehe allgemein oft zuviel bei anderen.

*"Tanzen ist sehr verwandt mit der Mystik."*

Sie sieht klar "die Verbindung mit Gott", die **Religion**. Auch deshalb seien viele Tänzer Psychopathen, weil sie das zu verarbeiten nie gelernt hätten, "Tanz öffnet Türen".
Sie meint, daß das **Ich** für die **Transformation** stark sein müsse, sagt aber auch, daß Tanz diese Kraft produzieren helfe.
Sie glaubt, daß Menschen ganz werden wollen,

*"Körper, Geist und Seele sollten ein Einheit sein".*

Das sei im Tanz das größte Ziel. Technik könne aber auch trennen. Körperliche und geistige Kraft müßten zusammen wirken.
Sie stimmt zu, daß die Wahrnehmungsschulung für "Öffnung zum richtigen Zeitpunkt in die richtige Richtung" wichtig sei, auch daß das moderne Leben der Weg vom Schicksal weg sei. Sie teilt die Ansicht, daß diese Arbeit eine **emanzipierte Form** sei, das **Schicksal** in die Lebenswirklichkeit zurückzu-

holen. Sie sehe das persönlich sehr stark so, für andere könne sie nicht reden. Das **Ich** brauche auf jeden Fall den **Widerstand**, für sie persönlich aber seien auch Stücke sehr wichtig, wo sie das Innen nach außen bringen könnte, anderen sei das egal.
Das Verhältnis zur **Natur** sei immer sehr stark gewesen, das Verhältnis zur **Kunst** habe sich entwickelt, wofür aber auch schon die Sigurd-Leder-Schule wichtig gewesen sei, Bilder sehe sie auch unter choreographischem Aspekt, welche Bewegung in ihnen sei, aber auch die Farben, Formen, es sei wirklich eine geschmackliche Bildung.
**Schönheit**, da will sie lieber Harmonie sagen, sei sehr sehr wichtig. Dabei sei es immer ein Ziel, der Natur nahe zu sein.
Sie ist aber auch der Ansicht, daß der Mensch immer den **Bruch** hätte und sich die Einheit erst im Leben erarbeiten müsse.
In der Ausbildung lerne man, das **Innen** wirklich wahrzunehmen, das **Außen** so zu sehen, wie es ist, die Spannung auszuhalten. Das lerne man sehr stark, sei damit aber im Alltagsleben Außenseiter.
Im Detail sind wir zu **Machen/Geschehenlassen** einer Meinung.
Wir stellen fest, daß wir sehr schnell waren, weil wir genau übereinstimmen, die Formulierungen fast identisch sind.
Zu **Stolz und Demut** meint sie, brutal gesagt gebe es Sado- und Masochismus, ist aber auch mit diesen Begriffen und ihrer anderen Differenzierung einverstanden, meint aber, Graham sei nicht nur Demut, sondern wirklich auch masochistisch, das ganze Leiden, das ganze Drama werde ständig durchgearbeitet.
Wir kommen zu dem Schluß, hier werde die naive Version zugunsten des **Erleidens** des echten Lebens weggenommen, besonders die Bodenübungen seien Widmung, Hingabe, Demut, was aber nur durch den Stolz gehe, was das Drama mache.

### Zusammenfassung

Als Zusammenfassung kann ich nicht viel sagen, es herrschte eigentlich in allen Punkten die beglückende Übereinstimmung, die zum Teil ja extremen Gedanken bei einem anderen genauso zu finden.

## 11 TANZ UND FELDENKRAIS

### Situation

Dieses Interview wurde mit einer Frau von vielleicht Mitte Zwanzig, die als Tänzerin in NY eine Feldenkraisausbildung absolviert hatte, in einem Szene-Cafe in Manhattans Lower East Side auf deutsch geführt.

**Die Fragen**

Für sie hat sich die Balance Fühlen/Denken so verändert, daß das Fühlen dem Denken die Richtung angibt, aber auch beides sich mischen kann und Verwirrung entsteht. Insgesamt sei aber ein Spannungsbogen entstanden.
Sie hat gelernt, Schwierigkeiten nicht als Ärgernis, sondern als Herausforderung zu sehen, an denen das Ich wachsen kann. Dazu muß Vertrauen da sein, sie kann nicht vorher wissen, wozu etwas gut ist. Intuition ist also wichtig für die Ich-Transformation.
Früher war sie mit dem Tanzen verheiratet, jetzt ist Tanzen ein wichtiger Teil ihrer Selbstverwirklichung. Auf Feldenkrais kam sie durch ein spirituelles Erlebnis. Der Körper ist ein Weg. Tanz ist wichtig, um nicht den Boden unter den Füßen zu verlieren, sonst hebt man ab (wie auch in dieser Arbeit beschrieben wurde). Dabei hat Feldenkrais sehr geholfen.
Sie stimmt zu, daß das Ich bestimmte Grenzen brauche und biegt die Frage nach dem Schicksal ab, um über spirituelle Sachen zu reden. Sie sagt dann aber, daß der Körper der schnellste Weg, im Leben zu lernen, sei und daß alle Feldenkraisschüler mehr zu ihrem Selbst gefunden hätten, was wieder meine Frage und These traf. Sie sagt, daß das weit über eine verbale Therapie hinausginge, gar nicht zu vergleichen sei. Sie glaubt auch, daß der Körper ein natürlicher Weg zu persönlicher Spiritualität sei.
Sie führt von sich aus aus, daß Tanz und Feldenkrais das Hören auf die Stimme des Herzens sei, auf der die Intuition für den richtigen Lebensweg beruhe, so daß man keinen Guru brauche. Besonders bei Improvisation geschehe eine enorme Steigerung der Intuition.
Sie stimmt zu, daß sich Innen und Außen bedingen, daß das Außen durch das Innen klar werde. Sie meint, daß Bewegung ganz allgemein, also auch traditionelle Bauernarbeit helfe, -was im Sinne der anthropologischen Theorie ist. Körper und Seele seien ja nicht getrennt. Für diese Balance habe Feldenkrais sehr geholfen.
Sie kann auch andere mehr so sehen, wie sie sind, ist auch selbst für andere deutlicher, wenn auch nicht einfacher.
Sie hat aber Probleme, welche Effekte sie Feldenkrais oder ihrer früheren Tanzausbildung zuschreiben soll.
Das Zusammenfallen von Innen und Außen nennt sie Ekstase und sagt, das beste Mittel dazu sei Tanz.
Das Geschehenlassen könne man auch am besten durch Improvisieren lernen, wobei sie auch das ekstatische Element betont.
Dann löse sich das Machen im Geschehenlassen auf.
Sie stimmt zu, daß das Ordnungen seien, die vor Fühlen und Denken lägen.
Zu Schönheit meint sie, daß das "tricky" sei, durch Gewöhnung verändert werde und auch das Unschöne wichtig sei. Für Schönheit, meint sie, sei Natur wichtig, für das persönliche Wachstum aber auch gerade so ein Monstrum wie NY.

**Zusammenfassung**

Dieses Interview ist von mir wenig strukturiert worden. Die Grundüberzeugungen waren sehr ähnlich. Das psychologische Konzept kann bestätigt werden. Das Ganze war oft schon von selbst oder indirekt gesagt worden und oft ziemlich knapp, was aber als Bestätigung eindrucksvoll war. Ansonsten war der Schwerpunkt stärker spirituell. Da die Interviewtechnik darin bestand, Fragen bzw. Statements zu stellen und auf den Rest der Beantwortung -wenn es sich nicht um Verständnisprobleme handelte- akzeptierend einzugehen, gab es deutlich unterschiedene Schwerpunkte.

## 12 VOODOO ALS TANZTECHNIK

**Situation**

Dieses Interview wurde in Pétionville nahe Port au Prince, Haiti, mit einer Frau von Ende Zwanzig in ihrer Wohnung auf englisch gehalten, die der gebildeten Schicht angehört, eine hellere Hautfarbe hat und in ihrer Kindheit und Jugend keinen Kontakt mit Voodoo hatte. Erst als Erwachsene hat sie Voodootänze quasi akademisch von der Grande Dame Lavinia Williams als deren persönliche Schülerin gelernt: Sie hatte auch einen Studienaufenthalt in den USA, so daß das Interview in Englisch geführt werden konnte.

**Die Fragen**

Sie sagt, daß jede körperliche Übung das Denken beeinflusse, besonders indirekt durch die Wirkung auf die emotionale Stabilität und das Unbewußte. Tanz lasse die gesamte Zufriedenheit ansteigen. Auf meine Frage, ob das dann das Denken befreie, sagt sie:

*"Yes, because it's also a source of energy, therefore it does influence your clear thinking, 'cause if you can control your body, it's easier to express."*

Zu meiner These, daß man **Fühlen und Denken als Polaritäten** auffassen könne und es auf die Ausprägung der Eigenarten und ihre Balance ankomme, meint sie, für sie sei das Fühlen die Basis, "the feeling is stronger", und das könne das Denken harmonisieren.

Sie erklärt dann ausführlich, wie die Ausdrucksfähigkeit die **Gefühlsdifferenzierung** und Selbstsicherheit beeinflusse.

Sie meint, daß Tanz eine exzellente **Therapie** sei, eine Seelenmassage, wenn man einmal die Energie aufgebracht hätte, sich mit sich selbst einzulassen, zu konfrontieren.

Dadurch würde **Innen und Außen** klarer. Sie stimmt zu, daß man selbst für andere klarer werde und sie auch klarer so sehe, wie sie seien, daß man Innen und Außen auch zu einer Einheit bringen könnte, wobei sie sehr die innere Klarheit betont, die in einem kleinen Land mit starker sozialer Kontrolle wie Haiti sehr wichtig sei.

Sie sagt, daß **Machen und Geschehenlassen** eine Frage der Gefühle und der Kommuniktion im Menschen sei, wobei Tanz entscheidend sei, auch für die Balance zwischen Ego und Selbst.
Sie ist auch der Ansicht, daß Tanz mit Schattenseiten konfrontiere, aber sie auch ertragen helfe.
Wir haben dann ausführlich darüber diskutiert, ob Tanz mit **Spiritualität** zu tun habe. Sie sagt klar nein. Außer bei Voodoo, wo Tanz direkt Religion sei, habe er nichts mit Spiritualität zu tun.
**Schönheit**, so meint sie erst, gebe es nur im Auge des Betrachters, dann aber, daß sich geschmackliche Bildung im Tanz sehr entwickle, alles würde so einfach und, um die Einfachheit gegenüber der Blendung von Werbung zu erklären: "The closer you come to spirituality, the less important is the material."
Schließlich einigen wir uns über die richtungsweisende Bedeutung von Schönheit.
Wir kommen dann überein, daß, obwohl die Übungen drinnen gemacht werden, sie den Menschen mit der Natur rückverbinden könnten, indem er sich selbst, seine innere Natur, als Teil der Natur kennen- und akzeptieren lerne. Sie meint, daß das mit Frieden und Geduld, einer Einstellung, die schon in anderen Interviews mit dem genauen Hinsehen beschreiben wurde, korrespondiere.
Wir empfinden eine große Übereinstimmung:

*"It's interesting to see, how your thoughts have been thought."*

Sie ist davon überzeugt, daß es ein **primäres Ziel im Leben sei, ganz zu werden, zu wachsen**. Sie kommt von sich aus auf die Ich-Transformation "two Egos" zu sprechen, bei der man lerne, die Energie mehr dem Selbst zuzuführen, als dem Festhalten an materiellen Werten und Welten. Sie meint aber auch, daß die Balance für die persönliche Entwicklung sehr wichtig sei. Dann gebe es etwas Intuitives, was einen sicher führe, immer weiterhelfe. Sie meint, das Risiko wachse mit dem persönlichen Fortschritt, aber auch wenn man tief falle, hülfe das immer wieder weiter.
**Stolz und Unterwerfung** unter bestimmte Rhythmen seien sehr wichtig, um in dieser Führung zu bleiben.
Die Frage nach der **emanzipierten Form des Schicksals** war mir bei diesem ersten Interview in Haiti schlicht entfallen, da den Menschen jede Freiheit von den täglichen Notwendigkeiten fehlt und damit natürlich auch die Situation und das Gefühl von Beliebigkeit. Das gilt auch für die Interviewte, die zwar nicht materiell arm war, aber auch nicht reich und sowieso das Leben dort ganz unter dem überwältigenden Eindruck des Lebens der neunundneunzig Prozent normal Armen steht.
Bei dem Interview gab es eine allgemeine Übereinstimmung. Die Voodooausbildung hatte nicht mehr in einem ethnischen Zusammenhang stattgefunden, und die Interviewte war westlich erzogen, lebte aber in einer Gesellschaft ohne eine der Notwendigkeiten unserer Gesellschaften. So durchläuft sie zum

Teil eine ähnliche Entwicklung, aber vor einem anderen Hintergrund und mit einer anderen Bedeutung. Gute Beispiele sind die Aussagen zu Fühlen und Denken, Innen und Außen, Spiritualität und Schönheit.
Die Abstraktion von den direkten Gefühlen und vitalen Äußerungen hat in Haiti, wie wahrscheinlich auch anderen Dritte-Welt-Gesellschaften nie wie bei uns stattgefunden, so daß man einerseits nie den verkopften, durch sein Denken vom Leben getrennten Menschen findet, andererseits auch keine Emanzipation von gefühlsmäßigen Konditionierungen, die Ungerechtigkeiten und Voreingenommenheiten korrigieren könnte, stattgefunden hat.

So hat sie auch keine Spannung zwischen Fühlen und Denken verspürt. Da es keine abstrakt beliebige, sondern eine in engem, hautnahen Kontakt sich reibende Gesellschaft gibt, liegt die Hauptbetonung mehr auf der Stärkung des Innen, nicht um Realität zu bekommen und Leere zu überwinden, sondern die normative, kontrollierende und verleumdende Umwelt gegenzubalancieren. Auch in den Äußerungen zu Schönheit und Spiritualität zeigt sich nicht, wie in den anderen Interviews ein Ringen um eine neue Orientierung, um Boden unter den Füßen, sondern ein Emanzipationswunsch nach individueller Orientierung gegen eine dominant traditionelle Gesellschaft.

### Zusammenfassung

So gibt es dieses interessante Resultat, daß vieles überraschend ähnlich geschieht, aber die persönliche Bedeutung und Konsequenz, die Zuordnung dessen, was geschieht, durch den anderen gesellschaftlich kulturellen Hintergrund verschieden ist.

## 13 VOODOO, SPIRITUALITÄT UND POLITIK

### Situation

Dieses Interview wurde in dem Haus eines Voodoopriesters zwischen Port au Prince und Léogane in Haiti auf französisch geführt. Er ist eine bekannte Persönlichkeit des öffentlichen Lebens und hat ein großes Haus, in dem er hinter seinem Schreibtisch sitzt. Er ist auch eine politische Person, und das Interview ist unter Zeitdruck, weil das Fernsehen für ein Interview über die Berücksichtigung und mögliche Beteiligung der Voudouissants in der Regierung, die gewählt werden sollte, erwartet wird.

### Der Vortrag

Er sagt, daß es ein profanes Leben gebe, in dem die Menschen mit alltäglichen Dingen umgingen. Im Voodoo versuche man, diese Bedingungen zu verbessern, indem man opfere. Durch die Initiation werde man Hounsi, dann Houngan, welches Etappen menschlicher Vervollkommnung im Leben seien. Daß es ein Streben nach Ganzheit gibt, ist ihm selbstverständlich:

*"Tous les hommes âspirent être en contact le plus souvent avec la divinité"*, was durch den Houngan (siehe Kapitel über Voodoo, Priester) bewerkstelligt werde, zu dem die Menschen mit religiösen, sozialen und persönlichen Problemen kämen. Der Houngan rufe die Gottheit, um das Problem lösen zu helfen. Er faßt zusammen, daß für die Voudouissants das höchste Ziel im Leben Ganzheit sei, was mit Weisheit zu tun habe und vor allem durch alle Houngans (Voodoo-Priester) verkörpert werde, die nicht nur ihre eigenen Probleme, sondern auch die der anderen und die Probleme der Welt bedächten, was sie zu Philosophen mache und sie weise werden lasse. Philosophie bedeute Liebe zur Weisheit, was vor allem göttliche Weisheit sei, die man anbete und der man sich nähere.
Auf meine Frage, ob körperliche Übung auch dem einfachen Voudouissant helfen würde, eine Balance zwischen profanen Nöten und der Spiritualität, der Öffnung, dem Ziel, ganz zu werden zu finden, holt er weit aus:
Der Kampf, durch den die französische Herrschaft beseitigt worden sei, habe mit einer großen Voudou-Zeremonie begonnen, und das Ziel des Krieges sei vor allem ein ideologisches gegen die französische Zivilisation gewesen, wozu dann auch die Religion und die Wirtschaft und Herrschaft gehört habe, was dann aber die Amerikaner mit ihrer (späteren) Okkupation weitergeführt hätten. Deren Schüler hätten jetzt die Herrschaft inne, weshalb Haiti arm sei, die Mehrheit der Bevölkerung sei schließlich als Voudouissants nicht an der Gesellschaft beteiligt. Diese hätten aber die Segnungen der Zivilisation genauso nötig wie andere Menschen und schätzten diese auch, seien aber auch spirituell in dem Sinn, daß ihnen die Ganzheit (totalité) wichtig sei. Die Voudouissants seien also nicht nur spirituell, sondern balanciert, wohingegen gerade die abendländische Bevölkerung nicht balanciert, sondern ausschließlich materialistisch orientiert sei. Deren Denken sei rational im Sinne Déscartes' und wissenschaftlich ... Man müsse an etwas aber auch riechen, es anfassen, um zu begreifen.
So sei eben die Biologie nicht in der Lage, das Leben zu erklären. Auch die Psychologie täusche sich, weil sie den Geist vernachlässige. Sie bemerke immer nur die Resultate des Geistes (éffects de l'esprit), nie aber diesen selbst. Das gelte tatsächlich auch für Psychiater. Obwohl diese mit Krankheiten des Geistes zu tun hätten, beschäftigten sie sich vorwiegend mit Physik, Neuronen etc. So hätten die Westler ein ausschließlich materialistisches Weltbild.

Sie aber wollten auch den Hunger nach Spiritualität stillen und das führe zu einer Explosion der Religiosität und der göttlichen Weisheit. Voodoo aber vergesse nie die materielle Seite. Auch wenn in dieser Gesellschaft viele Bedürfnisse unerfüllt seien, bleibe man auf dem laufenden und hoffe auf Besserung der konkreten Bedingungen der Menschen. Die westlichen Regierungen aber, die solche Machtmittel hätten, wollten die Teilhabe der Voudouissants an der politischen Macht verhindern, was bei 85 Prozent Voudouissants in der Bevölkerung keine Demokratie geben könne.

**Zusammenfassung**

Dieses Interview fiel aus der Reihe, weil es nicht im Frageschema verlief. Wegen des überraschend nach unserer Verabredung vereinbarten Fernsehinterviews, das wegen der bevorstehenden Wahlen sehr wichtig war, hätten wir zu wenig Zeit für die normalen Fragen gehabt. Da der Mann sowieso einflußreich und programmatische Reden gewohnt ist, bot sich dieses Gespräch an. Für diese Arbeit ist wichtig, wie vehement die Balance diesseitig/jenseitig dargestellt wurde. Wahr ist auch, daß in unserer Gesellschaft diese Balance verloren wurde, worum es ja in den befragten Ausbildungen und dieser Arbeit auch geht. Für die Lösung von Haitis Problemen aber reicht die traditionelle Balance auch nicht aus. Jedenfalls ist die Ausganglage und Aufgabe völlig anders als in entwickelten Gesellschaften, was im nächsten Interview (S. 399) deutlich wird.

## 14 TANZTHERAPIE UND THEATER

**Situation**

Dieses Interview wurde mit einer Studentin der Tanztherapie von vielleicht Ende Zwanzig am Hunter's College, NY, auf englisch aufgenommen. Da sie in der einzigen Pause des Tages nicht auch noch drinnen sein wollte, mußten wir uns in einem lauten Park in der Nähe unterhalten.

**Die Fragen**

Um die Frage nach dem **Denken** zu beantworten, holt sie weit aus:
Sie hat als Kind schon angefangen, klassisches Ballett ziemlich professionell nach der Kirow-Leningrad-Methode bei einer Exilantin zu trainieren, wo viel Wert auf gute Technik, die auch von Innen her empfunden werden sollte und auf künstlerischen Ausdruck gelegt wurde. Im Sinn von Kunst war es ganzheitlich, nicht technisch, und sie hat im Alter von 12 bis 17 Jahren ernsthaft trainiert.
Sie ging nach NY, um eine professionelle Karriere zu starten und wollte zum New York City Ballett, aber das war nicht, was sie gelernt und erwartet hatte. Wenn man nicht genau die richtigen Proportionen hatte, war man uninteressant. Da sie mit Modern-Dance nichts im Sinn hatte, war sie unter Schock und hörte schlagartig völlig zu tanzen auf, begann, Literatur zu studieren, schrieb Gedichte. Sie änderte ihr ganzes Leben total.
Im nachhinein kann sie sagen, daß sie durch das Training wirklich etwas über den Sinn von "Form" gelernt hat.
Nach dem College wurde sie Mitglied einer Frauentheatergruppe, deren Leiterin professionelle Psychotherapeutin war. Sie wollten ein Stück über eine lesbische Künstlerinnengruppe, die in Paris von 1900 bis 1950 aktiv war, machen. Es war richtig intensive Theaterarbeit, das Leben der Frauen zu

recherchieren, von Innen her in sich aufzubauen, nachzuerschaffen, zum Leben zu bringen.
Sie hatten dann einen Laban-Tanzlehrer, um mit den körperlichen Herausforderungen fertigzuwerden. Diese Arbeit war für sie sehr wichtig. Sie lernte, daß **Gedächtnis im Körper** ist, daß, wenn man bestimmte Körperteile in bestimmter Weise bewegt, man Dinge erinnert, die man nicht mal artikulieren kann. Es waren Dinge, die vor verbalen Erinnerungen kamen. Vorher hatte sie ein viel beschränkteres Konzept davon, was im Bewußtsein sein kann und was überhaupt bewußt werden kann. Für sie wurde die ganze Körper-Gedächtnis-Verbindung sehr direkt erfahrbar.
Sie stimmt dem Konzept **Ego-Rigidität** zu und ist der Meinung, daß man immer eine vorsichtige Balance zwischen Öffnung und Struktur halten müsse. Nur, wenn man es allmählich zulasse und lerne, zu wählen, könne man Veränderung zulassen, worin dann eine Übung im Wechseln entstehe. Sie stimmt zu, daß dafür das **Ich** nicht geschwächt werden dürfe, sondern sich **transformiere**. Ballett sei eine sehr massive Konfrontation mit Form gewesen, die Arbeit in der Gruppe dagegen subtil. Während es beim ersten mehr um Raum nehmen, Präsenz ging, war das zweite mehr Empfindungsschulung, Körpersymbolik. Das habe ihr Leben sehr geändert, "like it gave me my self", während sie sich vorher mehr von außen gesehen habe. Das konnte sie mit ihrer neuen Art sein lassen. Wir stimmen überein, daß die Spaltung -das sich selbst von außen sehen- ein Charakteristikum moderner Gesellschaften sei. Sie stimmt zu, daß Menschen durch ihr Bewußtsein und den Versuch, Lebensbedingungen zu kontrollieren, vom Ganzen getrennt seien und daß Körperarbeit, insofern sie mit dem Selbst in Kontakt bringe, eine emanzipierte Form des Schicksals sei.
Sie meint, **Kunst und Therapie** hätten in unserer Gesellschaft den Platz und Sinn, zu unserem Selbst zurückzugehen (was ja auch in unserer Theorie Individuum und Schicksal verbindet).

Sie sagt, Anorexia nervosa, was ja speziell Frauen und Ballettleute befalle, sei ja vor allem das Bild von außen, das auf die Spitze getriebene Gespaltensein. Eigentlich sei das in den USA auch schon eine allgemeine Krankheit geworden.
Wir reden noch weiter über "eating disorders", was ihr spezielles Arbeitsgebiet ist.
Zu dem **Aspekt "Denken"** fragt sie erst genau nach, ob das sprachlich gemeint sei, z.B.

*" ... arousal states in the body in a certain situation ... "*

die als Glücksgefühl bewußt würden? Wenn man das ausspreche, sei das Denken? Das Denken, um das es mir geht, ist aber mehr das abstrakte Denken, der Schluß, der Vergleich, die Planung, das Bild von der Welt. Wir bleiben dann noch bei einer genaueren Definition von Polarität. Nach der Erklärung der Fehlermöglichkeiten der Rigidität des Denkens und emotionalen Voreingenommenheit komme ich zum Beispiel des Wissenschaftlers,

dessen Geistesblitz kam, als er zu denken aufgehört hatte, aber der doch nicht möglich gewesen wäre, wäre das Problem nicht durch das Denken gestellt und angeregt und bearbeitet gewesen, was, wenn es so gelänge, Intuition sei. Sie führt von sich aus aus, es sei auch eine Wahrnehmungssache des Unterschiedes zwischen Fühlen und Denken.
Sie meint, daß Arbeit mit Raum -"space harmony work of Laban"- für das Denken wichtig gewesen sei, da es die Wahrnehmung, Vielfalt und Aufmerksamkeit -"focus"- verändere. Was sich wie Fach-Chinesisch von Tänzern anhöre, habe ihr Bewußtsein der eigenen Form und des Raumes sehr verändert. Das helfe ihr, die rigide Organisation des Bildes von der Welt zu lösen. Zusammen mit dem, was sie über Gefühlsentwicklung vorher gesagt hatte, ergebe das eine besonders harmonische Entwicklungsmöglichkeit.
Das, so sagt sie, habe auch die **Innen/Außen-Beziehung** verändert. Innen und Außen seien beide für sich klarer geworden, die innere Welt und die Umgebung. Sie meint auch, das beides nicht verwechselt werden dürfe und für sich stark und klar sein müsse und daß das Ich in der Lage sein müsse, die Spannung zu halten.
Dafür sei mehr das "development work" anderer Lehrer wichtig gewesen. Sie habe sich dabei an eine restriktive Kindheit als sehr bewegungsaktives Kind -dem ständig die Bewegung verboten worden sei- erinnert. In der Arbeit mit Tanz habe sie gelernt, die unsichtbare Wand -die sie immer vor sich gespürt hätte und die sie gehindert hätte, wirklich den Raum zu nutzen- zu sehen und zu durchbrechen. Weil der reale Raum beschränkt war, flüchtete sie in Phantasie, träumte sich aus der einengenden Welt weg. Das sei ihre Verwechslung von Innen und Außen gewesen. Die Internalisierung des Verbots behinderte auch später ihre Verwirklichung, worüber sie sich mit Phantasien hinwegtröstete. Das hat sich durch das Labantraining und "development work" geändert.
Die Balance zwischen **Machen und Geschehenlassen** entwickle sich und es gebe glückliche Augenblicke der Harmonie.
Zu **Schönheit** meint sie, in NY werde ständig darüber geredet, wie häßlich alles sei. So viel Unmenschliches, mit dem man sich -um zu überleben- irgendwie arrangieren müsse, es auch gebe, so viel Schönheit sei hier auch, unbemerkt, an den Häusern, die Brücken, die Lichter im Regen. Das sei sehr wichtig, denn sie könne nicht an einem Ort leben, wo sie das nicht fände. Es sei aber auch mehr ein innerer Zustand, unabhängig von dem Ort Schönheit zu finden. Sie könne überall das Schöne sehen, und das gebe auch die Richtung im Leben. Schönheit könne zu Wahrheit führen, und das ermögliche Öffnung. Wir stimmen überein, daß Schönheit Verschiedenartigkeit zu akzeptieren und speziell gegen Rassismus helfe.
Sie ist sicher, daß diese Arbeit auch ein persönlicher Zugang zu **Religiosität** sei. Sie erzählt von einer Frau, die sie von Anfang an nicht leiden konnte und mit der sie 7 Jahre in der Theatergruppe zusammengearbeitet hätte. Jenseits der persönlichen Abneigung, die klar bestehen geblieben wäre, habe es eine Verbindung auf einer sehr tiefen -allen Menschen gemeinsamen- Ebene

gegeben, was sie als spirituelles Erlebnis bezeichnet. Man könne jemanden lieben jenseits der persönlichen Abneigung durch eine Arbeit, die durch die persönliche Oberfläche zu der inneren Substanz komme. Diese persönliche Oberfläche, darin stimmen wir überein, sei aber nichts Oberflächliches im üblichen Wortsinne, sondern von eigener Tiefe und Bedeutung. Das andere sei transpersonal, das, was im alten Wortsinn durch das Wort Persona von personare/hindurchscheinen ausgedrückt werde.

### Zusammenfassung

Außergewöhnlich an diesem Interview war, daß es uns gelungen war, durch konzeptionelle Unterschiede hindurch Verständigung herzustellen. Als ich mein Projekt im Hunter's College vorgestellt hatte, waren die übrigen ziemlich jungen Studenten der Meinung, diese Fragen seien ihnen eine Nummer zu groß, sie könnten sich damit noch nicht auseinandersetzen. Nur diese Frau, die ja auch älter war und die beschriebenen Vorerfahrungen hatte, war gesprächsbereit. Dabei ging es klar um eine theoretisch verarbeitete Erfahrung, die jedoch persönlich vermittelbar war. Im übrigen ist das psychologische Modell bestätigt worden, wie auch die philosophischen Thesen. Ich habe nicht nach Therapie gefragt, so therapeutisch war die Schilderung ihrer Entwicklung, und zu Demut und Stolz kamen wir aus Zeitgründen nicht mehr.

## 15 GRAHAM 2

### Situation

Dieses Interview fand mit zwei Mitgliedern von Graham's First Company, einer Frau, A, und einem Mann, B, beide Anfang bis Mitte Zwanzig in einer Cafeteria nahe der Schule vor einer der letzten Proben für Martha Grahams neue Choreographie statt. Die Sprache war englisch.

### Die Fragen

Beide müssen erst überlegen, als ich die Frage nach dem Denken stelle. A sagt

*"I've been dancing since I was three and from there it has been always part of my life."*

B sagt dazu, es habe schon seine Persönlichkeit stark verändert. Wenn er mit dem Körper arbeite, besonders auch bei Korrekturen von Martha selbst, sei es schon immer eine Veränderung der **gefühlsmäßigen Reaktion**. A pflichtet bei. Durch die nötige Feinabstimmung in der Arbeit lerne man, wahrzunehmen, wie sehr und viel der Körper spreche. -Wir sind also bei Emotion. Sie sagt weiter, in schwierigen Lebenslagen müsse sie tanzen, um es 'rauszubringen, es an's Tageslicht zu bringen. Nach einer Erklärung des Modells der mögli-

chen Förderung und Behinderung in der Polarität Denken/Fühlen, wobei beide wiederholt zustimmend und emphatisch "ahhh" und "ehhh" sagen, sagt B, es sei interessant, denn er mache sich seit einiger Zeit Gedanken über Veränderungen seiner emotionalen Struktur, denn seit er hier so ernsthaft tanze, sehe er, wie die Dinge in Bewegung kämen, Strukturen sich änderten und genau das sei es wohl, worauf A sagt, es sei schwierig auszudrücken, Worte zu finden, aber das normale Leben außerhalb des Studios, von dem ja im Augenblick nicht mehr viel übrigbleibe, werde sehr beeinflußt, sei leichter geworden.
B sagt wieder, er wünsche, er könne das leichter ausdrücken. Beide reden durch- und miteinander in dem Sinn, daß die Arbeit in dieser Gruppe, die so dramatisch sei und in der die verschiedenen Charaktere so kommunizierten -und zwar immer, nicht nur manchmal- auch so verdammt gut verbal ausgedrückt werde und daß Martha Graham wohl die erste gewesen sei, die die Dinge, die geschähen, hätte beim Namen nennen können. Bewegung meine immer Kommunikation, aber das hier sei ja auch formale Festlegung; dazu sei ja eine eigene Technik entwickelt worden, diese emotionalen Gehalte ausdrücken zu können.
In der Cafeteria ist totales Chaos, Musik, Geräusche aller Art, von draußen Polizeisirenen, hupende Wagen, aber wir sind fabelhaft konzentriert.
Ich frage, ob es nicht schwierig in so einer Arbeit sei, weil man nicht mehr so gut lügen könne, natürlich nicht bewußt, sondern daß einem so schnell klar werde, gespiegelt werde, wenn etwas nicht "wirklich" stimme. A sagt, Martha hätte gerade heute darüber gesprochen, sie würde in einer Szene nicht wirklich meinen, was sie täte, sie wäre nicht wirklich Quelle des Ausdrucks der Bewegung und gerade so was würde beim normalen Leben draußen helfen. B sagt, man wäre eigentlich immer in einer sehr intensiven Situation, A pflichtet bei, man müsse dadurch ehrlicher mit sich selbst sein. B sagt, man lerne, durch den Körper mitzubekommen, was der andere wirklich sagen wolle. A sagt, man wolle das auch mehr wissen. Sie sei zwei Jahre in der Company, "and it's giving me so much", gerade im täglichen Leben spüre sie das so sehr. Sie habe ein großes Bedürfnis, das mitzuteilen. B stimmt ausdrücklich zu. Beide meinen, das besondere sei die "mental connection", was eben nicht nur der Körper mache. Tänzer könnten noch so perfekt sein, 24 Stunden 10 Jahre lang arbeiten, aber was beim Tanzen passiere, hinge eben von der inneren Verbindung ab. Hier aber drücke der Tanz dann die Persönlichkeit aus, man sehe wirklich, man sehe, daß es dann das ganze Leben desjenigen sei, was tanze, bei den Gruppenmitgliedern sei eigentlich jede Kleinigkeit typisch für sie.
A sagt, sie hätten eine Art **Therapie** in der Company, es seien immer Gespräche möglich in schwierigen Situationen, sie wären eben wirklich nahe im Kontakt und offen. Beide meinen, Schwierigkeiten, wo es nicht weitergehe, gebe es bei den verschiedenen Individuen immer wieder bei verschiedenen Charakteren (im Sinn von Rolle gebraucht). Dann seien Gespräche nötig, aber

auch die Gruppe hülfe. Beide meinen aber auch, die Kämpfe, "a hard time", seien nötig, um Dinge wirklich zuzuspitzen, deutlich zu machen.
Der anthropologisch/philosophischen **These vom prinzipiellen Verlust der Ganzheit** stimmen beide zu, auch daß damit zwangsweise Technik und Entfremdung kämen. Die Thesen über den Drang nach Echtheit und das Bedürfnis weg von der Beliebigkeit zum Selbst werden anerkannt.
B ist begeistert von der These, Körperarbeit sei eine **emanzipierte Form von Schicksalhaftigkeit**, auch A findet das einleuchtend und stimmig für sich.
B meint von sich aus, die **Spannungen**, die auf einem persönlichen Weg des Risikos **produktiver Verunsicherungen** lägen, seien oft negativ bewertet worden, er habe das aber für sich neu bewertet, das alte Sicherheitsbedürfnis habe sich geändert, er könne viel mehr Unsicherheit ertragen.
Beide finden auch, daß Körperarbeit zu individueller **Spiritualität** führe.
Das **Leiden** durch die körperlich/persönliche Auseinandersetzung können beide auch mehr annehmen, B meint sogar, Schmerz und Enttäuschung seien manchmal wie eine Katharsis, wozu A zustimmt. B meint auch, diese enorme Koordination von allem mit allem im Tanz würde einen sehr dazu bringen, seelische Entwicklung beschleunigt reifen zu lassen.
A sagt, die **Balance Machen/Geschehenlassen** werde im Tanz sehr gefördert, weil die eigene Anstrengung immer im Kontakt mit der Gruppe sein müsse. B meint, es gebe drei Gruppen von Tänzern, die eine sei perfekt und steril. andere hätten nur Ausdruck, vergäßen aber die Technik und es gebe andere, bei denen der gewollte Ausdruck in der Form durch die Technik mit dem Gefühl zusammenpasse. Aber diese "peak experiences", meinen beide, gebe es nur selten.
Zur Rolle von **Schönheit** sind wir genau einer Meinung. Sie stimmen auch zu, daß die gegenwärtigen Irrwege sinnvoll sind als Entwicklungsphase der Menschheit.
B meint nochmal, daß die Ausprägung der **Polarität Innen/Außen** und die Spannung dazwischen durch Tanz sehr entwickelt werden. A meint, in diesen Gruppen sei man ständig herausgefordert, die eigene Projektion auf andere zu überprüfen, diese mehr zu sehen, wie sie sind und das auch ertragen zu können.
Wir kommen überein, daß alles dahin gehe, das Leben so annehmen zu lernen, wie es ist.
B lacht, er würde so sehr daran arbeiten, sich so anzunehmen, wie er sei, er sei vorher so angepaßt gewesen.
Wir müssen das Gespräch beenden, ohne Demut und Stolz angesprochen zu haben, weil die beiden zur Probe müssen.

**Zusammenfassung**

In dem Interview wurde die latente Bewußtheit durch die Arbeit deutlich. Im Vergleich mit anderen Interviews wirkte die innere Bewegtheit nicht so sehr in Richtung Aufgewühlt-Sein, sondern Beglückt-Sein. Neben der Bestätigung des psychologischen Modells und der philosophischen Thesen können wir festhalten, daß in dieser Arbeit offensichtlich eine starke Kraft, Ja zu sagen zur Entwicklung, aufgebaut wird.

# 16 EUTONIE

### Situation

Dieses Interview wurde in Straßburg in einem Tagungsraum beim internationalen Eutoniekongreß gemacht und wurde auf englisch mit deutschen Passagen geführt. A ist eine Frau Mitte Zwanzig, B ein Mann Ende Zwanzig, C eine Frau Ende Vierzig, D eine Frau anfang Vierzig, alle haben die vierjährige Ausbildung abgeschlossen.

### Die Fragen

A sagt, das **Denken** sei nicht mehr nur intellektuell, sondern eher Teil des Ganzen; sie könne zwar sehr wohl intellektuell denken, es stehe aber immer in Bezug zum Ganzen. B sagt, bei Gesprächen merke er, ob sie nur auf einer intellektuellen Ebene liefen oder ein tieferer Kontakt da sei und daß es wirklich Erfahrung gebe, die sein Denken und seine Rede speisten;

*" ... the speech is nursed by the experience".*

A kann die Qualitäten, Phantasien, Emotionales und Rationales klarer unterscheiden, auch was real und was Phantasie ist. C sagt, das Denken habe jetzt immer auch eine emotionale Seite.
A sagt, daß die Wahrnehmung sich sehr verändert habe, ein Gefühl für das Wesentliche entstanden sei, daß sie immer die Vielfalt der Ganzheit und darin das Wesentliche wahrnehme. B sagt, er habe vorher sehr viel gelesen, jetzt gebe er sich mit weniger zufrieden, das aber sage ihm dann sehr viel. A sagt, sie behalte viel mehr, (was ein Zeichen für stärkere Gestalteinbindung und emotionalen Kontakt zum Gelesenen sein kann). C sagt, die ganze sinnliche Ebene sei viel wacher und das helfe.
A sagt, eigentlich könne sie das alles gar nicht trennen, die Arbeit brächte einfach viel hoch, -nicht immer Angenehmes. Man einigt sich darauf, daß oft Dinge der Vergangenheit zwischen dem Jetzt und der Wahrnehmung stünden und diese verzerrten. Wenn man das aber ernst nehme und anschaue, bearbeite und da durchgehe, werde man frei für das Erleben der Gegenwart, für die aktuellen Gefühle der realen Situation und das klare Denken.
Damit ist ein Teil **Innen/Außen** und die Frage nach dem **Fühlen und Denken** beantwortet.
A erläutert noch einmal zu den Gefühlen, daß bei Berührung bestimmter Teile des Körpers entsprechende Erinnerungen wiederkämen. Ich werfe ein, das sei ja wie in manchen Psychotherapien, wo man sage, ein Gefühl müsse erst durchlebt, abgeschlossen, sein, damit der Mensch frei ist für das Aktuelle. A antwortet: ja, das sei auch ihre Erfahrung. Das müsse durchlebt sein, wenn

man frei sein wolle. B sagt, mit der Zeit würden dann Gefühle klarer und einfacher dadurch, daß sie bekannt in ihren Abläufen seien, man weniger Angst habe und dagegenhalte und statt dessen mehr zulasse, geschehen lasse. Er kann annehmen, daß alles Teile des Ganzen und notwendig sind und daß es sinnvoll ist, was passiert.
Die Tonqualität des Interviews ist sehr schlecht, besonders die Bemerkungen von C sind schlecht zu verstehen. Sie sagt jetzt sinngemäß, daß sie Probleme damit gehabt hätte, immer nur geschehen zu lassen.
Es wird allgemein gesagt, daß es Sache des Individuums und sehr unterschiedlich sei, wie weit jemand gehen, in sich forschen wolle.
B meint, man könne die Ausbildung auch als **Therapie** auffassen. Wenn es Probleme gegeben habe, Gerda Alexander sei dagewesen; man könne aber fragen, ob es gut gewesen wäre, jemanden zu haben, der analysiert hätte. C unterstreicht lauter und klarer als vorher, sie hätte gerne jemanden gehabt, der die Erfahrung in Worte gefaßt hätte. Paradoxerweise habe das aber etwas Positives gehabt. Sie hätte nämlich gelernt, anderen Gruppenmitgliedern gegenüber Dinge in Worte zu fassen -"very deep things"- die sie vorher nie, geschweige denn anderen gegenüber hätte ausdrücken können.
A ist sich nicht sicher: Sie weiß nicht, ob dieser starke Effekt, durch die Erfahrung hindurchgegangen zu sein, dagewesen wäre, wenn sie zwischendurch therapeutische Hilfe gehabt hätte. Sie meint aber, daß Teile der Ausbildung

*" ... like opening the door and then hold things in, which can be very dangerous, because you learn tricks, to control yourself"*

gewesen wären. C sagt, es könne auch gefährlich sein, Dinge nie in Worte zu fassen, der Druck nehme dann mehr und mehr zu. B sagt, genau dieser Druck sei für ihn wichtig gewesen, die nötigen Erfahrungen zu machen -wirklich dadurchzugehen.
Nun greift -auf deutsch- zum ersten mal D ein. Sie hätte bis jetzt nicht gewußt, ob sie überhaupt an dem Interview hätte teilnehmen sollen, bei dieser Frage aber wüßte sie, daß ja. Sie hätte solche Probleme gehabt, daß sie das Examen nicht hätte machen können, habe dann eine Analyse nach Jung gemacht und sei an die Schule zurückgekommen. Da sei ihr dann auch im Geiste bewußt geworden, was im Körper bewußt wurde. Sie habe dann beides ziemlich gleich erlebt, auch sei dann in der Gruppe viel verbalisiert worden. Sie könne jetzt, nach Abschluß der Ausbildung, "gesamthafter, intensiver" leben.

*"Es ist auch anstrengend, wie ... [B] sagte, man braucht nur wenig Impulse, um viel zu erleben, ich hatte aber in letzter Zeit viele Impulse, und das war fast zuviel."*

C sagt jetzt auch auf deutsch, in ihrem Kurs sei nicht verbalisiert worden.

*"Ich hatte immer das Gefühl, die anderen sind so mit sich beschäftigt ... 'wir haben genug mit uns zu tun'."*

B will auf englisch relativieren, C besteht aber, erst auf englisch, dann auf deutsch darauf, es hätte ja nur ein Mensch sein müssen, um das rauszulassen. D betont dann, daß sie in ihrer Gruppe die Möglichkeit gehabt hätte, mit ihrer Lehrerin und Gerda Alexander zu sprechen, und zwar über körperliche und auch seelische Dinge. Für sie steht fest, daß zu so einer körperlichen Ausbildung eine Analyse gehört, "nach C.G. Jung, würde ich sagen".
Ich erläutere die Spannung, die zwischen dem absoluten Tun und Erleiden in Kunst, Tanz etc. da ist sowie dem Relativierenden, Akzeptierenden von Therapie und daß es möglicherweise gut wäre, das zu kombinieren. C sagt, sie sei froh, daß ich das ansprechen würde. Es sei auch jemand nötig, der die Gruppendynamik steuere. Ihre Gruppe sei zum Teil völlig in Kleingruppen zerfallen, was nach Aussagen der Sekretärin noch nie so extrem am Institut vorgekommen wäre. B meint, er habe trotz der Individualisierung sehr die Verbindung gespürt. C wirft ein, er sei ja auch nicht allein gewesen. Es stellt sich heraus, daß A und B sich in der Ausbildung angefreundet hatten, womit B sehr beschäftigt war.
D sagt, sie hätte in ihrer Gruppe einen quasi geschützten Raum gefunden, immer mehr so zu leben, wie sie eigentlich sei und habe sich sehr akzeptiert gefühlt -auch immer so viel wie möglich verbalisiert. A sagt, es sei letztlich eine "exchange possibility" durch die Methode und die Gruppe ... eine Art Katharsis. Dann sei es möglich, "common roots" für alle Menschen zu finden. D sagt, sie sei durch Alexander und Jung an Grenzen gekommen und hätte letztlich gelernt, mit Angst umzugehen.
B betont, für ihn sei anfangs der Therapieaspekt von Körperarbeit völlig indiskutabel gewesen, er hätte ein absolutes Vertrauen auf Erfahrung und den Willen, Dinge in seiner eigenen Weise für sich auszutragen und zu ordnen, gehabt. A stimmt für sich zu. B kann jetzt dagegen Bücher über Psychologie lesen, und es interessiert ihn.
In die Diskussion über die Balance Fühlen/Denken hinein betont C noch einmal, es sei ihr eine Herzenssache, daß so eine Ausbildung anders aufgezogen würde, daß mehr auf persönliche Betreuung und Verbalisierung geachtet würde. A antwortet, daß man in so einer Ausbildung mit schwierigen Dingen konfrontiert würde, die man nur allein klären könne. Wir stimmen alle überein, daß es in einer solchen Arbeit immer viele Projektionen gebe. B sagt, er halte es auch für unmöglich, die abzuschaffen, man solle aber lernen, sie zu erkennen und durch sie hindurchzusehen. D sagt, es sei das Schwierigste, zu hören, was wirklich gesagt werde, die eigene Projektion und die der anderen von der Realität unterscheiden zu lernen. Alle sind sich einig, andere mehr so sehen zu können, wie sie sind, und zwar als Nebenbei-Effekt der Ausbildung. B sagt, daß er sehr einen Zustand des "Nicht-Pushens", der Nicht-Einmischung gelernt hätte, auf einer direkten körperlichen Ebene Raum zu lassen etc. Wir stimmen überein, daß man genau hinzusehen lerne, B sagt, es sei wie ein zweites Auge, also in unserem Sinne ein innerer Beobachter, "which is not involved". Darin heben sich, ganz wie wir gesagt haben, Innen und Außen auf. D und B betonen, daß es dafür nötig sei, das Bild vom Körper zu verlassen,

also durch eine Empfindungsschulung zu gehen, die auch von mir gefordert wird. D kommt dann von sich aus dazu, daß das eine tiefe spirituelle Erfahrung gewesen sei, die damit einhergegangen sei, die Ebene des Machen und Geschehenlassens zu verlassen, -nicht immer gut sein zu wollen, sondern einfach da zu sein.
Dieses ideale Zusammenfallen von **Machen und Geschehenlassen** wird aber auch hier als seltener Glücksfall geschildert. D sagt, die Ferien seien wichtig gewesen, neue Balancen im Alltag sich entwickeln und integrieren zu lassen.
B meint, es gebe ein persönliches Schicksal, D, daß das Annehmen auch das Annehmen des Leidvollen beinhalte. Wir stimmen auch darin überein, daß dann Freiheit nicht Beliebigkeit bedeute, sondern in Verantwortung geschehe. Die lange Diskussion über Therapie sowie die spätere Zweisprachigkeit hatten soviel Zeit gekostet, daß wir hier mit einer Kurzfassung schließen mußten, weil die nächste Klasse begann. Die Begriffe Demut und Stolz wurden beifällig aufgenommen, besonders die Demut. Auch wurde beigepflichtet, daß diese Arbeit permanentes Lernen fördere. Das emanzipierte Schicksal und dic Schönheit konnten nicht mehr erörtert werden.

**Zusammenfassung**

Auch in diesem Interview wurde das psychologische Modell eindrucksvoll bestätigt. Die Balancen entstehen durch die Differenzierung der Wahrnehmung, die Kontakt zur inneren Ordnung ermöglicht. Die Frage nach der Intuition, der Rolle des Ich und der Schönheit konnten nur wenig oder gar nicht behandelt werden. Von den philosophisch/anthropologischen Thesen ist die Frage nach der Spiritualität knapp, aber von selbst beantwortet worden, die nach Demut kann man noch als angerissen bezeichnen. Den Rest konnte ich wohl vorstellen, die Teilnehmer konnten sich aber nicht mehr äußern. Von meinem Eindruck her hätte es hier aber keine generelle Abweichung gegeben. Herausragend war hier der Disput über die Notwendigkeit psychologischer Intervention. An dem extremen Beispiel von C und ihrer Gruppe wird deutlich, daß der Prozeß, so wie es A und B formulierten, eigentlich selbst laufen soll. Kann diese Spannung nicht ertragen werden oder findet sich der betreffende Mensch nicht angenommen, wäre Intervention, wie bei D geschehen, sehr wichtig.

# D VERGLEICH DER INTERVIEWS

Es ist nicht einfach, die Interviews zu vergleichen. Obwohl meine Fragen und Statements fast identisch waren, traten die Verschiedenheit und Eigenart der Einzelpersönlichkeiten sehr zutage, so daß jedes Gespräch unverwechselbar und einmalig war.
Ich war ja davon ausgegangen, daß es stillschweigende Voraussetzungen gibt, die Studenten teilen, die äußerlich so undankbare Ausbildungen wählen. Diese Einstellungen, Ziele und Philosophien habe ich im theoretischen Teil ausgearbeitet und auch die psychologischen Mechanismen, die helfen, die Ziele, die aus den Annahmen über das Leben folgen, zu verwirklichen.
Der Eindruck nach der Auswertung der Interviews ist, daß sowohl diese Annahmen ganz allgemein und oft überraschend explizit da sind, als auch die psychischen Entwicklungen -die in diesem Rahmen als nötig betrachtet wurden- so gemacht werden, wie angenommen wurde.

## DARSTELLUNG DER EINZELFRAGEN

Um das Ganze genauer zu betrachten, will ich jetzt Frage für Frage quer durch alle Interviews auswerten.
Dabei werde ich die Interviewgruppen so abkürzen:
Atemtherapie: **Atem**, Commedia dell'arte: **Com**, Experimentelles Bewegungstheater: **Exp**, das erste Dore Jacobs Interview: **DJ1**, das zweite: **DJ2**, das Züricher Interview an der Schule für Ausdruckstanz nach Laban: **Auslab**, Alexandertechnik: **Alex**, Eurhythmie: **Eurhy**, Alvin Ailey: **Alv**, Graham 1: **Gra1**, die Frau, die als Tänzerin eine Feldenkraisausbildung machte, Tafe, die Frau, die eine moderne Voodootechnikausbildung gemacht hatte: **Voomo**, die Frau, die als Tänzerin nach ihrer Theaterarbeit Tanztherapie macht: **TTT**, Graham2: **Gra2** und Eutonie **Euto**. Sind es Äußerungen, die deutlich nur eine Person in einer interviewten Gruppe machte, so sind sie mit dem Personenkürzel gekennzeichnet. Allgemeine Aussagen sind fett gedruckt.

## 1 DENKEN

### 1.1 Darstellung

Allgemein wurde eine **Veränderung** des Denkens festgestellt, nur eine Person (Alex B) ist sich nicht sicher.
- Die Veränderung wird allgemein als Öffnung beschrieben, (Alv), Wahrnehmungsöffnung, (Alex, Eurhy), daß sich das Aufnehmen ändere, (Ausla/P).
- In diesem Zusammenhang wird die **Differenzierung der Wahrnehmung** betont, die Vielfalt, (TTT), -Differenzierung, genaues Hinsehen, Unterscheiden der Ebenen rational/emotional/Phantasie, (Euto), -mehr Möglichkeiten, Kreativität, (Com), -vielschichtiger, Änderung von Denkkategorien,

was z.T. zur Auflösung von Rigidität beiträgt und "manches klarer und manches unsicherer" werden läßt, (DJ1), -Rigidität auflöst, (TTT).
**Einseitig unflexibles Denken ohne Bezug zum Ganzen und ohne Intuition sind entscheidende Bestandteile von Rigidität und einem unentwickelten Ich, worauf ich nach dem Komplex Fühlen/Denken gesondert eingehen werde.**
**Umgekehrt sind Aufmerksamkeit, Kontakt zum Ganzen und Körper Merkmale eines entwickelten balancierten Denkens, die oft spontan erwähnt wurden:**
-**Aufmerksamkeit** werden von Alv und TTT genannt, die das mit Raumarbeit im Tanz zusammenbringt (was auch meine persönliche These ist); -genaueres Hinsehen, (Euto, Eurhy, Alex), -Kontakt zum Ganzen, Teil des Ganzen, nicht losgelöst, (Euto), -Bezug zum Ganzen, Entwicklungen sehen können, (Eurhy), -Bezug zu Emotion und Körper, die Erfahrung einer körperlichen Grundlage, die das Denken initiiert, (Gra1), -Denken bekommt Grundlage, (DJ2), -Kontakt zur Erfahrung, innerer Kontakt zum Denkgegenstand, Emotion immer dabei, (Euto), wobei einige das Denken dem Fühlen nachordnen:
- Durch Körperarbeit und die Befreiung des Unbewußten wird das **Denken** befreit, (Exp und ganz ähnlich Voomo). -Bei der Energiearbeit wird das Unbewußte befreit und mit der Ausdrucksschulung das Denken erleichtert. Dieses ist bei ihr aber im Gegensatz zu Exp ausdrücklich dem Gefühl nachgeordnet. Der Meinung ist auch Tafe. Für sie gibt das Fühlen dem Denken nicht nur die Richtung, sondern ist auch stärker. Bei Atem/A ist es der Erfahrung nachgeordnet.
**Als Mittel dieser Entwicklungen (Befreiung des Denkens) gelten vor allem Wahrnehmungsöffnung und Körperarbeit.** Besonders erwähnt werden noch ursprüngliche archetypische "primordial" Techniken, (Com) und Ausdruckstraining und Verbalisierung, (Gra2).
Dabei wird von sechs Personen, DJ2/A, DJ1/D, 2Atem, beide Ausla betont, daß die Einstellungen schon vorher dagewesen und durch die Ausbildung nur weitergeführt und entwickelt worden wären. Bei Alex/A und DJ1/A wird dagegen von einem plötzlichen Element gesprochen: "Wie wenn jemand die Fenster gewischt hätte"/ "Initialzündung".

### 1.2 Resümee

Bei den Studenten von Tanz und Empfindungsschulung hat sich im Laufe der Ausbildung das Denken entwickelt. Das wurde nur in einem Fall in Frage gestellt (Alex/B). In zwei Fällen dagegen wurde diese Entwicklung sogar als ein initiatorisches Moment bezeichnet.
Diese Entwicklungen kann man, soweit es das Denken an sich betrifft, als Differenzierung, Öffnung, Unabhängig-Werden von Kategorien und Vorgaben, sowie stärkeren Bezug zur Ganzheit beschreiben. Genauso wichtig war aber die Anbindung des Denkens an Erfahrung, Empfindung, Gefühle,

Körperlichkeit und persönliche Entwicklung. Eine Gruppe schränkte gar die Eigenständigkeit des Denkens ein und ordnete es dem Gefühl unter. Allgemein ist eine Korrigierbarkeit des Denkens durch eine direktere Anbindung an die Wahrnehmung und das Verlassen fester a priori Urteile und Schemata festzustellen. Was in den Ausbildungen geschehen ist, entspricht dem, was nach der Theorie für die Auflösung eines starren Bildes-von-der-Welt und für persönliches Wachstum wichtig ist.

## 2 GEFÜHL

### 2.1 Darstellung

**Alle sind der Ansicht, die Gefühle hätten sich intensiviert**, sie seien -direkter, impulsiver, würden wichtiger, (Gra1), -mehr Unmittelbarkeit, (Ausla), -Stabilisierung, (Com), -emotionale Stabilisierung, Anbindung an's Unbewußte, steigende Zufriedenheit und mehr Klarheit, (Voomo), -emotionale Erinnerung wird mit körperlichem Gedächtnis gekoppelt, (TTT), -vielschichtiger, tiefer, differenzierter, komplizierter, (DJ1), -intensiver, Spektrum vergrößert, neue Sensibilität, (DJ2), - Fühlen wacht auf, intensiver, man bekommt ein Gefühl für Dinge, für die man vorher taub war, (Eurhy), -klarer, einfacher, freier für das Jetzt, (Euto), -Entwicklung der emotionalen Struktur, (Gra2), Bezugspunkt gefunden, (Alex).
**Mit diesen Gefühlen kann man auch anders umgehen:** -ständige Wahrnehmung der Körpersprache, (Gra1 und Gra2)!, mehr Vertrauen in Gefühle, kann sich drauf verlassen, (DJ1), ..das und mehr zulassen können, (DJ2), wobei beide Schulen ähnliche bis wortgleiche Kommentare von ihren Absolventen erhielten. -Man kann die Entstehung von Gefühlen deutlicher fühlen und auch ihre eventuelle Unterdrückung, die Bewertung ist weg, dadurch Entdramatisierung, mehr Zulassen können, (Atem). -Es wird turbulenter, aber nicht so, daß man nicht mehr Herr darüber bleiben könnte, mehr Vertrauen in Gefühle, genauere Differenzierung, Gefühle können exakte Aussagen über etwas machen, mit schwierigen Gefühlen besser umgehen gelernt, (Eurhy), -mehr Vertrauen, geschehen lassen, (Tafe), -weniger Angst und dagegen ankämpfen, Gefühle sind vertrauter, Wissen, daß sie durchlebt werden müssen, dann erst frei für Jetzt, Hilflosigkeit weg, Wissen, daß alles sinnvoll ist, (Euto), -kann sich mehr konfrontieren, annehmen, zulassen, (Alex), -kann sich selbst besser leiden und ausdrücken, muß aber manchmal gegen Gefühle ankämpfen, um weiterzukommen, (Alv).
**Das ist folgendermaßen erreicht worden:**
Durch -Arbeit vom Zentrum mit Atem, (Gra1), -Erinnerung durch bestimmte Bewegungen und Bewältigung der traumatischen Erlebnisse, (TTT), -durch Berühren bestimmter Körperteile kommen bestimmte Erinnerungen, (Euto), -Arbeit an Kopf, Nacken, Rücken, (Alex), -Veränderung emotionaler Reaktion durch Korrektur von Martha Graham, (Gra2), -durch Körperarbeit fallen Sublimierungen weg, (Exp), -durch Sich-Fallen-Lassen, mit Gefühlen umge-

hen lernen, (DJ1), -durch Energiearbeit, Ausdrucksschulung, Voomo, durch die Form künstlerischen Ausdrucks genau hinsehen und zulassen lernen, (Eurhy), -durch die Technik allgemein, Gra2, Arbeit mit Form, Stärkung der eigenen emotionalen Struktur durch die Übernahme fremder Rollen, (Com), -Konzentration auf die eigene Reaktion, (Alv), -durch Ausdruckstanz, der aber ständig weitergeübt werden muß, (Ausla).

### 2.2 Resümee

Im Laufe der Ausbildungen haben die Studenten gelernt, Gefühle mehr zuzulassen, ihnen mehr zu vertrauen, weniger dagegenzuhalten, auch wenn sie schwierig sind. Sie sind dann differenzierter, intensiver, tiefer, echter, spontaner und "können genaue Aussagen machen". Das ist einmal möglich durch die Wahrnehmungs- und Empfindungsschulung im Körper, zum anderen durch Ausdrucksschulung und Energiearbeit. Zwei haben Fühlen und Denken in etwas Übergeordnetes überführt: Gra1 sprach von animalischer Grundlage, was sich in unserer Terminologie Natur im Menschen nennt, die auch hier Grundlage für Fühlen und Denken ist, bei Atem wurde die Empfindungsschulung, die vor den Gefühlen liegt, betont. Was über die Entwicklung der Eigendynamik von Gefühlen gesagt wurde, läßt erkennen, daß eine ganzheitliche Entwicklung des Menschen, eine Befreiung, Klärung und Intensivierung von Gefühlen durch Körperarbeit möglich ist.

### 2.3 Verhältnis Fühlen/Denken

Zur Qualität des Verhältnisses, der Balance zwischen Fühlen und Denken werden folgende Aussagen gemacht:
Com betont ein durch die Kreativitätsentwicklung indirekt gutes Verhältnis, Ausla sagen klar und emphatisch "Ja", DJ2 sehen sich noch am Anfang der Entwicklung, Gra2 sagen: "Ja, genau so", für Tafe ist ein Spannungsbogen entstanden, für Atem ist Kontakt da, egal wie hoch die Spannung dazwischen ist, Alex sprechen von Awareness, Balance, der richtigen Spannung, ansonsten sind ihnen die Begriffe als Polaritäten nichtssagend; Eurhy "Ja", Alv machen keine direkte Aussage aber die Intuition ist besser, bei Euto geht es klar aus den Aussagen hervor, direkt angesprochen wurde es nicht, Exp "Ja", bei Voomo heißt es klar Nein, das Fühlen sei stärker, DJ1 Ja,..fruchtbare produktive Spannung, Gra1 macht keine direkte Aussage.

### 2.4 Resümee

Man kann allgemein von einer Balance und Korrektur, einem produktiven Verhältnis und einer eigenartigen Ausprägung sprechen mit drei Einschränkungen: Alex können mit der Begrifflichkeit nichts anfangen und meinen, es sei alles eine Sache von Awareness und der richtigen Spannung, was aber meiner Ansicht nach begriffliche Probleme sind. DJ2 meinen, sie seien erst am Anfang dieser Entwicklung, und bei Voomo ist das Fühlen dem Denken

übergeordnet. Damit ist durch die Arbeit mit dem Körper ein Verhältnis innerhalb der Polarität Denken/Fühlen entstanden, wie es günstig für die Entwicklung eines ganzheitlichen Bewußtseins ist.
Nach den Aussagen der Interviews geschieht also wirklich eine ästhetische Bildung durch die Sinne, die eine ganzheitliche Persönlichkeitsentwicklung ermöglicht.

# 3 INNEN/AUSSEN

## 3.1 darstellung

**Das Innen/Außen Verhältnis hat sich ganz allgemein entwickelt durch Körperarbeit und Ausdrucksschulung. Dadurch wird man selbst klar und hat wenig Projektion auf andere, kann sie mehr lassen und so sehen, wie sie sind, was oft zu Konflikten führt. Durch ein klares Innen wird das Außen klarer.**

- Bei Voomo war es so, daß sich das Innen gegenüber dem Außen emanzipieren mußte. Bei der allgemeinen Entwicklung wurde im einzelnen folgendes gesagt:
- Innen und Außen bedingen sich, die Balance ist besser geworden und das Außen durch die Innen-Entwicklung klarer geworden,(Tafe),
- die Ausbildung hat in dieser Richtung viel gebracht,(DJ2),
- es ist ein positiver Spannungsbogen Innen/Außen entstanden, Innen und Außen bedingen einander und harmonieren, was von einem wirklichen Kontakt zum Innen abhängt,(Eurhy),
- Innen und Außen sind klarer,(Voomo).
- Es geht darum, eine innere Ordnung zu finden,(Exp),
- Durcharbeiten von Projektionen ist unerläßliche Voraussetzung für künstlerische Arbeit und Körperarbeit,(Ausla),
- Innen/Außen sind für sich klar und in eine Spannung gekommen,(TTT).
- Der Mann bei Atem merkt erst, daß er sich in Situationen anders verhält und merkt dadurch, daß sich Innen was geändert hat.
- Für Alex existieren Innen/Außen als Kategorien nicht, die konkrete Beschreibung ging aber in unsere Richtung.

**Das Wegfallen von Projektionen und die größere eigene Authentizität bedeuten einmal, andere mehr lassen zu können, es kann aber auch Konfrontation bedeuten.**

- *"Ich sehe andere mehr so, wie sie sind", weniger Projektion, bin auch selbst klarer; dadurch ist das Verhältnis z.T. schwieriger, ich sehe oft zuviel. Wenn man echter wird, wird man draußen schnell zum Außenseiter",(Gral).*

- *"Ich mußte mich von vielen Menschen verabschieden, mit denen keine Verständigung mehr möglich war",*

z.T.

*"Verwirrung durch Konfrontation mit der Außenwelt, schmerzhafte Änderung",*

aber auch

*"allgemein stärkere Sensibilität für die Natur, die Aura von anderen, für Gerüche und Geräusche,(Atem)."*

> *"Ich kann Menschen und Gefühlszuständen stärker gegenüberbleiben, es zulassen, so sehen, wie es ist",*

aber auch hier gab es Trennungen, (Alex).

Für Tafe bedeutet es, andere klarer zu sehen, für andere deutlicher aber nicht einfacher zu sein.

DJ1 können

> *"andere mehr lassen, sie so sehen, wie sie sind, brauche sie nicht mehr in Schubladen stecken und abhaken",*

wohingegen für DJ2/A der Konflikt im Vordergrund steht:

> *"Die andern sind ja total anders, damit bin ich erst nicht klar gekommen".*

Aber nachdem sie sich selbst mehr gefunden hatte, konnte sie die anderen auch so sehen und annehmen, wie sie sind.

Alv ist nach harter Arbeit klarer für andere, kann aber alte Kontakte halten.

> *"Bin selbst klarer für andere, sehe sie auch klarer. Das Innen muß stark gegenüber dem Außen sein, um sich gegen Kontrolle und Bevormundung durchsetzen zu können",(Voomo).*

> *"Der körperliche Ausdruck als Tänzer ist bis in's Detail typisch für eine Person und für uns untereinander in der Company zu erkennen. Durch den Körper lernt man mehr voneinander mitzubekommen und will auch mehr wissen. Ständig wird man herausgefordert, die eigene Projektion auf andere zu überprüfen, sie zu sehen, wie sie sind und das auch ertragen zu können",(Gra2).*

> *"Ich bin deutlicher für andere. Die können zum Teil weniger mit mir anfangen; manche haben gesagt, du bist ein Arschloch geworden, mit dir kann man nicht mehr reden. Ich bewege mich in anderen Kreisen, bin präziser, deutlicher".*

> *"Ich kann andere mehr so lassen",*

was beim einen eher akzeptierend, beim anderen mehr resignativ klang,(Ausla).
Es ist unmöglich, die Projektion abzuschaffen, aber sie zu erkennen und ihr nicht blind zu folgen,(Euto).

**Die Wege der Arbeit an der Entwicklung des Innen/Außen Verhältnisses sind je nach Ansatz verschieden.**

*"Innen/Außen werden entwickelt, indem man ein Stück macht", (Gral).*

Für Alv wird man durch die Ausdrucksschulung und durch die Rückmeldung, die Konfrontation mit sich selbst klarer für andere.
Die Ausdrucksschulung wird auch bei Voomo betont.
TTT sagt, durch extremes Hineingehen in eine Personage wird das eigene Innere deutlich, durch Empfindungsschulung und Körpersymbolik hat sie ihr Inneres in kritischen Punkten kennengelernt und von früheren Verletzungen geheilt.
Gra2 betonen sehr die Bedeutung der Grahamtechnik, die speziell entwikkelt sei, um das Innen nach Außen zu bringen und daß durch Tanztraining die Innen/Außen Ausprägung und Spannung gefördert würde.
Auch Eurhy betonen wie Ausla den Wert des Stückemachens. Form kann paradoxerweise eine Befreiung für das Innen sein, Innen und Außen darin zusammenfallen.
Com sagt, die Form entspringe dem Innen, entwickle es und mache es zu einem Teil des öffentlichen Bewußtseins.
Bei Euto wird betont, Dinge der Vergangenheit müßten durchgearbeitet werden, sonst stünden sie vor dem Jetzt. Das Erinnern geschieht durch Berührung bestimmter Körperteile.
Bei Alex wird die Öffnung für das Jetzt, das Nicht-Verwickelt-Sein, mit der Arbeit an Nacken, Schulter und Rücken in Verbindung gebracht,
bei TTT mit der Empfindungsschulung und der Körpersymbolik.
Bei Atem hat die Wahrnehmung der körperlichen Begrenzung geholfen, klarer zu werden.
Tafe, meint, Bewegung, auch gerade traditionelle Landarbeit, helfe allgemein, Feldenkrais sei aber für sie speziell wichtig gewesen.
DJ1 sagen, die Lehrer müßten die Seite ansprechen, die beim Schüler weniger dominant sei, was bei ihnen gut geklappt hätte, und durch die innere Öffnung könne man Ja zum Außen sagen. Das Außen werde klarer, wenn das Innen klar sei und keine gefühls- und gedankenmäßigen Blockierungen dazwischenstünden.

**Einige Aussagen sind noch zu der "Peak Experience" einer idealen Einheit gemacht worden:**

*"Innen und Außen fallen zusammen und das beobachtende Ich ist wie eine Membran dazwischen",(Atem).*

Es gibt einen inneren Beobachter, eine Distanz, die erst Nähe ermöglicht.

Das Ganze bedeutet, nicht verwickelt zu sein,(Alex).
Für Gra2 ist es eine "Peak Experience", wenn Technik (Außen) und Gefühl (Innen) genau zusammenpassen.
DJ2/A hat einen Ansatz idealer Einheit erlebt, aber das wurde zuwenig aufgegriffen, weil es eine spirituelle Dimension hatte. Das Erwähnen des inneren Beobachters führt auf die Ebene Machen/Geschehen lassen.

### 3.3 Resümee

Bei allen Studenten hat sich das Verhältnis von Innen und Außen durch die Körperarbeit und die Ausdrucksschulung zu einer guten Balance entwickelt. Dadurch "wird man selbst klarer", hat weniger Projektionen auf andere Menschen und kann sie mehr so lassen, wie sie sind. Durch ein klares Innen wird das Außen klarer. Die Interviewten konnten andere Menschen mehr so sehen, wie sie sind. Das führte oft zu Konflikten.
Innen und außen scheinen in eine produktive Spannung gekommen zu sein. Die Wege dahin waren für die Tanz- und Körperbildungsansätze verschieden. Beiden gemeinsam ist, daß das Innen an sich klarer geworden ist und das Außen als das gesehen werden kann, was es ist. Damit können sich beide gegenseitig herausfordern, korrigieren und weiterbringen.
Die Arbeit mit Kunst und Körperlichkeit hilft also tatsächlich, die Polarität Innen/Außen in eine Spannung und ein Verhältnis zu bringen, die das persönliche Wachstum, die Entwicklung und Reifung fördert.

## 4 MACHEN/GESCHEHENLASSEN

### 4.1 Darstellung

**Die gesamte Arbeit in allen Schulen, die ich untersucht habe, betont, wenn auch auf unterschiedliche Art und Weise, nach den Aussagen der Studenten das Zulassen.**

Bei der ganzen Atemarbeit geht es ja um das Zulassen, das ist der zentrale Punkt, der im realen Leben nur selten realisiert wird. Das Beobachten und Geschehenlassen wird als so etwas wie ein Schulfach bezeichnet, so daß hier das Zulassen sehr entwickelt wurde, wobei der Atem natürlich das Hauptmittel war, (Atem).
Bei Com wird gesagt, die Arbeit sei in erster Linie ein Durchleiden, künstlerische Arbeit habe mit einer delikaten Balance zwischen Machen und Geschehen lassen zu tun, was die Quelle der Kreativität sei.
Bei Exp wird es nur indirekt erwähnt.
Bei DJ1 sind alle der Meinung, die Balance habe sich entwickelt. Das, was beim Zulassen geschehe, sei mehr, als das Ich wolle und sich vorstelle. Wenn das unangemessene Selbstbild verschwindet, kann mehr zugelassen werden.

Bei DJ2 sagt B, sie hätte schon mehr zuzulassen gelernt, aber irgendwie bremse es im Kopf. Beim Atem ginge es garnicht, bei Pantomimeimprovisation hat es mal geklappt. Im Alltag hat sich die Überkontrolle etwas gelöst, aber beide empfinden das eher als Anfänge.
Bei beiden Ausla's hat sich die Balance sehr verbessert, P gibt noch ein Credo zum Zulassen ab. Technik und innere Prozesse werden gleichermaßen für wichtig gehalten.
Die Alex haben in dem gesamten Interview eigentlich immer alles auf die Balance, das Sich-Nicht-Einmischen, die Non-Doing-Condition, das Zulassen zurückgeführt. Immer wieder wird betont, wie wichtig es sei, genau hinzusehen, nicht zu pushen. Dabei spielt die Berührung im Unterricht wiederum die zentrale Rolle. Es wird aber noch betont, daß dieses Zulassen nicht im fatalistischen Sinne mißverstanden werden sollte.
Bei Eurhy wird jedes künstlerische Schaffen als Zulassen bezeichnet. Die Balance habe sich sehr entwickelt. In der gekonnten Form finden Innen und Außen, Machen und Geschehen lassen zusammen.
Bei Alv meint man, das richtige Verhältnis zwischen Machen und Geschehen lassen sei wirklich die Voraussetzung für Tanz und man lerne es auch da,
das gleiche gilt für Gra1 und TTT.
Die Tafe Studentin meint dazu, besonders Improvisation würde diese Balance fördern, dann löse sich das Machen im Geschehen Lassen auf.
Der starke Lerneffekt wird bei Gra2 darauf zurückgeführt, daß jede Aktion immer in Kontakt mit der Gruppe geschehen müsse, was letztlich dazu führe, das Leben so anzunehmen, wie es ist.
Bei Voomo wird gesagt, es sei eine Frage der Kommunikation im Menschen und Tanz sei dafür entscheident.
Bei Euto sagt man, einen Zustand des Nicht-Pushens gelernt zu haben, was auf einer direkten körperlichen Ebene als Raum lassen geübt werden kann. Dabei muß das Bild vom Körper verlassen werden zugunsten der "real clean sensation", der Empfindung. Dann löst sich auch die Vorstellung, immer gut sein zu wollen, man ist einfach da, was zu der Peak Experience, wo Innen und Außen, Machen und Geschehenlassen zusammenfallen, dem inneren Beobachter, führen kann.
Bei Atem wird das "Seinszustand ohne Erwartung" genannt,
bei DJ1, daß es Momente gab, wo einfach alles stimmte, die Einheit mit der Umgebung, die Spannung etc., wo die Intuition stimmt und das Gefühl da ist, Teil von etwas größerem zu sein.
Für DJ2/A gab es in der Pantomimeimprovisation so etwas wie eine Bewußtseinsverdoppelung im Sinne eines inneren Beobachters. Sie wußte, was sie tat und daß die anderen zuguckten, und trotzdem passierte es ohne Störung. Diese ideale Einheit wäre aber zuwenig aufgegriffen worden. Dann bleibe man im persönlichen Clinch hängen. Das andere aber sei eine göttliche Ebene,

*"das, was in mir passiert, erleb ich in anderen, erleb ich in der Umwelt, das ist so'n gemeinsames Prinzip".*

Bei Ausla betont P, wie wichtig er diese Augenblicke, in denen Harmonie herrscht zwischen der Eigenaktivität und dem, was geschicht, für das, was wesentlich ist, findet.
Diese Bewußtseinsverdoppelung, der entwickelte innere Beobachter, ist bei Alex so etwas wie ein Arbeitsprinzip.
In der Eurhy gibt es so etwas in einer gelungenen Darstellung, wo Inhalt und Form zusammenfallen.
Auch bei Gra2 wurde ja dieses Zusammenfallen von Gefühl und Technik "Peak Experience" genannt.
Für Tafe heben sich im ekstatischen Element von Improvisationen Machen und Geschehen lassen auf.
Bei Euto wird das Zusammenfallen als seltener Glücksfall geschildert, es gebe etwas wie ein zweites Auge, in unserem Sinne ein innerer Beobachter, "which is not involved", was auch eine spirituelle Erfahrung sei.

### 4.2 Resümee

Wie bei Innen/Außen sind die Wege zwischen den bewegten und den ruhigen Formen verschieden. Es treten aber die gleichen Phänomene auf. Danach entsteht in den dreijährigen Ausbildungen eine starke Verbindung zwischen Machen und Geschehen lassen. Hierbei tritt das Zulassen in den Vordergrund. Das Machen geschieht in Verbindung mit der Situation und/oder dem eigenen Innen und ist nicht mehr in dem Maß willkürlich wie vorher. Die Aussagen der Studenten zeigen, daß sich durch Tanz und Empfindungsschulung ein günstiges Verhältnis zwischen Machen und Geschehenlassen entwickelt: Es besteht eine starke Energie, etwas zu tun, die auch nach außen gerichtet ist, aber immer eingebunden bleibt in die Situation und die in Kontakt steht mit einer inneren Regulation.

## 5 DAS ICH, DIE SPANNUNG, DIE AMBIGUITÄTSTOLERANZ UND DIE RIGIDITÄT

### 5.1 Darstellung

**Neue Entwicklungen einer "produktiven Verunsicherung" sind nur möglich, wenn das Ich stark genug ist, die Spannung auszuhalten. Wenn das Ich weniger festhält -also transformiert ist- ist es weniger rigide und hat -wie schon im Denkabschnitt angekündigt- eine hohe Ambiguitätstoleranz. Das ermöglicht eine gute Intuition und erleichtert den Adaptations/Akkomodationsprozeß.**

Das Vertrauen in das, was von innen und außen kommt -das Zulassen-

Können- entlastet ein Ich, welches zulassen kann, wird bei Atem gesagt. Diese Fähigkeit, mit dem Prozeß zu leben, sich nicht immer sofort festlegen zu müssen, um Sicherheit zu haben, führt zu einer besseren Balance zwischen Ich und Wachstumskraft und einer besseren Intuition, das Richtige zu finden. Die größere Ambiguitätstoleranz hängt damit zusammen, weniger Angst vor dem Anders-Sein zu empfinden. Das wieder hängt damit zusammen, wieviel "Platz dem Atem im Körper gelassen wird", wie er "an verschiedenen Stellen erlebt werden kann", also einer direkten Verbindung zwischen "körperlicher Durchlässigkeit für den Atem" und "persönlicher Durchlässigkeit für das Geschehen". Damit geht dann das Phänomen einher, mehr machen und geschehen lassen zu können, mehr zuzulassen und trotzdem leichter Herr der Situation bleiben zu können, sich besser entscheiden zu können. Das Schlüsselwort ist hier die Fähigkeit zum Zulassen.

Auch bei Com wird betont, daß das Ego stark sein müsse, um die Öffnung zu ertragen, die Balance halten zu können. Es werden ständig Grenzen der Angst überschritten, was nur durch Liebe möglich ist. Die Arbeit gibt aber auch die Kraft dazu, sowie die Fähigkeit, Situationen differenziert wahrzunehmen und die richtige Intuition zu haben.

Auch bei Exp wird die Egotransformation in Richtung Stärkung und Zurücktreten angesprochen, was einhergehe mit Durchlässigkeit.

Bei DJ1 wird auch betont, daß das Ich viel weniger zu tun hätte, wenn keine unangemessenen Vorstellungen und gedanklichen Fixierungen dazwischenstünden, daß weniger Fixierung und mehr Nebeneinander-Stehen-Lassen-Können da sei und eine bessere Intuition.

Auch für DJ2 ist die Balance zwischen Öffnung und dem beharrenden Ich besser geworden und die Übergänge sind fließend und einfacher. Die Intuition ist besser und die Ambiguitätstoleranz ganz klar gewachsen.

Genauso wird bei Euto die Stärkung des Ich als wichtig empfunden, ohne die eine Öffnung nicht möglich sei. Das Mittel dazu sei Disziplin. Das Zulassenkönnen ist eine Fähigkeit zum Durchleiden, dann gibt es auch Intuition für das Richtige. Das aber ist ganz anders, als man es sich vorgestellt hat vom Ich her. Der Akkomodations/Adaptationsprozeß ist leichter.

Auch bei Alex fällt es leichter, Veränderungen anzunehmen. Das wird aber nicht nur mit Durchlässigkeit in Verbindung gebracht, sondern das ist ein aktives Sich-Zu-Eigen-Machen. Intuition dagegen wird nicht für nötig gehalten. Wie eine Blume aufblüht, ohne sich Gedanken um den Zeitpunkt zu machen, geht auch hier alles von selbst. Das ist wie eine Entscheidung, mit einem Schiff vom Hafen aus in den Strom zu fahren, -eine Entscheidung, Dinge wegzulassen, die das Wachstum stören. Die ich-hafte willkürliche Steuerung muß zugunsten des genauen Hinsehens verlassen werden. Dann entwickelt sich das Ich, die Welt ohne Deja-vu-Effekt zu sehen. Schließlich wird doch die Notwendigkeit einer Intuition für den richtigen

Zeitpunkt, an dem ein Mensch sich öffnet, festgestellt. Die Rigidität hat abgenommen, die Ambiguitätstoleranz ist größer, die Entstehung und Auflösung von Bildern, Akkomodation und Adaptation, sind fließender. Damit ist alles wieder beim hier so zentralen Punkt des Zulassen-Könnens Bei Eurhy wird betont, daß die Intuition und die Fähigkeit, Widersprüche auszuhalten, gewachsen sei. Der Akkomodations/Adaptationsprozeß ist im Fluß und die Rigidität vermindert. A erklärt von sich aus, daß nur ein unentwickeltes Ich den Prozeß festhalten wolle zugunsten eines konstanten Weltbildes und daß ein entwickeltes Ich mehr davon ausginge,

*"daß ich bin, was mir entgegenkommt, als was ich meine und festhalte".*

**Ein schwaches Ich muß demnach festhalten, Öffnung und Lösung setzen ein starkes Ich voraus, das annehmen und integrieren kann, was das Schicksal ihm entgegenträgt. Dann kann man in mehrdeutigen fließenden Bildern leben, hat hohe Ambiguitätstoleranz, kann etwas Unfertiges leben. Dazu ist nötig, sich von äußeren Perfektionsansprüchen frei zu machen und mit der inneren Leistung, die mehr im Prozeß liegt, in Verbindung zu kommen.**

Bei Alv war im ersten Jahr viel Verunsicherung, und man mußte manchmal gegen Gefühle ankämpfen können. Das Ego des Transformationsprozesses muß eher stärker als schwächer sein. Die Intuition hat sich in dem Sinn entwickelt, produktive Verunsicherungen zu finden, "to question the Ego". Sie haben gelernt, Vertrauen auch in schwierigen Situationen zu haben. Normale Leute beklagen sich viel mehr. Sie aber haben mehr Toleranz gelernt gegen Verunsicherungen und eine bessere Intuition. Man ist weniger rigide, kann von innen her verstehen. Das Leben ist offen geworden im Sinne einer erleichterten Akkomodation/Adaptation. Man folgt nicht mehr einem Ziel, sondern lebt im Prozeß mit Mut zur Ungewißheit.

Gral sagt von sich, für Tanz müsse man unheimlich stark sein,

"im Endeffekt ist Tanz ja nicht nur Körper, sondern auch Psyche ganz stark, und wenn man nicht genügend stark ist, bleibt man auf der Strecke".

**Deshalb ist die Technik nicht so gut für Jugendliche. Die Ich-Stärke wird aber andererseits auch mit Tanz produziert. Eine Wahrnehmungsschulung für die richtige Öffnung zum richtigen Zeitpunkt ist wichtig.**

Tafe hat gelernt, Schwierigkeiten nicht nur als Ärgernis, sondern als Herausforderung zu sehen, an denen das Ich wachsen kann. Dazu müssen Vertrauen und Intuition da sein. Dann wird das Ich im Prozeß transformiert. Das Ich braucht aber Stärke, die auch durch Grenzen kommt. Durch Improvisation kommt Intuition, die Stimme des Herzens.

Voomo erwähnt von sich aus die Ego-Transformation, "the two Ego's", im Tanz, wo man lernt, die Energie mehr dem Selbst zuzuführen, als an materiellen Werten festzuhalten. Dafür, meint sie auch, sei Balance wichtig. Dann helfe einem die Intuition sicher weiter.

Auch TTT meint, daß das Ego nicht geschwächt, sondern gestärkt werden müsse, um sich transformieren zu können und sich ihre Vorstellung von dem, was möglich ist, sehr erweitert hätte.
Gra2/B sagt von sich aus, Spannungen, die auf einem persönlichen Weg des Risikos produktiver Verunsicherungen lägen, seien oft negativ bewertet worden. Bei ihm habe sich aber das alte Sicherheitsbedürfnis geändert, er könne viel mehr Ungewißheit ertragen. Der enorme Koordinationsdruck von allem mit allem im Tanz läßt seelische Entwicklung beschleunigt reifen. Alles geht dahin, das Leben so anzunehmen, wie es ist.
Bei Euto sind wir zu dem Thema nicht gekommen. Im Rahmen der sehr ausführlichen Therapiediskussion wurde aber indirekt gesagt, daß das Ich stark sein müsse und man annehmen, mit Schwierigkeiten umgehen, sie zulassen lerne. Das "Bild vom Körper" löst sich zugunsten der direkten Empfindung.

### 5.2 Resümee

Insgesamt machen die Studenten als Ergebnis und Schlußpunkt ihrer Entwicklungen in den Ausbildungen eine überwältigende Aussage zum Zulassen-Können, -dazu, Widersprüche stehen lassen und ertragen zu lernen, Intuition zu entwickeln und daß das Ich diesen Transformationsprozeß vom Starren weg zum Fluß, zum Im-Kontakt-mit-dem-Prozeß-Bleiben lernt, wodurch es anders und de facto stärker wird. Damit ist eine eindeutige Aussage gemacht: durch die Ausbildungen hat die für ganzheitliche Entwicklungen notwendige -und von der Theorie vorhergesagte- Ich-Transformation stattgefunden. Bei den Teilnehmern ist das Ich nicht mehr festhaltend/beschränkt, sondern es kann Veränderungen zulassen, damit umgehen, steht im Dienste des Selbst.
Es bietet sich nun an, über Therapie zu resümieren; der Transformationsprozeß ist nicht einfach und auch Ziel vieler Therapien und Meditationen.

## 6 ÄSTHETISCHE BILDUNG ALS KONFRONTATION UND THERAPIE

### 6.1 Darstellung

Das Ateminterview enthält gleich die klassischen Positionen und Erfahrungen. Die erste Frau, die Gesprächstherapie gemacht hatte, meint, daß es um das gleiche gehe, aber

*"weil in der Psychotherapie nur darüber gesprochen wird ... die Psychotherapie Realität nicht bereitstellen kann, wohingegen in der Atemarbeit wirklich etwas passiert".*

Entsprechend hätte sie auch keine therapeutische Begleitung der psychischen Prozesse, die mit der Atemarbeit einhergehen, sinnvoll gefunden. Die zweite Frau fand den Psychologieunterricht sinnvoll, und der dritte Mann sagte:

*"Ich denk` schon, daß es auch was erleichtert hätte, aber man könnte im Nachhinein nicht mehr sagen, wie wär das, wenn ich die Zeit abgewartet hätte."*

**Diese Aussagen beinhalten direkt prototypisch den Unterschied zur Therapie: die Studenten werden in der Körperarbeit "konzentriert" und "kondensiert" mit der Essenz des Lebens konfrontiert und gehen wie im Zeitraffer durch Empfindungen und Erlebnisweisen, die im Leben über Jahre verteilt sind. Die untersuchten Ansätze sind konfrontativ und haben ein Publikum, das diese Konfrontation als "echte Erfahrung" sucht und für sich allein "erleiden" und verarbeiten will.** Dementsprechend meint der Mann auch, die Überzeugung, es gebe schicksalhafte Situationen, sei ein entscheidender Grundsatz für ihn:

*"Es gibt ganz bestimmte Steine, wo ich mich drunter durchbuddeln oder drüber wegsteigen kann oder die ich zur Seite räumen muß, aber daß es den Stein gibt und ich daran vorbei muß, daran gibt es keinen Zweifel."*

Zum Thema Leidensfähigkeit sagt die zweite Frau, daß sie eine Schamanin kennt und daß da sehr viel mit dem persönlichen Leidensweg gearbeitet wird,

*"..daß man nicht um das 'rumkommt, das ist zwar schrecklich und grausam und schmerzvoll, aber nur dann passiert was, das spürt man auch körperlich",*

was der Atemtherapie entspricht:

*"Also wenn man da an Stellen kommt, und es geht da nicht weg ... und da merkt man, was da auch für ein Leid drinn steckt, für ein Schmerz ... daß man das nicht einfach wegkriegt, daß man ihn annehmen muß und durch ihn durch muß",*

was heißt, das Leben auch in schwierigen Teilen annehmen lernen; dazu die erste Frau:

*" ... wir werden nicht fertig, wir sind keine guten Menschen hinterher, wir sind nicht leidfrei, wir sind nicht irgendwie beruhigt, wir sind auch gottseidank keine anderen, sondern genau die gleichen, wir haben nur mehr Möglichkeiten, Welt aufzunehmen und mit Welt in Kontakt zu treten. Wir haben's nicht mehr nötig, zu sagen: Nein, das kann ich aber nicht aushalten!"*

Der Mann meint,

*"daß der Kampf nicht aufhört, sondern sich die Aufgaben, durch die man durch muß, mit dem Lebensalter ändern, man das besser wahrnimmt".*

Die Rolle der Schönheit wird hier nicht erörtert.
Bei Com bleibt das Thema allgemein: Sie meint, die Theatergruppe sei wie ein Mikrokosmos und die Arbeit eine permanente therapieähnliche Situation,

immer an der persönlichen Grenze im Umgang mit Angst. Sie betont auch die Konsequenz einer solchen Auseinandersetzung und daß es ein echtes Durchleiden sei, was für die persönliche Entwicklung wichtig sei.
Bei Exp wird das Thema nicht angesprochen. Er äußert aber die Überzeugung, daß es ein Bedürfnis nach Schicksal, verstanden als Weg zu einer persönlichen Verpflichtung und einem persönlichen Weg gebe. Dieser muß immer wieder mit Brüchen, Kämpfen, Verwirrungen neu gefunden werden.
Bei DJ1 antwortet G klassisch, D erwägt Therapie: G sagt, es sei für sie gut gewesen, da so durchgegangen zu sein. D weiß es nicht, meint aber, an manchen Punkten wäre Hilfe besser gewesen. Er sei an bestimmte Grenzen gestoßen, wo er hätte weitergehen können, dafür wäre aber in einer so großen Gruppe mit einer so allgemeinen Themenstellung kein Platz gewesen, so daß er zurückgeworfen wurde. Für G war es gut so, wie es war, sie hat sich bestimmte Dinge für später aufgehoben. Entsprechend stimmt G der These von Körperarbeit als emanzipierter Form des Schicksals sofort zu, während D erstmal "Ohlala" sagt. Dann meint er, Menschen hätten eine eingeborene Ganzheitstendenz. Es müsse aber über den Tod hinausgedacht werden, um das Streben nach Ganzheit und die damit verbundenen Leiden zu verstehen.
G sagt darauf, der Gedanke an den Tod genüge schon, das vordergründige Lebensziel, Schmerz zu vermeiden, zu ändern zugunsten eines Lebens, das nehme, was auf dem persönlichen Weg anstehe. Die Konsequenz, daß Leiden einen Sinn für die Entwicklung haben kann, macht D Angst. Er meint dann aber, der Sinn von Schwierigkeiten erschlösse sich oft erst im Nachhinein, wie bei Dethleffsens "Schicksal als Chance" und es sei wie bei Kinderkrankheiten, nach denen die Kinder ja auch plötzlich einen Schritt weiter seien.
G sagt, Schönheit erreiche sie mehr, betreffe sie, sie könne sie eher bejahen ohne Mißtrauen.

*"Schönheit erreicht mich körperlich, geht mir durch und durch, ist nicht etwas, was ja ganz interessant ist, sondern erreicht mich immer, zentral. "*

Für D hat das mit dem Aufschließen der Sinne zu tun, erst wenn das Innen klar sei, könne man das Außen sehen.
Auch bei DJ2 gibt es zwei Richtungen: B hätte gerne therapeutische Hilfe in der Ausbildung gehabt.

*"Es kommen starke Gefühle hoch, auch der Angst, und dann wird man damit allein gelassen. "*

A regelt Dinge gern alleine für sich und fand es gut, auch durch Durststrecken durchzukommen. Beide fanden es gut, daß R -ein Gastdozent- sowas (auch Beziehungsprobleme in der Gruppe) angesprochen habe, was aber mehr auf besondere Initiative der Klasse zustandegekommen wäre. Wir einigen uns darauf, daß ein Konzept "Ästhetische Erziehung" prinzipiell mit diesem Problem (starke Gefühle, die hochkommen, kommen und gehen zu lassen, bzw. ihre Energie für die Arbeit zu nutzen, was für Einzelne nicht immer möglich ist) belastet sei.

A ist auch der Ansicht, mit Körperarbeit wieder mehr an das Schicksal angeschlossen zu werden, aber in dem Sinne, in die eigene Verantwortung gestoßen zu werden, nicht aber sich diffus fallen zu lassen. Dagegen stimmen beide überein, die Fähigkeit, etwas zu erleiden und anzunehmen, was auf dem Weg zur Ganzheit liege, auch wenn es schwierig ist, sei gewachsen.
Für A hat eine Entwicklung stattgefunden von einem äußeren Schönheitsideal zu einer Wahrnehmung, die auch die innere Stimmigkeit im Ausdruck sieht. B findet, daß mehr Kunst in die Ausbildung integriert werden sollte.
Bei Ausla stand vor den Problemen der persönlichen Verarbeitung der soziale Konflikt in der Gruppe: Teilweise war ein Therapeut hinzugezogen worden, doch hätte B die vielen Konflikte, die in der Ausbildung auftraten, "gerne missen wollen, weil sie kontraproduktiv waren." Er fügt aber hinzu, daß, wenn man wirklich allem so auf den Grund gehen wollte, man wohl zehn Jahre brauchen würde, und "irgendeine Inititative muß der Schüler auch aufbringen.", was sich wohl auf den Aspekt, persönlich mit etwas fertig werden zu können, etwas aushalten und erleiden können, bezieht. P dagegen sagt, sie hätten im letzten Semester Tanztherapie gehabt, und das wäre schon viel eher nötig gewesen. Er hat aber insgesamt während der Zeit viel erlebt, was in's Therapeutische ging und womit er auch heute arbeitet. B, der während der tanztherapeutischen Lektionen für die Bühne übte, meint dann, daß ihm wohl einiges heute leichter fallen würde, wenn er das nicht verpaßt hätte, daß aber für ihn halt die Technik doch wichtiger gewesen wäre. Auch und gerade für die künstlerische Arbeit findet er therapeutische Bildung wichtig.
Der Weg als emanzipierte Form des Schicksals ist für P klar:

*"Ich wollte Selbsterkenntnis, dann kam die Bewegung einfach so dazu. Im Lauf der Zeit hat diese Art, die ich dann mir angeeignet habe, dazu geführt, daß ich gespürt habe, wohin tendiere ich, was liegt eben jetzt auf meinem Weg, was ich vorher nie gesehen habe."*

B beantwortet in seiner spontanen Verneinung die Schicksalsfrage positiv: Als ich die heutige Freiheit gegenüber der Festlegung traditioneller oder archaischer Gesellschaften beschreibe, widerspricht er:

*"Ne! ... bin ich nicht überzeugt. Wer in diesem Gewerbe, Tanzgewerbe, bestehen will, der ist auch irgendwo schicksalhaft, sonst fällt er raus, weil er die Anstrengungen, die Leiden, die dieser Beruf mit sich bringt, gar nicht ertragen kann."*

Darauf sage ich: "Das ist interessant, dann ist das praktisch sowas wie ein freiwillig gewähltes Schicksal." B: "Ja, vielleicht...", dann entschiedener: "Ja!" Für ihn ist Tanzen Selbstverwirklichung, schicksalhafte Notwendigkeit.

*"Natürlich sag ich mir, ich bin blöde, daß ich mich so abrackere, kein Geld habe und überhaupt nix mir leisten kann und weiß der Kuckuck was, aber ich könnt ja genauso auf'm Büro gehen oder auf's Dach oder handwerklich was machen,*

*ich hätte meine dreitausend Franken im Monat oder vier oder fünftausend, weiß der Kuckuck, aber ich wär nicht zufrieden...",*

darauf ich: "Also mit dem freiwilligen Schicksal," B: "Jaja, da könnt ich mich einigermaßen einverstanden erklären!"
Damit sind auch die Leidensfähig- und Willigkeit beschrieben.
Für beide ist Schönheit ein entscheidendes Element, B meint, daß der Mensch zur Ästhetik veranlagt sei, P führt aus, daß eine Ästhetische Bildung auch ein persönliches Fundament sei.
Bei Alex ist das Geschehen lassen ja so sehr zentrale Fähigkeit, daß die Frage nach Therapie sich fast erübrigt. Beide sagen denn auch, durch die Sanftheit des Geschehen lassens und Sich-Nicht-Einmischens hätten die Leute die Erfahrungen gemacht, für die sie bereit gewesen wären. Auch mit der These von der emanzipierten Form des Schicksals können die beiden nichts anfangen. Es sei wie bei einem Schiff, was in den Strom hinausfahren oder im Hafen liegenbleiben könne. Indirekt gibt es aber mal wieder diese starke Übereinstimmung: So hatte A schon bei meiner Frage nach dem Geschehenlassen ausdrücklich betont, daß das nicht im fatalistischen Sinne verstanden werden dürfe. Für B ist es auch selbstverständlich, daß jemand -um ganz zu werden- Erfahrungen machen muß, wozu auch der Kampf, die Abspaltung, die Erbitterung, gehören kann daß es aber nicht irgendwelche Erfahrungen, sondern die auf dem persönlichen Lebensweg nötigen sein müssen, -also Schicksal als Aufgabe.
**Eine gut funktionierende Steuerung durch das Geschehen lassen entschärft aber wirklich die Therapiefrage und nimmt dem Erleiden die Dramatik.**

Die Aussagen bei Eurhy sind dagegen klassisch: Für B und C haben die Ausbildung, der Unterricht, die Arbeit in der Gruppe ausgereicht, auch mit schwierigen persönlichen Prozessen zurechtzukommen. B sagt, die Gruppenarbeit sei auch darauf angelegt, "daß man die Kräfte entfacht, damit auch zurechtzukommen". Für C hängt viel von der Art der Übungen, die dazu gemacht werden, ab. A betont, daß die künstlerische Arbeit, in die sich die Einzelnen so hineinfinden müssen, daß es äußerlich exakt stimmt, ungeheuer befreiend und klärend für die persönlichen Schwierigkeiten war, so daß sich ab einem bestimmten Punkt das Innere am Äußeren klären kann. B betont nochmal, daß es unmöglich gewesen wär, da jemand von außen mit einer Therapietechnik zuzunehmen und daß die Prozesse in der Gruppe mit den Lehrern, die Teil des Prozesses sind, ausgereicht hätten.
**Entsprechend gibt es eine allgemeine Zustimmung zum philosophischen Exkurs, dem Verlust der Ganzheit, dem Bedürfnis nach Erfahrung, der Notwendigkeit, bestimmte persönlich zentrale Dinge zu erleiden. Die These von der emanzipierten Form des Schicksals wird ausdrücklich geteilt. Dabei werden Form und Intuition für wesentlich gehalten.**

Auch die Fähigkeit, kritische Phasen zu erleiden, ist sehr gewachsen. C sagt,

*"wenn man einmal Kontakt zu einem inneren Leitfaden gefunden hat, eine innere Sicherheit, daß und wie es weitergeht, kann man auch viel mehr erleiden, das ist auch einfach eine Notwendigkeit."*

A bringt das damit zusammen, daß irgendwann ein Umbruch nötig sei. Sein festgefahrenes Medizinstudium habe er nicht einfach so aufhören und mit Eurhythmie anfangen können. Ohne Abgründe und Unsicherheiten ließen sich keine eingefahrenen Lebenssituationen ändern.
Für die Intuition werden Kunst und Schönheit für wesentlich gehalten. "Eine Welt ohne Kunst nur mit Wissenschaft wäre unbeschreiblich langweilig." Es wird die innere Fügung von Schönheit und Kunst gegenüber der Willkür alltäglicher Urteile betont.

Bei Alv wird Therapie ausfürlich thematisiert: Tanz konfrontiere einen nämlich gezielt damit, was falsch an einem sei, in Körper, Gefühlen, Bewegungen, Ausdruck. A pflichtet bei, das ganze Verhalten, alles, was nicht optimal funktioniert, falle auf, denn für Tanz müsse man perfekt sein. Das mache einen sehr sensibel, so daß man schon gezielte Unterstützung brauche. Sie sagt, man sei so ausgeliefert, alles wäre immer so offensichtlich. B wirft ein, für das geschulte Auge sei der Tanzschüler persönlich nackt. Darauf A, plötzlich würden Lehrer was zu einem sagen, was genau in's Schwarze treffe, aber wovon man eigentlich nicht wolle, daß die ganze Klasse es mithöre. Nur wenige Lehrer aber könnten danach wirklich mit einem reden. A sagt, besonders im ersten Jahr sei es hart gewesen, zu der Ermüdung sei immer diese Verunsicherung gekommen, daß man sich selbst in Frage stelle, es seien in der Klasse viele Tränen geflossen wegen all der Dinge, die hochkämen. Es sei manchmal auch nötig, gegen Gefühle zu kämpfen (attack your emotions) um Fortschritte zu machen. B lacht, sie brauche nicht im üblichen Sinn professionelle Hilfe, mehr ab und zu sowas wie "counseling".
Es stellt sich heraus, daß die Art der Lehrer, vor der Klasse zu kritisieren, ungeschickt, vielleicht aber auch kulturell/ethnischer Unterschied ist. Jedenfalls haben beide gelernt, damit zurechtzukommen, zu der persönlichen Verunsicherung also auch die soziale Situation zu erleiden.
Entsprechend wird auch die These bejaht, im Tanz werde der moderne Mensch mit Unangenehmem konfrontiert, das er sonst vermeiden würde und was früher mehr im Schicksal gelegen hätte.
Die Frage, warum man sich so anstrenge, vom Lehrer harte Kritiken einstekke, obwohl man sein Geld leichter verdienen könnte, löst befreiendes Gelächter und Zustimmung aus. Wir sind uns einig, daß das gerade die persönlich schicksalhafte Konfrontation mit dem Selbst ist. Dabei ist Schönheit als Richtungsanzeiger und Besänftigung wichtig. A sagt, daß eine Woche ohne Tanz sie den Kontakt zu sich verlieren lasse, sie die physische Aktion brauche und es sei ja nicht nur die physische Aktion, sondern auch psychisch und

spirituell. B sagt, da sei alles, was man sonst vermeide, sie sei durch Trauer, Wut, Ärger gegangen, weil sie immer habe gut sein wollen, hätte aber gelernt, damit zurechtzukommen, umzugehen, das schlechte Gefühl anzunehmen und weiterzuarbeiten.
Gral fände eine therapeutische Intervention einerseits gut, andererseits wäre es auch gut, allein da durchzugehen, um zu sehen, ob das der richtige Weg für einen sei, denn man müsse unheimlich stark sein, -was vielleicht auch ein bißchen auf spätere Bühnentanzkarrieren gemünzt ist. Für uns ist ja der Weg das Ziel und die Härte, die hier nötig ist, genügt.
Der These von der emanzipierten Form von Schicksalhaftigkeit stimmt sie ausdrücklich zu.
Die Fähigkeit, etwas zu durchleiden, wird nur indirekt angesprochen: Beim Thema Demut meint sie, die Grahamtechnik sei masochistisch, das ganze Drama, das ganze Leiden werde ständig durchgearbeitet. Die naive Version des "Bildes von der Welt" werde zugunsten des Erleidens des echten Lebens weggenommen. Schönheit, für sie Harmonie, sei sehr wichtig. Dabei sei es immer ein Ziel, der Natur nahe zu kommen.
Für Tafe gehen Feldenkraisarbeit oder Tanz weit über eine verbale Therapie hinaus, es sei gar nicht zu vergleichen. Das Thema Erleiden wurde nicht angesprochen.
Zu Schönheit meint sie, daß das "tricky" sei, durch Gewöhnung verändert werde und auch das Unschöne wichtig sei. Für Schönheit, meint sie, sei Natur wichtig, für das persönliche Wachstum auch gerade so ein Monstrum wie NY.
Voomo meint, daß Tanz eine exzellente Therapie sei, eine Seelenmassage, wenn man einmal die Energie aufgebracht hätte, sich mit sich selbst einzulassen, zu konfrontieren, womit schon das Erleiden angesprochen ist. Die Frage nach der emanzipierten Form von Schicksalhaftigkeit habe ich nicht gestellt, da in Haiti keine moderne freie Gesellschaft mit individueller Wahlmöglichkeit und Belieblichkeit besteht. Zu Schönheit sagt sie erst, sie sei nur subjektiv, dann aber, daß sich geschmackliche Bildung im Tanz sehr entwickle, alles würde so einfach und, um Einfachheit gegenüber der Blendung von Werbung zu illustrieren: "The closer you come to spirituality, the less important is the material."
Schließlich einigen wir uns über die richtungweisende Bedeutung von Schönheit.
Das TTT-Interview fällt in Bezug auf die Erörterung der Therapiefrage völlig aus der Rolle. Ich konnte nicht nach Therapie fragen, weil das ganze Interview die Beschreibung ihrer Selbstheilung durch Kunst und Körperarbeit ist, wobei aber die Maxime Ästhetischer Bildung gegolten hat. Es ging nicht um den biographischen Konflikt, der wurde "nebenbei" mitgelöst, sondern um die innere und äußere Ordnung. Allerdings nimmt das Ganze auch eine Zwischenrolle ein, war es doch keine reguläre Ausbildung, sondern eine Bewältigung mit allerdings diesen Mitteln Ästhetischer Bildung.
Der These von der emanzipierten Form von Schicksalhaftigkeit stimmt sie zu, meint sogar von sich aus, Kunst und Therapie hätten in unserer Gesellschaft

den Platz und Sinn, zu unserem Selbst zurückzugehen, was einen im Interview von mir nicht erwähnten Punkt dieser Theorie bildet.
Von der Bedeutung der Schönheit ist sie überzeugt. In NY werde ständig darüber geredet, wie häßlich alles sei. So viel Unmenschliches, mit dem man sich -um zu überleben- irgendwie arrangieren müsse, es auch gebe, so viel Schönheit sei auch hier, unbemerkt, an den Häusern, Brücken ... die Lichter im Regen. Das sei sehr wichtig, denn sie könne nicht an einem Ort leben, wo sie das nicht fände. Es sei aber auch mehr ein innerer Zustand, unabhängig von dem Ort, wo man lebe, Schönheit zu finden, Sie könne überall das Schöne sehen und das gebe auch die Richtung im Leben. Schönheit könne zu Wahrheit führen und das ermögliche Öffnung. Wir stimmen überein, daß Schönheit helfe, Verschiedenheit zu akzeptieren und speziell gegen Rassismus gut sei.
Bei Gra2 wird, ähnlich wie bei Com, gesagt, man hätte eine Art Therapie in der Gruppe, man sei so sehr in Kontakt und alle seien wirklich offen. Bei besonderen Problemen und kritischen Situationen würden Gespräche geführt, auch wenn jemand persönlich nicht in eine Rolle hineinkäme. Aber "a hard time", die Kämpfe und Zuspitzungen, seien auch wichtig und notwendig. Entsprechend können beide durch die körperlich persönliche Auseinandersetzung das Leiden mehr annehmen. B meint sogar, Schmerz und Enttäuschung seien manchmal wie eine Katharsis, wozu A zustimmt. B meint auch, diese enorme Koordination von allem mit allem im Tanz würde einen sehr dazu bringen, seelische Entwicklung beschleunigt reifen zu lassen.
Der These vom prinzipiellen Verlust der Ganzheit stimmen beide zu, auch daß damit zwangsweise Technik und Entfremdung komme. Der Drang nach Echtheit und das Bedürfnis weg von der Beliebigkeit zum Selbst werden anerkannt.
Von der These, Körperarbeit sei eine emanzipierte Form von Schicksalhaftigkeit, ist B begeistert und auch A stimmt dem überzeugt zu.
Beide halten Schönheit für ein entscheidendes Mittel.
Das letzte Interview -Eutonie- problematisiert den Bereich Ästhetischer Bildung noch einmal und stellt der klassischen Situation erfüllte und nicht erfüllte Therapiebedürftigkeit entgegen: Es beginnt damit, daß C sagt, sie hätte ein Problem damit gehabt, immer nur geschehen zu lassen. Die anderen entgegnen, es sei ja Sache der Einzelnen gewesen, wie weit sie gehen wollten und im Konfliktfall sei immer jemand da gewesen. C wird deutlicher: "Ich hätte gern jemand gehabt, der die Erfahrung in Worte faßt." Daraufhin formuliert A die klassische Position, sie sei sich nicht sicher, ob dann der starke Effekt, durch die Erfahrung hindurchzugehen, dagewesen wäre. Sie meint aber auch, daß Teile der Ausbildung

*"like opening the door and then hold things in, which can be very dangerous, because you learn tricks, to control yourself"*

gewesen wären. Darauf sagt C, es könne auch gefährlich sein, Dinge nie in Worte zu fassen, der Druck nehme dann mehr und mehr zu. B bezieht wiederum klassisch den Druck als Leidensdruck auf die Erfahrung:

*"Dieser Druck war für mich wichtig, um die nötigen Erfahrungen zu machen, -wirklich da durchzugehen!"*

Übrigens teilt man allgemein die Ansicht, es gebe ein persönliches Schicksal, bei dem es um das Annehmen auch des Leidvollen gehe.
Dann kommt die Geschichte von D, die so starke Probleme hatte, daß sie die Prüfung nicht machen konnte und dann nach einer Analyse nach Jung erfolgreich die Eutonieausbildung abschließen konnte. Für sie geht es bei beidem um das Gleiche. Es stellt sich auch heraus, daß die Gruppe von C besonders individualisiert war.
B betont, für ihn sei anfangs Körperarbeit als Therapie völlig indiskutabel gewesen, er hätte ein absolutes Vertrauen zur Erfahrung und den Willen, Dinge für sich allein auszutragen und zu ordnen gehabt. A stimmt für sich zu. B kann dagegen jetzt Bücher über Psychologie lesen, und es interessiert ihn, so daß ich schließen möchte:

### 6.2 Resümee

Ästhetische Bildung geht davon aus, daß die angelegten inneren Ordnungen schon soviel Kraft und Selbstregulation haben und entwickeln, daß die Studenten auch mit Schwierigkeiten der persönlichen Verarbeitung umgehen können. Sie müssen dafür schon einen gewissen Kontakt nach Innen sowie eine Stärke, Frustrationen auszuhalten und in Kontakt zu bleiben, haben.
Treten gruppendynamische Probleme oder Schwierigkeiten mit den Lehrkräften auf, wie in Ausla erwähnt, so ist eine therapeutische Intervention wichtig. Reicht die Selbstheilungskraft nicht aus, wie bei C und D im letzten Interview, wäre eine parallele Therapie günstig, wie beide Beispiele zeigen. Für den Regelfall ist es aber gerade wichtig, da allein durchzugehen, zu sehen, ich kann das aushalten und ein entsprechendes Vertrauen in die eigene Kraft zu entwickeln, sowie in die Fähigkeit, einen eigenen Weg der Selbstordnung oder gar Heilung zu finden.
Wichtig ist zu sehen, daß es verschieden massive Konfrontationen gibt: Während Alex das Nicht-Pushen, Nicht-Einmischen und absolute Selbstregulation und Sanftheit besonders betonen, wird als Gegenpol bei Alv das Konfrontationsmoment durch offensives "Feed Back" vor der ganzen Klasse forciert.
Insgesamt läßt sich an diesem Punkt der Interviewauswertung schon folgendes Resümee ziehen: in den Interviews wird deutlich, daß die Studenten die Ausbildung und die Auseinandersetzung mit dem eigenen Körper tatsächlich als "emanzipierte Form von Schicksalhaftigkeit" begreifen. Daraus erklärt sich das Verhältnis zum Konfrontationsmoment in den Ausbildungen. Da es gerade ums einfache Erleiden, das "Annehmen-Können" geht, werden eventuelle begleitende Gespräche für die größtmögliche Hilfe gehalten. Therapie

wird dagegen allgemein abgelehnt, scheint aber in Notfällen wichtig zu sein. Damit stützen diese Aussagen gleichzeitig direkt und indirekt einen ganzen Komplex philosophischer Annahmen aus anderen Kapiteln.

## 7 WAS SAGEN DIE INTERVIEWS BIS JETZT FÜR DEN THEORIETEIL AUS?

Ich war davon ausgegangen, daß in den Ausbildungen mehr gelernt wird, als nur Körpertechniken und hatte im theoretischen Teil herausgearbeitet, daß im modernen Leben das Element "Konfrontation mit einer nicht beliebigen Ordnung" fehlt.
Die Manipulationsmöglichkeiten des modernen Lebens und sein Mangel an direkter Erfahrung rufen nach einem freiwilligen Sich-Aussetzen und Sich-Überlassen an Erfahrungen, die persönlich zentral und nicht diskutierbar sind, um daran zu wachsen, reifer zu werden und zu lernen, das Leben ohne Filter zu sehen, -um es annehmen und wirklich Ja sagen zu können.
In den Interviews stellt sich neben der Bestätigung der psychologischen Mechanismen heraus, daß dieses Gegenbalancieren der Beliebigkeit durch Kontakt mit nicht zufälligen persönlichen und überpersönlichen Ordnungen eine zentrale Erfahrung darstellen. Vor allem ist durchgängig berichtet worden, daß das Lernen von Selbstregulierung und Selbstvertrauen in der Annahme auch schwieriger persönlicher Erlebnisse einen zentralen Punkt der Ausbildungen darstellt und die These von der emanzipierten Form von Schicksalhaftigkeit als Hintergrundphilosophie angenommen wird.
Für den Rest der Auswertung bleibt, die Äußerungen zu Spiritualität zu vergleichen, sowie die Reaktion auf die übrigen philosophisch/anthropologischen Thesen, und zu Demut und Stolz.

## 8 ZU ANTHROPOLOGIE/PHILOSOPHIE

### 8.1 Die Ausgangssituation

Die Diskussion philosophisch/anthropologischer Thesen begann mit einer Erläuterung meiner Ansichten über den prinzipiellen Verlust der Ganzheit, über Beliebigkeit als Folge der menschlichen Fähigkeiten zur Planung, über die Möglichkeiten der Selbstdistanzierung und Manipulation. Daraus entstehen Bedürfnisse nach Ganzheit, Echtheit und Schicksalhaftigkeit und die Notwendigkeit, einen Kompromiß zwischen den Bedürfnissen nach Sicherheit und Wachstum, sowie der Fähigkeit zum Erleiden und Kämpfen -mit denen eine solche Bewußtseinsentwicklung und Ich-Transformation vonstatten geht- zu finden.
Die Fragen nach dem Erleiden der Körperarbeit als emanzipierter Form von Schicksalhaftigkeit, sowie nach der Balance Wachstum/Sicherheit, sind wei-

ter oben behandelt worden. Den anderen Thesen wurde in den Interviews - mal mehr, mal weniger emphatisch, nachdrücklich und begeistert- beigepflichtet.
Ich werde Im folgenden nur noch ergänzend besondere, außerhalb der allgemeinen Zustimmung liegende Kommentare mitteilen, sowie erwähnen, wo ich selbst die Thesen nicht oder nur teilweise vorgestellt habe:

## 8.2 Darstellung

- So sagt die erste Frau beim Ateminterview zum Bedürfnis nach Ganzheit, dem Tod als letzter Ganzheit und dem Körper als Weg, daß die Arbeit an der Mitte und vor allem an der Atempause immer eine Richtung zur Ganzheit hin hätte, aber daß es nur eine Annäherung sein könne, die nur einen Augenblick -wie auch die Atempause zwischen zwei Atemzügen- bestehen könne, bevor sie sich in neue Spannungen auflöst.
- Beim Com-Interview wird der Komplex nur indirekt erwähnt, nämlich daß Durchleiden wichtig wäre für die Vervollkommnung der Persönlichkeit.
- Bei Exp wird auch nur indirekt darauf Bezug genommen: Er glaubt, daß Menschen einen starken Drang haben, eine innere Ordnung zu finden, ein Bedürfnis nach Schicksal haben und daß Kämpfe, Brüche usw. nötig sind.
- Bei DJ1 sagt D von sich aus, daß die individuelle Entwicklung des Menschen mit der Isolierung, dem Herausfallen aus der Ganzheit der Natur, erkauft sei. Er sagt auch noch, daß es von seinem Gefühl her so etwas wie eine eingeborene Ganzheitstendenz als persönlich empfundenen Sinn für den Einzelnen gebe und führt diesen Gedanken auch auf die Kontinuität nach dem Tod hin aus.
- Bei DJ2 stellt sich heraus, daß ähnliche Gedanken für A der Grund waren, die Ausbildung zu machen, sie also ein für ihre Jugend außergewöhnlich starkes spirituell/philosophisches System hatte. Sie führt ihren Weg jetzt in einer anthroposophischen Ausbildung weiter. B sagt, für sie gelte das gleiche aber es sei wirklich erst ein Anfang, man komme auf einen Weg und es sei ein langer Weg.
- Bei Ausla wurde das Thema aus Zeitgründen kürzer behandelt, wobei ich allgemeine Zustimmung erhielt.
- Bei Alex gab es über das Ganzheitsthema keinen Disput, der Schicksal/ Leiden-Komplex war dann ja, wie berichtet, kontroverser.
- Bei Eurhy gab es ausdrückliche Zustimmung zum Gesamtkomplex, das gleiche gilt für Alv und Gral.
- Bei Tafe wird der Komplex kürzer abgehandelt, ich bekomme allgemeine Zustimmung.
- Auch bei Voomo habe ich zu dem Exkurs Zustimmung erhalten, sie ergänzt noch, daß, obwohl die Übungen drinnen gemacht werden, sie den Menschen mit der Natur rückverbinden könnten, indem er sich selbst, seine innere Natur, als Teil der Natur kennen und akzeptieren lerne. Sie meint, daß das mit Frieden und Geduld, einer Einstellung, die schon in anderen Interviews

mit dem genauen Hinsehen beschreiben wurde, korrespondiere. Zu den Kämpfen, die auf dem Weg liegen, meint sie:

*"Das Risiko wächst mit dem persönlichen Fortschritt, aber auch wenn man tief fällt, hilft das immer weiter."*

- Zu diesem Thema äußert sich auch Max de Beauvoir, den ich gefragt hatte, ob er glaube, daß Menschen ein Bedürfnis nach Ganzheit hätten: Er sagt, Ja, eindeutig Ja! Das würde Voodoo zu seiner Grundlage machen.
- TTT meint noch dazu, daß die Spaltung, sich selbst von außen zu sehen, mit dem Verlust der Ganzheit einherginge und ein Charakteristikum moderner Gesellschaften sei.
- Bei Gra2 gibt es eindeutige Unterstützung, und bei Euto konnte der Komplex aus Zeitgründen nur kurz und allgemein angesprochen werden, wofür es allgemeine Zustimmung gab.

### 8.3 Resümee:

Unter Berücksichtigung aller Ergänzungen und Bemerkungen läßt sich konstatieren, daß bei den Absolventen der untersuchten Ausbildungen ein Überzeugungskomplex angeregt wurde, der in ähnlichen oder identischen Aussagen mündet, wie ich sie im theoretischen Teil formuliert und in den Interviews skizzenhaft vorgestellt habe. Dabei reichte die allgemeine Zustimmung von Erleichterung und Begeisterung derArt: "Was Sie da sagen ist genau das, was ich immer dazu gedacht und gefühlt habe! Ich konnte das nur nicht so ausdrücken," bis zu einer Art nachdenklichem Kopfnicken, die eine allgemeine Einstimmung signalisierte, ohne daß eine eigene explizite Position zu dem Thema bestanden hätte.

## 9 DEMUT UND STOLZ

Interessant ist jetzt noch die Reaktion auf die beiden provokativen Begriffe Demut und Stolz: sie sind als Wortwahl provokant und lösen bei durchschnittlichen Gesprächspartnern ganz bestimmte Abwehr- oder Verlegenheitsreaktionen aus. Um so besser eignen sie sich, spezielle Einstellungen zu zeigen, die für eine diskrete psychologisch/philosophische Entwicklung stehen.

### 9.1 Darstellung

- Bei Atem wird zu den beiden Begriffen spontan eine kleine Philosophie entwickelt, die genau meinen Ansatz trifft:
  Die erste Frau sagt: "Ich möchte Stolz gerne durch Würde ersetzen!", worauf die zweite lachend ergänzt, "und wenn du den Stolz mit Würde trägst", worauf man sich darauf einigt, daß beides unverzichtbar sei. Es wird gesagt, daß der Stolz eigentlich mit Bescheidenheit zu tun hat und daß es mehr der Verlust eines sonstigen schweigenden Omnipotenzanspruchs und gleich-

zeitigen Ohnmachtsgefühls vieler Menschen zugunsten einer Beschränkung auf die eigene Einmaligkeit ist.
Die zweite Frau sagt, ergänzt von dem Mann, daß es zum Beispiel Stolz darauf sein könne, wenn sie im Atem ist und dadurch auch im gleichen Augenblick Demut und Bescheidenheit, weil es der Atem, die Natur sei, die man ja nur zulasse. Die erste Frau sagt:

*"Es ist der Stolz auf mein So-Sein. Damit ist mir etwas ganz und gar Einmaliges gegeben, was ich zu verwalten habe, und das ist was Kostbares, und darauf muß ich stets stolz sein, und das muß ich stets so hochhalten ... daß es unzerstörbar ist."*

Es ist also nicht etwas, was sie geleistet hat, sondern etwas, was ihr mitgegeben ist und was sie verwalten und entwickeln muß,

- "und dazu braucht man die Demut." Der Mann sagt, daß es Stolz sein kann, durch etwas gut durchgegangen zu sein und das als körperliche und geistige Erfahrung bleibe und sich zu Selbstsicherheit transformiere. Wir schließen den Punkt damit, daß es ein Ja-Sagen bedeuten könne. Der Stolz bedeutet ein Sich-Ernst-Nehmen, das Hingabe ermöglicht.
- Bei Com habe ich die Worte nicht eingeführt,
- bei Exp wird gesagt, daß ein starkes Element von Stolz und sogar Hybris in Verbindung mit Demut da sei, ohne das künstlerische Arbeit nicht denkbar sei.
- Bei DJ1 kommentiert D sofort (stillschweigende Akzeptanz des Begriffs implizierend), daß der Körper da nicht der einzige Weg sei. Für G stimmen die Begriffe.
- Bei DJ2 sagt A, sie habe vor der Ausbildung eine kirchlich gefärbte Demut -"ich armer böser Mensch"- empfunden, da habe aber der Stolz gefehlt. Wirkliche Demut in Kombination mit Stolz sei aber erst im letzten Teil der Ausbildung entstanden.
  B hat ihre Erfahrungen der Ausbildung nicht mit diesen Begriffen verbunden, sondern eher die allgemeingängigen "Erfolg und Niederlage" empfunden.
- Bei Ausla sind beide Begriffe nur kurz angesprochen worden, fanden aber entschiedene Zustimmung.
- Bei Alex löst sich bei den beiden Begriffen unsere Sprachverwirrung. B sagt, sie habe sich mit Demut sehr intensiv beschäftigt und kenne auch Stolz. A hat damit "keine Berührungsängste, beides vermischt sich auch von Zeit zu Zeit". Er kennt so etwas wie

  *"demütigen Stolz und ist manchmal stolz auf die Demut". (Gelächter),*

  so daß auf dieser direkten Ebene ein Einverständnis herrscht, das vorher über die komplexen abstrakt/theoretischen Konstruktionen nicht herzustellen war.
- Bei Eurhy lösen die Begriffe eine Menge zustimmender Assoziationen und Überlegungen aus:

C sagt, die Lehrmeister der Eurhythmie seien Mut, Demut, Ausdauer, wobei sie Mut gelungener findet als Stolz. A sagt, daß man ohne die - "Ehrfurchtskräfte nicht an die Gestaltung komme".
C sagt daraufhin, Stolz könne sie doch gut finden und zwar als eine eigene innere Sicherheit bei Gestaltungen,

*"von mir aus kann das jeder unmöglich finden, ich mache das so!",*

was ja wirklich ziemlich mit dem von ihr erwähnten Mut zu tun hat. A zitiert, man solle "frech und fromm" sein, was auch diese Idee hätte. B sagt, beim Vormachen brauche man Mut und Kühlheit, was an Stolz 'rankomme.
- Bei Alv habe ich diese Begriffe nicht eingeführt.
- Gral stellt andere Begriffe in den Vordergrund: "Brutal gesagt gibt es Sado- und Masochismus." Sie ist aber auch mit den Begriffen hier einverstanden, meint aber, Graham sei nicht nur Demut, sondern sei wirklich auch masochistisch, das ganze Leiden, das ganze Drama werde ständig durchgearbeitet.

Wir kommen zu dem Schluß, hier werde die naive Version zugunsten des Erleidens des echten Lebens weggenommen, besonders die Bodenübungen seien Widmung, Hingabe, Demut, was aber nur durch den Stolz gehe, was das Drama mache.
- Bei Tafe habe ich diese Worte nicht eingeführt.
- Bei Euto wurden beide Begriffe, besonders aber Demut, beifällig aufgenommen.

## 9.2 Resümee

Die Beantwortung der Fragen zeigt eine verblüffende Übereinstimmung der Studenten von Tanz und Empfimdungsschulung, die sie von den normalen Reaktionen als Gruppe unterscheidet. Das zeigt, wie sehr die Erfahrungen solcher Ausbildungen in all ihrer Unterschiedlichkeit doch etwas ganz Typisches, Gemeinsames haben. Die Einstellungen zu Demut und Stolz zeigen sich in einem typischen Antwortverhalten, das auf Kontakt mit der Natur im Menschen und eine gelungene Ich-Transformation hinweist: danach ist Stolz wichtig, weil man sich nur dann ernst genug nehmen kann, den schweren Weg der Empfindungsschulung oder des detaillierten Techniktrainings zu gehen. Das Gelingen dieser Prozesse wiederum erzeugt Stolz. Dieser Stolz aber ist nur auf dem Hintergrund von Demut zu verstehen, denn was gelernt und geleistet wird, ist "nur" das Sich-Anschließen an einen inneren Prozeß, und die eigene Fähigkeit ist mehr ein Zulassen als ein Machen.
Der gesamte psychologische Komplex, die philosophischen Überzeugungen und die Einstellungen zu Demut und Stolz legen das Vorhandensein von Spiritualität nahe. Welcher Art die Spiritualität ist und in welcher Balance sie mit dem Alltäglichen, Pragmatischen steht, ist Gegenstand der letzen Erörterung.

# 10 SPIRITUALITÄT

## 10.1 Darstellung

- Bei Atem sagt die erste Frau, sie sei vor der Ausbildung ausschließlich rational gewesen. Die Erlebnisse der Ausbildung lassen sie ihre frühere Einstellung jetzt als "dumm" empfinden,

  *"das Erlebnis der Transzendenz ist im Hier-und-Jetzt partiell möglich",*

  was sie aber nicht in einer bestimmten Glaubensrichtung finden kann.

  *"Ich kenn eben in der Atemarbeit Situationen, wo ich gemerkt hab', so ist Seligkeit."*

  Die zweite Frau spricht von Unendlichkeit. Sie spürt auch beim Behandeln eine Kraft, die einfach da ist. Die erste Frau spricht davon, daß das für jeden verschieden sein kann, aber sie so etwas wie Heilsgewißheit spüre, die zweite spricht von umfassender Liebe.

**Hierbei ist wichtig zu ergänzen, daß die psychologischen Aussagen des ersten Interviewteils zeigen, daß die starke Öffnung verkraftet und balanciert wird durch Annehmen-Können und Vertrauen, aber auch durch eine gesunde Fundierung im pragmatischen Hier-und-Jetzt. Entsprechend wird als Zusammenfassung gesagt, das Einfachste sei für uns das Schwierigste und man hätte ein bißchen den Eindruck, in der Ausbildung noch einmal von vorne zu lernen, wie man lebt.**

- Auch bei Com wird gesagt, eine solche Arbeit führe unbedingt zu einer persönlichen Form von Spiritualität, das sei einfach eine Erfahrung, die bei der Arbeit komme und die eine natürliche Balance zwischen der konkreten praktischen Arbeit und der Transzendenz enthalte.
- Exp hat beobachtet, daß jenseits aller theologischen Spekulation bei solcher Arbeit oft ein tief empfundenes Element von Religion im Sinne von Religio=Rückverbindung mitspielt.
- Bei DJ1 faßt G das in die allgemeine Formel, bei ihr sei ein Glaube an die großen Zusammenhänge entstanden, an das Schicksal, was mit dem Glauben an sie selbst zusammenhängt, worauf D zustimmend brummt.
- Bei DJ2 hatte A ja schon an anderer Stelle darauf hingewiesen, daß sie da auf das Wirken eines allgemeinen Prinzips,

  *"was ich in anderen Menschen, in mir, in der Umwelt erlebe, so'n allgemeines Prinzip,"*

  stößt,

  *"und das damit ja auch auf 'ne göttliche Ebene kommt."*

Als ich die Frage nach der Spiritualität dann direkt stelle, weist sie auf die Nicht-Beantwortung ihrer Fragen durch die Lehrer hin. Bei A ist diese Seite auch vorher schon da gewesen und hat hier nur eine neue Erfahrungsebene gefunden. B äußert sich nicht.

- Bei Ausla konnte die Frage nur kurz gestellt werden. Beide sind davon überzeugt, daß die Arbeit zu einer natürlichen Art von Spiritualität führt.
- So ähnlich war das wohl auch bei Alex: B sagt, ihre Spiritualität hätte sich nicht verändert, die sei vorher schon dagewesen, bei A dagegen ist sie konturierter geworden, worauf B sagt, das könne sie für sich auch sagen.
- Von Eurhy kommen sehr differenzierte und nachdenkliche Einschätzungen: A sagt, Religion sei für ihn durch seine strenge protestantische Erziehung eine Enttäuschung gewesen und als er gemerkt hätte, daß Anthroposophie mit Religion zu tun hat, wollte er sich schon wieder abwenden, merkt aber jetzt, daß es letztlich der Grund und Sinn des persönlichen Schaffens sei. C sagt, sie sei in der Ausbildung wacher geworden für Religion im persönlichen Verstehen und auch gefühlsmäßig. B sagt,

  *"daß, wenn man es nicht mehr einfach sehen will, -durch eine mehr lebendige Anschauung ... zu einem Schönheitsbegriff kommt, zur Religion kommt."*

  A bringt das auf eine allgemeine Ebene:

  *"Wenn die Leute 1oooo Jahre religiös waren, ist es für mich nicht vorstellbar, daß sie es plötzlich nicht mehr sind, -ich halte die modernen Gesellschaften für quasi-religiöse Systeme."*

- Bei Alv hatte ich das Thema nicht direkt angesprochen, doch erwähnt A von sich aus, daß Tanz spirituell sei.
- Gral zieht eine kritische Linie in Bezug auf die Balance pragmatisch/ spirituell:

  *"Tanzen ist sehr verwandt mit der Mystik." Sie sieht klar "die Verbindung mit Gott.",*

  die Religion. Auch deshalb seien viele Tänzer Psychopathen, weil sie das zu verarbeiten nie gelernt hätten, "Tanz öffnet Türen."
  Sie hatte ja auch eine therapeutische Begleitung gefordert. Das ist sonst nie formuliert worden, aber meist schimmert eine praktische Seite durch eine pragmatische erfahrungsorientierte Spiritualität durch, und mein Eindruck war fast immer der einer guten Balance.
- Bei Tafe ist die Studentin schon durch ein spirituelles Erlebnis darauf gekommen, die Ausbildung zu machen. Sie redet auch viel, selbstverständlich, ausführlich und detailliert von spirituellen Dingen und meint, daß unabhängig von ihrem persönlichen Weg Tanz ein natürlicher, allgemeiner Weg zu normaler Spiritualität sei. Bei ihr handelt es sich aber, wie auch schon bei DJ2, um einen Sonderfall, führte doch eher die Spiritualität zur Körperarbeit, als umgekehrt.
- Einen Sonderfall stellt auch Voomo da. In einer ausführlichen Diskussion erklärt sie mir, daß Tanz nichts mit Spiritualität zu tun hätte, außer im

traditionellen Voodoo, wo es Religion sei.

- Jetzt kommt der große Augenblick von Max de Beauvoir: Er wurde bisher nicht erwähnt, weil seine Äußerungen ausschließlich zum Bereich Spiritualität gehören.
  Seine Aussage ist im Zusammenhang mit dieser Arbeit nur indirekt aufschlußreich, denn sie handelt nicht vom modernen Menschen, bei dem sich durch Tanz eine Einstellung zu Spiritualität entwickeln kann, sondern es geht um traditionelle Menschen, bei denen Tanz Ausdruck und Mittel ihrer Religion ist. Bei dieser sehr körperlichen Art von Religiosität ist seiner Aussage nach eine Balance zwischen Dies- und Jenseitigem hergestellt, dessen Auflösung zugunsten des Pragmatisch/Diesseitigen er gerade beim westlichen Menschen beklagt.
- Sehr originell ist der Zusammenhang, in dem die spirituelle Entwicklung durch TTT dargestellt wird: Sie ist sicher, daß diese Arbeit auch ein persönlicher Zugang zu Religiosität ist. Sie erzählt von einer Frau, die sie von Anfang an nicht leiden konnte und mit der sie sieben Jahre lang in der Theatergruppe zusammengearbeitet hat. Jenseits der persönlichen Abneigung, die klar bestehen blieb, habe es eine Verbindung auf einer sehr tiefen -allen Menschen gemeinsamen- Ebene gegeben, was sie als spirituelles Erlebnis bezeichnet. Es sei möglich, jemanden zu lieben jenseits der persönlichen Abneigung durch eine Arbeit, die durch die persönliche Oberfläche zur Substanz kommt. Diese persönliche Oberfläche sei aber nichts Oberflächliches im üblichen Wortsinne, sondern von eigener Tiefe und Bedeutung. Das andere sei transpersonal, was im alten Wortsinn durch das Wort Persona von personare = hindurchtönen ausgedrückt werde.

Das spirituelle Erlebnis war also das, so tief zu gehen, daß unter der fundamentalen Abneigung das allen Menschen Gemeinsame berührt wurde.

- Bei Gra2 wird bestätigt, daß Körperarbeit zu einer individuellen Form von Spiritualität führt,
- und bei Euto sagt D von sich aus, daß es für sie eine tiefe spirituelle Erfahrung gewesen sei, das Machen und Geschehen lassen zu überwinden und nicht mehr zu versuchen, gut zu sein, sondern einfach nur da zu sein.

## 10.2 Resümee

Die Interviews zeigen, daß eine Ästhetische Bildung zu einer "gesunden" Balance zwischen Diesseitigem und Jenseitigem führen kann. Die interviewten Personen sprechen alle von einer tiefen persönlichen Spiritualität, die sich in den großen Religionen nicht finden läßt. Genau das war nach der theoretischen Untersuchung darüber, daß das Streben nach Ganzheit durch die Eigenschaft des Körpers, sowohl konkret für sich zu stehen, als auch über sich selbst hinauszuweisen, gefördert wird, zu erwarten.

### Zusammenfassung der Interviews

In den Interviews habe ich die psychologische Entwicklung relativ detailliert

abgefragt. Dazu gehörten die Fragen nach der Ausprägung der jeweiligen Eigenart von Denken, Fühlen, Machen, Geschehenlassen, Innen, Außen, sowie dem Gelingen einer positiven Spannung der Polaritäten zueinander. Dic Frage nach Demut und Stolz trifft sowohl die Ich-Transformation als auch den Kontakt zur Natur im Menschen. Die Fragen nach Spiritualität und Schönheit betreffen die Balance Diesseitig/Jenseitig und die Deutung von Symbolen. Direkt abgefragt wurden noch Intuition und die Balance Sicherheitsbedürfnis/Wachstumskraft. Wichtig für das psychologische Konzept ist außerdem die Frage nach Ambiguitätstoleranz (allgemeine Bewußtseinserweiterung, Ich-Transformation, Denken und Wahrnehmung).
Durch die Beantwortung der Fragen kann eine Entwicklung gemäß dem psychologischen Konzept in Richtung Ganzheitlichkeit angenommen werden. Der gesamte Komplex philosophisch/anthropologischer Annahmen wurde in Statements zur Diskussion gestellt und von den Befragten angenommen. Er scheint demnach einen -für die Gruppe- passenden und griffigen Entwurf für das Verstehen und Einordnen ihrer Tätigkeit darzustellen.
Der Unterricht in Tanz und Empfindungsschulung führt nach dem, was die Studenten in den Interviews gesagt haben, dazu, daß die Menschen Zugang zu ihrer körperlichen Energie und Weisheit bekommen. Das macht eine persönliche Reifung möglich und bcwirkt eine Einstellung zum Leben, die durch Stärke und Hingabe, Annehmenkönnen und Selbstbewußtsein geprägt ist.
Abschließend für den empirischen Teil soll der Vergleich mit benachbarten Ansätzen sein. Das ergibt die Möglichkeit, zu überprüfen, ob körperliches Training und ähnliches, wenn es nicht in der Kombination unterrichtet und praktiziert wird, wie für Ästhetische Bildung beschrieben, eine vergleichbare Wirkung auf den Menschen haben, oder ob es Unterschiede gibt.

# F VERGLEICHSSTUDIEN

Nach den Ergebnissen der Interviews mit den Absolventen von Körperbildungs- und Tanzschulen, die meine Annahmen stützen, möchte ich im folgenden drei Interviews darstellen, die mit benachbarten aber klar unterschiedenen Formen körperlicher Konfrontation geführt wurden:

## 17 LEICHTATHLETIK

### Situation

Das erste Interview fand in meiner Wohnung mit einer Leichtathletin (Mittelstrecken) von Anfang Zwanzig statt, die seit Jahren täglich trainiert.

### Die Fragen

Sie sagt, daß man im Training generell viel Erfahrungen macht, und Erfah-

rungen das **Denken** verändern, man sich anders kennenlernt, andere Sachen für wichtig hält.
Die Wahrnehmung des eigenen Körpers werde durch das Training sehr beeinflußt. Sie geht mit den **Gefühlen** im Sport sehr viel freier um als im Alltag, ein Transfer zum Alltag findet nicht so sehr statt.
Es ist nicht leicht für sie, die Frage nach dem Einfluß des Trainings auf die **Balance zwischen Fühlen und Denken** zu beantworten, weil sie schon so lange intensiv trainiert und das ein integrierter Teil ihres Lebens ist. Nach längerer Bedenkzeit antwortet sie, nein, sie glaube nicht, daß Training eine Förderung der Intuition als Spannung und gegenseitige Korrektur von Fühlen und Denken beinhalte.
Dagegen glaubt sie, daß Training das **Verhältnis Innen/Außen** klarer machen kann. Um Leistungen zu erzielen müsse man genau hinhören, auf innere Zeichen des Körpers achten, genau wahrnehmen, was sich abspielt, was Verletzungen verhindern kann. Das sei aber schwer, und oft werde das Innere überhört, weil äußere Zwänge und Vorstellungen etwas anderes sagen. Es sei wichtig, nicht zu sehr Träumen nachzuhängen, denn wenn man die dann nicht erreiche, sei man um so enttäuschter, so daß es besser sei, sich realistischere Vorstellungen zu machen.
Sie hat nicht das Gefühl, für **"andere klarer"** geworden zu sein, Leichtathletik ist keine Ausdrucksschulung. Sie will das aber auch nicht unbedingt, sondern braucht bestimmte Schutzmechanismen, auch wegen der Konkurrenz, so daß eigentlich nur wenige Menschen mehr über ihr Inneres wissen. Sie selbst kann aber im Alltag andere angemessener und ohne Projektion sehen.
Ein Gefühl innerer und äußerer Einheit und **idealer Harmonie** erlebt sie im Training nicht, es ist ein starkes athletisches Training.
In der **Balance Machen/Geschehen Lassen** betont sie die Dominanz des Machens.
*"Im Wettkampf, da gibts nen Knall, und da mußt du losrennen, egal ob du dich dazu fit fühlst oder wie deine innere Bereitschaft ist. Ich glaube auch, daß im nicht-sportlichen Leben ... daß bei mir das Machen mehr betont ist, als das Geschehenlassen."*
Sie ergänzt aber, daß es sicher gut sei, die Balance besser zu wahren. Das wäre ein entscheidendes Element der Verletzungsprophylaxe. Durch ihre Verletzungen ist sie dafür auch schon viel sensibler geworden. Wir stimmen darin überein, daß die Unterscheidung, wann man einen Schmerz überwinden muß, weitermachen muß, um besser zu werden, und wann ein Schmerz einen warnt, vor Verletzungen schützen will, -signalisiert: "Hör auf!"- die Intuition für eine äußerst delikate Balance voraussetzt, die auch im Leben sehr bedeutsam ist.
Jedenfalls könnte ein Leichtathletiktraining damit viel effektiver sein.
Bei den **philosophischen Thesen** stimmt sie dem Satz **vom prinzipiellen Verlust der Ganzheit** zwar zu, aber mehr in dem Sinn, die Argumentation zu akzeptieren, als daß meine Argumente eine eigene persönliche Anschau-

ung träfe. Ihr Kommentar zu der Unterstellung, alle Menschen hätten ein fundamentales Bedürfnis nach Ganzheit, ist, daß das ein sehr hoher Anspruch sei. Dagegen findet sie einleuchtend, daß dieses Bedürfnis mit der Planung der Zufriedenheit kollidiere.
Bei der These, daß es ein **persönliches Schicksal** gibt, sagt sie, sie glaube, daß es für jeden Menschen Situationen gäbe, denen er nicht aus dem Weg gehen könne, das Wort Schicksal sei ihr aber zu groß.
Bei der These von der **emanzipierten Form von Schicksalhaftigkeit** sagt sie, sie hätte zwar auch immer Schwierigkeiten zu erklären, warum sie Leistungssport treibe und sich so anstrenge, aber die Formulierung sei ihr zu stark.
Sie betont den Stellenwert des **"Erleiden-Könnens"** für das Training und sagt, die Steigerung der Fähigkeit zum Erleiden durch das Training wirke sich auch auf das Alltagsleben als "Besser-Annehmen-Können" aus.
Allerdings wirkt das nicht in Richtung **Ich-Transformation** wie in der Ästhetischen Bildung, sondern in dem Sinne, für ein einmal gesetztes Ziel Dinge einstecken, in Kauf nehmen zu können, wie ja auch schon zu Machen/Geschehenlassen das Übergewicht des Machens festgestellt worden war.
Entsprechend konstatiert sie auch, daß es in der Leichtathletik kaum um eine Ich-Transformation zu einem mehr den Prozeß wahrnehmenden Ich hin gehe. Dagegen werde eine **Stärkung des Ich** durch das Training erreicht, ohne die Leistungssport nicht möglich wäre.
**Schönheit** ist für sie wichtig. Das ist in erster Linie eine persönliche Sache, hat aber durchaus auch einen Stellenwert im Training. Schöne Bewegungen machen mehr Spaß.
Sie würde aber nicht so weit gehen, einen Trainingseffekt für Schönheit als **Intuition** für Entscheidungen im Leben zu sehen.
Auch mit **Spiritualität** hat das Training nichts zu tun.
Interessanterweise findet sie, daß **Stolz** ziemlich wichtig ist, was sie auch bei erfolgreichen, vor allem den schwarzen Läuferinnen beobachtet hat. Mit Demut dagegen kann sie nicht viel im Hinblick auf Training, Sport und Wettkampf verbinden.
Wir verstehen das beide so, daß **Demut** auch mit dem Zulassen-Können zusammenhängt, und der ganze dazugehörige Komplex im gesamten Interview schon klar anders als beim Tanz- Körperbildungsbereich war.

**Zusammenfassung**

Zusammenfassend und vergleichend fällt auf, daß im philosophisch/psychologischen Bereich eine Berührung besteht bei dem Konfrontationselement, dem Bedürfnis, "es wissen zu wollen", sich nicht-diskutierbaren Erfahrungen auszusetzen.
Der weitergehende Komplex der Schicksalhaftigkeit, des Sinnes des Erleidens für die persönliche Entwicklung, der Ganzheit, der Intuition und der Schönheit als Leitfaden der Intuition, scheint typisch für künstlerisch/körper-

bildende Ansätze zu sein und wird nicht geteilt.
Entsprechend sind die Polaritäten Machen/Geschehenlassen und Innen/Außen nicht balanciert, sondern eindeutig gewichtet.
Im Verhältnis zu den Studenten, die Tanz oder Empfindungsschulung machen, gibt es eine Dominanz des Außen, des Realitätssinnes, gegen das Innen, das dem äußeren Ziel sich unterordnen muß und des Machens, das dafür nötig ist.
So gibt es auch keinen Transfereffekt der Entwicklung von Intuition aus der Balance und produktiven Spannung zwischen Fühlen/Denken, Innen/Außen und Machen/Geschehenlassen.
Allgemein gibt es weniger Transfer zum Alltag, als bei den Menschen, die Tanz und Empfindungsschulung betreiben. Das Training ist zwar ein sehr wichtiger Bestandteil des Lebens, aber ein Üben relativ isolierter Bereiche und steht so auch in seinen Lerneffekten mehr neben dem Alltagsleben, als die universell/ganzheitlich und prozeßhaft orientierten Tanz- und Körperbildungsverfahren.
Entsprechend wird das Ich sehr gestärkt, ohne daß eine Transformation stattfände in Richtung Öffnung und Zulassen.
Es gibt auch keinen spirituellen Bezug.
So wie die Ansätze zur Ästhetischen Bildung sich in Bezug auf Demut und Stolz einig und in ihrer Übereinstimmung der eigenwilligen Interpretation eindrucksvoll geschlossen waren, kommt jetzt hier der Unterschied auf den Punkt. Stolz auf die harte Arbeit, das "Sich Schaffen" und die Leistung sind ähnlich, aber es fehlt -ganz analog zum Übergewicht des Machens und der Ausrichtung an äußeren Zielen gegenüber der Harmonie der inneren Ordnung- der Bezug zur Demut, der die anderen Gruppen vereinte[3] .

## 18 JIU-JITSU

### Situation

Dieses Interview wurde mit einer jungen Frau von Mitte Zwanzig, die seit ihrer Kindheit intensiv Jiu-Jitsu trainierte, im Augenblick wegen der Studienbelastung aber kein Leistungssporttraining betreibt, in ihrer Wohnung in Göttingen aufgenommen.

### Die Fragen

Sie sagt, daß das Training ihre **Art zu Denken** beeinflußt hat, sie sei selbstbewußter und ruhiger geworden. Durch die Gemeinschaftsarbeit und die Konzentration sei so etwas wie eine innerer Ruhe entstanden. Auch das intuitive Moment werde geschult, "man muß antizipieren und nachempfinden können", die Bewegungen des Partners beim Kampf unabhängig von dem Eigensinn richtig aufnehmen können, "vorher wissen, was passiert". Es wird

so etwas wie körperliches Zuhören-Können geübt. Man muß sich darauf einstellen können, was kommt, nicht mit vorgefertigten Plänen in einen Kampf gehen.
Für das Denken gibt es also eine ganz deutliche Entwicklung in Richtung Öffnung.
Bei den Gefühlen ist vor allem ein **Gefühl** für die eigenen Grenzen und die Achtung vor dem Gegner entstanden. Sie ist gelassener geworden. Ansonsten ist der direkte Gefühlsbereich wenig beeinflußt worden und nicht Gegenstand des Trainings.
Die **Balance Fühlen/Denken** als intuitives Moment ist durch das Training nicht entwickelt worden.
Außer der Gelassenheit ist das **Innen** durch Jiujitsu nicht klarer geworden. Auch das **Außen** an sich ist nicht deutlicher geworden, auch nicht das Verhältnis zur Natur oder die allgemeine Empfindsamkeit für Gerüche, Geräusche, Musik etc. Gestiegen ist aber die Sensibilität für den Körper und die Reaktion der anderen.
Die **Balance Innen/Außen** als Klarheit der Ausprägung und Spannung untereinander und Entwicklungsmotor der persönlichen Entwicklung ist nicht stärker geworden durch das Training.
Hingegen hat sich das **Machen** sehr in seiner Qualität verändert, ist weniger willkürlich, mehr am Partner orientiert. Auch das **Geschehenlassen** ist eher aktiv mitgehend. Diese Elemente sind auch vorher schon unter anderen Gesichtspunkten erwähnt worden. Sie hat aber nicht so sehr das Gefühl eines Transfers auf das Alltagsleben.
Es hat Momente einer **idealen Einheit** gegeben, besonders beim Aikido, wo runde, fließende, schöne Bewegungen gemacht werden und als Einheit mit dem Partner, wo es weniger ein gegen- als ein miteinander der Bewegung gab. Aber auch hier war der Effekt auf das Training beschränkt, hatte nicht so viel mit dem äußeren Leben zu tun.
Nachdem die Schulung der **Intuition** im Training schon betont wurde, stellen wir noch einmal fest, daß es keinen größeren Übertrag zum Alltagsleben gibt. Dagegen wird der **allgemeine persönliche Reifungsprozeß** beschleunigt, was wiederum mit der Erfahrung der Partnerarbeit, dem "Sich-über-die-eigenen-Grenzen-klar-werden" und der Achtung vor dem Gegner/Partner zu tun hat.
Bei den **philosophischen Thesen** gibt es eine Übereinstimmung darüber, daß wir als Menschen einen **prinzipiellen Bruch** mit der Ganzheit der Natur verkraften müssen, den zu überwinden, ohne ihre Individualität aufgeben zu wollen, die Menschen trachten.
Sie stimmt auch zu, daß, um ganz zu werden, Menschen bestimmte **"schicksalhafte" Erfahrungen** machen müssen und dafür gerade das Erleiden bestimmter Schwierigkeiten wichtig ist. Dabei ist "Schicksal" nicht fatalistisch verstanden, sondern als Aufgabe. Sie betont aber, daß die Tendenz, persönliche Herausforderungen zu suchen in einer beliebigen und bequemen

Umwelt -um daran zu wachsen- eine eher persönliche Sache sei. Dafür sei es wichtig, eine Intuition für die sinnvolle Verunsicherung zu haben.
Sie hat aber nicht so sehr das Gefühl, daß das **Erleiden und Annehmen-Können** im Training geübt und gelernt würde. Sie ist nicht in dem Maß mit persönlich Schwierigem konfrontiert worden.
Sie glaubt auch nicht, daß durch das Training eine **Ich-Transformation** geschieht. Man wird wohl stärker und sieht seine Grenzen mehr, aber der **Akkommodations/Adaptationsprozeß** sowie die Ambiguitätstoleranz werden nicht gefördert.
Der **These von der emanzipierten Form von Schicksalhaftigkeit** begegnet sie mit großem persönlichen Interesse, kann sie aber im Training nicht so wiederfinden.
**Schönheit** hat für sie als Freude an der Bewegung große Bedeutung aber nicht so sehr in anderen Bereichen des Lebens.
Das Training dagegen hat sie in der Richtung beeinflußt, zu glauben, daß es kein generelles Konzept von Gott gibt, sondern nur persönliche Erfahrungen von Spiritualität.
Zu **Demut** sagt sie, daß ihr der Begriff schon spontan eingefallen war, nachdem ich am Telefon kurz geschildert hatte, worum es bei dem Interview geht. Dabei sieht sie Demut in dem Kontext der Achtung vor dem Gegner und auch des Zurücktretens des Ego. **Stolz** dagegen tritt in diesem Rahmen eher zurück.
Diese Deutung berührt die sonstige Interpretation, hat aber auch Unterschiede. Konfrontiert mit der Beschreibung:
-*"Demut ist normale Folge des Trainings, denn Du merkst, es ist mehr als Dein persönliches Moment, was wirkt, es ist etwas Größeres, woran Du mit all dem Üben und sich Bemühen Anschluß bekommst. Sowohl Kunst als auch die innere Ordnung des Körpers stellen große Harmonien dar, und der Stolz ist der Stolz darauf, den Weg dahin immer wieder zu finden, so hart zu arbeiten, und ohne Stolz könnte man sich nie wichtig genug nehmen, um so genau und hingebungsvoll zu arbeiten, daß der Körper als Weg dient."*-
stellen wir fest, daß sich ihr Verständnis der Begriffe weniger in dieser kosmologischen Ordnung als in einem konkreteren sozialen Rahmen bewegt.

### Zusammenfassung

Das Interview unterscheidet sich einerseits von den Leichtathletikaussagen, stellt aber in dieser Verschiedenheit gemeinsam mit Leichtathletik einen deutlichen Unterschied zu den Aussagen in Tanz und Empfindungsschulung dar.
Während beim Leichtathletikinterview das Machen und der Realitätssinn betont wurden, ist es hier das Geschehenlassen und das Intuitive. Während es dort einen Transfereffekt beim Erleiden-Können gab und der Stolz gegenüber der Demut betont war, gibt es hier einen persönlichen Entwicklungsprozeß durch das Sich-Einlassen auf den (Trainings-) Kampf und ein Überwiegen

der Demut gegenüber dem Stolz.
Beiden gemeinsam ist aber, daß die Transferprozesse begrenzter sind. Während bei der Leichtathletik der philosophisch/psychologische Berührungspunkt im Konfrontationsmoment bestand, was mit dem Machen zu tun hat und wozu Stolz nötig ist, liegt die Berührung hier beim Sich-Einfügen in eine größere Ordnung. Dem entspricht die Gewichtung des Geschehenlassens, von Demut und Achtung. Diese Ordnung ist aber eher relativ und sozialer Art, so daß es keine Konfrontation mit dem Selbst -der Ordnung des Lebens im persönlichen Schicksal und der Lebensordnung, wie sie in Kunst erfahren werden kann- gibt. Entsprechend existiert eine weitergehende Übereinstimmung im Philosophischen bei der Schicksalhaftigkeit und sogar eine Betonung der spirituellen Komponente, aber es fehlen beim Vergleich mit den Untersuchungsgruppen die persönliche Erschütterung und die Entwicklung der Balancen in den Polaritäten Fühlen/Denken, Innen/Außen und Machen/Geschehenlassen.
So ist auch das Verständnis von Demut konkreter und auf den Partner bezogen.
Zusammenfassend gibt es in den Trainingsmomenten viele Übereinstimmungen, es besteht aber nicht die umfassende Bedeutung für den Alltag und die gesamte persönliche Entwicklung.

## 19 RUDERN

### Situation

Das Interview fand mit einem Mann von Ende Zwanzig in der Wohnung seiner Schwester, die er in Göttingen besuchte, statt. Er trainiert seit vielen Jahren regelmäßig täglich und ist im Nationalmannschaftskader.

### Die Fragen

Er kann nicht sagen, daß das **Denken** intuitiver oder so etwas geworden sei. Verändert hat sich vor allem das Selbstvertrauen. Er weiß, daß er etwas erreichen kann, wenn er wirklich will.
Ähnlich ist es bei den **Gefühlen**. Sie sind nicht klarer geworden, und er drückt sie auch nicht stärker aus, sie sind sogar eher mehr unter Kontrolle, er ist "cooler" geworden bei Wettkämpfen, gelassener. Allgemein ist er vor allem zufriedener, was auch ein körperliches Grundgefühl ist.
Ihm fällt jetzt plötzlich noch ein, daß ihm überraschende Lösungen von Problemen aller Art häufig beim Rudern einfallen. Wenn er über etwas nachgegrübelt hat und dann zum Training geht, kommt die Lösung plötzlich von selbst, was einen klassischen intuitiven Prozeß beschreibt.
Er hat aber nicht das Gefühl, daß **Fühlen und Denken** in eine andere Balance und Spannung als Grundlage der allgemeinen Intuition für das Leben kommen. Er meint, die Bewegungen seien ja alle funktional und das hätte nichts mit den Bedeutungen und Gefühlen des Alltagsleben zu tun.

Das **Innen** ist allgemein außer der größeren Selbstsicherheit und Zufriedenheit nicht klarer oder anders geworden.
Auch bei der Wahrnehmung des **Außen** kann er keine Beeinflussung erkennen.
Zur **Balance und Spannung zwischen Innen und Außen** sagt er:

*"Ne große Spannung spür ich da nit. Bin da wahrscheinlich auch ziemlich nüchtern und ähh..nicht sehr emotional, realistisch ... gut, man träumt da von manchen Sachen, die man gern erreichen müßte oder würde, aber man weiß auch, daß es halt ... teilweise weiß man halt, daß es Unsinn ist, daß man es nicht schaffen kann und, ja bei so Sachen ... am günstigsten ist, wo man halt sieht, man könnte es schaffen."*

Das Realitätsprinzip des Außen dominiert bei ihm also deutlich über die Träume und Wünsche des Innen. Außerdem ist eine günstige Leistungsmotivationsstruktur der Suche nach Erfolg im mittleren Schwierigkeitsbereich zu erkennen.
**Machen und Geschehenlassen** sind bei ihm nicht in eine andere Balance gekommen. Dagegen kennt er das Erlebnis einer Harmonie, daß einfach Alles stimmt. Dabei meint er auch, daß sich diese Erlebnisse allgemein auswirken.
Er ist sich nicht sicher, ob der Sport die allgemeine **persönliche Reifung** beschleunigt; vorsichtig meint er, eher ja.
Bei den **philosophischen Thesen** stimmt er der These vom prinzipiellen Verlust der Ganzheit zu, allerdings ohne größere Begeisterung.
Zu der Frage, ob er glaube, daß das **Streben nach Ganzheit** ein primäres Motiv aller Menschen sei, meint er:

*"Ob es so stark ist, weiß ich nicht, prinzipiell würd' ich schon sagen, ja, aber das wird wahrscheinlich im Laufe der Jahre halt immer mehr abgebaut werden mit zunehmenden Enttäuschungen",*

also auch wieder eine generelle Zustimmung, die aber direkt relativiert wird und zwar so stark, daß sie fast schon zurückgenommen wird.
Er glaubt, daß es so etwas wie ein **persönliches Schicksal** gibt, meint aber, daß es vor allem ein Bedürfnis, sich auseinanderzusetzen, gebe und daß das Bedürfnis vor dem Problem da sei. Auf die Frage, ob er glaube, daß für die persönliche Entwicklung Grenzen und Auseinandersetzung wichtig seien, meint er:

*"Klar, das ist doch auch ein biologisches Prinzip, daß sich das Nervensystem nur weiterentwickeln kann, wenn es auch entsprechend gefordert wird."*

Auf meinen Einwurf, daß das ja auf der Erlebnisebene auch sehr schmerzvolle Dinge sein könnten, meint er:

*"Ja ja klar, aber angenehme Sachen kann man auch nur wahrnehmen, wenn man den Schmerz halt kennt, ne, weil man auch wieder den Gegensatz braucht."*

Er stimmt auch zu, daß es in modernen Gesellschaften eine **Notwendigkeit** gibt, **Herausforderungen zu suchen**, da der Konfrontationsaspekt zugunsten der Sicherheit und Planung zurücktrat. Er sagt, Sport und Kunst wären ja beides ausgesprochen überflüssige Dinge unter dem Aspekt gesellschaftlicher Notwendigkeit.
Es gebe aber bestimmte Veranlagungen, sich solche Herausforderungen zu suchen, die diese Richtung dann wieder verstärken.
Über die Notwendigkeit, **Intuition für die richtige produktive Verunsicherung** zu suchen, können wir kein Verständnis herstellen. Er vermutet erst, das sei die Suche nach dem Weg des geringsten Widerstandes. Nachdem ich erklärt habe, daß es eher um das Gegenteil gehe, meint er, die Verunsicherung könne man auch durch die Vernunft finden. Auf meinen Einwand, daß eigentlich weder das Leben vernünftig sei, noch die Begründung für Entscheidungen vorwiegend im Bereich der Vernunft zu finden und deshalb Intuition nötig sei, betont er die Zufälligkeit. Auch auf meine Version hin, es käme darauf an, Intuition zu haben, was Zufall und damit manipulierbar sei und wo man mit einem Sinn, der dahinter stecken könne, rechnen müsse, besteht er auf der reinen Zufälligkeit.
Andererseits sagt er, er suche schon einen Sinn in Schwierigkeiten, was er aber in dem Lichte der biologischen Notwendigkeit des Stresses für die Weiterentwicklung sieht.
Unser Unterschied liegt also genau da, wo der Unterschied zwischen Sport und Kunst liegt, nämlich der Sinnhaftigkeit der körperlichen Anstrengung über sich selbst hinaus, der Auffassung von inneren Ordnungen, für die nicht nur die Herausforderung als solche, sondern auch deren Inhalt bedeutsam ist.
Bei der **These von der emanzipierten Form von Schicksalhaftigkeit** meint er, daß er sich frage, wie freiwillig so etwas überhaupt sei. Er stimmt der Idee also zu mit der Änderung, daß er glaubt, die entsprechenden Menschen müßten sich mehr oder weniger auf diese Art auseinandersetzen, was aber meiner These nicht im Kern widerspricht, denn trotzdem bleibt die Auseinandersetzung selbstgewählt und selbst herbeigeführt.
Wir einigen uns dann, daß wir nicht frei im Sinne beliebiger Planung sind, sondern z. B. auch Intuition ja etwas ist, was überraschend und nicht einplanbar kommt, nachdem wir uns darum bemüht haben.
Bei der **Entwicklung von Durchhalte- und Leidensfähigkeit** weiß er nicht, ob das mit dem Training zusammenhängt. Seine Mutter hatte früher auch keine Lust, im Weinberg zu arbeiten und hat sich dann daran gewöhnt. Das gleiche hat er bei sich mit der Arbeit (zu Hause helfen) und im Training gemerkt. Das scheint also mehr mit dem Erwachsen-Werden zusammenzuhängen als direkt mit dem Training.
Zu **Ich-Transformation, Rigidität, Ambiguitätstoleranz** meint er, daß seine Entwicklung da weniger mit dem Training zu tun hätte, sondern eher damit, daß er auch Naturwissenschaftler sei und das ihn dazu gebracht habe, Erkenntnisse zu relativieren.
Auch **Akkommodation/Adaptation** sind wohl nicht beeinflußt worden.

Ein besonderes **Verhältnis zu Schönheit und Spiritualität** hat sich nicht entwickelt.

Bei **Demut und Stolz** fragt er erst etwas mißtrauisch: "Demut, das hat wieder was mit Spiritualität zu tun?"

Er ist stolz auf sich in Bezug auf das Rudern, kann aber sonst mit dem ganzen Kontext nicht so viel anfangen.

Dann fragt er nach, was sonst dazu gesagt wurde und findet eine Ähnlichkeit zu der Aussage aus dem Jiu-Jitsu-Interview, wo Demut in Bezug zur Achtung vor dem Gegner gebracht worden war. In diese Richtung ist auch seine Entwicklung gegangen, er beurteilt mittlerweise andere Ruderer nicht mehr nur danach, wie gut sie sind, sondern sieht viel mehr den ganzen Kontext von Begabung, Sich-Bemühen und daß auch die Fähigkeit, sich im Training zu quälen, also Trainingsfleiß, nicht nur Sache des persönlichen Beliebens ist, sondern dem einen mehr, dem andern weniger gegeben ist.

Es ist eine Entwicklung da zum Einstimmen in die großen Zusammenhänge, die wieder ähnlich der der Untersuchungsgruppen ist.

### Zusammenfassung

Es gibt hier einige Parallelen zur Leichtathletik, die besonders das Konfrontationsmoment betreffen, aber auch die Entwicklung von Selbstbewußtsein und Zufriedenheit sowie den Realitätssinn, die Dominanz des Außen und die Leistungs-/Wettkampfmotivation.

Mit Jiu-Jitsu gemeinsam ist der am Ende überraschend deutlich gewordene Demutsgedanke der Behutsamkeit, Achtung und des Verständnisses und Interesses für Wettkampfpartner und deren Situation.

Allgemein sind die drei Leistungssportinterviews ziemlich verschiedenartig im Gegensatz zur relativen Homogenität der Aussagen der Studenten aus Tanz und Empfindungsschulung in Ästhetischer Bildung.

## 20 VERGLEICH VON SPORT UND DEN UNTERSUCHUNGSGRUPPEN

Den Sportlern gemeinsam ist eine bestimmte Form von Selbstsicherheit und Ruhe, die durch ernsthaftes und kontinuierliches Arbeiten mit dem Körper ensteht.

Bei den beiden Individualsportarten ist eine Verbindung zu Ästhetischer

Bildung zu sehen über das Konfrontationselement mit etwas Absolutem, das keinem anderen anzuhängen ist, dem ständigen zwangsweisen Kontakt zur eigenen körperlichen Performance und dem damit in Verbindung stehenden philosophischen Schicksalskomplex. Bei Kunst und Körperbildung geht es aber zugleich um die persönlichen und allgemeinen Lebensinhalte, da ja über die Körperinformation ein Zugang zur inneren Ordnung ermöglicht wird, bzw. über körperliche Darstellung allgemeine Ordnungen des Lebendigen gefunden werden können. Diese einmalige Komponente persönlicher Verunsicherung, Entwicklung und Transformation wiederum macht den Unterschied zum funktional/pragmatischen Sport aus.
Das gilt auch für Kampfsport, wo durch die Notwendigkeit, auf Partner einzugehen, das Geschehenlassen und die Intuition im Vordergrund stehen. Aber auch hier ist der große Unterschied die konkrete Zielrichtung, der Pragmatismus, das Fehlen von Drama, Inhalt und Gefühl außer dem des Wettkampfes, so daß kein so umfassender Transfer auf das gesamte Leben und diese Transformation vom Ich zum Selbst stattfinden kann.

## 21 BIOENERGETIK

### Situation

Dieses Interview wurde mit einer Frau von Ende Zwanzig, die eine bioenergetische Therapie abgeschlossen hat, in ihrer Wohnung in Witzenhausen aufgenommen.

### Die Fragen

Ihr **Denken** hat sich verändert, ist nicht mehr so "kopfig".
Sie merkt immer wieder über den Körper, "Aha, eigentlich ist das und das mit mir los.", hört, "daß meine verschiedenen Körperteile mir überhaupt alles mögliche zu sagen haben."
Das hat schon viel mit **Intuition** und der Balance zu tun.
Aber auch das Denken an sich hat sich verändert, ist "assoziativer" geworden. Sie kann viel mehr

*" ... Gefühle zulassen, die vorher tabu waren, Traurigkeit, Weinen, auch sexuelle Gefühle, ich mein`, das war genau das, was ich wollte."*

Die **Gefühle** sind auch intensiver ... Die Veränderung der Balance beschreibt sie so, daß das

*"Fühlen insofern eben zu einer Erweiterung meiner Persönlichkeit geführt hat, daß ich meine Schubladen in Frage stellen konnte ... es ermöglicht mir schon, diese beiden Ebenen (Fühlen und Denken) immer zu hinterfragen".*

Ihr **Innen** hat sich erweitert, sie ist mehr in Kontakt mit sich selbst.
Über die Entwicklung der Möglichkeit, das Außen angemessener wahrzuneh-

men, ist sie sich nicht so sicher, meint aber, es hätte zumindest dazu geführt, daß sie das Außen besser akzeptieren könne. Das bezieht sich auch auf das Akzeptieren-Können anderer Menschen, was ihr eigentlich nicht leichtgefallen war.
Auch die sinnliche Wahrnehmung des Außen ist intensiver geworden, nicht dagegen die Wahrnehmung der Natur.
Sie ist sich nicht sicher, ob sich das Spannungsverhältnis und die **Balance Innen/Außen** günstiger entwickelt haben, aber sie schließt dann: "Es hat schon 'ne Umsetzung erfahren", sie hat sich entwickelt, es geht ihr, je älter sie wird, desto besser, und sie macht auch was damit.
Auf der nächsten Ebene kämpft sie noch immer damit, mehr **geschehen zu lassen**, wobei ihr die Therapie schon geholfen hat.
Die Auflösung von Tabus hat sie auch zu **Momenten idealer Einheit**, zu "peak experiences" gebracht. Das bahnt auch den Weg für Erlebnisse der allgemeinen körperlich/seelischen Harmonie.
Im **philosophischen Exkurs** stimmt sie der These vom prinzipiellen Verlust der Ganzheit zu, bringt auch sofort ein Beispiel, daß die Bedeutung des Annehmen-Könnens betont.
Sie ist sich ganz sicher, daß es ein **primäres Bedürfnis aller Menschen ist, ganz zu werden**. Wir sind uns auch einig, daß sich die moderne Gesellschaft vom schicksalhaft Gebundenen weg zu mehr Freiheit oder Beliebigkeit entwickelt hat, daß aber das Erleiden-Können -die Konfrontation mit Grenzen- für die Persönlichkeitsentwicklung zu mehr Ganzheit entscheidende Bedeutung hat. Dann ist es wichtig, Intuition zu entwickeln für den Unterschied zwischen dem, was in Freiheit entschieden werden muß und dem, was erlitten werden soll, weil es eine Wachstumschance ist. Dafür war die Therapie ein Anfang.
Für das **Erleiden-Können** hat die Therapie nicht so viel gebracht, da denkt sie eher an die landwirtschaftliche Lehre, in der sie sehr hart arbeiten mußte. Bei der Therapie ging es weniger darum, etwas zu erleiden, hinzunehmen. Die schmerzhaften Punkte der Klärung waren selbst herbeigeführt und gehen auch in der Therapie mehr in Richtung Regression zum Ursprung des Traumas, wohingegen es bei Tanztrainings und Empfindungsschulung darum geht, weiter in Kontakt und im Prozeß zu bleiben, also in der Form, dem Rhythmus, oder im Atem.
So ist die Konsequenz in der Therapie auch mehr eine allgemeine Sensibilisierung. Die Frau sagt, sie hat jetzt mehr Schwierigkeiten mit dem Zahnarzt und tendiert viel eher dazu, sich Spritzen geben zu lassen, was bei den untersuchten Gruppen als Effekt eher umgekehrt vorstellbar wäre.
Die Therapie war auf jeden Fall ein Weg in Richtung Ich-Transformation. Sie ist weniger rigide, hat aber Probleme mit der Ambiguitätstoleranz. All diese Dinge haben für sie viel mehr mit ihrer späteren spirituellen Entwicklung als

mit der Therapie zu tun.
Sie glaubt daran, daß es Schicksal als persönliche Herausforderung gibt und würde die Therapie mehr als eine persönliche Entwicklungshilfe charakterisieren, meint aber, daß es auch eine emanzipierte Form von Schicksalhaftigkeit sei.
Sie hat auch das Gefühl, daß die Therapie sie zu einer persönlichen Form von **Spiritualität** geführt hat.
**Akkommodation/Adaptation** sind erleichtert worden, sie glaubt auch, daß die Therapie ihr allgemein geholfen hat, mehr anzunehmen, ja zu sagen, daß aber auch die Kämpfe, Antagonismen, Brüche, auf dem Weg nötig sind und dazugehören.
Die Therapie hat auch ihr Verhältnis zu **Schönheit** entwickelt.
Mit **Demut und Stolz** ist sie sehr beschäftigt. Stolz hatte ihr Leben sehr geprägt, jetzt bemüht sie sich um Einfachheit, Biegsam- und Nachgiebigkeit, ohne ihren Stolz zu verlieren, ohne die Achtung aufzugeben. Das hat aber eindeutig mit ihrer spirituellen Entwicklung zu tun, wofür die Therapie nur indirekt wichtig war.

### Zusammenfassung

Die Gemeinsamkeit mit den Studenten aus Tanz und Empfindungsschulung liegt im Unterschied zu Sport hier im Bereich der Entwicklung psychischer Balancen sowie dem allgemeinen philosophischen Konzept, wobei letzteres auch mit der späteren spirituellen Entwicklung zusammenhängen könnte.
Die Konfrontation mit der äußeren Realität und das Erleiden eines Unterschiedes -einer Spannung zwischen dem eigenen und dem möglichen optimalen Verhalten, welches eine ideale Lösung in Harmonie mit inneren und äußeren Ordnungen darstellt- fehlt, bzw. ist ein anderes. Alle damit zusammenhängenden Entwicklungen sind eindeutig auf die spätere spirituelle Entwicklung bezogen.
Mit Sport haben die Gruppen ästhetischer Bildung die Konfrontation mit Außen, mit Therapie die Entwicklung des Innen gemeinsam.
Der Unterschied zur Therapie ist die Konfrontation mit Performance körperlich/seelischer Art, die gut oder schlecht sein kann und entsprechend bewertet wird.
Den Unterschied zu Sport macht der Inhalt dieser Konfrontation aus, der hier persönliche und inhaltliche Bedeutung hat und eine Öffnung erfordert.

## 22 VOUDOUN

### Situation

Das folgende Interview nimmt eine Sonderstellung ein. Es ist das einzige Interview, welches ich mit Hilfe eines Dolmetschers gemacht habe. Es fand in einem kleinem Dorf in Haiti in der Nähe von St. Marc statt. Bei der Interview-

ten handelt es sich um eine Mambo, eine Voudoupriesterin, die vielleicht Mitte Zwanzig und in der ganzen Gegend anerkannt ist. Sie wird auch von älteren Leuten Maman genannt. Der Dolmetscher ist ein junger Mann aus Port au Prince, der meine Fragen von französisch auf créol übersetzt und ihre Antworten von créol auf französisch rückübersetzt. Beide wollten ausdrücklich namentlich erwähnt werden, so daß hier die sonst übliche Anonymität gebrochen wird. Die Mambo heißt Chantal Mouléusse, der Übersetzer Thideau. Als ich zu Hause das Interview auswerten wollte, mußte ich feststellen, daß ich das, was mir am Orte so klar erschien, hier nicht mehr zweifelsfrei verstehen konnte, so daß ich noch einmal einen Dolmetscher benötigte. Die Rückübersetzung, die ein haitianischer Landwirtschaftsstudent vornahm, war die Gelegenheit zu überprüfen, ob die Fragen und Antworten einigermaßen sinngemäß übersetzt worden waren, ja eigentlich -was mich lange beschäftigt hatte- inwieweit sie überhaupt in eine Sprache übersetzbar sind, die keine Schriftsprache ist, sondern bildhafte lebendige Sprache eines Volkes, das in traditionellen ländlichen Verhältnissen lebt.
Bei der Rückübersetzung stellte sich dann tatsächlich heraus, daß Thideau zuerst immer eine unseren Dolmetscher verblüffende, ziemlich treffende Übersetzung gefunden hatte, die aber meistens nicht richtig verstanden wurde. Der zweite Versuch -die Erläuterung und Ausschmückung, die er danach wählte- war oft so verschieden, daß sie unserem Übersetzer Schnalzen, Gelächter oder Überraschungsausrufe entlockten, weil sie den Sinn in einer typisch haitianisch/ländlichen Denkart veränderten. Diese Version wiederum war oft auf eine charakteristische Art -dem Sinn nach aber nicht sehr- von meiner Fragestellung unterschieden. Chantal dagegen verstand diese Fragen dann noch einmal auf ihre Art ein bißchen anders, so daß im Endeffekt viele Fragen nicht korrekt beantwortet wurden. Das aber ist, richtig verstanden, gerade das Interessante.
Schon beim Hören des Interviews entsteht eine Welt, die von dieser hier sehr verschieden ist. Es gibt die typischen Geräusche von Insekten und Vögeln tropisch heißer Gegenden, Ziegen meckern, Kinder schreien, Schweine grunzen, alles ist sehr "relaxed", und wir kommen nur über kleine Schlaufen wieder auf die Fragen zurück.
Da es sich um das einzige Interview dieser Art handelt und außerdem die Fragen immer etwas anders beantwortet werden, werde ich die Antworten wenn nötig direkt kommentieren.

**Die Fragen**

Auf die Fragen nach der **Veränderung von Fühlen und Denken** sowie der Balance zwischen beiden antwortet sie nie richtig, sondern sagt schließlich nach mehrmaligem Neu-Erklären seitens Thideaus, daß sie, wenn sie einige Zeit nicht tanzt, Schmerzen bekommt.
Außerdem folge das Denken den Gefühlen.
Ich habe dabei den Eindruck, daß es dort tatsächlich keinen als problema-

tisch empfundenen Gegensatz zwischen Fühlen und Denken gibt, so daß die Frage keinen Sinn machen konnte.
Die Vorstellung einer kopflastigen Verzerrung zugunsten eines losgelösten Denkens ist im ländlichen schwarzen, traditionell körperbetonten Milieu absurd.
Eine Korrektur von festgefahrenen Emotionen durch ein eigenständiges Denken konnte ich mir aber auch nicht vorstellen, so daß emotional festgefahrene Situationen sich wohl in der Trance von Voodoozeremonien lösen.
Zur Frage nach der **Ausprägung von und dem Kontakt zwischen Innen und Außen** sowie dem Spannungsbogen dazwischen erzählt sie, daß bei Voodoofeiern die Leute aus verschiedenen Gegenden kommen und sich zum Teil gar nicht kennen. Durch den Schlag der Haupttrommel aber, die die Tänzer ruft und in den gleichen Rhythmus bringt, verstehen sich auch die Fremden.
Diese Beantwortung der Frage erscheint mir ausgesprochen glücklich.
Tatsächlich bezieht sich ja meine Frage auf die Innen/Außen-Problematik entwickelter Industriegesellschaften, deren Mitglieder anonym individualistisch sind und abstrakte Normen internalisiert haben.
In Haiti dagegen besteht direkter Kontakt mit Außenkontrolle, die Menschen sind nicht anonym und nicht im modernen Sinn individualistisch, so daß die Absicht hinter der Frage, sein Innen deutlicher zu sehen, das Außen realistisch einzuschätzen und nach dieser Maßgabe seinen eigenen Weg in der Beliebigkeit zu suchen, keinen Sinn ergibt.
Wenn sich Menschen über längere Zeit im gleichen Rhythmus bewegen und außerdem auch noch die Tanzschritte die gleichen sind, sind alle in der gleichen Zeit. Das bedeutet tiefe Gemeinsamkeit, die gleiche Grundschwingung, so daß sich verschiedene Innen durch das gleiche Außen gliedern, erschließen, durchdringen.
Zu **Machen/Geschehenlassen** gibt sie dann eine völlig voodootypische Antwort: Wenn man bestimmte Gedanken habe, träume man auch davon. Loas (Gottheiten) erschienen im Traum und sagten, was man tun solle. Darüber könne es aber Täuschungen geben, wohingegen im Tanz die Dinge klar seien und man eine Realität sehe.
Auch die Notwendigkeit von Entscheidungen, ihrer Abstimmung und der **Intuition** dafür ist anders. Das meiste ist in Inhalt und Zeitpunkt klar durch Notwendigkeit und soziale Absprache oder Tradition geregelt. Ein Gefühl für Freiheit und Beliebigkeit im modernen Sinn existiert nicht, wie sich später noch zeigen wird.
Es gibt aber eine Überzeugung, daß man das Richtige klar herausfinden kann, wovon auch noch später die Rede sein wird.
Hierzu sagt sie dann, daß Tanz (wobei ich vermute, daß sie auf die Offenbarung von Wahrheiten in der Besessenheit abziehlt) deutlicher und realer Auskunft geben kann, als Träume.
Auf diese Art und Weise klären sich auch soziale Konflikte in Gruppen. Beide

betonen, daß das funktioniere.
Meine weiteren Fragen werden samt und sonders von Thideau geschickt mit einigen (wie der Übersetzer hier sagt) Großstadtwörtern versetzt ins Créolische übertragen. Chantal versteht nicht, fragt nach und die anfangs dargestellte Sinnveränderung entwickelt sich.
Das ganze führt aber dazu, daß sie anhand der abgewandelten Fragen ihren **philosophischen Ansatz**, der die ungewöhnliche Beantwortung der Fragen zur psychischen Entwicklung in den richtigen Zusammenhang stellt, ziemlich deutlich macht.
Ich werde deshalb ihre Erläuterungen darstellen, ohne weiter meine Fragen, die ja nur Ausgangspunkt ihres Exkurses waren, zu nennen.
Daß im Voodoo ein ausgesprochenes **Bedürfnis nach Ganzheit** angenommen wird, hatten wir ja schon bei Max Beauvoir ausführlich gehört. Chantal nun sagt, daß der Kontakt zu einer Divinité (Gottheit) Sicherheit im Leben und bei den Entscheidungen gebe.
Mit dem Glauben an Loas sei man stärker.
Dieser Kontakt ist aber kein unverbindlicher Joker:
Wenn man Kontakt zu Loas habe, müsse man sich nach ihnen richten, sonst gebe es Probleme.
Sie habe schon Kontakt zu Loas, bevor sie anfange zu tanzen. Das Tanzen bringe sie noch mehr in Kontakt und sie könne im Tanz die Kraft des Loa ausdrücken.
Auch bevor sie etwas unternehme, nehme sie Kontakt zu einem Loa auf. Das gebe ihr Kraft.
Dann sagt sie, sie persönlich sei eine "geborene Frau", d.h. eine Frau, die schon mit einer "guten Lebenslinie" geboren sei. Es gebe Leute, die "nicht geboren" seien. Die würden überall suchen, um etwas im Leben zu finden, ihr Vermögen zu vergrößern. Sie würden Kerzen sammeln (wie der Übersetzer sagt, ein Beispiel vom Land).
Diese Leute würden dann irgendwann böse, kämen zum Satan.
Sie spezifiziert dann, Leute, die die Vorbestimmung der Lebenslinie nicht achten würden, würden böse.
**Persönliche Freiheit** gebe es nicht, *"Tu est né pour faire quelque chose"*.
Es gebe eine enge Beziehung zwischen Vorbestimmung und Liebe. Wenn man zu etwas vorbestimmt sei, werde man eine Liebe dafür entwickeln. andere dagegen, die nicht für etwas vorbestimmt seien, würden nur wollen. *"Diese Leute, die nicht für das, was sie suchen, vorbestimmt waren, sind böse und in der Lage, Böses zu tun."*
Die Vorbestimmung komme von den Urureltern und von Afrika, aus Guinea. (Im Voodoo wird auch sehr oft versucht, Kontakt zu den Ahnen herzustellen, um ihren Willen zu erfahren. Man nimmt dabei an, daß sie durch die Wurzeln des Mapoobaumes nach Guinea gegangen sein)
Sie sei hier (im Dorf) seit ihrem sechzehnten Lebensjahre und hätte nie das gelernt, was sie jetzt mache. Sie mache das nur, weil sie dafür vorbestimmt sei.

Wenn man vorbestimmt sei, könne man einfach ruhig sitzen, dann höre man eine Stimme, die einem zum Beispiel sage: "Steh auf, nimm das Blatt von dem Strauch und mache einen Tee für den und den daraus!"
Zu Schönheit sagt sie dann, durch Erscheinungen werde man oft betrogen. **Schönheit** sei eine Erscheinung und könne betrügen. Bei einem Baum aber könne man das jeden Tag bewundern und das könne etwas Gutes sein.
Dabei habe ich das so verstanden, daß oberflächliche Schönheit einen Menschen täuschen könne. Das Beispiel aus der Natur vom Baum dagegen verweist auf die Stimmigkeit, die echte Harmonie, und davon kann man lernen.

**Zusammenfassung**

An einem Punkt besteht eine starke Ähnlichkeit: Auch bei Ästhetischer Bildung ging es darum, eine Intuition für das Wesentliche im Leben zu bekommen und Kraft dafür zu entwickeln. Aber während es im modernen Leben um das Lernen des Annehmen-Könnens und um die Entwicklung einer Freiheit geht, die nicht willkürlich oder beliebig ist, sondern in Verantwortung des Selbst, der inneren und kosmischen Ordnung aus dem Geist der Achtsamkeit steht, geht es im Voodoo in traditionellen Gesellschaften um direkte festlegende Vorbestimmung. Es gibt kein Konzept und keine persönliche Erfahrung der Freiheit der Wahl und der Arbeit daran! Man muß finden, was die Vorbestimmung ist, dann geht alles von selbst.
"Wer das ignoriert, wird böse".
Aber trotz dieser Direktheit muß die Bestimmung auch im Voodoo erst herausgefunden werden. Dafür ist dann nach Chantals Auffassung Tanz zentral, mehr noch als Träume. Offensichtlich ist ständiger Kontakt zu den Loas nötig, d.h. es kann sich nicht um eine mechanische Festlegung ein für allemal handeln, sondern der persönliche Weg muß immer wieder neu gefunden werden.
Die Grundvorstellungen über die Aufgaben im und den Sinn des Lebens sind also gar nicht unähnlich.
Den großen Unterschied macht die moderne Gesellschaft, in der es keine Gruppenzugehörigkeit und ständige Gemeinschaft, keine klaren Arbeitsnotwendigkeiten, keinen Überlebenssinn ohne viel Wahlmöglichkeiten gibt, sondern einzelne Individuen ihren eigenen Sinn finden müssen.
Deshalb ist hier der Sinn von Empfindungsschulung und Tanztraining nicht direkt in der Art, daß es -wie ein Loa durch Besessene- unmißverständliche und persönliche Auskünfte gibt.
Dazwischen steht eine Persönlichkeitsbildung, die erst die "freie Schrankensetzung der Pflicht" (86)(I Ging) persönlicher Verantwortung für das Leben inmitten unzähliger Wahloptionen möglich macht.

# G DER UNTERSCHIED ZU DEN BENACHBARTEN ANSÄTZEN

Die Interviews zu den benachbarten Bereichen Sport, Therapie und religiös/ ethnischem Tanz sind noch weniger repräsentativ als die zur Ästhetischen Bildung. Zur Ästhetischen Bildung wurden pro Ansatz eine bis fünf Personen befragt. Außerdem handelte es sich -wie durch die ähnliche Beantwortung deutlich wurde- um verwandte Konzepte, so daß eine -für die aufwendige und in die Tiefe gehende Art von Interviews- relativ große Anzahl von Personen befragt wurde.
Die Bereiche Sport, Therapie und ethnisch/religiöser Tanz sind -jeder für sich- mindestens genauso umfangreich wie Ästhetische Bildung. Die wenigen Interviews, die zudem in dem für die Gruppe Ästhetische Bildung typischen Design verliefen, können deshalb nur die Grundrichtungen der Unterschiedlichkeiten erkunden. Genauere Untersuchungen wären in der Folge interessant.
Die Unterschiedlichkeiten scheinen darin zu bestehen, daß bei Voodoo als ethnisch/religiösem Tanz wohl das Ziel (Ganzheitlichkeit) ähnlich ist. Die Ausgangssituation zu Ästhetischer Bildung ist aber so verschieden, daß weder eine ähnliche psychologische Entwicklung stattfindet, noch ein vergleichbares System philosophischer Annahmen besteht.
Dieser Komplex philosophischer Annahmen wurde in den Sportinterviews bezüglich des Konfrontationsmomentes ähnlich wie bei Ästhetischer Bildung beantwortet. Doch wurden der weitere Bereich der Sinnhaftigkeit von Konfrontation und Erleiden für die Entwicklung zur Ganzheit und der Schicksalsbegriff nicht geteilt. Bei Leichtathletik und Rudern gab es keinen vergleichbaren Einfluß auf die Entwicklung der Polaritäten. Es bestand eine Dominanz des Machens gegenüber dem Geschehenlassen und von Außen über Innen. Das Ich wird gestärkt, aber nicht im Sinne einer Transformation entwickelt. Bei Jiu Jitsu ist die Betonung der Balancen anders als bei Rudern oder Leichtathletik, doch gibt es auch hier keine Entwicklung des Gesamtverhältnisses der Polaritäten in Richtung Ganzheitlichkeit.
Diese Entwicklung fand dagegen in der Bioenergetik statt. Die Ähnlichkeit erschöpft sich aber in diesem Falle mit der ganzheitlichen psychologischen Entwicklung. Philosophisches Konzept und Konfrontationsmoment sind nicht vergleichbar.

# H CONCLUSIO

Diese Arbeit hat sich mit der Fähigkeit des Menschen zur Selbstdistanzierung, Entfremdung von der Natur-in-ihm und der Möglichkeit zur Planung des Lebens beschäftigt. Sie bezieht sich auf die aktuelle Situation, die durch eine besondere Ausprägung des Ich charakterisiert ist und aus einer starken Verinnerlichung gesellschaftlicher Absprachen heraus ein besonderes Be-

dürfnis nach Selbstverwirklichung entwickelt hat. Dieses Bedürfnis nach Selbstverwirklichung stößt auf eine gesellschaftliche Situation außergewöhnlicher Freiheit. Die extremen Wahlmöglichkeiten bezüglich des eigenen Weges bedeuten neben vielen Vorteilen eine gewisse Beliebigkeit und -in Bezug auf die Persönlichkeitsentwicklung- einen Mangel an Konfrontation. Konfrontation ist aber nach der Theorie dieses Buches wichtig für die Öffnung der Wahrnehmung und für persönliches Wachstum, das die ich-hafte Beschränkung überwindet und über mehr Ganzheitlichkeit zum Selbst führt.
Dieses Bedürfnis nach Konfrontation wird von Ausbildungen in Empfindungsschulung und bestimmten Tanzausbildungen erfüllt. Für das, was in diesen Ausbildungen geschieht, habe ich nach Formulierung der philosophisch-anthropologischen Situation ein psychologisches Konzept ganzheitlicher Entwicklung aufgestellt und gezeigt, daß die Erfahrung von Körperlichkeit als Erfahrung der Natur im Menschen Ganzheitlichkeit ermöglicht. Dieses Konzept habe ich Ästhetische Bildung genannt. Die Interviews bestätigen das Modell psychischer Entwicklung und zeigten, daß philosophische Annahmen geteilt wurden, ohne daß sie in den Ausbildungen vermittelt wurden. Das zeigt, -daß es ein entsprechendes Bedürfnis nach Konfrontation und Ganzheit (zumindest für die entsprechenden Gruppen des Publikums solcher Institute) gibt,

-daß das psychologische und philosophische Konzept die Erfahrungen dieser Ausbildung trifft,

-daß diese Schulen tatsächlich eine Ästhetische Bildung im ausgeführten Sinne leisten und

-daß das Konzept "Ästhetische Bildung durch den Körper als Erfahrung der Natur im Menschen" als allgemeines Konzept einer zeitgenössischen Form ganzheitlicher Bewußtseinsentwicklung durch Empfindungsschulung und Tanztraining gelten kann.

Sie ist damit eine emanzipierte Form von Schicksalhaftigkeit und verhilft den Absolventen sowohl zu ganzheitlichem Erleben, als auch zu der Fähigkeit, solche "produktiven Verunsicherungen" im alltäglichen Leben zu finden.
Allerdings dauern diese Ausbildungen ca. drei Jahre. Das führt zum letzten Punkt dieser Arbeit. Darin stelle ich ein eigenes, integratives Modell Ästhetischer Bildung durch den Körper vor, welches weniger zeitaufwendig ist. Dieses Modell ist unter dem Aspekt, daß die Menschen verschieden sind und unterschiedliche Wege zur Ganzheit gehen, nur "ein Ansatz mehr". Besonders aber ist es insofern, als es mit einer eigentümlichen Methodik gezielt mit dem Konfrontations- und Persönlichkeitsentwicklungsmoment arbeitet, das als allgemeines Konzept Ästhetischer Bildung vorgestellt wurde. Ästhetische Bildung ist damit trotzdem nicht psychotherapeutisch orientiert. Sie trägt aber in der besonderen Kombination konfrontativer Methoden den psychologischen Eigenarten von Ich-Transformation und Bewußtseinsentwicklung Rechnung.

## ANMERKUNGEN

1 Dabei kann dieser Abriß keinen Überblick über die Literatur zu den dargestellten Ansaätzen geben. Zu manchen Ansätzen -wie Atemtherapie nach Middendorf oder Alvin Ailey existiert nur sehr wenig, zu anderen wie Tanztherapie viel. Ich möchte hier nur kurz zeigen, A) worum es grundsätzlich bei den Ansätzen geht und B) daß die Selbstdarstellung der Ansätze von den Thesen dieser Arbeit verschieden ist.

2 Vergl. auch Gerdes/v.Wolffersdorff-Ehlert S. 43 über die Möglichkeit einer Aufhebung zwischen Teilnahme und Distanz(77)

3 Das entspricht den Ergebnissen von Sack(85), der rund 180 sportpsychologische Arbeiten daraufhin untersucht hat, ob Sport und Leistungs-/Wettkampfsport einen Effekt auf die Persönlichkeit haben, bzw. sich bestimmte Persönlichkeitstypen vorzugsweise in Sport engagieren. Die Ergebnisse seiner Literaturarbeit, wie auch seiner eigenen Untersuchung sind:

Es gibt eine leichte Tendenz zu Extraversion (entspricht in dieser Arbeit dem Überwiegen des Außen über das Innen) und unterdurchschnittlichem Neurotizismus (hier größere Ich-Stärke). Ansonsten hat das Sportengagement wenig mit allgemeinen persönlichen Eigenschaften zu tun (Auch im Interview gibt es keinen erwähnenswerten Transfer auf den Alltag.). Bedeutsam dagegen unterscheiden sich Sportler von Nicht-Sportlern in spezielleren sportorientierten Eigenschaften wie Leistungsmotivation, Zähigkeit u.ä. Das entspricht den Aussagen dieses Interviews, in dem das Konfrontationsmoment ähnlich ausgeprägt wie bei den (stark allgemein die Persönlichkeit beeinflussenden) Tanz- und Körperbildungs/ Empfindungsschulungstrainings ist, dagegen kein allgemeiner Einfluß auf eine Entwicklung vom Ich-haften zum Selbst hin stattfindet.

# VIII Ein integratives Modell ästhetischer Bildung durch den Körper

In der Einleitung zu diesem Buch habe ich geschrieben, daß das moderne Leben durch einen Mangel an direkter körperlicher Konfrontation mit der Natur und dem Leben allgemein gekennzeichnet ist und daß ein Hunger nach persönlichem Sinn, nach Schönheit und direkter körperlicher Erfahrung besteht. Nach den theoretischen Untersuchungen und den Interviews kann man sagen:

Ernsthafter Unterricht in Tanz und Empfindungsschulung stellen freiwillige Konfrontationen von unausweichlicher direkter und persönlicher Art dar, oder, wie anfangs gesagt, emanzipierte Formen von Schicksalhaftigkeit in dem Sinn, etwas Nicht-Beliebigem (Schönheit und Energie als Notwendigkeit der eigenen Performance im Tanz und der körperlichen Grundlage des Seins sowie der eigenen Lebensgeschichte, die im Körper eingeschlüsselt ist bei Empfindungsschulung) zu begegnen.

Selbstverständlich machen Leute nicht allein oder in erster Linie Tanz oder Empfindungsschulung dieses Aspektes der Schicksalhaftigkeit wegen. Eine solche Sichtweise beleuchtet aber einen wichtigen und schwierigen Aspekt des Unterrichtes.

Er gilt für Tanz (wenn er ernsthaft betrieben und nicht nur als Fitness-Gymnastik konsumiert wird), weil

- Tanztraining eine massive physische Forderung darstellt, die körperlich sehr anspruchsvoll ist, autoritär mit Gruppendruck unterrichtet wird und ästhetisch hochgradig normativ ist,
- das ganze als besonders ich-nah erlebt wird, da es der Mensch selbst ist, der mit seinem eigenen Körper Bewegungen, die Kunst darstellen, also bedeutsam und perfekt im Ausdruck -schön- sind, gestaltet.

Es gilt für Empfindungsschulung (wenn sie nicht nur als ein bißchen Entspannung und Tröstung betrieben wird), weil

- ein unausweichlicher Kontakt mit grundlegenden Lebenserfahrungen entsteht, die im Körper enthalten sind,
- der Mensch auf die sinnliche Lebensgrundlage ohne Ausflüchte und Ablenkungen bezogen wird.

Wie gesagt sind das nicht die zentralen Aspekte, unter denen man den Unterricht betrachten kann. Besonders bei professionellen Tanzklassen gibt es mit der Bühnenreife ein dominantes äußeres Ziel.

Auch hört sich Schicksalhaftigkeit immer gleich so belastend an. Dieser Eindruck soll nicht entstehen. Vielmehr bildet sich neben dem Gefühl von Ernsthaftigkeit, Sinnhaftigkeit, usw. ein lustvolles Gefühl körperlichen Seins und der eigenen Kraft heraus.

Die Interviews haben aber gezeigt, daß sowohl eine solche (wie oben ausgeführte) Einschätzung der Situation besteht, in der die Ausbildung stattfindet, als auch die persönlichen Prozesse, die dabei ablaufen und auch bestimmte philosophische und anthropologische Überzeugungen so gesehen werden, wie sie in diesem Buch entwickelt wurden. Zum Teil trafen sie so sehr das, was passiert war, daß es für die Studenten als erlösend empfunden wurde, daß das einmal in Worte gefaßt -benannt- wurde.
Wenn man sich also mit diesem letzten Kapitel auf die Fragestellung der Einleitung bezieht, ist gezeigt worden, daß es tatsächlich möglich ist, in Kontakt mit den archaischen Energien und Ordnungskräften der Natur-im-Menschen zu wachsen und sich als körperlich/seelisches Wesen zu verwirklichen.
Konkret stellen Unterricht in den Verfahren der Empfindungsschulung (über Atem, Spannung und Körperbild) und Tanz eine Konfrontation für den Menschen dar, an der er seine Wahrnehmung für die Natur-im-Menschen entwikkeln und in Erleben und Verhalten ganzheitlich werden kann.
Wenn diese Konfrontation tatsächlich -wie bisher gezeigt- deshalb so wirksam für die persönliche Entwicklung ist, weil sie eine Wahrnehmungsschulung der Achtsamkeit gegenüber dem, was in uns angelegt ist darstellt, ist es nur konsequent, daraus theoretische und praktische Schlüsse zu ziehen, die die Ästhetische Bildung wirklich von Anfang an in den Mittelpunkt einer Ausbildung stellen.
Ich möchte noch einmal darauf hinweisen, daß die Sichtweise aller genannten Ausbildungen (mit Ausnahme des Ansatzes von Tai Deharde) als "Ästhetische Bildung" genauso wie das gesamte Konzept der damit zusammenhängenden Persönlichkeitsentwicklung nur in diesem Buch herausgearbeitet wurde. Sie stellen kein bewußtes Ziel der untersuchten Schulen und Ansätze dar. Das gleiche gilt für die Sichtweise solcher Übungen bezüglich Konfrontation, Freiheit und der geschichtlich/gesellschaftlichen Situation. Ästhetische Bildung ist erst in diesem Buch als das zentrale Moment körperlich/persönlicher Integration für die untersuchten Schulen herausgearbeitet worden.
Es wäre demnach jetzt ungemein fruchtbar, aus den beiden unterschiedlichen Strömungen der Empfindungsschulung und des Tanztrainings, in denen ja auch unterschiedliche Aspekte Ästhetischer Bildung verwirklicht werden, ein einheitliches Konzept zu entwickeln, das von Anfang an Ästhetische Bildung in den Mittelpunkt stellt und das Konfrontationsmoment in ein Konzept humanistischer Psychologie einbettet.
In den Interviews waren ja die Schwierigkeiten der persönlichen Entwicklungen deutlich geworden. Die Nicht-Beachtung der psychischen Prozesse aber stellt nur für ganz bestimmte Persönlichkeiten als Herausforderung einen gangbaren Weg dar und auch das nur, wenn sie mindestens drei Jahre lang täglich trainieren.
Eine Berücksichtigung der psychologischen Grundmechanismen und Proble-

matiken würde mehr Menschen auf angemessene Art und Weise ansprechen und könnte die Spaltung von Tanz und Empfindungsschulung in Tröstung oder Unterhaltung für durchschnittliche Teilnehmer einerseits und den elitären Weg eines extremen ganztägigen Trainings für die Profis andererseits befreien und eine ernsthafte Möglichkeit körperlich/persönlicher Integration und Entwicklung darstellen. Für eine solche Realisierung von Unterricht gibt es zwei psychologische Vorraussetzungen:

1.) Das Maß der Konfrontation muß sich aus der inneren Notwendigkeit der betreffenden Person herleiten und der gesamte Konfrontationsprozeß in ein Konzept humanistischer Psychologie eingebettet sein.

2.) Der große Bruch zwischen der Auflösung des alten Bildes-von-der-Welt und der Bildung neuer Lebensweisen, während der Kontakt zur Natur-im-Menschen noch nicht stark genug ist und noch keine Situationen außerhalb der Ausbildung gesucht wurden, in denen sich neue Erlebens- und Verhaltensweisen entwickeln konnten, muß anders behandelt werden:
Tanztrainings könnten von anfang an als Kunst konzipiert werden und so sowohl die Eigenständigkeit der Erfahrung, als auch den Gestaltbildungsprozeß üben.
Empfindungsschulung könnte so strukturiert werden, daß sie auf das sinnliche Erfahrbarmachen archetypischer Situationen hin thematisch geordnet ist.

Wenn also die Empfindungsschulung durch den Kontakt zur Natur-im-Menschen als mächtiger Korrektur der normalen Reizselektion und -Verarbeitung die Wirkmechanismen alter Klischees unterläuft, wenn eine tiefe Ahnung existentieller Ordnungen die alten Gestalten zerbröckeln lassen, ist es gut, die Empfindungsschulung in ein Design zu stellen, daß sich selbst schon in archetypische Grundgestalten organisiert, durch die eine eigene Neuordnung des Bildes-von-der-Welt erleichtert wird.

Wenn im Tanztraining unter der Wucht geschlossener und stimmiger Ausdrucksformen alte Fixierungen aufbrechen und die mangelhafte Ganzheitlichkeit des alten Verhaltens und Erlebens offensichtlich wird, ist es wichtig, von vorneherein einen echten Bezug zu Kunst herszustellen und mit dem Gelernten zu improvisieren, so daß jenseits technischer Unvollkommenheiten die Studenten die Möglichkeit zu eigenen Gestaltbildungsprozessen haben, was den Prozeß der Anpassung, Aneignung und Selbstgestaltung in Bezug auf Tanz und auch allgemein sehr fördert.

Jenseits psychologischer Problematiken ist mein Ansatz durch eine Unterrichtsmethodik gekennzeichnet, mit der das unwillkürliche Empfindungs- und Gestaltungsmoment -die direkte Körperlichkeit- stärker und schneller erfahrbar und verwirklicht wird.

Dabei geht alles so betont von der Bedeutung von Form, von Körperarbeit als Ästhetischer Bildung und der Universalität des Gestaltprinzips aus, daß ich den Teil “integratives Modell einer Ästhetischen Bildung durch den Körper” damit beginnen möchte, womit ich das erste Kapitel “Wissenschaftstheorie” beendet hatte: der Bedeutung von Form.

Nachdem also im theoretischen und empirischen Teil dieser Arbeit gezeigt wurde, daß Ästhetische Bildung allgemein einen körperlichen Weg der Persönlichkeitsentwicklung und Bewußtseinserweiterung darstellt, werde ich in diesem pragmatischen Teil der Arbeit ein eigenes integratives Modell von Tanztraining, Körperbildung, Empfindungsschulung und Gestaltpsychologie vorstellen, das Kunst und Ästhetische Bildung von Anfang an in den Mittelpunkt stellt und die psychologische Dimension der persönlichen Entwicklung nicht nur berücksichtigt, sondern unterstützt. Ein Teil wird sich mit allgemeinen Ableitungen aus der Theorie für die Praxis befassen, ein anderer mit der konkreten Unterrichtskonzeption.

Als erstes aber möchte ich einen Exkurs zur Bedeutung von Form unternehmen: nach den bisherigen Überlegungen ist einsichtig, daß der Körper eine günstige Korrekturmöglichkeit für das Bild von der Welt darstellt und Schönheit auf Harmonie mit der Natur im Menschen verweist. Was aber die besondere Bedeutung eines Weges durch den Körper ausmacht, ist damit noch nicht gesagt. Diese besondere Bedeutung jedoch macht Ästhetische Bildung aus. Neben der aus der griechischen Wortwurzel aisthetike (Kunst der Wahrnehmung und Empfindung) ersichtlichen Bedeutung der Wahrnehmungsschulung besteht die Besonderheit Ästhetischer Bildung in der Annahme, daß Form und Inhalt auf bedeutsame, nicht zufällige Art und Weise verknüpft sind und daß das Besondere des Inhalts ohne seine Form nicht denkbar wäre. Der letzte Teil dieser Überlegung stellt einen zentralen Punkt meines Ansatzes dar: danach ist es an sich von Bedeutung, Formen des Lebens zu erfahren und auszugestalten. Eine solche Maxime benötigt freilich folgende Überlegung aus dem ersten Teil der Arbeit:

1.) Formen sind allgemein nicht beliebig; es gibt zwar unendlich viele Möglichkeiten der "guten", "richtigen" Form, aber es gibt gelungene und nicht gelungene Realisierungen dieser vielen Möglichkeiten.
2.) Wenn Menschen ganz werden wollen, müssen sie das Leben erleben, und das bedeutet, seine Formen zu durchlaufen und zu gestalten.
3.) Der dritte Punkt ist in dieser Arbeit neu (für viele Theorien ist das ein "alter Hut"): es gibt bestimmte, definierte Grundgegebenheiten des Lebens, für die es archetypische Formen (im Tanz) oder Bilder (beim Malen oder in Träumen) gibt, die zu erfahren und zu gestalten von großer Bedeutung auch für das allgemeine Leben ist.

Für meinen Ansatz der Ästhetischen Bildung ist wichtig, daß das symbolische Erfahren im Kurs große Bedeutung für das Leben haben kann. Dieses symbolische Erleben kann und soll das erlebbar machen, was auch real im Leben existiert und gelebt wird, aber diffus in verschiedenen Zusammenhängen und über größere Zeiträume verteilt ist. Damit kann es das Bewußtsein für die reale Aktion klären und vorbereiten helfen. Diese Schilderung trifft z. B. für die Grundgestalt "Geben und Nehmen" zu. Dieses symbolische Erleben kann aber auch stellvertretend stattfinden, wie zum Beispiel bei der Grundgegebenheit Gewalt/Agression.

# A EXKURS ZUR BEDEUTUNG VON FORM, SHELDRAKES THEORIE

Ästhetische Bildung als Entwicklung der Kunst der Wahrnehmung nimmt stillschweigend an, daß die Form "an sich" wichtig sei. Das tauchte schon in dem Gedanken auf, Schönheit weise als Stimmigkeit auf das Wirken der Natur hin. Wenn nun mit Schönheit Stimmigkeit assoziiert wird, ist damit die Annahme verbunden, es gebe so etwas wie die "stimmige Form". Hier möchte ich mich jetzt mit den Begriffen Form und Gestalt auseinandersetzen.
Auch wenn mit Schönheit Stimmigkeit der Form gemeint sein soll und die nicht an sich wichtig sein soll, sondern nur als Hinweis auf das Wirken der Natur ihre große Bedeutung bekäme, so bleibt es doch die Macht der Form, die wirkt. Daß die Welt geformt ist, in Formen existiert, scheint mir ein gar nicht zu überschätzendes, konstituierendes Element des "So-Seins" der Welt zu sein. Und daß die Wahrnehmung dieser Formen eine solche Macht hat, weist auf die besondere Art des Menschen, in der Welt zu sein, hin. Dabei fasse ich Form sehr weit. Die These dieser Arbeit, der Sinn des Lebens bestehe darin, die Welt so zu erfahren und zu durchleben, wie sie ist, also sich zu inkarnieren, kann als Auftrag, in die geformte Welt zu gehen, die Form zu erfüllen, verstanden werden. Sheldrake nähert sich diesem Punkt in einer biologischen Theorie, die so allgemeine Bedeutung hat, daß ich sie zitieren will.
Das, was die Theorie bekannt gemacht hat und eigentlich revolutionär ist, ist die Behauptung, daß es andere Arten der Informationsübertragung geben müsse, als von der klassisch/materialistischen Theorie beschrieben werden.

## 1 INFORMATIONSTRÄGER UND INFORMATION, FORM ALS INFORMATION

*"Für die meisten Biologen sind lebende Organismen nichts weiter als komplexe Maschinen, die ausschließlich von den bekannten Gesetzen der Physik und Chemie gelenkt werden. Ich selbst war auch dieser Meinung. aber im Laufe einer Reihe von Jahren kam ich zu der Einsicht, daß eine solche Annahme schwer zu rechtfertigen ist."(1)*

Nach Sheldrake ist es mit den Mitteln materialistischer Wissenschaft nicht möglich zu erklären, wie sich Zellen so spezialisieren und anpassen, daß sie die Organsysteme bilden. Aus den DNS kann man auch nicht ersehen, warum einfache Lebewesen wie Seeigel selbst dann in der Lage sind, ihre vollständige Gestalt auszubilden, wenn sie im embryonalen Stadium zweigeteilt wurden.
Das gleiche gilt demnach für die Organregeneration. Völlig unmöglich ist es,

instinktives Verhalten von Tieren auf dieser Ebene zu erklären. Wie schaffen es junge Kuckucke, die nie Kontakt mit ihren Eltern hatten, zu exakt dem Gebiet in Afrika zu fliegen, wo ihre Eltern kurze Zeit vorher hingeflogen sind? Auch alle Phämomene der Psyche bleiben unerklärbar. So ist es nicht möglich, Denk- und Gedächtnisleistungen auf biologischer Ebene greifbar oder gar beschreibbar zu machen.
Überhaupt führt die Betrachtung von Bewußtsein mit den herkömmlichen Mitteln der Wissenschaft prinzipiell in die Sackgasse, und das nicht nur bei der Betrachtung der Psyche, sondern auch schon bei klassischen Objekten.

*"Dieses Problem ist in der modernen Physik in Verbindung mit der Rolle des Betrachters physikalischer Meßvorgänge offenkundig geworden; die Grundlagen der Physik 'lassen sich ohne (wenn auch mitunter nur impliziten) Bezug auf die Eindrücke - und damit auf das Bewußtsein der Beobachter - nicht formulieren' (B. D`Espagnat). Nachdem also die Physik das Bewußtsein des Betrachtenden voraussetzt, können dieses Bewußtsein und seine Eigenschaften physikalisch nicht erklärt werden."(2)*

Ad absurdum geführt werden die Prämissen materialistisch/naturwissenschaftlichen Denkens durch paranormale Ereignisse, wo Ereignisse, die nach traditionell wissenschaftlichen Beschreibungen unmöglich sind, gegen eine Zufallswahrscheinlichkeit von 1 zu 1000 bis 1 zu einer Milliarde erzielt wurden.
Sheldrake nimmt deshalb an, daß es andere Wege der Informationsübertragung geben müsse. Er hat dabei die gleiche Ansicht wie Dethlefsen, der schreibt:

*"Alle Widersprüche lösen sich schnell, wenn wir zwei Begriffe auseinanderhalten: Information und Informationsträger. Betrachten wir eine Tonbandkassette ... Mit dieser Kassette kann man beispielsweise ein Konzert oder einen Vortrag aufnehmen. Vortrag oder Musik sind die Information, die Kassette lediglich der Informationsträger. Zwei Kassetten, die eine mit dem Vortrag, die andere aber mit Musik bespielt, ließen sich materiell nicht voneinander unterscheiden ... Ebenso verhält es sich mit einem Buch ... Der Inhalt könnte eine Abhandlung über die Geschichte Europas sein. Gibt man dieses Buch einem Team von Wissenschaftlern mit dem Auftrag, es bis in die Atomstruktur zu analysieren, so würde man anschließend eine Liste erhalten mit dem Gewicht des Buches, seinen genauen Maßen, den Ergebnissen der Spektralanalyse, der genauen chemischen Zusammensetzung und so weiter. Nur eines würde in den Analyseberichten nicht vorkommen: die Geschichte Europas ... alle Bücher bestehen im großen und ganzen aus demselben Material ... Daß den unterschiedlichen Titeln auch unterschiedliche Inhalte entsprechen, läßt sich meßtechnisch im Labor nicht mehr feststellen. Information ist immer etwas Immaterielles und braucht zur Weitergabe einen materiellen Träger."(3)*

Was übertragen wird, bezeichnet Sheldrake als "formbildende Verursachung", wobei der Begriff Form weit gefaßt ist und sich mit dem der Ästheti-

schen Bildung weitgehend zu decken scheint.
Dabei geht Sheldrake von der grundlegenden physikalischen Beobachtung eines Verhältnisses von Energie und Form aus, welches analog zu dem im Tanz und allgemein im menschlichen Leben ist.

## 2 FORM UND ENERGIE

*"Drückt man es ganz allgemein aus, so stehen Form und Energie in einem umkehrbaren Verhältnis zueinander: Energie ist das Prinzip der Veränderung, aber eine Form oder Struktur kann nur so lange existieren, wie sie einer Veränderung ein gewisses Maß an Stabilität und Widerstand entgegenzusetzen hat."(4)*

In der Bewegung und im Tanz bilden sich immer Formen oder Bewegungsgestalten, die sich mit stärkerer Bewegung und mehr Energie auflösen in ungeformtere Bewegungen oder klare rhythmische Wiederholungsmuster. Um bestehen bleiben zu können, wenn viel Energie eingesetzt wird, müssen Formgefühl und auch die gewählten Formen an sich sehr stabil und stimmig sein.
Das gleiche gilt allgemein für das menschliche Leben:
Energie drängt auch hier auf die Veränderung der Strukturen, so daß für denjenigen, der sich nicht nur den Prozessen überlassen will, eine Vorbereitung neuer Situationen (stabile neue Formen) sehr wichtig ist. Wenn sich jemand, psychoanalytisch ausgedrückt, dekompensiert, also alte Lebenslügen und Widerstände aufgibt und so plötzlich viel mehr Lebensenergie zur Verfügung hat, sprengt das die äußere Lebensstruktur und braucht oft einen neuen stabilen Rahmen. Aber zurück zu Sheldrake:

*"Klar erkennbar ist dieser Gegensatz zwischen den Zuständen der Materie und der Temperatur. Bei hinreichend niedrigen Temperaturen existieren Substanzen in kristallinen Formen, in denen die Moleküle sehr regelmäßig geordnet sind. Erhöht man die Temperatur, so bewirkt die Wärmeenergie an einer bestimmten Stelle den Zerfall der kristallinen Form; der Festkörper schmilzt. Im flüssigen Zustand ordnen sich die Moleküle zu wechselhaften Mustern, die ständiger Veränderung ausgesetzt sind ... Mit weiter ansteigender Temperatur verdampft die Flüssigkeit; im Gaszustand befinden sich die Moleküle in einem Zustand der Isolation und sind in ihrem Verhalten voneinander unabhängig. Bei höheren Temperaturen jedoch zerfallen die Moleküle selbst zu Atomen; und auf noch höherer Temperaturstufe zerfallen selbst die Atome. Es ergibt sich dann ein Mischgas von Elektronen und Atomkernen, ein Plasma."(5)*

Bei Abkühlung findet das Ganze umgekehrt statt.

*"Diese Formen treten spontan auf. Sie lassen sich nicht durch äußere Energie erklären, es sei denn, man erklärt sie in negativer Form in dem Sinne, daß sie nur unterhalb einer bestimmten Temperaturgrenze in Erscheinung treten und*

*bestehen können. Durch interne Energie sind sie nur soweit erklärbar, als aus der Zahl aller möglichen Strukturanordungen sich nur diejenige mit dem niedrigsten Niveau an potentieller Energie als stabil erweist; das System neigt daher dazu, diese Struktur spontan zu übernehmen."(6)*

Auch das gilt für Bewegung und das Leben. Läßt man Veränderungsprozesse zu, so ist nicht Chaos die Folge, sondern es bilden sich spontan neue Folgen, die allerdings auch nicht erklärbar sind.

*" ... Aristoteles betrachtete die* [griechischen] *Mysterien als gewaltige rituelle Ereignisse, die emotionale Störungen zu heilen vermochten. Er glaubte, ...* [es] *würde eine außergewöhnliche Erregung von Leidenschaften mit nachfolgender Katharsis bewirkt ... In Übereinstimmung mit der Grundthese der Orphiker postulierte Aristoteles, daß das Chaos und die Entfesselung der Leidenschaften in den Mysterien letztlich der Ordnung dienlich seien."(7)(Grof)*

Damit ist beschrieben, wie Energie alle Formen auflöst und danach neue, gereinigte Formen gebildet werden können.

## 3 FORM ALS GRUNDLAGE UNSERER WELT

Ich gehe mit Sheldrake davon aus, daß Form ein nicht weiter rückführbares "konstituierendes" Element der Welt ist.

*"Auf den ersten Blick scheint der Begriff der Form kein Problem darzustellen. Die Welt um uns ist voll von Formen; wir erkennen sie mit jedem Akt unserer Wahrnehmung. Doch vergessen wir dabei leicht, daß ein krasser Unterschied besteht zwischen diesem Aspekt unserer Erfahrung, die wir für so selbstverständlich halten, und den quantitativen Faktoren, mit denen es die Physik selbst zu tun hat: Masse, Impuls, Energie, Druck, elektrische Ladung usw. Die Beziehungen zwischen den quantitativen Faktoren der Physik lassen sich in mathematischer Form ausdrücken, und physikalische Veränderungen sind durch Gleichungen darstellbar. Die Bildung dieser Gleichungen ist deshalb möglich, weil fundamentale physikalische Größen entsprechend den Grundsätzen der Erhaltung von Masse und Energie, Impuls, elektrische Ladung usw. erhalten bleiben. Der Gesamtbetrag ... vor einem bestimmten physikalischen Geschehen entspricht dem Gesamtbetrag danach. Was in dieser Gleichung aber keine Berücksichtigung findet, ist die Form: ... Sie ist weder ein Vektor, noch eine auf Skalen faßbare Größe, noch bleibt sie als solche erhalten. Werfen wir beispielsweise einen Blumenstrauß in einen Ofen, so bleibt der Gesamtbetrag an Materie und Energie erhalten, die Form der Blumen ist dagegen einfach verschwunden." (8)*

Sheldrake beschreibt weiter, daß Botaniker, Anatomen -Wissenschaftler allgemein- ihre Objekte zwar messen und zählen, aber immer durch die Form erkennen, identifizieren, klassifizieren.

*"Die Formen aller Systeme, die einfachsten einmal ausgenommen, können*

*ausschließlich visuell dargestellt werden ... Wir können sie nicht auf mathematischer Ebene ausdrücken. Nicht einmal die fortschrittlichsten der topologischen Methoden sind zur Zeit bis zu dem Punkt entwickelt, daß sie mathematische Formeln, z.B. für die Beschreibung einer Giraffe oder einer Eiche, vorlegen könnten ... Einigen der neuen Methoden ... wird es vielleicht eines Tages gelingen, Probleme dieser Art in Angriff zu nehmen. Doch die mathematischen Schwierigkeiten sind hier nicht nur praktischer sondern auch grundsätzlicher Art ... Bereits die bloße Beschreibung beliebiger statischer Formen (von den einfachsten abgesehen) stellt ein enorm komplexes mathematisches Problem dar. Noch schwieriger aber ist die Beschreibung des Formenwandels, der Morphogenese"(9)*

Sheldrake will sich damit aber nicht in Gegensatz zur bisherigen Erkenntnis stellen. Er nimmt vielmehr an, daß die nicht-materielle Übertragung formbildender Felder zusammenwirkt mit den bisherigen mechanischen Modellen. Diese sind notwendige, aber nicht hinreichende Bedingungen. Beide Ansätze wirken in der Erklärung zusammen.

## 4 SICHTWEISE VON FORM ALS "MORPHOGENETISCHEM FELD"

### 4.1 Wissenschaft

Sheldrake beschreibt als erstes, daß es nur empirische Näherungswerte bei der Vorhersage von Elektronenbahnen, Kristallgittern, Molekülstrukturen, allen komplexeren Formen gibt, da sie auf Grund ihrer Komplexität und Interaktionsvielfalt nicht berechenbar sind.
Zentraler Punkt der Argumentation ist, daß unter vielen Möglichkeiten energieärmster Ordnungen (die ja immer gerne als Grund für Formen angegeben werden) immer die gleiche wiedergefunden wird:

*"Dieser stabile Endzustand ist wahrscheinlich eine Struktur minimaler Energie. Das beweist aber nicht, daß dies die einzige mögliche Struktur minimaler Energie ist; denkbar ist auch, daß es viele andere Strukturen gleichen Energieniveaus gibt. Tatsächlich ergeben Berechnungen zur Ermittlung der dreidimensionalen Struktur von Proteinen, die mit Hilfe verschiedener Nährungslösungswege ausgeführt werden, stets zu viele Lösungen ... In der Fachliteratur über Proteinauffaltung ist dieser Sachverhalt als 'Multiple-Minimum'-Problem bekannt. Es gibt überzeugende Gründe für die Annahme, daß das Protein nicht erst sämtliche Minima 'austestet', bevor es das richtige Minimum findet."(10)*

Sheldrake zitiert Anfinsen und Scheraga, die für eine ungefaltete Polypeptidkette errechneten, daß sie 10 hoch 26 Jahre brauchen würde, um alle Möglichkeiten ihrer Auffaltung durchzuprobieren.
Da aber die Synthese und Faltung von z.B. Ribonuclease in zwei Minuten

abgewickelt werden könne, vermutet Sheldrake,

*"daß ein Faktor nichtenergetischer Art aus diesen Möglichkeiten 'selektiert' und somit die vom System übernommene spezifische Struktur bestimmt,* [und] *daß diese 'Selektion' durch einen neuen Typus einer Verursachung bewerkstelligt wird ... nämlich durch die Vermittlung morphogenetischer Felder."(11)*

Das könnte dann so aussehen:

*"Bei freien Atomen finden die Ereignisse, die die Elektronen betreffen, mit den Wahrscheinlichkeiten statt, die durch die nicht veränderten Wahrscheinlichkeitsstrukturen der atomaren morphogenetischen Felder gegeben sind. Wenn aber die Atome unter den Einfluß des übergeordneten morphogenetischen Feldes eines Moleküls geraten, werden diese Wahrscheinlichkeiten so verändert, daß die Wahrscheinlichkeit der zur Verwirklichung ... der Endform führenden Ereignisse erhöht und die anderer herabgesetzt wird. Auf diese Weise beschränken die morphogenetischen Felder von Molekülen die mögliche Zahl atomarer Konfigurationen, die sonst ... zu erwarten wäre. Die nachweisliche Geschwindigkeit, mit der sich beispielsweise Ein- bzw. Auffaltungen von Proteinen ereignen, macht deutlich, daß das System nicht all die zahllosen Konfigurationsmöglichkeiten durchtestet, die die Atome einnehmen können. In ähnlicher Weise schränken die morphogenetischen Felder von Kristallen die Vielzahl möglicher Molekülanordnungen ein ... " (12)*

Demnach sind alle bisherigen wissenschftlichen Beschreibungen richtig, nur kommt noch die nicht-materielle Übertragung von Formen, die auf die beschriebene Art und Weise im Rahmen des Systems die Wahrscheinlichkeiten verändern, hinzu.
Das bestätigte sich auch in den wenigen hierzu durchgeführten Experimenten:

*"In der Tat können Chemiker, die neue Stoffe synthetisiert haben, die Kristallisation dieser Stoffe häufig nur unter großen Schwierigkeiten in Gang setzen. Mit zunehmender Zeit kristallisieren diese Stoffe dann aber immer müheloser."(13)*

Ähnliches gibt es aus Tierexperimenten zu berichten, wo z.B. Ratten schneller lernten, wenn in anderen Laboratorien Ratten der gleichen Art im gleichen Verhalten trainiert worden waren.
Sheldrake nimmt dabei an, daß diese Felder über Raum und Zeit wirken und sich mit der Dauer und Häufigkeit ihres Wirkens verstärken.
Dabei ist für mich vor allem die Idee interessant, daß von den kleinsten bis zu den größten Systemen immer das übergeordnete System die beliebige Anzahl gleich wahrscheinlicher Entwicklungen in Hinblick auf ihre Form beeinflußt. Ein solcher Formbegriff wäre universell und auch für tierisches und menschliches Verhalten benutzbar.
Vereinfachend und im Hinblick auf diese Arbeit pointiert wirken also Formen als etwas nicht weiter Rückführbares oder Erklärbares über die Zeit. Sie

wirken als formbildende Felder und ergänzen die notwendigen aber nicht hinreichenden Beschreibungen physischer, chemischer, psychologischer oder anderer Art.
Sheldrake führt noch weiter aus, daß ein weiter expliziterter und genauer erforschter Form/Feld-Begriff auch die anfangs erwähnten Problemfälle materialistischer Wissenschaft lösen könnte.

*"Wissenschaft ist zwar kein vollkommenes, aber doch ein unschätzbares, überlegenes Instrument, das nur dann Übles wirkt, wenn es Selbstzweck beansprucht ... Sie muß dienen, sie irrt, wenn sie einen Thron usurpiert ... Sie gehört zu unserem Verstehen und verdunkelt die Einsicht nur dann, wenn sie das durch sie vermittelte Begreifen für das Begreifen überhaupt hält."(14)(Jung)*

Wenn wir von einer Universalität von Form/Gestalt ausgehen, handelt es sich um ein Grundelement der Welt, welches nicht rückführbar, sondern gegeben ist. Auf einer komplexeren Ebene müssen wir akzeptieren, daß -wie für Naturvölker- nur ein Teil der Welt erklärbar ist. Ich hatte auf S. 150ff. die Karanga und ihr Verhältnis von Pragmatismus und Transzendenz beschrieben:
Sie kennen viele Funktionsweisen der Welt genau und können sie rational beschreiben. Für vieles haben sie aber auch symbolische Bedeutungen, mit der sie ihre Beschreibung und Erklärung in das nicht Erklärbare einbinden. Nach der Aufklärung und dem Siegeszug der Ratio ist es möglich, einen viel größeren Teil der Welt rational beschreiben und viele Mythen wurden überflüssig. Form aber ist das, was übrigbleibt, was nicht weiter erklärbar ist. Damit sind alle Grundgegebenheiten des Lebens gemeint, die vielleicht immer genauer beschreibbar, aber nie erklärt werden können und die dem Intellekt paradox erscheinen. Sie sind nur als Symbole, in Gleichnissen, Analogien und Mythen darzustellen. Und mit diesem Verb "Darstellen" will ich sagen, daß es sich im genannten Sinn um Formen handelt.

*"'Was bedeuten die Mythen?'",*

fragt die Ethnologin Barbara Myerhoff den Schamanen Ramon,

*"Mit unheilvollem Grinsen öffnete sich ein prophetischer Abgrund, als die Antwort ertönte: 'Die Mythen bedeuten -nichts. Sie bedeuten sich selber.' Da ward die Ethnologin erleuchtet"(15),*

schreibt Gruber.
Kleine Kinder erinnern uns daran in dem Alter, in dem sie die Eltern durch permanentes Fragen zum Wahnsinn treiben können.
Was da die Eltern so verrückt macht, ist, daß die Kinder ständig Fragen stellen, die sie nicht beantworten können, -weil sie zum großen Teil auch nicht beantwortbar sind, drücken sie doch einfach das Staunen des erwachenden Bewußtseins darüber aus, wie die Welt ist. Mit dem Älterwerden gewöhnt man sich in steigendem Maß daran, daß alles so ist, wie es ist. Aber auch wenn das Garn der Ratio ein immer dichteres Geflecht von immer mehr Fäden

spinnen kann im dunklen unregelmäßigen Raum des Lebens, erleuchten kann es ihn nicht und auch nicht sagen, warum die Wände, Ecken und Hindernisse hier und nicht dort sind. Plato schreibt:

*"Und mich dünkte, es sei ihm so gegangen, als wenn jemand zuerst sagte, Sokrates tut alles, was er tut, mit Vernunft, dann aber, wenn er sich daranmachte, die Gründe anzuführen von jeglichem, was ich tue, dann sagen wollte, zuerst, daß ich deswegen hier säße, weil mein Leib aus Knochen und Sehnen besteht, und die Knochen sind dicht und durch Gelenke voneinander geschieden, die Sehnen aber so eingerichtet, daß sie angezogen und nachgelassen werden können ... Da nun die Knochen in ihren Gelenken schweben, so bewirkten die Sehnen, wenn ich sie nachlasse und anziehe, daß ich jetzt imstande sei, meine Glieder zu bewegen, und aus diesem Grunde säße ich jetzt hier mit gebogenen Knien. Ebenso, wenn er von unserm Gespräch andere solche Ursachen anführen wollte, die Töne nämlich und die Luft und das Gehör und tausenderlei dergleichen herbeibringen, ganz vernachlässigend, die wahren Ursachen anzuführen, daß nämlich, weil es den Athenern besser gefallen hat, mich zu verdammen, es auch mir besser geschienen hat, hier sitzenzubleiben, und gerechter, die Strafe geduldig auszustehen, welche sie angeordnet haben. Denn ... schon lange ... wären diese Sehnen und Knochen in ...* [Sicherheit] *durch die Vorstellung des Besseren in Bewegung gesetzt, hätte ich es nicht für gerechter und schöner gehalten, lieber als ich fliehen und davongehen wollte, dem Staate die Strafe zu büßen, die er verordnet. Also dergleichen Ursachen zu nennen ist gar zu wunderlich; wenn aber einer sagte, daß, ohne dergleichen zu haben, Sehnen und Knochen und was ich sonst habe, ich nicht imstande sein würde, das auszuführen, was mir gefällt, der würde richtig reden. Daß ich aber deshalb täte, was ich tue, und es insofern mit Vernunft täte, nicht wegen der Wahl des Besten, das wäre doch eine gar große und breite Untauglichkeit der Rede, wenn sie nicht imstande wäre, zu unterscheiden, daß bei einem jeden Ding etwas anderes ist die Ursache und etwas anderes jenes, ohne welches die Ursache nicht Ursache sein könnte."(16)*

Die materialistisch/mechanische Erklärung ist somit eine notwendige aber nicht hinreichende Beschreibung. Das wird besonders darin deutlich, daß Plato ja etwas tut, was nicht in seinem rein materiellen Interesse liegt, nämlich die Möglichkeit zur Flucht ausschlagend, sein Todesurteil annimmt. Dafür ist das Wie (die Muskeln und Sehnen) notwendig, aber nicht hinreichend. Damit das Warum (die geistige Entscheidung) wirken kann, ist das Wie nötig.
Damit ist nahe gelegt, daß Form analog zu Platos Idee die nächste "sinnvolle" Beschreibungsebene für allgemeinere größere Lebenszusammenhänge sein kann. Form ließe sich als Archetyp und in Sheldrakes Sinn als morphogenetisches Feld beschreiben -als ein nichtmaterieller Informationsträger- der auf einer höher integrierten Stufe die mechanisch beschreibbaren Vorgänge zusammenfaßt. So ist möglich, den Vorgang der Persönlichkeitsentwicklung vom ich-haften zum Selbst im Hinblick auf den Form/Gestaltbegriff zu beschreiben.

## 4.2 BEWEGUNG

Dore Jacobs fragt:

*"Ist Bewegung gelernt, wie eine mathematische Formel auswendiggelernt und aus dem Gedächtnis hervorgeholt werden kann? Oder ist das Bewegungsgeschehen etwas selbsttätiges, ähnlich etwa dem Denkvorgang, durch den man eine mathematische Formel ableitet, sie also denkend neufindet? ... Irrig ist die Vorstellung, die Bewegungsform entstehe auf Grund fertiger Bewegungsbilder, die im Zentralorgan lagern und von innen nach außen wirken ... Wer Augen dafür hat, braucht nur die Bewegungen eines unverdorbenen Kindes zu betrachten, um zu wissen, daß da jeder Schritt, jeder Griff, jede Gebärde, im Augenblick gefunden, nicht von einem Klischee abgedruckt wird ... Achtbeinige Spinnen und Krebse laufen, wenn sie eines oder mehrere ihrer Beine verlieren, augenblicklich und ohne Störung auf den verbleibenden Beinen davon, - mögen es nun zwei oder sieben sein. 254 Beinkombinationen sind so möglich, und jede von ihnen funktioniert, ohne je gelernt zu sein, im Augenblick, wo sie gebraucht wird. Unmöglich, daß alle diese 254 Gangformen als fertige Klischees in dem primitiven Nervensystem dieser Tiere vorgebildet liegen ... Und ähnliches zeigt die Bewegung eines Tausendfußes. Die Wellenbewegung, die aus dem Nacheinander der 'tausend' Füße entsteht, hat auf glattem Boden eine ganz bestimmte Wellenlänge. Setzt man nun das Tier auf eine Laufbahn, die Lücken enthält, so entsteht nicht etwa Verwirrung, wie bei einem Klavierspieler, wenn Tasten fehlen, sondern die Bewegung stellt sich augenblicklich durch veränderte Wellenlänge auf die veränderte Unterlage ein, gleichgültig wie groß und in welchem Abstand die Lücken sind. Hier noch anzunehmen, daß sämtliche Wellenlängen und Fuß-Kombinationen (denn jede Lücke der Unterlage bedeutet ja den Wegfall einer entsprechenden Anzahl Füße) als fertige Bewegungsklischees vorhanden wären, erscheint widersinnig. Der Tausendfüßler macht nicht gekonnte Bewegungen, er reagiert auf die Reize der Unterlage, er improvisiert ... Die Bewegungsform ist nichts Fertiges, sondern etwas im Augenblick neu Gebildetes. Sie entsteht spontan in der Auseinandersetzung mit den jeweiligen Bedingungen der Außen- und Innenwelt."(17)*

Das Zusammenspiel von Form und Mechanik entspricht dem von Sheldrake für naturwissenschaftliche Modelle beschriebenen.

Es gibt immer eine große Vielzahl nicht-beliebiger optimaler Realisierungen von Grundgestalten der Bewegung. Dabei wirken über- und untergeordnete Felder zusammen. Übergeordnete wären z.B. Fluß, Dynamik, Form, Impuls oder Rhythmik von Bewegungen. Die Realisierungen entstehen aus den konkreten Anforderungen der Musik, Situation, usw.. Sie müssen erst als Technik geübt und erarbeitet werden. Dann aber gilt es, die Technik zu vergessen. In Körper und Geist ist durch das Üben der Technik das entsprechende Feld für die Gestalt der Bewegung gebildet worden, die Übenden bekommen Anschluß an ein solches allgemeines Prinzip und erschließen sich durch die spezifischen Anregungen von Improvisationschoreographien und

Musik unendliche nicht-beliebige Realisierungsmöglichkeiten, die von Mensch zu Mensch sehr verschieden ausfallen, trotzdem aber eindeutig als Formen des Grundthemas erkennbar sind.

*"Es ist die Welt der Gestalt-Werde-Prozesse und der unaufhörlichen Um-Gestaltungen ... Sie fordert von dem, der sie betreten will, ein bildhaftes, bewegliches, ein zu erübendes lebendiges Denken, das mit den Werde- und Umgestaltungsprozessen Schritt halten kann. Sie hat mit Platos Ideenwelt gemeinsam, daß sie unmittelbar produktiv ist, indem sie alle Gestalten unserer Erscheinungswelt hervorbringt." (18)(Biesantz)*

Die Annahme allgemeiner morphogenetischer Bewegungsfelder hat den Vorteil, die auf den ersten Blick paradoxe Tatsache plausibel zu machen, daß Bewegungen geübt und wieder vergessen werden müssen, um hinterher von selbst individuelle Variationen universeller Gestalten zu finden, deren Vielfalt zahllos ist, im Augenblick neu gefunden wird, große Macht und Ausdruckskraft besitzt und von außen erkennbar ist.

### 4.3 Denken, Gefühl und Form

Auf diese Art und Weise lassen sich auch Fühlen und Denken als Formen (Grundgestalten) auffassen. Auf S. 182ff. hatte ich schon Dunkers Ansatz zum produktiven Denken geschildert. Dabei und an vielen anderen Stellen dieser Arbeit wurden Wahrnehmung und Denken als Gestaltprinzipien beschrieben. Produktives Denken wurde als Lösung und Übertragung allgemeinerer Prinzipien aus ihrer konkreten sinnlichen Gebundenheit auf eine andere konkrete Situation bezeichnet(19). Dabei benutzte auch Dunker die Worte "Anschauung" und "Finden"(20). Was gefunden werden kann, halte ich für so etwas wie ewige Ideen im Sinne der klassischen griechischen Philosophen, die ja auch Denken mehr als ein "Wiedererinnern" beschrieben haben (21)(Schnier).
Auch hier ist das, was gedacht wird und sind die konkreten Situationen, in denen Denken stattfindet und auf die es sich bezieht, unendlich verschiedenartig. Trotzdem tauchen bestimmte Grundthemen als Grundgestalten immer wieder auf, kommen Menschen unabhängig voneinander an verschieden Punkten der Erde auf ähnliche Lösungen, indem sie sich bemühen (Technik). Die Lösungen werden -trotz allen Bemühens- dann aber "gefunden", nicht "gemacht" (s. auch S. 185f). Auch das bedeutet für mich "nicht weiter rückführbare" Form, -etwas, was an sich existiert, aber die Materie für seine Realisierung benötigt.
Genau wie das Denken bildet auch das Fühlen solche Formen und Gestalten. Wie schon wiederholt dargestellt, sieht die Gestalttherapie den gesamten Mensch/Umwelt-Bezug -in dem der Mensch Gestalten (Formen) bildet, in denen Fühlen und Denken sinnvolle Einheiten sind- ... als Ganzheit.

*"In Kontaktsituationen ist das Selbst die Kraft, die die Gestalt im Feld bildet; oder besser, das Selbst ist der Figur/Grund-Prozeß in Kontaktsituationen."(22)(Perls)*

Damit wäre das Selbst -wie durch Körperlichkeit- durch die Wahrnehmung psychischer Gestaltbildungsprozesse erfahrbar.
Weiter oben (S. 159) hatte ich Grof zitiert, der davon ausgeht, daß sich das Erleben des Lebens auf wenige Grundmatrixen zurückführen läßt, auf die sich alles Neue wie auf höhersteigenden Spiralen über den jeweiligen Grundsituationen aufträgt(23). Man könnte das als Grundstruktur des Erlebens bezeichnen. Unter dem Gesichtspunkt der Form kann man somit Verhalten und Erleben (Bewegung, Denken, Fühlen) als Formen auffassen, die auf vielfältige Art und Weise gefüllt werden können. Vor allem können sie auf stimmige Art gefüllt werden (schöne Bewegungen, geschlossene Gestalten) oder auf unstimmige Art. Dann sind sie nicht abgeschlossene Gestalten oder Bewegungen schlechter Qualität. Nur geschlossene Gestalten/gute Formen aber sind in die Persönlichkeit integriert, können "selbst"verständlich, "natürlich" benutzt werden und machen den Menschen frei für die nächsthöhere Stufe der Bewußtseinsentwicklung.

### 4.4 Das Selbst als morphogenetisches Feld und die Inkarnation

Sheldrakes Konzept vom Selbst als morphogenetischem Feld kann gut mit dem anthropologischen Ausgangsthema dieser Arbeit, das Leben müsse als Form durchlebt werden, in Übereinstimmung gebracht werden. Für die Identität und die Funktionsfähigkeit des ganzen Menschen müssen alle Ebenen, sowohl Fühlen, als auch Denken oder die Organsprache zusammenwirken:
Bei dem Psychoanalytiker Groddeck wird in der Ansicht, das Es (hier die Natur im Menschen) bestimme das Leben und jedes Organ hätte sein eigenes Es, was sich als Feld dem übergeordneten Feld des gesunden Menschen unterordnet, eine klinisch erfolgreiche Parallele zu Sheldrake sichtbar:

*"'Jede Es-Einheit kann, wenn sie Lust dazu hat, sich selbst weismachen, sie sei eine Individualität, eine Person, ein Ich.' Dadurch entsteht ein Pandämonium der Organe und Körperteile, von denen jedes mit einem eigenen Ich ausgerüstet wird ... 'Das alles ist ziemlich verwickelt', gibt Groddeck zu. 'Denn wenn Sie sich vorstellen, wie die Es-Einheiten und -Gesamtheiten gegen- und miteinander wirken und wie sie sich bald hier, bald da, jetzt so und jetzt anders zusammenschließen und trennen, wie sie bald vom Gesamt-Ich Gebrauch machen, um etwas bewußt werden lassen und zugleich dieses oder jenes ins Unbewußte verdrängen, ... während der weitaus größte Teil des Lebens, Denkens, Empfindens, Wahrnehmens, Wollens, Handelns in unerforschbaren Tiefen vor sich geht, wenn sie das bedenken, werden Sie eine leichte Ahnung davon bekommen, wie anmaßend es ist, irgend etwas verstehen zu wollen'"(24),*

schreibt Schmidbauer über Groddeck. In der Diktion des zweiten Kapitels hat der Mensch mit dem "Schicksal-als-Weg" das Ziel, seinem Selbst nahezukommen. Demnach würde sich dieses als Feld verhalten, welches aber zu seiner Realisierung alle die Mechanismen benötigt, deren Beschreibung auf den Ebenen seelisch/körperlicher Entwicklung durch Physik, Chemie, Biologie,

Psychologie, Kunst, Esoterik geleistet wird.
Für die seelisch/körperliche Entwicklung trifft das die Auffassung von Perls:

*"Das Selbst ist die Kontaktgrenze in Tätigkeit; diese Tätigkeit ist das Erschaffen von Figuren und Hintergründen ... "(25)*

*" ... es ist die synthetische Einheit, wie es Kant nennt ... "(26)*

*" ... denn das Selbst ist nicht die Gestalt, die es bildet, sondern das Bilden der Gestalt." ... (27)(Perls)*

Dabei möchte ich noch darauf hinweisen, daß ich ansonsten den Begriff des Selbst anders gewichtet habe als Perls.
Während er die Ganzheitlichkeit des Mensch/Umwelt-Verhältnisses als schöpferische Anpassung des Selbst darstellt, lege ich Gewicht darauf, daß das Selbst außerdem unverwechselbare persönliche Information trägt, also im Sheldrakeschen Sinn ein nichtmaterieller Informationsträger ist.
Das Selbst läßt sich somit -wie bei Sheldrakes Beispiel aus der Kernphysik- als Feld darstellen, das die Besonderheit, das Individuelle der Person, festlegt. Zu seiner Realisierung auf psychologischer Ebene hat es all die Mechanismen wie Polaritäten des Bewußtseins, das Denken, das Durchleben von Gefühlen, die körperliche Ausbildung nötig, wie für die Realisierung der Gestalt des Atoms die Ebenen von Masse, Impuls, Energie, elektrischer Ladung usw. notwendig sind, ohne daß dadurch das unverwechselbare Eigenartige des Phänomens hinreichend erklären werden könnte. Nur die Erfüllung der Form kann die Notwendigkeit der Form lösen und auf die nächste Entwicklungsstufe führen.

### 4.4.1 Vergleich mit Schiller

Interessant ist auch der Vergleich mit Schiller:
Im zweiten Kapitel hatte ich als Grundwiderspruch im Leben den zwischen dem Bedürfnis nach Überleben und Glück einerseits und dem nach Ganzheit und Schicksal andererseits bezeichnet.
Grob fällt das mit Schillers sinnlichem- und Formtrieb zusammen, wobei Letzterer bei ihm das Bedürfnis nach dem Ewigen, Absoluten darstellt;

*"Der Gegenstand des sinnlichen Triebes, in einem allgemeinen Begriff ausgedrückt, heißt Leben, in weitester Bedeutung; ein Begriff, der alles materiale Sein und alle unmittelbare Gegenwart in den Sinnen bedeutet. Der Gegenstand des Formtriebes, in einem allgemeinen Begriff ausgedrückt, heißt Gestalt, sowohl in uneigentlicher, als in eigentlicher Bedeutung; ein Begriff, der alle formalen Beschaffenheiten der Dinge und alle Beziehungen derselben auf die Denkkräfte unter sich faßt"(28),*

wobei erstaunlich ist, daß Schiller diesen Drang nach Aufhebung der Spaltung und Polarität als Formtrieb bezeichnet.
Der Widerspruch löst sich, wenn man Form im Sinne von Platos Idee als

transzendenten, ewigen Begriff, analog zu den morphogenetischen Feldern sieht. Während ich geschrieben habe, der Sinn des Lebens sei, die Welt der Form zu durchlaufen, und dieses Erleiden-Wollen Wachstumskraft genannt habe, wählt Schiller dafür den Namen Spieltrieb:

*"Der Gegenstand des Spieltriebs, in einem allgemeinen Schema vorgestellt, wird also lebende Gestalt heißen können; ein Begriff, der allen ästhetischen Beschaffenheiten der Erscheinungen und mit einem Worte dem, was man in weitester Bedeutung Schönheit nennt, zur Bezeichnung dient"(29),*

welches Kriterium für das gelungene Wirken des Wachstumskraft, mit dem Wirken der Natur im Menschen in Einklang zu kommen, ich genauso nenne. Dabei kann die Ansicht, es gehe um die Realisierung von Grundgestalten des Lebens im Sinne morphogenetischer Felder, bei Schiller leicht verdeutlicht werden:

*"Es ist im eigentlichsten Sinne des Worts die Idee seiner Menschheit, mithin ein Unendliches, dem er* [der Mensch] *sich im Laufe der Zeit immer mehr nähern kann, aber ohne es jemals zu erreichen: er soll nicht auf Kosten seiner Realität nach Form, und nicht auf Kosten der Form nach Realität streben; vielmehr soll er das absolute Sein durch ein bestimmtes, und das bestimmte Sein durch ein unendliches suchen. Er soll sich eine Welt gegenüberstellen, weil er Person ist, und soll Person sein, weil ihm eine Welt gegenübersteht. Er soll empfinden, weil er sich bewußt ist, und soll sich bewußt sein, weil er empfindet"(30),*

soll also als ewige Idee in der Welt der Polarität, der Materie sich inkarnieren. Für mich entstand die Lösung für die Spaltung des Menschen daraus, daß er freiwillig die Bedingung der Natur übernimmt und die Intuition für die schicksalhafte Herausforderung hat, was nur durch das Selbst, welches die Verbindung zum Absoluten darstellt, möglich ist.
Dadurch, daß ich das Interesse des Menschen an Entfaltung, Entwicklung und Wachstum in Freiheit mit der Notwendigkeit der Ganzheit im Bedürfnis nach Selbstverwirklichung zusammenkommen ließ, sind Schicksal und Freiheit, die sich im ersten Kapitel entgegenstanden, zumindest als Möglichkeit versöhnt.

*"Die Schönheit ist Natur, und sowohl seine Begriffe, als seine Entschließungen kann der Mensch nur sich selbst zu verdanken haben. Durch die ästhetische Kultur bleibt also der Wert eines Menschen, oder seine Würde, insofern diese nur von ihm selbst abhängen kann, noch völlig unbestimmt, und es ist weiter nichts erreicht, als daß es ihm nunmehr von Natur möglich gemacht ist, aus sich selbst zu machen, was er will -daß ihm die Freiheit, zu sein, was er sein soll, vollkommen zurückgegeben ist. Eben dadurch aber ist etwas Unendliches erreicht. Denn sobald wir uns erinnern, daß ihm durch die einseitige Nötigung der Natur beim Empfinden, und durch die ausschließende Gesetzgebung der Vernunft beim Denken gerade diese Freiheit entzogen wurde, so müssen wir das Vermögen, welches ihm in der ästhetischen Stimmung zurückgegeben*

*wird, als die höchste aller Schenkungen, als die Schenkung der Menschheit betrachten. Freilich besitzt er diese Schenkung der Anlage nach schon vor jedem bestimmten Zustand, in den er kommen kann, aber der Tat nach verliert er ihn in jedem bestimmten Zustand, in den er kommt, und sie muß ihm, wenn er zu einem entgegengesetzten soll übergehen können, jedesmal aufs neue durch das ästhetische Leben zurückgegeben werden. Es ist also nicht bloß poetisch erlaubt, sondern auch philosophisch richtig, wenn man die Schönheit unsre zweite Schöpferin nennt. Denn ob sie uns gleich die Menschheit bloß möglich macht, und es im übrigen unsrem freien Willen anheimstellt, inwieweit wir sie wirklich machen wollen, so hat sie dieses ja mit unsrer ursprünglichen Schöpferin, der Natur, gemein, die uns gleichfalls nichts weiter als das Vermögen zur Menschheit erteilte, den Gebrauch derselben aber auf unsere eigene Willensbestimmung ankommen läßt."(31)*

Diese Realisierung kann, mit einen Wechsel der Perspektive, als "morphogenetisches Feld" (formbildende Verursachungen, s.o.!) des Selbst bezeichnet werden, sein Kriterium ist die Schönheit:

*"Durch diese Erklärung, wenn es eine wäre, wird die Schönheit weder auf das ganze Feld des Lebendigen ausgedehnt, noch bloß in dieses Gebiet eingeschlossen. Ein Marmorblock, obgleich er leblos ist und bleibt, kann darum nichtsdestoweniger lebende Gestalt durch den Architekt und Bildhauer werden; ein Mensch, wiewohl er lebt und Gestalt hat, ist darum noch lange keine lebende Gestalt. Dazu gehört, daß seine Gestalt Leben und sein Leben Gestalt sei. Solange wir über seine Gestalt bloß denken, ist sie leblos, bloße Abstraktion; solange wir sein Leben bloß fühlen, ist es gestaltlos, bloße Impression. Nur indem seine Form in unsrer Empfindung lebt, und sein Leben in unserm Verstande sich formt, ist er lebende Gestalt, und dies wird überall der Fall sein, wo wir ihn als schön beurteilen. Dadurch aber, daß wir die Bestandteile anzugeben wissen, die in ihrer Vereinigung die Schönheit hervorbringen, ist die Genesis derselben auf keine Weise noch erklärt; denn dazu würde erfodert, daß man jene Vereinigung selbst begriffe, die uns, wie alle Wechselwirkung zwischen dem Endlichen und dem Unendlichen, unerforschlich bleibt. Die Vernunft stellt aus transzendentalen Gründen die Foderung auf: es soll eine Gemeinschaft zwischen Formtrieb und Stofftrieb, das heißt, ein Spieltrieb sein, weil nur die Einheit der Realität mit der Form, der Zufälligkeit mit der Notwendigkeit, des Leidens mit der Freiheit den Begriff der Menschheit vollendet ... Wie aber eine Schönheit sein kann, und wie ein Menschheit möglich ist, kann uns weder Vernunft, noch Erfahrung lehren."(32)*

Das Warum wird unerforschlich bleiben. Dagegen ist es -so unvergleichlich Schiller auch die allgemeinen Bedingungen beschrieben hat- heute möglich, über das Wie Konkreteres beizusteuern, was auf S. 476ff. geschehen wird.
Die Sichtweise von "guter" Form als gelungener Realisierung eines Feldes und des Selbst als Feld, das dann wirkt (funktioniert), wenn auf den untergeordneten Ebenen alles gelungen ist, führt direkt und einfach auf die Ebene

der Balance pragmatisch/spirituell: danach könnte man das Selbst als Inkarnation einer Idee/Information/Form sehen: es muß sich inkarnieren, um in der Welt der Form bestimmte Wege zu durchlaufen.
Warum diese Inkarnation -deren Sinn die Erfahrung der Welt, das freiwillige Einstimmen ist- geschehen muß, ist Thema der Religion.
Kotzewinkle, der Verfasser von E.T., sagt in einem Zeit-Interview:

*"Ich zerstöre auch niemals Spinnennetze, wer zum Teufel bin ich denn? Das Universum hat doch nicht Jahrmillionen entwickelt, um mich Idioten hervorzubringen! Es hat den Idioten geschaffen, um durch ihn zu sprechen, um sich zu feiern. Das ist es, was in Gottes Welt fehlt: Bewußtsein. Gott und das Universum brauchen den Menschen nur, damit er Bewußtsein schafft."(33)*

Besonders geschickt und glücklich ist die griechische Darstellung, nach der die Götter unsterblich und zumindest gegenüber den Menschen allmächtig sind, die Menschen aber trotzdem brauchen:
Als Demeter/Persephone in ihrer chthonischen Phase alles Leben verdorren lassen will, müssen die Götter einen Kompromiß suchen; denn

*"Diese Lösung läßt ... keine Rolle für die unsterblichen Himmelsgottheiten übrig, deren delikates Gleichgewicht zu den Kräften der Erde von der fortwährenden Anbetung durch die sterblichen Menschen abhängig ist, die mit ihnen die Früchte des Lebens teilen."(34)*

*"Die Götter fürchten, die Menschheit werde bald aussterben und alle Menschen ins Reich des Hades kommen; sollte dies eintreten, würde das empfindliche Gleichgewicht zwischen der himmlischen und der chthonischen Welt gestört, und die Himmelsgötter hätten keine Menschen mehr, um sich von ihnen verehren zu lassen."(35)(Ruck)*

Dabei sind die Informationen, die in die Inkarnation drängen, zum einen Perls Gestalten, die ja in der entsprechenden Situation immer wieder anders neu gebildet werden, vor allem aber der transzendentale Aspekt einer eigentlichen Gestalt des Menschen, auf die hin er sich entwickeln soll.
Man könnte somit sagen, der Sinn des Lebens sei die Form und damit daran anschließen, daß Portmann in Kapitel 1 gesagt hatte, die Selbstdarstellung des Lebendigen sei ein eigenes Ziel des Lebens.
Im ethnischen Bereich ist der Glaube an die Reinkarnation weitverbreitet. Was an Realisierung in diesem Leben nicht geschafft wird, muß im nächsten versucht werden. Dethlefsen schreibt:

*"Blenden wir in der Biographie einer Seele zurück, so hat diese ... eine sehr lange Kette von Erdenleben hinter sich. In jedem Leben wurde sie mit einem bestimmten Lehrplan konfrontiert, den sie mehr oder weniger gut und vollständig einlöste ... Stirbt ein Mensch, so hat er nur in den seltensten Fällen alle Anforderungen und Aufgaben des Schicksals voll begriffen und eingelöst. Fast immer bleibt etwas übrig was, er noch nicht erlöst und noch nicht begriffen hat ... "(36)*

Alle Techniken, Kontakt mit den Ahnen aufzunehmen -besonders in afrikanischen Kulturen und vor allem im Voodoo- weisen darauf hin, daß diese Seelen einen Körper benötigen (den ihnen das Medium zur Verfügung stellt), um sich zu äußern, also wieder die Form benötigen, um sich in der Welt der Form ausdrücken zu können.
Ich hatte am Anfang des Kapitels die psychologische Begründung dafür gegeben, daß mein Ansatz Ästhetischer Bildung zentral von Form/Gestalt ausgeht. Danach ist es wichtig, vor allem anderen mit Form zu arbeiten, weil die Lebenserfahrung in den Gestalten des Bildes-von-der-Welt organisiert ist. Wenn sich diese auflösen, sind neue Gestaltbildungen wichtig, um die Studenten vor zu großen Dekompensationsproblemen zu bewahren.
Außerdem wird ja der Vorgang persönlicher Reifung und psychischer Entwicklung für den psychischen Prozeß als Realisierung optimaler Gestalten der Polaritätenbalance gesehen, und das Bild-von-der-Welt müßte von angemessenen eleganten und durchlässigen Gestalten gebildet werden, wofür auch Form/Gestalt als Ordnung und Ordnungskraft wichtig wären.
Damit ist auch die wissenschaftliche Begründung aus dem Zusammenhang dieser Arbeit heraus angesprochen:
Wenn das, was wirksam in den Ausbildungen war, mit Ästhetischer Bildung beschrieben werden kann (und dafür spricht aus Theorie und Praxis vieles), sollte Kunst/Gestalt auch von Anfang an im Mittelpunkt des Unterrichtes stehen.
Wie man ahnen kann, will ich als letztes Glied in den Begründungen für die zentrale Stellung von Form/Gestalt/Kunst die Ubiquität und ontologische Bedeutung des Gestaltbegriffs betonen:
Ich hatte ja schon bei der Definition des Gestaltbegriffs im Psychologiekapitel auf dessen ontologische Qualität hingewiesen. Von der Gestaltpsychologie wurde er als psychologische Realität einmal in dem Sinne feststehender Gestalten zur Ordnung bestimmter Wahrnehmungsfelder begriffen, dann aber auch als primäres Arbeitsprinzip der Psyche. Es wurde aber auch dort schon eine Gültigkeit über diese phänomenale psychische Ebene hinweg zur Ordnung der Natur angenommen.
Ich würde danach Gestalt als etwas sehen, das Psyche und Welt verbindet, indem die jeweilige Materie in Formen organisiert wird. Die sind zum einen psychogen als allgemeine Organisationsprinzipien der Psyche, idealtypische Raster, an die ab einem bestimmten Grad der Übereinstimmung der Gestalt mit der Wirklichkeit die Realität ihrerseits angepaßt wird. Zum anderen aber sind in der Eigenart der Materie angelegt, also nicht beliebig, sondern sinnvoll.
Das allein schon würde als Begründung für Kunst als wichtiges Unterrichtsmittel reichen, ist sie doch dann gut, wenn etwas Neues, Eigenes geschaffen wird, was andere erreicht, wenn also stimmige Gestalten getroffen werden. Kunst schafft also wie Wahrnehmung ein zwar unendlich variierbares, aber nicht beliebiges Bild der Welt.

Im Unterschied zum Gestaltbegriff wurde der Begriff Archetypus ja durch Jung von Anfang an ontologisch gedacht. Durch Archetypen sollten universelle Gestalten im kollektiven Unbewußten bezeichnet werden, wobei ich auf die Überschneidungen mit dem Gestaltbegriff ausführlich hingewiesen habe. (s.S. 125ff )
Jung selbst stellte die Verbindung zu Platos Ideen her, die er als philosophische Archtypen sah.

*"Die* [Ideen] *Platons sind eine philosophische Ausprägung der psychologischen Archetypen ... Gemeinsam ist ... beiden Begriffen ... die Überindividualität und die Präexistenz ... "(37)(Pongratz)*

Die Sichtweise Sheldrakes von Form als morphogenetischem Feld ist für meinen Ansatz deshalb so attraktiv, weil sie Gestalt auf ontologischer Ebene, als Organisationsprinzip der Materie -ja der Welt- unabhängig von der Psyche konzipiert. Wie bei Portmann (S. Kapitel I, Wissenschaftstheorie!) wird Form als eigenes, selbstständiges Prinzip neben der Struktur, dem inhaltlichen Gesichtspunkt, gesehen. Portmann zufolge ist Form nicht durch Funktion erklärbar, sondern ist als Ausdruck der Selbstdarstellung des Lebendigen ein Wert an sich. So gab es bei Kopffüßlern wunderschöne perfekte Muster, die in völliger Dunkelheit auf dem Grunde des Meeres lebten und das, bevor es überhaupt Lebewesen mit Augen gab. Das hat seine Entsprechung in der Gestaltpsychologie, wo die Tendenz zur Formung, und zwar zu einer möglichst perfekten "prägnanten" Gestalt als primäres Organisations- und Arbeitsprinzip der Psyche gilt.
Allerdings ist bei Portmann Form nicht unabhängig von der Funktion, sondern sinnvoll mit ihr verbunden, sie ist nicht beliebig, sondern auf die Funktion bezogen und schön. Es gibt aber eben viel mehr Formen als für die Funktion nötig ist und von einer Ausprägung und einem Eigengewicht vom Aufwand des Lebewesens aus betrachtet, der gleichberechtigt neben der Funktion steht.
Bei Sheldrake tauchte der Gesichtspunkt auf, daß Formen als übergeordnete morphogenetische Felder die Funktion von Einzelteilen im Ganzen bestimmen.
Auch das entspricht den Erkenntnissen der Gestaltpsychologie, nach denen nicht das Ganze als Summe der Einzelteile verständlich wird, sondern -sobald aus einzelnen Informationen und ihrem Verhältnis zueinander eine Gestalt angeregt wurde- die Wahrnehmung der Einzelteile dem Gesetz der Gestalt folgt.
Man kann also festhalten:
Form/Gestalt ist ein grundlegendes Organisationsprinzip der Natur. Sie hat ihren Wert unabhängig von der Funktion, ist aber auf sie bezogen, wie sie diese auch umgekehrt organisiert.
Gestalt ist ein grundlegendes Organisationsprinzip der Psyche, welches einmal die Anlage der Psyche auf die Welt hin ausdrückt, indem sie auf den Sinn und die Form der Welt ausgerichtet ist. Zum anderen ist sie parallel zur

Sichtweise von Form und Funktion in der Natur durch die Eigenart des Wahrnehmungsgegenstandes geformt, bestimmt dann aber als Gestaltprinzip alle seine Einzelelemente.
Wenn ein Merkmal von Kunst in der freien schöpferischen aber nicht beliebigen Gestaltung besteht, in der Natur aber Form und Funktion vielfältig und nur sehr begrenzt vorhersagbar, aber auch nicht beliebig aufeinander bezogen sind und die Wahrnehmung ein eigenständiges Bild-von-der-Welt formt, welches aber nicht beliebig, sondern sinnvoll auf sie bezogen ist, so haben wir sowohl den Sinn von Kunst (um ein grundlegendes Prinzip der Welt zu verstehen), als auch Ästhetischer Bildung als Kunst der Wahrnehmung und Empfindung getroffen.
Hier schließt sich nun der Kreis der Argumentation. Wenn Gestalt ein ontologisches Weltprinzip ist, nach dem Form unabhängig aber sinnvoll und nicht beliebig ist und Kunst das zu verstehen und auszudrücken trachtet, so macht es Sinn, Wahrnehmung als pragmatische Kunst zu sehen, (sie als Alltagskunst und Empfindungsschulung für die Struktur der Körperlichkeit, an der wir die Welt beispielhaft erfahren) und mit Ausdruckskunst als Ästhetische Bildung zu betreiben.
Dabei entspricht die archetypische Ordnung der Empfindungsschulung und des katathymen Bilderlebens in KÖSYBE (was später genauer beschrieben wird) den Archetypen als Grundgestalten der Psyche, der Gestaltidee, in die die Einzelteile eingeordnet werden. Der Improvisation bei TIA entspricht das Üben von Gestalt als Arbeitsprinzip und im Sinne der Selbstdarstellung des Lebendigen.
Nachdem die allgemeine Sichtweise und Bedeutung von Form ausgeführt und ihre Verbindung zu und Stellung für meinen praktischen Ansatz hergestellt und beschrieben worden sind, komme ich jetzt über eine allgemeine Einordnung zu den methodischen Grundlagen der Arbeit:

# B ALLGEMEINE ABLEITUNGEN ZUR PRAXIS ÄSTHETISCHER BILDUNG

Ich komme jetzt zu allgemeinen Erwägungen für die Praxis, die mit der Realisierung von Unterricht als Ästhetischer Bildung zu tun haben. Der erste Gesichtspunkt ist sehr allgemein und grundlegend und hat mit der Einstellung zum Körper als etwas Vergänglichem zu tun. Im Unterschied zum herkömmlichen Sport hat Ästhetische Bildung ja den Ansatz, nicht nur etwas tolles für junge Leute zu sein, sondern sich zugleich, indem man tut, mit der normalen individuellen Altersentwicklung in seinem Charakter zu verändern. Der Ansatzpunkt bleibt aber der Körper.
In der Theorie wurde Körperlichkeit als etwas dargestellt, was sowohl für sich selbst steht, als auch in seiner Eigenart über sich selbst hinausweist. Don Johnson zitiert Ida Rolf:

*"'Man kann nicht über den Körper hinausgehen, bevor man ihn nicht selbst befreit hat,'"(38)*

und schreibt weiter:

*"Ein Freund von mir gehörte einer kabbalistischen Gruppe an, die die Wichtigkeit des Körpers lehrt. In seinem Haus ist nichts ordentlich und sauber. Er ernährt sich schlecht, raucht viel und bewegt sich zu wenig. Dieser Mann fragte mich einmal, wie ich, ein Rolfer, mich mit einem Swami abgeben könne, der die Unwichtigkeit des Körpers vertrete. Dieser (Muktananda) lehrt, daß der Körper unwichtig ist. Sein ganzes Leben hat er sich* ['aber', muß für das Verständnis dieses Zitates in unserem Sinne ergänzt werden] *ausgiebig um seinen Körper gekümmert. Er hat immer Hatha-Yoga praktiziert, eine gesunde Diät eingehalten und täglich lange Spaziergänge gemacht. Ähnliche Beachtung schenkt er seiner physischen Umgebung. Sein Ashram ist makellos sauber und schön. Jeden Morgen steht er in der Küche, um die Zubereitung der Mahlzeiten für den Tag zu überwachen. Er läßt nie einen Zweifel vor der Achtung der materiellen Realität."(39)*

Für den prinzipiellen Aspekt einer Pädagogik durch den Körper -die sich als "Ästhetische Bildung" versteht- bedeutet das: eine einseitige Ausrichtung auf Diesseitiges (bestimmte Einstellungen im Leistungssport) -eine Begrenzung auf den Aspekt des Körpers als biologische Maschine, eine Fokussierung auf maximale Leistungsfähigkeit-, verzerrt die Ganzheit des Menschen zum ichhaften hin und ist letztlich unfruchtbar, muß irgendwo stehenbleiben, ist depressenogen, da ein Erfüllen eigener Leistungsmaximierung und Perfektionierung uns in einem begrenzten Körper ohne weitere Möglichkeit als der des Abstiegs mit dem Alter zurückläßt.

*"Die Kahunas sprachen in solchen Fällen vom BLOCKIEREN DES PFADES. 'Pfad', 'Weg' und 'Licht' waren symbolische Worte für die Verbindung zwischen dem niederen und dem hohen Selbst."(40)(Long)*

Eine einseitige Ausrichtung auf Jenseitiges (bestimmte Sichtweisen von Meditation) dagegen birgt nicht nur die Gefahr der Weltfremdheit in sich, sondern ignoriert die fundamentale Wahrheit, daß diese Realität die nichtzufällige Grundlage all dessen, was die Welt und das Leben bedeuten, darstellt und eine Ausprägung des ganzen numinosen Ungeschiedenen ist. Letztlich führt sie zu einem Dualismus, der die Achtung vor der Wirklichkeit, so schrecklich und wunderbar wie sie ist, verliert mit der Gefahr eines Rückzugs in die scheinbar heile Welt der Workshops.
Eine -im Sinne "Ästhetischer Bildung"- "gute" Pädagogik nimmt den Körper voll und ganz ernst, aber nicht als definiertes Ziel, sondern als über sich selbst hinausweisendes lebendes System, als Weg. Damit hat "Ästhetische Bildung" bezüglich der Ich-Transformation und in ihrer Funktion für die Bewußseinsentwicklung ein Ziel, wie Meditationen es haben.

## 1 VERGLEICH MIT ZEN, ÄSTHETISCHE BILDUNG ALS TANTRISCHER WEG

"Ästhetische Bildung durch den Körper" führt über die Konfrontation mit Form als Empfindungsschulung oder Bewegungstraining zu einer Entwicklung zum Selbst durch Erfahrung der Natur im Menschen. Wenn im Zen der Weg einer Transzendierung des ich-haften Bewußtseins als Befreiung von den Formen gegeben ist, so entspricht die Ästhetische Bildung dort dem tantrischen Ansatz:

*"Bei dem Versuch, sich von den mechanischen Fesseln des Ichs zu befreien, folgt man einem mechanischen Ritual. Um Form zu transzendieren, umarmt man verschwenderische Formen. Bei dem Versuch, Illusionen, die außerhalb der eigenen Kontrolle sind, zu entfliehen, folgt man Anweisungen, die noch drastischere Illusionen hervorbringen."(41)(Bernbaum)*

Dabei wäre aus meiner Sicht zu ergänzen, daß Transzendierung nicht der Sinn ist, der gesucht werden müßte. Vielmehr entsteht er von selbst, wenn das Leben richtig gelebt und verarbeitet wird.
Den tantrischen tibetanischen Buddhismus möchte ich deshalb ausführlich erwähnen, weil er das, was ich indirekt erschlossen habe, direkt zum Ausgangspunkt einer bewußten Absicht macht:

*"'Es gibt nichts, was du tun mußt', -denn das Problem ist genau die Einmischung in natürliche Prozesse, die hervorgerufen wird durch den Versuch, sich selbst zu korrigieren und zu kontrollieren."(42)(Bernbaum)*

Dadurch wird das Ziel einer relativen Ganzheit erreicht, das der "Freiheit in Verantwortung", welche ich in Kapitel 2 formuliert habe, entspricht:

*"Gegensätze wie Freiheit und Schicksal verschmelzen miteinander, wobei beides als vom anderen abhängig angesehen wird."(43)*

Dabei wird ein Weg mit Kunst, Körper und Vision benutzt. Tanz wird als Kunst durch den Körper, als nichtbeliebige aber unendliche Vielfalt möglicher Formen gesehen:

*"Der Tanz ist vielleicht das höchste Symbol, da er den Tanz des Universums verkörpert. Die Hindu-Mythologie betrachtet das Universum als den Tanz des Shiva. Buddhisten betrachten es als den Tanz der Leere, wie man es in den Schwingungen der Atome, der Geräusche und in dem Leben selbst sehen kann. Und wie das Universum braucht der Tanz als reine Freude an der Bewegung und am Rhythmus keine Rechtfertigung; er weist auf nichts hin, als auf sich selbst und verweist dabei auf die Leere hinter allem."(44)*

Der Weg durch die Sinne entspricht der Ansicht, die Formen des Lebens müßten erfüllt werden.

*"Demnach scheint der Weg der geistigen Befreiung in einigen Formen des tibetanischen Buddhismus paradoxerweise durch die Sinne zu führen."(45)*

Das hat große Bedeutung für die pädagogische Praxis: alle Formen suchen nach Ausdruck. So ist es beim Tanz wichtig, jede Musik interpretieren und ausdrükken zu können und zu allen Stilen Zugang zu haben, von der Klassik bis zum Rap[1] .

*"Dies stimmt mit dem tantrischen Weg überein, die Energien der Begierden, die einen an das Ich und Illusionen binden, zu akzeptieren und zu benutzen, um sich so von eben diesen Begierden und Illusionen zu befreien."(46)*

Endlich besteht die Integration darin, der Form Genüge getan zu haben und dadurch frei von ihr zu sein.

*"Um diese Vollkommenheit zu erreichen, versucht der tibetanische Buddhismus, den ganzen Menschen mit all seinen Sinnen in die Meditation einzubeziehen. Deshalb verbindet er das Singen der Mantras mit der Visualisierung der gesungenen Symbole und den damit korrespondierenden Körpergesten. Der Adept wird den Namen einer Gottheit singen, sie visualisieren und ihre Haltung übernehmen. Diese drei Bedeutungen von Meditation - die verkörpernde Sprache ... Geist ... und Körper ... werden Mantra, Yantra und Mudra genannt. Die Vermischung von den dreien im Ritual weckt ein Gespür von innerer Einheit, das sich von dem Körper des Adepten her ausbreitet, um das ganze Universum zu umschließen."(47)(Alle Zitate von Bernbaum)*

Bezüglich der Entwicklung zum Selbst setzt sich der von mir vertretene Ansatz Ästhetischer Bildung durch den Körper somit deutlich von der eher meditativen Praxis der traditioneller Empfindungsschulung ab, die ausschließlich mit Ruhe und Innerlichkeit arbeitet. In meinem Modell sind massive Rhythmen, das Laute und Grelle, das Aggressive und Erotische genauso wichtig, wie Meditation und Arbeit in Ruhe: Zugleich wird diese Arbeit an Form und Ausdruck nicht in einer Weise geübt, daß sie -wie bei der Arbeit für die Bühne- ein Ziel an sich wäre. Sie wird immer nur als Weg verstanden.

*"For one who has attained Enlightenment, the performance of a motor skill becomes an outward expression of the Enlightened state, the higher understanding. Clearly, the Skill that is being performed in Zen-the underlying Skill, the real Skill-is the Skill of spiritual cultivation and expression, the Skill of life. This skill* [sic] *goes far beyond the mere perfecting of specific responses to given sets of environmental conditions. The vehicle for the practice of this Skill, whether in archery, swordsmanship, floral arrangement, or tea ceremony, is unimportant as long as the proper path (the Middle Path) is followed to the proper destination (Nirvana)(48)(Canic).*

Der Unterricht in Tanz ist somit nicht, wie sonst traditionell üblich am Training für die Bühne orientiert, sondern für sich selbst wichtig oder als Performance für die Gruppe bedeutsam. Ausdruck und Transzendierung sind ineinander enthalten und gleichbedeutend.

## 2 ALLGEMEINE PRAKTISCHE ERWÄGUNGEN

Ich komme jetzt zu den methodischen Besonderheiten, die meinen Ansatz Ästhetischer Bildung ausmachen.

### 2.1 Probleme der Wahrnehmungsschulung

Wenn ein Mensch sein Bewußtsein erweitern und ganzheitlich leben will, braucht er

- Intuition für die produktiven Verunsicherungen in seinem Leben. Dafür
- muß er das Wesen seiner Körperlichkeit wahrzunehmen lernen.

Dazu gehört, ihre Reaktionen mitzuvollziehen, Aktionen aus den inneren Gesetzmäßigkeiten zu entwickeln und angemessene Gestalten für die archetypische Ordnung des Bildes-von-der-Welt zu entwickeln. Wie ausführlich dargestellt, kommt der Wahrnehmung eine zentrale Rolle zu. Wenn wir uns an Libets Experiment (s.S. 279!) erinnern, kann mit Dore Jacobs Bewegung mehr als ein "Zulassen", denn als "Machen" bezeichnet werden. Das trifft auch die Sichtweise der Atemarbeit und Eutonie, bei denen es mehr um ein In-sich-Hineinhorchen geht. Zulassen hört sich einfach an, bedeutet aber, wie in Kapitel V über die Natur auf S. 285 und hier auf S. 470ff dargestellt, einen anspruchsvollen Differenzierungsprozeß. Es geht hier ja nicht, wie bei der Trunkenheit, um eine Enthemmung, sondern um eine Kultivierung der körperlichen Impulse.

Das bedeutet aber in erster Linie eine enorme Verfeinerung der Selbstwahrnehmung. Deharde vergleicht denn auch den Prozeß freischwebender Aufmerksamkeit in der Tanzimprovisation mit Paul Klees Aussage der "vollen Leere"(49) im künstlerischen Schaffensprozeß,
und Buytendijk spricht von einem

*" ... Verhältnis ... verwandt mit der Weise, wie ein Künstler seine Materie beherrschend formt, ohne ihre Art, der er gehorsam folgt, aufzuheben."(50)*

Für eine solche "Erfahrung der Natur im Menschen" gibt es die zwei Wege Tanz und Empfindungsschulung: beide gehen von einem gründlichen langen Weg der Konzentration auf eine Technik aus, vergleichbar einer Initiation. Dabei kommt der Mensch im beständigen In-sich-Hineinhorchen zur Substanz, zum Wesen seiner Körperlichkeit, bzw. lernt durch aufmerksames Einüben und Improvisieren vom Wesen der Bewegung.

Beide Wege, den in Ruhe und den in Bewegung, habe ich in Kapitel V beschrieben. Der Weg der Empfindungsschulung (Ruhe), der vor allem für Atem, Eutonie und Dore Jacobs-Arbeit gilt, ist von der Theorie her unmittelbar einleuchtend, hat aber in der Praxis seine Tücken:

Bei einer Empfindungsschulung muß die Balance zwischen zwei Polen gehalten werden: wenn man eine Enthemmung, und damit ein Zudecken der Eigenart der Impulse vermeiden will, verschwinden diese oft ganz oder man vergißt, sich ganz dem Einzeleindruck hingebend, das Ganze, steigert sich also in etwas hinein. Notwendig ist demnach ein mittlerer Modus.

Glaser beschreibt diese freischwebende Aufmerksamkeit, die nötig ist, bezüglich der Sinneswahrnehmung, die den Weg zur Empfindungsschulung bereiten kann:

*"Die Augen erfassen schauend den gesamten Sehraum. Ruhigen offenen Blickes nehmen sie Veränderungen des Panoramas auf, ohne zu fixieren. Selbst, wenn sie auf Einzelheiten eingehen, bleibt das Tableaubewußtsein erhalten. Das Hör- und Riechvermögen wird einer unspezifischen Sinneswahrnehmung nach zum Ausloten des Umraumes eingesetzt. Auch hier finden wir eine diffuse Ausrichtung auf Lauschen und Riechen statt auf ein gezieltes Horchen und Schnuppern."(51)*

Ich hatte weiter oben schon beschrieben, daß dann die Empfindungsfunktion, die vor der gefühlsmäßigen Bewertung und der Verarbeitung durch Denken liegt, an der Erfahrung der inneren Natur (durch Atem- Eutonie oder Dore-Jacobs-Arbeit) entwickelt werden kann. Die Natur im Menschen wiederum kann durch die Empfindung erfahren werden.
Das Hauptproblem beim Lernen vom Körper ist somit, daß das, was gelernt werden soll -eine differenzierte Wahrnehmung- schon im Lernprozeß selbst benötigt wird. Bei einem Weg über technisches Training treten ähnliche Probleme auf:
Um die Natur-im-Menschen durch das Lernen von Bewegungen zu erfahren, ist das Technikverständnis entscheidend. In der von Dürckheim übersetzten und bearbeiteten Anweisung einer altjapanischen Fechtschule belehrt die alte Katze eine junge:

*"Worin du dich da geübt hast, ist eben nichts als nur Technik! (shosa -die reine physische Kunst.) ... Dein Geist aber ist besetzt mit der Frage: Wie gewinnen? So haftest du ja doch am Ziel! Wenn die Alten 'Technik' lehrten, so taten sie es, um damit eine Weise des Weges (michisuji) zu zeigen. Ihre Technik war einfach, beschloß jedoch die höchste Wahrheit in sich. Die Nachwelt aber beschäftigt sich nur noch mit Technik. Dabei erfand man zwar vieles, so nach dem Rezept ... 'Wenn man dies und das übt, dann kommt dies und jenes dabei heraus.' Was aber kommt dabei heraus? ... Nichts als eine Geschicklichkeit. Unter Preisgabe des überlieferten Weges entstand so unter Aufbietung von viel Klugheit der Wettbewerb in Technik bis zur Erschöpfung, und nun kommt man nicht weiter. Das ist immer so, wenn man an Technik und Erfolg denkt und dabei ausschließlich die Klugheit betätigt. Zwar ist die Klugheit eine Funktion des Geistes, wenn sie aber nicht auf dem Weg fußt und allein auf Geschicklichkeit abzielt, dann wird sie zum Ansatz von Falschem und das Errungene zum Übel. Also geh in dich und übe von nun an im rechten Sinne weiter."(52)(Ito Tenzaa Chuya/Dürckheim)*

So kann es bei einem Tanztraining im Sinne Ästhetischer Bildung also nie um das Erlernen von Fertigkeiten als Wert an sich gehen. Die Technik will wirklich ernst genommen werden als Weg, der die Eigenart des Körpers in Rhythmus und Bewegung empfinden läßt.

Diese Eigenschaft der Technik, Weg sein zu können und Wirklichkeit zu schaffen, indem sich der Akteur in die Struktur der Welt, in ihren Sinn, hineinarbeitet, um so eine der unzähligen, aber nicht beliebigen Wirklichkeiten zu schaffen, beschreibt auch Perls:

*"Für den Künstler sind natürlich Technik und Stil alles: Das Schöpferische empfindet er als natürliche Erregung und natürliches Interesse an seinem Thema ... die Technik aber ist seine Art, aus dem Wirklichen Wirklicheres zu bilden ... "(53)*

Dabei kommt paradoxerweise gerade in der Technik das Spontane, Unvorhersehbare zum Ausdruck, das jenseits des ich-haften Bildes von der Welt liegt, weil es der Natur im Menschen entspringt:

*"Das Verarbeiten der realen Oberfläche, die Umformung des aufscheinenden oder rudimentären Themas in das materielle Medium ist die schöpferische Gestaltung. Der Vorgang hat überhaupt nichts geheimnisvolles, es sei denn,.daß man nicht vorher weiß, was man tut, sondern es erst tut und dann weiß und darüber reden kann."(54)(Perls)*

Das Problem bei Techniktraining liegt in seiner möglichen Äußerlichkeit. Kontakt zur Natur im Menschen bekommen die Schüler durch gelungene Technik, die für die künstlerische Aussage frei macht. Damit Technik nicht äußerlich ist, ist Kontakt zum Wesen der Bewegung, also zur Natur im Menschen nötig. Wie bei der Empfindungsschulung soll das, was gelernt werden soll, zugleich Mittel des Lernens sein.

Das Überwinden dieser technischen Hürde scheint mir in den professionellen Ausbildungen die Qualifikation zu selbständiger Arbeit auszumachen. Dafür sind tatsächlich mindestens drei Jahre erforderlich. Bei Laien besteht dagegen die Gefahr, bei der Empfindungsschulung im subjektiven Gefühl bzw. der Regression steckenzubleiben und sich beim Tanztraining vom technischen Effekt blenden zu lassen bzw. es wie eine Aerobic- oder Fitnessgymnastik zu konsumieren.

In meinem Ansatz einer "Ästhetischen Bildung" werden daher Empfindungsschulung und Techniktraining miteinander und in einer gezielten, speziellen Methodik kombiniert.

## 2.2. Die Dialektik der Wahrnehmungsentwicklung zwischen Empfindungsschulung und Techniktraining

Die Empfindungsschulung und das Technik-als-Weg Training bewirken das gleiche. Sie verschaffen Zugang zum Feld: Ordnung der Welt, indem sie den bewußt planenden Aspekt des Ich anschließen an das Unwillkürliche, die Natur im Menschen als So-Sein (archetypische Ordnung) oder in Aktion (Gestaltbildungsprozeß) und letztlich eine Balance des Bewußtseins, ein Selbst-Bewußtsein, ermöglichen.

Bei beiden Wegen handelt es sich somit um eine Bildung, die Weg und Ziel in einem ist. Selbst für die dreijährigen professionellen Ausbildungen ist das anspruchsvoll; -als praktikabler Weg für eine größere Anzahl von Menschen sind diese Wege zu schwierig.

Eine pragmatische Alternative bietet meines Erachtens eine Kombination, in der sich eins am anderen überprüft.

Weiter oben (S. 285ff und 304ff) hatte ich gezeigt, daß nicht nur für Tanz Innenbewegung nötig ist, sondern deren Stimmigkeit sich auch in der Leichtigkeit und Anmut der Bewegung bestätigt. Es könnte demnach günstig sein, mit ein und derselben Gruppe von Schülern ein ernsthaftes Tanztraining und eine ernsthafte Empfindungsschulung zu betreiben.

Dazu sei angemerkt, daß das nicht bedeutet, nach der Empfindungsschulung ein bißchen Tanzimprovisation oder als Auflockerung des Tanztrainings ein bißchen Sinnesschulung oder Massage zu machen. Es geht hier darum, beides als getrennte Fächer richtig und ernsthaft zu betreiben. Die Vorteile einer solchen -zugegebenerweise schwierigen und ungewöhnlichen- Kombination könnten die folgenden sein:

- An Bewegungstrainings wird oft kritisiert, daß sie äußerlich seien und nur eine neue über die alte Verspannung legten. Durch Körperarbeit im Sinne von Eutonie-, Atem- oder Dore Jacobs-Arbeit (und allen ähnlichen Ansätzen) kann das vermieden werden:

  Jeder Mensch ist empfänglicher für seine Bewegungsimpulse, wenn er seine Innenbewegung fühlen gelernt hat, die ihm falsche, aus der Verspannung heraus gemachte Bewegungen bewußt werden lassen.
- An Empfindungsschulung wird oft kritisiert, daß sie zu sehr nach innen ginge, eine Überempfindlichkeit schaffe, in der der Übende versacken könne:

  Bewegungsanforderungen aber lassen den in sich Suchenden nicht so lange Irrwege der Regression gehen, lassen ihn nicht in sich versacken, halten ihn in einer gesunden Realitätsspannung.
- Dem am Ausdruck Arbeitenden erspart eine bessere Innenwahrnehmung den Irrweg der Manierismen, des Künstlichen und an äußerer Wirkung orientierten, lassen ihn nicht exzentrisch werden.
- Dem Innen Suchenden erspart das Bewegungstraining das Vernachlässigen der äußeren Form und Wirklichkeit.

Diese Gefahren für beide Richtungen drohen besonders, wenn die Wege nicht zu Ende gegangen werden, also nicht wenigstens drei Jahre lang täglich mehrere Stunden geübt werden kann: Zu beobachten ist, daß gerade Menschen mit Unterspannung zu ruhigen -in sich versenkenden- Ansätzen neigen, Menschen mit Überspannung häufig Ansätze mit äußerlich betonten Bewegungsansätzen suchen.

*"Aber wenn man die Augen zu weit öffnet, so macht man den Fehler, daß sie sich nach außen richten, wodurch man leicht zerstreut wird. Wenn man sie zu sehr schließt, so macht man den Fehler, daß sie nach innen laufen, wodurch man leicht in träumerische Versunkenheit gerät"(55)(Meister Lü Dsu),*

heißt es in einer taoistischen Meditationsanleitung.
Kurz gesagt kann die vorgeschlagene Kombination ein dialektischer Prozeß des wechselseitigen Auflösens des auf dem einen Weg Gefundenen in der Forderung des anderen und des Neufindens in tieferer Echtheit und höherer Synthese sein.
In meinem Ansatz entsprechen den Wegen der Empfindungsschulung und des Techniktrainings die Fächer "Körpersymbolik, innere Bilder und Bewußtsein" und "Tanzimprovisation als Alltagskunst", die weiter unten beschrieben werden.

# C INTEGRATION VON KÖRPER, BEWEGUNG UND PERSÖNLICHKEIT ALS PRAGMATISCHES MODELL ÄSTHETISCHER BILDUNG

## 1 ALLGEMEINE EINORDUNG

Die Weiterbildung "Integration von Körper, Bewegung und Persönlichkeit" umfaßt als Grundprogramm jeweils 30 Unterrichtseinheiten zu zwei Zeitstunden in den Fächern:
- "Tanzimprovisation als Alltagskunst", im folgenden TIA,
- "Körpersymbolik, Innere Bilder und Bewußtsein", im folgenden Kösybe und
- "experimentellem Tanztheater", im folgenden Extathe genannt.

Das Konzept und die Praxis wurden von mir in der Zeit von 1976 bis 1984 in freien Gruppen und Volkshochschulen entwickelt und seitdem in dieser Form im Institut für Leibesübungen der Universität Göttingen, Volkshochschulen und freien Gruppen unterrichtet. In abgewandelten Formen wurde außerdem mit verschiedenartigen Gruppen von der Resozialisierung-im-Strafvollzug über Weiterbildungen, die sich an Therapeuten und helfende Berufe richtete bis zu professionellen Tänzern gearbeitet.
Während TIA das Üben und Improvisieren von Bewegungsgestalten als Unterrichtsmethode verwendet, arbeitet Kösybe mit Empfindungsschulung und Inneren Bildern.

Bei Extathe geht es um gezieltere Gestaltungen von Themen wie z.B. Abstoßen/Anziehen, die Umsetzung Innerer Bilder oder die Realisierung bestimmter Szenen. Dabei werden auch Methoden aus TIA und Kösybe benutzt, hauptsächlich aber eigene spezielle Übungen. In gewisser Weise werden eine Öffnung nach innen und eine Ausdrucksfähigkeit vorausgesetzt. TIA und Kösybe dagegen arbeiten direkt an einer Ich-Entwicklung, die Extathe ermöglicht. Deshalb beschränke ich mich in der folgenden Darstellung der persönlichen Wirkungen des Unterrichts auf TIA- und Kösybe-Kurse.

### 1.1 Die Einbindung von Techniktraining und Empfindungsschulung in Form und Gestalt

Als Prinzip ist TIA und Kösybe gemeinsam, keine Empfindungsschulung "pur" und kein Techniktraining "an sich" zu betreiben, sondern diese immer in eine Arbeit mit Form und Gestalt einzubinden. Die Arbeit ist geprägt durch die Überzeugung, daß Form und Gestalt als konstituierendes, nicht rückführbares Element der Welt psychisch und körperlich erlebt und gestaltet werden müssen. So wird zwar eine -je nach Vorerfahrung der Gruppe- mehr oder weniger genaue und ausführliche Empfindungsschulung Grundlage von Kösybe-Stunden sein. Bei der Auswahl der Übungen geht es aber immer zugleich schon um eine Grundgestalt, ein Thema des Erlebens, auf das hin die Übungen der Empfindungsschulung inhaltlich ausgerichtet sind. Dieses wird im katathymen Bilderleben {Leuner(56), Thomas(57), Niesel(58)}, dessen Symbol auch nach dem Thema der Stunde ausgesucht ist, weiterverarbeitet. Genauso wird ein -mehr oder weniger schwieriges und anspruchsvolles- Techniktraining Grundlage der TIA-Stunden sein, wobei es jedoch immer bei der Auswahl der Übungen in Verbindung mit speziell passenden Musiken um Themen und Gestaltungen geht. Dem Thema, nach dem die technischen Übungen ausgesucht werden, entspricht auch die Improvisationschoreographie.
In diesem Unterrichtskonzept werden sowohl die Empfindungsschulung als auch die Inneren Bilder, die Körperbeherrschung genauso wie der Ausdruck jedes für sich allein für wesentlich gehalten. Entscheidend ist aber eine Gesamtwirkung, bei der sich die Persönlichkeit durch die Arbeit an Bewegungskompetenz, geschmacklicher Bildung und der Öffnung nach Innen im Sinne von Reife und Selbstbewußtsein entwickeln kann.
Während Empfindungsschulung und Tanztraining pur -wie in den dreijährigen professionellen Ausbildungen unterrichtet- eine Rolle als emanzipierter Form von Schicksalhaftigkeit haben können und ansonsten ihre Rolle als Korrekturmöglichkeit für das Ego durch die Entwicklung einer Öffnung für die "Natur im Menschen" haben, ist mein Modell von Anfang an durch eine stärkere Integration und Kombination sowie Bezug auf das alltägliche Leben gekennzeichnet[2] . Der Unterrichtsprozeß selbst wird nicht in erster Linie als technische Vermittlung oder Psychopädagogik begriffen. Vielmehr wird er in seiner Planung und Gestaltung selbst als künstlerischer Prozeß -an dem die

Schüler teilhaben, indem sie ihn realisieren- aufgefaßt. Kursankündigungen, wie daß es um die Förderung von "Witz, Poesie und Spontaneität für den Alltag" gehe, bedeuten, daß es auch im Unterricht direktere Bezüge auf das Alltagsleben, die Persönlichkeitsbildung und die Lebenskunst gibt.
Trotzdem ist das Ziel die gleiche Bewußtseinserweiterung (im Sinne einer Ich-Entwicklung, die das Ich in den Dienst des Selbst stellt) durch körperliche Übung und Konfrontation, wie sie in den klassischen professionellen Schulen, die ich oben beschrieben habe, vermittelt wird.
Es kann aber in diesem begrenzteren Rahmen nur um eine Anregung solcher Persönlichkeitsprozesse gehen. Dies allerdings geschieht sowohl nach meinen Beobachtungen als auch den Darstellungen der Teilnehmer zufolge sehr intensiv, wie auch in den Untersuchungen (s. S. 507ff. !) deutlich wird.
Die Intensität der Anregung und Auseinandersetzung führe ich darauf zurück, daß Erlebnis und Ausdruck von Form und Gestalt an sich eine bewußtseinserweiternde Wirkung haben. Diese Gestalt- und Formelemente werden in meinem Konzept bewußt und gezielt in allen Übungen verwandt. Es gibt kein einfaches Üben in TIA, sondern auch eigentlich technische Übungen werden immer in einer guten Gestalt in Einheit mit speziell passender Musik durchgeführt und Spürübungen der Kösybe sind bewußt mit den entsprechenden Erlebniskomplexen assoziiert:

- Das Element Gestalt wird in Kösybe-Stunden durch die Themen und besonders die Inneren Bilder vertreten. Dabei werden die Themen, unter deren Motto die jeweilige Unterrichtseinheit steht, außer durch die Auswahl der Übungen zur Empfindungsschulung vor allem durch die Symbole des katathymen Bilderlebens ausgedrückt. Die Themen sind Verwurzelung/Bodenkontakt, Unabhängigkeit/Fliegen, Geben und Nehmen, Führen und Geführtwerden, Helfen und Sich-Helfen-Lassen, Loslassen/Natur im Menschen, Vereinigung und Trennung, Innen und Außen, Offen und Geschlossen-Sein, Ich und die Anderen, Awareness/"Da"-Sein, Struktur und Freiheit, persönlicher Raum/Für-Sich-Sein und öffentlicher Raum/In-Kontakt-Sein, Zeit/Lebensalter und Form/Gestalt. Sie werden als archetypische Grundgestalten der Erlebens begriffen. Diese Themen erheben selbstverständlich nicht den Anspruch, das Spektrum der Grundgestalten menschlichen Erlebens repräsentativ abzudecken. Sie entstammen vielmehr der praktischen Arbeit und der ständigen Reflexion über das. "was da eigentlich passiert".
- In TIA-Stunden wird das Element Form durch Bewegungsprinzipien verkörpert. Diese drücken sich neben der Auswahl der technischen Übungen vor allem in der Improvisationschoreographie und ihrer Musik aus. Die Einheit von Bewegungsgestalt und -qualität und Musik machen einen überaus starken ganzheitlichen Formeindruck. Die Bewegungsprinzipien sind Polyrhythmik, Bewegungsansatz, Form, Fluß, Raum, Dynamik, Impuls, Zeit, Contract/Release, Umgang mit Gewicht allein (Fall&Recovery) und Umgang mit Gewicht mit andern (Contactimprovisation).

### 1.2 Ziele und Probleme körperlich/seelischer Entwicklung

Das Üben der Bewegungsprinzipien und das Erfahren der Erlebnisgestalten können einen mächtigen Impuls für persönliches Wachstum und zur Überwindung der Beschränkung des ich-haften Bewußtseins darstellen. Dabei ist eine ganz bestimmte Übungsweise wichtig, in der die Einflüsse von Kösybe und TIA wirksam werden können:

- Bei der Tanzform und ihrer Musik handelt es sich um Kunst, die (wenn gelungen) als Schönheit die Ganzheit und das Wirken der Natur im Menschen zeigt. Bei den Inneren Bildern handelt es sich um archetypische Ausdrucksmöglichkeiten des Unbewußten, in denen sich das Erleben des Individuums von seinen Verzerrungen klären und in Kontakt zur Ganzheit treten kann. Grundsätzlich gibt es dabei folgende Probleme: Wie auf S. 267ff dargestellt, ist das unentwickelte Bewußtsein nur bedingt und eingeschränkt in der Lage, Schönheit wahrzunehmen und auszudrücken. Die Wirksamkeit von TIA kann so durch innere und äußere Unbeweglichkeit behindert werden. Und um das unbewußte Erleben gegen die Widerstände des unentwickelten Ich dem Bewußtsein zugänglich zu machen, sind ganze Psychotherapien nötig. Kösybe könnte somit Teilnehmer entweder garnicht erreichen oder überfahren.

Die “schlechten” Gestalten der alten Klischees und ihre Selektion der Wahrnehmung sind solange notwendig, wie kein starker Kontakt zur Natur-im-Menschen existiert und in neuen Erfahrungen bessere Gestalten gebildet wurden. Das aber braucht Zeit und bedeutet psychologisch eine Dekompensation.

### 1.3 Methodik:

Innerhalb der beiden Fächer gibt es dafür die klassischen Lösungen:

- Für die Auflösung der Widerstände ist in der Körpersymbolik die Empfindungsschulung wichtig, die -wie auf S. 279ff dargestellt- vor den Kategorien des Ich ansetzt.
- Für die Entwicklung des Schönheitssinnes ist das technische Training, was die persönlichen Klischees unterläuft und Kontakt zur Natur im Menschen schaffen kann, wichtig.

Auf S. 294ff und in den Interviews wurde aber auch dargestellt, welche Probleme ihrerseits Empfindungsschulung und Techniktraining jedes für sich haben. Das, was gelernt werden soll, wird demnach schon beim Üben als Lernvoraussetzung benötigt. Dort wurde auf den Cross-Over-Effekt einer positiven gegenseitigen Beeinflussung hingewiesen, den gleichzeitige Ausbildung der Empfindungsschulung und Training von Tanztechnik haben können. Das ist ein zentraler Ansatz meiner praktischen Arbeit, den ich weiter unten ausführen werde.

Offensichtlich gibt es aber eine ähnliche positive Beeinflussung nicht nur zwischen, sondern auch innerhalb der Fächer “Tanzimprovisation als Alltagskunst” und “Körpersymbolik, Innere Bilder und Bewußtsein”. Zur weiteren Erläuterung sei das allgemeine Stundenschema vorangestellt:

## 1.4 Kösybe:

Die Dauer einer kleinsten Unterrichtseinheit für Kösybe-Stunden beträgt drei Zeitstunden. Durch Eingehen auf die Bilder oder mehr Körperübungen kann sie auch circa sechs bis acht Zeitstunden in drei bis vier Einheiten einnehmen. Ich beginne mit einer Fremdentspannung durch eine Körperfühlübung und eine Assoziationübung in der Entspannung[3]. In der Assoziationsübung wird das Thema der Stunde gestellt und vorbereitet. Auch die Körperfühlübung der Fremdentspannung bezieht sich inhaltlich auf das dem allgemeinen Thema entsprechende Körperthema. Danach kommen die körperlichen Übungen der Empfindungschulung, die wiederum zum Thema der Stunde ausgewählt sind und es körperlich erlebbar machen. Schließlich kommt -nach einer erneuten Fremdentspannung, die auch mit dem körperlichen Schwerpunkt der Empfindungsschulung zusammenhängt- das Bildsymbol, in dem das Thema der Stunde enthalten ist.

Wie erwähnt gibt es bei der Empfindungsschulung Probleme: Eins besteht in der Unsicherheit der Wahrnehmung. Diese hängt einmal mit der mangelnden Entwicklung der Spürfähigkeit zusammen. Außerdem treten -nach meiner Erfahrung als Student und auch in den Interviews bestätigt- Projektion, Erinnerung und Abwehr durch die Verbindung mit psychischen Erlebniskomplexen dazwischen. Für die reine Empfindungsschulung sind das Störvariablen. Dagegen habe ich in meinem Konzept diese Überlagerungen und Verbindungen benutzt, um die Inneren Bilder vorzubereiten. Die psychischen Überlagerungen treten nämlich nicht zufällig auf, sondern hängen mit den Körperteilen, an denen gearbeitet wird und der Art der Übungen zusammen. Der Inhalt der "Störung" ist bei der gleichen Übung für verschiedene Menschen ähnlich. Ich habe deshalb die "Störung" als Thema genommen und die Übungen nach ihrem "körpersymbolischen" Gehalt (dem Inhalt der "Störung") zusammengestellt. Es handelt sich dabei ja nicht um beliebige persönliche Projektionen, sondern umn Erinnerungen, Assoziationen und unvollkommene Verarbeitungen von Erlebnissen, die archetypischen Mustern folgen. Diese aber hängen mit der körperlichen Symbolik zusammen. Zu dem gleichen Thema wird auch das Symbol der Bildvorstellung ausgesucht. Eine solche inhaltliche Organisation der Stunden hat positive Konsequenzen:

1. Auch Studenten, die mit Empfindungsschulung relativ unerfahren sind, führen die Übungen der Empfindungschulung genau und sorgfältig aus. Da sie wissen, daß die psychischen Inhalte sich ordnen und klären im Bild und auch die thematische Zusammenstellung der Übungen auf die psychische Organisation Rücksicht nimmt, ist es möglich, Emotionen kommen und gehen zu lassen und bei der Übung zu bleiben.
2. Bei den inneren Bildern können Widerstände und Ängste, die mit Verdrängungen zusammenhängen, bewirken, daß nichts oder nur uninteressantes kontrolliertes Material wahrgenommen wird. Bricht die Abwehr zusammen, können Bilder des Unbewußten das Bewußtsein überfluten, die nicht integriert werden können. Deshalb wird mit den inneren Bildern des

katathymen[4] Bilderlebens gewöhnlich nur im Rahmen von Therapien gearbeitet.

Die körperlichen Übungen der Empfindungsschulung bewirken aber eine unwillkürliche Einstellung auf die Themen im Sinne einer genaueren Selbstregulation: wer sonst nichts sehen würde, ist durch die Körperübungen so angeregt, daß er etwas sieht. Schwierige Bilder dagegen können leichter integriert werden, da die Erlebnisstrukturen durch die Körperübungen klarer gegliedert und von mehr Zutrauen und Ich-Stärke getragen sind.

Bei der hier beschriebenen Methodenkombination hilft also günstigenfalls eins dem anderen: Durch die Empfindungsschulung werden die Studenten allgemein sensibilisiert und offen für die Bilder des Unbewußten. Die körperlichen Übungen bewirken eine unwillkürliche Einstellung auf das Grundthema der Bilder und helfen, automatisch von innen her das individuell richtige Maß des "Sich-Einlassens" zu finden. Durch gelungene innere Bilder gibt es eine erlebnismäßige Verarbeitung und Selbstheilung, die für die Empfindungsschulung frei macht, da sich Ängste, Widerstände und Projektionen lösen. Dadurch, daß die Übungen der Empfindungsschulung das gleiche Thema haben wie das Symbol des inneren Bildes, wird der entsprechende psychische Komplex angeregt. So geschieht es nur sehr selten, daß nichts oder Kontrolliertes gesehen wird. Durch die Empfindungsschulung und den damit verbundenen stärkeren Kontakt zur Natur im Menschen sind die Selbstheilungskräfte stark. Es geschieht daher fast nie, daß Studenten mit ihren Bildern nicht zurechtkommen. Allgemein klären sich die Emotionen, die in der Empfindungsschulung ausgelöst werden, in dem Bild, und die Bilder erklären sich den Menschen entweder selbst oder werden von selbst im Lauf der Woche bis zur nächsten Sitzung klar. Dadurch ist die Empfindungsschulung unbelasteter und die Spürfähigkeit nimmt rascher zu.

Die Erweiterung und Entwicklung eines ich-haften Bewußtseins geschieht damit einmal durch die Stärkung des Kontaktes zur Natur im Menschen durch die Empfindungsschulung. Dann können sich ich-hafte Verzerrungen und Unklarheiten des Bewußtseins auch in der unbewußten thematischen Ordnung auf die Symbole der Bilder hin auflösen. Die Besonderheit der Stunden liegt somit darin, daß das Bild von der Welt mehr oder weniger tief erschüttert wird, zugleich aber durch die größere Aufmerksamkeit für das Innen in der Empfindungsschulung ein neuer Weg gezeigt wird und mit den Bildern eine stimmigere Ordnungsmöglichkeit gegeben ist. Trotz der -im Vergleich zu Therapien- sehr weitgehenden Selbstregulation und -Verantwortung ist es nötig, über die Bilder und die Erlebnisse der Körpersymbolik zu reden, um nicht zwei Wahrnehmungswelten entstehen zu lassen, sondern die massive Erfahrung einer Integration zugänglich zu machen, die das Bewußtsein erheblich umstrukturieren kann.

Tatsächlich findet -wie in zahlreichen Gesprächen bestätigt- eine Entwicklung im Sinne einer Öffnung, Sensibilisierung und eines größeren Gewahrseins für die eigene Innenwelt und die Situation im Leben statt, die zum Teil zu persönlichen Konsequenzen und Handlungen, die die eigene Situation verändern, auf jeden Fall aber zu Einstellungsänderungen führt.

### 1.5 Tia:

Die Dauer der kleinsten Unterrichtseinheit für TIA-Stunden beträgt drei Zeitstunden. Auch hier ist durch eine ausführlichere technische Übung und mehr Improvisationen eine Dauer von sechs bis acht Stunden in drei oder vier Einheiten möglich. Gelungene Improvisationen sind schön. Die Schönheit wird zugleich von den Tänzern durch ihre Bewegung geschaffen und auch - zusammen mit der Musik und dem Gesamteindruck der Gruppe- wahrgenommen. Damit durchbrechen sie die geschmackliche Voreingenommenheit eines ich-haften Bewußtseins und verbinden das Bewußtsein mit der Natur im Menschen. Ein technisches Training kann helfen, die Bewegungsklischees aufzulösen und stellt ein konfrontatives Moment dar.

- Probleme bei technischen Trainings können in der Äußerlichkeit liegen. Die Studenten lernen dann nur vereinzelte Techniken, die bestenfalls isolierte Kunststücke sind, aber keinen "Weg" darstellen.
- Das Problem bei Improvisationen ist ihre Beliebigkeit. Die Bewegungen sind dann zwar nicht äußerlich nachgemacht, erschöpfen sich aber nach einiger Zeit im persönlichen Klischee und sind nicht der Eigenart von Situation und Musik angemessen.

In TIA werden Techniktraining und Improvisation so kombiniert, das sie sich zu einem hocheffektiven Programm ergänzen:
In jeder Stunde wird mit einem "Warm-Up" begonnen, daß den Körper auf das Bewegungsthema vorbereitet[5]. Danach kommen technische Trainings, in denen das Bewegungsprinzip der Stunde geübt wird. Dabei arbeite ich in einer Ganzheitsmethode. Damit sind nicht komplexe "Combinations" gemeint, sondern Übungen, die anspruchsvoll aber überschaubar sind, das Thema verkörpern und mit einer genau passenden Musik zusammen als Bewegungskunst schon einen starken Anreiz darstellen. Die Stimmigkeit, Feinheit, Schönheit, Rhythmik oder Wucht solcher Übungen löst die ich-hafte kleinliche Beschränkung des Alltagsbewußtseins. Dabei werden so zahlreiche und komplexe Übungen gemacht, daß auch Geübte die Bewegungen nicht völlig lernen, geschweige denn beherrschen könnten. Die Übungen werden auch von Anfang an so dargestellt, daß es nicht um das perfekte Erlernen von Fertigkeiten, sondern ein "so gut wie möglich Machen" geht. Sie sind aber immer so beschaffen, daß Ungeübte sie in einfacher Form ausführen können. Die Studenten wählen sich also ihr Niveau selbst. Dieses Konzept von ästhetischer Überflutung und einer gewissen körperlich-technischen Überforderung muß sehr sorgfältig dosiert sein und bedarf wirklicher Zuneigung, Interesse und Akzeptanz. Auch werden un- und wenig geübte Studenten nie korrigiert und lernen in einer autonomen -selbstregulierten- Form, indem sie intuitiv das aufgreifen, was für sie vom technischen Niveau und der persönlichen Freiheit als Performer erreichbar ist, und das ist oft überraschend viel.

Auf diese Weise wird ein Festhalten vermieden, welches die ursprüngliche Ergriffenheit durch Schönheit und das einfache Üben über ein "Haben-Wollen" und verbissenes Üben zu Einbildung, Arroganz und Konkurrenz verändern kann. Alle verstehen die Bewegung, aber niemand beherrscht die einzelnen Übungen perfekt. In dieser Phase, die zwischen hingebungsvollem Üben und Frustration schwankt, werden Improvisationsaufgaben eingeführt. In ganz bestimmten Vorgaben sollen der Bewegungsstil oder die Musik -die zu dem Stil paßt- getanzt werden:
Durch die strikte Einschränkung und Vorgabe kommen hier die üblichen Bewegungsklischees nicht zum Tragen, sondern alle bewegen sich auf neuen Wegen. Die Studenten führen aber auch nicht die Bewegungen aus, die vorher zu dem Stil geübt wurden. Tatsächlich entsteht etwas Neues, Improvisiertes, worin man zwar noch -auch wenn sie Masken tragen- die einzelnen in ihren Bewegungseigenarten erkennen könnte. Es wäre aber genauso möglich, Videos von irgendwelchen Stunden ohne Musik und ohne Information über das Thema der Improvisation zu zeigen und das Thema leicht und sicher zu erkennen.
Was gelernt wird, sind also nicht einzelne Bewegungen, sondern Bewegungsstile, die -zusammengenommen- alle Möglichkeiten der Bewegung beinhalten. Tatsächlich ist nach etwa einem Jahr mit ein bis zwei Übungseinheiten pro Woche (alles in allem dreißig bis sechzig Einheiten) eine deutliche stilistische Entwicklung und technische Verbesserung zu erkennen, die sich dahingehend auswirkt, daß sicher und ohne Hemmungen auch vor Zuschauern getanzt wird und die Eigenart der Aufgabenstellung leicht erkannt und ausgeführt wird. Dabei ist es möglich, sich hinterher begrifflich zu einigen über das, was passiert ist. Was passiert, ist trotzdem überraschend und unvorhersehbar, -kann nicht geplant werden. Das bedeutet: Es besteht Zugang zur unwillkürlichen Gestaltung und das wird bewußt erlebt, kann -wenn schon nicht mit Worten ausgedrückt, was im Wesen von Bewegung liegt- benannt werden. Auf persönlicher Ebene wird, vielen Beobachtungen und Gesprächen zufolge, eine allgemeine Erweiterung des Horizontes angeregt, die einhergeht mit einem "Freier-Werden", größerem Selbstbewußtsein und einer allgemeinen Sensibilisierung. Das Improvisationstraining entspricht hier einem allgemeinen Gestaltbildungstraining.
Kösybe und TIA arbeiten damit beide mit den Selbstregulations- und Selbstheilungskräften. Form und Gestalt werden dem Menschen auf eine Art angeboten, daß sie via Konfrontation und innerer Öffnung die Filter des Alltagsbewußtseins sprengen oder unterlaufen. Besonders günstig wirkt sich dabei eine Teilnahme an beiden Kursen aus.
Dabei entsteht ein Prozeß gegenseitiger positiver Beeinflussung, der so abläuft, wie es Veit für das Erfahren, Erlernen, Audrücken und Gestalten von Lauten in der Eurythmie beschreiben hat:

*"Empfindungen sind ... nicht selbstverständlich 'da', einfach vorhanden. Sie bilden und entwickeln sich, indem sie an den inneren Wahrnehmungen und*

*Erfahrungen der gehörten Laute und an den eingenommenen Haltungen der leiblichen Gestalt erweckt und bemerkbar werden. Es gilt aber ein Doppeltes: Der Laut wird an der Gestalt erlebt und die Gestalt an der Wahrnehmung des Lautes empfunden und ausgerichtet ... Im übenden, erfahrenden Tun erwacht das Empfinden und Erkennen. Vom einfühlsamen Wahrnehmen und Erleben geht der Weg in das gestalterische Bewußtsein und immer bewußtere Gestalten."(59)*

Entgegen psychologisch orientierten Selbsterfahrungsgruppen liegt hier der Schwerpunkt nicht auf dem Körper-als-Mittel, persönliche Neurosen zu bearbeiten. Vielmehr wird eine existentielle Erfahrung und Konfrontation herbeigeführt. Performance wird nicht dazu benutzt, zu sehen, warum etwas nicht geht und den Weg zu den ursächlichen Traumata zu finden. Sie wird statt dessen so eingesetzt, daß in der Konfrontation Mut, Kraft und Können wachsen und eine neue Ehrlichkeit des Erlebens genauso wie andere Qualitäten des Verhaltens organisch entstehen[6].

Im Gegensatz zu Empfindungsschulung und Tanztraining wird aber der persönliche Umstrukturierungsprozeß nicht nur hingenommen, sondern beachtet und durch die Organisation des Unterrichts unterstützt.

Improvisatiom funktioniert nur, wenn Kontakt zur Natur-im-Menschen da ist, nach deren Maß die spontan intuitive Steuerung nach der Aufgabenstellung des Bewußtseins geschieht, wobei der Mensch lernt, zu beobachten ohne zu stören und sich ständig mit den vielfältigen immer neu entstehenden Möglichkeiten zu identifizieren oder sie zu unterdrücken.

Psychologisch entspricht Tanzimprovisation einem allgemeinen Gestalttraining. Die Psyche übt, ständig neue stimmige Gestalten zu bilden und wieder aufzulösen, den Gestaltbildungsprozeß zu initiieren und geschehenzulassen und vor allem in Kontakt mit der Natur-im-Menschen zu bleiben. Das entspricht der grundlegenden Tendenz der Selbstdarstellung des Lebendigen in Schönheit und Form.

Empfindungsschulung bedeutet direkten Kontakt zur Natur-im-Menschen über Spüren der Körperstruktur, des Atems, der Sinnesschulung etc, wobei der Mensch lernt, sein Bild-von-der-Welt, die Erinnerungen und Emotionen von der Empfindung zu unterscheiden. Dabei bilden die körperlichen Gegebenheiten die Grundlage einer psychischen Erfahrung.

Durch die Anordnung der Übungen nach ihrem körpersymbolischen Gehalt zusammen mit Bildern des katathymen Bilderlebens ist eine Erleichterung der archetypisch/gestalthaften Einordnung gegeben. Damit wird psychologisch der Sinnhaftigkeit des Erlebens entsprochen, ohne den alten Vorurteilen zu unterliegen. Die Erfahrung wird direkt gemacht ohne die Selektion unangemessener Voreinstellungen aber mit Grundgestalten verbunden, die überindividuell Natur und Psyche verbinden. Damit wird der Tendenz der Ordnung der Einzelteile in Formen entsprochen.

In psychologisch orientierten Gruppen steht einem Wissen um das Wie der persönlichen Umstrukturierung ein Mangel an Wissen um das Ziel und die

Substanz der Körper/Seele/Geist-Verbindung gegenüber, so daß die Arbeit die Arbeit am Verdorbenen bleibt.
In körperlich orientierten Gruppen bleibt der existenzielle Konfrontationsprozeß oft nicht-vermittelbar, weil dem Wissen um die Form ein Mangel an Wissen um die Probleme der Psyche gegenübersteht. Es wird im allgemeinen gesagt: "Mir ist egal, wie Du das hinkriegst, aber Du mußt es perfekt machen!" Der Hauptimpuls dieses Ansatzes ist, Kunst, körperliches Wissen und Psychologie zu vermitteln, also einen intelligenten Zugang zum eigentlich Nicht-Vermittelbaren zu schaffen.

# D DIE PSYCHOLOGISCHE EINSCHÄTZUNG UND EINBETTUNG

## 1 ÖFFNUNG DER WAHRNEHMUNG

Nachdem die methodische Besonderheit dieses Ansatzes dargestellt worden ist, unter Betonung von Form/Kunst in einer Kombination von Tanz und Empfindungsschulung Kontakt zur Natur-im-Menschen herzustellen und persönliches Wachstum zu initiieren, wende ich mich jetzt der psychologischen Problematik zu. Die ausführlich dargestellte frühe und ständige Anwendung von Kunst verhindert ja -wie beschrieben- eine zu starke Dekompensation bei der Veränderung und Auflösung des alten Bildes-von-der-Welt. Es gibt aber noch andere wichtige psychologische Mechanismen.
Die Sinnhaftigkeit des Trainings durch Empfindungsschulung und Tanz bewirkt das persönliche Wachstum ja in Verbindung mit persönlicher Erschütterung durch Konfrontation. Weiter oben hatte ich ja schon auf die Notwendigkeit einer psychologischen Einbindung dieser Konfrontation hingewiesen.
Nicht nur bei besonders rigiden Teilnehmern kommt es zu erheblichen Problemen durch die Erschütterung der gewohnten Verhaltens- und Erlebensmuster, die eine Ich-Transformation erzwingen. Tai Deharde schreibt über die Offenheit für das, was von innen und aus der Bewegung entsteht, bei einer Improvisation:

*"Dieser Teil des kreativen Prozesses ist für den rigiden Lernenden nur schwer oder gar nicht zu ertragen. Er beginnt, unmittelbar etwas zu machen, da ihm das Warten unheimlich ist, und zu sehr seinen normalen logischen Denkgewohnheiten widerspricht."(60)*

Weiter oben hatte ich eine einseitig rationale Denkweise als Streben des Ich nach einer konstanten, berechenbaren und einheitlichen Welt beschrieben. Die enorm vielfältige nur präsentativ vorbegrifflich erfaßbare Welt direkter Körperwahrnehmung und Aktion erfordert eine hohe Ambiguitäts- oder Mehrdeutigkeitstoleranz.

*"Der rigide Lernende empfindet ein Unbehagen bei drohender Zumutung der Durchbrechung seiner Seh-, Hör- und Empfindungsgewohnheiten. Der schöpferisch Offene dagegen empfindet Neugierde, Entdeckungsfreude, die sich steigern kann bis zum Entzücken."(61)(Tai Deharde)*

Hierzu muß ich ergänzen, daß, sobald es sich um kontinuierliche Arbeit handelt, auch schöpferische und offene Menschen notwendigerweise durch persönliche Krisen gehen.
Die professionellen Ansätze, welche ich weiter oben beschrieben habe, vernachlässigen diese psychologische Dimension des Problems, und ihr Publikum gibt ihnen recht: die überwiegende Mehrzahl der Studenten, die eine

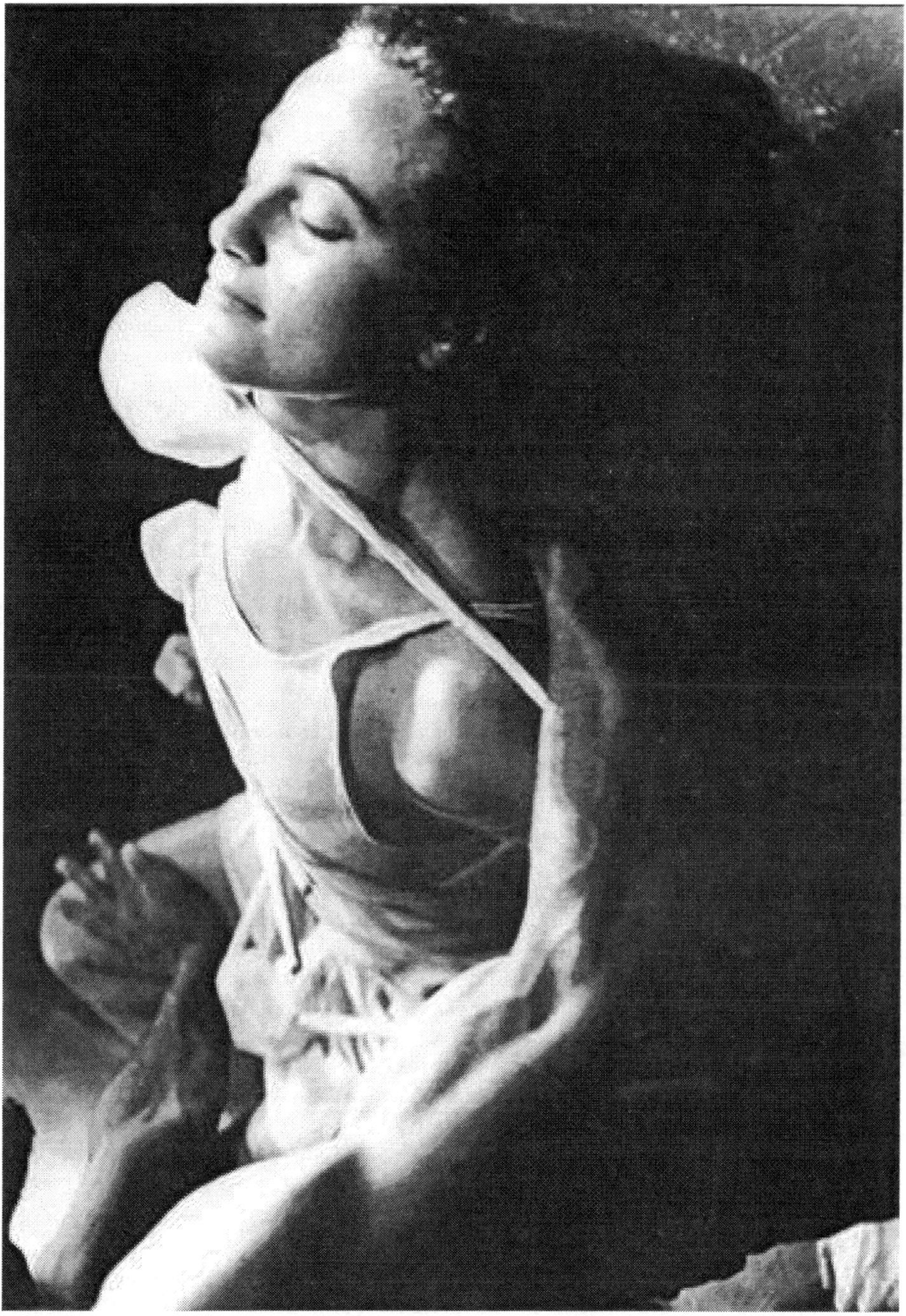

solche Ausbildung wählen, sind offenbar in der Lage, Konfrontation auszuhalten und daran zu wachsen.
Ich möchte hier wiederholen, was im zweiten Kapitel zum Thema Konfrontation geschrieben wurde:
Die Tanzausbildung als "produktive Verunsicherung" -an der das Ich wachsen kann- zu bezeichnen, ist Understatement. Die Kombination von massiver persönlicher und körperlicher Konfrontation mit der Weigerung, darüber zu reden, hat schicksalhafte Qualität. Die Ausbildungen sind autoritär strukturiert, die Inhalte können nicht diskutiert werden:

*"The interesting thing about this is that most of the dancers and choreographers don't intellectualize and verbalize the experience to death ... Dance is the most demanding of all movement activities. It requires almost complete submissiveness to an iron discipline. And teachers of dance aren't known usually for the democratic spirit, that exudes from their studio."(62)(Kleinman)*

Für viele Tanzausbildungen gilt, was Schmidt für japanische Kampfsportausbildungen[7] schreibt:

*"Training ... is a 'blood, sweat, and tears' process and either 'makes or breaks' the trainee."(63)*

In dieser Beschreibung wird die Qualität freiwilliger Schicksalhaftigkeit besonders deutlich. Trotzdem kann ich bezüglich der persönlichkeitsbildenden Wirkung Kleinman zustimmen:

*"Yet despite all of the 'wrong' educational techniques the results are astonishing. Out of this experience emerges, not a slave, but a truly free individual ... "(64)*

(Ähnliches gilt für die Empfindungsschulung. Auch hier werden die Erfahrungen für nicht verbalisierbar gehalten, man muß sie aushalten, "da allein durchgehen".)
Für Menschen, die nicht ganztags professionell über Jahre an sich arbeiten wollen, ist es wichtig, in einem Konzept zu lernen, das die psychischen Gegebenheiten miteinbezieht.
Die wichtigsten Punkte dabei sind Selbstregulation und Selbstverantwortung. Damit wird Ästhetische Bildung keinesfalls Therapie. Sie bleibt weiter an der Form orientiert, ist konfrontativ. Nur berücksichtigt sie die psychischen Eigenarten der Bewußtseinsentwicklung und Ich-Transformation.
Dieses Konzept wird in den nächsten Absätzen beschrieben.

## 2 PERSÖNLICHKEITSBILDUNG

Ein sehr wichtiges Moment der Selbstregulation stellt die Kombination von Tanz und Empfindungsschulung dar. Die Möglichkeit, zu improvisieren, nimmt einiges von der Absolutheit der Technik und der "Combinations" weg. Sie bietet die Möglichkeit, sich die perfekte Form nach seiner Fähigkeit zu

eigen zu machen. Bei der Empfindungsschuluhng besteht eine ähnliche Möglichkeit zur Selbstregulation durch die Verbindung von körperlichen Übungen mit inneren Bildern.
Entscheidend aber ist, daß dieses methodische Moment der Selbstregulatiion auch psychologisch unterstützt wird. Dazu gehört im Tanz, daß die Teilnehmer sehr lange nicht vom Lehrer bewertet werden, sondern durch die Übungen selbst lernen. Dazu gehört auch, daß bei den komplexen Übungen der Teilnehmer selbst sein Anspruchsniveua bestimmt. Das gleiche gilt für die Empfindungsschulung, wo der Kursleiter nicht pusht, sondern die Teilnehmer selbst das Maß ihrer Verwicklung bestimmen.

## 3 SELBSTVERANTWORTUNG UND RÜCKMELDUNG

Im Unterschied zu an professioneller Technik orientierten Tanztrainings werden bei "Ästhetischer Bildung" die Übungen nicht unter Druck eingeübt. Die Teilnehmer können sich das Maß der Konfrontation gemäß ihrer Vorkenntnis und ihrem Anspruchsniveau selbst wählen, sollen sie aber so gut machen, wie sie können. Das gleiche gilt für das Maß des "Sich-Einlassens" bei der Empfindungsschulung der Körpersymbolik. Dieser Angebotscharakter der Übungen bedeutet nicht Beliebigkeit. Es ist vielmehr wichtig, daß alle Teilnehmer die Übungen korrekt ausführen. Jeder fühlt dann in sich, wie weit er gehen sollte, d.h. normalerweise sucht sich jeder einen Intensitätsgrad, der einem mittleren Schwierigkeitsniveau entspricht, so daß er weder in zu leichten Aufgaben stagniert, noch in zu schweren sich überfordert.
In meinem Konzept ist von großer Bedeutung, daß Korrektur nicht äußerlich ist, sondern die Schüler selbst auf ihre Grenzen stoßen. Das ist nur möglich, wenn alle Übungen komplex und anspruchsvoll sind. Auch Anfänger werden von solcherart gestalteten Übungen oder Improvisationen künstlerisch und menschlich angesprochen. Selbst technische Übungen -wenn sie als "Gestaltungen" mit der "richtigen" Musik zusammen ausgeführt werden- erklären sich bis zu einem gewissen Punkt von selbst im Sinne einer optimalen Verwirklichung der als schön empfundenen Gestalt. Anspruch und Realisierungsmöglichkeit können dabei auseinanderklaffen. Dieses Prinzip möglichst weitgehender Selbstverantwortung und -regulierung autonom lernender Schüler hat zwei Einschränkungen:

1. Es ist trotz allem wichtig, Bewegungsansätze zu erklären bzw. sie zu korrigieren. Bei fortgeschrittenen Schülern, die einen sicheren Kontakt zur inneren Bewegungsempfindung haben, kann detaillierte äußere Korrektur sinnvoll sein.
2. Wenn Menschen kein freies und aggressives Probierverhalten haben und sich selbst keine gelungenen Lösungen komplexer Aufgaben auf dem intuitiv gefundenen eigenen Level zutrauen oder umgekehrt die Realität grob verkennen und die Aufgabenstellung nicht wahrnehmen können, ist Rückmeldung nötig. Nach Heckhausens Leistungsmotivationstheorie su-

chen sich Menschen mit Angst vor Mißerfolg zu leichte oder zu schwere Aufgaben und erreichen eine "externale Kausalattribuierung": sie beziehen das Ergebnis ihrer Bemühungen nicht auf sich, sondern suchen die Schuld für Erfolg oder Mißerfolg in den äußeren Umständen, was bei extrem leichten oder schweren Aufgaben besonders gut möglich ist.(65) In der Ästhetischen Bildung geht es nicht um Erfolg oder Mißerfolg, sondern Bewußtseinserweiterung durch das Erleben und Gestalten von Form. In diesem Kontext können mit starken Gegenbesetzungen verdrängte Gefühle der Möglichkeit einer Selbstwahrnehmung so entgegenwirken, daß kein mittlerer Neuigkeitsgrad -keine produktive Verunsicherung- gewählt wird, sondern durch massive Eindrükke eine Überflutung oder ein ängstliches An-der-Oberfläche-Plätschern gesucht wird.

Es ist wichtig, einerseits die Realisierung der Übungen durch die Teilnehmer, sowie das Maß des "Sich-Einlassens" wirklich zu akzeptieren, wie es Rogers in seinen Variablen Echtheit und Akzeptanz für die Gesprächstherapie beschreibt.(66)

Dazu gehört aber in der Ästhetischen Bildung andererseits, diese Realisierung, die Wahl bzw. das Maß des "Sich-Einlassens" bewußtzumachen. Der Leiter muß offen sagen, was er wahrnimmt. Wenn er Schwierigkeiten akzeptiert und sie als Stationen auf einem Weg zu mehr Ganzheitlichkeit sieht, also wirkliches Vertrauen in die Wachstumskräfte des Menschen hat, ist gerade eine ehrliche Rückmeldung eine begehrte Information und nicht etwas, was man schonend beibringen muß.

Es gibt traditionell einen Widerspruch zwischen dem (therapeutisch orientierten) bedingungslosen Akzeptieren der Relativität des individuellen Standes beim Menschen-als-Patienten auf der Grundlage seiner Einmaligkeit einerseits, sowie dem absoluten Anspruch angemessener (künstlerischer) Realisierung einer perfekten Form ohne Rücksicht auf die Vorgeschichte und die Möglichkeit der Person andererseits. In "Ästhetischer Bildung" geht es nicht um eine Vermischung im Sinne einer Nivellierung. Das würde schlechte Kunst und bedingtes Akzeptieren, Mittelmaß und faden Beigeschmack meinen.

Es geht vielmehr darum, was gemacht wird und wie es gemacht wird mit allen Mängeln "voll" zu akzeptieren, es aber mit allen Stärken und Schwächen rückzumelden. Dazu gehören neben dem Positiven selbstverständlich alle Peinlichkeiten und Unstimmigkeiten der Darstellung und jede Plumpheit und Unbeholfenheit der Wahrnehmung. Das bedeutet, Kritik nicht als Entlarvung, sondern als sinnvollen Kompromiß und bestmögliche aktuelle Lösung auf dem Weg zu mehr äußerer und innerer Stimmigkeit aufzufassen. So soll der individuelle Stand -auf der Basis von Selbstverantwortung als Grundlage der Entwicklung- mit dem Wissen um die Möglichkeit versöhnt werden.

Es wird auch nicht mit dem Spiegel geübt. Bei der Empfindungsschulung geschieht sosieso viel mit geschlossenen Augen, da die Klischees des Bildes-von-der-Welt stark mit dem Sehen als Fernsinn zusammenhängen, das schon

von weitem bestimmt und erkennt, was ist und geschehen wird. Auf den Körper zu hören, benötigt deshalb oft geschlossene Augen:
Bei der konkreten Arbeit wird oft mit geschlossenen Augen begonnen, da die Gewohnheit der Wahrnehmung besonders stark beim Sehen ausgeprägt sind, und dessen Dominanz die anderen Möglichkeiten etwas verkümmern läßt.

*"Alles, was einmal unmittelbar körperlich war, ist längst interiorisiert und transformiert in eine semiotische Funktion. Der Einsatz des Körpers ist für die reine Erkenntnis nicht nötig, ja er würde die Objektivität des Erkennens stören ... Das Auge wird bevorzugt, weil es am wenigsten an die Körperlichkeit des Erkennens erinnert. Es ist ein körperfernens Sinnesorgan. 'Das Auge ist der intellektuellste Sinn' (Rittner). Bereits Hegel wußte davon: 'Das eigentlich Materielle der Körperlichkeit .. geht uns beim Sehen ... nichts an.' "(67)*

Auch ist das Gesicht als ausgesprochener Fernsinn abstrakter und weniger am Wesen der Dinge orientiert.

*"An der Grenze von Organismus und Umwelt, zuallererst an der Hautoberfläche und in den anderen Organen der Sinneswahrnehmung und der motorischen Reaktion, ereignet sich Erfahrung." (68)(Perls)*

Um auf die Unvoreingenommenheit zu kommen, ist es nötig, nach dem Motto: "Kneif mich mal" auf die Empfindung des Körpers zurückzukommen.
Ich zitiere hier noch einmal Glasers anthropologischen Diskurs:

*"Hierbei spielt Berühren und Anfassen die bedeutendste Rolle. Schon Aristoteles hielt den Tastsinn bei Mensch und Tier für den grundlegenden Sinn. Und der Umweltraum ist für den Menschen primär ein haptischer Raum (Calcon und Prick), denn die 'Beziehung geschieht (nach Bodenheimer) haptisch-taktil, das meint im Berühren und Anfassen'. Haptik und Taktilität sind die beiden Radikale des haptisch-taktilen Elementes der Beziehungen. Das erstere ist nach Bodenheimer die aktive Form der berührenden Hinwendung, das Erfassen, Ergreifen und Behalten. Taktilität oder Taktus ist die passive Form, das Sich-anrühren-Lassen, das Ergriffen-Werden oder -Sein. Selbst sprachlich ist die Ableitung der übrigen Sinneseindrücke von diesem grundlegenden Sinn gegeben. 'Man wirft ein Auge auf die Dinge', man 'erfaßt ein Bild, ein Musikstück', man wird 'ergriffen' von einem Gefühl, vom Eindruck, den ein Geschehnis uns macht, und vieles andere mehr. Wir müssen uns aber darüber klar sein, daß diese Transposition von einem Sinnesgebiet ins andere ein Vorgang der zentralen Intention ist. Daß dabei immer noch die Verbindung zum motorischen System besteht, erkennen wir daran, daß selbst eine Veränderung der Blickrichtung zum Aufbau von Phantomempfindungen und zu merkbaren Atem- und Tonusvariationen führen (Coblenzer, Feldenkrais) ... Die Zeit, in der wir leben, ist bedauerlicherweise dazu angetan, uns die haptotaktilen Erfahrungen zu mindern oder gar vorzuenthalten. Wir haben uns kaum mehr greifbar um die Dinge zu bemühen, da uns die Elektronik - ferngesteuert- bedient. Über die eigene Motorik erfahren wir nur selten noch die*

*Struktur unserer bewegten Umwelt. Für die Kommunikation werden 'Informationsmedien' eingesetzt. Dieses Dilemma für das Lebensgefühl ist so offensichtlich, daß die Stimmen lauter werden, die auf diesen Mangel hapto-taktiler und hapto-kinetischer Begegnungsformen hinweisen."(69)*

Dann kann mit dem Kontakt zur Natur-im-Menschen auch eine stärkere Selbstregulation geschehen. Ähnliches gilt für Tanz. Ist das Ziel nicht die Bühne, sondern Technik-als-Weg, so ist es gut, die Dominanz des Auges einzudämmen. Das bedeutet natürlich nicht, mit geschlossenen Augen zu üben. Tanz hat immer mit Raum und Kontrolle zu tun, so daß gemeint ist, (zumindest länger) ohne Spiegel zu üben. Im Vordergrund steht das Gefühl für die Bewegung.
Vorraussetzung sowohl für Empfindungsschulung, als auch für Tanz ist eine grundsätzliche Entspannung und Gelöstheit.

## 4 VORAUSSETZUNGEN DER ARBEIT

Eine wichtige Voraussetzung für die Entwicklung einer differenzierten Wahrnehmungskunst ist eine grundsätzliche Entspannungsfähigkeit, ohne die ein Mensch nie die innere Struktur spüren kann, sondern immer nur seine Verspannung. Feldenkrais macht das am Beispiel der Wahrnehmung der Muskelspannung deutlich:

*"Die allmähliche Reduktion der nutzlosen Anstrengung ist erforderlich, um die kinästhetische Sensibilität zu erhöhen, ohne die sich eine Person nicht selbst regulieren kann. Das Fechner-Webersche Gesetz zeigt dies deutlich. Dieses Gesetz besagt, daß für einen großen Bereich menschlicher Wahrnehmung und Aktivität der Unterschied im Stimulus, der den am geringsten wahrnehmbaren Unterschied in der Wahrnehmung bewirkt, immer im gleichen Verhältnis zum gesamten Stimulus steht. Wenn ich ein 20 Pfund schweres Gewicht hochhalte, kann ich nicht feststellen, wenn eine Fliege darauf sitzt, weil der geringste wahrnehmbare Unterschied im Stimulus 1/20 bis 1/40 Pfund beträgt. Es muß also mindestens ein halbes Pfund dem Gewicht zugefügt oder abgezogen werden, bevor man es merkt. Wenn ich eine Feder halte, macht das Draufsitzen einer Fliege einen großen Unterschied ... Verfeinerte Ausführung von Bewegungsabläufen wird nur möglich, wenn die Sensibilität, d.h. die Fähigkeit, Unterschiede zu fühlen, verbessert wird."(70)*

Praktische Methoden, um dieses Ziel zu erreichen, sind Autogenes Training(71)[8] und Bewegungstherapie(72).
Erfahrungen in diesen Methoden ermöglichen tiefe Entspannung, Öffnung und ein schnelles und effektives Lernen.
Wie aber geschieht persönliches Wachstum? Trotz günstiger Methodenkombination und Unterstützung der Selbstregulation geschehen ja massive persönliche Erschütterungen.

## 5 DER INNERE BEOBACHTER

Eine Möglichkeit, Menschen bei derartigen strukturellen Probleme ihrer Psyche zu helfen, ist therapeutischer Beistand. Wenn starke Konflikte die Bewußtseinsfähigkeit abweichender Körperempfindungen kontrollieren, ist dies der beste Weg, eine Arbeitsmöglichkeit zu schaffen.
Die Methode der Wahl für Ästhetische Bildung ist, wenn immer möglich, die Entwicklung eines inneren Beobachters. In seinem Buch über wechselnde Bewußtseinszustände schreibt Tart:

*"'Viele Meditationsschulen vertreten den Standpunkt, daß ... der Mensch einen Beobachter besitzt (oder entwickeln kann), der das persönliche Verhalten mit einem hohen Grad an Objektivität betrachtet. Da dieser Beobachter seinem Wesen nach die reine Aufmerksamkeit ist, hat er selbst keine individuellen Merkmale.' ... Manche Menschen, die einen ziemlich gut entwickelten Beobachter zu haben glauben, meinen, daß dieser Beobachter fortwährend in Aktion sei, nicht während eines besonderen diskreten Bewußtseins-zustandes, sondern auch während des Überganges zwischen zwei oder mehreren solcher diskreten Zustände."(73)(Edwards)*

Für die Entwicklung eines inneren Beobachters eignen sich natürlich vor allem die klassischen Meditationen, besonders Zen. Doch stellen Eutonie und Atemarbeit, genauso wie Tanztraining und Dore-Jacobs-Arbeit oder Zen gerade Wege dar, an deren Ende ein "innerer Beobachter" steht. Er kann somit am Anfang noch nicht helfen. Einen guten Weg stellt aber das "innere Bilderleben"(74)(Thomas), (75)(Leuner), (76)(Niesel) dar, wenn man nicht "in die Bilder hereingeht", sondern es als Geschehenlassen begreift. Das gleiche gilt für alle anderen Übungen, wobei aber das Bilderleben mit seiner Möglichkeit, im entspannten Zustand die eigenen Traumbilder bewußt erleben zu können, also in einem gewissen Maß dem eigenen Unbewußten bei der Arbeit zusehen zu können, begreiflicherweise für die Ausbildung eines inneren Beobachters besonders wertvoll ist. Dieser innere Beobachter zieht keinesfalls bewußte Aufmerksamkeit ab oder führt zu einer Selbstkontrolle im landläufigen Sinn einer Hemmung der Spontaneität, sondern bedeutet korrektere Selbsteinschätzung und Verantwortung. Das entspricht genau dem, was Deharde mit der "Bewußtseinsverdoppelung" im Tanz beschrieben hat.

## 6 DER THEORETISCH UND PRAKTISCH BEDEUTSAME UNTERSCHIED ZUR THERAPIE

Im Unterschied zu therapeutisch ausgerichteten Ansätzen benutzt man in der Ästhetischen Bildung die Übungen nicht als Vehikel zu Traumata, sondern als erlebbare Form, läßt die Gefühle kommen und gehen, wobei die Vorstellung im Hintergrund steht, aus den Konflikten quasi herauszuwachsen.

Ich gehe völlig konform mit Jung,

*"daß die größten und wichtigsten Lebensprobleme im Grunde alle unlösbar sind; sie müssen es auch sein, denn sie drücken die notwendige Polarität ... aus. Sie können nie gelöst, sondern nur überwachsen werden."(77)*

Dabei ist sowohl der Weg von innen durch Spürarbeit, als auch von außen durch Technik-als-Weg möglich:

*"Es schien mir typisch zu sein, daß die einen es von außen und die anderen es von innen nahmen oder vielmehr, daß es den einen von innen und den anderen von außen zuwuchs."(78)*

Das nächste Jung-Zitat formuliert die bisher stillschweigende Ideallösung des Therapieproblems der Ästhetischen Bildung:

*"Dieses 'Überwachsen' ... stellte sich ... als eine Niveauerhöhung des Bewußtseins heraus. Irgendein höheres und weiteres Interesse trat in den Gesichtskreis, und durch diese Erweiterung des Horizonts verlor das unlösbare Problem seine Dringlichkeit. Es wurde nicht in sich selber logisch gelöst, sondern verblaßte gegenüber einer neuen und stärkeren Lebensrichtung. Es wurde nicht verdrängt und unbewußt gemacht, sondern erschien bloß in einem anderen Licht, und so wurde es auch anders. Was auf tieferer Stufe Anlaß zu den wildesten Konflikten und panischen Affektstürmen gegeben hätte, erschien nun, vom höheren Niveau der Persönlichkeit betrachtet, wie ein Talgewitter, vom Gipfel eines hohen Berges gesehen. Damit ist dem Gewittersturm nichts von seiner Wirklichkeit genommen, aber man ist nicht mehr drin, sondern darüber."(79)*

Der Übungsprozeß bei an diesem Ansatz orientierten Verfahren von innen und außen ist, sich selbst zu inszenieren, d.h. bewußt mit der Übungsvorgabe unwillkürlich gesteuerte Aktionen auszulösen und mitzuvollziehen, allmählich zu lernen, sie immer mehr ihrer Eigenart gemäß auszuführen, was in einem "shaping" des "Zulassens" besteht, um so genauere Kenntnis über seine Eigenarten zu bekommen, diese zu akzeptieren und quasi eine Landkarte des Inneren zu erhalten, was auch völlig mit der Ansicht Jungs übereinstimmt:

*"Und was taten die Menschen, um den erlösenden Fortschritt herbeizuführen? Soweit ich sehen konnte, taten sie nichts (Wu Wei Tun durch nicht Tun), sondern ließen geschehen, wie der Meister Lü Dsu es lehrt, daß das Licht nach dem eigenen Gesetz rotiere, wenn man seinen gewöhnlichen Beruf nicht aufgebe. Das Geschehenlassen, das Tun im Nicht - Tun, das Sich Lassen des Meister Eckart wurde mir zum Schlüssel, mit dem es gelingt, die Türe zum Weg zu öffnen: Man muß psychisch geschehenlassen können. Das ist für uns eine wahre Kunst, von welcher unzählige Leute nichts verstehen, indem ihr Bewußtsein ständig helfend, korrigierend und negierend dazwischenspringt und auf alle Fälle das einfache Werden des psychischen Prozesses nicht in Ruhe lassen kann."(80)*

Dabei muß dieses Von-selbst-die-Lösung-Finden durch die richtige Aufgabenstellung vorbereitet werden, bei Jung durch Therapie, im Taoismus in Meditation, in der Ästhetischen Bildung durch Empfindungsschulung oder Technik-als-Weg, wo die Übenden ihr Unwillkürliches inszenieren, wie Perls sagte, spontan geschehenlassen können.
Diese Balance zwischen bewußtem Einleiten, dem Künstlichen, und dem von innen her Sich-Entwickelnlassen, was Deharde wie eine Bewußseinsverdoppelung beschreibt(81), wird am treffendsten in einer taoistischen Übungsanleitung beschrieben:

*"Auch darf man die Gedanken nicht auf die richtige Ausführung richten. Wenn man sich zu viele Mühe gibt, so tritt diese Gefahr ein. Ich sage nicht, daß man sich keine Mühe geben soll, aber das richtige Verhalten ist in der Mitte zwischen Sein und Nichtsein; wenn man absichtlich die Absichtslosigkeit erlangt, dann hat man es erfaßt. Souverän und ohne Trübung lasse man sich gehen in selbständiger Weise."(82)(Meister Lü Dsu)*

In der Ästhetischen Bildung wird angenommen, daß sich -indem man das Absichtlose zulassen lernt- die persönlichen Probleme überwachsen. Im Hinblick auf die Bedeutung von Form, wie sie für das hier zur Debatte stehende Modell charakteristisch ist, muß das genauer beschrieben werden.

## 7 ALLMÄHLICHE ENTWICKLUNG UND SELBSTVERWIRKLICHUNG DURCH ENERGIE UND FORM

Die integrativ harmonischen Kräfte der Körperarbeit, der Angebotscharakter der Übungen und die Symbole des Bilderlebens bewirken, daß aufgebrochene Erlebnisse sich ordnen und den Menschen behutsam im Sinne einer allmählichen Entwicklung verändern. Die individuell einmalige Kombination der Erlebnisse wird auf dem Hintergrund eines für alle gleichen Grunderlebens einer körperlichen Qualität und einer Grundidee wahrgenommen und so entdramatisiert.
Wenn man den Sinn des irdischen Lebens so auffaßt, daß sich immer höheres Leben entwickelt und die Menschen den eigenen Platz darin anerkennen und das Ganze erkennen sollen, bedeutet das einen ungeheuren Druck. Als höchste Individuation muß er seinen persönlichen Weg zur Verwirklichung seiner selbst im Einklang mit seinem Schicksal allein finden, mit viel Energie sich zu verwirklichen suchen. Kurtz schreibt:

*"Das Leben wächst und verändert sich, wird größer, klüger, immer komplexer und organisierter. Die letztlich sinnvolle Erklärung für dieses Phänomen beruht auf der Systemtheorie, dem Selbstorganisierungskonzept und der Vorstellung der dissipativen Strukturen. Eine* [Grundeigenschaft von dissipativen Strukturen] *ist: Sie müssen Energie aufnehmen ... Eine dissipative Struktur nimmt Energie auf und muß daher für ihre Umwelt offen sein ... Eine weitere Eigenschaft dissipativer Strukturen ist, daß sie mit einem starken*

*Ungleichgewicht arbeiten müssen. Ungleichgewicht wirkt wie eine sprudelnde Quelle. Wir Menschen unterliegen zum Beispiel der Spannung und dem Ungleichgewicht der aufrechten Haltung. Sie hält uns ein wenig wacher, ein wenig aufmerksamer, ein wenig fähiger."(83)*

Psychische Probleme sind Kontakt- und Wachstumsstörungen, in denen sich die Entwicklung festgefahren hat und ein großer Teil der Energie für das Festhalten verbraucht wird.
Was ich im vorigen Unterpunkt mit Jung als ein "Überwachsen von Problemen" bezeichnet hatte, besteht zum einen im Zulassen, zum anderen darin, seinen Platz und darauf seine neue Balance zu finden, sich als Teil eines sinnvollen Ganzen zu begreifen, wobei das, was vorher die Störung war, als ein sinnvoller Kompromiß, der jetzt überflüssig geworden ist, gesehen wird. Das gelingt, indem man sich als Teil erlebt, das Festhalten an den Einzelheiten löst, körperlich teilhat an einer Form und geistig deren Sinn begreift. Das Gestalten und Erleben von Form kann entlasten. Frank beschreibt Heilungen am Beispiel von Lourdes:

*"'Auf dem Platz stellen sich die Kranken in Zweierreihen auf ... Alle paar Schritt, vor ihnen, knieende Geistliche mit ausgestreckten Armen im ernsten Gebet, die Responsorien anstimmend. Schwestern und Pilger, auf den Knieen, ebenfalls betend ... Leidenschaft schwillt, als das heilige Sakrament naht. Gebete werden dringlicher ... Der Bischof verläßt den schützenden Baldachin, trägt die Monstranz. Die heilige Hostie wird über jeden Kranken emporgehoben. Die große Menge fällt auf die Knie. Alle Arme sind ausgestreckt in einem durchdringenden Schrei zum Himmel. Soweit man sehen kann, in allen Richtungen Menschen auf den Knien, betend ... ' ... Welches sind die Ergebnisse dieses gewaltigen Ausströmens von Gefühl und Glauben? Die große Mehrheit der Kranken erlebt keine Heilung. Die meisten Pilger aber scheinen einen psychologischen Gewinn aus dem Erlebnis mitzunehmen. Wie die Teilnahme an Heilritualen in primitiven Gesellschaften, g ilt die Pilgerschaft als etwas, das an und für sich schon Würde verleiht, und die ganze Atmosphäre von Lourdes ist spirituell erhebend. In diesem Zusammenhang ist der Altruismus aller Beteiligten besonders bemerkenswert. Ärzte, Brancardiers (die die Kranken bedienen) und Helfer aller Art wenden unentgeltlich viel Zeit und Mühe auf, und bei allen Zeremonien liegt der Akzent auf Selbstvergessenheit und Hingabe für das Wohl anderer. Die Pilger beten für die Kranken und die Kranken füreinander, nicht für sich selbst."(84)*

Der schamanische Weg ist die Urform, den Menschen von der Bürde der "Krone der Schöpfung" zu entlasten und ihn wiedereinzubetten in die Natur. Das therapeutisch relevante integrierende Element ist auch hier diese Verbundenheit:

*"Rund fünfzehn Stunden später, frühmorgens nach Beendigung der Zeremonie, blickte ich in das gütige Gesicht des Schamanen, der die Zeremonie abgehalten hatte, und eine ungeheure Erregtheit der Anerkennnung durch-*

*strömte mich. Ich kann nicht beschreiben, wie wir uns einem gegenseitigen Mitgefühl zu öffnen schienen. Das Ausmaß des Augenblicks war uralt und bekannt. Ich wünschte der gesamten Menschheit dieses Auflösen von Grenzen in einem Akt des Heilens ... "(85)(Joan Halifax)*

Die Leidenschaft, das Erlebnis, Sinn zu finden, die Gemeinsamkeit, der Altruismus sind auch psychologisch wirksame Elemente in der Ästhetischen Bildung. Beim Tanz steht das Erlebnis der Anstrengung -die Erfahrung, daß jeder für sich versucht, es so gut wie möglich zu machen und dabei alle auf ihre ganz persönliche Art von innen her sich in einer ähnlichen Realisierung treffen- als Aufgehoben-Sein und Communio zur Verfügung. Im inneren Bilderleben der Körpersymbolik wird das persönliche Erleben als individuelle Ausprägung eines allgemeinen Geschehens gesehen. Allgemein geschieht das Loslassen darin, daß auch bei starken Emotionen das Verwickeltsein abnimmt, man ES spielen lassen kann, das Ich sich tragen läßt von der Natur im Menschen und die eigene Besonderheit auf dem Hintergrund der Besonderheiten der anderen in den Regeln des Lebens erträglich wird.
Was letztlich wirksam wird ist ein Erleben, das die Begrenzung des Ich überschreitet und in einer Art wirkt, wie die dramatische Katharsis oder Meditation. Den wirksamen Punkt hat Scharfetter folgendermaßen beschrieben:

*"Die passive Form bringt noch besser zum Ausdruck, daß es sich hier um ein außerhalb individueller Abgrenzung vorgehendes Geschehen der Überantwortung handelt, um ein Sichaufgeben an andere Bewußtseinsbereiche. Damit wird das pointierte Ich-Bewußtsein ... aufgehoben und überschritten. Dieses akzentuierte Ich-Bewußtsein ist ja selbst erst der Ermöglichungsgrund der Ich-Störung. In der Meditation.. geht man gleichsam vor die Konstitution eines so markierten Ich ... In dieser Begegnung im Nichts des Noch-Nicht-Ich, des Prä-Ego, ereignet sich in positiven Fällen eine Neugeburt des Ich-Bewußtseins"(86),*

welches dann aber im Sinne eines Selbst-Bewußtseins verändert ist.
Viele vorschnelle Therapieversuche aus Hilflosigkeit und allgemeiner Desorientierung werden dabei überflüssig. Punkte, an denen es so nicht weitergeht, werden deutlicher und therapeutische Hilfe erleichtert.
Vor allem wird eine innere Struktur geschaffen, die Veränderungen erleichtert und sie integrieren kann.

## 8 INTELLEKTUELLE VERARBEITUNG UND GANZHEITLICHES ERFAHRUNGSORIENTIERTES LERNEN

In dem hier skizzierten Modell geschehen die Entwicklungen ja erstmal innerhalb der Person im Kontakt des Ich mit der Natur-im-Menschen durch ein körperliches Wahrnehmungs- und Ausdruckstraining. Die vorher so oft angesprochene Problematik der Verunsicherung durch die Auflösung des

Bildes-von-der-Welt wird einerseits durch die archetypische Ordnung der KÖSYBE, dann durch das Gestaltbildungstraining der TIA sowie die Selbstregulation gemildert. Trotzdem ist es wichtig, immer wieder die Beziehung zur alltäglichen pragmatisch organisierten Welt herzustellen. Deren Mechanismen sind in hohem Maß sprachlich vermittelt. Die Kategorien und Gestalten der alltäglichen Lebensbewältigung müssen immer mit ins Spiel gebracht werden, um nicht ein elitäres Abheben in "Kunst und Psycho" und die Spaltung der Welt in zwei Bereiche zu fördern.

Dabei ist das gesprochene Wort von großer Bedeutung. Es ist wichtig, immer wieder zu verbalisieren und die eigentlich unvergleichlichen und unsagbaren authentischen Erfahrungen dem Ich und seiner Verarbeitung zugänglich zu machen. Damit ist nicht gemeint, sie auf das mit Worten Sagbare zu reduzieren, sondern neben dem nicht Vermittelbaren eine Verbindung herzustellen, die das Ich-Bewußtsein erweitert und an das Ungewöhnliche gewöhnt. Eine Information über den Hintergrund von Übungen, eine treffende Erklärung, worum es geht, bereiten die Wahrnehmung vor.

Viele glauben nicht, was nicht sein kann. Insofern und auch aus anderen Gründen ist es von fundamentaler Bedeutung, den Intellekt miteinzubeziehen. Eine Betonung des "Nicht Reden, nur Machen!" fördert eine "fatale" Abspaltung. Entweder wird dann später rationalisiert oder es entstehen zwei Wahrnehmungswelten.

Intellekt als logische und Gefühl als intuitive Wahrnehmung gehören zusammen in eine erfahrungsorientierte Ganzheit und bedürfen beide der Korrektur durch die Empfindungsschulung.

Beim Reden über die Erfahrungen der Übungen geht es nicht darum, Erklärungen -das Warum- zu suchen. Die Qualität einer Erfahrung -das Wie- soll beschrieben und in Verbindung gesetzt werden.

Das Wort als Assoziation mit der Alltagswelt kann das Bewußtsein erweitern für eine widersprüchlichere vielfältigere Welt.

Die oft vernommene Forderung, nur "aus dem Bauch" zu agieren, stimmt für Ästhetische Bildung nicht.

Es ist gerade im Gegenteil wichtig, das Paradoxe einer Erfahrung, die das rationale persönliche Weltkonzept bis in die Grundfesten zum Schwanken bringt, als Provokation des Intellekts zu benutzen. Neben Kunst und Empfindungsschulung ist für die psychologische Einbettung der ständige Prozeß wichtig, den rationalen Intellekt mit dem eigentlich unsagbaren in Kontakt zu bringen. In diesem Sinne bedeutet Ästhetische Bildung für das Bewußtsein dasselbe, wie ein Koan für den Zen-Schüler:

*"Die dritte Art der Verwirrung, die gefühlte oder echte Verwirrung, tritt dann ein, wenn ein Mensch sich mit einer paradoxen oder a-logischen Aussage ... herumschlägt und dabei ihr Gewicht verspürt, aber unfähig ist, zumindest im Augenblick, ihre wahre Bedeutung zu entdecken ... Diese dritte Art der Verwirrung ist von höchster Bedeutung bei der Anwendung des Koan.., weil sie sich Gestaltprozeße selbst zunutze macht, d.h. das Bedürfnis nach dem*

*Schließen einer Gestalt"(87),*

schreibt Greaves und zitiert Suzuki:

*"'Das Koan ... verfolgt ein sehr ernstes Ziel, nämlich die Aufrüttelung des Zweifels, den es bis auf die Spitze treibt. Eine Äußerung auf logischer Grundlage ist dem Verstand zugänglich. Was für Zweifel und Schwierigkeiten sich auch daran knüpfen mögen, sie sind auf dem natürlichen gedanklichen Wege lösbar ... Alle Flüsse münden gewiß einmal im Meer, aber das Koan steht wie ein Eisenwall im Wege und widersetzt sich auch den intensivsten intellektuellen Bemühungen.' ... 'Es ist ein Gefühl, als sei der logische Gedankengang plötzlich abgeschnitten. Wir zaudern, wir zweifeln, wir werden unruhig und erregt, weil wir nicht wissen, wie wir diesen scheinbar unübersteiglichen Wall durchbrechen sollen. Wenn dieser Höhepunkt erreicht ist, wirft sich unsere ganze Persönlichkeit, unser ganzer Wille und unsere tiefste Natur, entschlossen, einen Ausweg zu suchen, ohne weitere Erwägung zwischen Selbst und Nichtselbst, zwischen Dies und Das, unmittelbar gegen den Eisenwall des Koan. Dieses Anrennen unseres tiefsten Wesens gegen das Koan öffnet unerwartet einen bisher unerkannten Bezirk des Geistes. Intellektuell bedeutet dies die Überschreitung der Grenzen des logischen Dualismus, aber gleichzeitig ist es eine Wiedergeburt, das Erwachen eines inneren Sinnes, der uns befähigt, in das tatsächliche Zusammenwirken allen Geschehens zu schauen.'"(88)*

Allerdings haben wohl nur wenige Menschen ein so starkes Interesse an Transzendenz und einen solchen leidenschaftlichen Erkenntnisdrang, daß ein Koan eine derartige emotionale Energie, die für das dramatische Durchbrechen einer Ich-Beschränktheit nötig ist, mobilisieren könnte. "Ästhetische Bildung" benutzt somit nach Platos Satz

*"Aber wer nach dem Schönen strebt, dem ist es auch schön, zu leiden, was ihm bestimmt ist"(89),*

in tantrischer Weise die sinnliche Energie selbst, die in dem Augenblick, wo sie nicht nur zum Ausagieren mißbraucht, sondern in der richtigen Form ausgeführt wird, eine gewaltige, bewegende, absolute Qualität bekommt. Ähnlich wird das für "Martial Arts" im Sinne des Zen übertragen:

*"Using a technique from Zen instruction, the master teacher presents the trainee with physical koans, or dilemmas, which force the trainee to attempt to solve the various conceptual problems associated with this particular art (90)(Draeger, 1973b)."*

Diese Widersprüche für den ungeübten Körper und das unentwickelte Bewußtsein lösen sich in der Entwicklung der oben erwähnten Eigenart des Körpers, sowohl für sich zu stehen, als auch über sich selbst hinauszuweisen: Das hat viel mit Grundforderungen der Körperarbeit wie Zentrierung und Durchlässigkeit zu tun. Zentrierung meint den bewegungsmäßigen Kontakt zur Mitte, hat praktisch mit Gleichgewicht u.ä. zu tun. Durchlässigkeit steht für die Offenheit und Weiterleitung aller Impulse, die in der Eigenart der Bewegung liegen. Auch die Middendorfschen Begriffe von Hingabe und Achtsamkeit gehören hierher. Hingabe entspricht der Öffnung, dem Zulassen und Erleiden, Achtsamkeit der Kontrolle, dem aufmerksamen Aussuchen. Parallelen bestehen auch zu der Maxime, in der Bewegung zu ruhen und im Ruhen bewegt zu sein. Das entspricht dem Dabeisein beim Geschehenlassen, sowie der Wahrnehmung in der Aktivität. Schließlich ist überhaupt das Im-Körper-Anwesend-Sein Garant für den Kontakt zu dem, was außerhalb des bewußten Wollens liegt. Naranjo schreibt:

*"Heutzutage scheint die hedonistische Weltanschauung vom religiösen Gefühl getrennt zu sein und ihm zuwiderzulaufen. Insofern als 'Körper' und 'Geist' als Quellen unvereinbarer Werte betrachtet werden, werden der Idealismus und das Geistige häufig mit verbissener Askese assoziiert, während die Verteidigung des Vergnügens sehr häufig in den Händen der zynisch praktischen, grob gesonnenen und kaltschnäuzigen 'Realisten' liegt"(91).*

"Ästhetische Bildung" arbeitet über die sinnliche Erfahrung, mit körperlicher Übung und Kunst in einer lustvollen Art, bindet diese aber ein in eine ernsthafte persönliche und universelle Ordnung und Verantwortung. Dazu gehören sowohl das totale Erleben des Augenblicks, als auch die Konsequenz des Sich-Einlassens und die bewußte Verarbeitung.

## 9 GRUPPENDYNAMIK

Letzte selbstverständliche aber notwendige Voraussetzung für Lernen ist Vertrauen nicht nur in die Kompetenz, Akzeptanz und Intuition der Leitung, sowie die eigenen Wachstumskräfte und deren Entfaltung, sondern der Teilnehmer untereinander. Wie die Möglichkeit psychotherapeutischer Intervention ist auch die Einfügung gruppendynamischer Sitzungen nach Bedarf unerläßlich. Coenen schreibt zu Merleau-Ponty:

*"So erscheint bei Merleau-Ponty die Leiblichkeit als die verbindende Stelle von Ich und Du. Stärker noch, er sieht meinen und deinen Leib als Teile einer Totalität, als Organe einer einzigen 'intercorporéite'. Diese ist eine Schicht 'anonymer Existenz', in der wir schon leben, bevor sich überhaupt eine Trennung von mir und dir ausgeprägt hat ... In unser beider Leiblichkeit fungiert also unsere gemeinsame Zugehörigkeit zur Welt und unsere Vertrautheit mit ihr. So bildet die Weltlichkeit die tiefere Wurzel der intersubjektiven Verbindung."(92)*

Der Weg der Ästhetischen Bildung durch den Körper ist zwar die gemeinsame individuelle Erfahrung und Gestaltung, doch können Projektionen, Unsicherheiten und Ablehnungen diesen Weg der Entwicklung so sehr erschweren, daß eine entsprechende Thematisierung sinnvoll ist.
Normal ist aber, daß die Gruppen und die Menschen "ausgesprochen nett"

sind, wie immer wieder von verschiedenen Seiten festgestellt wird. Das heißt einmal natürlich einfach, daß sich für diese Thematik ganz bestimmte Leute interessieren. Die machen aber in der Arbeit Prozesse mit, die eine selbstverständliche Art, mit den eigenen Problemen und Erfolgen und den anderen Menschen umzugehen, eben nicht zu projizieren.

# E UNTERSUCHUNGEN

Jetzt ist es natürlich interessant, zu untersuchen, wie sich dieser integrative Ansatz für die Teilnehmer auswirkt.
Darüber gibt es vier Untersuchungen, außerdem eine über einen Teilaspekt und eine über die Aufnahme einer einzelnen Stunde. Daneben hat noch die erfolgreiche praktische Arbeit einen Aussagewert.
Wie man sich denken kann, ist dieser Ansatz nicht aus der Theorie heraus entstanden, sondern hat sich aus der Praxis entwickelt. Außer der Theorie, die unabhängig vom praktischen Unterrichtserfolg die hier vorgestellte Art von methodischer und psychologisch/ästhetischer Integration nahelegt, weist eine umfangreiche und erfolgreiche praktische Arbeit, die sich ohne Werbung als Selbstläufer entwickelte, darauf hin, daß etwas für die Teilnehmer interessantes geschieht.
Darüber, was genau geschieht, gibt es einmal die Untersuchung einer Einzelstunde (Fragebogen II: Erlebnis und Bedeutung der Stunde).
Dreimal wurde unter sehr verschiedenen Aspekten die Auswirkung des ganzen Kurskonzeptes außer Tanztheater zu erfassen versucht:

1. In der Untersuchung von Birkholz(93) wurde sehr offen gearbeitet. Sie hat aus den Berichten der Teilnehmer die zentralen Begriffe herausgearbeitet, so daß ihre Arbeit einen gewissen Aufschluß darüber gibt, wie die Teilnehmer unabhängig von den Vorgaben einer Untersuchung ihren Entwicklungsprozeß beschreiben würden.
2. In einem Fragebogen(Fragebogen I: Seelisch/körperliche Entwicklung, Wahrnehmungsfähigkeit und Komptetenz) habe ich versucht, die Fähigkeit zur Selbstwahrnehmung und die Selbsteinschätzung auseinanderzudividieren und ihre Wechselwirkung untereinander und für die Themen TIA und KÖSYBE herauszufinden.
3. Vor dem theoretischen Hintergrund dieses Buches ist die letzte Untersuchung(Fragebogen III: Ästhetische Bildung und Persönlichkeitsentwicklung) am spannendsten. Darin habe ich Fragen der persönlichen Entwicklung, wie sie in der Theorie behauptet werden, direkt angesprochen. Günstig dabei war, daß es die Möglichkeit gab, Gruppen von KÖSYBE und TIA als Anfänger und Fortgeschrittene zu unterscheiden.

Die Untersuchungen werden hier kurz in ihrer Bedeutung für die Praxis dieses Ansatzes referiert[9].
Die Untersuchungen von Birkholz und der Fragebogen I wurden in dem Projekt "Integration von Körper, Bewegung und Persönlichkeit" durchge-

führt, welches -beginnend mit dem Wintersemester 1985- am Institut für Sportwissenschaften der Universität Göttingen stattfand. Das erste Semester hatte als Thema Entspannungsverfahren, Grundlagen der Körper- und Bewegungsbildung, Empfindungsschulung über Atem und Spannung, Übungen zur Beweglichkeit und Koordination, im zweiten Semester war das Thema "Körpersymbolik, innere Bilder und Bewußtsein", das dritte Semester hatte "Tanzimprovisation als Alltagskunst" zum Thema. Der Umfang der Unterrichts betrug jeweils vier Semesterwochenstunden und ein Wochenende.

Die Fragebögen II und III wurden in einem Nachfolgeseminar und privaten Gruppen im Winter 1988 ausgefüllt.

Alle hier angeführten Studien messen nicht etwas "objektives", sondern werten "subjektive" Einschätzungen der Betroffenen selbst aus. Ich möchte deshalb den eigentlichen Untersuchungen einige kurze Überlegungen voranstellen, die sich mit dieser Vorgehensweise und ihrem Aussagewert bewschäftigen.

1.) Wie repräsentativ sind die Untersuchungen?

Es gibt bei diesen Untersuchungen selbstverständlich eine unbeabsichtigte Vorauswahl. Wie bei allen anderen freiwilligen Lehrveranstaltungen nehmen Studenten teil, die sich aus dem einen oder anderen Grund für das Thema interessieren und nicht ein allgemeiner Durchschnitt der Studenten oder gar der Bevölkerung. Bezüglich des Projektes kann ich aber feststellen, daß das Publikum sehr gemischt war; es gab z. B. viele Studenten, die einen Hintergrund in Ballspielen hatten und dem Thema fremd gegenüberstanden. Das wird auch in den Berichten, die nach Abschluß des Projektes verfaßt wurden, deutlich. Bei den privaten Gruppen gibt es eine klare Beschränkung der Aussagegültigkeit auf Menschen, die aus irgendeinem allgemeinen Interesse oder schon von konkreter Information getragenen Grund den Kursen kamen.

2.) Wie kann man überhaupt Veränderungen feststellen?

Um eine Veränderung festzustellen, wird in klassisch/experimentellen Wissenschaften eine Messung vor und eine nach der zur Diskussion stehenden Einwirkung durchgeführt. Die kontrolliert herbeigeführte Einwirkung wird dann als effektiv bezeichnet, wenn im Vergleich von vorher und nachher bei den Meßdaten eine überzufällig große systematische Veränderung festgestellt werden kann.

Die Eigenart der "Untersuchungsgegenstände" und die Besonderheiten ihrer Veränderungen aber lassen hier eine solche Vorgehensweise ungünstig erscheinen:

Bei der Untersuchung von Birkholz ging es ohnehin um "subjektive Theorien". Die Untersuchung hatte damit gerade die subjektive Einschätzung der persönlichen Veränderungen zum Gegenstand. Auch bei den von mir zur Anwendung gebrachten Fragebögen II und III handelt es sich um eine Dokumentation von persönlichen Einschätzungen intrasubjektiver Veränderungen.

Bei einer solchen Gegebenheit aber wäre es nicht günstig gewesen, den Fragebogen vor und nach der zur Debatte stehenden Maßnahme ausfüllen zu lassen. Die Einschätzung der Unterschiede zwischen Vorher und Nachher würde dadurch nicht objektiver. Im Gegenteil würden sich die Nachteile solcher Verfahren wie Stimmungsabhängigkeit usw. addieren. Sogar ein systematischer Fehler liegt nahe:
Da es sich um Selbsteinschätzungen seelischer und körperlicher Vorgänge und Zustände handelt, müßte ein Ergebnisvergleich Vorher/Nachher die Verbesserung der Wahrnehmungsfähigkeit berücksichtigen, die das Training zwangsläufig bewirkt. Tut er das nicht, kommt es zu "paradoxen Effekten". Vor dem Kurs befragt, könnte ein Teilnehmer auf die Frage: "Wie empfindest Du Deine Durchlässigkeit für die Atembewegung?" mit "mittelmäßig" oder "gut" antworten. Er verbindet nichts mit den Begriffen und ihm waren noch nie Probleme mit dem Atem bewußt geworden.
Im Verlauf des Kurses erfährt er, was "Durchlässigkeit für die Atembewegung" bedeutet, spürt seine Verspannungen, Disharmonien und ahnt, was möglich sein könnte. So könnte er auf die gleiche Frage nach dem Kurs antworten, er habe "große Probleme".
Das gleiche gilt für viele andere Bereiche. Polyrhythmische Koordination beim Tanz kann jemand erst dann als schwer oder leicht für sich bewerten, wenn er sie kennengelernt und geübt hat usw.
Diesen Problemen der Messung habe ich mit Fragebogen I, der für jede Frage zwei Antwortmöglichkeiten (die Einschätzung der eigenen Antwortkompetenz und die Einschätzung der eigenen Fähigkeit) hat, Rechnung zu tragen versucht. In gewisser Weise ist eine Verbesserung im persönlichen und seelisch/körperlichen Bereich in erster Linie eine Wahrnehmungsdifferenzierung. Meßtechnisch bedeutet das die Möglichkeit einer Verschlechterung der Selbsteinschätzung ohne wirkliche Verschlechterung der Eigenschaft durch stärkeres Gewahrwerden. Im Fragebogen eins habe ich daher die Fälle, in denen für eine Frage "Verbesserung-der-Wahrnehmung" gleichzeitig mit "Verschlechterung-der-Eigenschaft" angegeben wurde, als "paradoxen Effekt" gesondert vermerkt.
Bei Fragebogen II ging es um die Wirkung von Einzelstunden. Fragebogen III (über die persönlichen und allgemeinen Auswirkungen des ganzen Kurses) ist besonders interessant, da seine Fragen direkt auf die Theorie dieser Arbeit und die Fragen der Interviews bezogen werden können. Hier habe ich, da es sich um die subjektive Einschätzung persönlicher Veränderungen handelte, nicht vor und nach der Einwirkung die gleiche Frage gestellt, um dann Unterschiede zu ermitteln, sondern direkt nach der Veränderung gefragt[10] .

## 1 ERGEBNISSE

Das Projekt der Universität mit seinen vier Semesterwochenstunden und dem Wochenende habe ich durch einen "Fragebogen I: Seelisch/körperliche Entwicklung, Wahrnehmungsfähigkeit und Kompetenz" begleitet, der am Anfang des Kurses und nach jedem Semester ausgefüllt wurde. Am Ende der vier Semester haben die Teilnehmer einen Kurzbericht über ihre Entwicklung und Erfahrung geschrieben.
Mit diesen Berichten als Material wurde eine Diplomarbeit: "Körpererfahrungen von Studierenden im Fach Sport -eine empirische Studie für die Freizeitpädagogik"(94)(Birkholz) geschrieben, mit der ich ihrer offenen Untersuchungsart wegen beginnen möchte:

### 1.1 Birkholz' Untersuchung

Nach Ende des Seminars hat Birkholz aus den Berichten von dreiundzwanzig Teilnehmer/innen (die nicht alle an allen Teilen des Projekts teilgenommen hatten) durch unabhängige Auswerter 25 zentrale Begriffe ermitteln lassen, die als "Basislexika"[11] dienten. Diese Begriffe - auf Kärtchen geschrieben - wurden von den Studenten als "Netzwerke" gelegt, was "als zentraler Schwerpunkt der Rekonstruktion 'subjektiver Theorien' gelten" (98)(Birkholz) kann[12]. Dieses Verfahren stellt die wohl beste Möglichkeit dar, herauszufinden, wie die Teilnehmer von sich aus den Kurs und ihre eigne Entwicklung erlebt und bewertet haben.
Die häufigst genannten Begriffe in den Berichten der Studenten waren:

| | | | |
|---|---|---|---|
| 1. Das Ich | 138 | 14. Beweglichkeit | 66 |
| 2. Körper | 129 | 15. Angst | 63 |
| 3. Wahrnehmung | 115 | 16. Körperl. Innensicht | 61 |
| 4. Gefühle | 112 | 17. Verspannung | 60 |
| 5. Konfrontation | 110 | 18. Gelöstheit | 59 |
| 6. Geist | 107 | 19. Andere Personen | 59 |
| 7. Sensibilisierung | 99 | 20. Körperl. Ausdruck | 59 |
| 8. Entspannung | 77 | 21. Lebenssinn | 51 |
| 9. Energie | 75 | 22. Schmerz | 51 |
| 10. Heilung | 72 | 23. Zwang | 4 |
| 11. Innere Bilder | 70 | 24. Leistung | 31 |
| 12. Selbstvertrauen | 69 | 25. Kursleiter | 24 |
| 13. Inspiration | 67 | | |

(99)(Birkholz)

Birkholz erstellte dazu ein Gruppennetzwerk, dessen Interpretation sie mit den Worten schließt,

*"daß alle Teilnehmer/innen bei sich selbst eine Veränderung des Kontaktes zum eigenen Körper und eine Sensibilisierung für ihren Körper erlebt und eine größere Bewußtheit entwickelt haben."(100)*

Dabei weist sie darauf hin, daß die Teilnehmer/innen eine ganzheitliche Sichtweise Körper-Geist-Seele entwickelt haben, wie aus den Nennungen im Gruppennetzwerk ablesbar ist.
Im allgemeinen entsprechen die Ergebnisse der Untersuchung meinen Beobachtungen und den theoretisch angenommenen Wirkungen.
Darüber hinaus ist für mich die enge Verbindung zwischen den Begriffen Körpererfahrung, Wahrnehmung, körperliche Innensicht, Sensibilisierung einerseits sowie Konfrontation und Angst andererseits beeindruckend. Das zeigt,

- wie stark die Studenten die im theoretischen Teil beschriebene Wahrnehmungsentwicklung erlebt haben,
- daß im Unterricht ein starkes konfrontatives Element existiert und
- die persönliche Veränderung unter anderem Angst auslöste.

Überraschend für mich ist, daß Konfrontation auch stark auf andere Personen bezogen ist. Das bedeutet, daß Gruppenprozesse stärker beobachtet werden müssen. Bei einem Konzept, das so sehr mit Form und Konfrontation, zugleich aber mit einer Öffnung nach innen operiert, daß eine starke Veränderung -die naturgemäß mit Angst verbunden ist- auftritt, ist ein Kursleiterverhalten wichtig, welches absolut akzeptierend und nichtwertend ist: Die seltene Nennung des Kursleiters weist nach Birkholz auf ein solches zurückhaltendes Verhalten hin, was auch inhaltlich in den Berichten hervorgehoben wird.
Als letztes möchte ich auf die enge Verbindung von Wahrnehmung und Verspannung im Netzwerk hinweisen. Wie Birkholz schreibt, spüren die Teilnehmer/innen

*"ihre Verspannungen häufig viel intensiver, als vor dem Projekt. Trotzdem empfinden die Teilnehmer/innen diese Wahrnehmung als wichtig, da sie die Wahrnehmung der Verspannung als ersten Schritt zu deren Auflösung begreifen. Die intensivere Wahrnehmung macht die Teilnehmer/innen außerdem mit ihren Schwierigkeiten bzw. ihren Talenten bezüglich ihrer körperlichen Qualitäten vertraut."(101)*

Hier wird die Ernsthaftigkeit deutlich, mit der gearbeitet wurde. Trotz einer Intensivierung der Probleme besteht eine hohe Motivation, weiterzuarbeiten, die offenbar durch andere positive Entwicklungen gestützt wird.
Mit Birkholz' Arbeit wird ein Dilemma wissenschaftlicher Dokumentation deutlich: Allgemeine Fragebögen, die gründlich erprobt und abgesichert sind, könnten rein theoretisch Veränderungen, die im Laufe des Kurses geschehen, feststellen und über die begrenzte Gruppe hinaus vergleichbar machen. Praktisch jedoch erweisen sich diese Tests als zu allgemein, als daß sie persönliche Entwicklungen sensibel dokumentieren könnten. Ein Verfahren wie das von Birkholz verwandte könnte der Vielfalt und Eigenart der Darstellungen, welche ja ihrerseits schon (wie auch von den Teilnehmern selbst angeschnitten) Kurzfassungen unsagbarer Erlebnisse darstellen, gerecht werden. Damit steht sie aber vor dem Problem, einen großen und bunten

Wort-, Begriffs- und Assoziationspool in etwas inhaltlich Strukturiertes und Schlüssiges zu bringen, also Nicht-Vergleichbares vergleichbar zu machen. Dabei ist bemerkenswert, daß ihre Extraktionen durchaus auf meine Theorie, die Birkholz nicht kannte, bezogen werden können. Die Häufigkeit, mit der die Begriffe genannt werden, zeigt sehr deutlich, daß die Teilnehmer selbst ein Konzept darüber bilden, was mit ihnen geschieht. Die Reihenfolge der Häufigkeiten: Ich, Körper, Wahrnehmung, Gefühl, Konfrontation zeigt, daß der Charakter des Trainings einer Ich-Transformation durch Wahrnehmungsschulung und körperliche Konfrontation verblüffend genau verstanden wurde. Dabei ist wichtig, zu ergänzen, daß nie darüber gesprochen wurde und ich zu dem Zeitpunkt das vorliegende Theorie-Konzept noch gar nicht entwickelt hatte.

### 1.2 Der Fragebogen I: seelisch/körperliche Entwicklung, Wahrnehmungsfähigkeit und Kompetenz

In diesem Fragebogen ging es darum, Veränderungen von Eigenschaften über drei Semester zu dokumentieren und das Verhältnis von Eigenschaftsveränderung und Wahrnehmungsveränderung zu untersuchen.

DESIGN:
Der Fragebogen umfaßt 50 Fragen und wurde von den Studenten nach jedem der drei Semester ausgefüllt. Jede Frage wurde doppelt gestellt. Einmal wurde bezüglich einer Frage in der Rubrik:
*"Hat sich meine Kompetenz und Klarheit in diesen Fragen verändert? Ist meine Wahrnehmung so, daß ich weiß, wovon ich rede ... , differenziert antworten kann?"* mit
❑ Verbessert, ❑ Gleich geblieben, ❑ Verschlechtert geantwortet.

Dann wurde in der Rubrik:
*"Habe ich mich verändert?"* mit
❑ Große Verbesserung, ❑ Verbesserung, ❑ Gleich geblieben,
❑ Irgendwie anders und ❑ Verschlechterung geantwortet.

ZIEL war,
- mit Hilfe einer Faktorenanalyse die Zahl der Variablen zu reduzieren, also herauszufinden, ob es möglich ist, hinter den 50 Fragen liegende Grundeigenschaften herauszufinden;
- herauszufinden, ob sich die abgefragten Eigenschaften unterschiedlich stark verändern, also zu sehen, ob die Entwicklung der verschiedenen Eigenschaften vom Thema abhängt;
- Unterschiede in der Veränderungstendenz nach dem ersten, zweiten und dritten Semester herauszufinden;
- festzustellen, ob es paradoxe Effekte (scheinbare Verschlechterung durch genauere Wahrnehmung) gibt;
- herauszufinden, ob die Fragen überhaupt nach diesem Schema beantwortbar sind.

**FRAGEN:**

1. Kann ich mich körperlich auf jede Lebenssituation einstellen, komme ich immer zurecht?
2. Werde ich leicht krank?
3. Komme ich mit jedem Wetter zurecht?
4. Bin ich gut in meinem Biorhythmus, wach/schlafen, essen/verdauen, aktiv/ruhig u.ä.?

5-12. Spüre ich Kontakt im Sinne von da, anwesend sein, habe ich ein angemessenes Bild von

5. meinen Armen und Händen?
6. meinen Beinen und Füßen?
7. meinem Kopf und Gesicht?
8. meinen Schultern und meinem Nacken?
9. meinem Brustkorb?
10. meinem Bauch?
11. meinem Becken und meinen Hüften?
12. meinem Rücken?
13. Fühle ich meine Atembewegung in Zwerchfell und Leib?
14. Kann ich meinen Atemrhythmus wahrnehmen, ohne ihn grob zu stören?
15. Wie ist meine Atemfülle, mein Atemfluß?
16. Ist meine Stimme freier und voller Ausdruck von mir?
17. Habe ich eine angemessene Gesamtspannung für und zu jeder Situation?
18. Habe ich lokale Verspannungen?
19. Wie ist meine Beweglichkeit?
20. Wie ist meine Koordination?
21. Wie ist meine Kraft?
22. Wie ist mein Rhythmusgefühl?
23. Wie ist meine Orientierung im Raum?
24. Wie ist meine Sensibilität, körperliche Wachheit und Aufmerksamkeit?
25. Finde ich spontan passende Bewegungen in ungewohnten Alltagsbewegungen oder Tanzimprovisation?
26. Kann ich neue Bewegungen in Sport oder Tanz sofort richtig nachmachen?
27. Wie ist das Gefühl für Form bei mir und anderen?
28. Wie ist das Gefühl für Bewegungsqualität bei mir und anderen?
29. Wie ist meine Durchlässigkeit?
30. Wie ist meine Zentrierung?
31. Wie ist mein Kontakt zum Unbewußten?
32. Behalte ich Träume?
33. Entspricht mein Ausdruck meinem Innenleben?

34. Wie ist meine Balance Innen/Außen?
35. Wie ist meine Spontaneität?
36. Wie ist meine Erotik, Sexualität?
37. Komme ich mit anderen zurecht?
38. Wie ist die Klarheit meines Denkens?
39. Wie ist die Intensität meiner Gefühle?
40. Wie ist das Gefühl von Ganzheitlichkeit und Identität bei mir?
41. Wie ist meine Konzentrationsfähigkeit?
42. Kann ich gut abschalten?
43. Wie ist meine Kreativität, der Fluß der Ideen?
44. Wie ist meine Arbeitsfähigkeit?
45. Wie ist mein Empfinden für Musik?
46. Wie ist mein Empfinden für Gestaltung und Kunst?
47. Wie ist mein Empfinden für die Natur?
48. Nehme ich eine innere Stimme wahr?
49. Bin ich entschieden?
50. Komme ich mit diesem Fragebogen zurecht?

**RESULTATE:**

Zwar wurden mit Hilfe einer Faktorenanalyse zwölf Faktoren extrahiert, doch war die Anzahl der Fragebögen zu gering, als daß es Sinn gemacht hätte, damit weiterzurechnen. Außerdem konvergierte die Varimaxrotation für die Eigenschaftsfaktoren nicht. Die sukzessive Varianzaufklärung hat jedoch zur Folge, daß auf dem ersten Faktor sehr viele Varianzen hoch laden, so daß -kombiniert mit der geringen Anzahl der Probanden- eine inhaltliche Interpretation der unrotierten Faktoren wenig sinnvoll schien und einer eventuellen späteren Untersuchung vorbehalten bleiben muß.

- Zusammenfassend für das erste Semester läßt sich eine für Körperbildung und Tanz typische Qualitätsverbesserung (Form, Rhythmus, Bewegungsqualität) zumindestens als Tendenz feststellen. Interessant ist eine Wahrnehmungsverbesserung mit gleichzeitiger Qualitätsverbesserung des Kontaktes zum Oberkörper, während Atem und Stimme als irgendwie anders erlebt werden.

Bei einem ganzen Befindlichkeitskomplex des Alltagslebens gibt es eine Problematisierung:

- Die Robustheit (Wetterabhängigkeit, Biorhythmus, Krankheitsanfälligkeit) hat eine leichte Verschlechterungstendenz, wobei es wohl einerseits eine zeitweilige Labilisierung gab, andererseits durch erhöhte Empfindlichkeit und Aufmerksamkeit eine scheinbare Verschlechterung (paradoxer Effekt für Biorhythmus und Wetterabhängigkeit) entstand.
- Während die Gefühlsintensität wuchs, wurden Klarheit des Denkens, Konzentrations- und Arbeitsfähigkeit leicht beeinträchtigt, wobei wohl

auch hier eine tatsächliche temporäre Verschlechterung durch die massive Umstrukturierung mit einer scheinbaren Verschlechterung durch erhöhte Aufmerksamkeit (paradoxer Effekt für Konzentrationsfähigkeit) vorlag.

- Das wird auch darin deutlich, daß die Angemessenheit der Gesamtspannung zugleich als irgendwie anders und tendenziell verschlechtert bezeichnet wird und eine unbestimmte Veränderung in Erotik und in dem Verhältnis zu anderen berichtet wird.
  Das alles schlägt sich darin nieder, daß das Gefühl für die eigene Identität zugleich eine Wahrnehmungsverbesserung erfährt, als irgendwie anders charakterisiert wird und zweimal in Verbindung mit einer Wahrnehmungsverbesserung problematisiert wird (paradoxer Effekt).
- Thema des zweiten Semesters war Kösybe. Dazu passen die Wahrnehmungsverbesserung für Sensibilität sowie die entsprechenden Tendenzen für Ausdruck/Innen und im Kontakt zum Unbewußten. Dem entsprechen die eindeutigen Eigenschaftsverbesserungen beim Kontakt zum Unbewußten sowie die deutliche Tendenz für die Intensität von Gefühlen und die Tendenzen für Sensibilität und die innere Stimme. Dazu gehört eine andere Wahrnehmung der eigenen Kreativität. Interessant ist, daß das Behalten von Träumen in diesem Kontext nicht auftaucht.
  Durch diese Veränderungen werden die Balance Innen/Außen, Ausdruck/Innen und Kontakt zu anderen tendenziell verschlechtert, zumal noch nicht am Ausdruck gearbeitet wurde. Nicht erklärbar dagegen ist die leichte Verschlechterungstendenz für Beweglichkeit.
  Lokale Verspannungen werden besser wahrgenommen, als verschlechtert empfunden (paradoxer Effekt) aber auch als irgendwie anders.
  Allgemeine Verbesserungen gibt es sonst noch im körperbildenden Bereich.
- Dem Fragebogen nach brachte das dritte Semester "TIA" tasächlich eine Integration der bisherigen Arbeit. Es gab nicht nur enorme Verbesserungen in der Wahrnehmung und in den Eigenschaften, die geübt wurden wie Form und Bewegungsqualität oder Musikverständnis. Auch die im Körpersymboliksemester problematisierten Bereiche wie Innen/Außen, Kontakt u.ä. verbesserten sich stark. Interessant ist der Kontakt zum Unbewußten: Hier gibt es eine Wahrnehmungsverschlechterung, da die Kösybeübungen fehlen. Ein Kontakt bleibt aber offenbar bestehen, den die Studenten als irgendwie anders bzw. sogar verbessert angeben.
  Bemerkenswert ist die Reintegration und deutliche Verbesserung von Allgemeinbefindlichkeiten wie Krankheitsanfälligkeit, Identität und Klarheit des Denkens, die anfangs labilisiert wurden.
  Die lokalen Verspannungen dagegen bleiben in der Aufmerksamkeit.

**BEWERTUNG:**

Die Ergebnisse des Fragebogens I sind nur als Tendenzen interpretierbar. Besonders dem dritten Semester fehlt mit vier Fragebögen die nötige Breite.

Hier muß angemerkt werden, daß die Fluktuation, die dazu führte, daß nur vier Studenten alle drei Semester hintereinander besucht hatten, durch äußere Umstände wie Examina, Wegzug u.ä. bedingt war und somit keine inhaltliche Einschränkung der Auswahl bedeutet.
Die Eigenschaften, die sich am stärksten veränderten, waren auch Thema des jeweiligen Semesters. Diese Veränderung der Antworttendenzen gemäß den Schwerpunkten der Semester läßt auf eine differenzierte Beantwortung (also auch sinnvolle Fragebögen) schließen.
Interessant ist die Kombination von Wahrnehmungsveränderung mit Eigenschaftsveränderung, die u.a. einen über drei Semester stabilen "paradoxen Effekt" (lokale Verspannungen) dokumentierte. Das paßt zu der Betonung der Bedeutung von Verspannung in Birkholz' Studie und ihrer persönlich konstruktiven Deutung.
Konstant verbessert wurden vor allem Form, Bewegungsqualität, Kontakt zu Körperteilen und in unterschiedlichem Ausmaß Kontakt nach innen, was ein ähnliches, wenn auch erwartungsgemäß nicht gleiches Ergebnis wie in der Auswertung der freien Aufsätze bei Birkholz bedeutet.
Wenn man die Rangklassen für jede Frage über die drei Semester addiert(Siehe Anhang!), bekommt man ein Bild von der Durchgängigkeit und dem Ausmaß der Verbesserungen. Je niedriger die Zahl(Rangklassensumme) ist, desto stärker und durchgängiger war die Verbesserung über die ganze Zeit bei allen Teilnehmern:

| Rangklassensumme: | Frage nach |
|---|---|
| 4 | Intensität von Gefühlen |
| 5 | Gefühl für Form bei sich und anderen |
| 6 | Gefühl für Bewegungsqualität bei sich und anderen |
| 7 | Empfinden für Gestaltung und Kunst und Empfinden für Natur |
| 9 | Kontakt zu Beinen/Füßen und Becken/Hüften, Sensibilität/Wachheit, Kontakt zum Unbewußten, Klarheit des Denkens |
| 10 | Kontakt zu Armen/Händen und Brustkorb, Gefühl für die Atembewegung, Kraft, Rhythmus, Balance Innen/Außen, Erotik/Sexualität, Identität/Ganzheit |
| 11 | Körperliches Zurechtkommen in jeder Situation, Koordination, Raumorientierung, Spontanbewegung, Kompetenz für vorgegebene Bewegungen, Durchlässigkeit, Entsprech Ausdruck/Innenleben, Kontakt zu anderen |

Diese Auflistung verdeutlicht den Charakter der Veränderung als körperlich/seelische Integration, Wahrnehmungsdifferenzierung und Verbesserung körperlicher Fähigkeiten, wobei der form-/kunstbetonte Charakter des Unterrichts in seiner Verquickung mit Persönlichkeitsentwicklung und Körperbildung unterstrichen wird.

Besonders interessant ist noch, daß ein Verlauf von anfänglichen Verunsicherungen zu höherer Integration, wie er auch der Theorie nach hätte erwartet werden können, dokumentiert wurde:
Im Verlauf der drei Semester war neben den unterschiedlichen inhaltlichen Schwerpunkten eine anfängliche Verunsicherung und Destabilisierung ablesbar, die im dritten Semester zu einer allgemeinen eindeutigen persönlichen Integration führte. Diese drückte sich in einer Verbesserung fast aller körperlicher, psychischer und allgemeiner Bereiche aus.
Das entspricht den allerdings massiveren Prozessen, von denen die Teilnehmer professioneller Ausbildungen für ihren persönlichen Entwicklungsprozeß berichteten.

### 1.2 Der Fragebogen III: Ästhetische Bildung und Persönlichkeitsentwicklung

Die Untersuchung von Birkholz und der Fragebogen I haben gezeigt, daß die Teilnehmer ihre Entwicklungen in ähnlichen Begriffen beschreiben, wie ich sie unabhängig davon in meiner Theorie gefunden hatte und daß die Entwicklung über den anfänglichen Schock der Konfrontation und Destabilisierung durch Auflösung der alten Muster zu einer höheren Integration führt.
Im folgenden Fragebogen III: "Ästhetische Bildung und Persönlichkeitsentwicklung" werden nun Teilnehmer thematisch nach TIA/KÖSYBE und entwicklungsmäßig nach Anfängern/Fortgeschrittenen getrennt nach ihren persönlichen Entwicklungen befragt.
Die Fragen waren:

1. Haben sich Deine körperlichen Fähigkeiten verändert?
2. Hat sich Deine Empfindungsfähigkeit verändert?
3. Hat sich Deine allgemeine Wahrnehmungsfähigkeit verändert? (gröber/feiner, differenzierter/undifferenzierter, weniger oder mehr klischeehaft)
4. Hat sich Deine allgemeine Intuition -für Entscheidungen oder Situationen- verändert?
5. Hat der Kurs Deine persönliche Entwicklung beeinflußt?
6. Bist Du weniger oder mehr Du selbst?
7. Hat sich die Balance Denken/Fühlen verändert?
8. Hat sich die Balance Innen/Außen verändert?
9. Hat sich die Balance Machen/Geschehenlassen verändert?
10. Hat sich das Verhältnis praktisch/spirituell verändert?

Die Teilnehmer hatten für jede Frage folgende Ankreuzmöglichkeiten:

| ❑ VERSCHLECHTERUNG | ❑ GLEICH | ❑ VERBESSERUNG |
|---|---|---|
| ❑ stark ❑ mittel ❑ wenig | | ❑ wenig ❑ mittel ❑ stark |

- Die ersten beiden Fragen beziehen sich auf mögliche Veränderungen von Fähigkeiten, wobei TIA mehr die körperliche, Kösybe mehr die Empfindungsfähigkeit fördern sollte.
- Bei Ästhetischer Bildung geht es um eine Differenzierung der Wahrnehmung, wobei es ein wichtiges Ziel ist, Intuition zu entwickeln. Das wird mit den Fragen drei und vier abgefragt.
- Frage fünf schlägt -nachdem über die vorigen konkreten Fragen eine Bewußtmachung erfolgt ist- den Bogen zu der allgemeinen Einschätzung, inwieweit der Kurs überhaupt die persönliche Entwicklung beeinflußt hat, und
- Frage sechs bezieht sich auf die aus der Theorie abgeleitete Behauptung, Ästhetische Bildung entwickle das Bewußtsein vom eher ich-haften zum Selbst hin.
- Die letzten vier Fragen beziehen sich dann wieder auf das Wie, indem sie nach der in der Theorie behaupteten Entwicklung der Balancen des Bewußtseins fragen.

Damit besteht eine knappe aber treffende Ansprache der Selbsteinschätzung wesentlicher Veränderungen, die nach der Theorie erwartet werden. Diese Ansprache ist einerseits verständlich gehalten und bezieht sich auf den Teilnehmern vorstellbare und ihnen wichtige innere Vorgänge. Andererseits sind die Fragen so gestellt, daß ihre Beantwortung direkte Rückschlüsse über den Stellenwert des Kurses für die persönliche Entwicklung, wie sie in der Theorie entworfen wird, erlaubt.

Der Fragebogen wurde ohne Vorankündigung jeweils am Ende der letzten Stunde des Kurses an die Teilnehmer verteilt mit der Bitte, die Fragen spontan und ernsthaft zu beantworten. Bis auf einige Teilnehmer, die die letzte Stunde verpaßt hatten und wenige, die direkt weg mußten, haben alle den Fragebogen ausgefüllt, wobei die Fragen so verständlich schienen, daß kaum nachgefragt wurde, sondern alles zügig aber mit der nötigen Ruhe und Konzentration beantwortet wurde.

Für nähere Informationen über die Vorgehensweise, ihre Begründung, das Design und die Daten verweise ich auf den Anhang, für die Varianzanalyse zur Sicherung eventueller Unterschiede auf meine Dissertation.

In 600 Antworten von 60 Teilnehmern auf die 10 Fragen wurde keine einzige Verschlechterung berichtet. Im Gegenteil existiert eine für alle Teilnehmer über die Gruppen konstante ähnliche Verbesserung, wobei zu ergänzen nötig ist, daß damit keinesfalls auf eine routinemäßige Beantwortung geschlossen werden kann. Bei der nachfolgenden Diskussion stellte sich heraus, daß alle den Fragebogen ernst genommen hatten und mit den Fragen etwas anfangen konnten.

Interessant ist, daß es keine Unterschiede in der persönlichen Auswirkung von TIA und KÖSYBE gab. Die einzigen Ausnahmen bilden die Fragen 1 und 2, wobei TIA erwartungsgemäß stärker als KÖSYBE die körperlichen Fähigkeiten verbessert, KÖSYBE dagegen stärker als TIA die Empfindungsschulung fördert.

Bemerkenswert ist außerdem, daß es bis auf Tendenzen bei körperlicher Verbesserung keinen Unterschied zwischen Anfängern und Fortgeschrittenen gab. Das unterstreicht eindrucksvoll den Charakter des Trainings im Sinne einer "Technik-als-Weg".
Insgesamt bestätigt sich der Eindruck aus den Interviews, daß die genannten Fragen (insbesondere für die Polaritäten interessant) als Beschreibungen der Prozesse angemessen sind und daß dieses integrative Konzept Ästhetischer Bildung tatsächlich effektiv persönliches Wachstum bewirkt.
Die drei Untersuchungen legen damit nahe, daß die Begriffe des theoretischen Konzeptes das Geschehen treffen, die Beschreibungen der Prozesse angemessen sind und die vorgestellte Praxis in diesem Sinne wirkt.
Für spätere Untersuchungen wäre es interessant, die gleichen Fragen Gruppen, die mit anderen Methoden und Inhalten arbeiten, zu stellen.

### 1.4 der Fragebogen II: Erlebnis und Bedeutung der Stunde

Der Fragebogen II: "Erlebnis und Bedeutung der Stunde" wurde nach der zweiten Unterrichtseinheit ohne Vorankündigung den Teilnehmern vorgestellt mit der Bitte, daß, wer Lust und Zeit habe, diesen kleinen Fragebogen spontan nach dem Gefühl ausfüllen solle[13].
Er beleuchtet die direkte Wirkung einer Stunde und ist von 36 Teilneherm aus Anfänger- und Fortgeschrittenengruppen in TIA und KÖSYBE ausgefüllt worden.

**ERGEBNISSE:**

**Frage: 1.** Wie fühlst Du Dich nach dieser Unterrichtseinheit
a) allgemein?
Das allgemeine Gefühl nach der Stunde wird in allen Gruppen ähnlich beschrieben. Es ist durch eine Mischung von Entspannung und Müdigkeit mit Wachheit, Zufriedenheit, Ausgeglichenheit gekennzeichnet. Allgemein fühlen sich die Teilnehmer wohl, bis "saugut".

**Frage: 1b** Wie ist das Körpergefühl?
Dem entspricht das Körpergefühl, welches mit müde, entspannt, bewußt, harmonisch beschrieben wird. Zwei Personen haben Schmerzen, die aber den guten Zustand nicht beeinträchtigen.

**Frage: 1c** Wie würdest Du Deinen seelischen Zustand, Deine Stimmung beschreiben?
Die seelische Stimmung wird als Kombination von Offenheit, mit Glück/Fröhlichkeit, Ruhe/Zentrierung/Ausgeglichenheit, Entspannung/Gelöstheit und Bei-Sich-Sein beschrieben, wobei zwei bis drei Personen einen leichten Einschlag von Melancholie erwähnten.

**Frage: 2** Worin siehst Du die besondere Bedeutung der Stunde?

a) körperlich?

Als körperliche Bedeutung der Stunde bezeichnen die drei Bewegungsansatzgruppen (1, 2 und 3) korrekt: Bewußtmachen verschiedener Körperteile, Fluß, aber auch: Bewußtmachen und Lösen von Verspannungen (was kein Thema war, aber offensichtlich in hohem Maß geschah) und: Bewegungsansatz. Beim Seminar (5) war die Bedeutung allgemeiner als Bewegungserfahrung, Körperbeherrschung, lockerer Fluß etc. bezeichnet worden.

**Frage: 2b** psychisch/philosophisch?

Die psychisch/philosophische Bedeutung der Stunde wird ziemlich einheitlich darin gesehen, daß man sich befreit, indem sich das, was vom Kopf oder dem Gefühl her klar ist, ausdrücken kann, psychische Verspannungen sich lösen, man sich erfährt in der körperlich-seelischen Einheit.

**Frage: 2c** allgemein?

Als allgemeine Bedeutung wird neben vielen Auslassungen vor allem angemerkt, daß es Spaß macht, direkt, neu und offen sei.

**Frage: 3** War Dein Erlebnis eher

**Frage 3a** harmonisierend oder konfrontativ?

19 Personen fanden die Stunden harmonisierend, 4 konfrontativ, 3 beides, 3 je nach dem, 7 enthielten sich.

**Frage 3b** Eher oberflächlich oder tiefgehend?

4 Personen fanden die Wirkung der Stunden oberfächlich, 14 tiefgehend, 8 beides, 3 dazwischen und 7 enthielten sich.

**Frage 3c** Öffnend oder verschließend?

27 Personen fanden die Wirkung der Stunden öffnend, 1 2/3 öffnend und 1/3 verschließend, 4 beides und 4 enthielten sich.

**Frage 3d** Energetisierend oder ermüdend?

22 Personen fanden die Wirkung der Stunden energetisierend, 9 ermüdend, 1 weder-noch, 1 beides, 1 je nachdem, 1 ausgeglichen und 1 enthielt sich.

Eindeutig werden die Stunden als öffnend empfunden, während das Verhältnis energetisierend/ermüdend 2/1 ist: Die Stunden sind ziemlich bis sehr anstrengend für Physis und Konzentration und haben zugleich durch Musik, Gestaltung und Anstrengung -wenn sie stimmig ist- einen energetisierenden Effekt, wobei das eine oder andere als vorherrschend erlebt werden kann.

Ähnlich deute ich das Ergebnis harmonisierend/konfrontativ. Der Aufbau der Stunden ist konfrontativ. Die Wirkung der Übungen und ihre Nicht-Bewertung aber sind harmonisierend, wohingegen das Maß des Sich-Einlassens genauso wie der Kontakt zu den Übungen individuell verschieden sind.

**Frage: 4** Hattest Du besonderen Kontakt zur Gruppe oder zu einzelnen anderen?

Die Übungen werden mehr für sich gemacht und nur in den drei Gruppen mit Partnerarbeit wurde besonderer Kontakt zu einzelnen berichtet.

**Frage: 5** Ist Dir eine Übung oder Musik besonders im Gedächtnis geblieben?
Im Gedächtnis geblieben sind den Teilnehmern gewöhnlich die auch von mir in der jeweiligen Stunde als bewegungsmäßig auffällig eingeschätzten Übungen sowie die Übungen zum zentralen Thema der Stunde und bestimmte Musiken.

**Frage: 6** Glaubst Du, daß diese Stunde auch für andere Personengruppen, z.B. Schüler, interessant und wichtig sein könnte?
Allgemein geht man davon aus, daß diese Stunden auch für andere Personengruppen, z.B. Schüler interessant sein könnten. Allerdings wird eingeschränkt, daß das Anspruchsniveau hoch sei und die Übungen zu speziell sein könnten, außerdem wirkliches Interesse gefordert würde. Auch für Bewegungstherapeuten, Krankengymnasten und ähnliche Berufe werden die Übungen für günstig erachtet.

**Frage: 7** Resümee - Kritik?
Als allgemeines Resümee wird Zustimmung zu dem Konzept aufgeschrieben mit Hinweisen, daß die Vorgehensweise zum Teil zu schnell und die Übungen vielseitig, aber sehr anspruchsvoll waren.

## ZUSAMMENFASSUNG

Die Beantwortung der Fragebögen weist darauf hin, daß die körperliche Bedeutung der Stunden verstanden wird und Aufbau und Belastung "richtig" sind. Die Teilnehmer sind müde, fühlen sich aber gut, entspannt und zugleich wach und energetisiert.

Besonders bedeutsam ist die starke Wirkung auf die Psyche, die als Öffnung und In-Kontakt-Zu-Sich-Sein beschrieben wird. Dem entspricht eine Einschätzung, nach der der Unterricht befreit und zu körperlich geistiger Einheit führt. Dazu paßt auch, daß trotz konfrontativer sehr anstrengender Elemente Harmonie und Energie als Ergebnis genannt werden, die Wirkung überwiegend tief geht und eindeutig öffnet.

Als zutreffend empfinde ich eine kritische Bewertung, nach der die Beanspruchung durch Tempo, Athletik und Komplexität der Übungen für wenig Geübte an der Grenze des Zumutbaren liege. Hier ist zu ergänzen, daß der Stundenaufbau leicht auf weniger und einfachere Übungen -die auch langsamer präsentiert werden- umzustellen wäre, so daß die Übertragbarkeit für jede Zielgruppe gewährleistet ist.

Intensität, Vielfalt und Rasanz der Übungen sind ja kein absoluter Wert. Sie sollen nur ein festhaltendes Üben einzelner Fertigkeiten unmöglich machen und in einer Kombination von konzentrierter Anstrengung und Loslassen die Bewegungsgestalt als allgemeine Fähigkeit anregen.

Durch meine langjährige Arbeit in Göttingen aber ist eine relativ große Gruppe von Geübten da, die tendenziell einen hohen Standard fordert, an dem ich mich unwillkürlich orientiert hatte.

### 1.5 Pilotversuch einer Ausbildungsgruppe

Mit 12 Teilnehmern, die viel Vorerfahrung in TIA, KÖSYBE und EXTATHE hatten, habe ich ein einjähriges Ausbildungsprojekt unternommen.
Dabei nahmen die Teilnehmer weiterhin dreimal wöchentlich am Training in den drei Fächern KÖSYBE, TIA und EXTATHE teil, trafen sich außerdem einmal in der Woche in Dreiergruppen, um sich gegenseitig Techniken beizubringen (viele hatten professionelle Erfahrung mit Bewegung, z.B. eine Krankengymnastikausbildung), theoretische Hintergründe zu erarbeiten und Lehrproben vorzubereiten, die sie an einem anderen Termin der Gesamtgruppe gaben.
Dabei zeigte sich, daß überraschend schnell die Konzeption so gut verstanden wurde, das gelungene Unterrichtsversuche im Sinne einer Ästhetischen Bildung durch den Körper gestaltet wurden.
Für eine Ausbildung ist aber auch ein normales Training in Tanztechnik und Empfindungsschulung nötig.
Tanztechnik wurde an sechs Wochenenden durch Sayonara Perreira (Christine-Brunel-Company), Empfindungsschulung in jeweils 10 Einzelstunden pro Teilnehmer durch Die Atem- und Heilpädagogin Beate Ferkinghoff unterrichtet[14].
Außerdem standen für die speziellere methodische, didaktische und technische Grundlage meines Unterrichtes insgesamt 16 ganze Tage in drei Blöcken zur Verfügung.
Dieses stark selbstlernbetonte Konzept war so erfolgreich, daß Mitglieder der Gruppe heute selbst Unterricht geben.
Allerdings wäre für eine wirklich fundierte Ausbildung ein ausführlicherer Unterricht -etwa in Form einer anderthalb- oder zweijährigen ganztägigen Ausbildung- sowie eine Verpflichtung aller für alle Fächer notwendig.

# D CONCLUSIO

In diesem Kapitel wurde ein "Integratives Modell Ästhetischer Bildung durch den Körper" vorgestellt, das einen den großen professionellen Ausbildungen vergleichbaren Einfluß auf die Integration persönlich/körperlicher Entwicklungen haben soll und durch eine Verbindungs von Tanztraing, Improvisation, Empfindungschulung und inneren Bildern mit einem Alltagskunstkonzept gekennzeichnet ist.
Die Besonderheit dieses Modells ist seine Methodenkombination und Integration.

1. Es wird gleichwertig und intensiv mit TIA (Tanztraining) und Kösybe (Empfindungsschulung) gearbeitet. Durch diese zugegebenermaßen anspruchsvolle Kombination können die Fehlermöglichkeiten "Äußerlichkeit des Bewegungstrainings" und "Innerer Rückzug in die Empfindung" reduziert werden. Diese sind ansonsten bei nicht vollständiger (d.h. mindestens

dreijähriger Ganztags-) Ausbildung wahrscheinlich.

2. Jeweils typische Probleme innerhalb der Methoden werden als zentrale Arbeitsansätze genommen:

- Das festhaltende Üben isolierter Tanztechniken wird vermieden, indem mit einer Vielzahl ähnlicher Übungen gearbeitet wird. Dabei wird von Anfang an Wert auf die Stimmigkeit mit Musik, Gestalt, Rhythmik gelegt. Entscheidend ist die direkte Umsetzung in gezielte Improvisationen, die genau auf die Gestaltung und Verkörperung eines ganz bestimmten Ansatzpunktes von Bewegung abgestimmt sind.
- Bei der Empfindungsschulung wird die körperliche Empfindung als Grundlage bestimmter Erlebniskomplexe eingebunden in die Inszenierung von "Grundgegebenheiten des Erlebens". Diese bestehen aus Spür-, körpersymbolischen- und Körperbildungsübungen sowie Bildsymbolen des katathymen Bilderlebens, in denen das gleichen Thema enthalten ist.

3. Die Konfrontation mit Form durchzieht den gesamten Unterricht. Das Erleben und Gestalten von Gestalt/Formprozessen und Gegebenheiten (also Ästhetische Bildung) wird für das entscheidende Element körperlicher Entwicklung und persönlichen Wachstums gehalten. Dabei wird mit einer Integration der Elemente "Absolutheit der Konfrontation und der Forderung nach perfekter Performance" aus der Kunst mit psychotherapeutisch orientiertem "Verstehen und Akzeptieren des Werdegangs" gearbeitet.

Die vier Untersuchungen stützen die Annahmen über die persönlichen Auswirkungen des Trainings:

- Nach Fragebogen II. "Erlebnis und Bedeutung der Stunde" werden die Stunden als öffnend, dann als sowohl konfrontativ wie auch harmonisierend, ermüdend und energetisierend, tiefgehend und oberflächlich empfunden, wobei das harmonisierend/energetisierend/tiefgehende überwiegt. Das entspricht den Ableitungen an die Praxis aus der Theorie Ästhetischer Bildung. Bedeutsam sind die öffnende Wirkung auf die Psyche und die Tatsache, daß das Thema der Stunde nicht nur im Unterricht realisiert, sondern auch in seiner Bedeutung verstanden wurde.
- Diese Stunden haben eine starke Wirkung auf die persönliche Entwicklung. Birkholz' Arbeit zeigt, wie sehr die Teilnehmer eine Konfrontation in Verbindung mit körperlicher Sensibilisierung, Übung, Wahrnehmungsdifferenzierung, Gefühlen, inneren Bildern und den anderen Teilnehmern erleben, die zwar Angst auslöst, aber ein Vertrauen in die eigene Wachstumskraft und Entwicklung bewirkt.
- Dieser Prozeß verläuft nach Fragebogen I: "Seelisch/körperliche Entwicklung, Wahrnehmungsfähigkeit und Kompetenz" über eine anfängliche persönliche Verunsicherung und körperliche Labilisierung durch die Entwicklung körperlicher Fähigkeiten wie Form/Bewegungsqualität und die Intensivierung von Gefühlen zu einer Integration auf höherem Niveau. Dabei verbessert sich außer den direkt geübten körperlichen eine Vielzahl

unterschiedlicher Eigenschaften und Fähigkeiten wie Klarheit des Denkens, Kreativität, Entschiedenheit, Biorhythmus, Kontakt zur Natur u.ä. Bestehen bleibt eine erhöhte Sensibiltät für Problembereiche wie lokale Verspannungen.

Das Bewußtsein von Verspannungen im Zusammenhang mit einem immer besseren Bild von sich selbst und die körperlich lösende und psychisch öffnende Bedeutung der Stunden und des Kurses werden in allen drei Untersuchungen gleichmäßig betont.

Das entspricht den Entwicklungen, die in den Interviews berichtet wurden. Über eine stärkere Herausforderung entwickelt sich eine gleichzeitige Öffnung und Durchlässigkeit mit einer Ich-Stärkung und Zentrierung, die mehr Selbstvertrauen und Mut für Entwicklung und Veränderung schafft.

- Fragebogen II: "Ästhetische Bildung und Persönlichkeitsentwicklung" zeigt, daß die Entwicklungsdynamik der persönlichen Veränderung über Wahrnehmungsdifferenzierung und bessere Intuition und die Entwicklung der Balancen Denken/Fühlen, Innen/Außen, Machen/Geschehenlassen und Pragmatisch/Spirituell zu mehr Selbstverwirklichung ähnlich beschrieben werden kann, wie in den Interviews der professionellen Ausbildungen.

Damit ist das "Integrative Modell Ästhetischer Bildung durch den Körper" als praktikabler Weg eines körperlich fundierten persönlichen Lernens und Wachstums ausgewiesen, das als Alltagskunst-Konzept die auf professionellem Level betriebenen Ansätze von Empfindungsschulung, Körperbildung und Tanztraining ergänzt.

## ANMERKUNGEN

1 Impulsorientierte polyzentrische Bewegungen zu Sprechgesang von Straßenkünstlern aus US-Farbigen-Vierteln.

2 Der Unterschied im Zeitaufwand zwischen meinem Ansatz und den professionellen Ausbildungen erklärt sich zum einen aus den verschiedenen Zielsetzungen (etwa vergleichbar dem Unterschied zwischen einem intensiv trainierenden Hobbysportler und einem professionellen Spitzensportler), zum anderen aber aus der neuartigen effektiven Methodenkombination.

3 Eine detailliertere Schilderung von Übungen und ihrer Zusammenstellung zu Themen findet sich im Anhang auf S. 528f.

4 Inneres Bilderleben, auf S. 493f. Mitte erwähnt.

5 Eine ausführlichere Beschreibung von Stundenzusammenstellungen findet sich im Anhang auf S. 529f.

6 Natürlich kann, soll und will "Ästhetische Bildung" Therapie nicht ersetzen. Sie ergänzt sich mit ihr, kann vor oder nach ihr oder parallel stattfinden. Entweder gibt sie einem Menschen, den seine Therapie befreit hat von seinen Blockaden und der jetzt nicht weiß, wohin mit seiner Energie, Ziel, Richtung und Ausdruck. Sie kann auch deutlich machen, wo es nicht weitergeht und wo Therapie wirklich nötig ist.

7 Das gleicht dem Charakter des Trainings beim Leistungssport.

8 In Psychother. med. Psychol. 39 (1989) werden in dem Tagungsbericht: "Neue

Gesichtspunkte in Theorie und Praxis des autogenen Trainings" von Müller-Hegemann und Stetter auf S. 179ff. Ergebnisse berichtet, die meine jahrelange Unterrichtserfahrung bestätigen, daß eine Verbindung von Bewegung und Entspannungsübungen hocheffektiv ist.

9 Wissenschaftlich interessierte Leser können die Zahlen und das genaue Procedere in meiner Dissertation nachlesen.

10 Interessanterweise hat Allmer zur Messung der Leistungsmotivation bei Sportlern einer Selbstbeurteilung den Vorzug vor den üblichen projektiven Tests gegeben, da er diese für "objektiver, ökonomischer und reliabler(90)" hält.

11 Birkholz verweist für ihre Untersuchungsmethode auf Köppe(95/96) und Oldenbürger(97)

12 Tabelle und Netzwerk siehe Seite:531f!

13 Fragebogen und Auswertung finden sich in meiner Dissertation.

14 Methodisch interessant ist, daß, wie in der Theorie behauptet, die Empfindungsschulung durch Einzelarbeit (hier über den Atem) neben den persönlichen Effekten einen starken Schub in der Verbesserung des Tanzstils bewirkte. Darauf wurde ich -unabhängig von meinen eigenen Beobachtungen- von den Teilnehmern ihrerseits angesprochen.

gleiche. Sie verschaffen Zugang zum Feld:'Ordnung der Welt' indem sie den bewußt

# IX Abschließende Bewertung

Ich habe versucht, herauszufinden, welchen Sinn Tanztraining und Empfindungsschulung für eine ganzheitliche Persönlichkeitsentwicklung haben.
Dabei bin ich davon ausgegangen, daß der Mensch durch seine Fähigkeit zur Selbstdistanzierung, zur Vorwegnahme und Planung -durch das, was das "Ich-Bewußtsein" ausmacht- charakterisiert ist. Dieser Eigensinn trennt den Menschen von der Natur in sich selbst und um ihn herum. Sie koppelt ihn vom in sich selbst begründeten Sinn des Ganzen ab, macht ihn selbstbestimmt und -durch die Fähigkeit, für sein Leben Entscheidungen zu fällen und diese verantworten zu müssen- einsam.
Ich habe außerdem angenommen, daß im Menschen ein Bedürfnis nach Wachstum existiert, was danach trachtet, die ich-hafte Begrenzung zu überwinden und zu einer Einheit mit sich selbst und der Welt zu kommen.
Dabei taucht das Problem auf, daß -um zu (über)leben- der Mensch sein Ich-Bewußtsein, seine Ab- und Begrenzungen braucht. Es kommt also nicht auf eine Auflösung, sondern Transformation des Ich-Bewußtseins an, so daß es im Dienst des Selbst steht. Das Selbst entspricht der "Natur im Menschen" insofern, als es mit der Welt (Natur) verbunden ist. Somit kommt es darauf an, die "richtigen" Bedingungen für eine ganzheitliche Bewußtseinsentwicklung zu schaffen.
Für eine ganzheitliche Bewußtseinsentwicklung und Ich-Transformation wurde

**I) Konfrontation für entscheidend gehalten. Konfrontation kann eine "produktive Verunsicherung" schaffen, an der das Ich und das Bewußtsein wachsen können.**

Da sich nicht jede Konfrontation in diesem Sinne produktiv auswirkt, ist Intuition nötig, um herauszufinden, welche Verunsicherungen aufzusuchen (da produktiv) und welche -falls möglich- zu vermeiden (da destruktiv) sind. Dieses Problem taucht vor allem im modernen Leben auf, da die Menschen in noch nie dagewesenem Maß in der Lage sind, ihre Lebenssituation selbst zu wählen.
Für eine Bewußtseinserweiterung ist

**II) ein ganzheitliches Erleben nötig. Ganzheitliches Erleben hängt von einem konstruktiven Verhältnis zwischen den Bewußtseinspolaritäten (Denken/Fühlen, Innen/Außen, Machen/Geschehenlassen, Pragmatisch/Transzendent) ab.**

Es wurde gezeigt, daß Körperlichkeit für eine ganzheitliche Persönlichkeitsentwicklung günstig ist, da sie

1. selbst in einem produktiven Sinn konfrontativ ist;
2. Grundlage für die Intuition sein kann, produktive Verunsicherungen zu finden;
3. durch ihre Eigenschaft, sowohl pragmatisch und transzendent zu sein, eine Ich-Transformation fördert;

4.eine konstruktive Balance der Bewußtseinspolaritäten fördert und
5.körperliches Wissen eine Grundlage für die Bewußtseinserweiterung ist.

Als entscheidendes Problem präsentierte sich der Wahrnehmungsapparat des Menschen, der durch seine Filter und frühen, unbewußten und oft unwillkürlichen Verarbeitungsmechanismen neue Erfahrungen verhindern kann.

Es gelang aber zu zeigen, daß Empfindungsschulung und Tanztraining Wege einer Wahrnehmungsschulung sind, die das "Bild von der Welt" korrigieren können. Am Beispiel von Texten aus Atem-, Eutonie-, Dore-Jacobs- und Tanzimprovisationspädagogik wurde gezeigt, daß die Autorinnen Middendorf, Alexander, Jacobs und Deharde Methoden für einen direkten Kontakt zur "Natur im Menschen" gefunden haben und darstellen. Da das entscheidende Moment für die Bewußtseinserweiterung und Persönlichkeitsentwicklung die Wahrnehmungsschulung durch die Erfahrbarmachung von Körperlichkeit darstellt, habe ich die genannten Ansätze als "Ästhetische Bildung durch den Körper als Erfahrung der Natur im Menschen" gekennzeichnet.

Diese Arbeit ist der erste Versuch, eine allgemeine Theorie der Ästhetischen Bildung durch den Körper zu formulieren. Ich habe deshalb versucht, in halbstrukturierten Interviews mit Absolventen verschiedener professioneller Schulen herauszufinden, ob tatsächlich Erfahrungen, die nach diesem Modell zu einer ganzheitlichen Persönlichkeitsentwicklung gehören, gemacht wurden. Außerdem habe ich zentrale Argumente und Darstellungen vorgestellt, um zu erfahren, ob meine Theorie als passendes Konzept für das Umfeld und die Erfahrungen von Ausbildungen in Tanz und Körperbildung/Empfindungsschulung gesehen wird.

Die Ergebnisse der Interviews bestätigen voll meine Theorie:

1.) Über Sprachgrenzen und kulturelle Unterschiede hinweg wurden die -für den Alltagssprachgebrauch ungewöhnlichen bis unverständlichen- Thesen meiner Theorie sofort verstanden und mit eigenen Erfahrungen kommentiert.

2.) Die Antworten der Interviewten dokumentieren den Prozeß und das Ergebnis einer ganzheitlichen Persönlichkeitsentwicklung und Ich-Transformation.

Ausbildungen in "Ästhetische Bildung durch den Körper" können also tatsächlich eine Konfrontation darstellen, an der die Persönlichkeit wachsen und sich das Bewußtsein erweitern kann. Sie helfen auch, eine Intuition für "produktive Verunsicherungen" zu entwickeln.

Im letzten Kapitel ging es um die allgemeine Bedeutung Ästhetischer Bildung. Da sich der Unterricht in den professionellen Ausbildungen, die ich untersucht habe, über ca. drei Jahre ganztags erstreckt, Ziel und Inhalt dieser Ausbildungen aber große allgemeine Bedeutung haben, habe ich ein pragmatisches Modell Ästhetischer Bildung durch den Körper formuliert. Darin wurden die Besonderheiten und Probleme der psychologischen Entwicklung, die bei den dargestellten Ansätzen nicht thematisiert werden, speziell berücksichtigt. Während sich die Ausbildungen an besonders gesunde, aggressive

Persönlichkeiten richten, die an der massiven Konfrontation von Tanztraining und Empfindungsschulung wachsen können, ist mein Modell für durchschnittlich belastbare Menschen konzipiert. Die Untersuchungen zeigten, daß durch die Arbeit in diesem Modell auf ähnliche Weise die Persönlichkeitsentwicklung angeregt wird wie in den professionellen Ausbildungen. Damit stellt "Integration von Körper, Bewegung und Persönlichkeit als pragmatisches Modell Ästhetischer Bildung eine allgemeiner anwendbare Ergänzung zu den untersuchten dreijährigen Ausbildungen dar.

Mit einem Satz wurde in diesem Buch ein neues Konzept des Lernens von und mit dem Körper entwickelt,

- bei dem es auf Konfrontation und Training ankommt wie im Sport, aber nicht auf Vergleich und Höchstleitung, sondern als persönlichen Weg,
- bei dem es immer um Kunst und Schönheit geht wie bei Tanz, aber nicht nach äußeren Kriterien und für die Bühne, sondern als persönlicher Leitfaden,
- bei der es um Empfindung und die persönliche Bedeutung geht wie bei Körpertherapien, aber nicht als Arbeit am Verdorbenen und an der Schwäche, sondern als persönliches Erkennen.

Nach diesem Konzept lassen sich einige bestehende Ansätze aus Tanz und Empfindungsschulung/Körperbildung beschreiben und als Ästhetische Bildung verstehen.

Das stellte sich auch in den Interviews sich heraus: Einerseits kann man von diesem Konzept sagen , daß es eine gültige und genaue Beschreibung dessen darstellt, was mit Menschen bei Ausbildungen in den Tanz- und Empfindungsschulen geschieht. Andererseits kann man von den Ausbildungen sagen, daß sie eine Ästhetische Bildung, eine Integration von Körper, Bewegung und Persönlichkeit und persönliche Entwicklung bewirken.

Zuletzt wurde ein Ansatz beschrieben, der von Anfang an persönliche Entwicklung und körperlich/seelische Integration durch Kunst, Tanztraining und Empfindungsschulung zum Ziel hat und eine Ergänzung zu den beschriebenen Schulen darstellen kann.

# X ANHANG

## 1 BEISPIELE FÜR UNTERRICHTSEINHEITEN

### 1.1 Beispiele für Unterrichtseinheiten in: Körpersymbolik, innere Bilder und Bewusstsein

THEMA:

VERWURZELUNG/BODENKONTAKT (BEISPIEL FÜR EINE DAUER VON ZWEI UNTERRICHTSEINHEITEN A ZWEI ZEITSTUNDEN)

● **Erste Unterrichtseinheit**

Vorbereitung/Einstimmung
- Fremdentspannung/Körperfühlübung zu Knochen/Muskeln/Oberfläche von Becken, Beinen und Füßen
- In der Entspannung Assoziationsübung: Wie bist du in Deinem Leben verwurzelt, hat sich alles organisch entwickelt, ist gewachsen -gibt es Kontinuität, oder ist es eher zufällig so, wie es ist, könnte genausogut anders sein ... usw. (ca. 25 Min.)

Erfahrung des Themas durch körperliches Erleben (Körpersymbolik)
- Partnerarbeit zum Lösen der Beine mit Übungen aus Chiropraktik, klassischer Massage, Energiemassage, Bewegungstherapie, Atempädagogik und Eutonie. (60-90 Min.)
- Stehen auf Bambusstäben (10 Min.)
- Energie- und Spürübungen zu Bodenkontakt im Stehen am Schluß mit spezieller Musik und Austreichungen durch den Kursleiter zu Zen-Musik (25 Min.)

● **Zweite Unterrichtseinheit**

Erfahrung des Themas durch körperliches Erleben (Körpersymbolik)
- Partnerarbeit zur Lösung der Füße mit Übungen aus Chiropraktik, diversen Massagetechniken, Energieübungen (70 Min.)

Innere Gestaltung des Themas durch ein Bildsymbol
-Fremdentspannung/Körperfühlübung zu Auflagefläche/Bodenkontakt
-Bild des Baumes, genaue Vorstellung, Identifikation mit dem Baum, der Baum in den Jahreszeiten, Kontinuität (30 Min.)
- Ausklang, Reden über die Bilder

THEMA:

RAUM/BEGRENZUNG, STRUKTUR/FREIHEIT (BEISPIEL FÜR EINE DAUER VON ZWEI UNTERRICHTSEINHEITEN A ZWEI ZEITSTUNDEN

● **Erste Unterrichtseinheit**

Vorbereitung/Einstimmung
- Fremdentspannung/Körperfühlübung Haut
- In der Entspannung Assoziationsübung: Nimmst Du die Begrenzung Deines Lebens durch Strukturen des Alltags, Freundschaft/Ehe, evtl. Kinder, Beruf ... usw. als Schutz war, als etwas Selbstverständliches oder als Einengung, Zwang? (25 Min.)

Erfahrung des Themas durch körperliches Erleben (Körpersymbolik)
- langsame meditative Bewegungsübungen zum persönlichen Umraum im Stehen
- Atem, Bewegung und Expansion
- Tai-Chi/Chi-Gong/stehen
- damit in den Raum gehen
- nach einiger Zeit schneller werden

- mit wechselnder Trommelbegleitung, mit und ohne Arme, schnell oder langsam, auf halbiertem Raum...
- Reden: bleibt der persönliche Raum erhalten oder löst er sich auf?
- Alle stehen mit geschlossenen Augen im Raum, drei gehen zwischen ihnen herum
- drei stehen mit geschlossenen Augen im Raum, alle anderen gehen,
- Alle stehen mit geöffneten Augen, drei gehen
- Verschiedene Formationen mit offenen oder geschlossenen Augen, sowie Geräuschen und Raumwahrnehmung
- Tanztraining zu Raum, rhythmischer Gliederung und Gruppenkoordination mit Blick, Drehung, Sprung und Klatschen
- Sensitivity-Übungen zu Raum, sozialem Raum, Spannung und Wahrnehmung (60 Min.)

Innere Gestaltung des Themas durch ein Bildsymbol
- Fremdentspannung/Körperfühlübung zu Auflagefläche und Umhüllung, Bild: du liegst auf einem hohen Felsen, ringsherum Luft; warmer Sand wird angeweht und umgibt deine Seiten, die Oberseite bleibt frei; von oben fallen Daunenfedern auf dich; fühl die Veränderung mit ein- und ausatmen (25 Min.)
- Kurzes Gespräch

● **Zweite Unterrichtseinheit**

Erfahrung des Themas durch körperliches Erleben (Körpersymbolik)
- Fremdentspannung/Körperfühlübung zu Haut (15 Min.)
- Partnerübung im Stehen: lange alles abrubbeln
- Die Massierten gehen mit geschlossenen Augen im Raum
- Auramassage im Stehen noch in der gleichen Rollenverteilung
- Die Massierten gehen mit geschlossenen Augen langsam zusammen und versuchen, einen gemeinsamen Raum zu bilden und in Kontakt zu sein, sich alllmählich zu bewegen auch im Raum als Gruppe, ohne sich zu berühren (Musik: Meredith Monk)
- Rollenwechsel (90 Min.)
- Gespräch über Struktur und Freiheit, das Bedürfnis nach Nähe und mögliche Einschränkungen der Freiheit und ähnliches (15 Min)

## 1.2 Beispiele für Unterrichtseinheiten in: Tanzimprovisation als Alltagskunst

THEMA:

UMGANG MIT GEWICHT ALLEIN UND MIT ANDEREN (FALL/RECOUVERY UND DIE LEHNUNG)(BEISPIEL FÜR EINE DAUER VON DREI UNTERRICHTSEINHEITEN A ZWEI ZEITSTUNDEN)

● **Erste Unterrichtseinheit**

Aufwärmen/Einstimmung
- Anfangsmeditation im Lotussitz mit Ton, Atem und Energieflußbewußtsein;
- Als Warm-Up eine Bewegungsfolge vom Stand über verschiedene Dehnpositionen im Liegen in langsamem Bewegungsfluß mit Bewegungsansätzen aus Contract/Release zum Stand; die Folge wird einmal trocken, dann mit rel. schneller Musik aus der Nussknackersuite und mittelmäßig schneller Musik aus einer Ouverture einer Peking-Oper gemacht;

Üben des Bewegungsprinzips als technisches Training
- Es folgen drei Übungen mit Schwung von Oberkörper und Armen, die von verschiedenen Bewegungsansätzen aus in halbkreisförmigen Schwüngen über Bodennähe zur (stehenden) Ausgangsposition zurückführen; Übung 1 benutzt Reggae-Musik, Übung 2 Sign' o Times von Prince, Übung 3 ein modernes aber ethnisch/traditionell orientiertes Stück aus Gambia.

Gestaltung des Bewegungsprinzips
- Improvisation mit Schwüngen, die das eigene Gewicht in relativ stetigem Fluß zwischen Bodennähe und aufrechten Positionen schwingen läßt und dieses Bewegungsprinzip -je nachdem- auch bei der Fortbewegung im Raum benutzt zu traditioneller Musik aus dem Senegal mit Kora;

Exercise "Zentrierung und Energiefluß"
- Das Exercise besteht aus langsamen Halte- und Dehnpositionen, die hohe Zentrierung, Durchlässigkeit und Kraft erfordern. Es dauert 20 Minuten und wird zu Musik aus den byzantinischen Chorälen von Rachmaninoff und neoklassischer Musik von Wim Mertens durchgeführt; es stellt die Übenden auf die Kombination von Durchlässigkeit, Zentrierung und Kraft ein, die für den Umgang mit Schwerkraft nötig ist;

Üben des Bewegungsprinzips als technisches Training
- Es folgen vier Übungen, in denen -wie in der Kontaktimprovisation- damit gearbeitet wird, Gewicht an andere abzugeben. Hier arbeiten Zweiergruppen zusammen, die lernen, den anderen aufzufangen, wenn er sich (mit Spannung) fallen läßt und ihn mit einem Impuls wieder in den Stand zu befördern; zu verschiedenen indianischen Musiken werden alle Fallrichtungen, Auffangen mit und ohne Hände, u. ä. geübt;

Gestaltung des Bewegungsprinzips
- zu einem Gospelchor stehen die Studenten in Dreiergruppen im Dreieck aufgestellt; jeweils zwei fallen auf den dritten, der leicht zurückweicht, dann aber mit einem Schwung die beiden in ihre Standpositionen zurückbefördert; das Ganze passiert im Rhythmus der Musik und wandert im Kreis; zum Abschluß der Stunde kommt eine kurze Kombination und der Schlußkreis als Abschlußmeditation;

● **Zweite Unterrichtseinheit**

Aufwärmen/Einstimmung
- Wie in der ersten Stunde;

Üben des Bewegungsprinzips als technisches Training
- Fünf Übungen, in denen die Studenten sich fallenlassen und
- bei bestimmten Knickpunkten mit Impuls wieder hochkommen,
- mit Schwüngen runtergehen und Impulsen wiederhochkommen,
- in Schrittfolgen mit "collapse" in verschiedene Richtungen zusammenfallen, wobei der Impuls zum Wiederhochkommen die Bewegungsrichtung ändert zu klassischer und Rap-Musik;

Gestaltung des Bewegungsprinzips
- Kleine Improvisationschoreographie zu "Prisoners in Niggertown" aus Hair, bei der auf einer Querbahn vorschreitend die Studenten sich langsam immer höherrecken, aus dem Releve zusammenstürzen, wieder höherkommen usw.,
  dann mit einem "Collapse"-Schritt, der erst asymmetrisch von der Hüfte aus abknickt, in weiteren Variationen von Knickpunkten durch den Raum gehen, schließlich immer stärker aus ihrer Fallinie gezogen werden bis zur völligen Auflösung der Balance und einem Trudeln, das sich zu einem Durch-den-Raum-Fallen steigert;
  Alles endet halb zusammengekauert in einer Ecke des Raumes, von wo aus sich alle allmählich wieder aufrichten; während die Musik schon beim letzten Fallen ausgesetzt hat, so daß nur das Trappeln der Füße zu hören war, formiert sich jetzt -erst zögernd aber schnell klarer werdend- ein Rhythmus in den Füßen in 123 123 12, der als Schrittfolge immer wiederholt wird, wobei dann, wenn der Rhythmus klar ist, auf die ersten 123 ein asymmetrisches "Collapse", auf die nächsten 123 das Wiederaufrichten, auf 12 zwei gerade, entschiedene Schritte mit Blick geradeaus kommen;

Exercise "Zentrierung und Energiefluß"
- wie in der ersten Stunde beschrieben

Üben des Bewegungsprinzips als technisches Training
- Das Thema der letzten Stunde wird weiter geübt, wobei stärker Impulselemente in das In-den-Stand-Zurückstoßen einfließen; Dazu kommen wirkliche Fallübungen zu indianischer und experimenteller Musik;

Gestaltung des Bewegungsprinzips
- während die Hälfte im Raum verteilt als Stützen stehen, tanzen die anderen mit Gewicht, Schwung und Impuls und lehnen sich -mit möglichst organischen Übergängen aus ihrer Bewegung- an die Stehenden einmal zu einem Mozart-Stück, dann zu einem Soul-Stück;
  Zum Abschluß der Stunde kommt eine kurze Kombination und der Schlußkreis als Abschlußmeditation;

● **Dritte Stunde**

Aufwärmen/Einstimmung-
  wie in den ersten beiden Stunden;
Üben des Bewegungsprinzips als technisches Training
- Wiederholung von den Gewichtsthemen allein und mit anderen, mit Fluß und Impuls;
  Gestaltung des Bewegungsprinzips
- Improvisationschoreographie zu einem Stück von BAP über das Alleinsein; die Hälfte tanzt sparsam auf der Stelle; die anderen tanzen mit Improvisationen von "Sich-Fallen-Lassen und aus dem eigenen Schwung oder mit Impuls wieder hochkommen" durch den Raum; die Stehenden sind immer bereit, die Tänzer(innen) aufzufangen, wenn sie sich lehnen und ihnen einen Impuls wieder in die Bewegung zurückzugeben;

Exercise "Zentrierung und Energiefluß"
- wie gehabt

Gestaltung des Bewegungsprinzips
- Mit einigen Zwischenschritten durch ähnliche Improvisations-choreographien und Zwischenübungen kommt die Gruppe dazu, ohne Vorabsprache darüber, wer sich lehnt und wer Stütze ist, mit "Lehnung-an-andere" und "Fall-Recouvery-allein" zu verschiedenen Musiken zu improvisieren;

Zum Abschluß der Stunde kommt eine kurze Kombination und der Schlußkreis als Abschlußmeditation;

## 2 BIRKHOLZ' ERGEBNISSE

Abb. 7
Gruppennetzwerk

## 3 ERGEBNISSE DES FRAGEBOGEN I: SEELISCH/KÖRPERLICHE ENTWICKLUNG, WAHRNEHMUNGSFÄHIGKEIT UND KOMPETENZ

In der folgenden Tabelle werden für jede Frage :

1.) der Mittelwert der Wahrnehmungsveränderung
2.) der Mittelwert der Eigenschaftsveränderung
3.) die Häufigkeit der Antwort: "Irgendwie anders"
4.) die Häufigkeit, einer gleichzeitigen Wahrnehmungsverbesserung und Eigenschaftsverschlechterung nach dem ersten Semester
5.) der Mittelwert der Wahrnehmungsveränderung
6.) der Mittelwert der Eigenschaftsveränderung
7.) die Häufigkeit der Antwort: "Irgendwie anders"
8.) die Häufigkeit, einer gleichzeitigen Wahrnehmungsverbesserung und Eigenschaftsverschlechterun nach dem zweiten Semester
9.) der Mittelwert der Wahrnehmungsveränderung
10.) der Mittelwert der Eigenschaftsveränderung
11.) die Häufigkeit der Antwort: "Irgendwie anders"
12.) die Häufigkeit, einer gleichzeitigen Wahrnehmungsverbesserung und Eigenschafts verschlechterung
nach dem dritten Semester aufgelistet:

| FRAGEN: | RUBRIK: 1 | 2 | 3 | 4 | 5 | 6 | 7 | 8 | 9 | 10 | 11 | 12 |
|---|---|---|---|---|---|---|---|---|---|---|---|---|
| 1.) | 2,5 | 3,2 | 0 | 0 | 2,5 | 3,5 | 0 | 0 | 2,5 | 4,6 | 1 | 0 |
| 2.) | 2,4 | 2,8 | 0 | 1 | 2,6 | 3,1 | 0 | 2 | 3,o | 3,5 | 0 | 2 |
| 3.) | 2,4 | 2,8 | 0 | 2 | 2,6 | 3,1 | 1 | 0 | 2,75 | 3,75 | 0 | 0 |
| 4.) | 2,4 | 3,1 | 1 | 2 | 2,5 | 3,0 | 0 | 1 | 3,0 | 3,5 | 0 | 0 |
| 5.) | 2,6 | 3,5 | 0 | 0 | 2,75 | 3,4 | 1 | 0 | 2,25 | 4,25 | 0 | 0 |
| 6.) | 2,5 | 3,45 | 1 | 1 | 2,6 | 3,5 | 1 | 0 | 2,7 | 4,5 | 0 | 0 |
| 7.) | 2,7 | 3,6 | 0 | 0 | 2,5 | 3,4 | 1 | 0 | 1,75 | 4,25 | 0 | 0 |
| 8.) | 2,7 | 3,6 | 0 | 0 | 2,5 | 3,9 | 0 | 0 | 2,5 | 3,25 | 0 | 0 |
| 9.) | 2,5 | 3,6 | 0 | 0 | 2,5 | 3,5 | 0 | 0 | 2,5 | 4,25 | 0 | 0 |
| 10.) | 2,4 | 3,2 | 0 | 0 | 2,5 | 3,4 | 1 | 0 | 2,25 | 4,0 | 0 | 0 |
| 11.) | 2,4 | 3,4 | 0 | 0 | 2,75 | 3,7 | 2 | 0 | 2,5 | 4,25 | 0 | 0 |
| 12.) | 2,6 | 3,5 | 0 | 0 | 2,6 | 3,4 | 1 | 0 | 2,5 | 3,25 | 0 | 0 |
| 13.) | 2,3 | 3,4 | 0 | 0 | 2,5 | 3,5 | 1 | 0 | 2,75 | 4,25 | 0 | 0 |
| 14.) | 2,3 | 3,2 | 0 | 0 | 2,25 | 3,4 | 0 | 0 | 2,5 | 3,75 | 0 | 0 |
| 15.) | 2,6 | 3,2 | 2 | 1 | 2,6 | 3,1 | 1 | 0 | 2,0 | 2,5 | 0 | 0 |
| 16.) | 2,5 | 3,1 | 2 | 0 | 2,25 | 3,4 | 1 | 0 | 2,75 | 3,25 | 0 | 0 |
| 17.) | 2,6 | 2,9 | 2 | 3 | 2,5 | 3,3 | 1 | 0 | 2,25 | 3,25 | 0 | 0 |
| 18.) | 2,7 | 3,0 | 1 | 3 | 3,0 | 2,3 | 2 | 2 | 2,75 | 2,55 | 2 | 1 |

| | | | | | | | | | | | | |
|---|---|---|---|---|---|---|---|---|---|---|---|---|
| 19.) | 2,3 | 3,4 | 1 | 1 | 2,5 | 2,6 | 1 | 0 | 2,75 | 3,0 | 0 | 0 |
| 20.) | 2,4 | 3,3 | 0 | 1 | 2,5 | 3,4 | 1 | 0 | 2,75 | 4,25 | 0 | 0 |
| 21.) | 2,5 | 3,4 | 0 | 0 | 2,1 | 2,9 | 0 | 0 | 2,75 | 4,5 | 0 | 0 |
| 22.) | 2,3 | 3,6 | 0 | 1 | 2,5 | 3,4 | 0 | 0 | 2,5 | 4,3 | 1 | 0 |
| 23.) | 2,3 | 3,3 | 0 | 0 | 2,25 | 3,1 | 1 | 0 | 1,75 | 4,3 | 1 | 0 |
| 24.) | 2,6 | 3,8 | 0 | 0 | 2,9 | 3,6 | 0 | 1 | 2,25 | 4,0 | 1 | 0 |
| 25.) | 2,1 | 3,3 | 1 | 0 | 2,5 | 3,75 | 0 | 0 | 2,5 | 4,0 | 0 | 0 |
| 26.) | 2,3 | 3,0 | 0 | 0 | 2,25 | 3,1 | 1 | 0 | 2,5 | 4,5 | 0 | 0 |
| 27.) | 2,6 | 4,0 | 0 | 0 | 2,75 | 3,6 | 0 | 0 | 2,25 | 4,75 | 0 | 0 |
| 28.) | 2,5 | 3,8 | 0 | 0 | 2,6 | 3,6 | 0 | 0 | 2,5 | 4,75 | 0 | 0 |
| 29.) | 2,6 | 3,5 | 1 | 0 | 2,4 | 3,3 | 1 | 0 | 2,0 | 4,0 | 0 | 0 |
| 30.) | 2,75 | 3,5 | 1 | 0 | 2,4 | 3,25 | 0 | 0 | 2,0 | 3,25 | 0 | 0 |
| 31.) | 2,4 | 3,55 | 1 | 0 | 2,75 | 4,0 | 0 | 0 | 1,75 | 4,0 | 3 | 0 |
| 32.) | 2,1 | 3,3 | 1 | 1 | 2,25 | 3,5 | 0 | 0 | 2,5 | 3,5 | 0 | 0 |
| 33.) | 2,7 | 3,6 | 1 | 0 | 2,75 | 2,9 | 1 | 1 | 2,75 | 4,25 | 0 | 0 |
| 34.) | 2,5 | 3,4 | 0 | 0 | 2,25 | 2,9 | 1 | 0 | 2,0 | 4,5 | 0 | 0 |
| 35.) | 2,2 | 3,45 | 1 | 0 | 2,25 | 3,25 | 0 | 0 | 2,5 | 4,0 | 0 | 0 |
| 36.) | 2,4 | 3,4 | 3 | 0 | 2,25 | 3,4 | 0 | 0 | 2,75 | 4,25 | 0 | 1 |
| 37.) | 2,5 | 3,4 | 3 | 0 | 2,5 | 2,75 | 0 | 1 | 3,0 | 5,0 | 0 | 0 |
| 38.) | 2,25 | 2,9 | 2 | 1 | 2,1 | 3, | 0 | 0 | 2,75 | 5,0 | 0 | 0 |
| 39.) | 2,4 | 3,8 | 0 | 0 | 2,0 | 3,9 | 0 | 0 | 3,0 | 5,0 | 0 | 0 |
| 40.) | 2,7 | 3,5 | 2 | 2 | 2,5 | 3,4 | 0 | 0 | 2,5 | 4,25 | 0 | 0 |
| 41.) | 2,25 | 2,9 | 0 | 2 | 2,1 | 2,9 | 0 | 0 | 2,75 | 3,0 | 0 | 0 |
| 42.) | 2,4 | 3,25 | 0 | 0 | 2,0 | 3,1 | 1 | 0 | 2,5 | 3,25 | 0 | 0 |
| 43.) | 2,2 | 3,2 | 0 | 0 | 2,25 | 3,0 | 2 | 0 | 2,5 | 4,0 | 0 | 0 |
| 44.) | 2,2 | 2,7 | 0 | 0 | 2,25 | 3,3 | 1 | 0 | 2,75 | 3,75 | 0 | 0 |
| 45.) | 2,3 | 3,3 | 1 | 0 | 2,1 | 3,4 | 1 | 0 | 2,5 | 5,0 | 0 | 0 |
| 46.) | 2,2 | 3,3 | 0 | 0 | 2,0 | 3,1 | 0 | 0 | 2,5 | 4,25 | 0 | 0 |
| 47.) | 2,4 | 3,6 | 0 | 0 | 2,1 | 3,4 | 0 | 0 | 2,75 | 5,0 | 0 | 0 |
| 48.) | 2,25 | 3,4 | 0 | 0 | 2,25 | 3,75 | 0 | 0 | 2,25 | 3,0 | 0 | 0 |
| 49.) | 2,25 | 3,4 | 1 | 0 | 2,0 | 3,0 | 0 | 0 | 2,75 | 3,0 | 0 | 1 |
| 50.) | 2,0 | 3,0 | 0 | 0 | 2,25 | 3,6 | 1 | 0 | 2,75 | 2,5 | 0 | 1 |

## ZUSAMMENFASSENDE GLIEDERUNG DER ERGEBNISSE:

In Rubrik 1, 5 und 9 (Wahrnehmungskompetenz) bedeutet eine 1: Verschlechterung der Wahrnehmungskompetenz, eine 2: gleichgebliebene Wahrnehmungskompetenz und eine 3: Verbesserung der Wahrnehmungskompetenz. In den Rubriken 2, 6 und 10 (Eigenschaftsveränderung) bedeutet eine 2: Verschlechterung der Eigenschaft, eine 3: gleichgebliebene Eigenschaft, eine 4: Verbesserung und eine 5: große Verbesserung.
Nach dem ersten Semester wurde der Fragebogen von zwölf Studenten ausgefüllt.
-Dabei gab es eine Tendenz zu erhöhter Aufmerksamkeit und besserer Wahrnehmung (Wert 2,7) für die Fragen: 7, 8, 18, 30, 33 und 40. Gleich geblieben ist die Aufmerksamkeit (Werte von 2,1 oder 2,0) für die Fragen 25, 32 und 50. Die anderen Werte liegen dazwischen.

- Eine klare Verbesserung (4,00) hatte Frage 27, eine deutliche Tendenz (3,8) die Fragen 24, 28 und 39, eine Tendenz (3,6) die Fragen 7, 8, 9, 22, 33 und 47. Eine tendenzielle Verschlechterung (2,9, 2,8, 2,7) gab es für die 2, 3, 17, 38, 41 und 44.
- Als irgendwie anders empfanden je drei die Fragen 36 und 37, je zwei die Fragen 15, 16, 17, 38 und 40.
- Dreimal einen paradoxen Effekt gab es für die Fragen 17 und 18, zweimal einen paradoxen Effekt gab es für die 3, 4, 40 und 41.

Nach dem zweiten Semester wurde der Fragebogen von acht Studenten ausgefüllt.
- Dabei gab es eine Tendenz zu erhöhter Aufmerksamkeit und besserer Wahrnehmung (Wert 2,7) für die Fragen: 5, 11, 27, 31 und 33, eine eindeutig verbesserte Wahrnehmung gab es für 24 (2,9) und 18, (3,0). Gleich geblieben ist die Aufmerksamkeit (Werte von 2,1 oder 2,0) für die Fragen 21, 38, 39, 41, 4245, 46, 47 und 49.
- Eine klare Verbesserung der Eigenschaft (4,00) hatte Frage 31, eine deutliche Tendenz (3,9) die Fragen 8 und 39, eine Tendenz (3,6 oder 3,7) die Fragen 11, 24, 25, 27, 28, 48 und 50. Eine tendenzielle Verschlechterung (2,9, 2,8, 2,7) gab es für die 21, 33, 34, 37 und 41, eine deutliche Tendenz (2,6) die 19 und Verschlechterung (2,3) die 18.
- Als irgendwie anders empfanden je zwei die Fragen 11, 18 und 43.
- Zweimal einen paradoxen Effekt gab es für die Fragen 2 und 18.

Nach dem dritten Semester wurde der Fragebogen von vier Studenten ausgefüllt. Die rückläufigen Zahlen ergeben sich aus der Tatsache, daß ich nur die Studenten berücksichtigte, die alle aufeinanderfolgenden Semester mitgemacht hatten. Durch die normale Fluktuation fiel die Zahl der für diese Untersuchung relevanten Teilnehmer von 12 über 8 auf 4. Die Ergebnisse des dritten Semesters sind daher nur als Tendenz zu interpretieren.
- Sichtbar wurde eine Tendenz zu erhöhter Aufmerksamkeit und besserer Wahrnehmung (Wert 2,75) für die Fragen: 3, 6, 13, 16, 18, 19, 20, 21, 33, 36, 38, 41, 44, 47, 49 und 50, eine eindeutig verbesserte Wahrnehmung (3,0) gab es für 2, 4, 37 und 39. Gleich geblieben ist die Aufmerksamkeit (Werte von 2,1 oder 2,0) für die Fragen 15, 29, 30, 34, verschlechtert (1,75) hat sie sich für die Fragen 7, 23 und 31.
- Für diesen Untersuchungszeitpunkt (nach dem dritten Semester) gibt es eine klare Steigerung der Verbesserung von Eigenschaften. Für die Fragen 37, 38, 39, 45 und 47 gibt es eine große Verbesserung (5,00). Eine Tendenz zur großen Verbesserung (4,75) hatten die Fragen 27 und 28, zwischen Verbesserung und goßer Verbesserung (4,5) lagen die Fragen 2, 6, 21, 26 und 34. Verbesserung (4) und etwas mehr als Verbesserung (4,25) haben die Fragen 10, 24, 25, 29, 31, 35 und 43, bzw 5, 7, 9, 11, 13, 20, 22, 23, 33, 36, 40 und 46. Tendenzen zur Verbesserung (3,75) gab es für die Fragen 3, 14 und 44. Eine deutliche Tendenz zur Verschlechterung (2,55 oder 2,5) gab es für die Fragen 15, 18 und 50.
- Als irgendwie anders empfanden je drei die Frage 31, je zwei die Frage 18 und je einer die Fragen 1, 22, 23, 24.
- Zweimal einen paradoxen Effekt gab es für die Frage 2, einmal einen paradoxen Effekt für die Fragen 18, 36, 49 und 50.

## INTERPRETATION:

Im ersten Semester entstand
- eine Verbesserung der Wahrnehmung für Kopf, Schulter Gesicht, Nacken, lokale Verspannungen, Zentrierung, Innen/Außen und Identität.
- Leichte Eigenschaftsverbesserungen ergaben sich im Kontakt zum Oberkörper (Kopf, Schulter, Nacken, Brustkorb) und in der Awareness: eine leichte Verbesserungstendenz ergab sich beim Rhythmusgefühl, eine deutliche bei Sensibilität und Bewegungsqualität. Das Gefühl für Form und Haltung ist als einziges eindeutig verbessert. Während der Entsprech Ausdruck/Innenleben eine leichte Verbeserungstendenz zeigt, hat die Gefühlsintensität deutliche Verbesserungs-

tendenz. Der Kontakt zur Natur hat eine leichte Verbesserungstendenz.
- Eine Tendenz zur Verschlechterung haben: Krankheitsanfälligkeit, Wetterabhängigkeit, die Angemessenheit der Gesamtspannung, Klarheit des Denkens, die Konzentrations- und Arbeitsfähigkeit.
- Im Verhältnis zu Erotik/Sex. und zu anderen ist etwas in Bewegung geraten (dreimalige Nennung von "irgendwie anders"), ähnliches gilt für Atem, Stimme, Gesamtspannung, Klarheit des Denkens und Identität (zweimalige Nennung).
- Ein stärkeres Gefühl für Schwierigkeiten tritt zweimal in Kombination mit einer Wahrnehmungsverbesserung auf für Wetterabhängigkeit, Biorhythmus, Identität und Konzentrationsfähigkeit.

Nach dem zweiten Semester gibt es
- deutlichere Wahrnehmungsverbesserungen als nach dem ersten im Bereich lokale Verspannungen und Sensibilität. Tendenzen zur Wahrnehmungsverbesserung gibt es bei: Kontakt zu Armen und Beinen, Becken und Hüften, Gefühl für Form, Kontakt zum Unbewußten und Ausdruck/Innen.
- Eine eindeutige Eigenschaftsverbesserung gibt es für den Kontakt zum Unbewußten, eine deutliche Tendenz für den Kontakt zu Schultern und Nacken und die Intensität von Gefühlen. Eine Tendenz besteht für Kontakt zu Becken und Hüften, Sensibilität, spontan passende Bewegungen, Gefühl für Form, Bewegungsqualität, innere Stimme und den Umgang mit dem Fragebogen.
- Eine leichte Tendenz zur Verschlechterung gibt es für Kraft, Ausdruck/Innen, Balance Innen/Außen, Kontakt andere, Konzentrationsfähigkeit, eine deutliche Verschlechterungstendenz gibt es für lokale Verspannungen und Beweglichkeit.
- Irgendwie anders empfunden werden Kontakt zu Becken und Hüften, lokale Verspannungen und Kreativität,
- einen paradoxen Effekt gab es bei Krankheitsanfälligkeit und lokalen Verspannungen.

Nach dem dritten Semester gibt es
- eine eindeutige Wahrnehmungsverbesserung bei Krankheitsanfälligkeit, Biorhythmus, Kontakt zu Anderen und Klarheit des Denkens und eine Tendenz zur Wahrnehmungsverbesserung für Wetterabhängigkeit, Kontakt zu Beinen und Füßen, Atembewegung, Stimme, lok. Verspannungen, Beweglichkeit, Koordination, Kraft, Ausdruck/Innen, Erotik, Klarheit des Denkens, Konzentrationsfähigkeit, Arbeitsfähigkeit, Naturempfinden, Entschiedenheit und das Verständnis des FragebogenS.
- Verschlechtert haben sich die Wahrnehmungen für Kontakt zu Kopf/Nacken, Orientierung im Raum, Kontakt zum Unbewußten.
- Es gibt eine große Eigenschaftsverbesserung für Kontakt zu anderen, Klarheit des Denkens, Intensität von Gefühlen, Empfinden von Musik, Empfinden für Natur, eine deutliche Tendenz zur großen Verbesserung bei Form und Bewegungsqualität, die Mitte zwischen großer Verbesserung und Verbesserung bei Krankheitsanfälligkeit, Kontakt zu Beinen und Füßen, Kraft, Bewegungskompetenz, Balance Innen/Außen. Leicht über der normalen Verbesserung liegen Kontakt zum Bauch, Sensibilität, spontan passende Bewegungen, Durchlässigkeit, Kontakt zum Unbewußten, Spontaneität und Kreativität. Eindeutig verbessert sind Kontakt zu Armen und Händen, Kopf und Gesicht, Brustkorb, Becken und Hüften, Atembewegung, Koordination, Rhythmusgefühl, Orientierung im Raum, Ausdruck/Innen, Erotik, Identität und Empfinden für Kunst. Eine Verbesserungstendenz haben Wetterabhängigkeit, Atemwahrnehmung und Arbeitsfähigkeit.
- Eine Verschlechterungstendenz wird für Atemfülle, lokale Verspannungen und das Verständnis des Fragebogens berichtet.
- Drei von vier empfinden den Kontakt zum Unbewußten als irgendwie anders, zwei von vier empfinden lokale Verspannungen als irgendwie anders, einer von vier empfindet Rhythmusgefühl, Erotik, Entschiedenheit und den Fragebogen irgendwie anders.

- Einen paradoxen Effekt gibt es zweimal für die Krankheitsanfälligkeit und je einmal für lokale Verspannungen, Erotik, Entschiedenheit und den Fragebogen.

Für die Eigenschaftsveränderung kann man die Mittelwerte in Bereiche aufteilen: 4,9 und 5, 4,6-4,85, 4,3-4,55, 4,25-4,5, 3,9-4,2, 3,6-3,85.

Nach dem ersten und zweiten Semester waren die höchsten Mittelwerte 4,00, so daß

| Mittelwertbereich: | | | |
|---|---|---|---|
| 3,9-4,2 | Rangklasse | 1 | |
| 3,6-3,85 | Rangklasse | 2 | |
| 3,3-3,55 | Rangklasse | 3 | |
| gleichgeblieben | Rangklasse | 4 | |
| verschlechtert | Rangklasse | 6 | darstellt. |

Nach dem dritten Semester war der höchste Mittelwert 5,00, so daß

| | | | |
|---|---|---|---|
| 4,9-5 | Rangklasse | 1 | |
| 4,6-4,85 | Rangklasse | 2 | |
| 4,25-4,5 | Rangklasse | 3 | |
| 3,9-4,2 | Rangklasse | 4 | |
| 3,6-3,85 | Rangklasse | 5 | |
| 3,3-3,55 | Rangklasse | 6 | |
| gleichgeblieben | Rangklasse | 7 | |
| verschlechtert | Rangklasse | 9 | darstellt. |

# 4 ERGEBNISSE DES FRAGEBOGEN III: ÄSTHETISCHE BILDUNG UND PERSÖNLICHKEITSENTWICKLUNG

Nachdem die persönlichkeitsbildenden Eigenschaften des professionellen Unterrichtes in Ästhetischer Bildung theoretisch und praktisch nachgewiesen wurden, stellt sich die Frage, ob dieser pragmatische Ansatz vergleichbare Auswirkungen anregen kann.

Dafür war notwendig, einen kurzen Fragebogen zu konzipieren, durch den wichtige Fragen zur Entwicklung, die in der Theorie behauptet werden, formuliert werden. Wegen der Vergleichbarkeit und der besseren Durchführungsökonomie wählte ich eine schriftliche Befragung mit vorgegebenen Antwortmöglichkeiten.

Unter den Untersuchungen über den praktischen Ansatz von TIA und Kösybe nimmt dieser Fragebogen eine besondere Rolle ein:

In ihm wurden zehn Fragen gestellt, die eine ausführlichere Parallele in den Interviews haben und sich direkt auf die psychologische Theorie einer ganzheitlichen Persönlichkeitsentwicklung, wie sie in dieser Arbeit formuliert worden ist, beziehen.

Außerdem wurden sechs Gruppen befragt, von denen vier TIA und zwei Kösybe betrieben. Jeweils eine Hälfte der Gruppen war fortgeschritten, die andere bestand aus Anfängern. Das ermöglichte, nicht nur die Entwicklung der Teilnehmer in ihrer Selbsteinschätzung zu dokumentieren, sondern auch mit-Hilfe einer Varianzanalyse zu untersuchen, ob sich die einzelnen Entwicklungen nach Fach und Fortgeschrittenheitsgrad unterscheiden.

Über die Verläßlichkeit und Gültigkeit können hier keine Aussagen gemacht werden. Anger schreibt:

*"Scheuch weist mit Recht darauf hin, daß Gültigkeit keine ein für allemal festliegende Eigenschaft einer bestimmten Antwort ist, sondern eine Funktion der Interpretation, die dieser Antwort zugeordnet ist."(1)*

Im Rahmen einer Untersuchung der Bedeutung dieses praktischen Ansatzes für eine aus der Theorie abgeleitete ganzheitliche Persönlichkeitsbildung erfüllt dieser Fragebogen seinen Zweck. Untersuchungsgruppe, Thema und Fragen sind genau eingegrenzt

und klar. Es handelt sich um die subjektive Einschätzung persönlicher Veränderungen durch die Betroffenen selbst.
In einer künftigen Untersuchung wäre eine externe Validierung -(z.B. motorischer Entwicklung durch Videoaufzeichnungen mit anschließendem Rating oder der inneren Entwicklung durch eine vorher/nachher Untersuchung mit standardisierten Tests oder projektiven Verfahren)- interessant.

## DESIGN:

Die Fragen wurden von insgesamt 60 Vpn beantwortet, die in sechs Gruppen 15 (Anfänger) bzw. mindestens 30 Zeitstunden (Fortgeschrittene) Unterricht in TIA oder Kösybe bekommen hatten. Dabei gab es vier Gruppen mit insgesamt 39 Teilnehmern in TIA und zwei Gruppen mit 21 Teilnehmern in Kösybe. Drei Gruppen mit 26 Teilnehmern waren Anfänger, hatten also 15 Sitzungen hinter sich, drei Gruppen mit 34 Teilnehmern waren fortgeschritten, hatten also mindestens 30 Sitzungen absolviert.

| Lerndauer: | Anfänger TN | | Fortgeschrittene TN | | Insgesamt TN |
|---|---|---|---|---|---|
| Unter-richtsart | | | | | |
| TIA | (1): 6 | | (3): 12 | | |
| | (2): 8 | (1)+(2):14 | (4): 13 | (3)+(4):25 | 39 |
| Kösybe | (5): 12 | | (6): 9 | | 21 |
| Insgesamt | 26 | | 34 | | 60 |

Dabei bezeichnen (1) und (2) die Gruppen TIA/Anfänger, (3) und (4) die Gruppen TIA/ Fortgeschrittene, (5) die Gruppe Kösybe/Anfänger und (6) die Gruppe Kösybe/Fortgeschrittene.

## FRAGESTELLUNGEN:

Mein Hauptaugenmerk galt den allgemeinen Antworttendenzen für die einzelnen Fragen über alle Gruppen. Dabei erwartete ich eine allgemeine deutliche Verbesserung, die von der Theorie vorausgesagt wird und die ich praktisch beobachten konnte. Besonderes Augenmerk richtete ich darauf, ob die Verbesserungen relativ homogen waren, oder in ihrem Ausmaß stark streuten, ob sich alle Teilnehmer verbessert oder einige gleichgeblieben waren bzw. sich gar verschlechtert hatten.

## ERGEBNISSE:

| Frage nach: | Mittelwert aller Tn |
|---|---|
| 1.) Körperlichen Fähigkeiten | 5,72 |
| 2.) Empfindungsfähigkeit | 5,88 |
| 3.) Allgemeiner Wahrnehmungsfähigkeit | 5,97 |
| 4.) Intuition | 5,85 |
| 5.) Persönlicher Entwicklung | 6,10 |
| 6.) Nähe zum Selbst | 5,83 |
| 7.) Balance Fühlen/Denken | 5,70 |
| 8.) Balance Innen/Außen | 5,77 |
| 9.) Balance Machen/Geschehenlassen | 5,85 |
| 10.) Balance praktisch/spirituell | 5,40 |

## INTERPRETATION:

Für die statistische Auswertung wurde "starke Verschlechterung" mit 1, "mittlere Verschlechterung" mit 2, "geringe Verschlechterung" mit 3, "gleich geblieben" mit 4, "geringe Verbesserung" mit 5, "mittlere Verbesserung" mit 6 und "starke Verbesserung" mit 7 gezählt, so daß zwischen 5,40 und 6,10 streuende Mittelwerte eine "mittlere Verbesserung" in allen Bereichen bedeuten. Dabei befindet sich die Einschätzung der Verbesserung in der "persönlichen Entwicklung" -des gemeinsamen Nenners und des allgemeinen Grundkonsenses aller Veränderungen- mit 6,10 an der Spitze, die Verbesserung der "Balance praktisch/spirituell" -was die weitgehendste Auswirkung darstellt- mit 5,40 am Ende, während die anderen Mittelwerte alle eng um die 5,80 liegen. Diese mittlere Verbesserung dokumentiert einen soliden allgemeinen Entwicklungsschritt, der besonders dadurch unterstrichen wird, daß bei 60 Teilnehmern und 10 Fragen, also 600 Antworten, keine einzige Verschlechterung berichtet wird, die Entwicklung somit relativ homogen ist.
Mir ist wichtig, darauf hinzuweisen, daß es sich hier nicht um anonyme Versuchspersonen handelte, die irgendwelche für sie beliebigen Fragen, deren Bedeutung sie nicht sehen, beantworteten. Die Teilnehmer waren durch den Kurs beeindruckt und innerlich beteiligt. Die Fragen bedeuteten etwas für sie und die Beantwortung wurde ernst genommen.

## FRAGESTELLUNG:

Eine weitere Fragestellung ergab sich aus der Möglichkeit, die Antworten von Anfängern mit denen von Fortgeschrittenen, die von Teilnehmern der TIA mit denen an Kösybe zu vergleichen.
Nach meiner Einschätzung sollte es keine größeren Unterschiede zwischen Anfängern und Fortgeschrittenen geben: Bei den Anfängern gibt es eine stärkere Beeindruckung und Begeisterung durch die neuen ästhetischen Erfahrungen und einen großen Anfangsschub. Bei den Fortgeschrittenen sollte ein Übungseffekt bemerkbar sein und sich eine substantielle Persönlichkeitsentwicklung bemerkbar machen. Meine Hypothese war, daß sich beide Entwicklungen überlagern, wobei ich eventuell den Fortgeschrittenen eine stärkere Verbesserung der Balance pragmatisch/spirituell zutraute.
Für eine Unterscheidung der Übungsweisen nach TIA und Kösybe erwartete ich einen deutlichen Unterschied in der Beantwortung der Fragen eins und zwei. Das Tanzimprovisationstraining sollte die körperlichen Fähigkeiten stärker verbessert haben als der Körpersymbolikkurs. Umgekehrt müßte Kösybe die Empfindungsfähigkeit mehr gefördert haben als TIA. Beide Wege sollen die gleichen persönlichen Entwicklungen anregen, so daß ich für die Beantwortung der anderen acht Fragen keine größeren Unterschiede erwartete.

## ERGEBNISSE:

Die nächste Tabelle zeigt einen Vergleich der Mittelwerte für die Antworten, die die verschiedenen Gruppen auf die Fragen nach Veränderungen gegeben haben. Dabei bedeutet T/A: TIA/Anfänger, T/F: TIA/Fortgeschrittene, K/A: Kösybe/Anfänger und K/F: Kösybe/Fortgeschrittne.

| Gruppe | 1<br>T/A | 2<br>T/A | 3<br>T/F | 4<br>T/F | 5<br>K/A | 6<br>K/F |
|---|---|---|---|---|---|---|
| Frage nach: | | | | | | |
| 1. Körperl. Fähigk. | 6,00 | 5,88 | 6,33 | 5,92 | 5,00 | 5,22 |
| 2. Empfind. Fähigk | 5,83 | 6,00 | 6,25 | 5,00 | 5,92 | 6,56 |
| 3. Allg. Wahrnehm.fähigk. | 6,17 | 5,63 | 6,17 | 5,77 | 5,83 | 6,33 |
| 4. Intuition | 6,00 | 6,00 | 6,00 | 5,54 | 5,50 | 6,33 |
| 5. Persönl. Entwickl. | 6,17 | 6,13 | 6,67 | 5,85 | 5,75 | 6,11 |
| 6. Nähe zum Selbst | 6,33 | 6,13 | 5,92 | 5,69 | 5,00 | 6,44 |
| 7. Balance Fühlen/Denken | 6,50 | 5,63 | 5,75 | 5,38 | 5,42 | 6,00 |
| 8. Balance Innen/Außen | 5,33 | 6,00 | 5,67 | 5,92 | 5,75 | 5,78 |
| 9. Bal. Mach/Gesch. lasS. | 5,50 | 5,63 | 6,33 | 5,77 | 5,67 | 6,00 |
| 10. Bal. prakt./spirit. | 5,33 | 5,63 | 5,92 | 5,00 | 5,00 | 5,67 |

## INTERPRETATION:

Der Vergleich der Mittelwerte zeigt keine dramatischen Unterschiede zwischen den Gruppen. Den höchsten Wert hatte mit 6,67 Gruppe 3:T/F als Antwort auf die Frage nach der Beeinflussung der persönlichen Entwicklung, die damit überwiegend als "starke Verbesserung" beurteilt wurde. Die niedrigsten Werte hatten mit 5,00 K/A auf Frage 1, Gruppe 4:T/F auf Frage 2, K/A auf Frage 6, Gruppe 4:T/F und K/A auf Frage 10, womit eine genau mittlere Verbesserung bezeichnet wird. Systematische Unterschiede zwischen Anfängern und Fortgeschrittenen bzw. TIA und Kösybe sind nur in der Beantwortung der Fragen eins und zwei zwischen TIA und Kösybe in der erwarteten Richtung zu erkennen. In der Veränderung der Balance praktisch/spirituell dagegen scheint es keine Unterschiede zwischen Anfängern und Fortgeschrittenen zu geben. Es kann aber auch Effekte geben, die in der Eigenart der Gruppen begründet sind. So ist 5,00 fünfmal als niedrigster Wert genannt worden, wobei die fünf Nennungen ausschließlich auf die Gruppen vier und fünf entfallen. Um zu prüfen, ob nicht durch die kleinen Gruppen zufällige Unterschiede interpretiert werden, wurde eine einfaktorielle multivariate Varianzanalyse durchgeführt. Dabei wird die mittlere quadratische Abweichung (quadratische Abweichung geteilt durch die Zahl der Freiheitsgrade -Zahl der Beobachtungen minus eins-) zwischen den Gruppen zu der innerhalb der Gruppen in Beziehung gesetzt. Für die Vergleichbarkeit mit dem nach SSPS gerechneten Ausdruck wird im folgenden die

- mittlere quadratische Abweichung zwischen den Gruppen: "Hypoth. MS", die
- mittlere quadratische Abweichung innerhalb der Gruppen: "Error MS" genannt.

## ERGEBNISSE (AUSZUG AUS AUSDRUCK#):

| Frage nach | Hypoth. MS | Error MS |
|---|---|---|
| 1. Körperl. Fähigk. | 2.83261 | 0.44482 |
| 2. Empfind. Fähigk | 3.19222 | 0.37449 |
| 3. Allg. Wahrnehm.fähigk. | 0.71679 | 0.52499 |
| 4. Intuition | 1.08385 | 0.59687 |
| 5. Persönl. Entwickl. | 1.23876 | 0.76308 |
| 6. Nähe zum Selbst | 2.84338 | 0.81697 |
| 7. Balance Fühlen/Denken | 1.39628 | 0.54849 |
| 8. Balance Innen/Außen | 0.40094 | 0.68016 |
| 9. Bal. Mach/Gesch. lass. | 0.92679 | 0.64844 |
| 10. Bal. prakt./spirit. | 1.65500 | 0.96528 |

## INTERPRETATION:

Demnach gibt es in der Beantwortung der Fragen 1, 2 und 6 große Unterschiede zwischen den Gruppen, 8 wird ziemlich einheitlich beantwortet. Innerhalb der Gruppen werden 10 und 6 besonders uneinheitlich beantwortet, 2 und 1 wirken homogener.
Die durchschnittlichen Gesamtvarianzen (Hypoth. MS+Error MS) sind für die Fragen 1, 2 und 6 hoch und bei den Fragen 7 und 10 beachtlich. Dabei werden bei den Fragen 1 (Körperliche Fähigkeiten) und 2 (Empfindungsfähigkeit) die Varianzen durch Unterschiede zwischen den Gruppen aufgeklärt. Auch für die Frage nach dem Selbst lassen sich Unterschiede zwischen den Gruppen ablesen, die aber vor dem Hintergrund relativ großer Unterschiede auch innerhalb der Gruppen gesehen werden müssen, was in verstärktem Ausmaß auch für die Balancen praktisch/spirituell und Fühlen/Denken gilt.
Interessant ist, daß die weitestgehenden Fragen (Selbst u. praktisch/spirituell) auch die höchste Varianz innerhalb der Gruppen haben, während die konkretesten Fragen (körperliche Fähigkeit und Empfindung) am einheitlichsten beantwortet wurden.
Ein Vergleich des empirischen F-Wertes (Verhältnis der Varianz zwischen den Gruppen als der Versuchsbedingung zugeschriebenem Effekt mit der Varianz innerhalb der Gruppen als dem Zufall zugeschriebenem Effekt) mit einem theoretischen ergibt die Signifikanz, d.h. die Restunsicherheit, mit der die Antwortunterschiede unzulässigerweise den Gruppenunterschieden zugerechnet werden.

## ERGEBNISSE (AUSZUG AUS DEM AUSDRUCK##):

Alle Gruppen

| Frage nach: | Signifikanz |
|---|---|
| 1.) Körperlichen Fähigkeiten | 0.000 |
| 2.) Empfindungsfähigkeit | 0.000 |
| 3.) Allgemeiner Wahrnehmungsfähigkeit | 0.252 |
| 4.) Intuition | 0.125 |
| 5.) Persönlicher Entwicklung | 0.170 |
| 6.) Nähe zum Selbst | 0.008 |
| 7.) Balance Fühlen/Denken | 0.039 |
| 8.) Balance Innen/Außen | 0.708 |
| 9.) Balance Machen/Geschehenlassen | 0.229 |
| 10.)Balance praktisch/spirituell | 0.147 |

## INTERPRETATION:

Die Varianzanalyse zeigt, daß die Unterschiede in der Beantwortung der Fragen eins und zwei hochsignifikant sind ($p=0.000 < 0.01$). Die unterschiedliche Verbesserung von körperlichen - und Empfindungsfähigkeiten gehen mit Sicherheit auf Unterschiede zwischen den Gruppen zurück. Auch in der Beantwortung der Frage sechs gibt es überzufällige Unterschiede ($p=0.008 < 0.01$) und für die Frage sieben eine Tendenz ($p=0.039 < 0.05$). Für die unterschiedliche Veränderung der "Nähe zum Selbst" können mit 99%iger Sicherheit Unterschiede zwischen den Gruppen verantwortlich gemacht werden. Bei der Veränderung der Balance Fühlen/Denken gibt es eine 5%ige Irrtumswahrscheinlichkeit für die Annahme eines Gruppenunterschiedes.
Der Versuch, herauszufinden, ob die Unterschiede zwischen den Gruppen sich durch eine Gruppierung in Anfänger und Fortgeschrittene bzw. TIA und Kösybe erklären lassen, oder in Eigenarten der Gruppen bedingt sind, ergibt Folgendes :

## ERGEBNISSE (AUSZUG AUS DEM AUSDRUCK###):

Anfänger versus Fortgeschrittene

| Frage nach: | Signifikanz |
|---|---|
| 1.) Körperlichen Fähigkeiten | 0.068 |
| 2.) Empfindungsfähigkeit | 0.734 |
| 3.) Allgemeiner Wahrnehmungsfähigkeit | 0.271 |
| 4.) Intuition | 0.498 |
| 5.) Persönlicher Entwicklung | 0.299 |
| 6.) Nähe zum Selbst | 0.224 |
| 7.) Balance Fühlen/Denken | 0.794 |
| 8.) Balance Innen/Außen | 0.767 |
| 9.) Balance Machen/Geschehenlassen | 0.052 |
| 10.)Balance praktisch/spirituell | 0.386 |

## INTERPRETATION:

Die Ergebnisse von Anfängern und Fortgeschrittenen unterscheiden sich nicht deutlich. Nur bei den Fragen eins ($p=0.068 > 0.05$) und neun ($p=0.052 > 0.05$) ist eine Tendenz ablesbar, die aber knapp über dem 5% Signifikanzniveau liegt. Demnach könnte die Verbesserung körperlicher Fähigkeiten von Fortgeschrittenen stärker sein. Das würde mit meiner Beobachtung übereinstimmen, daß nach etwa einem Jahr stilistische Verbesserungen äußerlich deutlich sichtbar werden. Für die Verbesserung der Balance Machen/Geschehenlassen könnte eine solche Verbesserung bedeuten, daß es aufgrund der verbesserten Fähigkeiten leichter fällt, geschehen zu lassen, sich nicht zu sehr zu bemühen und dadurch festzuhalten. Damit könnte auch eine Verbesserung der Alltagsbalance einhergehen. Die Unterschiede sind aber eigentlich nicht deutlich genug für eine solche qualitative Interpretation.

## FRAGESTELLUNG:

Der Versuch, die Unterschiede in den Antworten durch eine Gruppierung nach Tia und Kösybe zu erklären, bringt folgende Resultate :

## ERGEBNISSE (AUSZUG AUS DEM AUSDRUCK####):

TIA versus Kösybe

| Frage nach: | Signifikanz |
|---|---|
| 1.) Körperlichen Fähigkeiten | 0.000 |
| 2.) Empfindungsfähigkeit | 0.024 |
| 3.) Allgemeiner Wahrnehmungsfähigkeit | 0.536 |
| 4.) Intuition | 0.960 |
| 5.) Persönlicher Entwicklung | 0.219 |
| 6.) Nähe zum Selbst | 0.224 |
| 7.) Balance Fühlen/Denken | 0.812 |
| 8.) Balance Innen/Außen | 0.974 |
| 9.) Balance Machen/Geschehenlassen | 0.782 |
| 10.)Balance praktisch/spirituell | 0.525 |

## INTERPRETATION:

Die TIA/Teilnehmer haben -wie vorhergesagt- eine eindeutig stärkere Verbesserung der körperlichen Fähigkeiten erreicht ($p=0.000 < 0.01$), die Kösybe/Teilnehmer dagegen eine deutlich stärkere Verbesserung der Empfindungsfähigkeit ($p=0.024 < 0.05$). In der Veränderung anderer Bereiche gibt es erwartungsgemäß keine Unterschiede.

## BEWERTUNG:

Die Ergebnisse von Fragebogen III: "Ästhetische Bildung und Persönlichkeitsentwicklung" zeigen, daß der Unterricht in Kösybe und TIA über die körperliche Übung und das Erleben von Form die persönliche Entwicklung stark beeinflußt. TIA und Kösybe haben einen ähnlichen Einfluß auf die persönliche Entwicklung und fördern sowohl körperliche Fähigkeiten als auch die Empfindungsfähigkeit, wobei erwartungsgemäß TIA mehr die körperlichen Fähigkeiten und Kösybe mehr die Empfindungsfähigkeit schult. In der Einschätzung der persönlichen Veränderung gibt es keinen Unterschied zwischen Anfängern und Fortgeschrittenen.

Diese persönlichen Veränderungen können als Selbstverwirklichung bezeichnet werden. Die Entwicklung geht einher mit (und wird ermöglicht durch) eine(r) gleichmäßig starke(n) Verbesserung von allgemeiner Wahrnehmungsfähigkeit und Intuition sowie der Balancen Denken/Fühlen, Machen/Geschehenlassen, Innen/Außen und praktisch/spirituell.

Ein vollständiger Ausdruck der Tabellen findet sich auf Seite 518-35 der Dissertation

# 5 QUELLENVERZEICHNISSE

## 5.1 Quellenverzeichnis zur Einleitung

(1) Pongratz: Problemgeschichte ... 218
(2) Smieskol: Anmerkungen zur Situation der Sportpsychologie ...
(3) Smieskol: Anmerkungen zur Situation ...76
(4) Schmidt: Psychoregulatives Training 142
(5) Middendorf: Der Erfahrbare Atem
(6) Alexander: Eutonie als Verfahren ...
(7) Jacobs: Die menschliche Bewegung
(8) Deharde: Tanzimprovisation in der Ästhetischen Erziehung

## 5.2 Quellenverzeichnis zu Kapitel I

(1) Sartre: The Body, 103 ff
(2) Gerber: My Body, My Self, 181 ff
(3) Kleinman: The Significance ... , 177 ff
(4) Sartre: The Body, 104/105
(5) Treutlein, Funke und Sperle: Körpererfahrung ...
(6) Marcel/Fischer-Barnicol: Leibliche ... , 16
(7) Feyerabend, Paul: Wider den Methodenzwang ...
(8) Marcel/Fischer-Barnicol: Leibliche ... 21/22
(9) Grof: Geburt, Tod, ...
(10) Grof: Geburt, Tod, 66/67
(11) Plato: Phaidros, 79
(12) Grof: Geburt, Tod ... , 92
(13) Grof: dto., 92/93
(14) Zimmer: Das sogenannte ... , 38
(15) Husserl: u.a. Zur Phänomenologie ... Band I, 142ff
(16) Bandy: A humanistic ... , 27
(17) Deren: Divine ... , 9
(18) Sparks: Mystical ... , 144/145
(19) Grof: Geburt, Tod ... , 93
(20) Coenen: Leiblichkeit ... , 220
(21) Dethlefsen: Schicksal ... , 19
(22) ibido, 19
(23) ibido, 28
(24) Jung: Geheimnis ... , 57
(25) Balkam: Teleology ... , 34
(26) Henry: Circulating Opioids ...
(27) Sparks: Mystical ... , 142
(28) Sartre: The Body, 105
(29) Portmann: Wege ... , 9 oben links
(30) ibido, 14 oben rechts
(31) ibido, 9 mitte links
(32) ibido, 11 unten links und oben rechts
(33) ibido, 14 mitte rechts
(34) ibido, 13 mitte rechts
(35) ibido, oben links
(36) ibido, 12 mitte links
(37) ibido, 15 unten links
(38) ibido, mitte rechts
(39) ibido, 14 unten rechts
(40) ibido, 15 ende
(41) Popper: Replies ...
(42) Dürckheim: Die Wendung ... , 11
(43) Rasch: Probabilistic models for some intelligence and attainment tests
(44) Perls: Gestalttherapie ... , 188/189
(45) Schachter & Wheeler: Epinephrine .., 284ff
(46) Holzkamp: Zum Problem der Relevanz ..., 60ff

## 5.3 Quellenverzeichnis zu Kapitel II

(1) Slusher: Man ...
(2) Weiss: Sport ...
(3) Schrag: The Lived Body ... , 111
(4) Koffka: Principles ...
(5) Vernon: Wahrnehmung ... , 81ff
(6) Prigogine: Dialog ... , 29
(7) Mead: Philosophie der Sozialität
(8) Balkam: Teleology ... , 35
(9) Merleau-Ponty, zit. bei Waldenfels: Das Problem ... , 163
(10) Einstein: Prinzipien ... , 107ff
(11) Schmidbauer: Die subjektive ... , 294
(12) Castaneda: Der zweite Ring ... , 288
(13) Gerber: My Body My Self, 183
(14) Schiller: Die Ästhetische ... , 383
(15) Goethe: Epirrhema, 408
(16) Eliot: "Japanese ... " in Grof: Geburt .., 84
(17) Gruber: Tranceformation ... , 363
(18) ibido, 361
(19) ibido, 132/133
(20) ibido, 135
(21) Schott-Billmann: Körper und Besessenheit ... , 336 unten
(22) Schott-Billmann: dto, 337 unten
(23) Kasulis: Zen-Buddismus ... , 143
(24) Kasulis: dto, 129
(25) Joslyn: Zen und Gestalttherapie, 174

(26) Chuang Tsu in Gagarin: Taoismus ... , 208
(27) Lao Tse in Gagarin: dito, 208
(28) Jesus nach Matthäus, 6,26-28 (Übersetzung Luther)
(29) Joslyn: dito, 174
(30) Bernbaum: Der Weg ...
(31) Shakespeare: Hamlet ... , 56
(32) Jung in Jacobi: Die Psychologie ... , 132 oben
(33) Jung in Jacobi: Die Psychologie ... , 129 unten
(34) Dürckheim: Hara ... , 26
(35) Grof: Geburt ... , 330ff
(36) Jung in Jacobi: Die Psychologie ... , 131
(37) Jacobi: Die Psychologie ... , 132 unten
(38) Canic: An Eastern Approach ... , 80
(39) Shakespeare: Hamlet ... , 57
(40) Kleist: Über das Marionettentheater, 92 oben
(41) Kleist: ibido, 92 mitte
(42) Kleist: ibido, 85, Zeile 3ff
(43) Kleist: ibido, 87 unten
(44) Kleist: ibido, 85, Zeile 8ff
(45) Kleist: ibido, 85/86
(46) Kleist: ibido, 89/90
(47) Kleist: ibido, 91
(48) Jacobi: Die Psychologie ... , 132 mitte
(49) Nilsson: Griechischer Glaube, 57
(50) Hilgard zit. bei Cratty: Motorisches .., 59
(51) Neumanns: Die Reden Gotamo Buddhas, 208-214 und 1032-1036
(52) Eckehard zit. bei Fittkau: Von der Humanistischen ... , 196
(53) Perls et al.: Gestalt ... , 33
(54) ibido, 147
(55) ibido, 148
(56) Dethlefsen: Schicksal ... , 123
(57) ibido, 130
(58) ibido, 130
(59) Jung: Geheimnis ... , 43 mitte
(60) Dethlefsen: ibido, 129
(61) Jung, ibido, 43 mitte weiter unten
(62) Fraleigh: The Moving "I": 113/114
(63) Jung: ibido, 13
(64) Dethlefsen: ibido, 188
(65) ibido, 189
(66) Fritsche zit. bei Dethlefsen: ibido, 251
(67) Woodman: Anorexia ... , 18 unten links
(68) Wotruba: Analyse der ... , 114/115
(69) ibido, 115
(70) Apel: Das Leibaproiri ... , 54
(71) ibido, 69
(72) zit. bei R. Wilhelm: I Ging, 174
(73) Kükelhaus in: Entfaltung ... , 46 mitte
(74) Hesse: Klein und Wagner, 89 mitte
(75) ibido, von 89 unten auszugsweise bis 94 mitte
(76) Glaser: Eutonie ... , 182 mitte
(77) ibido, 182/183
(78) ibido, 187
(79) ibido, 188
(80) Canic: An Eastern ... , 77 oben
(81) Nizon in Henning: Weil das Untergehen die Sprache freimacht
(82) Häußermann und Siebel: Die Stadt ..., 46 Spalten 2 u. 3
(83) Perls: Gestalt ... , 104
(84) Richard Wilhelm: I Ging, 219
(85) Lingis: Orchids and Muscles, 125
(86) Marcel/Barnicol: Leibliche ... , 36
(87) Sachs zit. bei Klein: Tanztherapie ... , 19
(88) Huizinga und Elias, zit. bei Herzog: Der Körper ... , 271
(89) Häußermann und Siebel: Die Stadt ..., 46 Spalte 5 oben
(90) Bazzano: The body's role ...
(91) Bazzano: The body's role ... , 12 oben
(92) ibido, 13 ende
(93) Jefferson: Declaration ... in Adams: Dictionary ... , 122
(94) Herzog: ibido, 271 unten
(95) Müller: Die Anfänge rhythmischer Gymnastik in Hellerau
(96) Müller: Die Anfänge rhythmischer Gymnastik in Hellerau
(97) Kerouac: Engel, Kif ... (Desolation Angels)
(98) Schmidtbauer: Die subjektive ...
(99) Schmitz: Phänomenologie ... , 101
(100) Mitscherlich zit. bei Schmidbauer: Die subjektive ... , 16
(101) Schmidtbauer: Die subjektive ... , 218
(102) Norton: Cultural Narcissism ... , 43
(103) Kleinman: The Significance ... , 179 rechts
(104) Schmidt: Japanese ... , 72 oben
(105) Kleinman: dito, 179 rechts oben
(106) Mock in einem Interview von Bradford: Women's ... , 20
(107) Murray in einem Interview von Bradford: Women's ... , 13
(108) Dobbins in Sportrevue, 112
(109) Norton: dito, 43

(110) De Wachter: The Symbolism ... , 122
(111) ibido, 123
(112) Dethlefsen: dito, 266
(113) ibido, 266
(114) Dürckheim: Die Wendung ... , 9
(115) Jacobi: Die Psychologie ... , 129 oben
(116) Gadamer: Verlust der ... , 20
(117) Jung: Geheimnis ... , 41
(118) ibido, 54
(119) ibido, 41
(120) Schiller: Über das Erhabene, 434
(121) Pott: Die schöne Freiheit ...
(122) Grof: Geburt ... , 406
(123) Häußerman/Siebel: Die Stadt ... , 46, Spalte 5 mitte
(124) Häußerman/Siebel: Die Stadt ... , 46, Spalte 5, unten
(125) Schiller: Das Erhabene, 406
(126) Dethlefsen: Schicksal ... , 138
(127) ibido, 139
(128) Schiller: Über Die Ästhetische ... , 341
(129) Laudse zit. bei Singer: Wirksam durch Nicht-Handeln..,
(130) Schiller: Über Die Ästhetische ... , 338
(131) ibido, 339
(132) ibido, 333

## 5.4 Quellenverzeichnis zu Kapitel III

(1) Jung in Jacobi: Die Psychologie ..., 130
(2) Dethlefsen: Schicksal ... , 117/118/119
(3) Fittkau: Integrative ... , 192
(4) Freud: Abriß der Psychoanalyse
(5) Rank: Das Trauma der Geburt ...
(6) Janov: Der Urschrei
(7) Schmidt: Die Individualpsychologie Alfred Adlers
(8) Reich: Funktion des Orgasmus
(9) Boyesen: Über den Körper ...
(10) Jung: Bewußtes und Unbewußtes
(11) Perls: Grundlagen der Gestalttheorie
(12) Rogers: Therapeut und Klient
(13) Maslow: Psychologie des Seins
(14) Grof: Geburt, Tod, Transzendenz
(15) Flach: Depression ...
(16) Petzold: Der Schrei, 556
(17) ibido, 550
(18) Grof: Geburt ... , 279ff
(19) Hoffman: Tanz ... , 70/71
(20) Dürkheim: Die Wendung ...
(21) Sekuler/Blake: Perception
(22) Hilgard&Atkinson: Introduction ... , 150
(23) ibido, 163
(24) ibido, 153/154, 163
(25) Levine/Cein/Murphy: The relation ... , 283ff
(26) Hamilton/Rose, in Bower/Hilgard: Theorien des Lernens ...
(27) Festinger: A Theory of Cognitive Dissonance
(28) Hochberg: Perception ... , 109
(29) Köhler: Gestalt ...
(30) Koffka: Principles ...
(31) Wertheimer: Untersuchungen ...
(32) Bateson: Ökologie ...
(33) Wieser: Über die Einheit ... , 49
(34) Klix: Information und Verhalten
(35) Bruner&Postman: On going ... ,
(36) Vernon: Wahrnehmung und Erfahrung, 81ff
(37) Dethlefsen: Schicksal ... , 62
(38) ibido, 61
(39) ibido, 61
(40) ibido, 62
(41) ibido, 62
(42) Perls: Gestalttherapie
(43) Dethlefsen: dito, 63
(44) Wertheimer in Hofstätter: Psychologie, 160
(45) Pongratz: Problemgeschichte der Psychologie, 290
(46) Metzger in Pongratz: Problemgeschichte ... , 291
(47) Hehlmann: Geschichte der Psychologie, 306
(48) Pongratz: Problemgeschichte ... , 292
(49) Pongratz: Problemgeschichte ..., 292/3
(50) Pongratz: Problemgeschichte ... , 218
(51) Pongratz: Problemgeschichte ... , 219
(52) Hehlmann: Geschichte der Psychologie, 315
(53) Hehlmann: Geschichte der Psychologie, 303
(54) Hehlmann: Geschichte der Psychologie, 306
(55) Pongratz: Problemgeschichte ... , 281
(56) Popper: Logik ...
(57) Rogers: Therapeut ...
(58) Piaget: Gesamtwerk
(59) Schwäbisch/Siems: anleitung zum sozialen lernen ... , 47ff
(60) Bruner&Postman: dito,
(61) Festinger: A Theory ... .

(62) Plato: Phaidros, 71 unten
(63) Jacobi: Die Psychologie ... , 132 mitte
(64) Lockes zit. bei Grof: dito, 32 mitte
(65) Long: Geheimnis ... , 32 oben
(66) ibido, 414
(67) ibido, 32 oben
(68) ibido, 31
(69) ibido, 72 unten
(70) ibido, 73 oben
(71) ibido, 414
(72) ibido, 73 oben
(73) ibido, 177
(74) Dethlefsen: dito, 118
(75) Jung: Bewußtes ...
(76) Deharde: Tanz ... , 118/119
(77) Plato: Phaidros, 49
(78) ibido, 52
(79) Brecht: Geschichten vom Herrn Keuner, 33
(80) Plato: dito, 50
(81) ibido, 85
(82) Jung in Jacobi: Die Psychologie ... , 58 mitte und unten
(83) Dunker: Produktives ...
(84) Zimmer: Das sogenannte ... , 48
(85) Rogers: Therapeut und Klient
(86) Perls: Gestalttherapie ... , 14
(87) Jung: Geheimnis ... , 13
(88) Schiller: Über Die Ästhetische ..., 361
(89) Schachter/Wheeler: Epinephrine ... , 284ff
(90) Levy/Sperry zit. bei Edwards: Garantiert ... , 44 oben
(91) Edwards: dito, 50 mitte
(92) Levy in: Psychologie Heute, 37 oben rechts
(93) Ornstein in dito, 37 links unten
(94) Ponomarjow zit. bei Edwards: dito, 55 rechts
(95) Ornstein in Psychologie Heute, 37 mitte
(96) Hildebrandt in Plato: Phaidros, 12
(97) Plato: dito, 64
(98) Seifert: Unentwickelte Sinne ... , 77
(99) Deharde: Tanz ... , 100
(100) Maslow: Psychologie des Seins
(101) Wotruba: Meditation ... , 114 oben
(102) ibido, 114
(103) Perls: Gestalttherapie ... , 164
(104) Jung: Synchronizität ...
(105) Deharde: Tanz ... , 56
(106) Schmidbauer: Die subjektive ... , 40
(107) Aschwanden: Symbole ... , 9/10
(108) ibido, 10 oben
(109) ibido, 22/23
(110) ibido, 12 unten
(111) Schmidbauer: Die subjektive ... , 43
(112) Aschwanden: dito, 24/25
(113) ibido, 16 mitte
(114) ibido, 16 mitte
(115) ibido, 11
(116) ibido, 24 mitte
(117) Schnier: Phänomenologie ... , 6
(118) Wichman in: Der Mensch ... , 11 oben
(119) Grof: Geburt ... , 69/70
(120) Prigogine: Dialog ...
(121) Goethe
(122) Goethe: Epirrhema, 408
(123) Eliot zit. bei Grof: dito, 74 unten
(124) Pribram: Non-Locality and Localization
(125) Grof: dito, 106ff
(126) ibido, 56
(127) ibido, 50
(128) ibido, 55
(129) ibido, 54
(130) Prigogine: Dialog ... , 283
(131) Prigogine: Dialog ... , 275
(132) Grof: Geburt ...
(133) Gruber: Tranceformation ... , 195
(134) ibido, 112
(135) Prigogine: dito, 250
(136) ibido, 180
(137) ibido, 180
(138) ibido, 167/168
(139) ibido, 170
(140) ibido, 292
(141) Grof: dito, 379
(142) ibido
(143) Rumi zit. bei Field: Ich ging ... , 78
(144) Dethlefsen: dito, 63
(145) Portmann: Wege ..., 15
(146) Richard Wilhelm: I Ging, 219
(147) Pongratz: Psychologie ... ,134
(148) Pongratz: Psychologie ... ,294
(148) Pongratz: Psychologie ... ,293
(149) Pongratz: Psychologie ... ,294

## 5.5 Quellenangaben zu Kapitel IV

(1) Perls: Gestalttherapie ... , 232
(2) Schmitz: Phänomenologie ... , 99
(3) Kurz: Körperzentrierte ... , 27
(4) Lowen: Verrat am Körper
(5) Strasser: Rebirthing ...
(6) Teegen: Verstärkte Atmung ... , 501
(7) Reich: Funktion des ...

(8) Grof: Geburt ... , 324
(9) Don Johnson: Rolfing ... , 95/96
(10) Gendlin: Focusing ... , 21
(11) ibido, 149 oben
(12) ibido, 43
(13) ibido, 82
(14) ibido, 21
(15) ibido, 149
(16) ibido, 71
(17) ibido, 149 mitte
(18) ibido, 149/150
(19) Dunker: Produktives Denken ... , 75
(20) ibido, 75 unten
(21) ibido, 76 oben
(22) ibido, 76
(23) ibido, 76 unten
(24) ibido, 80
(25) ibido, 34 unten
(26) ibido, 102
(27) ibido, 35
(28) ibido, 35
(29) ibido, 36
(30) ibido, 24
(31) ibido, 62
(32) BrunerPostman, On going ...
(33) Dunker: Produktives ... , 62
(34) ibido, 61
(35) ibido, 61 weiter unten
(36) Kükelhaus in: Entfaltung ... , 46 mitte
(37) Glaser: Eutonie ... , 178
(38) Lippe in: Entfaltung ... , 34 oben
(39) Kükelhaus dito, 47 mitte
(40) Schmidbauer: Die subjektive ... , 120
(41) ibido, 157
(42) Eisman: Körperzentrierte ... , 259
(43) Schilder: Das Körperschema
(44) Barlow: Die Alexander ... , 218
(45) Plügge: Der Mensch und sein Leib
(46) Glaser: Eutonie ... , 170
(47) Waldenfels: Das Problem ... , 169
(48) Schiller: Tierische ... , 42
(49) ibido, 43
(50) Dunker: Produktives ... , 131
(51) ibido, 132
(52) Yerkes&Dodson: The Relation of Strength ...
(53) Marquardt: Reflexzonenarbeit am Fuß
(54) Edwards: Garantiert ... , 47 unten
(55) Lippe in: Entfaltung ... , 34 oben
(56) Dodds: Plato ...
(57) Plato: Phaidros, 87
(58) ibido, 69 oben und unten
(59) Schnier: Phänomenologie ... , 37 oben
(60) Plato: Phaidros, 31
(61) ibido, 32
(62) Plato: Phaidros, 47
(63) Long: Geheimes ... , 410
(64) Plato: Phaidon, 15
(65) Wilhelm/Lü Dsu in: Geheimnis ... , 121
(66) Plato: Phaidros, 58
(67) Plato: Phaidon, 43 oben
(68) Wilhelm/Lü Dsu: dito, 93
(69) Plato: Phaidon, 43 weiter unten
(70) Wilhelm/Lü Dsu: dito, 90
(71) Plato: Das Gastmahl, 70
(72) ibido, 72
(73) ibido, 76
(74) ibido, 79 oben mitte
(75) ibido, 80
(76) ibido, 79 mitte und unten
(77) ibido, 85
(78) Schiller: Tierische ... ,44
(79) ibido, 50 oben
(80) Wilhelm/Lü Dsu: dito, 114
(81) Wilhelm: dito, 115
(82) Guthrie: A History Vol.IV ... 396
(83) Dodds: Plato ... , 206
(84) Guthrie: A History Vol. V ... 316
(85) Dover: Greec ...
(86) Perls: Gestalt-Therapie ... , 37
(87) Dörrie: Leiblichkeit ... ,178/179
(88) Schiller: Über Die Ästhetische ... , 335 oben
(89) ibido, 334 oben
(90) ibido, 334 mitte
(91) ibido, 335 mitte
(92) Marcel/Fischer-Barnicol: Leibliche ... , 25 unten
(93) ibido, 25 oben
(94) Ulsamer: NLP ... , 54
(95) Perls: Gestalt-Therapie ... , 11
(96) ibido, 42
(97) Glaser: Eutonie ... ,68
(98) Waldenfels: Das Problem ... , 162
(99) Schmitz: Phänomenologie ... ,72 oben
(100) ibido, 72 mitte
(101) ibido, 89 mitte
(102) ibido, 89 obere Mitte
(103) ibido, 100 unten
(104) ibido, 100 oben
(105) Alexander: Eutonie, 107 oben
(106) Kaelin: Being ... , 176
(107) Schmitz: dito, 73
(108) Herzog: Der Körper ... , 278
(109) Schmitz: dito, 74 mitte
(110) Bellow zit. in: Merian/Chikago, 17

rechts
(111) Herzog: dito, 278 mitte
(112) Schmitz: dito, 75 oben
(113) Coenen: Leiblichkeit ... , 219 oben
(114) ibido, 217
(115) Plügge: Über das Verhältnis ... , 127 oben
(116) Buffone: Exercise ... , 445ff
(117) Calom/Prick: Psychologische Grundbegriffe, 151
(118) Ravizza: Qualities ... , 452ff
(119) Waldenfels: Das Problem ... , 158
(120) Dürkheim zit. bei Deharde: Tanz ... , 131
(121) Ruck in: Der Weg nach ... , 61
(122) ibido, 72
(123) ibido, 70
(124) ibido, 73
(125) ibido, 70
(126) Achteck: TAZ
(127) Ruck: dito, 70
(128) Wasson in: Der Weg nach ... , 21
(129) ibido, 29
(130) ibido, 29
(131) ibido, 26
(132) ibido, 24
(133) ibido, 79
(134) Wasson: dito, 22
(135) Ruck: dito, 126
(136) Castaneda: Der Ring ... , 136-141 auszugsweise
(137) ibido, 14
(138) ibido, 265 mitte
(139) ibido, 265 weiter unten
(140) ibido, 266
(141) Eliade: Schamanismus ... , 15 oben
(142) ibido, 15 unten
(143) ibido, 43
(144) Dürckheim: Die Wendung ... , 13 unten
(145) Gruber: Tranceformation ... , 24
(146) Gruber: Tranceformation ...
(147) ibido, 31
(148) ibido, 25
(149) ibido, 362
(150) ibido, 143
(151) ibido
(152) ibido, 26
(153) ibido, 28
(154) ibido, 237
(155) ibido, 262
(156) Schmidbauer: Die subjektive ... , 96
(157) ibido, 127
(158) ibido, 133
(159) ibido, 133
(160) Prigogine, Dialog ...
(161) Gruber: dito, 218/219
(162) ibido, 206
(163) ibido, 63/64
(164) ibido, 144
(165) ibido, 73
(166) ibido, 331
(167) ibido, 316
(168 ibido, 318
(169) ibido, 195
(170) ibido, 395
(171) Katz zit. bei Gruber: 403
(172) Schmidbauer: dito,
(173) Gruber: Tranceformation ...
(174) Hanna: Possibilities ... , 175ff
(175) Gruber: Tranceformation ...
(176) ibido, 284
(177) Harner: Center for ... 5 unten
(178) Schmidbauer: dito, 81
(179) Deren: Divine ... 92
(180) ibido, 199/200
(181) Long: Geheimes ... 177
(182) Deren: dito, 200
(183) ibido, 29
(184) ibido, 249 unten
(185) ibido, 249 mitte
(186) ibido, 171 weiter unten
(187) ibido, 171 oben
(188) ibido, 91
(189) Metraux: Le Vaudou ... , 168/169
(190) Deren, dito, 257
(191) ibido, 235
(192) ibido, 43
(193) ibido, 43
(194) ibido, 227
(195) ibido, 246
(196) ibido, 244
(197) Courlander zit. bei Deren: dito, 230
(198) ibido, 230
(199) Metraux: Le Vaudou ... , 169 oben
(200) Deren: dito, 258
(201) Deren: dito, 225
(202) ibido, 9
(203) Luyken: Fußball total, 88 Spalte 4 Mitte
(204) ibido, Spalte 3 oben
(205) ibido, Spalten 3 und 4
(206) Carter/Krüger: Ritual and Record
(207) Long: dito,
(208) ibido,
(209) theol. Seminar, Umdruck, 37
(210) ibido, 38
(211) ibido, 39 oben

(212) ibido, 39 mitte
(213) ibido, 39/40
(214) Gottmann: Psycho-physische ... , 28 anfang
(215) ibido, 28 oben
(216) ibido, 31 mitte
(217) ibido, 34 oben
(218) ibido, 34 mitte
(219) ibido, 34 weiter unten
(220) ibido, 35 unten
(221) ibido, 37 mitte
(222) ibido, 37 unten
(223) Jung in: Geheimis ... , 56
(224) ibido, 12 oben
(225) ibido, 12
(226) Schiller: Über Die Ästhetische ... , 388
(227) Waldenfels: Das Problem ... , 161
(228) ibido, 161
(229) Schiller: dito, 356
(230) ibido, 358
(231) ibido, 377

## 5.6 Quellenverzeichnis zu Kapitel VI

(1) Grof: Geburt, Tod ...
(2) Long: Geheimes ... , 178
(3) ibido, 179
(4) Dürckheim: Vom Leib ... ,14
(5) Barz: Absterben ... , 90
(6) Gadamer: Verlust ... ,23
(7) Senghor: Das Neue ... , 6 rechts unten
(8) Perls: Gestalt-Therapie ... , 13
(9) Laban: Der moderne ... , 119ff
(10) Plügge: Grazie ... , 51
(11) ibido, 64
(12) ibido, 58
(13) ibido, 62
(14) ibido, 53 mitte
(15) ibido, 53 mitte unten
(16) ibido, 53/54
(17) ibido, 65/66
(18) Schiller: Über Anmut ... ,141 oben
(19) ibido, 150 oben
(20) Schiller: Tierische ... , 57 unten
(21) Hofman: Tanz ... , 50
(22) ibido, 53
(23) ibido, 53
(24) ibido, 53 mitte
(25) Safranski: Um Leib ... , linke Spalte unten
(26) Jacobs: Die menschliche ... , 144
(27) Schmidbauer, Die subjektive ...
(28) Frank: Die Heiler ... , 54
(29) Schmidbauer: Die subjektive ... , 8
(30) ibido, 38 oben
(31) ibido, 38 mitte
(32) ibido, 39
(33) Tietze: Entschlüsselte ... , 208/209
(34) Deren: Divine ... , 170
(35) ibido, 171 oben
(36) Ammon: Die Rolle ... , 396
(37) Singer: Wirksam ... , 586
(38) ibido, 576
(39) Ammon: dito, 397
(40) Gadamer: Verlust ... , 23
(41) Schiller: Über Die Ästhetische ... , 345
(42) Schnipperges: Das Konzept ... , 138/139
(43) ibido, 143 oben
(44) ibido, 143 oben
(45) ibido, 140 unten
(46) ibido, 142 mitte
(47) ibido, 142 weiter unten
(48) ibido, 142 oben
(49) ibido, 135 weiter unten
(50) ibido, 135 oben
(51) ibido, 143/144
(52) ibido, 136 oben
(53) ibido, 135 noch weiter unten
(54) ibido, 134 unten
(55) Ottomeyer: Leib ... , 230 oben
(56) Schnipperges: dito, 144
(57) ibido, 134 unten
(58) Marcel/Fischer-Barnicol: Leibliche ... , 38/39
(59) Long: Geheimes ... , 241
(60) ibido, 413
(61) Zimmer: Das sogenannte ... , 38
(62) ibido, 38
(63) Perls: Gestalt-Therapie ... , 201/202
(64) Waldenfels: Das Problem ... , 160/161
(65) ibido, 161
(66) ibido, 160 mitte
(67) Waldenfels: dito, 167
(68) Schiller: Über Anmut ... , 156
(69) Schiller: Über das Erhabnene ... , 436/437
(70) Jacobs: Die menschliche ... , 118/119
(71) ibido, 129 mitte
(72) ibido, 130 oben
(73) ibido, 85
(74) ibido, 85
(75) Long: dito, 328
(76) Jacobs: dito, 121/122
(77) Long: dito, 251
(78) ibido, 179
(79) Grof: Geburt ... , 168
(80) BrunerPostman, On going ...

(81) Klix: Information ...
(82) Seiffert: Unentwickelte ... , 76 unten
(83) Deharde: Tanz ... , 119 mitte
(84) Middendorf: Der erfahrbare ... , 32 oben
(85) ibido, 23 oben
(86) ibido, 24 oben
(87) ibido, 24 mitte
(88) ibido, 26 oben
(89) ibido
(90) ibido, 27 mitte
(91) ibido, 28
(92) ibido, 27/28
(93) ibido, 21 oben
(94) ibido,
(95) ibido, 21 mitte
(96) ibido, 18 unten
(97) ibido
(98) Alexander: Eutonie, 108
(99) ibido, 108 mitte
(100) ibido, 120 oben
(101) ibido, 120 mitte
(102) ibido, 107 mitte
(103) ibido, 107 oben
(104) ibido, 106 oben
(105) ibido, 115/116
(106) ibido, 109
(107) Glaser: Eutonie ... , 33/34
(108) ibido, 34/35
(109) ibido, 24/25
(110) Jacobs: dito, 84oben
(111) ibido, 121/122
(112) ibido, 67/68
(113) Deharde: Tanzimprovisation ... , 123 mitte
(114) ibido, 124
(115) ibido, 68
(116) ibido, 69 oben
(117) ibido, 69
(118) ibido, 70/71
(119) ibido, 73
(120) ibido, 128
(121) Buytendijk: Die Anmut ... , 15 mitte
(122) Schiller: Über Anmut ... , 146 unten
(123) Buytendijk: dito, 15 unten
(124) ibido, 16 oben
(125) Jacobs: dito, 85 mitte
(126) Kleist, Über das Marionettentheater ...
(127) Buytendijk: dito, 12 unten
(128) ibido, 13 oben
(129) Jacobs, Die menschliche ...
(130) Jacobs: dito, 69 oben
(131) ibido, 29
(132) ibido, 123 unten
(133) ibido, 124
(134) Röthig: Beiträge zur Theorie und Lehre vom Rhythmus
(135) Buytendijk: dito, 14
(136) ibido, 18 mitte
(137) Kleist: Über das Marionettentheater, 86 oben

## 5.7 Quellenangaben zu Kapitel VII

(1 ) Middendorf: Der Erfahrbare ... , 228
(2 ) AFA, 32
(3 ) AFA, 31
(4 ) Middendorf: Der Erfahrbare ... , 226
(5 ) Esrig: Commedia ... , 8
(6 ) ibido, 10
(7 ) ibido, 14
(8 ) ibido, 20
(9 ) ibido, 22
(10) Batz/Schroth: Theater ... ,154
(11) Batz/Schroth: Theater ... , 13
(12) Grotowski zit. bei Grodzicki: Regisseure ... , 50
(13) Lietz: Den Wurzeln ... , 6-8 auszugsweise
(14) Informationsheft Dore-Jacobs-Schule
(15) Information zur Berufsqualifikation ... , 3
(16) ibido, 4
(17) ibido, 5
(18) ibido, 7
(19) ibido, verteilt im Text
(20) Perrottet: Das Berufsbild ... , 1
(21) Perrottet: Studio ...
(22) Perrottet: Studio ...
(23) Ullmann: Ziele ... , 124
(24) Perrottet: Studio ...
(25) Barlow: Die Alexander-Technik, 131
(26) ibido, 199/200
(27) ibido, 117
(28) ibido, 35
(29) ibido, 37
(30) ibido, 133
(31) Informationsheft der G.L.A.T.
(32) Steiner zit. bei Biesantz: Eurythmie .., 79
(33) Veit: Aus den Anfängen ... , 76
(34) Biesantz: Eurythmie ... , 79
(35) Veit: Die Eurythmie-Schule Hamburg, 73
(36) Cohen: Der Zeitgeist ... , 33
(37) McDonagh: Zwischen Satyr ... , 40

(38) Informationsblatt
(39) Informationsblatt
(40) Feldenkrais: Bewußtheit ... , Titel
(41) Rywerant: Die Feldenkrais ... , 19
(42) Gattnar, Keller-Kropp, Kitt: Feldenkrais ... , 157
(43) Gattnar, dito, 157 weiter unten
(44) Gattnar, dito, 156 oben
(45) Rywerant: Die Feldenkrais ... , 18 mitte
(46) Gattnar, dito, 156 mitte
(47) Berger: afrikanischer ... 222
(48) Winter: Tanztherapie ... , 213
(49) Klein: Jahresprogramm ...
(50) Winter: dito, 209
(51) ibido, 210
(52) ibido, 213
(53) Graham School Information
(54) Stüber: Geschichte des Modern ... , 126
(55) ibido, 132
(56) ibido, 132/133
(57) ibido, 133 mitte
(58) ibido, 134 mitte
(59) ibido, 134 unten
(60) ibido, 135
(61) ibido, 136
(62) Graham School Information
(63) AFA, 20
(64) Rosenberg in Alexander: Eutonie, 22 oben
(65) Kjellrup in Schwertfeger/Koch: Der Therapieführer, 167
(66) ibido: 167
(67) AFA: 23 mitte
(68) AFA: 23 oben
(69) Kjellrup in Schwertfeger/Rosenberg: dito, 165/166
(70) Rosenberg in Alexander: Eutonie, 22/ 23
(71) Stone: Assumptions ... , 42
(72) ibido, 43
(73) ibido
(74) Müller: Emile Jaques-Dalcroze ... , 25
(75) Petzold: Die modernen Verfahren ... , 347ff
(76) Stone: dito, 48
(77) Gerdes/Wolffersdorff-Ehlert: Drogenscene -Suche ... ,19-37
(78) Scheuch: Das Interview ... , 165ff
(79) Anger: Befragung und Erhebung, 570ff
(80) Wiechmann: Erzählte Wirklichkeit
(81) Politzer: Kritik der klassischen Psychologie
(82) Schütz: Das Problem der Relevanz
(83) Gerdes/Wolffersdorff-Ehlert: Drogenscene -Suche ... ,19-37
(84) Holzkamp : Zum Problem der Relevanz ...
(85) Sack: Sportliche Betätigung und Persönlichkeit
(86) Richard Wilhelm: I Ging

## 5.8 Quellenverzeichnis zu Kapitel VIII

(1 ) Sheldrake: Schöpferisches ... , 9
(2 ) ibido, 24
(3 ) Dethlefsen: Schicksal ... , 157
(4 ) Sheldrake: dito, 60
(5 ) ibido, 60/61
(6 ) ibido, 61
(7 ) Grof: Geburt ... , 288
(8 ) Sheldrake: dito, 52
(9 ) ibido, 53
(10) ibido, 66/67
(11) ibido, 68
(12) ibido, 80
(13) ibido, 101
(14) Jung: Geheimnis ... , 10/11
(15) Gruber: Tranceformation ... , 45
(16) Plato: Phaidon, 66
(17) Jacobs: Die menschliche ... , 144-146 auszugsweise
(18) Biesantz: Eurythmie ... , 79
(19) Dunker: Produktives ... , 132
(20) ibido, 89
(21) Schnier: Phänomenologische ... , 36
(22) Perls: Gestalt-Therapie ... , 162 mitte
(23) Grof: Geburt ... , 106ff
(24) Schmidbauer: Die subjektive ... , 135
(25) Perls: dito, 17
(26) ibido, 17
(27) ibido, 203
(28) Schiller: Über Die Ästhetische ... , 398/399
(29) ibido, 369
(30) ibido, 366
(31) ibido, 392/393
(32) ibido, 369/370
(33) Kotzewinkle in Lentz/Pfitzinger: Der letzte Hippie, 62
(34) Ruck in: der Weg nach ...
(35) ibido,
(36) Dethlefsen: Schicksal ... ,126
(37) Pongratz: Problemgeschichte der Psychologie, 221
(38) Johnson: Rolfing ... , 141
(39) ibido, 141

(40) Long: Geheimes ... ,
(41) Bernbaum: Der Weg ... ,268/269
(42) ibido, 256
(43) ibido, 253
(44) ibido, 270
(45) ibido, 265 mitte
(46) ibido, 262 mitte
(47) ibido, 261 mitte
(48) Canic: An Eastern approach ... S. 78
(49) Deharde: Tanzimprovisation ... , 100 oben
(50) Buytendijk: die Anmut, 16
(51) Glaser: Eutonie ... , 42
(52) Herzog: Der Körper ... , 278
(53) Perls: dito, 9
(54) Glaser: Eutonie ... , 178
(55) Ito Tenzaa Chuya/Dürckheim: Die wunderbare ... , 56 mitte
(56) Perls: dito, 185
(57) ibido, 185
(58) Lü Dsu/Wilhelm in: Geheimnis ... , 96
(59) Veit: Aus den Anfängen ... , 76
(60) Deharde: Tanzimpro ... , 100 oben
(61) ibido, 97
(62) Kleinman: The Significance ... , 179 rechts
(63) Schmidt: Japanese ... , 72 oben
(64) Kleinman: dito, 179 rechts oben
(65) Heckhausen Motive ... und Einflußfaktoren ... , 140ff
(66) Rogers: Therapeut und Klient
(67) Herzog: Der Körper ... , 278
(68) Perls: dito, 9
(69) Glaser: Eutonie ... , 178
(70) Feldenkrais: Bewegungserziehung .., 185
(71) Hoffmann: Handbuch des autogenen Trainings
(72) Schaarschuch: Der atmende Mensch
(73) Tart zit. bei Edwards und Edwards: Garantiert ... , 58 links oben
(74) Thomas: Praxis ... ,
(75) Leuner: Katathymes Bilderleben ...
(76) Niesel et. al.: Autogenes ... ,
(77) Jung in dito, 20/21
(78) ibido, 21 mitte
(79) ibido, 20
(80) ibido, 22
(81) Deharde: Tanz ... , 68ff
(82) Lü Dsu/Wilhelm in dito, 96
(83) Kurtz: Körperzentrierte ... , 13
(84) Frank: Die Heiler ... , 107/108
(85) Halifax in Gruber: Tranceformation .., 9
(86) Scharfetter: Meditation ... , 43 oben
(87) Greaves: Gestalttherapie ... , 195 unten
(88) Suzuki zit. bei Greaves: dito, 191
(89) Plato: Phaidros, 85 mitte
(90) Draeger zit. bei: Schmidt: Japanese martial arts ... S. 72
(91) Naranjo: Zentrierung ... , 234 unten
(92) Coenen: Leiblichkeit ... , 205
(93) Birkholz: Körpererfahrung ...
(94) Birkholz: Körpererfahrung ...
(95) Köppe-Schwenn in Köppe-Kuhlmann: Subjektive Theorien ...
(96) Köppe: Manual für die Feldarbeit ...
(97) Oldenbürger: Methodenheuristische ...
(98) Birkholz: Körpererfahrung ... , 60
(99) Birkholz Körpererfahrung ... , 79
(100) ibido, 84
(101) ibido, 83

**Quellenangaben zu Kapitel X**

(1) Anger: Befragung und Erhebung, 610

## 6 BIBLIOGRAPHIE

Alle mit "in #" angegebenen Titel beziehen sich auf Angaben in Readern. Die mit #(Buchstabe) bezeichneten Reader sind am Ende der Bibliographie aufgelistet.


AFA: Bloch&Partner; Berlin, 1986

Achteck, Rolf in: TAZ; Compress, Berlin, 11. 1. 1986

Adams, James Truslow (Ed.): Dictionary Of American History, Vol. II; Charles Scribners Sons, New York, 1951

Ammon, Günther: Die Rolle des Körpers in der Psychoanalyse in #H

Alexander, Gerda: Eutonie als Verfahren somato-psychologischer Pädagogik, Rehabilitation und Therapie in #F

Alexander, Gerda: Eutonie - Ein Weg der körperlichen Selbsterfahrung; Kösel, München, 1976

Allmer, Henning: Leistungsmotivation und psychologischer Stress bei schweizerischen und deutschen Leistungssportlern in Sportpsychologie wofür? Psychologie sportive pourquoi? G. Schilling/G.Pilz Hrsg.; Birkhäuser, Basel, 1974

Alvin Ailey American Dance Center, 1515 Broadway, Minskoff Theater Building New York, New York 10036; Informationshefte

Anger, Hans: Befragung und Erhebung in: Handbuch der Psychologie Bd. 7: Sozialpsychologie; Graumann Hrsg.; Hogrefe, Göttingen, 1969

Apel, Karl-Otto: Das Leibapriori der Erkenntnis. Eine erkenntnisanthropologische Betrachtung im Anschluß an Leibnizens Monadenlehre in #H

Aschwanden, Herbert: Symbole des Lebens; Bewußtseinsanalyse eines afrikanischen Volkes; Atlantis, Freiburg, 1976

Balkam, Cliff: Teleology and Fitness: An Aristotelian Analysis in #C

Bandy, Susan J.: A Humanistic Interpretation of the Mind-Body Problem in Western Thought in #C

Barlow, Wilfred: Die Alexander-Technik Gesundheit und Lebensqualität durch richtigen Gebrauch des Körpers; Kösel, München, 1983

Barz, Helmut: Absterben der Sinn- und Symbolwelt durch Brachfallen der sinnlichen Welt in #G

Bateson, G.: Ökologie des Geistes. Anthropologische, psychologische, biologische und epistemologische Perspektiven; Suhrkamp, Frankfurt am Main, 1981

Batz, Michael/Schroth, Horst: Theater zwischen Tür und Angel; Rowohlt, Reinbek, 1983

Bazzano, Carmelo: The Body's Role in the Philosophy of the Renaissance Man in #C

Bellow, Saul in Merian/Chicago; Hoffmann und Campe, Hamburg, 8/39 1986

Berger, Renato: African dance: afrikanischer Tanz in Vergangenheit und Zukunft; Urprung und Diaspora; Afrika, Karibik, Brasilien, USA; Heinrichshofen, Wilhelmshaven, 1984

Bernbaum, Edwin M.: Der Weg der Symbole. Die Verwendung von Symbolen in der tibetanischen Mystik in #D

Biesantz, Hagen: Eurythmie - eine neue Bühnenkunst in: Bühnenkunst 1/1987, Urachhaus, Stuttgart

Birkholz, Kirsten: Körpererfahrung von Studierenden im Fach Sport - eine empirische Studie für die Freizeitpädagogik; Unveröffentlichte Diplomarbeit, Göttingen, 1988

Bortz, Jürgen: Lehrbuch der Statistik für Sozialwissenschaftler, zweite Auflage; Springer; Berlin, Heidelberg, New York, Tokyo, 1979

Bower, Gordon H., Hilgard, Ernest H.: Theorien des Lernens II; Klett-Kotta, 3te Auflage, Stuttgart, 1984

Boyesen, G.: Über den Körper die Seele heilen; Kösel, München, 1987 in #E

Brecht, Bertolt: Geschichten vom Herrn Keuner; suhrkamp taschenbuch 16; Suhrkamp, Frankfurt, 1972

Bruner & Postman: On going beyond the information given; Allen & Unwin, London, 1973

Buffone, Gary W.: Exercise as a Therapeutic Adjacent in: Silva III, John M., Weinberg, Robert S. (Ed.): Psychological Foundations of Sport; Human Kinetics Publishers, Champaign Il., 1984

Buytendijk, F. J. / Christian, P. / Plügge, H.; Hofman, Schorndorf: Über die menschliche Bewegung als Einheit von Natur und Geist; Beiträge zur Lehre und Forschung der Leibeserziehung, Band 14;

Canic, Michael J.: An Eastern Approach to Motor Skill Aquisition and Performance in #C

Carter, John M., Krüger, Arnd: Ritual and Record. Quantification in Preindustrial Society; Westport, Conn.; Greenwood, 1990 (im Druck)

Castaneda, Carlos: Der Ring der Kraft; Fischer, Frankfurt, 1978

Castaneda, Carlos: Der zweite Ring der Kraft; Fischer, Frankfurt, 1980

Chuya, Ito Tenzaa: Die wunderbare Kunst einer Katze; entnommen aus: "Wunderbare Katze - und andere Zen-Texte" von Karlfried Graf Dürckheim; Scherz-Verlag, Bern und München

Coenen, Herman: Leiblichkeit und Sozialität. Ein Grundproblem der phänomenologischen Soziologie in #H

Cohen, Selma Jeanne: Der Zeitgeist Des Tanzes In Den Vereinigten Staaten Heute in: ballett international, zeitgeist handbook '86; ballett international; Verlags GMBH "Ballett International", New York/Köln

Courlander, Harold: The DRUM and the hoe. Life and lore of the Haitian people; Berkeley, University of California Press, 1960

Deharde, Tai F.: Tanzimprovisation in der Ästhetischen Erziehung; Haupt, Bern, 1978

Deren, Maya: Divine Horsemen: The living Gods of Haiti; Myth & Man; Thames & Hudson, London, 1953

Dethlefsen, Thorwald: Schicksal als Chance, Das Urwissen zur Vollkommenheit des Menschen; Bertelsmann, 2. Auflage, München, 1979

Dodds, E.R: Plato and the Irrational Soul in Amelie Oksenberg Rorty -General Editor: Plato, a Collection of Critical Essays; Edited By Gregory Vlastas; Anchor Books; Doubleday And Company, Garden City, New York, 1971

Dörrie, Heinrich: Leiblichkeit in der griechischen und römischen Antike in #H

Dore-Jacobs-Schule Informationsblätter, Dore-Jacobs-Schule, Leveringstraße 30, 4300 Essen 1

Dover, K.J: Greec Popular Morality -In the time of Plato and Aristotle; Basil Blackwell, Oxford, 1974

Dulany / DeValois / Beardslee / Winterbottom: Contributions to Modern Psychology; Oxford University Press, Second Edition, New York, 1963

Duncker, Karl: Psychologie des produktiven Denkens; Springer, Berlin, 1974

Dürckheim, Karlfried Graf: Die Wendung zur Initiatischen Therapie, Ton der Stille in #D;

Dürckheim, Karlfried Graf: Hara Die Erdmitte des Menschen; Scherz Verlag, Bern München Wien, 1983

Dürckheim, Karlfried Graf: Vom Leib der man ist in pragmatischer und initiatischer Sicht in #F

Edwards, Betty: Garantiert zeichnen lernen; Rowohlt, Reinbek

Einstein, Albert: Prinzipien der Forschung; Rede zum 60ten Geburtstag von Max Planck in: Mein Weltbild, Berlin, 1977

Eisman, John in Kurtz, Ron: Körperzentrierte Psychotherapie. Die Hakomi-Methode; Synthesis, Essen, 1985

Eliade, Mircea: Schamanismus und archaische Ekstasetechnik; Suhrkamp, Frankfurt, 1975

Esrig, David (Hrsg.): Commedia Dell'Arte; Greno, Nördlingen, 1985

Feldenkrais, Moshe: Bewußtheit durch Bewegung; Suhrkamp Taschenbuch 429, erste Auflage, 1978, Ulm

Feldenkrais, Moshe: Bewegungserziehung zur Verbindung von Körper und Geist in #F

Festinger, Leon: A Theory of Cognitive Dissonance; Stanford University Press; Stanford, 1968

Feild, Reshad: Ich ging den Weg des Derwisch; Fischer, Frankfurt, 1982

Fittkau, Bernd, Sonderdruck: Von der Humanistischen zur Transpersonalen Psychotherapie; Junfermann-Verlag, Paderborn, 3/1984

Flach, Frederic F.: Depression als Lebenschance; Rowohlt Verlag Hamburg, Oktober 1978

Fraleigh, Warren P.: The Moving "I" in #I

Frank, Jerome: Die Heiler; Wirkungsweisen psychotherapeutischer Beeinflussung. Vom Schamanismus bis zu den modernen Therapien; Klett-Cotta, Stuttgart, 1981

Frankfurter Rundschau; Druck- und Verlagshaus Frankfurt am Main GmbH;

Freud, Sigmund: Abriß der Psychoanalyse Das Unbehagen in der Kultur; Fischer, Frankfurt am Main und Hamburg, 1971

Gagarin, Claudio: Taoismus und Gestalttherapie in #D

Gattnar, Heike, Keller-Kropp, Sylvia, Kitt, Angelika: Feldenkrais-Methode in #E

Gendlin, Eugene T.: Focusing Technik der Selbsthilfe bei der Lösung persönlicher Probleme; Müller, Salzburg, 1981

Gerber, Ellen: My Body, My Self in #B;

Gerdes, Klaus / v. Wolffersdorff-Ehlert, Christian: Drogenscene: Suche nach Gegenwart, Ergebnisse teilnehmender Beobachtung in der jugendlichen Drogensubkultur; Enke, Stuttgart, 1974

Gesellschaft der Lehrer der Alexander Technik e.V. (G.L.A.T.)(Informationsblatt), Postfach 5312, 7800 Freiburg

Glaser, Volkmar: Eutonie - das Verhaltensmuster des menschlichen Wohlbefindens. Lehr- und Übungsbuch für Psychotonik; Hang, Heidelberg, 1974

Goethe, Johann Wolfgang von: Epirrhema in: Johann Wolfgang von Goethe, Gesammelte Werke Bd. 1; Bertelsmann Lesering

Greaves, Georges B.: Gestalttherapie, Tantrischer Buddhismus und der Weg des Zen in #D

Grodzicki, August: Regisseure des polnischen Theaters; Interpress, Warszawa, 1979

Grof, Stanislav: Geburt, Tod und Transzendenz, neue Dimensionen in der Psychologie; Kösel; München, 1985

Gruber, Elmar: Tranceformation Schamanismus und die Auflösung der Ordnung; Sphinx, Basel, 1982

Guthrie, W.K.C: A History Of Greec Philosophy; Vol.IV; Cambridge University Press, 1975

Guthrie, W.K.C: A History Of Greec Philosophy; Vol. V; Cambridge University Press, 1978

Halifax, Joan in Gruber, Elmar: Tranceformation Schamanismus und die Auflösung der Ordnung, Sphinx, Basel, 1982

Hanna, Thomas: Physical Education as Somatic Education: A Scenario of the Future in #C

Harner, Michael: Center For Shamanic Studies Newsletters; Winter/Spring 1986 Issue; Box 673, Belden Station, Norwalk, Connecticut 06852

Häußermann, Hartmut, Siebel, Walter: Die Stadt war immer eine Maschine; Die Zeit, Nr.:23, 3. Juni 1988; Gerd Bucerius Kg, Postfach 106820, 2000 HH

Heckhausen, Heinz in: Weinert, F.E., Graumann, C.F., Heckhausen, H., Hofer, M. u.a., Pädagogische Psychologie 1; Fischer, 1977

Hehlmann, Wilhelm: Geschichte der Psychologie; Kröner Verlag; Stuttgart, 2te Auflage 1967

Herzog, Walter: Der Körper als Thema der Pädagogik in #H;

Hesse, Hermann: Klein und Wagner; Suhrkamp Verlag; Frankfurt am Main, 1952

Hilgard, Ernest R., Atkinson Richard C. &Atkinson, Rita L.: Introduction to Psychology; Harcourt Brace Jovanovich 5th Edition, 1971

Hochberg, Julian E. (Lazarus Ed.): Perception; Prentice Hall; Englewood Cliff, NJ, 1964

Hoffman, Kaye: Tanz, Trance, Transformation; Dianus-Tricont, München, 1984

Hofstätter, Psychologie; Fischer Taschenbuch Verlag; Frankfurt, 1972

Holzkamp, Klaus: Zum Problem der Relevanz psychologischer Forschung für die Praxis in: adorno, holzkamp, marcuse, reich u. a.: kritische psychologie (ohne Impressum); meine Quelle ist in der Bibliothek der Wirtschafts- und Sozialwissenschaften zu finden und war am 18. 11. 1989 mit der Signatur PH bl 721 und der Inventarnummer 71/3762 Sem 14 bezeichnet.

Husserl, Edmund: Zur Phänomenologie der Intersubjektivität; Texte aus dem Nachlass; Erster Teil 1905-1920; Iso Kern (Hrsg.); Martinus Nijhoff, Den Haag, 1973

I Ging - Text und Materialien; Diederich, Köln, 1983

Integrative Therapie, Zeitschrift für Verfahren humanistischer Psychologie und Pädagogik, Sonderdruck 3/1984, 10. Jahrgang; Junfermann, Paderborn

Jacobs, Dore: Die menschliche Bewegung; Georg Kallmeyer Verlag, Wolfenbüttel, 1983

Jacobi, Jolande: Die Psychologie von C.G. Jung - Eine Einführung in das Gesamtwerk; Fischer, Frankfurt, 1978

Johnson, Don: Rolfing (The Protean Body); Harper & Row, New York, 1977; deutsch: Synthesis Verlag, Essen, 1980

Joslyn, Marc: Zen und Gestalttherapie, in #D

Jung, C.G./ Wilhelm, Richard: Geheimnis der Goldenen Blüte, Das Buch von Bewußtsein und Leben; Diederichs, 2. Auflage, Köln, 1987

Jung, C.G.: Synchronizität als ein Prinzip akausaler Zusammenhänge in Jung/Pauli: Naturerklärung und Psyche, Zürich, 1952

Kasulis, Thomas P.: Zen-Buddhismus, Freud und Jung, in #D

Kerouac, Jack: Engel, Kif und Neue Länder; Rowohlt Verlag, Reinbek bei Hamburg, 1971

Kjellrup, Mariann: Eutonie in Bärbel Schwertfeger/Klaus Koch: Der Therapieführer; Die wichtigsten Formen und Methoden; Heyne, München, 1989

Klein, Petra: Institut Für Tanztherapie Hamburg, Bürgerweide 62, D-2000 Hamburg 26, Jahresprogramm Juli 1987 - Juni 1988

Klein, Petra: Tanztherapie - eine einführende Betrachtung im Vergleich mit konzentrativer und integrativer Bewegungstherapie; pro Janus, Suderburg, 1983

Kleinman, Seymor: The Significance of Human Movement: A Phenomenological Approach in #B

Kleist, Heinrich von : Der Zweikampf - Die heilige Cäcilie - Sämtliche Anekdoten -Über das Marionettentheater und andere Prosa; Reclam, Stuttgart, 1984

Klix, F.: Information und Verhalten; Berlin, 1971

Köhler, W.: Gestalt Psychologie; New York, Liveright, 194O

Köppe, G.-Schwenn, R.: Subjektive Theorien von Nicht-Sportlern über Sportler und was der Lehrer daraus lernen kann. in: Köppe, G.:-Kuhlmann, D.: Der Sportlehrer als Vorbild, (Clausthal-Zellerfeld),(i.D.)

Köppe, G.: Manual für die Feldarbeit zum Projekt "Subjektive Theorien von jugendlichen Nichtsportlern über Sport"; unveröffentlicht, Göttingen, 1987a

Koffka, K.: Principles of Gestalt Psychology; New York, Harcourt, Brace and Co., Inc., 1935

Krüger, Arnd, Carter, John M.: Ritual and Record. Quantification in Preindustrial Society; Westport, Conn.; Greenwood, 1990 (im Druck)

Kükelhaus, Hugo/Lippe, Rudolf zur: Entfaltung der Sinne - Ein Erfahrungsfeld zur Bewegung und Besinnung; Fischer, Frankfurt, 1982

Kurtz, Ron: Körperzentrierte Psychotherapie. Die Hakomi-Methode; 2te Auflage, Synthesis, Essen, 1986

Laban, Rudolf von: Der moderne Ausdruckstanz in der Erziehung - Eine Einführung in die kreative tänzerische Bewegung als Mittel zur Entfaltung der Persönlichkeit; Heinrichshofen's Verlag, Wilhelmshaven, 1981

Lenz, Rolf, Pfitzinger, Hans: Der letzte Hippie; Zeit Magazin 11, März 1988; Die Zeit, Zeitverlag, Gerd Bucerius Kg; Postfach 106820, 2000 Hamburg

Leuner, H.: Katathymes Bilderleben - Ergebnisse in Theorie und Praxis; Huber, Bern, 1980

Levine R., Chein, I., Murphy, G: The relation of intensity of a need to the amount of perceptual distortion in: Journal of Psychology 13, 1943

Lietz, Heidrun: Den Wurzeln der Schule auf der Spur - Meine Begegnung mit dem "Bund" - ; Unveröffentlichte Abschlußarbeit an der Dore Jacobs-Schule; September 1985

Lingis, Alphonso: Orchids and Muscles, in #A

Lippe, Rudolf zur/Kükelhaus, Hugo: Entfaltung der Sinne, Ein Erfahrungsfeld zur Bewegung und Besinnung; Fischer, Frankfurt, 1982

Long, Max F.: Geheimes Wissen hinter Wundern; 6te Auflage, Bauer, Freiburg, 1986

Lowen, Alexander: Der Verrat am Körper; Rowohlt, Reinbek, 1967

Luyken, Reiner: Fußball total in Die Zeit Nr 17; 22. Apr. 1988; Zeitverlag, Gerd Bucerius Kg; Postfach 106820, 2000 Hamburg

Marcel, Gabriel: Leibliche Begegnung. Notizen aus einem gemeinsamen Gedankengang, bearbeitet von Hans Fischer-Barnicol, in: #H

Marquardt, Hanne: Reflexzonenarbeit am Fuß; 19. Auflage, Haug, 1988

Martha Graham School General Information, Martha Graham School, 316 East 63rd Street, New York, N.Y. 10021

Maslow, A.: Psychologie des Seins. Ein Entwurf. München, Kindler, 1978.

Matthäus: Vom Schätzesammeln und Sorgen in Luther, Martin: Die Bibel; Bibelanstalt Stuttgart, 1970

McDonagh, Don: zwischen satyr und satire in ballett international 4/1983; Verlags GMBH "Ballett International"; New York/Köln

Mead, Ch.: Philosophie der Sozialität. Aufsätze zur Erkenntnisanthropologie; Suhrkamp, Frankfurt, 1969.

Métraux, Alfred: Le Vaudou Haitien; Gallimard, Paris, 1958

Middendorf, Ilse: Der erfahrbare Atem - Eine Atemlehre; Junfermann, Paderborn, 1984

Miller, Galanter, Pribram: Pläne und Strukturen des Verhaltens; Stuttgard, Klett, 1973

Morgan, William J. / Meier, Klaus V. (Editoren): Philosophic Inquiry in SPORT; Human Kinetics Publishers, Inc., USA, 1988

Müller Hedwig: Emile Jaques-Dalcroze Die Anfänge rhythmischer Gymnastik in Hellerau in: ballett international 6/7 1985; Verlags GMBH "Ballett International"; New York/Köln

Naranjo, Claudio: Zentrierung im Jetzt: Verfahrensweisen, Vorschrift und Ideal in #D

Neumanns, Karl Eugen: Übertragung aus dem Pali-Kanon Bd. 1; Die Reden Gotamo Buddhas; Artemis, Zürich & Zsolnay, Wien, 1956

Niesel, Walter, Heiss, Marion, Krönung, Heinz W., Osbelt, Ulrich, Sasse, Heiner: Autogenes Training und Selbsterfahrung - Entwurf einer Integrativen Oberstufe; HRSG.: Interdisziplinäre Arbeitsgruppen, Bochum, 1978

Nilsson, Martin B.: Griechischer Glaube; Francke, Bern, 1950

Nizon, Paul in Henning, Peter: Weil das Untergehen die Sprache freimacht; Frankfurter Rundschau ZB 3, 4.7. 1987

Norton, Candace J.: Cultural Narcissism and the Resurrection of the Indecent Fitness Machine: Problems and Possibilities; in #C

Oldenbürger, H: Methodenheuristische Überlegungen und Untersuchungen zur Entstehung und Repräsentation kognitiver Strukturen; Dissertation, Göttingen, 1981

Ottomeyer, Klaus, Anhalt, Peter: Leib, Sinnlichkeit und Körperverhältnis im Kontext der Marxschen Theorie in #H

Osterhoudt, Robert G. (Hrsg.): The Philosophy Of Sport - A Collection of Original Essays; Charles C. Thomas, USA, 1973

Perls, Fredrick S. / Hefferline, Ralph / Goodman, Paul: Gestalttherapie, Lebensfreude und Persönlichkeitsentfaltung; 3. Auflage, Klett, Stuttgart, 1985

Perrottet Claude: Das Berufsbild der Bewegungs- und Tanzfachkraft; Information zur Bewegungs- und Tanzerziehung nach Rudolf von Laban; Kurz-Information über Entwicklung und Programm; Informationsblätter des "Studio für Bewegungskunst

Zürich", Gotthardstr. 49, 8002 Zürich

Pfitzinger, Hans, Lenz, Rolf: Der letzte Hippie; Zeit Magazin 11, März 1988; Die Zeit, Zeitverlag, Gerd Bucerius Kg; Postfach 106820, 2000 Hamburg

Petzold, Hilarion: Der Schrei in der Therapie in #H

Petzold, Hilarion: Die modernen Verfahren der Bewegungs- und Leibtherapie und die "Integrative Bewegungstherapie" in #H

Piaget, Jean: Gesammelte Werke 1-10; Klett, Stuttgart, 1975

Platon: Phaidon; Reclam, Stuttgart, 1987

Platon: Phaidros oder Vom Schönen; Reclam, Stuttgart, 1987

Platon: Das Gastmahl oder Von der Liebe; Reclam, Stuttgart, 1979

Plügge, Herbert: Über das Verhältnis des Ichs zum eigenen Leib in #H

Plügge, H.: Der Mensch und sein Leib; Niemeyer, Tübingen, 1967

Plügge, H. / Buytendijk, F. J. / Christian, P. / ; Hofman, Schorndorf: Über die menschliche Bewegung als Einheit von Natur und Geist; Beiträge zur Lehre und Forschung der Leibeserziehung, Band 14;

Politzer, G.: Kritik der klassischen Psychologie; Europäische Verlagsanstalt; Köln, 1974

Pongratz, Ludwig J.: Problemgeschichte der Psychologie; 2te Auflage, Franke; München, 1984

Popper, Karl R.: Logik der Forschung; Mohr; Tübingen, 1966

Portmann, Adolf: Wege der biologischen Forschung; in: Jahn, Theo: Wunder des Lebendigen; Herder KG, Freiburg, 1968

Pott: Hans G.: Die schöne Freiheit Eine Interpretation zu Schillers Schrift: "Über Die Ästhetische Erziehung Des Menschen In Einer Reihe Von Briefen"; Fink, 1980

Pribram, K.: Non-Locality and Localization. A Review of the Place of the Holographic Hypothesis of Brain Function in Perception and Memory. Vordruck für die 1O.ICUS im November 1981.

Prigogine, Ilya/Stengers, Isabelle: Dialog Mit Der Natur; Piper, München, 1983

Psychologie Heute, Beltz, Weinheim, 1/1986,

Rank, Otto: Das Trauma der Geburt und seine Bedeutung für die Psychoanalyse; Leipzig-Wien-Zürich, Internationaler Psychoanalytischer Verlag, 1924

Rasch, G: Probabilistic models for some intelligence and attainment tests; The Danish Institute for Educational Research, Copenhagen, 1960

Ravizza, Kenneth: Qualities of the Peak Experience in Sport in Silva III, John M., Weinberg, Robert S. (Ed.): Psychological Foundations of Sport; Human Kinetics Publishers; Champaign Il., 1984

Rehs, Hans-Jürgen und Singer, Roland: Bericht über eine vorläufige Fassung der mehrdimensionalen Sporteinstellungsskala von Kenyon in der sportpsychologischen Forschung in: Empirische Methoden in der Sportpsychologie; Bericht über das 1. Internationale Symposium vom 9. bis 11. Oktober in Heidelberg; Redaktion: H. Rieder, H. Eberspächer, K. Feige, E. Hahn; Schorndorf, Stuttgart, 1975

Reich, Wilhelm: Funktion des Orgasmus, Frankfurt, Fischer-Verlag, 1942.

Röthig, Peter: Beiträge zur Theorie und Lehre vom Rhythmus; Theorie der Leibeserziehung; Karl Hofman, Schorndorf bei Stuttgart, 1966

Rogers, Carl: Therapeut und Klient, München, Kindler-Verlag, 1977

Rosenberg, Alfons: Der geistige Ort der Eutonie; in: Gerda Alexander: Eutonie; Kösel, München, 5. Auflage, 1984

Ruck, Carl, Wasson, Robert Gordon, Hofman, Albert: Der Weg nach Eleusis: das Geheimnis der Mysterien; 1. Auflage, Insel, Frankfurt, 1984

Rywerant, Yochanan: Die Feldenkraismethode; Die neue Bewegungstherapie; Kübler&Akselrad, Heidelberg, 1987

Sack, Hans-Gerhard: Sportliche Betätigung und Persönlichkeit; Sportwissenschaftliche Dissertationen; Ingrid Czwalina, Ahrensburg bei Hamburg, 1975

Safranski, Rüdiger: Um Leib und Leben in: Frankfurter Rundschau, 11. 3. 1989, Seite ZB 3, Druck- und Verlagshaus Frankfurt am Main

Sartre, Jean-Paul: The Body; in #A;

Schaarschuch, Alice: Der atmende Mensch; vierte Auflage, Turmverlag Bietigheim, 1979

Schachter, Stanley and Wheeler, Ladd ; Epinephrine, Chlorpromazine, and Amusement in: Contributions to Modern Psychology, Dulany, DeValois, Beardslee, Winterbottom; New York, Oxford University Press, 1963

Scharfetter, Christian: Über Meditation: Begriffsfeld, Sichtung der "Befunde", Anwendung in der Psychotherapie in #D

Schilder, Paul: Das Körperschema; Berlin, 1923

Scheuch, Erwin K.: Das Interview in der Sozialforschung in: Handbuch der empirischen Sozialforschung; Rene König Hrsg; Bd. 1; Enke, Stuttgart, 1962

Schiller, Friedrich: Gesammelte Werke in fünf Bänden. Fünfter Band: Schriften zur Kunst und Philosophie; Bertelsmann Lesering, Darmstadt, 1962

Schmidbauer, Wolfgang: Die subjektive Krankheit; Kritik der Psychosomatik; Rowohlt, Reinbek bei Hamburg, 1986

Schmidt, Pavel: Charakteristik des psychoregulativen Trainings in Sportpsychologie wofür? Psychologie sportive pourquoi? G. Schilling/G.Pilz Hrsg.; Birkhäuser, Basel, 1974

Schmidt, R.(Hrsg.): Die Individualpsychologie Alfred Adlers. Ein Lehrbuch. Stuttgart, Kohlhammer-Verlag, 1982

Schmidt, Richard J.: Japanese Martial Arts as Spiritual Education; in: #C

Schmitz, Hermann: Phänomenologie der Leiblichkeit; in: #H

Schnier, Meinolf: Phänomenologische Studien zum Tod - Visionary Thanatology - unveröffentlichte Diplomarbeit an der EZW der Universität Köln, Köln, 1982

Schnipperges, Heinrich: Das Konzept der Leiblichkeit bei Friedrich Nietzsche in #H

Schott-Billmann, F.: Körper und Besessenheit als Medien der Psychotherapie in primitiven Gesellschaften; in: #H

Schrag, Calvin O.: The Lived Body as a Phenomenological Datum; in: #B

Schütz. A.: Der sinnhafte Aufbau der sozialen Welt; Frankfurt; Suhrkamp, 1974

Seifert, Theodor: Unentwickelte Sinne als Quelle unerfüllter menschlicher Beziehungen; in: #G

Sekuler, Robert, Blake, Randolph: Perception; Knopf; New York, 1985

Seitz, Willi: Über den Einsatz von Persönlichkeitsfragebögen in der sportpsychologischen Forschung; in: Empirische Methoden in der Sportpsychologie; Bericht über das 1. Internationale Symposium vom 9. bis 11. Oktober in Heidelberg; Redaktion: H. Rieder, H. Eberspächer, K. Feige, E. Hahn; Schorndorf, Stuttgart, 1975

Senghor, Leopold S.: Das neue schwarzafrikanische Ballett; in: Acogny, Germaine: Afrikanischer Tanz; Fricke, 2te Auflage, Frankfurt, 1984

Sheldrake, Rupert A.: Schöpferisches Universum; Meyster, 2te Aufl., München, 1983

Shakespeare, William: Gesammelte Werke in sechs Bänden. Sechster Band: Tragödien. Cymbeline; Bertelsmann Lesering, Gütersloh

Siebel, Walter, Häußermann, Hartmut: Die Stadt war immer eine Maschine; Die Zeit Nr. 23, 3. Juni 1988; Gerd Bucerius Kg, Postfach 106820, 2000 HH

Silva III, John M., Weinberg, Robert S. (Ed.): Psychological Foundations of Sport; Human Kinetics Publishers; Champaign Il., 1984

Singer, Roland und Rehs, Hans-Jürgen: Bericht über eine vorläufige Fassung der mehrdimensionalen Sporteinstellungsskala von Kenyon in in der sportpsychologischen Forschung; in: Empirische Methoden in der Sportpsychologie; Bericht über das 1. Internationale Symposium vom 9. bis 11. Oktober in Heidelberg; Redaktion: H. Rieder, H. Eberspächer, K. Feige, E. Hahn; Schorndorf, Stuttgart, 1975

Singer, Werner: Wirksam durch Nicht Handeln. Erfahrungen mit Körperorientierter Psychotherapie und chinesischer Weisheit; in: #H

Slusher, Howard S. : MAN, Sport and Existence - A critical Analysis; Lea & Febiger, Philadelphia 1967

Smieskol, Horst: Anmerkung zur Situation der Sportpsychologie in der Bundesrepublik Deutschland; in: Sportpsychologie wofür? Psychologie sportive pourquoi? G. Schilling/G.Pilz Hrsg.; Birkhäuser, Basel, 1974

Sparks, Robert E. C., Mystical and Material Embodiment: A Comparative Analysis in #C

Sportrevue, Zeitschrift für Körpertraining, Fitness und Muskelaufbau; Lindwurmstr. 125-127, München 2; Heft 245, 5/1989

Stone, Roselyn E.: Assumptions About The Nature Of Human Movement in #I

Strasser: Rebirthing-Heilen mit Lebensenergie; München, 1984

Stüber, Werner Jakob: Geschichte des Modern Dance: Zur Selbstdarstellung und Körperaneignung im modernen Tanztheater; Heinrichshofen, Wilhelmshaven, 1984

Teegen, Frauke: Verstärkte Atmung und seelisches Erleben in #H

Theologisches Seminar der Universität Göttingen, Nicht veröffentlichter Umdruck, 1987

Thomas, Klaus: Praxis der Selbsthypnose des Autogenen Trainings; Formelhafte Vorsatzbildung und Oberstufe; 4te Auflage, Thieme, Stuttgart, 1976

Tietze, Henry G.: Entschlüsselte Organsprache; Krankheit als Ausdruck seelischen Leids; Droemersche Verlagsbuchhandlung Th. Knaur Nachfolger, München, 1987

Treutlein, Gerhard / Funke, Jürgen / Sperle, Nico (Hrsg.): Körpererfahrung in traditionellen Sportarten; Hans Putty Verlag, Wuppertal, 1986

Ullmann, Lisa: Ziele des Tanzes in der Erziehung in: Laban, Rudolf von: Der moderne Ausdruckstanz in der Erziehung - Eine Einführung in die kreative tänzerische Bewegung als Mittel zur Entfaltung der Persönlichkeit; Heinrichshofen's Verlag, Wilhelmshaven, 1981

Ulsamer, Bertold: NLP-Konzentration auf das Wesentliche in: Psychologie Heute, 12/85

Vanek, Miroslav: Die Persönlichkeit des Sportlers; in: Empirische Methoden in der Sportpsychologie; Bericht über das 1. Internationale Symposium vom 9. bis 11. Oktober in Heidelberg; Redaktion: H. Rieder, H. Eberspächer, K. Feige, E. Hahn; Schorndorf, Stuttgart, 1975

Veit, Wolfgang: Aus den Anfängen der Eurythmie; in: Bühnenkunst 3/1988, Urachhaus, Stuttgart

Veit, Wolfgang: Die Eurythmie-Schule Hamburg; in: Bühnenkunst 3/1988, Urachhaus, Stuttgart

Vernon, M. D.: Wahrnehmung und Erfahrung; Kiepenheuer&Witsch; Köln, 1974

Wachter, de Frans: The Symbolism of the Healthy Body: A Philosophical Analysis of the Sportive Imagery of Health; in: #A

Waldenfels, Bernhard: Das Problem der Leiblichkeit bei Merleau-Ponty; in: #H

Wasson, Robert Gordon, Hofman, Albert, Ruck, Carl: Der Weg nach Eleusis: das Geheimnis der Mysterien; 1. Auflage; Insel; Frankfurt, 1984

Weinert / Graumann / Heckhausen / Hofer u.a.: Pädagogische Psychologie Band 1; Fischer Verlag, Frankfurt, 1974

Weiss, Paul : sport - A philosophic inquiry; Southern Illinois University Press, USA, 1969

Wertheimer, M. and Leventhal, C.M.: Permanent satiation phenomena with kinesthetic figural after-effects. J. Exp. Psychol. 55, 255-257, 1958.

Wichmann, Hans: Vorwort; in: #G

Wiedemann, Peter: Erzählte Wirklichkeit -Zur Theorie und Auswertung narrativer Interviews; Psychologie Verlags Union; München, 1986

Wieser, Wolfgang: Über die Einheit von Wahrnehmung und Verhalten in der technischen Welt; in: #G

Wilhelm, Richard: I Ging. Text und Materialien; Diederichs Verlag, Köln, 1973

Wilhelm, Richard/Jung, C.G.: Geheimnis der Goldenen Blüte, Das Buch von Bewußtsein und Leben; Diederichs, 2. Auflage Köln, 1987

Winter, Frank: Tanztherapie in #E

Women's Physique World, Women's Physique World Inc.; P.O. Box 429, Midland Park; New Jersey, 07432; Spring 1989

Woodman, Marion: Anorexia, Bulimia and Addiction in free spirit; Number 11, Living Network Productions, New York City, 1986

Wotruba, Ales: Analyse der Meditation, Meditation in der Analyse. Zur Integration in der Psychotherapie aus der Sicht der Daseinsanalyse in #D

Yerkes, R. M., Dodson, J. D.: The relation of strength of stimulus to rapidity of habit formation; Journal of Comparative Neurology and Psychology Nr. 18;

Zimmer, E.: Das sogenannte Unbewußte in: Zeit Magazin Nr. 48. 22. Nov. 1985; Bucerius Kg Hamburg

#A: Philosophic Inquiry in Sport; William J. Morgan/Klaus V. Meier Editors; Human Kinetics; Champaign, Il., 1988
#B: Sport AND THE BODY: A Philosophical Symposium; Ellen W. Gerber, William J. Morgan; 2. Auflage; LEA & FEBIGER; Philadelphia, 1979
#C: Mind and Body, East meets West; Seymour Kleinman, Editor; Human Kinetics; Champaign, Il., 1986
#D: Psychotherapie, Meditation, Gestalt; Hilarion Petzold (Hrsg.); Junfermann; Paderborn, 1984
#E: Der Therapieführer; Die wichtigsten Formen und Methoden; Schwertfeger, Bärbel/ Koch, Klaus; Heyne, München, 1989
#F: Psychotherapie & Körperdynamik; Petzold, Hilarion (Hrsg.); Junfermann-Verlag, Paderborn, 1981

#G: Der Mensch ohne Hand oder Die Zerstörung der menschlichen Ganzheit; Gadamer/ Wiesenhütter/Wieser/Seifert/Barz/Welte; dtv München, 1979
#H: Leiblichkeit, philosophische, gesellschaftliche und therapeutische Perspektiven; Petzold, Hilarion, Hrsg.; Junfermann, Paderborn, 1985
#I: The Philosophie of Sport (A Collection of Original Essays; Osterhoudt, Robert G. (Ed.); Springfield, Illinois, 1973

## 7 BILDNACHWEIS

S. 37: C. Brunel in: "Frau mit Kugel", Choreographie: C. Brunel,
Photo: A. Gelpke, Zürich

S. 38: S. Rorato in: "A Eleita", Choreographie: Oscar Araiz,
Isabel Gouvea, Porto Alegre

S. 47: C. Brunel und Jean Michel Lacomme in: "Kein Lächelm fürAlice",
Choreographie: C. Brunel,
Photo: A. Gelpke, Zürich

S. 48: S. Pereira und S. Rorato in: "Unterwegs", Choreographie: C. Brunel,
Photo: G. Michalke, Essen

S. 55: C. Brunel,
Photo: A. Gelpke, Zürich

S. 57: C. Brunel,
Photo: A. Gelpke, Zürich

S. 83: C. Brunel Company,
Photo: A. Gelpke, Zürich

S. 84: S. Pereira in: "Der Gesang auf der Brücke", Choreographie: C. Brunel,
Photo: C. Etges, Porto Alegre

S. 113: S. Rorato in: "A Eleita", Choreographie: Oscar Araiz,
Photo: Isabel Gouvea, Porto Alegre

S. 114: S. Pereira, Filmagem Para O "Especial Da TV Guaiba",
Photo: C. Etges, Porto Alegre

S. 129: C. Brunel,
Photo: A. Gelpke, Zürich

S. 130: S. Rorato in: "Unterwegs", Choreographie: C. Brunel,
Photo: G. Michalke, Essen

S. 189: C. Brunel,
A. Gelpke, Zürich

S. 190: C. Brunel in: "Ein Stück des Weges", Choreographie :C. Brunel,
Photo: M. Kamps, Essen

S. 207: C. Brunel,
Photo: A. Gelpke, Zürich

S. 208: C. Brunel,
Photo: A. Gelpke, Zürich

S. 217: S. Pereira in: "Unterwegs", Choreographie: C. Brunel,
Photo: G. Michalke, Essen

S. 218: C. Brunel und S. Pereira in: "Der Gesang auf der Brücke",
Choreographie: C. Brunel,
Photo: C. Etges, Porto Alegre

S. 235: S. Pereira in: "Der Gesang auf der Brücke", Choreographie: C. Brunel,
Photo: C. Etges, Porto Alegre

S. 236: S. Pereira in: "Der Gesang auf der Brücke", Choreographie: C. Brunel,
Photo: C. Etges, Porto Alegr

S. 239: S. Pereira in: "Os Trionfos De Afrodite",
Photo: C. Etges, Porto Alegre

S. 240: S. Pereira in: "Der Gesang auf der Brücke", Choreographie: C. Brunel,
Photo: C. Etges, Porto Alegre

S. 271: S. Pereira und S. Rorato in: “Unterwegs”, Choreographie: C. Brunel,
Photo: G. Michalke, Essen

S. 272: S. Pereira und S. Rorato in: “Unterwegs”, Choreographie: C. Brunel,
Photo: G. Michalke, Essen

S. 285: C. Brunel,
Photo: A. Gelpke, Zürich

S. 286: C. Brunel,
Photo: A. Gelpke, Zürich

S. 305 C. Brunel,
Photo: A. Gelpke, Zürich

S. 306: S. Pereira in: “Unterwegs”, Choreographie: C. Brunel,
Photo: G. Michalke, Essen

S. 341: S. Pereira und S. Rorato in: “Unterwegs”, Choreographie: C. Brunel,
Photo: G. Michalke, Essen

S. 342: S. Pereira und S. Rorato in: “Unterwegs”, Choreographie: C. Brunel,
Photo: G. Michalke, Essen

S. 395 C. Brunel,
A. Gelpke, Zürich

S. 396: S. Pereira in: “Der Gesang auf der Brücke", Choreographie: C. Brunel,
Photo: M. Kamps, Essen

S. 415 C. Brunel,
Photo: A. Gelpke, Zürich

S. 416: S. Rorato in: “Unterwegs”, Choreographie: C. Brunel,
Photo: G. Michalke, Essen

S. 449: S. Rorato,
Photo: Isabel Gouvea, Porto Alegre

S. 450: S. Rorato in: “Building Angel
Photo: C Etges, Porto Alegre

S. 459: S. Pereira in: “Unterwegs”, Choreographie: C. Brunel,
Photo: G. Michalke, Essen

S. 460: S. Pereira,
Photo: C. Etges, Porto Alegre

S. 477 C. Brunel,
Photo: A. Gelpke, Zürich

S. 478 C. Brunel,
Photo: A. Gelpke, Zürich

S. 483 C. Brunel,
Photo: A. Gelpke, Zürich

S. 484: S. Pereira in einer brasilianischen Compagnie,
Photo: C. Etges, Porto Alegre

S. 499: S. Rorato in: “Unterwegs”, Choreographie: C. Brunel,
Photo: G. Michalke, Essen

S. 500: S. Pereira in: “Unterwegs”, Choreographie: C. Brunel,
Photo: G. Michalke, Essen

S. 519: C. Brunel Compagnie in: “Oder nur noch ein Traum”,Choreographie: C. Brunel,
Photo: G. Schreiber

S. 520 :C. Brunel Compagnie in: “Oder nur noch ein Traum”,Choreographie: C. Brunel,
Photo: G. Schreiber